Oestreicher

Städtebauförderungsgesetz (Bauplanungsrecht, Band II)

Sammlung Guttentag

Städtebauförderungsgesetz und Planungsrecht

mit Ausführungsvorschriften des Bundes sowie Hinweisen auf Ländervorschriften

Mit Ergänzung zu Band I:
Rechtsprechung zu Bundesbaugesetz und Baunutzungsverordnung

Bauplanungsrecht, Band II

Kommentar

begründet von

Dr. Sebastian Heitzer
Senatspräsident a. D.
beim Bayer. Verwaltungsgerichtshof
München

Dr. Ernst Oestreicher
Präsident a. D.
des Bayer. Verwaltungsgerichts
München

Dritte, neubearbeitete Auflage

von

Ernst Oestreicher

1980

Walter de Gruyter · Berlin · New York

CIP-Kurztitelaufnahme der Deutschen Bibliothek

Heitzer, Sebastian:

Bauplanungsrecht: Kommentar / begr. von Sebastian Heitzer; Ernst Oestreicher. — Berlin, New York: de Gruyter.
(Sammlung Guttentag)
Frühere Aufl. u. d. T.: Heitzer, Sebastian: Bundesbaugesetz und Städtebauförderungsgesetz.

NE: Oestreicher, Ernst:
Bd. 2 → Heitzer, Sebastian: Städtebauförderungsgesetz und Planungsrecht

Heitzer, Sebastian:

Städtebauförderungsgesetz und Planungsrecht: mit Ausführungsvorschriften d. Bundes sowie Hinweisen auf Ländervorschriften; (mit Erg. Rechtsprechung 1980 zu Bundesbaugesetz und Baunutzungsverordnung); Kommentar / begr. von Sebastian Heitzer; Ernst Oestreicher. — 3., neubearb. Aufl. / von Ernst Oestreicher.
— Berlin, New York: de Gruyter, 1980.
(Bauplanungsrecht / begr. von Sebastian Heitzer; Ernst Oestreicher; Bd. 2) (Sammlung Guttentag)
ISBN 3-11-008082-6

NE: Oestreicher, Ernst

Satz und Druck: H. Heenemann GmbH & Co., 1000 Berlin 42

Bindearbeiten: Lüderitz & Bauer, 1000 Berlin 61

Printed in Germany

Vorwort zur dritten Auflage

Das Städtebauförderungsgesetz war in der 5. und 6. Auflage des einbändigen Werkes zusammen mit dem Bundesbaugesetz kommentiert. Dies konnte in der 7. Auflage wegen einer Gefährdung der Handlichkeit des Buches und der gebotenen Aufnahme der Landesplanungsgesetze nicht aufrechterhalten werden. Die zweite Novelle zum Bundesbaugesetz vom 6. Juli 1979, die sich auch auf eine Reihe von Bestimmungen des Städtebauförderungsgesetzes erstreckt, war Anlaß, auch den Kommentar zu diesem Gesetz neu herauszubringen.

Dieser Band II des Bauplanungsrechts enthält im ersten Teil das kommentierte Städtebauförderungsgesetz mit den Verwaltungsvorschriften des Bundes und Hinweisen auf die Durchführungsbestimmungen der Länder. Der zweite Teil — Raumordnung und Landesplanung — bringt das erläuterte Raumordnungsgesetz des Bundes, die Texte der Landesplanungs- und Raumordnungsgesetze der Länder mit Hinweisen auf die Länder-Durchführungsbestimmungen. Soweit Rechtsprechung zum Städtebauförderungsgesetz vorliegt — bis vor kurzem wurde von den Stadtgemeinden noch nicht sehr stark von diesem Gesetz Gebrauch gemacht —, wurde sie bei den in Betracht kommenden Bestimmungen in ihren Leitsätzen aufgeführt und in die Kommentierung eingearbeitet.

Zu dem Anfang des Jahres erschienenen Band I (Kommentar zum Bundesbaugesetz) wurde in diesen Band aus aktuellem Anlaß als Nachtrag eine Ergänzung aufgenommen; sie enthält wichtige Rechtsprechung zu verschiedenen Bestimmungen des Bundesbaugesetzes und der Baunutzungsverordnung bis in die jüngste Zeit.

München, im August 1980

Ernst Oestreicher

Inhaltsübersicht

Literaturübersicht

1. Städtebauförderungsgesetz

Battis	Ausschluß der Entschädigung für sanierungsauslösende Grundstücksnutzung, DVBl. 1973, 99
Bielenberg	Die Übertragung von Sanierungsaufgaben auf den Grundstückseigentümer, NJW 1976, 16
Bielenberg	Stadtbauförderungsgesetz, Kommentar, Verlag Vahlen — C. H. Beck München
Bielenberg	Verfassungsrechtliche Eigentumsgarantie und Sozialbindung im Städtebau, dargestellt in der Sanierung nach dem Städtebauförderungsgesetz DVBl. 1971, 441
Bößl	Der Ausgleichsbetrag nach dem Städtebauförderungsgesetz, KStZ 1972, 21
Bohnen	Landbevorratungsverträge zwischen Gemeinden und Bau- und Grundstücksunternehmen unter Würdigung des Städtebauförderungsgesetzes, DVBl. 1976, 151
Clasen	Das Vorkaufsrecht und das Grunderwerbsrecht der Gemeinde nach dem Städtebauförderungsgesetz, NJW 1973, 1905
Clasen	Die drei Gebote des Städtebauförderungsgesetzes, NJW 1973, 1249
Clasen	Die vorbereitenden Untersuchungen und die förmliche Festlegung des Sanierungsgebietes nach dem Städtebauförderungsgesetz, StKV 1974, 227
Clasen	Entschädigung bei Eingriffen in Miet- und Pachtverhältnisse auf Grund des Städtebauförderungsgesetzes, NJW 1973, 678
Dieterich-Farenholz	Städtebauförderungsgesetz, Boorberg Verlag München
Dittrich	Zögern bei Anwendung des Städtebauförderungsgesetzes, BlGBWR 1972, 18
Dyong	Anwendungsbereich des Städtebauförderungsgesetzes sowie seine bau- und bodenrechtlichen Vorschriften, BBauBl. 1972, 171
Eggstein	Bindungswirkung einer Bodenverkehrsgenehmigung (Bauvorbescheid — Baugenehmigung — und förmliche Festlegung eines Sanierungsgebiets nach dem StBauFG), DÖV 1972, 275
Freudling	Zum Städtebauförderungsgesetz, im Rahmen eines Aufsatzes; Wert — Schaden — Entschädigung, DÖV 1970, 312

Freudling	Zum Maß der Enteignungsentschädigung, BayVBl. 1972, 10
Gaentzsch	Die Bodenwertabschöpfung im StBauFG (Schriften zum deutschen Kommunalrecht), Verlag Reckinger, 1975
Gaentzsch	Städtebauförderungsgesetz, Kommentar, Verlag Reckinger u. Co., Siegburg
Gaentzsch	Die Gemeinden und das Städtebauförderungsgesetz, Der Landkreis 1971, 357
Gassner	Die Aufschließung bei städtebaulichen Sanierungs- und Entwicklungsmaßnahmen, Inst. für Städtebau, Berlin 1973
Gewos	Systematik der Vorbereitung städtebaulicher Sanierungsmaßnahmen, BBauBl. 1971, 522
Giehl	Das Städtebauförderungsgesetz — Ziele und Inhalt, BayBgm. 1971, 237
Giehl	Die Abschöpfung von Sanierungsgewinnen nach dem Städtebauförderungsgesetz, BayVBl. 1973. 309
Göb	Möglichkeiten und Grenzen der Stadtentwicklungsplanung, DÖV 1974, 86
Gutekunst	Das Städtebauförderungsgesetz, Mitteilungen des Bay. Notarvereins 1972, 1
v. d. Heide	Probleme der Städtebauförderung, BauR 1972, 76
Heil	Forderungen an die Stadterneuerung, Struktur 1972, 57
Hintzsche	Die Auswirkungen des § 23 StBauFG auf die Grundstückswertermittlung bei Sanierung und Entwicklungsmaßnahmen, BlGBWR 1972, 205
Koopmann	Bundesprogramm 1974—1977 nach § 72 StBauFG, BBauBl. 1974, 15
Küppers	Der Sanierungsträger nach dem StBauFG, DWW 1971, 318
Küppers	Finanzierung nach dem StBauFG, DWW 1971, 322
Küppers/Reinartz	Das Städtebauförderungsgesetz, NJW 1971, 2041
Lang	Politische Fragen der Urbanisierung in Lehre und Forschung, DVBl. 1969, 791
Lange-Fuchs	Besprechung von „Städtebau nach neuem Recht“, Grundriß des Städtebauförderungsgesetzes, NJW 1972, 714
Mattern	Jedem Dorf sein Hochhaus?, Verw.-Prax. 1972, 75
Mertes	Vereinbarungen über Ausgleichsbeträge nach dem Städtebauförderungsgesetz vor Abschluß der Sanierung oder Entwicklung, DVBl. 1976, 153
Meyer	Betrachtungen über das Städtebauförderungsgesetz im Spannungsfeld des Grundgesetzes, AöR 1972, 12
Meyer/Stich/Schlichter	Städtebauförderungsgesetz, Carl Heymanns Verlag, Köln/Berlin/Bonn/München
Meyer/Stich/Schlichter	Kommentar zum Städtebauförderungsgesetz, Carl Heymanns Verlag KG 1972
Schmidt	Der Sozialplan im Städtebauförderungsgesetz, Der Gemeindetag 1972, 77

Schmitt	Die Flurbereinigungsbehörde als Amt für Raumordnung und Städtebauförderung, DVBl. 1973, 429
Selige/Clasen	Nochmals: „Das Vorkaufsrecht und das Grunderwerbsrecht der Gemeinde nach dem Städtebauförderungsgesetz, NJW 1974, 632
Spengelin	Zum StBauFG, DWW 1971, 316
Stich	Die Entschädigungssonderregelung für land- und forstwirtschaftliche Grundstücke in § 57 Abs. 4 des Städtebauförderungsgesetzes, DVBl. 1976, 139
Strickrodt	Modelle für städtebauliche Sanierungsinstitutionen, NJW 1971, 920
Stümke	Zur Problematik der sog. unrentierlichen Kosten in der Städtebauförderung und -Finanzierung, BIGBWR 1972, 164, Grundriß des StBauFG, NJW 1972, 714
Walter	Grundriß des StBauFG, NJW 1972, 714
Ziegler	Zur Anwendung des § 313 BGB auf den Erschließungsvertrag und auf die Einigung im Rahmen des Übernahmeverlangens des § 40 BBauG und der entsprechenden Regelungen im StBauFG, DVBl. 1972, 215
Zinkahn	Das Städtebauförderungsgesetz, seine Notwendigkeit und sein Hintergrund, BBauBl. 1972, 123

2. Raumordnung und Landesplanung

Bielenberg	Verfassung und Verwaltungsprobleme der Raumordnung und Landesplanung, BBauBl. 1965, 306 = DVBl. 1965, 515
Bielenberg	Raumordnung in der Bundesrepublik, Stand und Entwicklung Ende 1966, DVBl. 1967, 517
Blümel	Raumplanung, vollendete Tatsachen und Rechtsschutz. Festgabe für Ernst Forsthoff. Zum 65. Geburtstag. C. H. Beck'sche Verlagsbuchhandlung München 1967
Blümel	Raumordnung sind Kommunale Selbstverwaltung, DVBl. 1973, 436
Boesler	Struktur und Infrastrukturforschung im Dienst der Orts- und Regionalplanung, DWW 1967, 294
von Borries	Raumplanung und kommunales Finanzwesen in amerikanischen Stadtregionen (Metropolitan-Areas), Deutscher Verband für Wohnungswesen, Städtebau und Raumplanung, Köln-Mühlheim
Brenken	Aktivierung der Raumordnung. Zur Aufstellung eines Bundesraumordnungsprogramms, DÖV 1970, 81
Buchsbaum	Das Bundesraumordnungsprogramm und seine Verbindlichkeit, DÖV 1975, 545
Dietrichs	Raumordnungspolitik in Frankreich, BBauBl. 1965, 110
Dietrichs	Planfikation und Raumordnung, BBauBl. 1965, 302
Dietrichs und Hübler	Bundesraumordnungsprogramm, DÖV 1969, 657

Dreis	Volkswirtschaftliche Zielvorstellung der Raumordnungspolitik, DWW 1965, 212
Engelhardt	Das neue Bayerische Landesplanungsgesetz, BayVBl. 1970, 117 und 165
Ernst	Das Bundesraumordnungsgesetz, BBauBl. 1965, 94
Ernst	Erneuerung der Gemeinden als Raumordnungsaufgabe, Bayer. Gemeindezeitung 1965, Nr. 9 S. 1
Finkenstein	Raumordnung, eine Gemeinschaftsaufgabe aller beteiligten Verwaltungen, DÖV 1969, 56
Galette	Probleme der überörtlichen Raumplanung, Der Landkreis 1965, 40
Golz	Landesplanung und Verwaltungsgliederung, DÖV 1967, 193
Grüter	Die Planungskompetenzen des Oberkreisdirektors nach dem Landesplanungsgesetz von Nordrhein-Westfalen, DVBl. 1963, 848
Haarmann	Stand und Probleme des Raumordnungsrechts, DVBl. 1963, 833
Halstenberg	Die Raumordnungspolitik des Bundes und ihre Instrumente, DÖV 1963, 788
Halstenberg	Die Verzahnung von Bundesraumordnung, Landesplanung und gemeindlicher Bauleitplanung, DVBl. 1969, 565
Hartkopf	Raumordnung — eine überfachliche staatspolitische Aufgabe? Landkreis 1970, 108
v. d. Heide	Raumordnungspolitik im Bund, Ländern und Gemeinden, Der Landkreis 1967, 88
v. d. Heide	Kompetenzen des Bundes auf dem Gebiete der Raumordnung, DVBl. 1969, 229
v. d. Heide	Sozialverpflichtung des Eigentums in der Raumordnung, BayBgm. 1968, 57
Hosch	Aktuelle Fragen des Raumordnungsverfahrens nach dem Bayer. Landesplanungsgesetz, BayVBl. 1974, 331
Hosch/Höhnberg	Programme und Pläne nach dem Bayer. Landesplanungsgesetz, BayVBl. 1974, 657 und 691
Hübler	Für die Erhaltung, den Schutz und die Pflege der Landschaft ist zu sorgen! Bemerkungen zur Aufgabenstellung der Landespflege aus der Sicht der Raumordnung, Landkreis 1970, 158
Isbary	Zur Gliederung des Bundesgebiets in Planungsräume, DÖV 1963, 793
Isbary	Der Standort der deutschen Städte in der Raumordnung, Schriftenreihe des Deutschen Städtebundes, Heft 2, Verlag Otto Schwarz u. Co., Göttingen 1964
Jacob	Das Raumordnungsgesetz, DVBl. 1965, 262
Jacob	Raumordnung und kommunale Selbstverwaltung in der Region — Zum Inkrafttreten des Bundesraumordnungsgesetzes, Der Landkreis 1965, 173

Jacob	Kompetenzen und Instrumente des Bundes auf dem Gebiete der Raumordnung, DVBl. 1968, 929
Jonak	Landesplanung und Bundesraumordnung, Bad.-Württ. VerwBlatt 1965, 1
Keßler	Der angestrebte Raumordnungsplan als Bundesraumforschung oder Standortlenkung, BB 1954, 73
Klotz	Zuständigkeit der kommunalen Selbstverwaltungskörperschaften in der Regionalplanung, DÖV 1967, 184
Knemeyer	Primäres Initiativrecht der Kommunen in der Landesplanung, BayVBl. 1975, 296
Kubles	Flughäfen und Raumordnung, DVBl. 1961, 808
Lücke	Raumordnung und Kommunalpolitik, StKV 1966, 117
Mattenklodt	Das Bundesraumordnungsgesetz, DÖV 1966, 21
Mayer/Engelhardt/Helbig	Landesplanungsrecht in Bayern, Kommunalschriftenverlag J. Jehle, München
Mayer/Helbig	Ziele der Raumordnung und Landesplanung, BayVBl. 1975, 163
Meyer	Verfassungs- und Verwaltungsprobleme der Raumordnung und Landesplanung, DWW 1965, 148
Nau	Staatliche Raumordnung und gemeindliche Selbstverwaltung, DÖV 1962, 533
Niemeier	Regionalplanung und Landesplanungsgesetz, DÖV 1963, 803
Niemeier-Müller	Raumplanung als Verwaltungsaufgabe, Gebrüder Jänicke-Verlag Hannover, 1964
	Raumplanung — Entwicklungsplanung, Veröffentlichung der Akademie für Raumforschung und Landesplanung, Bd. 80, Jänecke-Verlag Hannover
Richard	Zwingende Forderungen humaner Stadtentwicklung an die technischen Fachplanungen, Struktur 1972, 63
Schauwecker	Überlegungen zu einem Planungswertausgleich, ZRP 1972, 83
Schefer	Ein neuer Abschnitt der Raumordnung? DVBl. 1970, 98
Schöning	Raumordnung, Städtebau und Architektur in Ungarn, BBauBl. 1965, 261
Schramm	Zum Stellenwert von Plänen in der Rechtsnormhierarchie am Beispiel der Raumplanung, DVBl. 1974, 647
Schultze	Die Ziele der Raumordnung und Landesplanung als Rechtsbegriffe, Schriftenreihe der Arbeitsgruppe Standortforschung, Jaenecke-Verlag Hannover 1974
Tschira	Das neue Bayerische Landesplanungsgesetz, Der Landkreis 1970, 89
Stich	Bundesbaugesetz und Naturschutz, Natur und Landschaft 1960, 141
Stich	Bundesbaugesetz und Naturschutz, Bedeutsame Auswirkungen auf die Anpassung der Baupläne an Raumordnung und Landesplanung, Staatszeitung — Staatsanzeiger für Rheinland-Pfalz 1960, 12

Wagener	Von der Raumplanung zur Entwicklungsplanung, DVBl. 1970, 93
Weber	Raumordnung und Raumplanung, DÖV 1963, 785
Zeller	Mitwirkung und Rechtsschutz der Gemeinden im Bereich der Planung (mit Ausnahme der Bauleitplanung), DVBl. 1973, 599
Zens	Stadt als sozialer Raum, Struktur 1972, 49

Abkürzungsverzeichnis

aaO	=	am angeführten Ort
AbG	=	Abfallbeseitigungsgesetz
Abl.	=	Amtsblatt
Abs.	=	Absatz
aM	=	anderer Meinung
Anm.	=	Anmerkung
AO	=	Abgabenordnung
ASlg.	=	Amtliche Sammlung
AusfG	=	Ausführungsgesetz
AV	=	Ausführungsverordnung
B	=	Beschluß
BauNVO	=	Baunutzungsverordnung
BauO	=	Bauordnung
BauR	=	Baurecht (Zeitschrift für das öff. u. priv. Baurecht)
BauRegV	=	Verordnung über die Regelung der Bebauung v. 15. 2. 1936
BayBO	=	Bayerische Bauordnung
BayBgm.	=	Der Bayerische Bürgermeister
BayBS	=	Bereinigte Sammlung des bayer. Landesrechts
BayLUMBl.	=	Ministerialblatt des Bayer. Staatsministeriums für Landentwicklung und Umweltfragen
BayStrWG	=	Bayer. Straßen- und Wegegesetz
BayVBl.	=	Bayerische Verwaltungsblätter
BayVfGH	=	Bayerischer Verfassungsgerichtshof
BB	=	Betriebsberater
Bd.	=	Band
BBauBl.	=	Bundesbaublatt
BBauG	=	Bundesbaugesetz
BebPl.	=	Bebauungsplan
BewG	=	Bewertungsgesetz
BewDV	=	Durchführungsverordnung z. Bewertungsgesetz
BFH	=	Bundesfinanzhof
BFHE	=	Amtliche Sammlung der Entscheidungen des Bundesfinanzhofs
BGBl.	=	Bundesgesetzblatt
BGH	=	Bundesgerichtshof
BGHZ	=	Amtliche Sammlung der Entscheidungen des Bundesgerichtshofs in Zivilsachen
BlGBWR	=	Blätter für Grundstücks-, Bau- und Wohnrecht
BO	=	Bauordnung (z. B. BayBO)

BR	=	Bundesrat
BRS	=	Baurechtssammlung (Thiel)
BT	=	Bundestag
Buchholz	=	Sammel- und Nachschlagewerk der Entscheidungen des BVerwG, herausgegeben von SenPräs. Buchholz BVerwG
BVerfG	=	Bundesverfassungsgericht
BVerfGE	=	Amtliche Sammlung der Entscheidungen des Bundesverfassungsgerichts
BVerwG	=	Bundesverwaltungsgericht
BVerwGE	=	Amtliche Sammlung der Entscheidungen des Bundesverwaltungsgerichts
DB	=	Der Betrieb
DGStZ	=	Deutsche Gemeindesteuerzeitung
DNotZ	=	Deutsche Notarzeitschrift
DOV	=	Die Öffentliche Verwaltung
DRiZ	=	Deutsche Richterzeitung
DS	=	Drucksache (des BT oder des BR)
DV	=	Durchführungsverordnung
DVBl.	=	Deutsches Verwaltungsblatt
DWW	=	Deutsche Wohnungswirtschaft
EG	=	Einführungsgesetz
EPlaR	=	Bonath, Entscheidungen zum Planungsrecht (Städtebau, Landesplanung, Raumordnung)
Erl.	=	Erläuterung
FlNPl.	=	Flächennutzungsplan
FlurbG	=	Flurbereinigungsgesetz
FStrG	=	Bundesfernstraßengesetz
GABl.	=	Gemeins. Amtsblatt Bad.-Wttg.
GewArch	=	Gewerbearchiv
GBl.	=	Gesetzblatt
GBO	=	Grundbuchordnung
GemT	=	Deutscher Gemeindetag
GemS—OGB	=	Gemeinsamer Senat der obersten Gerichtshöfe des Bundes
GG	=	Grundgesetz für die Bundesrepublik Deutschland
GO	=	Gemeindeordnung
GVBl.	=	Gesetz- und Verordnungsblatt
HGO	=	Hessische Gemeindeordnung
i. d. F.	=	in der Fassung
JR	=	Juristische Rundschau
JW	=	Juristische Wochenschrift
JZ	=	Juristenzeitung
KStZ	=	Kommunale Steuerzeitschrift
LandbG	=	Landbeschaffungsgesetz
MBl. oder MABl.	=	Ministerialamtsblatt
ME	=	Ministerialentschließung
NatSchG	=	Naturschutzgesetz
NJW	=	Neue Juristische Wochenschrift

OVG	=	Oberverwaltungsgericht
OVGE	=	Amtl. Sammlung der Entscheidungen der Oberverwaltungsgerichte Rhld.-Pf. und Saarland
OWiG	=	Ordnungswidrigkeitengesetz
PrGS	=	Gesetzessammlung für Preußen
PrOVG	=	Entscheidungssammlung des Preuß. Oberverwaltungsgerichts
RdL	=	Recht der Landwirtschaft
Rechtspfl.	=	Der Rechtspfleger
RFH	=	Reichsfinanzhof
RG	=	Reichsgericht
RGBl.	=	Reichsgesetzblatt
RGZ	=	Entscheidungssammlung des Reichsgerichts in Zivilsachen
rkr.	=	rechtskräftig
RstBl.	=	Reichssteuerblatt
RuS	=	Raum und Siedlung
StBauFG	=	Städtebauförderungsgesetz
StKV	=	Staats- und Kommunalverwaltung (Zeitschrift)
U	=	Urteil
V	=	Verordnung
VfGH	=	Verfassungsgerichtshof
VerwArch.	=	Verwaltungsarchiv
VerwRspr.	=	Verwaltungsrechtsprechung
VG	=	Verwaltungsgericht
VGG	=	Verwaltungsgerichtsgesetz
VGH	=	Verwaltungsgerichtshof
VSperre	=	Veränderungssperre
VwGO	=	Verwaltungsgerichtsordnung
WEG	=	Wohnungseigentumsgesetz
WertV	=	Wertermittlungsverordnung
WiR	=	Wirtschaft und Recht
WM	=	Wohnungswirtschaft und Mietrecht
WoBauG	=	Wohnungsbaugesetz
WRV	=	Weimarer Reichsverfassung vom 11. 8. 1919
ZfBR	=	Zeitschrift für deutsches u. internationales Baurecht
ZMR	=	Zeitschrift für Miet und Raumrecht
ZPO	=	Zivilprozeßordnung
ZRP	=	Zeitschrift für Raumordnung und Planung
ZweckVG	=	Zweckverbandsgesetz

I.
STÄDTEBAUFÖRDERUNGSGESETZ
1. Gesetz über städtebauliche Sanierungs- und Entwicklungsmaßnahmen in den Gemeinden (Städtebauförderungsgesetz — StBauFG)

in der Fassung vom 18. August 1976*) (BGBl. I S. 2319), geändert durch Art. 46 des Einführungsgesetzes zur Abgabenordnung (EGAO 1977) vom 14. Dezember 1976 (BGBl. I S. 3341)**) und das Gesetz zur Beschleunigung von Verfahren und zur Erleichterung von Investitionsvorhaben im Städtebaurecht vom 6. Juli 1979 (BGBl. I S. 949)***)

Allgemeines

I.

Vorgeschichte

Bereits während der vierten und fünften Legislaturperiode des Bundestags — BT — (1961—1969) waren von den damaligen Bundesregierungen mehrere Entwürfe (E) für ein Städtebauförderungsgesetz (StBauFG) vorgelegt worden. Am 24. 3. 1965 war ein E beschlossen und über den Bundesrat — BR — (DS 155/65) am 28. 5. 1965 dem BT (DS IV 3491) eingebracht worden. Im Hinblick auf den bevorstehenden Ablauf der Legislaturperiode des 4. BT wurde der E nicht mehr behandelt; er wurde von der damaligen BReg. in der fünften Legislaturperiode am 2. 2. 1966 in unveränderter Fassung erneut beschlossen und am 22. 4. 1966 dem BR (DS 64/66) zugeleitet. Der BR nahm nicht Stellung, sondern bat die BReg., aus verfassungs-, finanz- und konjunkturpolitischen Gründen von einer Weiterleitung abzusehen (294. Sitzung des BR vom 13. 5. 1966). Ein weiterer Anlauf erfolgte durch die Regierung der „Großen Koalition" mit dem von der Regierung Kiesinger am 15. 11. 1968 dem BT vorgelegten Entwurf eines „Städtebau- und Gemeindeentwicklungsgesetzes" (DS V/3505). Der BR hatte hierzu in der 329. Sitzung am 25. 10. 1968 (BR-DS 530/68) Stellung genommen und im wesentlichen keine

---

*) Aufgrund des Artikels 4 des Gesetzes zur Änderung des Bundesbaugesetzes vom 18. August 1976 (BGBl. I S. 2221) wurde der Wortlaut des Städtebauförderungsgesetzes vom 27. Juli 1971 (BGBl. I S. 1125) in der ab 1. Januar 1977 geltenden Fassung unter Berücksichtigung

a) des Art. 287 Nr. 13 des Einführungsgesetzes zum Strafgesetzbuch vom 2. März 1974 (BGBl. I S. 469),
b) des Zuständigkeitsanpassungs-Gesetzes vom 18. März 1976 (BGBl. I S. 705)

am 18. August 1976 (BGBl. I S. 2318) bekanntgemacht.

**) betrifft § 90 Abs. 1 Nr. 2

***) betrifft die §§ 4, 8, 10, 15, 35, 38, 39, 40, 41, 42, 43, 44, 50, 53, 54, 57, 62, 63, 91 und 95 a (neu).

Einwendungen erhoben. Der Entwurf konnte wegen Ablaufs dieser Legislaturperiode auch nicht mehr behandelt werden.

Die Regierung Brandt legte am 12. 3. 1970 dem VI. BT einen neuen Entwurf eines „Gesetzes über städtebauliche Sanierungs- und Entwicklungsmaßnahmen in den Gemeinden (Städtebauförderungsgesetz)“ vor (DS VI/4510), zu dem der BR in seiner 340. Sitzung am 13. 2. (BR-DS 1/70) Stellung nahm. Dabei faßte dieser folgende Entschließung:

„Der Bundesrat bittet die Bundesregierung, im weiteren Verlauf des Gesetzgebungsverfahrens den Entwurf eines Städtebauförderungsgesetzes in wesentlichen Punkten zu ergänzen und weiter zu entwickeln. Nach Auffassung des Bundesrates darf sich das Gesetz nicht auf die Sanierung städtebaulicher Mißstände und Entwicklungsmaßnahmen beschränken, die sich in der Praxis vorwiegend auf Ballungszentren auswirken. Vielmehr muß das Gesetz einmal die Verbesserung der gesamten Siedlungsstruktur, zum anderen bei allen Maßnahmen eine stärkere Berücksichtigung der Grundsätze der Raumordnung und Landesplanung zum Ziele haben. Das Gesetz darf nicht darauf verzichten, durch geeignete Institutionen sicherzustellen, daß das Eigentum an Immobilien für jedermann, insbesondere auch für kapitalschwache Bevölkerungskreise, gefördert wird. Das Gesetz muß daher eine Reform des gemeinnützigen Wohnungsbauwesens und moderne Formen der Beteiligung am Grundeigentum einbeziehen.“

Bereits vorher (DS VI/434) hatte die Fraktion der CDU/CSU einen Gegenentwurf dem BR präsentiert. In den folgenden eingehenden Beratungen wurde in 28 Sitzungen vom Ausschuß für Städtebau und Wohnungswesen, dem federführenden (damals) 14. Ausschuß, unter Verwendung der Empfehlungen des BR und schließlich auch von Teilen des E der Opposition (vgl. zu DS VI/2204), ein dem RegE gegenüber völlig umgearbeiteter E am 27. 5. 1971 (DS VI/2204) präsentiert, der im BT zur Abstimmung gestellt wurde. Zwar verabschiedete der VI. BT am 16. 6. 1971 mit Mehrheit das Gesetz, doch rief der BR in seiner 369. Sitzung am 9. 7. 1971 den Vermittlungsausschuß an, der am 15. 7. 1971 die §§ 25 Abs. 1 Satz 2, Abs. 3, Abs. 4, Abs. 5 Nr. 2, Abs. 7 und Abs. 8 erster Halbsatz sowie 54 Abs. 3 änderte, jedoch dem Anrufungsbegehren bezüglich der §§ 23 (Bemessung von Ausgleichs- und Entschädigungsleistung) und 84 (Änderung des Einkommensteuergesetzes) nicht Rechnung trug. Die vorgeschlagenen Änderungen des Vermittlungsausschusses betrafen die Veräußerungspflicht der Gemeinde und die Grunderwerbspflicht der Gemeinde. Bei der Reprivatisierung der Grundstücke sah der Vermittlungsvorschlag nunmehr eine Rangfolge vor nach späteren Eigentümern, die kein sonstiges Grundeigentum oder nur Grundeigentum in geringem Umfang haben, und Eigentümern, die im Sanierungsgebiet eigengenutzte Wohn- und Geschäftsräume verloren haben; darüber hinaus solle die Gemeinde die zu erwartenden Restflächen unter Beachtung des Sanierungszwecks an weitere Kreise der Bevölkerung veräußern. Die in § 54 Abs. 3 vorgesehene Grunderwerbspflicht der Gemeinden wurde durch den Vermittlungsausschuß in eine Sollvorschrift umgewandelt; die Gemeinde soll außerdem Grundstücke, die der Eigentümer mit einem Eigenheim oder einer Kleinsiedlung bebauen will, nicht erwerben, sofern die Entwicklungsmaßnahmen dadurch beeinträchtigt werden. Der BT folgte in seiner Sitzung am 19. 7. 1971 dem Antrag des Vermittlungsausschusses ohne Gegenstimmen; auch der BR stimmte in seiner 370. Sitzung am 23. 7. 1971 zu.

II.

Gesetzgebungszuständigkeit des Bundes

Die Gesetzgebungskompetenz des Bundes ergibt sich aus Art. 74 Nr. 18 (Grundstücksverkehr, Bodenrecht, Wohnungswesen, Siedlungswesen), Nr. 14 (Recht der Enteignung), Art. 104a Abs. 4 (Finanzhilfen), Art. 105 Abs. 2 (Steuern). Bei der Vorlage an den BT berief sich die Bundesregierung auf Art. 72 Abs. 2 Nr. 1 und 3 GG.

Die Kostenbelastung des Bundes ergibt sich aus § 71 StBauFG, der Finanzhilfen für die Länder zur Förderung der städtebaulichen Sanierungs- und Entwicklungsmaßnahmen vorsieht.

III.

Aufgabe und Lösungsversuch für die Erstfassung des StBauFG

Der (damals 14.) Ausschuß für Städtebau und Wohnungswesen hatte als federführender Ausschuß die Aufgabe, den Entwurf der BReg. und den Gegenentwurf der Opposition unter Berücksichtigung der Wünsche des BR zu einem einheitlichen Werk zusammenzufassen. Dies ist ihm im wesentlichen — ungeachtet der Schwierigkeiten im praktischen Vollzug — gelungen.

In den allgemeinen Vorschriften des Gesetzes wird der Sondercharakter der städtebaulichen Sanierung und Entwicklung hervorgehoben. Unter Sanierung versteht das Gesetz die Beseitigung abbruchreifer Bausubstanz mit anschließender Neubebauung der Grundstücke. Eine Sanierungsnotwendigkeit ergibt sich aber auch schon dann, wenn ein Gebiet nach seiner vorhandenen Bebauung oder nach seiner sonstigen Beschaffenheit den allgemeinen Anforderungen an gesunde Wohn- und Arbeitsverhältnisse nicht entspricht. Die Sanierung begreift auch die erforderlichen Ersatzbauten und Anlagen ein. Der Stadtsanierung ist gleichzusetzen die Dorferneuerung. Es bestand vielfach die Meinung, Sanierungsmaßnahmen nach dem StBauFG beträfen in erster Linie die Städte, während Entwicklungsmaßnahmen in erster Linie ländlichen Raum beträfen. Das ist jedoch ein Irrtum. Der **Sanierungsbegriff** des StBauFG umfaßt sowohl die **Stadtsanierung** im engeren Sinn wie auch die **Dorferneuerung.**

Unter **Entwicklungsmaßnahmen** versteht das Gesetz diejenigen Maßnahmen, durch die zur Verwirklichung strukturpolitischer Ziele der Raumordnung und Landesplanung neue Orte geschaffen, vorhandene Ortschaften zu neuen Siedlungseinheiten entwickelt oder vorhandene Orte um neue selbständige Ortsteile erweitert werden. Entwicklungsmaßnahmen nach dem StBauFG sind keineswegs ausschließlich oder in erster Linie als Maßnahmen zur Entwicklung zurückgebliebener Gebiete im Sinne der Raumordnung und Strukturpolitik zu verstehen. **Entwicklung** ist hier ein städtebaulicher Begriff und bedeutet auch den Bau neuer Orte oder den Ausbau oder die wesentliche Erweiterung vorhandener Orte (§ 1 Abs. 3). Sowohl städtebauliche Sanierungs- wie auch Entwicklungsmaßnahmen schließen den raumordnungs- und strukturpolitischen Entwicklungsbegriff in sich ein, nämlich in dem Sinn, daß städtebauliche Sanierungs- und Entwicklungsmaßnahmen den Zielen der **Raumordnung und Landesplanung** entsprechen müssen, ihrer Verwirklichung dienen können, aber nicht auf einzelne Raumkategorien beschränkt sind. Auch die städtebauliche Sanierung ist also eine Gemeindeentwicklung im raumordnungs- und strukturpolitischen Sinn. Es wird sich möglicherweise zeigen, daß gerade in den kleineren Städten und in den Gemeinden des ländlichen Raumes Sanierungsmaßnahmen große Bedeutung erlangen werden. Denn hier ist es im Rahmen des Ausbaues und der Entwicklung zentraler Orte notwendig, vorhandene **Ortskerne zu erneuern,** auszubauen und möglicherweise auch zu erweitern, damit sie die notwendigen Kernfunktionen für ihren Nahversorgungsbereich erfüllen können. **Entwicklungsmaßnahmen** sind Maßnahmen, die qualitativ und quantitativ einen Umfang haben, der nicht nur von örtlicher Bedeutung für die Gemeinde, sondern von Bedeutung für die **Landes- und Regionalentwicklung** ist (vgl. § 53 Abs. 1 Nr. 1), weshalb städtebauliche Entwicklungsbereiche durch Rechtsverordnung der Landesregierung als solche bestimmt werden können. Es handelt sich im wesentlichen um städtebauliche Maßnahmen auf noch unbebauten oder nur geringfügig bebauten Flächen. Sie werden vor allem in solchen Gebieten notwendig werden, in denen die Bevölkerung (durch Zuzug) zunimmt und deshalb ein entsprechender Siedlungsdruck entsteht, und in solchen Gebieten, in die — unterstützt durch weitere Maßnahmen der

Raumordnung und Strukturpolitik — eine entsprechende Entwicklung gelenkt werden soll. Die Entwicklungsmaßnahmen sollen also (vgl. § 1 Abs. 3) der **Schwerpunktbildung,** der Konzentration der Besiedlung dienen (so Gaentzsch in „Gemeinden und Städtebauförderungsgesetz, Möglichkeiten des neuen Gesetzes", Beilage zum ZMD Nr. 31—33/1971).

Die Belange des Betroffenen, sei er Eigentümer, Mieter und Pächter, müssen gegenüber den Anliegen der Allgemeinheit gerecht abgewogen werden. Im Rahmen des Möglichen ist Eigentum zu erhalten.

IV.

Kritik an der Erstfassung

Genau wie das BBauG hat auch das StBauFG von Anbeginn an zu manchen kritischen Bemerkungen Anlaß gegeben. Insbesondere die Städte als Brennpunkte der Probleme des Gesetzes sehen nicht alle ihre dringenden Forderungen erfüllt. Man hat insbesondere den „Verlust des gemeindefreundlichen Charakters" durch die Abänderungen nach dem Spruch des Vermittlungsausschusses und die Tatsache bedauert, daß zu viele Einspruchsmöglichkeiten gegeben sind (vgl. SZ Nr. 226/1971).

Daß der schwächste Punkt des StBauFG das Bodenrecht ist, lag nicht an einem Mangel der gesetzgeberischen Planung. Vielmehr ist die Entwicklung — steigende Nachfrage nach Grundstücken bei gleichbleibendem oder zurückgehendem Angebot, unerwartet schnelle Erweiterung der sog,. Ballungszentren — über die gesetzlichen Normierungen, besonders des BBauG, auch der Enteignungsbestimmungen, hinweggegangen. Der Bundesgesetzgeber sieht sich immer größeren Schwierigkeiten gegenüber, die allgemeinen Verfassungsprinzipien, zu denen das Bekenntnis zum Eigentum gehört, mit den Forderungen des in Art. 14 Abs. 2 GG zum Ausdruck gebrachten Sozialstaatsprinzips auf dem Gebiete des Bodenrechts in Übereinstimmung zu bringen. Daß das bewegliche und unbewegliche Eigentum differenziert behandelt werden muß, ergibt sich aus der unterschiedlichen sozialen Bedeutung der beiden Eigentumsarten. Es fehlt an bisherigen allgemeinen Bestimmungen über eine Bodengewinnabgabe oder über einen Planungsausgleich, so daß insofern das Städtebauförderungsgesetz günstigstenfalls einen Fortschritt gegenüber früher, nicht aber eine befriedigende Lösung gebracht hat. Dabei sind sowohl Bodengewinnabgabe wie Planungsausgleich sehr schwer realisierbar. So bleibt die auf im Gesetz ausdrücklich genannte Gebiete beschränkte Möglichkeit der Eigentumsumschichtung nur eine Teillösung mit der Folge, daß in den vom Gesetz „verschonten" Gebieten die Bodenpreise um so mehr anziehen, wenn es sich um baulich interessante Gebiete handelt, wie von der Sanierung nicht betroffene innerstädtische Flächen oder der unmittelbare Stadtrand.

Es fehlte auch nicht an Kritikern, insbesondere auch aus Architektenkreisen, die glauben, daß das StBauFG im Ergebnis die öffentlichen und sonstigen gemeinnützigen Wohnungsbaugesellschaften (als „Sanierungsträger") bevorzuge mit der Folge einer architektonisch abzulehnenden Radikal- und Total-Sanierung.

Wie schon zum Teil das BBauG in seiner Erstfassung, so hat auch das StBauFG in der ersten Fassung hochgespannte Erwartungen nicht erfüllen können. Gelegentlich als „Jahrhundertgesetz" angekündigt, hatte das StBauFG solche Erwartungen geweckt, doch reichte schon kurz nach Inkraftsetzung die Urteilsskala der Fachwelt ziemlich einmütig von Skepsis bis zum Pessimismus. Der seinerzeitige Städtebauminister hatte zu Beginn der 2. Lesung dieses Gesetzes im BT erklärt:

„An dieses StBauFG als ersten Schritt auf dem Weg zu einer notwendigen, umfassenden Reform des derzeit gültigen Bodenrechts werden draußen im Lande teilweise große Erwartungen geknüpft; es gibt aber auch erhebliche Bedenken. Ich glaube, hier sagen zu sollen, daß die Erwartungen nicht zu hoch geschraubt, die Bedenken allerdings auch nicht aus falscher Perspektive gesehen werden sollen."

Von Anfang an wollte das StBauFG nicht das „Grundgesetz“ für die bauliche Renovierung und Weiterentwicklung unterer Städte und Gemeinden sein, weil es jeweils nur auf eng begrenzte Teile des Gemeindegebiets beschränkt bleibt, weil bereits diese Abgrenzung einen enormen Verfahrens- und Verwaltungsaufwand mit sich bringt und weil es auf die Dauer in unseren Städten und Gemeinden nicht zweierlei Bodenrecht oder Zonen verschiedenen Bodenrechts geben kann. Da auch die Novelle 1976 des BBauG keinen entscheidenden Durchbruch für eine allgemeine Reform des Bodenrechts gebracht hat, muß auf dem eingeschlagenen Weg der Novellen des BBauG und des BBauG weitergegangen werden; immerhin war die Regelung im bodenrechtlichen Teil des StBauFG ein Wegweiser für die nunmehrige Zwischenlösung.

V.

Änderung des StBauFG bis zur Novelle 1976

Das StBauFG erfuhr bis zur Novelle 1976 zwei nicht erhebliche Änderungen: Einmal durch Art. 287 des Einführungsgesetzes zum Strafgesetzbuch (EGStGB) vom 2. März 1974 (BGBl. I S. 469) und dann durch Art. 51 des Gesetzes zur Anpassung gesetzlich festgelegter Zuständigkeiten an die Neuabgrenzung der Geschäftsbereiche von Bundesministern (Zuständigkeitsanpassungs-Gesetz) vom 18. März 1975 (BGBl. I S. 705).

Während durch Art. 287 Nr. 13 EGStGB § 88 (Verletzung der Geheimhaltungspflicht) außer Kraft gesetzt worden ist (Ersatz durch §§ 201 bis 205 StGB), wurde durch Art. 51 des Zuständigkeitsanpassungsgesetzes lediglich in § 89 (Deutscher Rat für Stadtentwicklung) der zwischenzeitigen wieder durchgeführten verwaltungsmäßigen Trennung der Bundesministerien für Finanzen und Wirtschaft Rechnung getragen.

VI.

Novelle 1976 des StBauFG

1.

Gang der Gesetzgebungsverhandlungen

Im Zug der großen Novellierung des BBauG (siehe Einführung Nr. I 5 ff.) war ursprünglich von seiten der BReg. mit Ausnahme der Übernahme der §§ 64 bis 70 über städtebauliche Maßnahmen im Zusammenhang mit Maßnahmen zur Verbesserung der Agrarstruktur in den neuen Teil VII a des BBauG (§§ 144a bis 144f) bezüglich weiterer Änderungen des StBauFG nichts vorgesehen. Erst durch die Beratungen des federführenden Ausschusses (15. BT-Ausschuß für Raumordnung, Bauwesen und Städtebau) wurde eine Reihe von Vorschlägen zur Änderung von Bestimmungen des StBauFG gemacht*). Die Änderungsvorschläge betreffen zunächst die verstärkte Bürgerbeteiligung, wobei auch (neugefaßte) Bestimmungen des BBauG für anwendbar erklärt wurden, Übernahmeverlangen durch den Eigentümer bei Unwirtschaftlichkeit, Einbeziehung von Bestimmungen des Wohnungseigentumsgesetzes, Ergänzung der Modernisierungsmaßnahmen durch Instandsetzungsmaßnahmen, die Kostentragung sowie Steuererleichterungen bei Erhaltung, Modernisierung und Instandsetzungsmaßnahmen. Die Streichungen bezogen sich auf die §§ 16 Abs. 3 bis 5 (Zuteilung von Grund-

*) Die Vorschläge betreffen die §§ 9 Abs. 1, § 10, § 11, § 15, § 16 Streichung der Abs. 3 bis 5, § 17, Streichung der §§ 19 bis 21 und 32, die §§ 22, 24, 25, § 28, § 39, § 43, § 50 Abs. 3, § 52 Abs. 1, § 54 Abs. 5, § 57 Abs. 1, die Streichung von §§ 64 bis 70, ferner noch § 84, § 86.

stücken, Abfindung, Bezeichnung der zu beseitigenden Gebäude im Umlegungsplan), 19 bis 21 (Abbruchgebot, Baugebot, Modernisierungsgebot), 64 bis 70 (städtebauliche Maßnahmen im Zusammenhang mit Maßnahmen zur Verbesserung der Agrarstruktur. Die Streichungen erfolgten wegen der gleichzeitigen Neuregelung in der Novelle zum BBauG (§§ 39b, 39d und 39e, §§ 114a bis 144f) oder durch das 2. Wohnungskündigungsschutzgesetz (Art. 3 § 3).

2.

Endgültige Fassung der Novelle 1976

a) Der Vermittlungsausschuß, der durch den BR angerufen wurde, hat alle Vorschläge des federführenden Ausschusses übernommen, jedoch einige Ergänzungen beschlossen, die durch den BT in der 3. Lesung der Novelle zum BBauG mit angenommen wurden.

Es handelt sich dabei neben redaktionellen Ergänzungen um folgende Bestimmungen:

- § 17 (Vorkaufsrecht) wurde entsprechend der Neufassung des § 24 BBauG die gleiche zusätzliche Einschränkung der Ausübung des Vorkaufsrechts beschlossen wie dort (im einzelnen siehe die Erläuterungen bei den entsprechenden Vorschriften).
- Erweiterung des § 35 Abs. 7 in Gestalt einer Beschränkung der Veräußerung durch im Grundbuch eingetragene Anordnung der Genehmigungsbehörde,
- § 41 (Klarstellung bezüglich der Kosten der Ordnungsmaßnahmen); hierzu gehören nach der Neufassung nicht die persönlichen und sachlichen Kosten der Gemeindeverwaltung.
- Streichung des Begriffs „Samtgemeinde" und Aufnahme der „Verwaltungsgemeinschaften" in § 147 Abs. 1a Satz 1,
- Aufnahme der Instandsetzung zusätzlich zu den Modernisierungsmaßnahmen in § 43 Abs. 2 StBauFG, der sich mit der Kostentragung der Sanierungsmaßnahmen befaßt,
- ausdrückliche Aufrechterhaltung der Zuständigkeitsübertragungen nach § 66 Abs. 4 StBauFG in § 14 (Abs. 4),
- Inkrafttreten der Ermächtigung zum Erlaß von Rechtsverordnungen am Tag nach ihrer Verkündung.

Die Neufassung des StBauFG erfolgte mit Bekanntmachung vom 18. 8. 1976 (BGBl. I S. 2318). Das Inkrafttreten wurde wie beim BBauG auf den 1. Januar 1977 festgesetzt. Eine Reihe von Übergangsvorschriften ist für die Zeit bis zum 1. 1. 1977 ergangen.

b) Das Fazit der Novelle brachte eine engere Verklammerung von BBauG und StBauFG, die sich u. a. in der Streichung der §§ 19 bis 21 und 64 bis 70 StBauFG und Übernahme in das BBauG zeigt. Der im StBauFG mehrfach angesprochene Sozialplan fand auch im BBauG Eingang (siehe vor allem §§ 13a, 39h Abs. 4 BBauG). Im übrigen nimmt das StBauFG auch sonst in einer Reihe von Bestimmungen auf Vorschriften des BBauG Bezug. So enthält § 6 Abs. 2 StBauFG den Ausschluß der Anwendung der §§ 14 bis 22 BBauG bei Vorhaben und Rechtsvorgängen nach der förmlichen Festlegung des Sanierungsgebietes; unberührt bleiben die nach §§ 18 und 21 BBauG entstandenen Entschädigungsansprüche. Nach § 15 Abs. 8 StBauFG ist § 23 BBauG auf die Genehmigung nach § 15 Abs. 1 StBauFG anzuwenden. Das gleiche gilt nach § 18 Abs. 1 Satz 4 StBauFG (Vorkaufsrecht in Sanierungsgebieten) spricht ausdrücklich die Anwendung der §§ 24 Abs. 2 Sätze 1 und 2 Nr. 2 und Abs. 3 bis 5 und 28 BBauG aus. § 28 BBauG ist nach § 18 Abs. 9 Satz 1 Halbsatz 2 sinngemäß anwendbar. § 10 Abs. 1 StBauFG verweist in seinem Abs. 1 Satz 1 auf die BebPl. im Sinne des § 30 BBauG. Die baulichen Maßnahmen des Bundes und der Länder (§ 37) einschließlich Bodenverkehr

(§ 19 Abs. 4) und diejenigen für die Landesverteidigung u. a. (§ 38) werden in den §§ 12 und 15 StBauFG angesprochen. Siehe im einzelnen bei den einzelnen Bestimmungen des StBauFG.

VII.

Änderungen des StBauFG durch das Gesetz zur Beschleunigung von Verfahren und zur Erleichterung von Investitionsvorhaben im Städtebaurecht vom 6. Juli 1979

Gang der Gesetzgebungsverhandlungen

a) Die Novelle von 1979 brachte verhältnismäßig wenig Änderungen des StBauFG. Betroffen wurden die §§ 4, 8, 10, 38, 39, 40, 41, 43, 50, 53, 62 und 91. Ein § 95 a wurde als Überleitungsvorschrift zu dem neuen Gesetz eingefügt. Redaktionelle Änderungen erfuhren die §§ 15, 35, 42, die Überschrift von § 44, sowie die §§ 54 und 57.

b) *Regierungsentwurf:*
Nach der AmtlBegr zur Novelle 1979 (BT-DS 8/2451, zu A 2) sollen im Bereich des StBauFG die Vorschriften über die vorbereitenden Untersuchungen (§ 4) nach den inzwischen gewonnenen Erfahrungen praxisgerechter ausgestaltet werden; hierdurch soll sowohl einem Übermaß an vorbereitenden Untersuchungen vorgebeugt als auch den sehr unterschiedlichen Sachverhalten vorgebeugt in der Sanierungspraxis angemessen Rechnung getragen werden. Bei der Änderung „blieben die Belange der Sanierungsbetroffenen weiterhin voll gewahrt. Eine Reihe der Änderungen bezweckte, das Gebot der zügigen Durchführung (§ 1 Abs. 1) voll zum Tragen zu bringen, insbesondere zu ermöglichen, daß der durch eine Vielzahl von Rechtsvorschriften geregelte Sanierungsgang nicht durch überflüssige Einengungen und formale Voraussetzungen in einer Weise behindert wird, die sich stark verzögernd und belastend für die Beteiligten auswirkt (§§ 8, 10 und 38)."

Einige der Änderungen betrafen die Förderung städtebaulicher Maßnahmen nach dem StBauFG; neben notwendigen Klarstellungen (§ 39) erlangt die Pauschalierung des Kostenerstattungsbetrags bei Modernisierungen und Instandsetzungen Bedeutung für den Abschluß von Modernisierungs- und Instandsetzungsvereinbarungen zwischen Gemeinde und Eigentümer (§ 43).

Der Gesichtspunkt, daß die Investoren möglichst rechtzeitig Gewißheit über die auf sie zukommenden Belastungen erlangen müssen, bestimmte auch die Änderung des Ausgleichsbetragsrechts (§ 41): Zulassung der Ablösung des Ausgleichsbetrags im ganzen vor Abschluß der Sanierung; Klarstellung, daß auch der vorzeitige Abschluß der Sanierung für einzelne Grundstücke nach § 50 des StBauFG es ermöglicht, den Ausgleichsbetrag endgültig festzusetzen, sowie Klärung der Inanspruchnahme von sanierungsbedingten Werterhöhungen in der Umlegung. Diese Klarstellung im umlegungsbezogenen Städtebauförderungsrecht soll sich erleichternd für die auch in Sanierungsfällen besonders bedeutsame und eigentümerfreundliche Baulandumlegung auswirken.

Die nach dem RegE vorgesehenen und Gesetz gewordenen Vorschriften über die Änderung der Abschlußerklärungen für einzelne Grundstücke mit der Wirkung, daß die sich aus dem StBauFG ergebenen Rechtswirkungen entfallen, sollen es künftig erleichtern, weitaus flexibler als bisher solche Abschlüsse zu erklären und durch die Ermittlung der Ausgleichsbeträge auf diesen Zeitpunkt auch die Voraussetzungen für Investitionen vorzeitiger und endgültig zu schaffen (§ 50). Die Übertragung der Möglichkeiten, für einzelne Grundstücke den Abschluß zu erklären, auf den Entwicklungsbereich wird auch dort eine flexiblere Handhabung des Abschlusses ermöglichen (§ 63).

c) Der BR verlangte in seiner Stellungnahme vom 10. 11. 1978 (BR-DS 446/78), daß „im weiteren Gesetzgebungsverfahren geprüft werden sollte, ob das StBauFG um Bestimmungen für vereinfachte Erneuerungsmaßnahmen ergänzt werden könnte (z. B. durch Ergänzung von § 1 und Einfügung eines neuen Teils).

Die vereinfachten Erneuerungsmaßnahmen sollten solche Maßnahmen der Stadt- und Dorferneuerung in ausgewählten Gebieten zum Gegenstand haben, die aus städtebaulichen Gründen dringend geboten sind, bei deren Durchführung jedoch nicht das gesamte Instrumentarium der Sanierung angewendet zu werden braucht. Die städtebaulichen Sanierungsmaßnahmen könnten bei Einführung eines vereinfachten Erneuerungsverfahrens auf solche Gebiete beschränkt werden, in denen zur Behebung von besonders schwerwiegenden städtebaulichen Mißständen durchgreifende Maßnahmen, z. B. Umstrukturierungen erforderlich sind."

Gegenstand von vereinfachten Erneuerungsmaßnahmen sollten insbesondere Maßnahmen zur Verbesserung der Wohnverhältnisse und der Wohnumwelt sein; hierzu könnten gehören:

- Instandsetzung und Modernisierung von Gebäuden.
- Schaffung von Grünflächen, Spielplätzen und sonstigen Freiflächen, z. B. durch Blockentkernung.
- Schaffung von Anlagen für den ruhenden Verkehr.
- Umgestaltung von Wegen, Straßen und Plätzen.
- Maßnahmen zur Verkehrsberuhigung.
- Maßnahmen zur Stadtbildpflege.
- Schallschutzmaßnahmen.

d) Zu ihrer Gegenäußerung (BT-DS 8/2451 zu 17) erklärte die BReg, daß sie bereits in ihrer Antwort auf die Große Anfrage der Fraktionen der SPD und FDP zur Städtebaupolitik (BT-Drucksache 8/2085) darauf hingewiesen habe, daß „Maßnahmen mittlerer Intensität" im Bereich der städtebaulichen Erneuerung und Modernisierung erforderlich seien. In diesem Zusammenhang verwies sie auf die kombinierten Modernisierungs- und Städtebauprogramme, die von einigen Ländern und Gemeinden entwickelt worden seien, um die Modernisierungstätigkeit durch städtebauliche Maßnahmen im Rahmen der Verbesserung des Wohnumfeldes sinnvoll zu ergänzen. Der BR habe — so die BReg — in seiner Stellungnahme keine konkreten Vorschläge unterbreitet, wie die von ihm geforderten „vereinfachten Erneuerungsmaßnahmen" ausgestaltet werden sollten. Regelungen über solche Maßnahmen bedürften einer sehr sorgfältigen Vorbereitung. Sie müßten insbesondere auch mit denjenigen erörtert werden, die in der Praxis mit der städtebaulichen Erneuerung und mit der Modernisierung befaßt sind. Die Erarbeitung eines abgestimmten Regelungsentwurfs sei daher kurzfristig nicht möglich. Die BReg werde aber seit längerer Zeit angestellte Prüfungen beschleunigt fortsetzen.

Den Vorschlägen des BR entsprach in Teilen die BReg. Dies gilt im einzelnen für die §§ 8, 40 Satz 1, 43 Abs. 1 Satz 4, 50 Abs. 2 Satz 2 und die neue Überschrift von § 44. Andere Vorschläge des BR wurden von vornherein abgelehnt und konnten sich auch später nicht mehr durchsetzen (§ 49; § 85 Abs. 2, § 92 Ab. 8 neu).

e) Bei den Ausschußberatungen und im Ermittlungsausschuß ergab sich für die geplanten Änderungen des § 4 eine völlig neue Fassung.

Im einzelnen siehe bei den entsprechenden Bestimmungen.

Die 2. Novelle zum StBauFG wurde schließlich zusammen mit der 2. Novelle zum BBauG am 6. 7. 1979 (BGBl. I S. 949) Gesetz und trat auch am 1. 8. 1979 in Kraft.

ERSTER TEIL

Allgemeine Vorschriften

§ 1

Städtebauliche Sanierungs- und Entwicklungsmaßnahmen

(1) Städtebauliche Sanierungs- und Entwicklungsmaßnahmen in Stadt und Land, deren einheitliche Vorbereitung und zügige Durchführung im öffentlichen Interesse liegen, werden nach den Vorschriften dieses Gesetzes vorbereitet, gefördert und durchgeführt. Bund, Länder, Gemeinden und Gemeindeverbände wirken im Rahmen ihrer Zuständigkeiten an dieser Aufgabe mit.

(2) Sanierungsmaßnahmen sind Maßnahmen, durch die ein Gebiet zur Behebung städtebaulicher Mißstände, insbesondere durch Beseitigung baulicher Anlagen und Neubebauung oder durch Modernisierung von Gebäuden, wesentlich verbessert oder umgestaltet wird. Sanierungsmaßnahmen umfassen auch erforderliche Ersatzbauten und Ersatzanlagen.

(3) Entwicklungsmaßnahmen sind Maßnahmen, durch die entsprechend den Zielen der Raumordnung und Landesplanung

1. neue Orte geschaffen oder
2. vorhandene Orte zu neuen Siedlungseinheiten entwickelt oder
3. vorhandene Orte um neue Ortsteile erweitert werden.

Die Maßnahmen müssen die Strukturverbesserung in den Verdichtungsräumen, die Verdichtung von Wohn- und Arbeitsstätten im Zuge von Entwicklungsachsen oder den Ausbau von Entwicklungsschwerpunkten außerhalb der Verdichtungsräume, insbesondere in den hinter der allgemeinen Entwicklung zurückbleibenden Gebieten, zum Gegenstand haben.

(4) Sanierungs- und Entwicklungsmaßnahmen dienen dem Wohl der Allgemeinheit. Sie sollen dazu beitragen, daß

1. die bauliche Struktur in allen Teilen des Bundesgebiets nach den sozialen, hygienischen, wirtschaftlichen und kulturellen Erfordernissen entwickelt wird,
2. die Verbesserung der Wirtschafts- und Agrarstruktur unterstützt wird oder
3. die Siedlungsstruktur den Anforderungen an gesunde Lebens- und Arbeitsbedingungen der Bevölkerung entspricht.

Die Belange der Betroffenen, insbesondere der Eigentümer, der Mieter und Pächter, und die der Allgemeinheit sind gerecht gegeneinander abzuwägen. Den Betroffenen soll Gelegenheit gegeben werden, bei der Vorbereitung und Durchführung der Maßnahmen mitzuwirken.

(5) Bei Sanierungsmaßnahmen soll unter Berücksichtigung des Sanierungszwecks das Eigentum der bisherigen Eigentümer an ihren Grundstücken erhalten bleiben oder für sie Eigentum an anderen Grundstücken im Sanierungsgebiet begründet werden oder ihnen im Rahmen des Möglichen die Gelegenheit

verschafft werden, Grundeigentum außerhalb des Sanierungsgebiets oder Miteigentum, grundstücksgleiche Rechte, Rechte nach dem Wohnungseigentum, sonstige dingliche Rechte oder Anteilsrechte zu erwerben. Zu diesem Zweck soll die Gemeinde ihr gehörende Grundstücke, soweit sie diese nicht für die ihr obliegenden Aufgaben benötigt, zur Verfügung stellen.

(6) Bei Entwicklungsmaßnahmen sollen nach Möglichkeit Grundeigentum oder die in Abs. 5 Satz 1 bezeichneten Rechte für weite Kreise der Bevölkerung begründet werden.

(7) Grundstückseigentümer und sonstige Nutzungsberechtigte sollen im Rahmen ihrer Möglichkeiten dazu beitragen, daß die städtebaulichen Maßnahmen unter gerechtem Ausgleich der öffentlichen und privaten Belange verwirklicht werden können.

Übersicht

1. Allgemeines (Abs. 1)
2. Sanierungsmaßnahmen (Abs. 2)
3. Entwicklungsmaßnahmen (Abs. 3)
4. Ziele der Sanierungs- und Entwicklungsmaßnahmen (Abs. 4 Satz 1 und 2)
5. Behandlung des Eigentums bei Sanierungsmaßnahmen (Abs. 4 Satz 3 und 4, Abs. 5, 6 und 7
6. Querverbindungen zwischen StBauFG und BBauG

1. Allgemeines (Abs. 1)

a) Die im RegE enthaltene Kannvorschrift, wonach die Durchführung der städtebaulichen Sanierungs- und Entwicklungsmaßnahmen dem Ermessen der zuständigen Behörden überlassen war, ist im Gesetz beseitigt worden. Das Gesetz schreibt nun diese Maßnahme vor („werden vorbereitet, gefördert und durchgeführt“). Zwei Voraussetzungen müssen aber vorliegen,

daß es sich tatsächlich um „Sanierungs- und Entwicklungsmaßnahmen“ handelt, d. h. daß die in § 1 Abs. 2 und 3 des Gesetzes festgelegten Begriffsbestimmungen zutreffen (siehe die Erläuterungen unten Nr. 2 und 3),

daß die Durchführung „im öffentlichen Interesse“ liegt; hier handelt es sich um einen unbestimmten Rechtsbegriff; die hierdurch zwischen der Behörde und dem einzelnen festgelegte Rechtsgrenze haben im Streitfall die Gerichte festzustellen (siehe dazu Eyermann-Fröhler VwGO, § 114 RdNr. 11).

b) Die Maßnahmen sind in Stadt und Land vorgesehen, d. h. die Meinung, Sanierungsmaßnahmen nach dem StBauFG beträfen in erster Linie die Städte, während Entwicklungsmaßnahmen in erster Linie den ländlichen Raum beträfen, ist irrig. Der Sanierungsbegriff des StBauFG umfaßt sowohl die Stadtsanierung im engeren Sinn wie auch die Dorferneuerung. Entwicklungsmaßnahmen sind keineswegs ausschließlich oder in erster Linie als Maßnahmen zur Entwicklung zurückgebliebener Gebiete im Sinn der Raumordnung und Strukturpolitik zu verstehen, sondern bedeuten (auch auf dem

Lande) den Bau neuer Orte und Ortsteile (§ 1 Abs. 3); vgl. hierzu ferner unten Erläut. 2 und 3 und Gaentzsch, StBauFG, § 1 Anm. 3 und 4. Allerdings haben sich die komplizierten Maßnahmen, die das Gesetz fordert, in der Praxis bisher im wesentlichen auf größere Städte erstreckt, die allein über das fachlich vorgebildete Personal verfügen.

c) Die städtebaulichen Maßnahmen müssen zügig durchgeführt, d. h. möglichst innerhalb einer von Anfang an bestimmten Frist verwirklicht werden, wenn der mit ihnen verfolgte Zweck erreicht werden soll; ferner bedeutet die Vorschrift über die zügige Durchführung eine deutliche Anweisung des Gesetzgebers an die Behörden, nur solche Maßnahmen einzuleiten, die den Umständen nach tatsächlich in der vorgesehenen Zeit verwirklicht werden können. Die Behörden müssen darauf achten, daß die wesentlichen Funktionen der Maßnahmen im Interesse ihrer Wirksamkeit möglichst zur gleichen Zeit in Gang gesetzt werden können. Die einheitliche Vorbereitung wird in erster Linie dadurch gewährleistet sein, daß ihre Durchführung nicht privater Initiative überlassen, sondern den Gemeinden übertragen wurde (§ 3 ff., § 54 ff.); dadurch wird die Abstimmung der einzelnen Maßnahmen untereinander sichergestellt.

d) Vorbereitung und Durchführung der städtebaulichen Sanierungs- und Entwicklungsmaßnahmen sind Aufgaben der gemeindlichen Selbstverwaltung. Wenn § 1 Abs. 1 Satz 2 von dem Zusammenwirken zwischen Bund, Ländern, Gemeinden und Gemeindeverbänden spricht, besteht dieses Zusammenwirken darin, daß Vorbereitung und Durchführung, d. h. die eigentlichen Aufgaben, den Gemeinden als Selbstverwaltungsaufgaben obliegen (§§ 3 Abs. 1, 4 Abs. 1, 8, 13, 54), nach §§ 7, 54 Abs. 4 auch Gemeindeverbänden, und daß Bund und Land gemeinsam durch die Förderung und die Aufstellung von Programmen (§§ 39, 58, 71 ff.) sowie durch weitere Maßnahmen (§ 53) und durch die staatlichen Hoheitsfunktionen (Kommunalaufsicht, Genehmigungsvorbehalte — z. B. § 5 Abs. 2) beteiligt sind. Ausdruck des Zusammenwirkens sind auch die Unterstützungs-, Koordinierungs- und Unterrichtungspflichten nach §§ 2, 4 Abs. 4, 38, 47. Vgl. hierzu ferner allgemein: Bek. des Bay. StMdI zum Vollzug des StBauFG vom 13. 1. 1972 Nr. IV B 7—9114—107 (BayMABl. 1972, 73).

e) Die verständliche Frage, ob aus den Aussagen des § 1 — der dem § 1 BBauG sehr ähnlich ist — **Rechtsansprüche** hergeleitet werden können, die zur verwaltungsgerichtlichen Anfechtung führen können, muß auch hier **verneint** werden. Auch die Grundvorschrift des § 1 StBauFG bringt Programmsätze, die nicht geeignet sind, dem Einzelnen Rechtsansprüche zu gewähren.

2. Sanierungsmaßnahmen (Abs. 2)

a) Sanierungsmaßnahmen dienen nach dem Gesetz der „Behebung städtebaulicher Mißstände". Wann solche Mißstände vorliegen, ist in § 3 Abs. 2 und 3 dargelegt (siehe Erläut. dort).

b) Es wurde bereits oben unter 1b darauf hingewiesen, daß künftig auch und gerade in kleineren Städten und Gemeinden des ländlichen Raumes Sanierungsmaßnahmen eine große Bedeutung erlangen werden, denn hier muß es vielfach dazu kommen, vorhandene Ortskerne zu erneuern und auszubauen, damit sie die notwendigen Kernfunktionen für den zugehörigen Bereich erfüllen können. Hier kommt den Zielen der Raumordnung und Landesplanung (siehe hierzu im zweiten Teil dieses Bandes) eine besondere Bedeutung zu. In diesem Sinn ist auch die Dorferneuerung eine dringliche Aufgabe. Die praktischen Erfahrungen haben gezeigt, daß die Verbesserung der Lebensbedingungen im ländlichen Raum auch durch geeignete städtebauliche Maßnahmen ergänzt werden muß. Die Maßnahmen zur Förderung der land- und forstwirtschaftlichen Erzeugung, der allgemeinen Landeskultur und zur Verbesserung der Agrarstruktur berühren häufig die Ortslage der Dörfer. Sie wirken sich gegebenenfalls auf die bauliche Substanz der Gemeinde aus und lösen dadurch städtebauliche Maßnahmen aus (vgl. hierzu auch §§ 64 ff.).

c) Im allgemeinen umfaßt die Sanierung die Beseitigung abbruchreifer Bausubstanz in dem Sanierungsgebiet mit anschließender Neubebauung der Grundstücke. Für die Neugestaltung des förmlich festgelegten Sanierungsgebiets sind BebPl. im Sinne des § 30 BBauG aufzustellen (§ 10 StBauFG). Abweichend von der Regierungsvorlage wurde in das Gesetz als Sanierungsmaßnahme auch die Modernisierung von Gebäuden aufgenommen. Es ist klar, daß dieser Begriff für sich allein keinen ausreichenden Sanierungszweck darstellt, sondern daß eine solche Maßnahme, welche den Schutz erhaltenswerter Gebäude bezweckt, stets in eine größere, umfassendere Sanierungsmaßnahme eingebettet sein wird. Die Voraussetzung, daß eine wesentliche Verbesserung oder Umgestaltung — für das gesamte Sanierungsgebiet gesehen — erreicht werden muß, ist ebenfalls zu beachten.

3. Entwicklungsmaßnahmen (Abs. 3)

Entwicklungsmaßnahmen sind Maßnahmen, die quantitativ und qualitativ einen Umfang haben, der nicht nur von örtlicher Bedeutung für die Gemeinde, sondern von Bedeutung für die Landes- und Regionalentwicklung ist (vgl. § 53 Abs. 1 Nr. 1). Deshalb kann ein Entwicklungsgebiet nur durch Rechtsverordnung der Landesregierung bestimmt werden. Es handelt sich im wesentlichen um städtebauliche Maßnahmen auf noch unbebauten oder geringfügig bebauten Flächen. Sie werden vor allem in solchen Gebieten notwendig werden, in denen die Bevölkerung (durch Zuzug) zunimmt und deshalb ein entsprechender Siedlungsdruck entsteht, ferner in solchen Gebieten, in die — unterstützt durch weitere Maßnahmen der Raumordnung und Strukturpolitik — eine entsprechende Entwicklung gelenkt werden soll. Die Entwicklungsmaßnahmen sollen in Verdichtungsräumen (Ballungszentren) „Strukturverbesserungen" zur Folge haben, d. h. in diese Gebiete eine planmäßige Ordnung bringen. Diese kann sowohl durch Entlastung eines Gebietes als auch in bestimmten Fällen sogar durch eine weitere Verdichtung erreicht werden. Weiter können in den durch entsprechende Planung vorausschaubaren „Entwicklungsachsen" die Voraussetzungen für die dann folgende günstige Unterbringung von Wohn- und Arbeitsstätten geschaffen werden. Schließlich sollen die Entwicklungsmaßnahmen auch der Schwerpunktbildung im ländlichen Raum, insbesondere in den hinter der allgemeinen Entwicklung zurückbleibenden Gebieten, dienen.

Das Gesetz versucht die genannten Ziele zu erreichen durch Schaffung neuer Orte, Entwicklung vorhandener Orte zu neuen Siedlungseinheiten und Erweiterung vorhandener Orte um neue Ortsteile, wobei immer das Ziel der Entwicklung nach § 54 Abs. 2 im Auge zu behalten ist.

4. Ziele der Sanierungs- und Entwicklungsmaßnahmen (Abs. 4 Satz 1 und 2)

In dieser Bestimmung wird zunächst darauf hingewiesen, daß Sanierungs- und Entwicklungsmaßnahmen „dem Wohl der Allgemeinheit" dienen müssen (vgl. hierzu die ähnliche Bestimmung in § 1 Abs. 1, wonach die einheitliche Vorbereitung und zügige Durchführung der Maßnahmen „im öffentlichen Interesse" liegen müssen — siehe oben Erläut. 1a, bb). Es handelt sich auch hier um einen unbestimmten, der vollen richterlichen Nachprüfung unterliegenden Rechtsbegriff (vgl. Band I, Kommentar zum BBauG, § 24 Erläut. 2, § 77 Erläut. 1, 3 und § 87 Erläut. 2a, 4).

Ferner sind in § 1 Abs. 4 Satz 2 die allgemeinen Hauptziele der Sanierungs- und Entwicklungsmaßnahmen im einzelnen aufgestellt. Der Begriff „Ort" (im Entwurf hieß es „Ortschaft") hat keinen verwaltungsrechtlichen oder kommunalrechtlichen Inhalt, sondern bedeutet soviel wie Siedlungseinheit. Die drei Ziele der vom Gesetz vorgesehenen Maßnahmen müssen nicht gleichzeitig vorliegen. Es genügt, wenn eines dieser Ziele vorliegt.

5. Behandlung des Eigentums bei Sanierungsmaßnahmen (Abs. 4 Satz 3 und 4, Abs. 5, 6 und 7)

Diese Bestimmungen betonen in Form von Grundsätzen (fast durchwegs Sollbestimmungen) das dem Gesetz zugrunde liegende allgemeine Anliegen, im Rahmen des Möglichen Eigentum zu erhalten, anstelle des bisherigen Eigentums neues Eigentum zu erwerben oder (bei Entwicklungsmaßnahmen) Eigentum für weite Teile der Bevölkerung überhaupt neu zu begründen. Die Möglichkeit der Mitwirkung der Betroffenen (Abs. 4 Satz 4) entspricht dem Vorschlag des Bundesrats; sie soll den Betroffenen nicht etwa das Recht verschaffen, entscheidend bei den Maßnahmen mitzuwirken (so daß z. B. die Durchführung der Maßnahmen von der Berücksichtigung ihrer Auffassung oder Einwendungen abhängig wäre; maßgebend ist vielmehr allein das „öffentliche Interesse" und das „Wohl der Allgemeinheit"), sondern die Bestimmung richtet sich einesteils an die Behörden und soll im Grundsatz sicherstellen, daß den Betroffenen bei jeder Maßnahme möglichst oft und in jeder Phase der Durchführung Gelegenheit gegeben werden soll, ihren Standpunkt bekanntzugeben und, soweit möglich, zur Geltung zu bringen; andererseits legt diese Bestimmung aber (in Auswirkung der Sozialpflichtigkeit des Eigentums — Art. 14 GG) in Zusammenhang mit konkreten Vorschriften (z. B. § 3 Abs. 4) den Betroffenen Pflichten auf (Mitwirkungspflichten, z. B. Erteilung von Auskünften).

Die Programmsätze werden in den Bestimmungen über die Sanierungs- und Entwicklungsmaßnahmen konkretisiert und sind für die Einzelauslegung der Vorschriften bedeutsam (vgl. z. B. für die in Abs. 5 angesprochene sog. „Reprivatisierung" von Grundeigentum die Vorschrift des § 25 und für die „Neuschaffung von Eigentum" oder die „Eigentumsstreuung" § 59).

6. Querverbindungen zwischen StBauFG und BBauG

Wie schon dargetan, wird das StBauFG weitgehend ergänzt durch Vorschriften des BBauG, indem in einer Reihe von Bestimmungen des StBauFG auf Regelungen des BBauG Bezug genommen wird, so in den §§ 6, 7, 10, 12, 15, 16, 17, 18, 22, 41, 51, 52, 57, 82, 86.

§ 2

Mitwirkung öffentlicher Aufgabenträger

Der Bund, einschließlich seiner Sondervermögen, die Länder und die sonstigen Körperschaften, Anstalten und Stiftungen des öffentlichen Rechts sollen im Rahmen der ihnen obliegenden Aufgaben die Durchführung von Sanierungs- und Entwicklungsmaßnahmen nach diesem Gesetz unterstützen. Insbesondere sollen sie sich über den Einsatz der Mittel abstimmen, die sie zur Verwendung in förmlich festgelegten Sanierungsgebieten oder städtebaulichen Entwicklungsbereichen zur Verfügung stellen.

a) Bund, Länder, Gemeinden und Gemeindeverbände werden bereits in § 1 Abs. 1 angesprochen; hiernach wirken sie im Rahmen ihrer Zuständigkeiten an der Durchführung der Sanierungs- und Entwicklungsmaßnahmen mit; in dieser Hinsicht ist offenbar in erster Linie an die sogenannte hoheitliche Tätigkeit der zuständigen Behörden (wie sie im Gesetz vorgesehen ist) gedacht.

b) § 2 bringt einen anderen allgemeinen Aspekt, nämlich die finanzielle Unterstützung der Maßnahmen; er verpflichtet die eben genannten Stellen, aber auch „sonstige Körperschaften, Anstalten und Stiftungen des öffentlichen Rechts", die Durchführung der Maßnahmen zu unterstützen. Dies kann geschehen durch Auskunft, Beratung, Zurverfügungstellung von Einrichtungen, Bereitstellung von Grundstücken, vor allem durch finanzielle Unterstützung, wobei Satz 2 besonders auf die Wichtigkeit der Koordinierung des Mitteleinsatzes hinweist.

ZWEITER TEIL

Sanierung

Vorbemerkung

a) Die Bedeutung des StBauFG hinsichtlich der Sanierungsmaßnahmen hat sich erwiesen. Eines der Hauptziele des Gesetzes ist es, die Überlastung und die damit stetig wachsende Funktionsschwäche der Ortskerne (insbesondere der Stadtkerne) zu beseitigen bzw. wenigstens zu mildern. Überaltete Bausubstanz soll verbessert und damit eine Qualitätsverbesserung des Wohnungsbestandes erzielt werden. Aber es soll auch die gesamte Infrastruktur der Sanierungsgebiete von der verkehrlichen Ausstattung über die Versorgung hinweg bis zu den kulturellen Einrichtungen modernen Lebensanforderungen angepaßt werden.

b) Während aber dieser im großen und ganzen bauliche Aspekt in den verschiedenen Gesetzesentwürfen im Vordergrund stand, war richtigerweise in der Endphase der Beratungen von 1972 ein nicht minder wichtiger Grundzug des Gesetzes immer mehr in den Vordergrund getreten, nämlich der sozialpolitische Aspekt. Man war sich im Laufe der Beratungen der sozialpolitischen Auswirkungen, wie sie Eingriffe der in Frage stehenden Art auf die Bürgerschaft, insbesondere die Betroffenen, und zwar auf ihre gesamten Lebensumstände zwangsläufig haben müssen, immer mehr bewußt geworden. Ebenso mußte der neue sozialpolitische Hintergrund des Gesetzes auch Auswirkungen auf dessen Handhabung vor allem in verwaltungsmäßiger Hinsicht haben. Eine der wichtigsten war wohl das Postulat der öffentlichen Planung, das sich wie ein roter Faden durch das Gesetz zieht. Bezieht man weiter in die Überlegungen mit ein, daß die Sanierungsmaßnahmen, insbesondere in den Städten, sich finanziell in außergewöhnlich großen Dimensionen bewegen werden, daß ferner private und öffentliche Mittel zusammenwirken sollen und daß schließlich aus allen Maßnahmen weitgehendst wieder privates Eigentum erwachsen soll, so wird die außerordentliche Bedeutung dieser Vorschriften für die Öffentlichkeit, für die Behörden und für den Einzelnen deutlich.

c) Die Novellen von 1976 und 1979 haben eine Reihe von Änderungen auch des Zweiten Teils zur Folge gehabt. Bezüglich der erfaßten Vorschriften siehe die Zusammenstellung in der Einführung (Vorgeschichte des StBauFG) bei VI. und VII.

ERSTER ABSCHNITT

Vorbereitende Untersuchungen und förmliche Festlegung des Sanierungsgebiets

§ 3

Voraussetzungen der förmlichen Festlegung

(1) Die Gemeinde kann ein Gebiet, das städtebauliche Mißstände aufweist, durch Beschluß förmlich als Sanierungsgebiet festlegen (förmlich festgelegtes Sanierungsgebiet). Das Sanierungsgebiet ist so zu begrenzen, daß sich die Sanierung zweckmäßig durchführen läßt. Einzelne Grundstücke, die von der Sanierung nicht betroffen werden, können aus dem Gebiet ganz oder teilweise ausgenommen werden.

(2) Städtebauliche Mißstände liegen vor, wenn das Gebiet nach seiner vorhandenen Bebauung oder nach seiner sonstigen Beschaffenheit den allgemeinen Anforderungen an gesunde Wohn- und Arbeitsverhältnisse oder an die Sicherheit der in ihm wohnenden oder arbeitenden Menschen nicht entspricht oder in der Erfüllung der Aufgaben erheblich beeinträchtigt ist, die ihm nach seiner Lage und Funktion obliegen.

(3) Bei der Beurteilung, ob in einem städtischen oder ländlichen Gebiet städtebauliche Mißstände vorliegen, sind insbesondere zu berücksichtigen

1. die Wohn- und Arbeitsverhältnisse oder die Sicherheit der in dem Gebiet wohnenden und arbeitenden Menschen in bezug auf
   a) die Belichtung, Besonnung und Belüftung der Wohnungen und Arbeitsstätten,
   b) die bauliche Beschaffenheit von Gebäuden, Wohnungen und Arbeitsstätten,
   c) die Zugänglichkeit der Grundstücke,
   d) die Auswirkungen einer vorhandenen Mischung von Wohn- und Arbeitsstätten,
   e) die Nutzung von bebauten und unbebauten Flächen nach Art, Maß und Zustand,
   f) die Einwirkungen, die von Grundstücken, Betrieben, Einrichtungen oder Verkehrsanlagen ausgehen, insbesondere durch Lärm, Verunreinigung und Erschütterungen,
   g) die vorhandene Erschließung;

2. die Funktionsfähigkeit des Gebiets in bezug auf
   a) den fließenden und ruhenden Verkehr,
   b) die wirtschaftliche Situation und Entwicklungsfähigkeit des Gebiets unter Berücksichtigung seiner Versorgungsfunktion im Verflechtungsbereich,

c) die infrastrukturelle Erschließung des Gebiets, seine Ausstattung mit Grünflächen, Spiel- und Sportplätzen und mit Anlagen des Gemeinbedarfs, insbesondere unter Berücksichtigung der sozialen und kulturellen Aufgaben dieses Gebiets im Verflechtungsbereich.

(4) Eigentümer, Mieter, Pächter und sonstige zum Besitz oder zur Nutzung eines Grundstücks, Gebäudes oder Gebäudeteils Berechtigte sowie ihre Beauftragten sind verpflichtet, der Gemeinde oder ihren Beauftragten Auskunft über die Tatsachen zu erteilen, deren Kenntnis zur Beurteilung der Sanierungsbedürftigkeit eines Gebiets oder zur Vorbereitung oder Durchführung der Sanierung erforderlich ist.

1. Allgemeines (Abs. 1)

a) Die Sanierungsmaßnahmen werden in einem jeweils fest abgegrenzten Gebiet, also in einem bestimmten Teil des Gemeindegebiets, durchgeführt. Die förmliche Festlegung des Gebiets ist Sache der Gemeinde (Abs. 1 und § 5; siehe hierzu Erläuterung zu § 5).

Vorauszugehen haben der förmlichen Festlegung des Sanierungsgebietes
— die Prüfung, ob städtebauliche Mißstände vorliegen, deren Behebung durch Sanierungsmaßnahmen erforderlich ist (§ 3 Abs. 1, 2 und 3),
— vorbereitende Untersuchungen und Stellungnahmen (§ 4).

Während der RegE städtebauliche Mängel voraussetzte, „die **nur** durch Sanierungsmaßnahmen beseitigt werden können", stellt das Gesetz weniger strenge Anforderungen an die förmliche Festlegung („deren Behebung durch Sanierungsmaßnahmen erforderlich ist"). Es liegt im Ermessen der Gemeinde, ob sie ein Gebiet, das städtebauliche Mängel aufweist, saniert oder ob sie andere städtebauliche Maßnahmen ergreift, die wenigstens annähernd einen Sanierungseffekt erzielen (z. B. Verhandlungen mit den Eigentümern mit dem Ziele, die Sanierung durch Eigeninitiative der Betroffenen herbeizuführen). Ein Rechtsanspruch auf Sanierung besteht nicht (vgl. auch § 51 Abs. 2). Wenn aber die Gemeinde die förmliche Festlegung des Sanierungsgebietes vornehmen will, muß sie die gesetzlichen Voraussetzungen beachten.

b) Der Phase der Vorbereitung der Sanierung kommt eine außerordentliche Bedeutung zu. Es ist sicher, daß sich die vielen, mit größeren Sanierungen verbundenen Schwierigkeiten verwaltungsmäßiger, technischer, sozialer und auch politischer Art erheblich herabmindern lassen durch eine umsichtige und gründliche Vorbereitung. Zur guten Vorbereitung gehören wohlüberlegte Zielsetzungen in technisch-baulicher wie auch in sozialökonomischer und politischer Hinsicht. Deshalb ist auch das Sanierungsgebiet so zu begrenzen, daß sich die Sanierung zweckmäßig durchführen läßt. Die eben genannte wohlüberlegte Zielsetzung erfordert es dabei, daß eine Gesamtplanung vorliegt, denn es wird nicht möglich und denkbar sein, ein bestimmtes Gebiet zum Sanierungsgebiet zu erklären, ohne auf die benachbarten Gebiete Rücksicht zu nehmen. Das Gebiet darf nicht zu klein, aber auch nicht zu großzügig festgesetzt werden. Maßgebend wird der Umfang sein, der sich aus der Feststellung der „städtebaulichen Mißstände" (§ 3) und aus den „vorbereitenden Untersuchungen und Stellungnahmen" (§ 4) ergibt. Möglich erscheint dabei auch wohl (insbesondere bei größeren Sanierungsgebieten) eine **abschnittsweise** Festsetzung und Durchführung (ähnlich der „Kostenspaltung" beim Erschließungsbeitrag nach § 127 Abs. 3 BBauG). Daß hier sorgfältig vorgegangen wird, ist dadurch gewährleistet, daß **nach § 5**

- die förmliche Festlegung in einer Satzung (also als „Gemeindegesetz") zu erfolgen hat,
- das Sanierungsgebiet „genau zu bezeichnen" ist und
- die im Sanierungsgebiet gelegenen Grundstücke einzeln aufzuführen sind.

c) Die Frage, ob die Begrenzung des Sanierungsgebietes „zweckmäßig" ist, unterliegt der richterlichen Nachprüfung (Normenkontrolle, Nachprüfung von Verwaltungsakten vgl. § 86). Im Ermessen der Behörde steht es, ob einzelne Grundstücke, die zwar im festgelegten Sanierungsgebiet liegen, aber von der Sanierung „nicht betroffen" werden (z. B. öffentliche Gebäude, Versorgungseinrichtungen), aus dem Gebiet ganz oder teilweise ausgenommen werden mit der Folge, daß auf sie die Vorschriften über die Sanierung keine Anwendung finden. Ein Anspruch auf Herausnahme aus dem Sanierungsgebiet besteht nicht (Kannbestimmung). Dies ist besonders wichtig in Fällen, in denen ein Grundstück von der Sanierung dadurch „betroffen" ist, daß auf ihm zwar keine unmittelbaren Sanierungsmaßnahmen (z. B. Abbruch, Baugebot, Modernisierung und Instandsetzung) durchgeführt werden, es aber an der allgemeinen Verbesserung durch die Sanierungsmaßnahme teilnimmt.

d) Das BVerwG hat am 20. 10. 1978 (4 C 48. 76) entschieden, daß eine Sanierungssatzung nicht erst dann erlassen werden darf, wenn sich die künftige Nutzung des Sanierungsgebiets absehen läßt (unten 4).

2. Städtebauliche Mißstände (Abs. 2 und 3)

a) In **Abs. 2** ist grundsätzlich und allgemein festgelegt, wann städtebauliche Mißstände gegeben sind (deren Vorliegen und notwendige Behebung nach Abs. 1 Voraussetzung für die Sanierung ist). Dabei unterscheidet das Gesetz zwischen **Substanzmängeln** (Frage der gesunden Wohn- und Arbeitsverhältnisse und die Sicherheit der in dem in Betracht kommenden Gebiet wohnenden und arbeitenden Menschen) — Abs. 2 erste Alternative und Abs. 3 Nr. 1 — und sog. **Strukturmängeln** (funktionelle Mißstände), nämlich Mängel, welche die Funktionsfähigkeit des Gebiets betreffen — Abs. 2 zweite Alternative und Abs. 3 Nr. 2 — (vgl. hierzu Abs. 3 Nr. 1 und 2). In der Regel werden aber beide Sanierungsarten ineinandergreifen, es werden meist mehrere Merkmale zusammentreffen und erst durch dieses Zusammentreffen die Sanierungsbedürftigkeit (Abs. 1) begründen.

b) Abs. 3 stellt eine Reihe von Beispielen auf, in denen Substanz- oder Struktursanierungen oder beide zusammen erforderlich sind. Durch das Wort

„insbesondere" ist klargestellt, daß es sich nur um eine beispielhafte Aufzählung handelt und andere städtebauliche Mißstände ebenfalls zu Sanierungsmaßnahmen führen können.

c) Im Zusammenhang mit dem Begriff „städtebauliche Mißstände" ist wegen einer etwaigen Entschädigungspflicht besonders auch auf § 44 Abs. 1 Satz 2 BBauG hinzuweisen. Hiernach gelten die allgemeinen Entschädigungspflichten des § 44 BBauG bei Änderung oder Aufhebung einer zulässigen Nutzung nicht, „wenn die bisher zulässige Nutzung geändert wird, weil sie den allgemeinen Anforderungen an gesunde Wohn- und Arbeitsverhältnisse oder an die Sicherheit der auf dem betroffenen Grundstück oder im umliegenden Gebiet wohnenden oder arbeitenden Menschen nicht entspricht". **Insoweit** handelt es sich hier um eine Inhaltsbestimmung des Eigentums, die bewirkt, daß Um- und Herabzonungen eines Gebiets als Folge von infrastrukturell bedingten städtebaulichen Mißständen keine Entschädigungsleistungen auslösen, allerdings nur, wenn diese Maßnahmen zur Beseitigung der Mißstände unumgänglich notwendig sind (Beachtung des „Übermaßverbots"). — Vgl. hierzu insbesondere Krautzberger, zum Entschädigungsausschluß nach § 44 Abs. 1 Satz 2 BBauG (unzureichende Infrastruktur als städtebaulicher Mißstand) BayVBl. 1972, 230. Im übrigen vgl. wegen der Bemessung von Ausgleichs- und Entschädigungsleistungen auch § 23 und die dortigen Anmerkungen.

3. Auskunftspflicht der Beteiligten (Abs. 4)

§ 3 steht im engen Zusammenhang mit § 4. In letzterem sind die vorbereitenden Untersuchungen, welche die Gemeinde vor der förmlichen Festlegung eines Sanierungsgebiets durchzuführen hat, aufgezeigt. Damit aber die Gemeinde diese Untersuchungen mit Erfolg durchführen kann, muß ihr auch eine Handhabe gegeben werden, daß sie von den im Sanierungsgebiet befindlichen privaten Eigentümern und sonstigen Betroffenen die Auskünfte bekommt, die sie zur zweckmäßigen Durchführung benötigt. Daher statuiert Abs. 4 eine Auskunftspflicht einer Reihe von Betroffenen. Selbstverständlich ist die Gemeinde nicht bloß auf diese Auskünfte angewiesen, sondern sie hat auch den Sachverhalt von Amts wegen zu erforschen (vgl. § 150 BBauG). Die im Gesetz aufgezählten Beteiligten (Eigentümer, Mieter usw.) sind nicht unbeschränkt auskunftspflichtig, sondern nur hinsichtlich von „Tatsachen, deren Kenntnis zur Feststellung der Sanierungsbedürftigkeit eines Gebiets oder zur Vorbereitung oder Durchführung der Sanierung erforderlich ist" (§ 3 Abs. 4 und § 87). Außerdem kann der zur Erteilung einer Auskunft Verpflichtete die Auskunft auf solche Fragen verweigern, deren Beantwortung ihn selbst oder einen der in § 383 Abs. 1 Nr. 1 bis 3 ZPO bezeichneten Angehörigen der Gefahr strafrechtlicher Verfolgung oder eines Verfahrens nach dem Gesetz über Ordnungswidrigkeiten aussetzen würde (§ 87 Satz 2). Im übrigen kann die Auskunftserteilung durch Zwangsgeld erzwungen werden (§ 87

Satz 1 StBauFG in Verbindung mit § 150 Abs. 2 Satz 2 bis 4 BBauG). Für „Vorarbeiten auf den Grundstücken" (Betreten usw.) gilt gemäß § 86 Abs. 1 StBauFG die Bestimmung des § 151 BBauG.

4. Rechtsprechung

BVerwG U v. 20. 10. 1978 (4 C 48. 76) BauR 1979, 139 = DVBl. 1979, 153.

a) Eine Sanierungssatzung darf nicht erst dann erlassen werden, wenn sich absehen läßt, wie das Sanierungsgebiet künftig genutzt werden soll.

b) Weder der Zeitablauf noch eine unzureichend zügige Förderung der Sanierung haben zur Folge, daß die zugrunde liegende Sanierungssatzung automatisch außer Kraft tritt; beides kann jedoch bei der Prüfung der im Gesetz vorgesehenen Gründe für eine Genehmigungsversagung von Belang sein.

§ 4

Vorbereitende Untersuchungen und Stellungnahmen

(1) Die Gemeinde hat vor der förmlichen Festlegung eines Sanierungsgebiets, soweit nicht bereits hinreichende Beurteilungsunterlagen vorliegen, die vorbereitenden Untersuchungen durchzuführen oder zu veranlassen, die erforderlich sind, um Beurteilungsunterlagen zu gewinnen über die Notwendigkeit der Sanierung, die sozialen, strukturellen und städtebaulichen Verhältnisse und Zusammenhänge sowie die anzustrebenden allgemeinen Ziele und die Durchführbarkeit der Sanierung im allgemeinen. Sie soll dabei auch die Einstellung und Mitwirkungsbereitschaft der Eigentümer, Mieter, Pächter und anderen Nutzungsberechtigten im Untersuchungsbereich zu der beabsichtigten Sanierung ermitteln sowie Vorschläge hierzu entgegennehmen.

(2) Die vorbereitenden Untersuchungen sollen sich auch auf nachteilige Auswirkungen erstrecken, die sich für die von der beabsichtigten Sanierung unmittelbar Betroffenen in ihren persönlichen Lebensumständen, im wirtschaftlichen oder sozialen Bereich voraussichtlich ergeben werden. Die Gemeinde soll, sobald und soweit dies nach dem Stand der Vorbereitung der Sanierung möglich ist, Vorstellungen entwickeln und mit den Betroffenen erörtern, wie nachteilige Auswirkungen möglichst vermieden oder gemildert werden können (Grundsätze für den Sozialplan nach § 8). Das Ergebnis ist in den Bericht über die vorbereitenden Untersuchungen aufzunehmen.

(2 a) Die Gemeinde kann beschließen, daß

1. **die für den Sozialplan erforderlichen Grundsätze nach der förmlichen Gebietsfestlegung aufgestellt werden, wenn nach dem Stand der Vorbereitung der Sanierung hinreichende Beurteilungsunterlagen vorher nicht beschafft werden können, oder**
2. **von der Aufstellung der Grundsätze für den Sozialplan abgesehen wird, wenn erkennbar ist, daß der nach der förmlichen Festlegung des Gebiets aufzustel-**

lende Sozialplan zur Vermeidung oder Milderung der nachteiligen Auswirkungen ausreichen wird, insbesondere wenn diese Auswirkungen voraussichtlich gering sind, wenige Personen betreffen oder sich aus dem Bebauungsplan ergeben.
Die Gründe für den Beschluß sind in dem Bericht über die vorbereitenden Untersuchungen darzulegen.
(3) Die Gemeinde hat den Beginn der vorbereitenden Untersuchungen zu beschließen. Der Beschluß ist ortsüblich bekanntzumachen. Dabei ist auf die Auskunftspflicht nach § 3 Abs. 4 hinzuweisen.
(4) Die Gemeinde soll den Trägern öffentlicher Belange, deren Aufgabenbereich durch die Sanierung berührt werden kann, möglichst frühzeitig Gelegenheit zur Stellungnahme geben. In ihrer Stellungnahme haben die Träger öffentlicher Belange der Gemeinde Aufschluß über von ihnen beabsichtigte oder bereits eingeleitete Maßnahmen zu geben, die für die Sanierung bedeutsam sein können. Sie haben die Gemeinde über Änderungen ihrer Absichten zu unterrichten. Sonstige Unterrichtungs- und Beteiligungspflichten oder Mitwirkungsrechte bleiben unberührt.

1. Entwicklung der Vorschrift

a) Die Fassung des § 4 hatte schon bei der Beratung der Erstfassung zu umfangreichen Untersuchungen und verschiedenen Entwürfen Anlaß gegeben. Der Umfang der vorbereitenden Maßnahmen war von jeher umstritten. Auch nach der Änderung durch die Novelle 1979 hat das Gesetz den Umfang der Untersuchungen mehr oder minder in großen Zügen umrissen. Auch nach der jüngsten Fassung hat das Gesetz den Umfang der Untersuchungen in § 4 nur in großen Zügen umrissen. Es hat von einer Katalogisierung der einzelnen Untersuchungsgegenstände, wie sie der Gesetzentwurf der Großen Koalition (BT-DS V/3505, § 3) und der seinerzeitige (1971) E der CDU/CSU (BT-DS VI/434, § 9 Abs. 1) vorsahen, abgesehen, weil eine detaillierte Aufstellung der erforderlichen einzelnen Vorbereitungsmaßnahmen im Gesetz möglicherweise den Verhältnissen des Einzelfalls nicht gerecht würden. Im wesentlichen hatte es sich um folgende Punkte gehandelt:

— die zweckmäßige Abgrenzung des Erneuerungsgebietes, die im Gebiet bestehenden baulichen Mißstände und die zu ihrer Beseitigung erforderlichen Maßnahmen;
— die Planungen und Maßnahmen im Bereich des Verkehrs, der Wirtschafts- und Agrarstruktur, der Versorgung mit Gütern und Dienstleistungen sowie der Kultur- und Sozialeinrichtungen;
— die Einstellung und Mitwirkungsbereitschaft der Betroffenen;
— die Möglichkeit anderweitiger Unterbringung von Wohnungs- und Geschäftsinhabern;
— die voraussichtlichen Kosten.

b) Bei der Beratung der von der BReg 1978 eingebrachten Novelle zum (BBauG und) StBauFG war der vom BR vorgeschlagene Ersatz der Worte „Möglichkeiten der Planung und Durchführung der Sanierung“ durch die Worte „anzustrebenden allgemeinen Ziele und die Durchführbarkeit der Sanierung im allgemeinen“ in Abs. 1 nicht umstritten. Auch kleinere redaktionelle Verbesserungen und Klarstellungen in Abs. 1 und 2 fanden allseitige Zustimmung. Anders war es bei den vorgeschobenen neuen Abs. 2 a und b. Sie fanden schließlich erst im Vermittlungsausschuß ihre endgültige Fassung in Gestalt eines einzigen Abs. 2 a (siehe im einzelnen bei den Erläuterungen).

2. Ziele der vorbereitenden Untersuchungen (Abs. 1 Satz 1)

a) Der Durchführung der Sanierungsmaßnahmen haben umfangreiche vorbereitende Untersuchungen voranzugehen. Ziel der vorbereitenden Untersuchungen ist die Feststellung städtebaulicher Mißstände, wie z. B. zu dichte Wohnbevölkerung, störende Verflechtung mit Gewerbe- und Industrieanlagen, Fehlen von Grünflächen und Kinderspielplätzen, überaltete Wohnhäuser und Gewerbebetriebe, Fehlen von Verkehrseinrichtungen oder sonstige strukturelle und funktionelle Schwächen. Vor allem ist auch festzustellen, welche Bausubstanz abgerissen und welche modernisiert werden muß sowie in welchem Umfang Ersatzbauten und Ersatzanlagen vorzusehen sind. Außer dieser positiven Seite der vorbereitenden Maßnahmen (deren Durchführung grundsätzlich der Gemeinde obliegt [Abs. 1 Satz 1]) ist aber auch die negative Seite von vornherein zu beachten, nämlich die „nachteiligen Auswirkungen“ der Sanierung. Auch hierüber sind Feststellungen zu treffen (Abs. 2 Satz 1). Die Gemeinde muß die vorbereitenden Untersuchungen nicht unbedingt selbst durchführen. Es genügt, daß sie solche Untersuchungen veranlaßt (§ 4 Abs. 1, § 33). Sie kann also z. B. ein einschlägiges Institut damit beauftragen. Da von den zu erarbeitenden Unterlagen das Schicksal der Sanierungsabsichten, die Zielsetzungen usw. abhängen, sollte die sanierungswillige Gemeinde schon mit Rücksicht auf ihre politische und soziale Verantwortung in solchen Fällen genau kontrollieren und sich eine eigene Meinung bilden. In jedem Falle hat sie aber dafür zu sorgen, daß ein von ihr mit den vorbereitenden Untersuchungen Beauftragter möglichst umfassendes Grundlagenmaterial zur Verfügung gestellt erhält.

Bei den vorbereitenden Untersuchungen ist ein weiterer Umstand von erheblicher Tragweite. Diese Untersuchungen können erstmals einen wenn auch noch sehr vagen Überblick über zu erwartende Ausgleichsforderungen (§ 23), Entschädigungen bei Aufhebung von Miet- oder Pachtverhältnissen (§ 30) und über Härteausgleichsbeträge (§ 85) geben, was im Hinblick auf die von der Gemeinde aufzustellende Kosten- und Finanzierungsübersicht (§ 38) unumgänglich notwendig ist.

b) Die vorbereitenden Untersuchungen haben sich nach der Fassung von 1979 u. a. nicht mehr auf die Möglichkeiten der Planung und Durchführung zu erstrecken. Aus der alten Fassung ist zuweilen hergeleitet worden, es werde vor der förmlichen Festlegung eine konkrete Planung verlangt. Eine solche wäre aber alsbald überholt. Es reicht nun für die Beurteilungsunterlagen aus, daß die anzustrebenden allgemeinen Ziele der Sanierung erarbeitet werden. Auch an den Begriff der Möglichkeiten der Durchführung sind übersteigerte Anforderungen gestellt worden. Ausreichend ist insoweit, daß vor Gebietsfestlegung die allgemeinen Ziele der Sanierung bekannt sind und daß damit die Durchführbarkeit der Sanierung im allgemeinen beurteilt werden kann.

3. Mitwirkung der Betroffenen (Abs. 1 Satz 2 und Abs. 2)

a) Die vorbereitenden Untersuchungen sollen sich nicht nur auf städtebauliche Mängel erstrecken, sondern sollen auch die sozialen Verhältnisse und Zusammenhänge und die Möglichkeiten zu deren Berücksichtigung bei der Planung und Durchführung der Sanierung erfassen. Das StBauFG geht davon aus, daß schon die vorbereitenden Untersuchungen die Erörterungen mit allen Betroffenen umfassen. Schon in diesem Stadium des vorgeschriebenen Verfahrens sollen die Möglichkeiten der Beteiligung der Betroffenen und Vorstellungen über die Vermeidung oder Milderung nachteiliger Auswirkungen im sozialen und wirtschaftlichen Bereich erörtert und entwickelt werden. Es sollen also auch die erforderlichen **Grundsätze** für den Sozialplan (§ 8 Abs. 2) aufgestellt werden. Dabei sollen die Erörterungen **so frühzeitig** stattfinden, daß ihre Ergebnisse bereits Eingang in die Überlegungen zur Aufstellung von Bebauungsplänen und zur Festlegung des Neuordnungsprogramms finden können. Die Erörterungen sollen nicht erst zu bereits fertigen Planentwürfen stattfinden.

Es ist nicht zu übersehen, daß diese Art der Vorbereitung der Maßnahmen einen erheblichen Verwaltungsaufwand und möglicherweise eine Verzögerung der Durchführung der Verfahren mit sich bringen wird, in der Praxis auch gebracht hat, und daß sie einen schwierigen Verfahrensabschnitt darstellt; die Gemeinden werden diese Schwierigkeiten nur überwinden können, wenn sie möglichst schnell und unbürokratisch die Einstellung der Betroffenen erforschen und mit ihnen über die auftauchenden Probleme diskutieren werden (z. B. in Bürgerversammlungen vgl. § 18 BayGO). Dabei muß natürlich davon ausgegangen werden, daß die Gemeinde (vor allem ihre Fachbehörden und ihre Vertreter) zunächst selbst eine Vorstellung über die erforderlichen Maßnahmen haben und auch, wenn nötig, in der Lage sind, geeignete Alternativvorschläge zu machen oder entgegenzunehmen. Die Novelle 1979 hat hier insoweit eine Milderung für diesen gemeindlichen Aufgabenbereich gebracht, als die Worte „und soweit“ nach „sobald“ eingeschaltet wurden; das bedeutet, daß von der Gemeinde nicht verlangt werden kann, schon ein umfassendes und abgeschlossenes Konzept für die **Erörterung** bereitzuhaben.

b) Der Kreis der „Betroffenen“ ist sehr weit gezogen. Er umfaßt nicht etwa bloß die dinglich Berechtigten (Grundeigentümer), sondern auch Mieter, Pächter und andere Nutzungsberechtigte. Das Gesetz geht dabei von der Überlegung aus, daß die Sanierung nicht ausschließlich als Vorgang zur baulichen Gestaltung der Umwelt betrachtet werden darf. Die Sanierung bedeutet regelmäßig und in erster Linie auch einen Eingriff in menschliche Lebensumstände, vor allem in Eigentums- und Wohnverhältnisse, wirtschaftliche Existenzen und nachbarschaftliche Beziehungen.

c) Bei der Unübersichtlichkeit, die zunächst wohl in fast allen Fällen über den Umfang des Kreises der Betroffenen bestehen wird, dürfte es zweckmäßig sein, die vorbereitenden Besprechungen über die Sanierungsprobleme mit einer allgemeinen Erörterung (Bürgerversammlung, siehe oben a) einzuleiten. Im Laufe dieser Erörterungen und aufgrund eigener Feststellungen der Gemeinde (Auszüge aus dem Grundbuch, Verzeichnis der Gewerbetreibenden, Auskünfte von den Eigentümern über die bestehenden Miet- und Pachtverträge — Auskunftspflicht siehe § 3 Abs. 4) wird sich allmählich ein Überblick über die „unmittelbar Betroffenen" (Abs. 2 Satz 1) gewinnen lassen. So schwierig dies auch im Einzelfall oft sein wird (erheblicher Verwaltungsaufwand durch die mit diesen Vorschriften erstrebte „stärkere Demokratisierung des Sanierungsvorgangs" vgl. auch §§ 8 und 9 und BT-DS VI/2204), die Gemeinde muß doch versuchen, sich einen solchen zuverlässigen Überblick zu verschaffen, da es sich hier nicht nur um entscheidende Grundlagen für den „Sozialplan" (Abs. 2 Satz 2, § 8 Abs. 2), sondern auch, wie schon erwähnt, für eine etwaige spätere Bemessung von Ausgleichs- und Entschädigungsleistungen (vgl. § 23) und für die Frage der Festlegung von Ersatz- und Ergänzungsgebieten (§ 11) handelt.

Die „nachteiligen Auswirkungen" (Abs. 2 Satz 1) einer Sanierung können sehr vielgestaltig sein: Verlust des Eigentums durch Abriß von Gebäuden oder Verwendung des Grundstücks für Sanierungszwecke; Umzug in ein anderes Stadtgebiet und damit möglicherweise Verteuerung der Miete; Auflösung wirtschaftlicher Verflechtungen; Verteuerung oder Erschwerung des Weges zur Arbeitsstätte; Verlegung, zeitweise Schließung oder völliger Verlust gewerblicher Betriebe, auch von Handwerksbetrieben; Rückgang des Geschäftsumsatzes (vgl. § 27 Abs. 4) usw. Diese nachteiligen Auswirkungen sollen, soweit überhaupt möglich, durch vorbeugende Planungen und Maßnahmen vermieden werden. Daher sind diesen gesellschaftlichen Zusammenhängen bei einer Sanierung besondere Aufmerksamkeit zu schenken. Die betroffenen Bürger müssen die Gewißheit haben, daß sich die bauliche Gemeindeentwicklung mit den „nachteiligen Auswirkungen" nicht über sie hinweg von Amts wegen vollzieht; es muß Vorsorge getroffen werden, daß ihre Vorstellungen über die Zielsetzung und Durchführung der Sanierung in die gemeindlichen Gesamtüberlegungen einfließen, daß die Bereitschaft zu ihrem persönlichen Engagement gewertet wird und daß etwa zu erwartende Spannungen im wirtschaftlichen und sozialen Bereich vermieden oder gemildert werten (Bericht des 14. Ausschusses, BT-DS VI/2204).

4. Beschluß der Gemeinde (Abs. 2 a)

a) Die Einfügung des Abs. 2 a durch das Gesetz vom 6. 7. 1979 entspricht einem Bedürfnis der Praxis. Dabei hat die Formulierung erst in der letzten Fassung des Gesetzgebungsverfahrens zur Novelle ihre endgültige Fassung gefunden. Zunächst war neben der Zustimmungspflicht der höheren Verwaltungsbehörde (ohne formellen Beschluß der Gemeinde) eine Abstellung auf allenfallsige nachteilige Auswirkungen abgesehen. In der endgültigen Fassung wurde die Zurückstellung der Aufstellung der Grundsätze für den Sozialplan von der Tatsache des nicht rechtzeitigen Vorliegens der beurteilten Grundlagen und ein endgültiger Verzicht vom hinreichenden Inhalt des Sozialplans abhängig gemacht, aber in jedem Fall ein Beschluß der Gemeinde (d. h. des beschließenden Gemeindebeirates), und zwar ohne Zustimmung der höheren Verwaltungsbehörde, gefordert. Im ersten Fall (Zurückstellung Nr. 1) wird die objektive Feststellung nochmal schwierig sein, ob die Unterlagen tatsächlich nicht beschafft werden können. Hier kann mangels einer Judizialität nur im Weg des Eingreifens der Gemeindeaufsichtsbehörde allenfallsiger Säumigkeit nachgeholfen werden können. Im zweiten Fall (Verzicht auf Aufstellung der Grundsätze für den Sozialplan — Nr. 2) ist Voraussetzung, daß der Sozialplan (§ 8 Abs. 2) zur Vermeidung oder Milderung der nachteiligen Auswirkungen ausreicht. Sind insbesondere nur verhältnismäßig wenige Betroffene vorhanden, für die Maßnahmen der Sozialplanung in Betracht kommen, ist also als Vorstufe die Aufstellung genereller Grundsätze entbehrlich, kann es beim Sozialplan verbleiben. Bei der endgültigen Formulierung spielt auch ein Vorschlag des BR eine Rolle; auf eine Darlegung der nachteiligen Auswirkungen (wie im RegE vorgesehen) wurde zur Vermeidung allgemeiner weiterer Erschwernisse verzichtet (BR-DS 446/78 zu Art. 2 Nr. 1 Buchst. b; BT-DS 8/2451 zu 18).

5. Einleitung der vorbereitenden Untersuchungen durch Beschluß der Gemeinde (Abs. 3)

Die „vorbereitenden Untersuchungen“ **beginnen** mit einem ortsüblich bekanntzumachenden **Beschluß** der Gemeinde (im Gegensatz dazu wird die förmliche Festsetzung des Sanierungsgebietes nach § 5 Abs. 1 als **Satzung** beschlossen). Dieser Beschluß begründet zugleich die Auskunftspflicht der Betroffenen, daher ist in ihm auf diese Auskunftspflicht hinzuweisen (Abs. 3 in Verbindung mit § 3 Abs. 4 und § 87); er wird im Hinblick auf seine Bedeutung für die Gemeinde und für eine Reihe von Bürgern vom Gemeinderat selbst oder einem beschließenden Ausschuß (vgl. z. B. Art. 32 BayGO) zu erlassen sein, eine Verfügung des Bürgermeisters wird in der Regel nicht genügen. In dem Beschluß ist der Untersuchungsbereich eindeutig (etwa durch begrenzende Straßenzüge) zu bezeichnen. Die vorbereitenden Untersuchungen erstrecken sich nämlich auf einen abgrenzbaren Gemeindebereich, der in der Regel dem späteren Sanierungsgebiet entsprechen wird. Das setzt voraus, daß die Gemeinde **bereits vorher** durch Untersuchungen (etwa im Rahmen der Bauleit- und Gemeindeentwicklungsplanung) die Problemstellung in dem fraglichen Gebiet geklärt hat. Die Untersuchungen nach § 4 beginnen also nicht beim Punkt Null, sondern setzen bereits die Feststellung von städtebaulichen Mängeln in einem bestimmten Gemeindegebiet voraus. Ohne solche Feststellungen wäre auch ein Beschluß nach Abs. 3 nicht zu vertreten. Er ist nur dann zu rechtfertigen, wenn mit großer Wahrscheinlichkeit die Durchführung von Sanierungsmaßnahmen zu erwarten ist (vgl. hierzu Gaentzsch, Komm. z. StBauFG § 4 Anm. 5). Der Beschluß ist nicht nur deklaratorisch und hat nicht nur eine Innenwirkung, er wirkt auch (z. B. im Hinblick auf die, wie erwähnt, mit ihm verbundene Auskunftspflicht) auf eine Reihe von Gemeindebürgern. Es ist daher als Verwaltungsakt in der Form einer „Allgemeinverfügung" zu betrachten.

6. Stellungnahme der Träger öffentlicher Belange (Abs. 4)

Eine sinnvolle Vorbereitung und Durchführung der Sanierung erfordert es, daß sich die Gemeinde frühzeitig über Planungen und Interessen anderer Träger öffentlicher Belange (z. B. Bahn-, Wasser- und Straßenverwaltungen) unterrichtet, soweit sie sich auf die beabsichtigte Sanierung auswirken können. Andererseits ist es ebenso unerläßlich, daß die Träger öffentlicher Belange ihrerseits die Gemeinden über ihre eigenen Vorhaben unterrichten, weil die Durchführung der Sanierung oft entscheidend von dem Tätigwerden anderer Träger öffentlicher Belange (z. B. des Trägers der Baulast überörtlicher Straßen) abhängt. Durch ein koordiniertes Vorgehen, das im Interesse aller beteiligten Behörden und Stellen liegt, kann erreicht werden, daß keine widersprechenden Planungen und Vorhaben vorbereitet oder sogar durchgeführt werden. In diesem Abs. 4 handelt es sich um innerdienstliche Weisungen, die (z. B. bei Verletzung der Vorschrift) keine Außenwirkung haben, also auch keine Rechte Dritter begründen.

§ 5

Beschluß über die förmliche Festlegung

(1) Die Gemeinde beschließt die förmliche Festlegung des Sanierungsgebiets als Satzung. In der Satzung ist das Sanierungsgebiet genau zu bezeichnen. Die im Sanierungsgebiet gelegenen Grundstücke sind einzeln aufzuführen.
(2) Die Satzung bedarf der Genehmigung der höheren Verwaltungsbehörde. Dem Antrag auf Genehmigung ist ein Bericht über das Ergebnis vorbereitender Untersuchungen und über die Gründe, die eine förmliche Festlegung des sanierungsbedürftigen Gebiets rechtfertigen, beizufügen. Für die Genehmigung oder Versagung gelten die Vorschriften des § 6 Abs. 2 bis 4 des Bundesbaugesetzes

entsprechend. Die Genehmigung ist auch zu versagen, wenn keine Aussicht besteht, die Sanierungsmaßnahmen innerhalb eines absehbaren Zeitraumes durchzuführen.

(3) Die Satzung ist zusammen mit der Genehmigung in der Gemeinde ortsüblich bekanntzumachen. Hierbei ist auf die Vorschriften der §§ 15, 17, 18 und 23 hinzuweisen. Mit der Bekanntmachung wird die Satzung rechtsverbindlich.

(4) Die Gemeinde teilt dem Grundbuchamt die rechtsverbindliche Satzung über die förmliche Festlegung des Sanierungsgebiets mit. Das Grundbuchamt hat in die Grundbücher der in der Satzung aufgeführten Grundstücke einzutragen, daß eine Sanierung durchgeführt wird (Sanierungsvermerk).

(5) Eine Änderung der Satzung über die förmliche Festlegung des Sanierungsgebiets, die nur eine geringfügige Änderung der Grenzen betrifft und der nur eine unwesentliche Bedeutung zukommt, bedarf keiner Genehmigung, wenn die Eigentümer der betroffenen Grundstücke zustimmen.

1. Beschluß über die förmliche Festlegung durch Satzung (Abs. 1)

Die förmliche Festlegung eines Sanierungsgebiets, die nach § 3 Abs. 1 beschlußmäßig durch die Gemeinde zu erfolgen hat, muß in der Form einer Satzung geschehen. Dieselben Gründe, die dafür maßgebend waren, daß der Bebauungsplan nach dem Bundesgesetz als Satzung beschlossen wird, sprachen dafür, daß auch der Beschluß der Gemeinde über die förmliche Festsetzung des Sanierungsgebiets in der Rechtsform der Satzung ergeht (vgl. hierzu und über die Möglichkeiten der Anfechtung der Satzung Heitzer-Oestreicher, Bundesbaugesetz, Anm. 1 zu § 10). Aus Gründen der Rechtsklarheit ist in dem Beschluß (Satzung) sowohl der Umfang des Sanierungsgebiets als Ganzes genau zu bezeichnen (Abgrenzung durch Straßenzüge, Wasserläufe usw. wie schon für die vorbereitenden Untersuchungen gefordert, siehe oben § 4 Anm. 3), als auch jedes einzelne im Sanierungsgebiet befindliche Grundstück mit seiner für das Grundbuchamt maßgebenden Katasterbezeichnung aufzuführen. Daher ist es, wie oben bei § 4 unter 2c erwähnt, schon bei den vorbereitenden Untersuchungen unerläßlich, daß sich die Gemeinde durch Anforderung entsprechender Grundbuchauszüge einen zuverlässigen Überblick über die betroffenen Grundstücke verschafft; ein Grundstücksbesitzer, dessen Grundstück in der Satzung nicht aufgeführt ist, ist von der Sanierung nicht betroffen, er kann also zu keinerlei Maßnahmen oder Leistungen herangezogen werden.

2. Genehmigung durch die höhere Verwaltungsbehörde; Bekanntmachung der Satzung (Abs. 2 und 3)

a) Die Regelungen in den Abs. 2 und 3 über die Genehmigung, die Bekanntmachung und das Inkrafttreten sind im wesentlichen den für BebPl. geltenden Vorschriften der §§ 11 ff. BBauG nachgebildet (vgl. die vorangehenden Komm. zum BBauG, Anm. zu §§ 11 und 12, insbesondere auch hinsichtlich Wesen und Verweigerung der Genehmigung und hinsichtlich der verwaltungsgerichtlichen Überprüfung). Die höhere Verwaltungsbehörde ist in der Regel der „Regierungspräsident“ bzw. „die Regierung“ (eines Regierungsbezirks). Die Bezugnahme auf § 6 Abs. 2 bis 4 BBauG betrifft die Versagungsgründe (nicht ordnungsmäßiges Zustandekommen oder Widerspruch gegen das Gesetz), die möglichen Auflagen und die Frist von 3 Monaten für die Erteilung der Genehmigung (siehe vorangehenden Komm. zum BBauG a. a. O., Anm. zum § 6). Mit der Einbeziehung der in Abs. 2 Satz 4 erwähnten Gesichtspunkte soll vermieden werden, daß eine förmliche Festlegung erfolgt und damit die entsprechenden besonderen Rechtswirkungen eintreten (§ 6), obwohl die Durchführung der Sanierung aus finanziellen Gründen (z. B. wegen Fehlens der Bereitstellung öffentlicher Förderungsmittel) nicht möglich oder nicht genügend gesichert ist. Der vorgeschriebene Bericht über das Ergebnis der vorbereitenden Untersuchungen und über die Gründe für die förmliche Festlegung sind in diesem Zusammenhang von besonderer Bedeutung.

b) Für die Bekanntmachung der Satzung gelten die jeweiligen landesrechtlichen Bestimmungen (Gemeindeordnung, besondere Vorschriften über die Bekanntmachung kommunalen Ortsrechtes; vgl. für Bayern Helmreich-Widtmann, Komm. zum BayGO Art. 26 Anm. 5). Die Satzung muß auch einen Hinweis auf ihre Genehmigung durch die höhere Verwaltungsbehörde enthalten. Ferner muß in der Bekanntmachung (etwa im Anschluß an den Text der beschlußmäßig festgelegten Satzung) auf die Vorschriften der §§ 15 (genehmigungspflichtige Vorhaben und Rechtsvorgänge), 17 (Vorkaufsrechte), 18 (gemeindliche Grunderwerbsrechte) und 23 (Bemessung von Ausgleichs- und Entschädigungsleistungen) hingewiesen werden. Diese Vorschrift dient den Interessen der betroffenen Eigentümer. Eine vollständige Aufnahme des Textes der genannten Vorschriften dürfte nicht erforderlich sein, andererseits wird es aber auch wenig sinnvoll sein, einfach auf die betreffenden Paragraphen (ohne jede Erläuterung) hinzuweisen, da den meisten Bürgern die Bestimmungen des Gesetzes nicht geläufig sein werden. Es wird zweckmäßig sein, den wesentlichen Inhalt der fraglichen Bestimmungen anzugeben. Die Satzung wird mit der Bekanntmachung rechtsverbindlich. Einer Verständigung der Grundstückseigentümer bedarf es nicht.

3. Sanierungsvermerk (Abs. 4)

Grundstücksverkehr und bestimmte Grundstücksbelastungen unterliegen in den förmlich festgelegten Sanierungsgebieten nach § 15 gewissen Beschränkungen. Damit interessierte Personen hiervon Kenntnis erhalten und ihre Maßnahmen darauf einstellen können, ist nach Abs. 4 (entsprechend den Regelungen im Umlegungsverfahren nach § 54 BBauG und im Enteignungsverfahren nach § 109 Abs. 5 BBauG) in die Grundbücher der von der Festlegung betroffenen Grundstücke ein „Sanierungsvermerk“ einzutragen. Dazu ist es erforderlich, daß die Gemeinde dem Grundbuchamt die rechtsverbindlich gewordene Satzung unverzüglich mitteilt. Eine Verzögerung der Mitteilung kann die Sanierung (durch Rechtsvorgänge, die inzwischen eintreten und die möglicherweise wegen der durch die Sanierung eintretenden Beschränkungen zu unnötigen Rechtsstreitigkeiten führen können) erschweren, wenn auch darauf hingewiesen werden muß, daß die Rechtsverbindlichkeit (auch gegenüber den Eigentümern der in der Satzung aufgeführten Grundstücke — Abs. 1 Satz 3) gem. § 5 Abs. 3 Satz 3 mit der Bekanntmachung der Satzung eintritt, also nicht erst mit der Eintragung des Sanierungsvermerks. Daraus ergibt sich, daß die Eintragung des Sanierungsvermerks im Grundbuch nur deklaratorische Bedeutung hat und die Rechtswirksamkeit der förmlichen Festlegung nicht von der Eintragung im Grundbuch abhängig ist. Andererseits ist dadurch, daß nach der Grundbuchordnung (§ 55) das Grundbuchamt gehalten ist, die Eigentümer von der Eintragung des Vermerks zu benachrichtigen, sichergestellt, daß die Eigentümer auch auf diesem Wege von der Eintragung erfahren. Darüber hinaus erhalten die Eigentümer und Betroffenen im Rahmen der vorbereitenden Untersuchungen nach § 4 und der Erörterung über die Neugestaltung des Sanierungsgebiets nach § 9 Kenntnis davon, daß ihr Grundstück innerhalb des förmlich festgelegten Sanierungsgebiets liegt. Wegen der Löschung des Sanierungsvermerks vgl. § 50 Abs. 3 Satz 2 und § 51 Abs. 5.

4. Vereinfachte Änderung der Satzung (Abs. 5)

Diese Vorschrift ist in wesentlichen Punkten § 13 BBauG nachgebildet. Sie soll eine Erleichterung der Satzungsänderung herbeiführen bei „geringfügigen Änderungen der Grenzen“ des Sanierungsgebiets, die nur eine „unwesentliche Bedeutung“ haben und die ausdrücklich an „die Zustimmung der Eigentümer der betroffenen Grundstücke“ gebunden sind. Es sind dadurch so schwerwiegende Schranken gezogen, daß die Erleichterung der Satzungsänderung nur selten möglich sein wird. Alle Eigentümer der betroffenen Grundstücke müssen zustimmen. Tun sie es nicht, so ist das Verfahren nach § 5 Abs. 1 mit 3 durchzuführen.

5. Normenkontrolle

§ 47 Abs. 1 VwGO, der durch Gesetz vom 26. 8. 1976 eine für das gesamte Bundesgebiet in bezug auf Satzungen der BBauG und StBauFG verbindliche Fassung erhalten hat, ermöglicht seitdem in allen Ländern den Antrag auf Normenkontrolle. Die Frage der Rechtsgültigkeit der Satzung braucht nicht mehr nur inzident zu geschehen, so kann nun unmittelbar erfolgen.

§ 6

Wirkungen der förmlichen Festlegung

(1) Im förmlich festgelegten Sanierungsgebiet sind die Vorschriften über den Verkehr mit land- und forstwirtschaftlichen Grundstücken nur anzuwenden, wenn es sich um die Veräußerung der Wirtschaftsstelle eines land- oder forstwirtschaftlichen Betriebs oder solcher Grundstücke handelt, die in dem Bebauungsplan für die Neugestaltung des Sanierungsgebiets als Flächen für die Landwirtschaft oder für die Forstwirtschaft ausgewiesen sind.

(2) Die §§ 14 bis 22 und 51 des Bundesbaugesetzes sind bei Vorhaben und Rechtsvorgängen, die nach der förmlichen Festlegung des Sanierungsgebiets vorgenommen werden, nicht anzuwenden. Entschädigungsansprüche nach den §§ 18 und 21 des Bundesbaugesetzes, die vor der förmlichen Festlegung des Sanierungsgebiets entstanden sind, bleiben unberührt.

(3) Die förmliche Festlegung des Sanierungsgebiets gilt als eine Änderung der rechtlichen oder tatsächlichen Voraussetzungen im Sinne des § 21 Abs. 2 des Bundesbaugesetzes. Wird aus den in Satz 1 genannten Gründen nach der förmlichen Festlegung des Sanierungsgebiets eine Baugenehmigung versagt, so ist eine Entschädigung nach den Vorschriften des § 21 Abs. 2 und 3 des Bundesbaugesetzes zu leisten.

(4) Mit der förmlichen Festlegung des Sanierungsgebiets tritt eine bestehende Veränderungssperre nach § 14 des Bundesbaugesetzes außer Kraft. Ein Bescheid über die Zurückstellung des Baugesuchs nach § 15 Abs. 1 des Bundesbaugesetzes wird unwirksam.

(5) Hat die Umlegungsstelle vor der förmlichen Festlegung des Sanierungsgebiets in einem Umlegungsverfahren, das sich auf Grundstücke im Gebiet bezieht, den Umlegungsplan nach § 66 des Bundesbaugesetzes aufgestellt oder ist eine Vorwegentscheidung nach § 76 des Bundesbaugesetzes getroffen worden, so bleibt es dabei.

(6) Hat die Enteignungsbehörde vor der förmlichen Festlegung des Sanierungsgebiets den Enteignungsbeschluß nach § 113 des Bundesbaugesetzes für ein in dem Gebiet gelegenes Grundstück erlassen oder ist eine Einigung nach § 110 des Bundesbaugesetzes beurkundet worden, so sind die Vorschriften des Bundesbaugesetzes weiter anzuwenden.

(7) Werden im förmlich festgelegten Sanierungsgebiet Erschließungsanlagen im Sinne des § 127 Abs. 2 des Bundesbaugesetzes hergestellt, erweitert oder verbessert, so sind Vorschriften über die Erhebung von Beiträgen für diese Maßnahmen nicht anzuwenden. Beitragspflichten, die vor der förmlichen Festlegung entstanden sind, bleiben unberührt.

(8) Ist das förmlich festgelegte Sanierungsgebiet im Flächennutzungsplan noch nicht als Sanierungsgebiet kenntlich gemacht, so gilt mit der förmlichen Festlegung des Sanierungsgebiets der Flächennutzungsplan als ergänzt. Er ist zu berichtigen.

1. Allgemeines

In der Vorschrift des § 6 werden zusammenfassend sämtliche Rechtsfolgen, welche die förmliche Festlegung eines Sanierungsgebiets auslöst, bestimmt. Die Regelungen ziehen die Folgerungen, die sich aus der Vorschrift des § 15 (genehmigungspflichtige Vorhaben und Rechtsvorgänge) ergeben. Die in dieser Vorschrift aufgenommenen genehmigungspflichtigen Tatbestände entsprechen inhaltlich im wesentlichen den im Bundesbaugesetz enthaltenen Genehmigungspflichten für Vorhaben und Rechtsvorgänge bei einer Veränderungssperre (§§ 14 ff. BBauG), im Bodenverkehr (Grundstücksteilung, §§ 19 ff. BBauG), im Umlegungsverfahren (§§ 45 ff. BBauG), im Enteignungsverfahren (§§ 85 ff. BBauG) und schließlich im Verfahren über die Erhebung von Erschließungsbeiträgen (§§ 123 ff. BBauG). § 6 enthält Vorschriften darüber, wie vorzugehen ist, wenn sich die genannten Verfahren nach dem BBauG mit dem Sanierungsverfahren überschneiden. Auf die nach dem BBauG vorgesehenen, eben angeführten Rechtsinstitute konnte im Interesse einer beschleunigten Durchführung der erforderlichen Maßnahmen in einem förmlich festgelegten Sanierungsgebiet verzichtet werden. Unberührt bleibt jedoch eine Reihe von Ansprüchen aus den Vorschriften des BBauG, die in den Absätzen 2 mit 7 aufgezählt sind.

2. Veränderungssperre und Bodenverkehr (Abs. 2 mit 4)

a) Veränderungssperre und Teilungsgenehmigung werden nach rechtswirksamer förmlicher Festlegung des Sanierungsgebiets durch § 15 ersetzt, d. h. es gilt ausschließlich diese Bestimmung des StBauFG; die einschlägigen Bestimmungen des BBauG (siehe oben Anm. 1) werden nicht angewendet. Wenn aber eine Veränderungssperre bei förmlicher Festlegung bereits mehr als 4 Jahre gedauert hat, so bleiben die Entschädigungsansprüche des Betroffenen nach § 18 BBauG aufrechterhalten. Umgekehrt kann kein Entschädigungsanspruch geltend gemacht werden, wenn ein Vorhaben, das aufgrund einer weniger als 4 Jahre währenden Veränderungssperre unzulässig war, nun nach der förmlichen Festlegung gem. § 15 StBauFG untersagt wird.

b) Abs. 3 bestimmt im Wege einer Gesetzesinterpretation, daß die förmliche Festlegung des Sanierungsgebiets als eine Änderung der tatsächlichen und rechtlichen Voraussetzungen im Sinne des § 21 Abs. 2 BBauG gilt. Da hierin für den betroffenen Grundeigentümer ein enteignender Eingriff liegen kann, ist eine Entschädigung zu leisten, wenn die Voraussetzungen des § 21 Abs. 2 und 3 BBauG vorliegen und der Antrag auf Baugenehmigung innerhalb von 3 Jahren nach Erteilung der Bodenverkehrsgenehmigung gestellt wurde (§ 21 Abs. 1 BBauG).

c) Mit der förmlichen Festlegung des Sanierungsgebiets tritt auch ein Bescheid über die Zurückstellung eines Baugesuchs gem. § 15 Abs. 1 BBauG außer Wirksamkeit.

3. Umlegungs- und Enteignungsverfahren (Abs. 5 und 6)

Abs. 5 und 6 wurden vom zuständigen BT-Ausschuß in die Erstfassung des Gesetzes eingefügt. Sie beruhen auf der Überlegung, daß über die im Zeitpunkt der förmlichen Festlegung eingeleiteten Umlegungs- und Enteignungsverfahren grundsätzlich nach den Vorschriften des Städtebauförderungsgesetzes zu entscheiden ist. Sind jedoch bereits Entscheidungen über Art und Höhe einer Ausgleichsleistung oder einer Entschädigung getroffen worden, so sollen die materiell-rechtlichen Vorschriften der §§ 16 und 23 StBauFG keine Anwendung finden. Dies rechtfertigt sich aus der Erwägung, daß im Interesse des Rechtsfriedens hoheitliche Akte vor der förmlichen Festlegung Bestand haben sollen.

4. Erschließungsmaßnahmen (Abs. 7)

Sanierungsmaßnahmen werden regelmäßig in solchen Gebieten durchgeführt, die bereits erschlossen sind und in denen die Eigentümer bereits Beiträge für Erschließungsanlagen bezahlt haben. Nach dem geltenden Recht müßten die Eigentümer u. U. nochmals Beiträge bezahlen, wenn im Zuge der Sanierung neue Erschließungsanlagen hergestellt oder bestehende erweitert oder verbessert werden, obwohl die einzelnen Grundstücke hierdurch nicht mehr einen Wertzuwachs erfahren. Um dieses Ergebnis zu vermeiden, sind nach Abs. 7 in förmlich festgelegten Sanierungsgebieten die Vorschriften über die Erhebung von Erschließungsbeiträgen nicht anzuwenden. Die Erhebung von Erschließungsbeiträgen wird bei Sanierungs- und Entwicklungsmaßnahmen durch die Wertabschöpfung (§§ 25 Abs. 6, 59 Abs. 5, 41 Abs. 4 ff.) ersetzt. Andere Beiträge (z. B. für Grundstücksentwässerung) können erhoben werden. Ansprüche der Gemeinden auf Beiträge, die bereits vor der förmlichen Festlegung entstanden sind, bleiben unberührt.

5. Berichtigung des Flächennutzungsplanes (Abs. 8)

Gemäß § 5 Abs. 4 BBauG sollen im FlNPl. Gebiete, in denen zur Beseitigung städtebaulicher Mißstände besondere, der Stadterneuerung dienende Maßnahmen erforderlich sind (Sanierungsgebiete), kenntlich gemacht werden. Dies ist noch überall geschehen. Außerdem gelten in vielen Gemeinden vorbereitende Bauleitpläne und Wirtschaftspläne früheren Rechts als FlNPl. gem. § 173 Abs. 1 und 2 BBauG fort, in denen Sanierungsgebiete noch nicht kenntlich gemacht sind. Um § 5 Abs. 4 BBauG Rechnung tragen zu können, bedarf es daher spätestens mit der förmlichen Festlegung des Sanierungsgebietes auch einer Berichtigung des FlNPl.

§ 7

Förmliche Festlegung durch einen Planungsverband

(1) In der Satzung eines Planungsverbands nach § 4 des Bundesbaugesetzes kann bestimmt werden, daß der Planungsverband auch Sanierungsgebiete förmlich festlegen kann. In diesem Fall tritt der Planungsverband nach Maßgabe seiner Satzung für die sich aus der förmlichen Festlegung des Sanierungsgebiets ergebende Anwendung der Vorschriften dieses Gesetzes an die Stelle der Gemeinden.
(2) Ist einem Zusammenschluß nach dem Zweckverbandsrecht die Befugnis übertragen worden, Sanierungsgebiete förmlich festzulegen, so gilt Absatz 1 Satz 2 entsprechend; das gleiche gilt für einen Zusammenschluß durch besonderes Landesgesetz.

Durch **Abs. 1** wird § 4 BBauG ergänzt. Im Falle eines Zusammenschlusses nach § 4 BBauG wird die Möglichkeit eröffnet, daß der Planungsverband auch hinsichtlich der förmlichen Festlegung des Sanierungsgebietes und der Durchführung der Sanierung an die Stelle der Gemeinden treten kann. Es bedarf dazu entsprechender Bestimmungen in der Satzung des Planungsverbandes. **Abs. 2** entspricht dem § 4 Abs. 8 BBauG [vgl. hierzu im Band I (BBauG) Nr. 1 bis 7 zu § 4].

ZWEITER ABSCHNITT

Aufstellung des Sozialplans,
des Bebauungsplans und Durchführung der Sanierung

§ 8

Aufgaben der Gemeinde

(1) Die Gemeinde hat nach der förmlichen Festlegung des Sanierungsgebiets für die Durchführung der Sanierung zu sorgen und die Abstimmung der einzelnen Sanierungsmaßnahmen aufeinander zu veranlassen. Sie soll hierzu die ihr nach dem Bundesbaugesetz und nach diesem Gesetz zustehenden Befugnisse ausüben, sobald und soweit es zur Erreichung des Sanierungszwecks erforderlich ist. Maßnahmen der Gemeinde zur Durchführung der Sanierung sind vor Rechtsverbindlichkeit des Bebauungsplans (§ 10 Abs. 1) zulässig, wenn die Voraussetzungen der §§ 29 bis 38 des Bundesbaugesetzes vorliegen und gewährleistet ist, daß die Maßnahmen den Zielen und Zwecken der Sanierung entsprechen.

(2) Die Gemeinde soll während der Dauer der Durchführung der Sanierung die Erörterungen mit den unmittelbar Betroffenen fortsetzen und dabei namentlich Berufs-, Erwerbs- und Familienverhältnisse, Lebensalter, Wohnbedürfnisse, soziale Verflechtungen sowie örtliche Bindungen und Abhängigkeit der Betroffenen berücksichtigen. Das Ergebnis ist schriftlich festzulegen (Sozialplan). Der Sozialplan ist laufend zu ergänzen. Die Gemeinde soll den Betroffenen bei ihren eigenen Bemühungen, nachteilige Auswirkungen zu vermeiden oder zu mildern, helfen, insbesondere beim Wohnungswechsel und beim Umzug von Betrieben; auf die Arbeits- und Berufsförderung nach dem Arbeitsförderungsgesetz vom 25. Juni 1969 (Bundesgesetzbl. I S. 582), zuletzt geändert durch Artikel 3 des Zweiten Gesetzes zur Änderung des Gesetzes zur Förderung eines freiwilligen sozialen Jahrs vom 18. Dezember 1975 (Bundesgesetzbl. I S. 3155)*), ist hinzuweisen.

1. Allgemeine Aufgaben der Gemeinde (Abs. 1)

a) Die zügige Durchführung einer Sanierung liegt sowohl im Interesse der Betroffenen wie auch im Allgemeininteresse. Es handelt sich ja meist um einschneidende Eingriffe in das Gemeindegefüge mit erheblichen wirtschaftlichen, verkehrsmäßigen und sonstigen Folgen. Die Verwendung öffentlicher Mittel bei der Sanierung erfordert ein zügiges und damit kostensparendes Handeln. Diesem Ziel dient in erster Linie eine gute Vorbereitung der Maßnahmen (vgl. § 4). Dazu gehört auch die gründliche Überlegung, ob ein Sanierungsgebiet im ganzen oder in Teilabschnitten saniert werden soll. Es muß vermieden werden, daß die Auswirkungen einer Sanierung auf das Gebiet und die Rückwirkungen auf die ganze Gemeinde funktionslähmend wirken. Die zügige Durchführung setzt auch voraus, daß die Gemeinden eigene und fremde Finanzierungsmittel, vor allem Zuschüsse von Bund und Ländern, verfügbar hat. Während der Sanierung muß die Gemeinde mit Ausfällen an Grund- und Gewerbesteuern rechnen.

b) Die Gemeinde trägt die Verantwortung dafür, daß die für die Durchführung der Sanierung erforderlichen Maßnahmen eingeleitet und aufeinander abgestimmt werden. Dies gilt auch dann, wenn die Gemeinde die Sanierung nicht selbst durchführt, sondern einen Sanierungsträger (§ 33) beauftragt oder wenn die Eigentümer, Mieter usw. im Rahmen des § 13 oder des § 14 die Durchführung der Sanierungsmaßnahmen übernehmen. Die Gemeinde hat auch in diesen Fällen beispielsweise ein Umlegungsverfahren oder die Erschließung rechtzeitig einzuleiten und von den ihr nach dem BBauG oder dem StBauFG zustehenden hoheitlichen Befugnissen Gebrauch zu machen, sobald und soweit dies zur Erreichung des Sanierungszwecks erforderlich ist.

---

*) Das Arbeitsförderungsgesetz wurde nach dem 18. 12. 1975 noch mehrfach geändert, zuletzt durch das 5. AFG-ÄndG v. 23. 7. 1979 (BGBl. I S. 1189).

c) Von besonderer Wichtigkeit ist ferner für die Gemeinde das rechtliche Instrumentarium, das ihr zur Durchführung der Sanierung zur Verfügung steht. Maßgebend ist in technischer Hinsicht der BebPl. mit seinen Festsetzungen (§ 10). Das StBauFG zielt auf eine möglichst rasche Durchführung und bietet hierfür eine Anzahl rechtlicher Handhaben (siehe unter bb), die gegenüber dem Bundesbaugesetz insgesamt für die städtebaulichen Zielsetzungen erheblich wirksamer sind. Der Vollzug dieser Bestimmungen setzt aber vor allem eine starke und schlagkräftige Verwaltung sowie eine gute Koordination aller einschlägigen Dienststellen voraus. Gerade durch den Sozialplan (Abs. 2) ist der Vollzug weit aus dem vorwiegend technischen Bereich in den gesellschaftspolitischen Bereich hineinverlagert worden. Beide Bereiche beeinflussen sich gegenseitig unmittelbar, was etwa in der Tatsache zum Ausdruck kommt, daß Wünsche der Betroffenen weitgehend schon bei der Planung berücksichtigt werden sollen. Es handelt sich also neben dem technischen Konzept der Sanierung, das den städtebaulichen und sozialpolitischen Zielsetzungen möglichst optimal entsprechen und durch intensive Öffentlichkeitsarbeit mit den Betroffenen und der gesamten Bürgerschaft abgestimmt sein soll, hauptsächlich um das rechtliche Instrumentarium. Hierbei kommen folgende Mittel in Betracht:
- Durchführung der Ordnungs- und Baumaßnahmen (§ 13)
- Genehmigungspflichten (§ 15)
- Umlegung (§ 16)
- Vorkaufsrecht (§ 17)
- Gemeindliches Grunderwerbsrecht (§ 18)
- Abbruchsgebot (§ 19)
- Baugebot (§ 20)
- Modernisierungsgebot (§ 21)
- Besondere Enteignungsvorschriften (§ 22)
- Aufhebung von Miet- und Pachtverhältnissen (§ 27)

d) Abs. 1 erhielt durch die **Novelle** vom 6. 7. **1979** einen **Satz 3**. Der Grund lag darin, daß im Hinblick auf Satz 1 und 2, nach denen für die Neugestaltung des förmlich festgelegten Sanierungsgebiets nach § 10 Abs. 1 Sanierungsbebauungspläne aufzustellen sind, z. T. in der Praxis Maßnahmen zur Durchführung der Sanierung häufig erst für zulässig gehalten werden, wenn der Sanierungsbebauungsplan in Kraft getreten ist. Dies führe nicht selten zu unnötigen Verzögerungen von Investitionen, bei denen feststeht, daß sie mit den Zielen und Zwecken der Sanierung voll vereinbar sind.

Zur Behebung von Zweifelsfragen stellt Satz 3 klar, daß Durchführungsmaßnahmen bereits vor Rechtsverbindlichkeit des Sanierungsbebauungsplans zulässig sind, wenn die dort genannten Voraussetzungen vorliegen. Auf Vorschlag des BR (BR-DS 448/78 Nr. 19) erhielt Satz 3 die endgültige Fassung, weil der Vorschlag der BReg nicht eindeutig genug auf die Einbindung in die allgemeinen Vorschriften der §§ 29ff BBauG hingewiesen hatte. Es war schließlich die einhellige Meinung, daß aus städtebaulichen Gründen gerade in den Sanierungsgebieten, die in der Regel durch historische Bausubstanz geprägt sind, auf die Anforderungen des § 34 BBauG nicht verzichtet werden kann; andernfalls bestünde die Gefahr, daß neue städtebauliche Mißstände geschaffen werden. Der in § 8 Abs. 1 Satz 3 herangezogene Begriff „Ziele und Zwecke der Sanierung" wäre wegen seiner Unbestimmtheit nicht geeignet, die städtebauliche Entwicklung in den Sanierungsgebieten allein nach einer speziellen Vorschrift des StBauFG sinnvoll zu lenken.

e) In engem Zusammenhang mit Abs. 1 Satz 3, der sich auf die Durchführungsmaßnahmen der Gemeinde bezieht, steht der an § 10 neu angefügte Abs. 7, der **private** Bauvorhaben zum Gegenstand hat (siehe dort).

2. Sozialplan (Abs. 2)

a) Der Abs. 2 wurde anläßlich der Erstberatung durch den federführenden Ausschuß eingefügt und vielfach als eines der bedeutsamsten Ergebnisse der Ausschußberatungen angesehen. Er steht im Zentrum der im Gesetz wiederholt (z. B. §§ 4, 8, 10 usw.) und nachdrücklich vorgeschriebenen Beachtung, Erörterung und Wahrnehmung der Rechte der Betroffenen. Diese sollen in den verschiedenen Verfahrensabschnitten gewürdigt werden. Im Sozialplan sind praktisch alle Lebensumstände der unmittelbar Betroffenen zu berücksichtigen. Das sind also nicht nur Beruf, Einkommensverhältnisse und soziale Stellung, sondern auch örtliche Bindungen und Abhängigkeiten sowie soziale Verflechtungen. Solche Abhängigkeiten und sozialen Verflechtungen bestehen z. B. häufig bei älteren Kleinhandwerkern und Gewerbetreibenden, aber auch bei ganzen Bevölkerungsschichten. Bei Berücksichtigung intensiver Verflechtungen wird man daher an eine einheitliche Umsetzung in ein Ersatzgebiet denken müssen, während örtliche Bindungen meist wohl für eine spätere Rückkehr der Betroffenen in das sanierte Gebiet sprechen. Der Sozialplan fand übrigens im Rahmen der Novelle 1976 zum BBauG Eingang in jenes Gesetz (§ 13a).

Die zügige Durchführung der Sanierung hängt weitgehend von der Bereitschaft der Eigentümer der im Sanierungsgebiet gelegenen Grundstücke ab, bei der Durchführung der Ordnungs- und Baumaßnahmen mitzuwirken. Es erschien deshalb dem Gesetzgeber unerläßlich, daß die Gemeinde möglichst bald nach der förmlichen Festsetzung des Sanierungsgebietes und vor Aufstellung des Bebauungsplanes mit den Eigentümern darüber spricht, wie sie sich nun (nach förmlicher Festlegung) die Neuordnung vorstellt. Gegenstand der gemeinsamen Erörterungen wird vor allem sein, wie sich am ehesten eine Mitwirkung der Betroffenen bei der Durchführung erreichen läßt und inwieweit die Eigentümer hierzu nicht nur bereit, sondern auch in der Lage sind. Den Eigentümern ist auf ihren Wunsch für ihre Stellungnahme eine angemessene Frist einzuräumen, bis zu deren Ablauf keine wesentlichen Schritte von seiten der Gemeinde unternommen werden und die Eigentümer Gelegenheit erhalten, sich mit anderen betroffenen Eigentümern wegen einer etwaigen gemeinsamen Beteiligung abzusprechen, Möglichkeiten der Finanzierung zu erkunden und abweichende Vorstellungen hinsichtlich der Neugestaltung des Sanierungsgebietes geltend zu machen. Es sollen in diesem Stadium (nach förmlicher Festsetzung und vor Erlaß des BebPl.) schon konkrete Neuordnungskonzepte (einschl. Neubebauung, Erwerb oder Abgabe von Eigentum, Ausgleich sozialer Nachteile) erörtert werden. In dem Bericht des Städtebauausschusses (BT-DS 6/2204) war u. a. ausgeführt:

„Absatz 2 beruht auf einer Anregung, die bei der Anhörung der Sachverständigen vorgetragen wurde. Ausgangspunkt für die Einführung des Sozialplans war die Überlegung, daß Sanierungsvorhaben weitgehendere Eingriffe in die Privatsphäre und die wirtschaftlichen Interessen einzelner mit sich bringen als städtebauliche Vorhaben sonstiger Art. Die Gemeinde kann sich daher bei der Durchführung der Sanierungsmaßnahmen nicht allein darauf beschränken, für eine Verwirklichung der dem Sanierungszweck entsprechenden Bebauung zu sorgen. Im Rahmen der Daseinsvorsorge obliegt es ihr vielmehr, auch darauf Bedacht zu nehmen, daß bei der Durchführung der Sanierung nachteilige Auswirkungen für die Betroffenen in ihren persönlichen Lebensumständen oder im wirtschaftlichen oder sozialen Bereich soweit wie möglich vermieden werden. Absatz 2 verpflichtet daher die Gemeinden, mit den Betroffenen deren persönliche Belange zu erörtern, soweit sie durch die Durchführung der Sanierungsmaßnahmen berührt werden können. Die Gemeinde wird verpflichtet, Vorstellungen darüber zu entwickeln, wie diesem Personenkreis geholfen werden kann, und zu diesem Zweck einen Sozialplan zu erarbeiten.

Die Grundsätze für den Sozialplan (§ 4 Abs. 2) sind bereits im Rahmen der vorbereitenden Untersuchungen ermittelt worden. Nach der förmlichen Festlegung ist es Aufgabe der Gemeinde, diese Grundsätze für den einzelnen zu konkretisieren. So sollen beispielsweise den Beteiligten jetzt konkrete Vorschläge unterbreitet werden, die ihre Wünsche nach Möglichkeit berücksichtigen.

Um wirksam die nachteiligen Auswirkungen, die bei der Durchführung der Sanierung entstehen können, zu vermeiden oder zu mildern, ist es notwendig, daß die Gemeinde mit den Betroffenen alle Fragen erörtert, die für sie im Hinblick auf die beabsichtigte Sanierung von Bedeutung sind. Absatz 2 Satz 1 zählt beispielhaft einige Gesichtspunkte und Möglichkeiten auf, die in den Kreis der Überlegungen einbezogen werden sollen. Erst die Kenntnis dieser Sachverhalte ermöglicht es der Gemeinde, die Sanierung so durchzuführen, daß ein gerechter Ausgleich zwischen den Belangen der einzelnen sowie denen der Allgemeinheit gefunden werden kann. Der Sozialplan kann so zu einem echten Bindeglied zwischen der Öffentlichkeit und der Gemeinde werden.

Der Sozialplan soll keinen statischen Charakter besitzen. Die Gemeinde soll sich nicht mit einer einmaligen Verhandlung mit den Betroffenen begnügen. Sie soll vielmehr, und dies stellt Absatz 2 Satz 3 klar, die Erörterungen mit den unmittelbar Betroffenen fortsetzen und während der ganzen Dauer der Durchführung der Sanierung sich bemühen, die Eigentümer, Mieter, Pächter und sonstigen von der Sanierung betroffenen Personen vor vermeidbaren Erschwernissen zu bewahren. Diese Dynamik des Sozialplans läßt es nach Auffassung des Ausschusses nicht zu, ihn so auszugestalten, daß der einzelne daraus Rechtsansprüche herleiten könnte. Wenn die Gemeinde die Sanierungsmaßnahmen im Interesse der Allgemeinheit sachdienlich durchführen will, muß sie in ihren Dispositionen frei sein und gegebenenfalls im Sozialplan bereits entwickelte Vorstellungen ändern und fortbilden können. Der Sozialplan ist nicht mit einem Plan, wie ihn beispielsweise der BebPl. darstellt, vergleichbar; an ihn werden jedoch in den §§ 31, 68 und 85 bestimmte Folgen geknüpft."

b) Außer im § 8 sind auch in § 9 Erörterungen mit den Beteiligten vorgesehen. Eine genaue Trennung dieser vorgeschriebenen Aufgaben erscheint wohl nicht möglich, vielmehr wird die Gemeinde bestrebt sein müssen, sie möglichst in einem Zuge und zusammen zu erledigen, damit sie die Verwaltungstätigkeit, die ohnehin durch die gesamten Vorbereitungen (§ 4) stark in Anspruch genommen wird, nicht noch mehr belasten.

c) Der vorgeschriebene, schriftlich festzulegende „Sozialplan" wird, wie sich aus § 8 ergibt, nicht etwa in einem förmlichen Verfahren festgestellt (wie z. B. ein BebPl.), er ist kein Plan im baurechtlichen Sinn und hat daher auch keine verbindliche Wirkung gegenüber den Beteiligten. Er bedeutet lediglich eine Richtschnur für die Gemeinde und die Beteiligten, welche die wichtigsten Ergebnisse der Erörterungen enthalten soll. Er muß vom Gemeinderat beschlossen werden.

§ 9

Erörterung der Neugestaltung des Sanierungsgebiets

(1) Die Gemeinde soll mit den Eigentümern der im förmlich festgelegten Sanierungsgebiet gelegenen Grundstücke, soweit sie bekannt oder aus dem Grundbuch ersichtlich sind, den Mietern, Pächtern und anderen Nutzungsberechtigten oder mit deren Beauftragten möglichst frühzeitig die beabsichtigte Neugestaltung des Sanierungsgebiets und die Möglichkeiten ihrer Beteiligung an der Durchführung der Sanierung erörtern. Sie soll auch den Arbeitnehmern der Betriebe im Sanierungsgebiet Gelegenheit geben, sich zur Neugestaltung des Sanierungsgebiets zu äußern. Die Erörterung nach den Sätzen 1 und 2 sowie die Ermittlungen nach § 4 Abs. 1 Satz 2 können im Rahmen der Beteiligung der Bürger an der Bauleitplanung nach § 2a des Bundesbaugesetzes erfolgen.

(2) Die Gemeinde soll mit den Eigentümern, denen eine Beteiligung an der Durchführung der Sanierung nicht möglich erscheint, die mit einer Veräußerung ihrer Grundstücke zusammenhängenden Fragen erörtern; dabei soll sie auch feststellen, ob und in welcher Rechtsform die Eigentümer einen späteren Erwerb von Grundstücken oder Rechten im Rahmen der §§ 25 und 35 Abs. 5 anstreben.

(3) Den Beteiligten ist auf ihren Wunsch eine angemessene Frist zur Stellungnahme einzuräumen.

(4) Das Ergebnis der Erörterung ist in einer Niederschrift festzuhalten. Den Beteiligten ist auf ihren Wunsch Einsicht in den sie betreffenden Teil der Niederschrift zu gewähren.

1. Allgemeines (Abs. 1 und 4)

a) Abs. 1 erhielt durch die Novelle 1976 einen neuen Satz 3. Er eröffnet die Möglichkeit, die Neugestaltungserörterung nach § 9 Abs. 1 und die

Ermittlungen im Rahmen der vorbereitenden Untersuchungen nach § 4 Abs. 1 Satz 2 StBauFG zusammen mit der vorzeitigen Beteiligung der Bürger an der Bauleitplanung nach dem neuen § 2a BBauG durchzuführen. Die Ergänzung erfolgte aus Gründen der Vereinfachung, um vergleichbare Verfahren nach dem StBauFG und dem BBauG zu koordinieren und zu verbinden. Die materiell-rechtlichen Voraussetzungen der jeweiligen Verfahren bleiben Voraussetzung für eine Verbindung der Verfahren.

Von einer Zusammenführung der Sozialplanung (§ 4 Abs. 2 und § 8 Abs. 2 StBauFG, § 13a BBauG) wurde jedoch im Hinblick auf die hier gesehenen unterschiedlichen städtebaulichen Sachverhalte Abstand genommen. Statt dessen wurde die Anwendung des § 13a BBauG in § 86 Abs. 1 StBauFG ausgeschlossen (siehe dort).

b) Der Gesetzgeber war der Auffassung, daß zu einem möglichst frühen Zeitpunkt eine eingehende Erörterung über die beabsichtigte Neugestaltung des Sanierungsgebiets nicht nur mit den Eigentümern, sondern auch mit den Mietern, Pächtern und anderen Nutzungsberechtigten notwendig ist. Auch der arbeitenden Bevölkerung, die im Sanierungsgebiet einen Dauerarbeitsplatz hat, soll Gelegenheit zur Äußerung gegeben werden. Der Unterschied zu den Erörterungen, die in §§ 4 und 8 vorgeschrieben sind, besteht darin, daß nach § 9 Abs. 1 bereits ganz konkrete Pläne für die vorgesehenen Bodenordnungs- und Neubauabsichten besprochen werden sollen. Auch die Möglichkeit der Beteiligung der Grundstückseigentümer, Mieter usw. an den Ordnungs- und Baumaßnahmen (§§ 13, 14) muß hier schon eingehend geprüft und erörtert werden. Schließlich ist auch hier schon auf Abs. 2 hinzuweisen, wonach über etwaige Veräußerungs- und Reprivatisierungsmaßnahmen verhandelt werden soll (siehe unten Anm. 2).

c) Zu bemerken ist (wie bei §§ 4 und 8), daß diese Erörterungen im Interesse der Verminderung des Verwaltungsaufwandes möglichst zügig durchzuführen sind, was wohl dadurch erleichtert wird, daß es sich bei den verschiedenen im Gesetz vorgeschriebenen Erörterungen wenigstens zum großen Teil um dieselben Personen und Objekte handelt. Die Vorschrift in Abs. 4, daß das Ergebnis „in einer Niederschrift" festzuhalten ist, kann wohl nicht bedeuten, daß die gesamten, oft sehr zeitraubenden und eine Zeit andauernden Verhandlungen in einer einzigen Niederschrift festzulegen sind; es wird sich vielmehr meist um eine Reihe von Niederschriften über Besprechungen mit einzelnen oder Gruppen von Beteiligten handeln.

2. Veräußerung und Reprivatisierung von Grundstücken (Abs. 2)

a) Abs. 2 verpflichtet die Gemeinde, den Eigentümern, die bei der Sanierung nicht mitwirken und ihr Grundstück veräußern wollen, bei der Klärung der sich aus der Sanierung und der Absicht der Veräußerung ergebenden Probleme behilflich zu sein (z. B. Erforschung von Möglichkeiten des Kaufs durch Private oder durch die Gemeinde). Ferner war der Gesetzgeber der

Auffassung, daß im Hinblick auf eine zügige Abwicklung des Verfahrens, insbesondere der Reprivatisierungsverpflichtung, bereits in einem möglichst frühen Verfahrensstadium Unterlagen darüber zu schaffen sind, ob und in welcher Rechtsform die weichenden Eigentümer einen späteren Erwerb von Grundstücken oder Rechten im Rahmen der §§ 25 und 35 Abs. 5 innerhalb oder außerhalb des Sanierungsgebiets anstreben. Der Reprivatisierungsanspruch nach § 25 ist jedoch von diesen Erörterungen nicht abhängig.

b) Es handelt sich bei der Vorschrift um eine **Soll**bestimmung. Dessen ungeachtet dürfte die Verweigerung eines geforderten Erörterungstermins durch die Gemeinde dem Betroffenen den Verwaltungsrechtsweg eröffnen.

§ 10

Bebauungspläne für das Sanierungsgebiet

(1) Für die Neugestaltung des förmlich festgelegten Sanierungsgebiets sind Bebauungspläne im Sinne des § 30 des Bundesbaugesetzes aufzustellen. Dabei ist im Rahmen des § 1 Abs. 6 des Bundesbaugesetzes auf die Erhaltung von Bauten, Straßen, Plätzen oder Ortsteilen von geschichtlicher, künstlerischer oder städtebaulicher Bedeutung Rücksicht zu nehmen; landesrechtliche Vorschriften über den Schutz und die Erhaltung von Bau- und Naturdenkmälern bleiben unberührt. In dem Bebauungsplan sind die Gebäude und sonstigen baulichen Anlagen kenntlich zu machen, die bei der Durchführung der Sanierung ganz oder teilweise beseitigt werden müssen, weil sie den Festsetzungen des Bebauungsplans nicht entsprechen, oder die aus den in Satz 2 bezeichneten Gründen erhalten bleiben sollen; § 9 Abs. 4 des Bundesbaugesetzes bleibt unberührt. Das förmlich festgelegte Sanierungsgebiet ist in dem Bebauungsplan kenntlich zu machen.

(2) Ist im Zeitpunkt der förmlichen Festlegung des Sanierungsgebiets ein Bebauungsplan vorhanden, der die Voraussetzungen des Absatzes 1 Satz 1 und 2 erfüllt, so sind in ihm im Wege der Berichtigung das Sanierungsgebiet und die in Abs. 1 Satz 3 bezeichneten Gebäude und sonstigen baulichen Anlagen kenntlich zu machen.

(3) Müssen Gebäude oder sonstige bauliche Anlagen ganz oder teilweise beseitigt werden, weil sie den Festsetzungen des Bebauungsplans nicht entsprechen, so sollen die Eigentümer der Grundstücke, soweit sie bekannt oder aus dem Grundbuch ersichtlich sind, oder deren Beauftragte hiervon benachrichtigt werden, sobald ein Bebauungsplan rechtsverbindlich geworden ist, der die Voraussetzungen des Absatzes 1 erfüllt; Entsprechendes gilt für Mieter, Pächter und sonstige Nutzungsberechtigte. Ist im Zeitpunkt der förmlichen Festlegung des Sanierungsgebiets ein Bebauungsplan vorhanden, der die Voraussetzungen des Absatzes 1 Satz 1 und 2 erfüllt, so soll die Benachrichtigung vorgenommen werden, sobald der Beschluß über die förmliche Festlegung des Sanierungsgebiets

rechtsverbindlich geworden ist. In der Benachrichtigung ist auf die Vorschriften der §§ 26 bis 31 hinzuweisen.

(4) § 9 Abs. 1 Nr. 9 des Bundesbaugesetzes findet mit der Maßgabe Anwendung, daß besondere städtebauliche Gründe gegeben sind, wenn die Festsetzung des besonderen Nutzungszwecks für einzelne Grundstücke den mit der förmlichen Festlegung verfolgten Zwecken dient. Hierbei können auch Festsetzungen getroffen werden, die über § 9 Abs. 1 Nr. 8 des Bundesbaugesetzes hinaus dazu dienen, die Unterbringung bestimmter Bevölkerungsgruppen zu gewährleisten.

(5) Im Falle des Absatzes 4 kann der Eigentümer von der Gemeinde die Übernahme des Grundstücks verlangen, wenn und soweit es ihm mit Rücksicht auf die Festsetzungen des Bebauungsplans wirtschaftlich nicht mehr zuzumuten ist, das Grundstück zu behalten. Liegen die Flächen eines land- oder forstwirtschaftlichen Betriebs sowohl innerhalb als auch außerhalb des Sanierungsgebiets, so kann der Eigentümer von der Gemeinde die Übernahme sämtlicher Grundstücke des Betriebs verlangen, wenn die Erfüllung des Übernahmeverlangens für die Gemeinde keine unzumutbare Belastung bedeutet; die Gemeinde kann sich auf eine unzumutbare Belastung nicht berufen, soweit die außerhalb des Sanierungsgebiets gelegenen Grundstücke nicht mehr in angemessenem Umfang baulich oder wirtschaftlich genutzt werden können. Kommt eine Einigung über die Übernahme nicht zustande, so kann der Eigentümer die Entziehung des Eigentums an dem Grundstück verlangen. Für die Entziehung des Eigentums gelten die Vorschriften des Fünften Teils des Bundesbaugesetzes entsprechend.

(6) Absatz 3 gilt nicht, soweit die Grundstücke in einem Umlegungsgebiet liegen.

(7) Die Zulassung von Vorhaben nach § 15 setzt nicht voraus, daß der Bebauungsplan (Absatz 1) rechtsverbindlich geworden ist.

1. Entwicklung der Vorschrift

a) Bei der Erstfassung wurde § 10 entsprechend dem Vorschlag des federführenden Ausschusses um zwei Absätze (4 und 5) erweitert. Abs. 4 entspricht dem Grundgehalt nach dem gestrichenen Abs. 2 von § 11, Abs. 5 dem ebenfalls gestrichenen Abs. 3 von § 11. Die Systematik erforderte eine Einarbeitung in § 10.

b) Zur Klarstellung wurde im Rahmen der Novelle 1979 der neue Abs. 7 angefügt (siehe Erläut. Nr. 9).

2. Aufstellung eines Bebauungsplans (Abs. 1)

a) Wenn ein Sanierungsgebiet förmlich festgelegt ist und für dieses Gebiet kein Bebauungsplan vorhanden ist, der den Vorschriften des § 30 BBauG entspricht (Abs. 2), muß (nach den vorbereitenden Besprechungen, der Aufstellung des Sozialplans und den weiteren Erörterungen) zunächst ein BebPl. nach den Bestimmungen des BBauG aufgestellt werden (§§ 8 ff. BBauG; vgl.

hierzu Teil I BBauG, Anm. zu §§ 8, 9 und 30). Im Gegensatz ist (als Weisung an die Gemeinden) besonders hervorgerufen, daß entsprechend der Bestimmung in § 1 Abs. 5 BBauG („die Bauleitpläne haben ... der Gestaltung des Ortsbildes zu dienen") auf die Erhaltung von Bauten usw., welche künstlerische, geschichtliche oder städtebauliche Bedeutung haben, Rücksicht zu nehmen ist und daß die einschlägigen, dem Schutz und der Erhaltung von Bau- und Naturdenkmälern dienenden landesrechtlichen Vorschriften unberührt bleiben. Dadurch soll vor allem sichergestellt werden, daß bei der Sanierung keine Gebäude beseitigt werden, die einzeln oder im Gesamtbild eines Straßenzuges aus denkmalpflegerischen Gründen erhaltungswürdig sind. In dem BebPl. ist vor allem auch aufzunehmen:

aa) eine Kenntlichmaehung der Gebäude und sonstigen baulichen Anlagen, die bei der Durchführung der Sanierung ganz oder teilweise **beseitigt** werden müssen, weil sie den Festsetzungen des BebPl. widersprechen,

bb) eine Kenntlichmachung der Gebäude und sonstigen baulichen Anlagen, die aus den in Abs. 1 Satz 2 angeführten Gründen **erhalten** bleiben sollen,

cc) eine Kenntlichmachung des förmlich festgelegten Sanierungsgebiets (nach Ausdehnung und Grenzen, um einen entsprechenden Überblick zu vermitteln).

Besonders ist noch darauf hinzuweisen, daß in den BebPl. schließlich auch noch Festsetzungen über die äußere Gestaltung baulicher Anlagen sowie über den Schutz und die Erhaltung von Bau- und Naturdenkmälern aufzunehmen sind, soweit dies durch eine Rechtsverordnung einer Landesregierung bestimmt ist (§ 9 Abs. 4 BBauG).

Um spätere Änderungen des BebPl. (der die rechtliche Grundlage für eine Reihe von wichtigen Maßnahmen der Bodenordnung und Erschließung, für den Erlaß von Abbruch- und Baugeboten, die Enteignung, Veräußerung usw. bildet — vgl. §§ 19, 20, 22, 25, 41) zu vermeiden, ist es zweckmäßig, daß der Plan erst aufgestellt wird, wenn sich die Gemeinde aufgrund der vorbereitenden Besprechungen und Erörterungen über Art und Umfang der zu treffenden Maßnahmen schlüssig geworden ist.

b) Die oben unter a) angeführten „Kenntlichmachungen" sind für sich allein noch keine „Festsetzungen" im Sinne der Vorschriften des BBauG über den BebPl. (vgl. § 8 ff. BBauG, Band I). Es handelt sich vielmehr hier lediglich um Hinweise auf die Festsetzungen des BebPl. Es ist also so, daß die rechtskräftigen Festsetzungen des BebPl. allein maßgebend sind; Beispiel: Ein Gebäude muß im Zuge der Sanierung **beseitigt** werden. Dieses Gebäude wird im Plan (etwa mit einer bestimmten Farbe) kenntlich gemacht. In den verbindlichen Festsetzungen des Plans muß aber das Gebäude dann etwa in einem Gebiet liegen, das als Grünfläche oder Straßengrund ausgewiesen ist. Dazu muß dann noch das Abbruchgebot nach § 19 kommen. Ähnlich ist es z. B. bei den Baugeboten (§ 20). Dagegen gibt es wohl keine rechtsverbindliche Festsetzung für ein Abbruchverbot oder ein Modernisierungsgebot (vgl. § 15 Abs. 2 Nr. 4 und § 21).

3. Bereits vorhandener Bebauungsplan (Abs. 2)

Für den Fall, daß ein BebPl. i. S. des § 30 BBauG für die Neugestaltung des Sanierungsgebiets bei der förmlichen Festlegung bereits vorhanden ist, ist zur Verfahrensvereinfachung bestimmt, daß die Kenntlichmachung nach Abs. 1 Satz 3 und 4 im Wege der Berichtigung vorgenommen werden können. Es ist aber auch möglich, falls bei der Aufstellung eines BebPl. vorhersehbar ist, daß und in welchem Umfang eine Sanierung in Betracht kommt, die Kenntlichmachungen nach Abs. 1 Satz 3 und 4 schon bei der Aufstellung des BebPl. vorgenommen werden.

4. Benachrichtigung der Eigentümer (Abs. 3)

Die Vorschrift des Abs. 3 hatte in den Gesetzesverhandlungen für die Erstfassung ein wechselhaftes Schicksal. Die Empfehlung des Rechtsausschusses sprach sich für die „Benachrichtigung" aus. Dagegen schloß sich der 14. (jetzt 15.) Ausschuß (Städtebau und Wohnungswesen) der Empfehlung des Rechtsausschusses nicht an mit folgender Begründung: „Die Kenntlichmachung der Beseitigung einer baulichen Anlage hat unmittelbar noch keine rechtliche Wirkung. Die Rechtssphäre des Eigentümers wird erst berührt, wenn ein Abbruchgebot nach § 19 ergeht. Gegen dieses Abbruchgebot stehen dem Eigentümer die nach der Verwaltungsgerichtsordnung zulässigen Rechtsmittel zu. Aus der Sicht des Eigentümerschutzes ist es daher nicht erforderlich, bereits im Zeitpunkt der Aufstellung eines BebPl. dem Eigentümer einen rechtsmittelfähigen Bescheid zu erteilen."

Im endgültigen Gesetzestext der (auch durch die Novellen 1976 und 1979 unverändert gebliebenen) Vorschrift wurde aber dann doch die Verpflichtung zur Benachrichtigung (als „Sollbestimmung" mit Hinweischarakter) aufgenommen. Sicherlich bedeutet auch diese Vorschrift eine erhebliche Belastung der Verwaltung (wenn die „Benachrichtigung" auch keinen anfechtbaren Verwaltungsakt zur Folge hat und ihre Unterlassung wohl auf die späteren rechtlichen Schritte der Behörde keinen Einfluß hat), und es kann nicht übersehen werden, daß eine Benachrichtigung über Vorschriften einer Satzung dem Rechtscharakter einer solchen Rechtsnorm nicht entspricht.

5. Festsetzung einer besonderen Nutzungsart (Abs. 4)

Abs. 4 wurde aus § 11 im Zuge der Novellierung 1976 hierher übernommen. Nunmehr ergibt sich die Möglichkeit, nicht nur in Ersatz- und Ergänzungsgebieten (§ 11), sondern auch in förmlich festgelegten Sanierungsgebieten Festsetzungen im BebPl. zu treffen, die sich auf eine besondere mit der förmlichen Festlegung bezweckten Nutzung einzelner Grundstücke beziehen oder die die Unterbringung bestimmter Bevölkerungsgruppen auf diesen

Grundstücken gewährleisten. In engem Zusammenhang mit dem hier angeführten § 9 Abs. 1 Nr. 9 BebPl. (besonderer Nutzungszweck von Flächen, der durch besondere städtebauliche Gründe gefordert wird) steht § 11 BauNVO (Sondergebiete). Die Gemeinden sollten aber nicht an die im einzelnen aufgezählten Möglichkeiten der genannten Bestimmungen des BBauG und der BauNVO gebunden sein, sie können vielmehr auch in den ausgewiesenen Ersatzgebieten (§ 11) für die einzelnen Grundstücke die spezielle Nutzungsart festlegen (z. B. Nutzung als Wohngebäude, als Handwerks- und Gewerbebetrieb), weil es nur auf diese Weise möglich ist, die Bewohner und Betriebe aus dem Sanierungsgebiet „räumlich zusammenhängend" (Abs. 1) unterzubringen.

Der Hinweis in **Satz 2** soll besonders noch die Wichtigkeit der Festsetzung von Flächen für den sozialen Wohnungsbau hervorheben und darauf hindeuten, daß die Beschaffung entsprechender Ersatzwohnungen eines der wichtigsten Anliegen des Gesetzgebers ist (vgl. § 27 Abs. 2 und 3).

6. Übernahmeverpflichtung der Gemeinde (Abs. 5)

Abs. 5 wurde aus der alten Fassung des § 11 (dort Abs. 3) hierher übernommen. Entsprechend der Regelung in § 40 Abs. 2 Nr. 1 BBauG (vgl. die Erläuterungen dort) ist dem Eigentümer ein Übernahmeanspruch eingeräumt, wenn es ihm aufgrund der gemäß Abs. 2 erfolgten speziellen Festsetzung des BebPl. nicht mehr zuzumuten ist, sein Grundstück im Ersatz- oder Ergänzungsgebiet zu behalten.

Satz 2 bringt eine Regelung für die Fälle, in denen die meist nicht geringfügigen Flächen eines land- und forstwirtschaftlichen Betriebs über das Sanierungsgebiet hinausreichen. Hier werden sich bei der Anwendung des unbestimmten Rechtsbegriffs („keine unzumutbare Belastung") Meinungsverschiedenheiten zwischen Betroffenem und der Gemeinde ergeben können, die im Streitfall vor den Baulandkammern auszutragen sind (**Satz 4** § 86 Abs. 2 i. V. mit § 157 Abs. 1 BBauG).

7. Grundstücke in einem Umlegungsgebiet (Abs. 6)

Wenn die Grundstücke in einem Umlegungsgebiet liegen, erübrigt sich die in Abs. 3 vorgeschriebene Benachrichtigung, weil bereits im Umlegungsverfahren (vgl. §§ 45 ff. BBauG) eine ausreichende Unterrichtung der Eigentümer gewährleistet ist. Die Grundeigentümer sind nach § 48 Abs. 1 Nr. 1 BBauG an dem Umlegungsverfahren beteiligt.

8. Überleitungsvorschrift zur Novelle 1976

Art. 23 § 13 Abs. 1 des ÄndG 1976 zum BBauG schließt § 10 Abs. 4 und 5 StBauFG bei der Anwendung der Überleitungsvorschriften aus. Waren bis zum Inkrafttreten der Novelle (1. 1. 1977) die Entwürfe von BebPlänen öffentlich ausgelegt oder war mit der Beteiligung der Träger öffentlicher

Belange nach § 2 Abs. 5 BBauG begonnen worden, so finden die alten Vorschriften über die Festsetzungen (§ 11 Abs. 2) und über den Entschädigungsanspruch (Art. 11 Abs. 3) Anwendung.

9. Klarstellung durch die Novelle 1979 (Abs. 7)

Aufgrund Abs. 1 Satz 1 hat die Gemeinde für die Neugestaltung des förmlich festgelegten Sanierungsgebiets Sanierungsbebauungspläne aufzustellen. In der Praxis wurde das Gesetz z. T. dahin ausgelegt, daß vor Rechtsverbindlichkeit dieses BebPlans Vorhaben nicht zugelassen werden können.

Um die Zulassung privater Vorhaben zu erleichtern, stellt der durch die Novelle 1979 angefügte Abs. 7 klar, daß es mit Abs. 1 vereinbar ist, Vorhaben nach Maßgabe des § 15 zuzulassen, auch wenn der erwähnte SanierungsBebPlan noch nicht rechtsverbindlich ist; § 15 enthält die erforderlichen Handhaben zur Steuerung der Vorhaben im Hinblick auf den Fortgang der Sanierung.

Die in § 10 Abs. 7 nicht ausdrücklich erwähnten Zulässigkeitsvorschriften der §§ 29 bis 38 BBauG gelangen, wie sich aus der endgültigen Fassung des § 8 Abs. 1 Satz 3 und mittelbar über die Anwendung des § 15 ergibt, voll und primär zur Anwendung. Auf den Zusammenhang dieser Regelung mit dem an § 8 Abs. 1 angefügten Satz 3 wurde in den Erläuterungen bei § 8 hingewiesen.

§ 11

Ersatz- und Ergänzungsgebiete

Ergibt sich aus den vorbereitenden Untersuchungen und aus dem mit der förmlichen Festlegung des Sanierungsgebiets verfolgten Zweck, daß zur Erreichung des Sanierungszwecks Flächen außerhalb des Sanierungsgebiets für Ersatzbauten oder Ersatzanlagen zur räumlich zusammenhängenden Unterbringung von Bewohnern oder Betrieben aus dem Sanierungsgebiet oder für die durch die Sanierung bedingten Gemeinbedarfs- oder Folgeeinrichtungen in Anspruch genommen werden müssen, so kann die Gemeinde geeignete Gebiete für diesen Zweck förmlich festlegen. Für die förmliche Festlegung und die sich aus ihr ergebenden Wirkungen sind die für Sanierungsgebiete geltenden Vorschriften maßgebend.

1. Allgemeines

Die bei der Erstfassung des Gesetzes auf Vorschlag von Sachverständigen aufgenommene Vorschrift wurde durch die Novelle 1976 aus systematischen Gründen um die alten Absätze 2 und 3 gekürzt; diese beiden Absätze sind als neue Absätze 4 und 5 in den § 10 transferiert worden.

2. Vorschrift

a) Bei Sanierungsmaßnahmen werden in der Regel nicht alle Bewohner nach Durchführung der Maßnahmen in dem festgesetzten Gebiet bleiben können. Die Gemeinden werden vielmehr häufig genötigt sein, im Zuge der Durchführung einer Sanierungsmaßnahme auch außerhalb des förmlich festgelegten Gebiets Flächen in Anspruch zu nehmen (Bau von Ersatzwohnungen zur Umsetzung von Mietern, Umsetzung von Betrieben). Das Sanierungsgebiet kann aufgrund der §§ 3, 5 nicht etwa für solche Ersatzanlagen erweitert werden. Es mußte aber zur Erreichung des Sanierungszwecks und zur zügigen Durchführung der Maßnahmen sichergestellt werden, daß auch die außerhalb des Sanierungsgebiets gelegenen, für die Durchführung der Sanierung unerläßlichen Flächen alsbald entsprechend dem Sanierungszweck bebaut werden können. Dieser Sachlage trägt § 11 Rechnung. Er gibt den Gemeinden die Möglichkeit, Ersatz- und Ergänzungsgebiete auszuweisen, wenn sich dies aufgrund des Ergebnisses der vorbereitenden Untersuchungen (§ 4) und des Zwecks, der sich aus der förmlichen Festlegung des Sanierungsgebiets ergibt, für das Sanierungsgebiet aufgestellten BebPl. als notwendig erweist. Vor der Novelle 1976 mußte für das förmlich festgelegte Sanierungsgebiet ein BebPl. vorhanden sein; diese Einengung ist aus praktischen Erwägungen, insbesondere wegen der Transferierung des früheren Abs. 2 als Abs. 4 nach § 10, hier weggefallen.

Die Möglichkeit der Ausweisung wird an genau festgelegte Kriterien gebunden; es muß sich um Flächen handeln, die zur räumlich zusammenhängenden Unterbringung von sanierungsbetroffenen Bewohnern oder Betrieben oder für durch die Sanierung bedingte Gemeinbedarfs- und Folgeeinrichtungen in Anspruch genommen werden müssen.

b) Legt die Gemeinde solche Ersatz- und Ergänzungsgebiete förmlich fest, was durch Erlaß einer Satzung nach § 5 geschieht (siehe bei § 5), so finden dort vom Zeitpunkt der Festlegung an die für das Sanierungsgebiet geltenden Vorschriften des StBauFG Anwendung (Abs. 1 Satz 2), d. h. diese Vorschriften erstrecken sich auch auf die Wirkung der förmlichen Festlegung.

3. Überleitungsvorschrift

Art. 3 § 13 Abs. 1 des ÄndG 1976 zum BBauG besagt: Waren bis zum Inkrafttreten der Novelle (1. 1. 1977) die Entwürfe von BebPlänen öffentlich ausgelegt oder war mit der Beteiligung der Träger öffentlicher Belange nach § 2 Abs. 5 BBauG begonnen worden, so finden die alten Vorschriften über die Festsetzungen (§ 11 Abs. 2) und über den Entschädigungsanspruch (Art. 11 Abs. 3) Anwendung.

§ 12

Ordnungs- und Baumaßnahmen im Sanierungsgebiet

(1) Die Durchführung der Sanierung umfaßt die Ordnungsmaßnahmen und die Baumaßnahmen innerhalb des förmlich festgelegten Sanierungsgebiets, die erforderlich sind, um den sanierungsbedürftigen Zustand zu beseitigen und das Sanierungsgebiet neu zu gestalten.
Es gehören

1. zu den Ordnungsmaßnahmen:
die Bodenordnung, der Umzug der Bewohner und Betriebe, die Beseitigung baulicher Anlagen, die Erschließung sowie sonstige Maßnahmen, die notwendig sind, damit die Baumaßnahmen durchgeführt werden können;

2. zu den Baumaßnahmen:
die Neubebauung, die Modernisierung baulicher Anlagen, die Errichtung von Ersatzbauten, Ersatzanlagen und durch die Sanierung bedingten Gemeinbedarfs- und Folgeeinrichtungen sowie die Verwirklichung der sonstigen nach dem Bebauungsplan festgesetzten Nutzung.

Ersatzbauten, Ersatzanlagen und durch die Sanierung bedingte Gemeinbedarfs- und Folgeeinrichtungen können außerhalb des Sanierungsgebiets liegen; in diesem Fall sind, sofern nicht eine förmliche Festlegung nach § 11 erfolgt ist, die Vorschriften des Dritten und Vierten Abschnitts dieses Teils des Gesetzes nicht anzuwenden.

(2) Auf Grundstücken, die der Landesverteidigung, dienstlichen Zwecken des Bundesgrenzschutzes, der Polizei oder dem Zivilschutz dienen, sowie auf Grundstücken, auf denen sich Anlagen befinden, die den in § 38 des Bundesbaugesetzes genannten Vorschriften unterliegen, dürfen Sanierungsmaßnahmen nur mit Zustimmung des Bedarfsträgers durchgeführt werden; das gleiche gilt für sonstige Grundstücke, auf denen sich bauliche Fernmeldeanlagen der Deutschen Bundespost, die nicht ausschließlich der fernmeldemäßigen Versorgung dieser Grundstücke zu dienen bestimmt sind, oder Fernmeldekabel für den Fernverkehr befinden. Die Bedarfsträger sollen ihre Zustimmung erteilen, wenn auch bei Berücksichtigung ihrer Aufgaben ein überwiegend öffentliches Interesse an der Durchführung der Sanierungsmaßnahmen besteht.

1. Allgemeines

In dieser Vorschrift wird der Begriff „Durchführung der Sanierung“ in die Ordnungsmaßnahmen und die Baumaßnahmen innerhalb des förmlich festgelegten Sanierungsgebiets unterteilt. Baumaßnahmen außerhalb des Sanierungsgebiets können ausnahmsweise zu den Baumaßnahmen im Sinne des Gesetzes gehören, wenn und soweit es sich um Ersatzbauten, Ersatzanlagen und Gemeinbedarfseinrichtungen handelt. Im letzteren Falle finden allerdings, sofern nicht eine förmliche Festlegung nach § 11 erfolgt ist, die besonderen bodenrechtlichen Vorschriften des Dritten Abschnitts und die Vorschriften über Miet- und Pachtverhältnisse des Vierten Abschnitts des Zweiten Teils des Gesetzes (also §§ 15 mit 25 und §§ 26 mit 32) keine Anwendung. Die Unterteilung in Ordnungs- und Baumaßnahmen ist vor allem im Hinblick auf die Finanzierung der einzelnen Maßnahmen von Bedeutung (vgl. u. a. § 41), ferner auch bezüglich der Verantwortung für die Durchführung (§ 13) und die Finanzierung mit Sanierungsförderungsmitteln (§§ 39 ff.). Zwischen den Ordnungs- und Baumaßnahmen besteht auch ein Unterschied hinsichtlich der Durchführung. Während erstere grundsätzlich Sache der Gemeinden sind (ausgenommen Überlassung an die Eigentümer durch Vertrag), bleibt die Durchführung der letzteren grundsätzlich den Eigentümern überlassen (§ 13).

2. Ordnungs- und Baumaßnahmen (Abs. 1)

Das Gesetz selbst zählt (nicht erschöpfend) eine Reihe von Ordnungs- und Baumaßnahmen auf.

a) Zu den Ordnungsmaßnahmen gehören alle Maßnahmen, die notwendig sind, damit die Baumaßnahmen durchgeführt werden können, also vor allem die Bodenordnung (§ 16), der Umzug von Bewohnern und Betrieben (vgl. §§ 27 ff.; in Betracht kommen hier aber nur die zur Durchführung des Umzugs erforderlichen Maßnahmen, etwa Umzugskostenentschädigungen und Ersatz von Auslagen für die Beschaffung einer Wohnung, nicht aber Kosten für die Errichtung von Ersatzwohnungen) und die Erschließung. Letztere wurde in die Ordnungsmaßnahmen eingereiht, weil nach § 6 Abs. 7 im Sanierungsgebiet Erschließungsbeiträge nicht zu erheben sind. Die Anlage von Grünflächen ist, soweit sie nicht zu den Erschließungsanlagen gehören, zu den Baumaßnahmen zu rechnen (vgl. hierzu auch § 41 Abs. 1, 2 und 3).

b) Zu den Baumaßnahmen zählt das, was der Verwirklichung der nach dem BebPl. festgesetzten Nutzung dient, also die Neubebauung einschließlich der Errichtung von Ersatzbauten, Ersatzanlagen und sanierungsbedingten Gemeinbedarfs- und Folgeeinrichtungen (z. B. Bau öffentlicher Einrichtungen wie Schulen, Kindergärten, Krankenhäuser usw.), ferner die Modernisierung. Hinsichtlich der Ersatzbauten, Ersatzanlagen und der Gemeinbedarfs- und Folgeeinrichtungen ist zu bemerken, daß sie auch außerhalb des zunächst förmlich festgesetzten Sanierungsgebiets liegen können (Satz 3); sind solche Ersatzbauten usw. erforderlich, so kann entweder für die geeigneten Gebiete eine förmliche Festlegung nach § 11 erfolgen (mit der Folge, daß die Bestimmungen des StBauFG anzuwenden sind), oder eine solche förmliche Festlegung erfolgt nicht; dann sind die Vorschriften des 3. und 4. Abschnitts des StBauFG nicht anzuwenden; es kommen dann u. U. die Vorschriften des BBauG, vor allem die dortigen Enteignungsvorschriften in Frage (vgl. hierzu auch § 11 Erläut. 1).

c) Eine erschöpfende Aufstellung der in Betracht kommenden Maßnahmen war bei der Verschiedenheit der Sanierungsfälle und der Vielzahl der in Betracht kommenden Aufgaben nicht möglich.

3. Zustimmungsbedürftigkeit bei bestimmten Sanierungsmaßnahmen (Abs. 2)

a) Nach Abs. 2 dürfen in Anlehnung an die Grundsätze in §§ 37 Abs. 2 und 38 BBauG (vgl. die Erläuterungen in Teil I zu diesen Vorschriften) Grundstücke, die den dort genannten Zwecken dienen oder die den dort bezeichneten Vorschriften unterliegen, nur mit Zustimmung des jeweiligen Bedarfsträgers Sanierungsmaßnahmen unterworfen werden. Damit wird klargestellt, daß die Bedürfnisse dieser Bedarfsträger auch bei der Sanierung zu berücksichtigen sind. Für die Fernmeldeanlagen der Deutschen Bundespost enthält Abs. 2 eine Ergänzung, da das in § 38 BBauG angesprochene Telegrafenwegegesetz im wesentlichen nur Regelungen für die Telegrafen- und Fernsprechlinien enthält, die auf Verkehrswegen geführt werden.

b) Im übrigen besteht auch die Möglichkeit, daß hier in Betracht kommende Grundstücke gem. § 3 Abs. 1 Satz 3 aus dem Sanierungsgebiet ausgenommen werden, wenn die Voraussetzungen hierfür vorliegen (vgl. hierzu § 3 Erläut. 1 c).

c) Der Zustimmung bedarf nur die „Durchführung von Sanierungsmaßnahmen", das bedeutet im Zusammenhang zwischen Abs. 1 und 2, also die Zustimmung zu den Ordnungs- und Baumaßnahmen (z. B. Zustimmung zur Ausübung des Vorkaufsrechts — § 17 —, zum Abbruch-, Bau- und andere Gebote — §§ 39a bis 39e BBauG — usw., nicht aber etwa zur Aufstellung des BebPl.; in dieser Hinsicht ist auf § 2 Abs. 5 BBauG — siehe Band I — hinzuweisen).

§ 13

Durchführung der Ordnungs- und Baumaßnahmen

(1) Die Gemeinde führt die Ordnungsmaßnahmen durch. Sie kann die Durchführung dieser Maßnahmen aufgrund eines Vertrags ganz oder teilweise dem Eigentümer überlassen. In dem Vertrag ist auch zu regeln, ob und wieweit die Gemeinde Vorauszahlungen zur Deckung der Kosten gewährt.

(2) Die Durchführung der Baumaßnahmen bleibt den Eigentümern überlassen, soweit die zügige und zweckmäßige Durchführung durch sie gewährleistet ist.

(3) Ist die zügige und zweckmäßige Durchführung der vertraglich übernommenen Ordnungsmaßnahmen oder der Baumaßnahmen durch einzelne Eigentümer nicht gewährleistet, so hat die Gemeinde insoweit für die Durchführung der Maßnahmen zu sorgen oder sie selbst zu übernehmen. Bei der Prüfung, ob die zügige und zweckmäßige Durchführung gewährleistet ist, ist für den Fall, daß

der Eigentümer sich bei Vorbereitung oder Durchführung der Maßnahmen eines Betreuers oder Beauftragten seiner Wahl bedient, auch dies zu berücksichtigen.
(4) Haben sich die Eigentümer der im Sanierungsgebiet oder einem Teil dieses Gebiets liegenden Grundstücke für die gemeinsame Durchführung der Sanierung oder bestimmter Sanierungsmaßnahmen zu einer juristischen Person zusammengeschlossen und ist das Eigentum an ihren Grundstücken auf die juristische Person übergegangen, so tritt diese an die Stelle des bisherigen Eigentümers.

1. Allgemeines (Abs. 1 Satz 1; Abs. 2 erster Halbsatz)

Diese Bestimmung bringt wieder eine Zweiteilung hinsichtlich der Durchführung der Sanierungsmaßnahmen. Während die Durchführung der Ordnungsmaßnahmen (§ 12 Abs. 1 Nr. 1) grundsätzlich Sache der Gemeinde ist (Abs. 1), bleibt die Durchführung der Baumaßnahmen (§ 12 Abs. 1 Nr. 2) vorrangig den Eigentümern überlassen. Die Grundüberlegung für diese Bestimmungen war, daß es sich bei den ersteren Maßnahmen in der Regel um hoheitliche Akte handelt (Umlegung — § 16 —, Beseitigung baulicher Anlagen — verschiedene Gebote nach §§ 39a bis 39e — und Erschließungsmaßnahmen), während die Baumaßnahmen (nach Genehmigung) in der Regel den einzelnen Grundstückseigentümern überlassen werden können. Die Gemeinde kann sich bei der Erfüllung ihrer Aufgaben eines „Beauftragten" bedienen (§ 33), die Eigentümer eines „Betreuers" oder „Beauftragten" (Abs. 3).

2. Einschränkungen der grundsätzlichen Regelung (Abs. 1 Satz 2 und 3, Abs. 2 zweiter Halbsatz, Abs. 3)

Die allgemeine Regelung über die Einteilung der Durchführungsmaßnahmen (oben Anm. 1) wird durchbrochen:

a) hinsichtlich der Ordnungsmaßnahmen: Die Gemeinde kann die Durchführung der Ordnungsmaßnahmen aufgrund eines Vertrages ganz oder teilweise „dem Eigentümer überlassen". Hierzu ist zu bemerken, daß wohl bestimmte Ordnungsmaßnahmen (die z. B. rein hoheitlicher Natur sind, wie Abbruch- und Baugebote) ihrem Wesen nach dem Eigentümer überhaupt nicht überlassen werden können, während andere (z. B. Erschließung) durchaus auch vom Eigentümer durchgeführt werden können (vgl. § 123 Abs. 3 BBauG; Erläut. 2b über den „Erschließungsvertrag" hierzu in Band I); auch die Übertragung der **Beseitigung** von baulichen Anlagen kann für die Übertragung an den Eigentümer in Frage kommen. Die Frage der „Vorauszahlung zur Deckung der Kosten" im Überlassungsvertrag (Abs. 1 Satz 2) ist bedingt durch die Regelung in § 41 Abs. 4.

b) hinsichtlich der Baumaßnahmen:

aa) Im Falle der Übertragung an die Eigentümer muß von der Gemeinde geprüft werden, ob die zügige und zweckmäßige Durchführung durch die

Eigentümer gewährleistet ist (Abs. 2); diese Frage kann z. B. verneint werden, wenn der Eigentümer finanziell sich nicht in der Lage zeigt, die Maßnahmen durchzuführen, oder wenn er sich einem Bauverbot widersetzt.

bb) Ist die zügige und zweckmäßige Durchführung der vertraglich übernommenen Ordnungsmaßnahmen (oben a) oder der Baumaßnahmen (oben b, aa) nicht gewährleistet (eine Frage, deren Beantwortung im Ermessen der Gemeinde liegt; ein Anspruch der Eigentümer auf Beteiligung an den Durchführungsmaßnahmen kann trotz der Fassung des Gesetzes — „bleibt den Eigentümern überlassen" — nicht anerkannt werden), so hat die Gemeinde für die Durchführung der Maßnahmen „zu sorgen" (d. h. sie kann sich eines Beauftragten nach § 33 bedienen oder sie selbst übernehmen, Abs. 3). Hier handelt es sich um einen gesetzlichen Auftrag an die Gemeinde ohne Außenwirkung. Es bleibt der Gemeinde unbenommen, für den Fall, daß sie die „Nichtgewährleistung" festgestellt hat, zu prüfen, ob sie nicht durch eigene Maßnahmen (z. B. durch ein Baugebot oder durch eine Enteignung — § 22 Abs. 1 Satz 1 i. V. mit § 88 BBauG) die „Gewährleistung" herbeiführen und von einer Übernahme absehen kann. Ebenso kann von einer Übernahme abgesehen werden, wenn der Eigentümer, der selbst keine Gewähr für die ordnungsmäßige Durchführung bietet, sich eines „Betreuers" oder „Beauftragten" bedient (Abs. 3 Satz 2).

3. Zusammenschluß zu einer juristischen Person (Abs. 4)

Für den Fall eines freiwilligen Eigentümerzusammenschlusses zu einer juristischen Person zum Zwecke der Sanierung ist diese juristische Person Partner der Gemeinde. Sie handelt als Eigentümer, wenn und soweit das Grundstückseigentum auf sie übergegangen ist. Ihr können daher beispielsweise Förderungsmittel gewährt werden, und es können ihr gegenüber alle Maßnahmen getroffen werden, die gegenüber einzelnen Grundeigentümern zulässig sind. Die juristische Person kann ihrerseits alle Ansprüche geltend machen, die von einzelnen Eigentümern erhoben werden können. Die hier in Frage kommende juristische Person kann dem privaten und (im Gegensatz zu § 14) auch dem öffentlichen Recht angehören (z. B. öffentlich-rechtlicher Zweckverband). Ihr ausschließlicher Zweck besteht in der „gemeinsamen Durchführung der Sanierung (also der **gesamten** Maßnahmen) oder bestimmter Sanierungsmaßnahmen".

§ 14

Sanierungsgemeinschaft

(1) Grundeigentümer, Mieter, Pächter und sonstige Nutzungsberechtigte sowie andere Dritte können sich zu einer Sanierungsgemeinschaft zusammenschließen, deren ausschließlicher Zweck in der gemeinsamen Durchführung der

Sanierung besteht. Die Sanierungsgemeinschaft entsteht durch Verleihung der Rechtsfähigkeit durch die nach Landesrecht zuständige Behörde und ist eine juristische Person des privaten Rechts.
(2) Das Nähere wird in einem besonderen Gesetz geregelt.

1. Die „Sanierungsgemeinschaft" nach § 14 kann (im Gegensatz zu den Zusammenschlüssen nach § 13 Abs. 4) nicht nur die Eigentümer, sondern auch Mieter, Pächter und „sonstige Nutzungsberechtigte" (z. B. Nießbrauch an Sachen oder Rechten, Wohnungseigentum) sowie „andere Dritte" (z. B. Private, die sich mit Kapital an der Sanierung beteiligen wollen) umfassen.

2. Der Zusammenschluß soll, wie bei § 13 Abs. 4, auf freiwilliger Grundlage erfolgen und hat ausschließlich den Zweck, die Sanierung gemeinsam durchzuführen.

3. Die Rechtsform der Sanierungsgemeinschaft ist nach dem Gesetz eine juristische Person des privaten Rechts, und sie erhält diese Rechtsstellung durch Verleihung der Rechtsfähigkeit durch die nach Landesrecht zuständige Behörde (in Bayern ist zuständige Behörde „die Regierung", siehe Art. 2 des Gesetzes über Zuständigkeiten nach dem StBauFG — BayGVBl. 1972 S. 5).

4. Nach eingehenden Verhandlungen in den Ausschüssen, in deren Verlauf eine Reihe von Vorschlägen über Mitgliedschaft und rechtliche Konstruktion der Sanierungsgemeinschaften vorgelegt und erörtert wurde, wurde, um die Verabschiedung des Gesetzes nicht zu verzögern, davon abgesehen, eine Einzelregelung vorzunehmen. Es wurde vielmehr festgelegt, daß „das Nähere", d. h. Bestimmungen über die Form des Zusammenschlusses der Eigentümer usw. zu einer Sanierungsgemeinschaft, der Regelung in einem besonderen Gesetz vorbehalten werden soll (Abs. 2). Der BT hat zu den §§ 14 und 60 folgende Entschließung gefaßt:

„Die Bundesregierung wird ersucht, bis zum 1. April 1972 das in den §§ 14 und 60 des Städtebauförderungsgesetzes vorgesehene Gesetz über Sanierungs- und Entwicklungsgemeinschaften einzubringen.

In diesem Gesetz ist sicherzustellen, daß sich an den Sanierungs- und Entwicklungsgemeinschaften nicht nur die Eigentümer von Grundeigentum, sondern auch Mieter, Pächter und sonstige Dritte mit Kapitaleinlagen beteiligen können, daß die Anteilseigner nach Maßgabe der Satzung an den Reinerträgen der errichteten Gebäude beteiligt werden und über die Aufteilung des gemeinschaftlichen Vermögens entscheiden. Das Gesetz soll zur Vermögensbildung breiter Schichten der Bevölkerung beitragen."

Bis jetzt ist ein solches Gesetz noch nicht erlassen worden. Vor allem bestehen verfassungsrechtliche Bedenken (Kompetenz der Länder!).

DRITTER ABSCHNITT

Besondere bodenrechtliche Vorschriften

§ 15

Genehmigungspflichtige Vorhaben und Rechtsvorgänge

(1) Im förmlich festgelegten Sanierungsgebiet bedürfen zu ihrer Wirksamkeit der schriftlichen Genehmigung

1. **die rechtsgeschäftliche Veräußerung eines Grundstücks und die Bestellung und Veräußerung eines Erbbaurechts;**
2. **die Bestellung eines das Grundstück belastenden Rechts; dies gilt nicht für die Bestellung eines Rechts, das mit der Durchführung von Baumaßnahmen im Sinne des § 12 Abs. 1 Nr. 2 in Zusammenhang steht;**
3. **ein schuldrechtlicher Vertrag, durch den eine Verpflichtung zu einem der in Nummer 1 oder 2 genannten Rechtsgeschäfte begründet wird; ist der schuldrechtliche Vertrag genehmigt worden, so gilt auch das in Ausführung dieses Vertrags vorgenommene dingliche Rechtsgeschäft als genehmigt;**
4. **Vereinbarungen, durch die ein schuldrechtliches Vertragsverhältnis über den Gebrauch oder die Nutzung eines Grundstücks, Gebäudes oder Gebäudeteils auf bestimmte Zeit von mehr als einem Jahr eingegangen oder verlängert wird;**
5. **die Teilung eines Grundstücks.**

(2) Im förmlich festgelegten Sanierungsgebiet dürfen nur mit schriftlicher Genehmigung

1. **erhebliche Veränderungen der Erdoberfläche oder wesentliche wertsteigernde sonstige Veränderungen der Grundstücke vorgenommen werden;**
2. **nicht genehmigungsbedürftige, aber wertsteigernde bauliche Anlagen errichtet oder wertsteigernde Änderungen solcher Anlagen vorgenommen werden;**
3. **genehmigungsbedürftige bauliche Anlagen errichtet oder geändert werden;**
4. **bauliche Anlagen beseitigt werden, für deren Errichtung eine bauaufsichtliche Genehmigung erforderlich wäre.**

(3) Die Genehmigung darf nur versagt werden, wenn Grund zu der Annahme besteht, daß das Vorhaben, der Rechtsvorgang oder die mit ihm erkennbare bezweckte Nutzung die Durchführung der Sanierung unmöglich machen oder wesentlich erschweren oder dem Sanierungszweck zuwiderlaufen würde. Eine wesentliche Erschwerung der Sanierung liegt auch vor, wenn bei der rechtsgeschäftlichen Veräußerung eines Grundstücks sowie bei der Bestellung oder Veräußerung eines Erbbaurechts der vereinbarte Gegenwert für das Grundstück oder das Recht über dem Wert liegt, der sich in Anwendung des § 23 ergibt. Beabsichtigt die Genehmigungsbehörde, die Genehmigung aus den in Satz 2 genannten Gründen zu versagen, so soll sie ein Gutachten des Gutachterausschusses (§ 137 des Bundesbaugesetzes) einholen.

(4) Die Genehmigung ist zu erteilen, wenn die wesentliche Erschwerung dadurch beseitigt wird, daß die Beteiligten für den Fall der Durchführung der Sanierung für sich und ihre Rechtsnachfolger

1. **in den Fällen des Absatzes 1 Nr. 2, 3 oder 4 auf Entschädigung für die Aufhebung des Rechts sowie für wertsteigernde Änderungen verzichten, die aufgrund dieser Rechte vorgenommen werden;**
2. **in den Fällen des Absatzes 2 Nr. 1, 2 oder 3 auf Entschädigung für die durch das Vorhaben herbeigeführten Wertsteigerungen sowie für wertsteigernde Änderungen, die aufgrund der mit dem Vorhaben bezweckten Nutzung vorgenommen werden, verzichten.**

(5) Die Genehmigung wird durch die Gemeinde erteilt. Sie kann unter Auflagen, in den Fällen des Absatzes 1 Nr. 4 und des Absatzes 2 Nr. 1, 2 oder 3 auch befristet oder bedingt erteilt werden. § 51 Abs. 4 Satz 2 und 3 des Bundesbaugesetzes findet entsprechende Anwendung.

(6) Nachdem der Antrag mit den erforderlichen Unterlagen bei der Gemeinde eingegangen ist, hat sie nach § 19 Abs. 3 Satz 3 bis 6 des Bundesbaugesetzes zu verfahren.

(7) Wird die Genehmigung versagt, so kann der Eigentümer von der Gemeinde die Übernahme des Grundstücks verlangen, wenn und soweit es ihm mit Rücksicht auf die Durchführung der Sanierung wirtschaftlich nicht mehr zuzumuten ist, das Grundstück zu behalten oder es in der bisherigen oder einer anderen zulässigen Art zu nutzen. Liegen die Flächen eines land- oder forstwirtschaftlichen Betriebs sowohl innerhalb als auch außerhalb des Sanierungsgebiets, so kann der Eigentümer von der Gemeinde die Übernahme sämtlicher Grundstücke des Betriebs verlangen, wenn die Erfüllung des Übernahmeverlangens für die Gemeinde keine unzumutbare Belastung bedeutet; die Gemeinde kann sich auf eine unzumutbare Belastung nicht berufen, soweit die außerhalb des Sanierungsgebiets gelegenen Grundstücke nicht mehr in angemessenem Umfang baulich oder wirtschaftlich genutzt werden können. Kommt eine Einigung über die Übernahme nicht zustande, so kann der Eigentümer die Entziehung des Eigentums an dem Grundstück verlangen. Für die Entziehung des Eigentums gelten die Vorschriften des Fünften Teils des Bundesbaugesetzes entsprechend.

(8) Auf die Genehmigung nach Absatz 1 ist § 23 des Bundesbaugesetzes entsprechend anzuwenden.

(9) Vorhaben und Rechtsvorgänge bedürfen keiner Genehmigung, wenn die Gemeinde oder der Sanierungsträger für das Treuhandvermögen als Vertragsteil oder Eigentümer beteiligt ist. Sie dürfen beim Erwerb eines Grundstücks keinen höheren Kaufpreis vereinbaren, als er sich bei entsprechender Anwendung des § 23 ergibt.

(10) Absatz 1 gilt nicht für Rechtsvorgänge, die Zwecken der Landesverteidigung dienen. Ist ein Grundstück in ein Planfeststellungsverfahren nach den im § 38 des Bundesbaugesetzes bezeichneten Rechtsvorschriften einbezogen, so ist die Genehmigung nach Absatz 1 für den rechtsgeschäftlichen Erwerb dieses

Grundstücks durch den Bedarfsträger nicht erforderlich. Der Bedarfsträger darf keinen höheren Kaufpreis vereinbaren, als er sich bei entsprechender Anwendung des § 23 ergibt. Die Vorschrift des § 37 des Bundesbaugesetzes über bauliche Maßnahmen des Bundes und der Länder bleibt unberührt.

(11) Absatz 1 gilt nicht für Verträge zum Zwecke der Vorwegnahme der Erbfolge.

(12) Absatz 2 gilt nicht für Vorhaben, die vor der förmlichen Festlegung des Sanierungsgebiets baurechtlich genehmigt worden sind, sowie für Unterhaltungsarbeiten und die Fortführung einer bisher ausgeübten Nutzung.

Übersicht

1. Allgemeines
   a) Änderungsgesetz vom 18. 8. 1976
   b) Grundlagen; Rechtsanspruch
2. Genehmigungspflichtige Rechtsvorgänge (Abs. 1)
3. Genehmigungsbedürftige Veränderungen (Abs. 2)
4. Genehmigung (Abs. 3 bis 11)
   a) Abs. 3
   b) Abs. 4
   c) Abs. 5
   d) Abs. 6
   e) Verhältnis zur Bodenverkehrsgenehmigung (keine Bindungswirkung)
   f) Abs. 7
   g) Abs. 8
   h) Abs. 9 bis 11
5. Freistellung von Vorhaben von den Erfordernissen des Abs. 2 (Abs. 12)
6. Rechtsschutz
7. Rechtsprechung

1. Allgemeines

a) Die durch das ÄndG 1976 erfolgten Änderungen der Absätze 5 und 6 übertragen entsprechende in den §§ 51 und 19 BBauG Fassung 1976 enthaltene Vorgänge auf das StBauFG.

b) Eine Sanierung kann nur dann mit der vom öffentlichen und privaten Interesse her gebotenen Intensität innerhalb einer angemessenen Frist durchgeführt werden, wenn **Rechtsvorgänge unterbunden** und tatsächliche **Veränderungen** der Grundstücke **verhindert** werden, die sich **erschwerend** auf den Ablauf der Sanierung auswirken können. Die Gemeinde muß daher in die Lage versetzt werden, bereits vom Zeitpunkt der förmlichen Festlegung des Sanierungsgebiets an von derartigen Vorhaben Kenntnis zu erhalten. Sie muß befugt sein, solche Vorgänge dann zu untersagen, wenn ihre Realisierung zu einer Erschwerung der Sanierung führen würde.

Die einzelnen Vorschriften des BBauG über Veränderungsverbote und Genehmigungspflichten (§§ 14 ff., 19 und 51) sind auf die Bauleitplanung und Umlegung bezogen und dienen der Sicherung dieser Institute. Die Besonderheiten der Sanierung, insbesondere die ihr eigentümliche Konzentration des Planungs-, Bodenordnungs- und Bebauungsvorganges, gebieten indessen im Interesse der Bürger wie auch unter dem Gesichtspunkt der Verwaltungspraktikabilität, diese Veränderungsverbote und Genehmigungspflichten in ihrer rechtlichen Ausformung auf die spezifischen Bedürfnisse der Sanierung auszurichten, sie andererseits aber nur insoweit zu übernehmen, wie es der Sanierungszweck unbedingt erfordert.

Ähnlich wie § 51 BBauG schafft die Vorschrift des § 15 für bestimmte Vorgänge einen Genehmigungsvorbehalt auf die Dauer des Sanierungsverfahrens. Wenn die Genehmigungsvoraussetzungen gegeben sind, besteht ein **Rechtsanspruch** auf Genehmigung (z. B. Abs. 3: „Die Genehmigung darf nur versagt werden ..." und Abs. 4: „Die Genehmigung ist zu erteilen ..."). § 18 BBauG (über die Frist für die Veränderungssperre) kann nicht unmittelbar angewendet werden, doch ist auf BGH U vom 14. 7. 1965 — NJW 1965, 2101 — hinzuweisen, wonach die mit einem Umlegungsverfahren verbundenen Verfügungs- und Baubeschränkungen zu einem enteignenden Eingriff werden können, wenn sie den Eigentümer mehr und länger belasten, als durch die Notwendigkeit des Verfahrens geboten ist (vgl. hierzu Band I (BBauG), Erläuterungen zu § 51).

2. Genehmigungspflichtige Rechtsvorgänge (Abs. 1)

Durch die in Absatz 1 aufgezählten genehmigungspflichtigen Rechtsvorgänge sind zugleich die in § 19 BBauG und fast vollständig die in § 51 Abs. 1 bis 4 BBauG genannten Tatbestände erfaßt. Fortgefallen ist z. B. nur eine Vereinbarung, die nur für kurze Zeit zur Nutzung eines Grundstücks berechtigt.

In **Nr. 1** und **2** handelt es sich um dingliche Rechtsgeschäfte (Auflassung eines Grundstücks, Veräußerungen von Miteigentums- und Wohnungsanteilsrechten, Bestellung und Veräußerung eines Erbbaurechts), **Nr. 3** enthält Vorschriften über schuldrechtliche Verpflichtungsverträge über die in Nr. 1 und 2 bezeichneten Rechte, also z. B. Grundstückskaufverträge, Verträge über die Bestellung eines Nießbrauchs. **Nr. 4** hat schuldrechtliche Gebrauchsüberlassungs- und Nutzungsverträge wie Miete, Pacht zum Inhalt. **Nr. 5** betrifft sowohl die rechtsgeschäftliche Teilung (Kauf und Auflassung eines Grundstücksteils) wie auch die tatsächliche Teilung (die bloße katastermäßige Teilung). Im übrigen vergleiche hierzu auch Teil I, Erläuterungen zu §§ 19 und 51 BBauG.

3. Genehmigungsbedürftige Veränderungen (Abs. 2)

Abs. 2 entspricht den Vorschriften des § 51 Abs. 1 Nr. 2 bis 4 BBauG —

Verfügungs- und Veränderungssperre in der Umlegung — und stimmt inhaltlich überein mit den Regelungen des § 14 BBauG über eine Veränderungssperre zur Sicherung eines Bebauungsplans für den künftigen Planbereich. Die §§ 14 ff., § 19 und § 51 BBauG sind daher nach § 6 Abs. 2 StBauFG in förmlich festgesetzten Sanierungsgebieten nicht mehr anzuwenden. Durch die Zusammenfassung der Rechtsinstitute der §§ 14, 19 und 51 BBauG in einem Verfahren soll eine Verkürzung des Sanierungsablaufs erreicht werden. Zur Sicherung der Planung ist eine gemeindliche Satzung nach § 16 BBauG nicht mehr erforderlich. Siehe hierzu die Erläuterungen zu den angeführten Bestimmungen des BBauG in Band I. Laufen Planungs- und Umlegungsverfahren nebeneinander, so wird nach dem StBauFG die der Veränderungssperre nach § 14 BBauG zugewiesene Sicherungsfunktion bei der Entscheidung über den Antrag auf Genehmigung des Vorgangs mit gewahrt. Aus dem Fortfall der Veränderungssperre ergibt sich, daß auch kein Raum für die Entschädigungsregelung des § 18 BBauG verbleibt. Dies dürfte verfassungsrechtlich unbedenklich sein, da eine den betroffenen Eigentümer beeinträchtigende Genehmigungsversagung ihrem inneren Gehalt nach eine Konkretisierung der sozialen Bindung des Eigentums (Art. 14 GG) darstellt, die den Eigentümer zwingt, von einer Verwendungsart des Grundstücks abzusehen, die mit dem Wohl der Allgemeinheit (Sanierungszweck) nicht vereinbar ist. Die Vorschriften in Nr. 1 bis 3 bezwecken vor allem, keine weiteren Entschädigungsforderungen durch Genehmigung wertsteigernder Anlagen entstehen zu lassen. Hinsichtlich Abs. 2 Nr. 4 ist darauf hinzuweisen, daß diese Vorschrift (auch unter Berücksichtigung des § 10 Abs. 1 „Kenntlichmachung") für die Beseitigung der baulichen Anlage nur einen Schutz für die Dauer der Sanierung bietet (vgl. § 10 Erläut. 1 b).

4. Genehmigung (Abs. 3 bis 11)

a) Abs. 3 regelt die Fälle, in denen die Genehmigung versagt werden darf, und zwar kommt eine Versagung **nur** in den angegebenen Fällen in Frage. Wenn diese Voraussetzungen nicht gegeben sind, **muß** die Genehmigung erteilt werden; vgl. hierzu auch Abs. 4 für die Fälle, in denen die Hindernisse für eine Versagung nach Abs. 3 ausgeräumt werden können. Die Genehmigung darf versagt werden, wenn der Rechtsvorgang oder die mit ihm bezweckte Nutzung die Sanierung unmöglich machen oder wesentlich erschweren oder dem Sanierungszweck zuwiderlaufen würde (siehe Abs. 3). Dabei wird gesetzlich festgelegt, daß eine derartige Erschwerung auch dann vorliegt, wenn die Preisvereinbarung über den nach § 23 zu ermittelnden Werten liegt. Dies ist die logische Konsequenz aus der Regelung des § 23. Der Grundsatz, daß niemand aus der Sanierung ungerechtfertigte Gewinne erzielen soll, würde andernfalls durchbrochen. Denn würde im rechtsgeschäftlichen Grundstücksverkehr die Preisbildung für Grundstücke den am Markt wirkenden Kräften selbst überlassen, so würden, wie die gesamte bisherige

Sanierungspraxis zeigt, Wertsteigerungen, die aus der Durchführung der Sanierung erwartet werden, die Preisvorstellungen der Eigentümer maßgebend beeinflussen. Die daraus resultierende Überhöhung der Bodenpreise würde die Sanierung erschweren. Die Gemeinden würden gezwungen, Mittel zum Erwerb von Grundstücken, die sie zur Erfüllung der Sanierungsaufgaben benötigen, vor Reaktion des Marktes auf die Sanierungsabsicht, also bereits zu einem Zeitpunkt bereitzustellen, in dem ein Grunderwerb nach dem Stand der Sanierung noch nicht erforderlich ist. Dazu sind aber die Gemeinden meist nicht in der Lage. Ihre Ankaufstätigkeit würde zudem erfahrungsgemäß sofort zu Preissteigerungen führen. Spätere Erwerbsverhandlungen scheitern an den infolge der Sanierungserwartung gestiegenen Grundstückspreisen. Nach Abs. 3 soll daher die Genehmigung versagt werden, wenn die Preisvereinbarung der Vertragsparteien bei einer Grundstücksveräußerung über dem Wert liegt, der sich unter Beachtung des § 23 ergeben würde. Auf diese Weise soll die notwendige Preisstabilität des Bodens in Sanierungsgebieten erreicht werden. Die Prüfung des Kaufpreises schützt auch den Käufer; denn würde er beim Erwerb eines Grundstücks einen Preis vereinbaren, der die durch die Aussicht auf Durchführung der Sanierung eingetretenen Werterhöhungen berücksichtigt, so würde die Gemeinde ein Vorkaufsrecht nicht ausüben können, sondern das Grundstück unter Umständen enteignen müssen. Bei der Bemessung der Enteignungsentschädigung würde aber nach § 23 ein geringerer Wert zugrunde gelegt. Nicht zuletzt aus diesem Grunde ist eine Preiskontrolle unbedingt erforderlich. Das Gesetz stellt eine unwiderlegbare Gesetzesvermutung auf: Ein überhöhter Preis ist immer eine wesentliche Erschwerung der Sanierung.

Die Vorschrift entspricht im wesentlichen dem § 51 Abs. 3 BBauG. Die Sanierung kann erschwert werden durch die Bestellung eines Rechts oder eine Grundstücksveräußerung, die offensichtlich darauf gerichtet ist, eine höhere Entschädigung zu erzielen.

Abs. 3 Satz 2 StBauFG schließt an den vorangehenden ersten Satz eine unwiderlegbare Vermutung an: Liegt eine Wertüberschreitung der in diesem zweiten Satz bezeichneten Art vor, so ist damit unwiderlegbar das Tatbestandsmerkmal der wesentlichen Erschwerung i. S. des ersten Satzes gegeben. Diese Bestimmung will erreichen, daß Sanierungsgebiete möglichst von einer Preisunruhe freigehalten werden; dieses Ziel steht in Beziehung zur Durchführung der Sanierung, weil die Erfahrung lehrt, daß Preise, die „in Bewegung geraten" sind, erstens schon um dieser Bewegung willen, außerdem zweitens aber wegen der für Sanierungsgebiete typischen Bewegung „nach oben", ein wesentliches Hindernis für die Durchführung der Sanierung sein können. Satz 2 stellt auf einen Wertvergleich ab, und zwar auf einen Vergleich zwischen dem (vereinbarten) „Gegenwert" und — wie vorerst ohne Vertiefung unterstellt werden mag — dem „Verkehrswert". Ein solcher Vergleich ist auch bei der Veräußerung von Grundstücken möglich, für die

Sanierungsmaßnahmen nicht vorgesehen sind, und er kann bei ihnen wie in den anderen Fällen zu dem Ergebnis führen, daß der vereinbarte Gegenwert den Verkehrswert überschreitet. Vgl. hierzu die in Nr. 7 angeführte Rspr. des BVerwG vom 24. 11. 1978.

b) Abs. 4 nennt die Voraussetzungen, unter denen die nach Abs. 3 die Genehmigung verhindernde „wesentliche Erschwerung" (und natürlich auch die „Unmöglichmachung" der Sanierung oder das „Zuwiderlaufen") beseitigt werden kann mit der Folge, daß die Genehmigung erteilt werden **muß**. Die Bestimmung ist im wesentlichen dem § 32 BBauG nachgebildet. Falls die Beteiligten auf eine Entschädigung für die durch ihr Vorhaben oder durch die Vereinbarung herbeigeführten Wertsteigerungen verzichten, haben sie einen **Rechtsanspruch** auf Erteilung der Genehmigung, wenn sie durch den Verzicht die Erschwerung des Sanierungsvorhabens beseitigen läßt. Einer Empfehlung des Rechtsausschusses, nach der die Genehmigung zu erteilen wäre, wenn eine Versagung im Einzelfall zu einer nicht beabsichtigten Härte führen würde und öffentliche Belange nicht entgegenstehen, ist der Gesetzgeber nicht gefolgt. Unabhängig von einem Härtefall muß nach § 15 ein Vorhaben, dem öffentliche Belange nicht entgegenstehen, genehmigt werden.

c) Abs. 5 Satz 1 regelt die Zuständigkeit für die Erteilung von Genehmigungen. Zuständig ist danach in jedem Falle die Gemeinde (Stadtrat, Gemeinderat, beschließender Ausschuß). Dies ist gerechtfertigt, weil durch die Genehmigung nach § 15 lediglich festgestellt wird, daß dem Rechtsvorgang oder dem damit bezweckten Vorhaben im Zeitpunkt der Entscheidung, vom Sanierungszweck her gesehen, keine Hindernisse entgegenstehen. Mit der Genehmigung nach § 15 wird daher nichts über die Zulässigkeit des Rechtsvorgangs oder des beabsichtigten Vorhabens nach sonstigen gesetzlichen Vorschriften gesagt. Für eine solche Entscheidung bleibt es bei der bisherigen Zuständigkeitsverteilung, d. h. z. B., daß die Genehmigung eines Bauvorhabens in der Zuständigkeit der Baugenehmigungsbehörde verbleibt. Der Gesetzgeber hat davon abgesehen, im einzelnen festzulegen, unter welchen Auflagen eine Genehmigung erteilt werden kann. Die zulässigen Auflagen ergeben sich vielmehr aus dem mit § 15 verfolgten Zweck, einer Erschwerung der Sanierung entgegenzuwirken. Dies bedeutet, daß Auflagen unzulässig sind, wenn sie aus sachfremden, nicht am Zweck der Sanierung orientierten Erwägungen ausgesprochen werden. Zum anderen ergibt sich aber daraus auch, daß Auflagen nach Abs. 5 nur in Betracht kommen, soweit durch sie die in Abs. 3 bezeichneten Versagungsgründe ausgeräumt werden können. Die Vielfalt der hier denkbaren Tatbestände macht es unmöglich, zu versuchen, alle zulässigen Auflagen im Gesetz zu bezeichnen.

Auch ist die Möglichkeit vorgesehen, die Genehmigung unter Auflagen und in bestimmten Fällen auch befristet oder bedingt zu erteilen. Wird eine Genehmigung unter Auflagen, befristet oder bedingt, erteilt, so ist damit das Rechtsgeschäft wirksam abgeschlossen; **Abs. 5 Satz 2** sieht seit der Novelle

1976 die Anwendung von § 51 Abs. 4 Satz 2 und 3 BBauG vor. Diese Bestimmung entspricht der früheren Vorschrift wörtlich.

Der Gesetzgeber war der Auffassung, daß den betroffenen Vertragsparteien nicht zugemutet werden kann, an den Vertrag, wie er sich aufgrund der von der Behörde geforderten Nebenbestimmungen darstellt, gebunden zu sein. Entsprechend der Regelung in § 10 Abs. 2 GrVG wird daher den Vertragsparteien die Möglichkeit des Rücktritts (unter sinngemäßer Anwendung der §§ 346 bis 354 und 356 BGB) eingeräumt. Es handelt sich hier um ein gesetzliches Rücktrittsrecht des einen Partners gegenüber dem anderen (Wegfall der Geschäftsgrundlage).

d) Mit der Vorschrift des **Abs. 6** wird für die Entscheidung der Behörde über einen Genehmigungsantrag eine Frist festgesetzt. Die Normierung einer solchen Frist dient dem Interesse des Bürgers und soll zu einer zeitlichen Abkürzung des Genehmigungsverfahrens führen.

Abs. 6 erfuhr ebenfalls durch die Novelle 1976 eine Änderung dahin, daß nunmehr die im wesentlichen gleichlautende Vorschrift des § 19 Abs. 4 Satz 3 bis 6 BBauG zur Anwendung kommt. Allerdings ist insofern eine Abweichung vorhanden, als auch die Frist sich nicht mehr automatisch um drei Monate verlängert, sondern um den Zeitraum, der notwendig ist, um die Prüfung abschließen zu können, allerdings nicht länger als drei Monate. Die Verlängerung ist dem Antragsteller mitzuteilen.

Die Vorschrift ist dem § 6 des GrVG nachgebildet. Wenn es die Behörde versäumt, vor Ablauf der Frist von höchstens 3 Monaten dem Antragsteller in einem „Zwischenbescheid" mitzuteilen, daß die Prüfung des Antrages in der gesetzlichen Frist nicht abgeschlossen werden kann, so gilt die Genehmigung als erteilt (Fiktion). Der Vertragsbescheid und der Zwischenbescheid sind anfechtbar; zuständig und — nach Durchführung des Vorverfahrens — die Verwaltungsgerichte.

e) Eine Bindungswirkung der Genehmigung entsprechend der Regelung des § 21 BBauG über die Bodenverkehrsgenehmigung ist in das Gesetz nicht aufgenommen worden. Sie wäre auch von der Sache her gesehen nicht gerechtfertigt. Der der Bodenverkehrsgenehmigung nach § 19 BBauG u. a. zugrunde liegende Gedanke, einen Bauwilligen vor dem Erwerb eines Grundstücks zu schützen, dessen Bebauung später nicht gestattet werden kann, greift bei der hier normierten Genehmigungspflicht nicht ein; denn die Sanierungsmaßnahmen sind für das Gemeinwohl erforderlich. Sie werden erst durch den Einsatz von Mitteln der öffentlichen Hand ermöglicht. Die Genehmigungspflicht des § 15 dient daher vor allem dem öffentlichen Interesse und soll verhindern, daß einzelne Grundeigentümer oder sonstige Nutzungsberechtigte Maßnahmen treffen, welche die vom Allgemeinwohl her erforderliche Durchführung der Sanierung erschweren würden.

f) Abs. 7 gewährt dem Eigentümer, dem eine Genehmigung versagt worden ist, einen Übernahmeanspruch. Denn durch die Nichtgenehmigung eines

Rechtsvorgangs wird die Nutzung des Grundeigentums beschränkt. Dies ist ohne Entschädigungsregelung nur zulässig, wenn sich die Beschränkung im Rahmen der Sozialpflichtigkeit des Eigentums hält. Darüber hinausgehende Beschränkungen sind entschädigungspflichtig. Das Gesetz geht davon aus, daß der Eigentümer die durch die beabsichtigte Sanierung hervorgerufenen Beschränkungen grundsätzlich hinzunehmen hat. Erst dann, wenn es ihm wegen der Sanierung nicht mehr zuzumuten ist, das Grundstück zu behalten, oder wenn er durch die Nutzungsbeschränkungen an einer wirtschaftlichen Grundsätzen entsprechenden Bewirtschaftung seines Grundstücks gehindert ist, können sich die im Rahmen der Sozialbindung hinzunehmenden Beschränkungen zu einer entschädigungspflichtigen Enteignung verdichten. Als Entschädigung sieht Abs. 7 einen Anspruch des betroffenen Grundeigentümers auf Übernahme seines Grundstücks durch die Gemeinde vor. Eine solche Entschädigungsregelung ist verfassungsrechtlich zulässig. Sie ist in mehreren Vorschriften des Bundesbaugesetzes enthalten. Wenn über die Übernahme des Grundstücks eine gütliche Einigung nicht zustande kommt, hat der Eigentümer einen Rechtsanspruch auf Entziehung seines Grundstücks. Im letzteren Fall gelten die Enteignungsvorschriften des BBauG (Fünfter Teil, §§ 85 bis 122).

Die Tatbestände, unter denen ein Eigentümer einen Übernahmeanspruch hat, sind gegenüber dem Regierungsentwurf erweitert worden. Es wurde für erforderlich gehalten, unter bestimmten Voraussetzungen auch in den Fällen dem Eigentümer einen Übernahmeanspruch zu gewähren, in denen die Flächen eines land- oder forstwirtschaftlichen Betriebs sowohl innerhalb als auch außerhalb des Sanierungsgebiets liegen.

Vgl. zur Frage des Übernahmeanspruchs auch § 40 Abs. 2 Satz 1 Nr. 1, Abs. 5 Satz 1 und 2 BBauG; siehe die Erläuterungen zu § 40 BBauG, Band I.

g) Nach der für Notare und Grundbuchämter wichtigen Vorschrift des **Abs. 8** ist § 23 BBauG auf die Genehmigung nach Abs. 1 entsprechend anzuwenden. Das bedeutet, daß das Grundbuchamt eine Eintragung erst vornehmen darf, wenn der Genehmigungsbescheid vorgelegt worden ist. Ist eine Genehmigung für das Vorhaben nicht erforderlich, so haben die Behörden hierüber auf Antrag ein Zeugnis auszustellen, das der Genehmigung gleichsteht (Negativzeugnis; vgl. Band I Erläut. 2 zu § 23 BBauG).

h) Abs. 9 bis 11 statuieren eine Reihe von Ausnahmen von der Genehmigungspflicht für Rechtsvorgänge und Veränderungen, die zum Teil Vorschriften des BBauG nachgebildet sind.

5. Freistellung von Vorhaben von den Erfordernissen des Abs. 2 (Abs. 12)

Abs. 12 dient der Klarstellung; Vorhaben, die vor der förmlichen Festlegung des Sanierungsgebiets baurechtlich genehmigt wurden, fallen nicht unter die Genehmigungspflicht des Abs. 2. Ebenso dürfen Unterhaltungsarbeiten und die bisher ausgeübte Nutzung auch nach der Festsetzung fortgeführt werden; dagegen fallen die Errichtung wertsteigernder Anlagen oder eine wertsteigernde Veränderung der bisherigen Nutzung nicht unter die Befreiungsvorschrift des Abs. 12, sie bedürfen der Genehmigung nach Abs. 2.

6. Rechtsschutz

Die Versagung der Genehmigung kann genau wie die Versagung der ähnlichen Teilungsverkehrsgenehmigung (nach § 19 BBauG) vor den allgemeinen Verwaltungsgerichten angefochten werden.

7. Rechtsprechung

a) BVerwG U v. 20. 10. 1978 (4 C 48.76) BauR 1979, 139 = DVBl. 1979, 153.

Weder der Zeitablauf noch eine unzureichend zügige Förderung der Sanierung haben zur Folge, daß die zugrunde liegende Sanierungssatzung automatisch außer Kraft tritt; beides kann jedoch bei der Prüfung der im Gesetz vorgesehenen Gründe für eine Genehmigungsversagung von Belang sein.

b) BVerwG U v. 24. 11. 1978 (4 C 56.76) BVerwGE 57, 87 = BauR 1979, 142 = BBauBl. 1979, 164

Der vereinbarte „Gegenwert" liegt i. S. des § 15 Abs. 3 Satz 2 StBauFG so lange nicht „über dem Wert . . . , der sich in Anwendung des § 23 ergibt", wie nicht Werte vereinbart bzw. zugrunde gelegt werden, die in einer den Rechtsverkehr erkennbaren Weise deutlich verfehlen, was auch sonst, nämlich „im gewöhnlichen Geschäftsverkehr . . . ohne Rücksicht auf ungewöhnliche oder persönliche Verhältnisse, zu erzielen wäre".

§ 16

Bodenordnung

(1) Wird im förmlich festgelegten Sanierungsgebiet eine Umlegung eingeleitet, so entfällt die Eintragung eines Umlegungsvermerks.

(2) Wird im förmlich festgelegten Sanierungsgebiet eine Umlegung durchgeführt, so findet § 58 des Bundesbaugesetzes über die Verteilung nach dem Verhältnis der Flächen keine Anwendung. Für die Ermittlung von Werten nach § 57 Satz 2, § 59 Abs. 2 und § 60 Satz 1 des Bundesbaugesetzes gilt § 23 entsprechend. Bei der Ermittlung von Werten nach § 57 Satz 3 und 4, § 59 Abs. 4 und § 60 Satz 2 des Bundesbaugesetzes sind die Wertänderungen zu berücksichtigen, die durch die rechtliche und tatsächliche Neuordnung des Sanierungsgebiets eintreten.

1. Durch die Novelle 1976 wurden die früheren Absätze 3, 4 und 5 gestrichen. Die Streichung konnte wegen der Novellierung des § 59 BBauG erfolgen. Die alte Fassung der Abs. 3 bis 5 ist im § 59 BBauG aufgegangen. Es können somit grundstücksgleiche Rechte (Begründung von Miteigentum,

Wohnungseigentum, Teileigentum, Dauerwohnrecht, Dauernutzungsrecht, Erbbaurecht, Wohnungserbbaurecht und Teilerbbaurecht) anstelle von neuen Grundstücken zugeteilt werden. Das Ziel der Bestimmung ist, „Eigentum für eine größere Zahl von Beteiligten zu erhalten". Das Einverständnis des betroffenen Eigentümers ist hier nicht erforderlich. Andererseits kann aber die Behörde den betroffenen Grundstückseigentümer auch nicht zwingen, ein grundstücksgleiches Recht anzunehmen; er kann Geldabfindung verlangen.

2. In den Sanierungsgebieten ist regelmäßig eine Neuordnung der Besitz- und Bodenverhältnisse notwendig, da die Grundstücke zum großen Teil einem anderen als dem bisherigen Nutzungszweck zugeführt werden müssen und die bisherige Aufteilung dem Sanierungszweck nicht entspricht. Die Neuordnung kann im Wege der Freiwilligkeit durch freihändigen Erwerb der Gemeinde und Erwerb durch einen Sanierungsträger erfolgen oder im Wege der Umlegung nach § 16. Dabei wird in Abs. 1 bestimmt, daß der „Umlegungsvermerk" (§ 54 Abs. 1 BBauG) entfällt, da er durch den „Sanierungsvermerk" (§ 5 Abs. 4) ersetzt wird.

3. Im übrigen finden die Vorschriften des BBauG, zum Teil mit bestimmten Modifikationen, Anwendung auf die in diesem Zusammenhang verwiesen werden kann. Wichtig ist, daß bei einer Umlegung im förmlich festgesetzten Sanierungsgebiet keine Teilung im Verhältnis der Flächen stattfindet **(Abs. 2 Satz 1)**. Es können also Gemeinbedarfs- und ähnliche Flächen sichergestellt werden. Bei der Wertermittlung werden Planungsgewinne abgeschöpft; es gilt § 23 StBauFG entsprechend. Außerdem findet ein Vorteilsausgleich statt.

§ 17

Vorkaufsrecht

(1) Im förmlich festgelegten Sanierungsgebiet steht der Gemeinde ein Vorkaufsrecht bei dem Kauf von unbebauten und bebauten Grundstücken zu. § 24 Abs. 2 Satz 1 und 2 Nr. 2 und Abs. 3 bis 5 sowie die §§ 27 und 28 des Bundesbaugesetzes sind anzuwenden. Die Ausübung des Vorkaufsrechts ist ausgeschlossen, wenn das Grundstück entsprechend den vorhandenen baurechtlichen Festsetzungen eines Bebauungsplans im Sinne des § 10 bebaut ist und genutzt wird oder wenn der Erwerber bereit und in der Lage ist, das Grundstück binnen angemessener Frist entsprechend den vorhandenen oder den mit ausreichender Sicherheit bestimmbaren künftigen Festsetzungen eines Bebauungsplans im Sinne des § 10 zu nutzen, und dies vor Ablauf der Frist nach § 24 Abs. 4 Satz 1 des Bundesbaugesetzes erklärt und glaubhaft macht. § 24 Abs. 2 Satz 3 des Bundesbaugesetzes gilt entsprechend.

(2) Die Gemeinde kann das ihr nach Absatz 1 zustehende Vorkaufsrecht zugunsten eines Sanierungsträgers auch in anderen als den in § 27 Abs. 1 des Bundesbaugesetzes bezeichneten Fällen ausüben.

1. Allgemeines

a) § 17 Abs. 1 wurde im Hinblick auf die Neufassung des § 24 Abs. 2 BBauG um zwei Sätze (3 und 4) erweitert.

Nach der Novelle 1976 unterscheidet das BBauG vier Fälle des gemeindlichen Vorkaufsrechts.

aa) Das allgemeine Vorkaufsrecht beim Kauf von Grundstücken im Geltungsbereich eines BebPl. oder in den Gebieten, für die die Gemeinde die Aufstellung eines BebPl. beschlossen hat oder die in ein Verfahren zur Bodenordnung (Umlegung oder Grenzlegung) einbezogen sind (§ 24 BBauG),

bb) das besondere Vorkaufsrecht zur Sicherung von städtebaulichen Erhaltungszielen (§ 24a BBauG),

cc) das besondere Vorkaufsrecht zum Erwerb von Austausch- oder Ersatzland (§ 25a BBauG) und

dd) das durch Gesetz zu begründende besondere Vorkaufsrecht in Gebieten, in denen die Gemeinde städtebauliche Maßnahmen in Betracht zieht (§ 25 BBauG).

b) Das Vorkaufsrecht kann naturgemäß nur ausgeübt werden, wenn ein wirksamer Kaufvertrag vorliegt, insbesondere wenn die Genehmigung nach § 15 erteilt ist. Für beide Rechtsakte ist die Gemeinde zuständig. Versagt die Gemeinde die Genehmigung nach § 15, so kommt zu ihren Gunsten nicht mehr das Vorkaufsrecht, sondern gegebenenfalls ein Grunderwerbsrecht nach § 18 in Frage (siehe § 18 Abs. 1).

Vorkaufsrechte nach §§ 24 ff. BBauG entfallen, soweit ein Vorkaufsrecht in einem Sanierungsgebiet nach § 17 ausgeübt werden kann, doch finden im übrigen die Vorschriften des § 24 Abs. 2 Satz 1 und 2 Nr. 2 und Abs. 3 bis 5, §§ 27 und 28 BBauG Anwendung. Wegen Ausübung und Rechtswirkungen des Vorkaufsrechts vgl. Band I BBauG Erläuterungen zu §§ 24 bis 28.

2. Grundvorschrift (Abs. 1 Satz 1 und 2)

a) § 17 **Abs. 1** ergänzt das BBauG für förmlich festgelegte Sanierungsgebiete. Sie sieht vor, daß die Gemeinde in diesen Gebieten ein Vorkaufsrecht für bebaute und unbebaute Grundstücke erhält. Da die förmliche Festlegung des Sanierungsgebiets nach § 5 durch Satzung der Gemeinde erfolgt und durch die vorliegende Vorschrift das Entstehen des Vorkaufsrechts an diese Satzung geknüpft wird, bedarf es für förmlich festgelegte Sanierungsgebiete keiner besonderen Satzung nach § 25 BBauG, um dort Vorkaufsrechte zu begründen. Die Vorschrift dient also in erster Linie der Vereinfachung. Das Vorkaufsrecht in förmlich festgelegten Sanierungsgebieten entspricht im wesentlichen dem allgemeinen Vorkaufsrecht im Umlegungsgebiet nach § 24 Abs. 1 Nr. 3 BBauG. Diese Gleichstellung ist aus den durchaus ähnlichen Zielsetzungen gerechtfertigt.

b) Das Vorkaufsrecht nach § 17 darf ebenso wie das Vorkaufsrecht nach dem BBauG nur ausgeübt werden, wenn das Wohl der Allgemeinheit dies rechtfertigt (Abs. 1 Satz 2 i. V. mit § 24 Abs. 2 BBauG; vgl. hierzu Band I BBauG Erläuterungen 2 zu § 24 und Nr. 2 zu § 87); dies ist in der Regel anzunehmen, da Sanierungsmaßnahmen „dem Wohl der Allgemeinheit dienen" (§ 1 Abs. 4).

3. Ausschluß des Vorkaufsrechts (Abs. 1 Satz 3 und 4)
Die durch die Novelle 1976 in Abs. 1 eingefügten Sätze regeln den **Ausschluß** des Vorkaufsrechts. Dies ist der Fall, wenn das Grundstück entsprechend den Festsetzungen (§ 10) eines BebPl. bebaut ist oder genutzt wird **oder** wenn der Eigentümer bereit und in der Lage ist, das Grundstück in angemessener Frist im Sinn von § 10 zu nutzen und dies auch glaubhaft macht **(Satz 3). Satz 4** spricht die entsprechende Anwendung der Vorschrift des § 24 Abs. 2 Satz 3 BBauG aus, d. h. wenn die bauliche Anlage schwere Mißstände oder Mängel aufweist.

4. Erweiterte Anwendung des Vorkaufsrechts zugunsten eines Sanierungsträgers (Abs. 2)
Abs. 2 läßt abweichend von § 27 Abs. 1 BBauG allgemein zu, daß die Gemeinde das Vorkaufsrecht unmittelbar zugunsten eines Sanierungsträgers ausüben kann. Da der Sanierungsträger gemäß § 33 StBauFG von der Gemeinde mit der Durchführung der Sanierung beauftragt werden kann, wird hierdurch eine überflüssige zweite Eigentumsübertragung von der Gemeinde auf den Sanierungsträger vermieden.

5. Rechtsschutz
Wegen des nunmehr durch § 28a Abs. 4 BBauG geklärten Rechtsschutzes bei Ausübung des Vorkaufsrechts (Antrag auf gerichtliche Entscheidung durch die Baulandkammern) siehe bei § 28a BBauG (Band I).

§ 18

Gemeindliches Grunderwerbsrecht

(1) Wird für die rechtsgeschäftliche Veräußerung eines Grundstücks die Genehmigung nach § 15 versagt, so kann die Gemeinde innerhalb einer Frist von einem Monat nach Unanfechtbarkeit der Entscheidung über den Genehmigungsantrag dem Eigentümer mitteilen, daß sie den Erwerb des Grundstücks in Betracht zieht. Entsprechendes gilt, wenn sich die ergangene Entscheidung über den Genehmigungsantrag vor Unanfechtbarkeit erledigt hat; in diesem Fall kann die Gemeinde innerhalb einer Frist von einem Monat, nachdem sie von der

Erledigung Kenntnis erhalten hat, dem Eigentümer mitteilen, daß sie den Erwerb des Grundstücks in Betracht zieht. Die Gemeinde hat nach der Mitteilung unverzüglich ein Gutachten des Gutachterausschusses über den Wert des Grundstücks einzuholen, sofern sie nicht ein bereits vorliegendes Gutachten als ausreichend erachtet. Die Vorschriften des § 23 sind anzuwenden.

(2) Vor der Ausübung des Grunderwerbsrechts hat die Gemeinde den Eigentümer zu einem Erörterungstermin zu laden. In der Ladung ist der Eigentümer auf die Möglichkeit der Abwendung des Grunderwerbsrechts nach Absatz 3 hinzuweisen. Die Ladung ist zuzustellen. Die Ladungsfrist beträgt einen Monat. Kommt in dem Erörterungstermin eine Einigung nicht zustande, so kann die Gemeinde innerhalb von sechs Monaten nach Mitteilung gemäß Absatz 1 dem Eigentümer erklären, daß sie das Grundstück zu dem nach § 23 maßgebenden Wert erwirbt; in dem Bescheid ist als Entgelt der vom Gutachterausschuß ermittelte Wert des Grundstücks festzusetzen, abzüglich der nach Absatz 9 bestehen bleibenden Belastungen. Das Grunderwerbsrecht darf nur ausgeübt werden, wenn der Erwerb des Grundstücks zur Durchführung der Sanierung erforderlich ist. Nach Ausübung des Grunderwerbsrechts ist auf Ersuchen der Gemeinde zur Sicherung ihrer Ansprüche eine Vormerkung in das Grundbuch einzutragen.

(3) Ist der Eigentümer in der Lage, die sein Grundstück betreffenden Sanierungsmaßnahmen durchzuführen, so kann er die Ausübung des Grunderwerbsrechts dadurch abwenden, daß er der Gemeinde gegenüber spätestens innerhalb eines Monats nach der Zustellung des Bescheids schriftlich erklärt, daß er die Sanierung selbst durchführen will, und glaubhaft macht, daß er sie innerhalb angemessener Frist abschließen kann (Abwendung). Auf Antrag des Eigentümers hat die Gemeinde die Frist für die Glaubhaftmachung angemessen zu verlängern; die Verlängerung kann mehrfach erfolgen.

(4) Wegen anderer durch den Erwerb des Grundstücks eintretender Vermögensnachteile ist auf Antrag des Betroffenen eine Entschädigung entsprechend der Regelung des § 96 des Bundesbaugesetzes von der Gemeinde zu gewähren. Kommt eine Einigung über die Höhe der Entschädigung nicht zustande, so entscheidet die höhere Verwaltungsbehörde.

(5) Wird die Erklärung der Gemeinde nach Absatz 2 Satz 5 durch Antrag auf gerichtliche Entscheidung angefochten, so hat das Gericht, wenn einer der Beteiligten dies beantragt, vorab zu entscheiden, ob das Grunderwerbsrecht durch die Gemeinde ausgeübt werden durfte.

(6) Das Eigentum an dem Grundstück geht auf die Gemeinde über, wenn der Bescheid nach Absatz 2 unanfechtbar geworden oder durch Urteil nach Absatz 5 rechtskräftig festgestellt worden ist, daß von der Gemeinde das Grunderwerbsrecht ausgeübt werden durfte, und der Übergang des Eigentums in das Grundbuch eingetragen worden ist. Die Eintragung erfolgt auf Ersuchen der Gemeinde.

(7) Einigen sich die Beteiligten nur über den Übergang des Eigentums an dem Grundstück, jedoch nicht über die Höhe des Entgelts, so ist über die Einigung

eine notarielle Urkunde aufzunehmen, in der zugleich die Auflassung zu erklären ist. Nach der Beurkundung hat die Gemeinde unverzüglich durch Bescheid das Entgelt festzusetzen.

(8) Die Gemeinde hat unverzüglich nach der Unanfechtbarkeit des in Absatz 2 genannten Bescheids oder der Rechtskraft des Urteils nach Absatz 5 das in dem Bescheid festgesetzte Entgelt zu zahlen oder unter Verzicht auf das Recht der Rücknahme zu hinterlegen, wenn dies statthaft ist. Im Falle der Einigung nach Absatz 7 hat die Gemeinde unverzüglich das in dem Bescheid nach Absatz 7 Satz 2 festgesetzte Entgelt zu zahlen.

(9) Mit dem Übergang des Eigentums erlöschen an dem Grundstück bestehende Vorkaufsrechte und sonstige Rechte zum Erwerb des Grundstücks; § 28 des Bundesbaugesetzes über die Entschädigung für ältere Erwerbsrechte gilt sinngemäß. Andere Rechte an dem Grundstück werden durch den Eigentumsübergang nicht berührt. Die Gemeinde tritt an die Stelle des Eigentümers für die an dem Grundstück bestehenden persönlichen Rechte, die zum Besitz oder zur Nutzung des Grundstücks berechtigen oder die den Eigentümer in der Benutzung beschränken. Haftet bei einem an dem Grundstück bestehenden Grundpfandrecht der bisherige Eigentümer zugleich persönlich, so übernimmt die Gemeinde an seiner Stelle die Schuld bis zur Höhe des Grundpfandrechts, jedoch nicht über den Verkehrswert des Grundstücks hinaus.

(10) Die Gemeinde kann das Grunderwerbsrecht auch zugunsten eines Sanierungsträgers ausüben. Die Gemeinde haftet für die Verpflichtungen aus der Ausübung des Grunderwerbsrechts neben dem Sanierungsträger als Gesamtschuldnerin.

Übersicht

1. Allgemeines

a) Wird die nach § 15 für eine Grundstücksveräußerung erforderliche Genehmigung erteilt, so kann die Gemeinde das **Vorkaufsrecht** ausüben, wenn sie das Grundstück für die Durchführung der Sanierung benötigt und die gesetzlichen Voraussetzungen für die Ausübung des Vorkaufsrechts vorliegen. Die Gemeinde kann aber von dem Vorkaufsrecht dann keinen Gebrauch machen, wenn der Rechtsvorgang nicht genehmigt wird, etwa mit der Begründung, daß bei Wirksamwerden des Rechtsgeschäftes die Durchführung der Sanierung erschwert würde. Das „gemeindliche Grunderwerbsrecht" besteht in diesem Falle darin, daß die Gemeinde ein Recht auf Erwerb des Grundstücks gegen Entgelt hat, wenn der Erwerb des Grundstücks (für dessen vorgesehene Veräußerung die Genehmigung versagt wurde) für die Durchführung der Sanierung erforderlich ist. Die Besonderheit dieses Grunderwerbsrechts besteht darin, daß es sich gegen einen Eigentümer richtet, der sein Grundstück abgeben will (er hat ja vorher Antrag auf Genehmigung der Veräußerung nach § 15 gestellt, nur läuft der Zweck, der mit dieser rechtsgeschäftlichen Veräußerung verfolgt wird, dem Sanierungszweck zuwider, weshalb die Genehmigung nicht ausgesprochen werden konnte), der Abgabewille muß sich aber in einem den gesetzlichen Vorschriften entsprechenden Veräußerungsvertrag konkretisiert haben. Durch seine Abgabebereitschaft hat der Eigentümer im übrigen auch zu erkennen gegeben, daß er sich an der Sanierung selbst nicht beteiligen will. Sein Grundstück müßte daher u. U. später aus diesem Grund enteignet werden. Die Sanierung würde aber dadurch verzögert werden. Es erscheint daher gerechtfertigt, daß die Gemeinde durch Ausübung des — verfahrensmäßig einfacheren — Grunderwerbsrechts das Grundstück (das ja für die Durchführung der Sanierung erforderlich ist) bereits zu einem früheren Zeitpunkt erwirbt (vgl. dazu AmtlBegr. zu § 15 — BR-DS VI/70).

b) Bei dem gemeindlichen Grunderwerbsrecht handelt es sich um ein neues Rechtsinstitut, gegen das im Laufe der Beratungen der Erstfassung des Gesetzes in den Ausschüssen und im Plenum des BT verfassungsrechtliche Bedenken vorgetragen wurden. Es wurde eingewendet, daß es ein zu sehr vereinfachtes Enteignungsverfahren darstelle, in dem der Begünstigte über den Erwerb des Grundstücks selbst entscheide. Diese Bedenken schlagen aber nicht durch; wie sich aus den Einzelregelungen in dieser Vorschrift ergibt, ist die Ausübung des Grunderwerbsrechts im wesentlichen an dieselben strengen materiell-rechtlichen Voraussetzungen geknüpft, die auch bei einer Enteignung vorliegen müssen. Durch die Verpflichtung der Gemeinde, den Eigentümer vor Ausübung des Grunderwerbsrechts zu hören (Abs. 1, 2), sowie durch die Möglichkeit, daß der Eigentümer das Grunderwerbsrecht unter bestimmten Voraussetzungen abwenden kann (Abs. 3), und im Hinblick auf die verfahrensrechtlichen Kautelen (z. B. Abs. 4 bis 7) sind wohl die Belange der

Betroffenen in rechtsstaatlich ausreichender Weise gewährleistet (vgl. BT-DS 6/2204).

2. Ausübung des Grunderwerbsrechts (Abs. 1, 2, 5, 6, 7, 8, 9, 10)

a) Das gemeindliche Grunderwerbsrecht **kann** (Ermessenssache) von der Gemeinde ausgeübt werden (Abs. 1):

— wenn die Ablehnung der Genehmigung nach § 15 rechtskräftig geworden ist, also wenn die Unanfechtbarkeit durch Nichteinlegung oder Zurückweisung von verwaltungsrechtlichen Rechtsbehelfen eingetreten ist oder wenn die Rechtmäßigkeit der Genehmigungsversagung gerichtlich festgestellt ist,

— wenn die Frist von einem Monat nach Zustellung der Ablehnungsentscheidung noch nicht abgelaufen ist und

— wenn die Gemeinde dem Betroffenen innerhalb dieser Frist (gegen Zustellungsnachweis) mitgeteilt hat, daß sie den Erwerb des Grundstücks in Betracht zieht (vgl. wegen Mitteilung über „den Erwerb" unten Erläut. e).

b) Anstelle der genannten Voraussetzung unter a, aa (Rechtskraft der Ablehnung) besteht aber auch die Möglichkeit, daß die Anfechtung der Ablehnungsentscheidung während des Anfechtungsverfahrens (also vor Eintritt der Unanfechtbarkeit) sich erledigt hat, z. B. durch Zurücknahme des Genehmigungsantrags. Hier wird die Frist von einem Monat (oben cc) von dem Zeitpunkt ab gerechnet, an dem die Gemeinde „von der Erledigung Kenntnis erhalten hat". Diese Bestimmung, die auf den ersten Blick etwas problematisch erscheint (wegen der Frage des Beginns der Monatsfrist), ist wohl praktikabel, da die Gemeinde als Genehmigungsbehörde (§ 15 Abs. 5) von allen Anträgen, deren Rücknahme und von der Rücknahme von Rechtsbehelfen amtlich Kenntnis erhält und daher auch ein Nachweis, wann sie Kenntnis erhielt, ohne weiteres möglich ist.

c) Die Gemeinde ist gehalten (Weisung des Gesetzgebers), über den Wert des Grundstücks schon in diesem Stadium des Verfahrens (nach Mitteilung an den Eigentümer „unverzüglich") ein Gutachten des Gutachterausschusses (§ 136 ff. BBauG) einzuholen, wenn sie nicht schon im Besitz eines einschlägigen Gutachtens ist (das wohl nicht unbedingt vom Gutachterausschuß stammen muß, sondern auch von anderer Stelle kommen kann), das die Gemeinde für ausreichend hält. (Über die „Bindungswirkung" des Gutachtens siehe unten Erläut. f)

d) Nach Durchführung des Verfahrens nach Abs. 1 (Mitteilung) kann die Gemeinde das Grunderwerbsrecht noch nicht ohne weiteres ausüben (es erging ja erst die Mitteilung, daß die Gemeinde den Erwerb „in Betracht zieht"). Sie muß nun (was aber wohl zusammen mit der Mitteilung nach Abs. 1 geschehen kann) den Eigentümer zu einem **„Erörterungstermin"** laden. Dieser in der Praxis zweifellos sehr umständliche und hemmende Weg dient wieder der Sicherung des Eigentümers in der Weise, daß er hier seine Einwendungen anbringen kann. Der Eigentümer ist daher schon in der Ladung zu dem Termin auf die Abwendung des Grunderwerbsrechts (Abs. 3) hinzuweisen, damit er die entsprechenden Entschlüsse fassen kann. Eine Ladungsfrist von einem Monat ist einzuhalten.

e) Nach Abschluß des Erörterungstermins beginnt nun die entscheidende Phase des **Verfahrens über die Ausübung des Grunderwerbsrechts.**

— Wenn die Parteien (Gemeinde und Eigentümer) sich über den Eigentumsübergang **und** über den Preis einigen, kann die Übertragung des Eigentums an dem Grundstück nach den geltenden Vorschriften vorgenommen werden.

— Einigen sich die Parteien weder über den Übergang noch über den Preis, so muß die Gemeinde dem Eigentümer einen rechtsmittelfähigen Bescheid erteilen, daß sie das Grundstück **„erwirbt"**, d. h. daß sie von dem Grunderwerbsrecht des § 18 Gebrauch macht. Wichtig ist hier besonders auch die **Frist** für die Mitteilung. Sie beträgt nämlich sechs Monate, und sie wird berechnet nicht etwa von der Durchführung des Erörterungstermins nach Abs. 2 ab, sondern „nach Mitteilung gemäß Abs. 1"; das bedeutet, daß der Erörterungstermin nach Abs. 2 möglichst nahe an die Mitteilung nach Abs. 1 gerückt werden soll (die Mitteilung nach Abs. 1 und die Ladung nach Abs. 2 Satz 1 können gleichzeitig erfolgen, siehe oben Anm. d), damit im Hinblick darauf, daß die Verhandlungen möglicherweise in einem Termin nicht abgeschlossen werden können, sondern mehrere Termine angesetzt werden müssen, die Sechsmonatsfrist für die „Erklärung" nach Abs. 2 Satz 5 i. V. mit Absatz 1 nicht überschritten wird.

— Einigen sich die Parteien nur über den Übergang des Eigentums, jedoch nicht über die Höhe des Entgelts, so gilt Abs. 7, d. h. es kann dann ohne weiteres die Auflassung erklärt werden in der Weise, daß über die Einigung, nämlich den Übergang des Eigentums, eine notarielle Urkunde aufgenommen wird, in der zugleich die Auflassung erklärt wird.

— Bei der „Erklärung" der Gemeinde nach Abs. 2 Satz 5 handelt es sich um einen Verwaltungsakt, der gem. § 86 Abs. 2 entsprechend den Bestimmungen im Neunten Teil des BBauG durch Antrag auf gerichtliche Entscheidung angefochten werden kann. Im Fall dieser Anfechtung muß das Gericht, wenn einer der Beteiligten dies beantragt, durch eine „Vorabentscheidung" (ohne Rücksicht auf die Frage der Höhe des Entgelts) darüber befinden, ob das Grunderwerbsrecht durch die Gemeinde ausgeübt werden durfte (Abs. 5).

f) Etwas widersprüchlich erscheint die Regelung in Abs. 2 Satz 25. wonach die Gemeinde das Grundstück zu dem nach § 23 maßgebenden Wert erwirbt und in dem „Bescheid" als Entgelt der vom Gutachterausschuß ermittelte Wert des Grundstücks „festzusetzen ist". Das könnte auf eine Bindung der Gemeinde an das Gutachten des Gutachterausschusses hindeuten. Eine solche **Bindung** ist aber **abzulehnen** aus folgenden Gründen:

aa) In den Vorschriften des StBauFG ist nirgends von einer solchen Bindung die Rede. In § 143 des BBauG wird die Bindungswirkung ausdrücklich verneint, „soweit nichts anderes vereinbart wird".

bb) Eine Bindungswirkung gegenüber der Gemeinde wäre bedenklich, weil dann ja auch das Gericht an die Festsetzung des Gutachterauschusses gebunden wäre; das Gutachten könnte nicht angefochten werden, was aus rechtsstaatlichen Gründen nicht tragbar wäre.

cc) Die bereits eben erwähnte Frage (siehe oben 2 c), ob das der Gemeinde „bereits vorliegende Gutachten" ein solches des Gutachterausschusses sein muß, bringt hier neue Zweifel und Schwierigkeiten, weil es dann Gutachten geben könnte, an welchen die Gemeinde gebunden ist (Gutachterausschuß), und andere, an die sie nicht gebunden ist.

Es wird daher anzunehmen sein, daß die Gemeinde prüfen muß, ob das Gutachten des Gutachterausschusses (oder das andere ihr vorliegende Gutachten) den Bestimmungen des § 23 entspricht, und sie muß danach ihre Entscheidung hinsichtlich der Festsetzung des Entgelts treffen.

g) Die Gemeinde wird in jedem Fall der Ausübung des Grunderwerbsrechts nach Abs. 2 Satz 5 sofort nach Erlaß des „Bescheids" beim Grundbuchamt die Eintragung einer **Vormerkung** nach Abs. 2 Satz 7 beantragen müssen.

h) Die Ausübung des Grunderwerbsrechts ist nach Abs. 2 Satz 6 an die gleichen **materiell-rechtlichen Voraussetzungen** gebunden, die auch bei einer Enteignung vorliegen müssen, d. h. der Erwerb des Grundstücks muß zur Durchführung der im öffentlichen Interesse liegenden Sanierung erforderlich sein. Wann diese Voraussetzungen vorliegen, hängt von den Umständen des Einzelfalls ab, insbesondere davon, ob der Eigentümer des betroffenen Grundstücks bereit und in der Lage ist, die erforderlichen Maßnahmen selbst durchzuführen. Das wird häufig aber erst dann erkennbar und zu entscheiden sein, wenn ein Bebauungsplan im Sinne des § 10 Abs. 1 vorliegt oder wenn wenigstens nach dem Stand der Planungsarbeiten mit Sicherheit vorauszusehen ist, welche Maßnahmen auf dem Grundstück getroffen werden müssen. Es ist ferner immer zu prüfen, ob nicht durch weniger einschneidende rechtliche Handhaben, wie Bestellung einer Dienstbarkeit, Abbruchgebot, Baugebot usw., der Sanierungszweck erreicht werden kann. Der Erwerb des Grundstücks wäre dann in diesem Fall „nicht erforderlich" (siehe unten Nr. 3).

i) Nach Abs. 8 hat die Gemeinde nach Unanfechtbarkeit des Bescheids unverzüglich, also ohne schuldhaftes Verzögern das festgesetzte Entgelt zu zahlen, bzw. bei Zulässigkeit zu hinterlegen (letzteres z. B. bei Erbschaftsstreit).

Mit dem Übergang des Eigentums erlöschen alle Erwerbsrechte **(Abs. 9)**. Siehe hierzu auch die Erläut. bis § 28 BBauG — Band I.

k) Der Praxis entspricht die Bestimmung des **Abs. 10,** nach der die Gemeinde das Grunderwerbsrecht auch zugunsten eines Sanierungsträgers (vgl. § 33 ff.) ausüben kann.

3. Abwendung der Ausübung des Grunderwerbsrechts (Abs. 3)

a) Abs. 3 stellt ausdrücklich klar, daß der Eigentümer die Ausübung des Grunderwerbs durch die Gemeinde **abwenden** kann, wenn er bereit und in der Lage ist, die Sanierung selbst durchzuführen. In einem solchen Fall ist die Ausübung des Grunderwerbsrechts „nicht erforderlich" (vgl. Abs. 2 Satz 6). Der Eigentümer muß hier (zur Abwendung) selbst tätig werden. Er muß nämlich der Gemeinde innerhalb eines Monats nach dem „Bescheid" (gem. Abs. 2 Satz 5) die Absicht, die Maßnahmen selbst durchzuführen, mitteilen, und er muß dabei glaubhaft machen, daß er in der Lage ist, die Maßnahmen „innerhalb angemessener Frist" abzuschließen. Wegen des Begriffs „Glaubhaftmachung" vgl. Band I BBauG § 98 Erläut. 2.

b) Etwas problematisch erscheint das Verhältnis zwischen der „Erklärung" des Eigentümers nach Abs. 3 und dem „Bescheid" der Behörde nach Abs. 2 Satz 5. Gegen letzteren kann nach § 86 Abs. 2 i. V. mit § 157 BBauG binnen einem Monat seit Zustellung Antrag auf gerichtliche Entscheidung beim Landgericht, Kammer für Baulandsachen, gestellt werden. Die „Erklärung" nach Abs. 3 ist ebenfalls an eine Frist von einem Monat gebunden (ab Zustellung des „Bescheids" nach Abs. 2 Satz 5): Diese Erklärung dürfte, wenn sie innerhalb der Frist abgegeben wird, den „Bescheid" hinfällig machen, sie wendet (zunächst jedenfalls) die Ausübung des Grunderwerbsrechts ab. Wenn sich herausstellt, daß der Eigentümer nicht in der Lage ist, die sein Grundstück betreffenden Sanierungsmaßnahmen durchzuführen, oder wenn ihm die „Glaubhaftmachung" nicht gelingt (siehe Abs. 3 Satz 1), muß man wohl annehmen, daß in diesem Fall die Gemeinde (die schon in dem Erörterungstermin nach Abs. 2 ähnliche Fälle klären und gütlich erledigen kann, die aber bei Nichteinigung den „Bescheid" nach Abs. 2 erteilen muß) dem Eigentümer durch einen (weiteren) anfechtbaren Bescheid mitteilt, daß die Voraussetzungen der Abwendung nicht gegeben sind und daß daher der (bereits ergangene) Bescheid nach Abs. 2 aufrechterhalten bleibt. Gegen diesen Bescheid kann dann der Eigentümer Antrag auf gerichtliche Entscheidung stellen, es steht ihm aber nicht mehr die „Erklärung" zur Abwendung der Ausübung des Grunderwerbsrechts nach Abs. 3 zu,.

4. Entschädigung wegen anderer Vermögensnachteile (Abs. 4)

In dem aufgrund des Gutachtens des Gutachterausschusses festgesetzten Entgelt sind die sonstigen Vermögensnachteile nicht berücksichtigt, die dem betroffenen Grundstückseigentümer durch die Ausübung des Grunderwerbsrechts entstehen können (vgl. hierzu § 98 BBauG und die Erläuterungen dort, Band I). Um denjenigen, der sein Grundstück durch die Ausübung des gemeindlichen Grunderwerbsrechts verliert, nicht schlechter zu stellen als denjenigen, der enteignet wird, ist nach Abs. 4 eine Entschädigung „für andere Vermögensnachteile" entsprechend § 96 BBauG zu gewähren.

Die Entscheidung der höheren Verwaltungsbehörde bei Nichteinigung ist in Bayern auf die untere Verwaltungsbehörde delegiert (§ 2 der Delegationsverordnung i. d. F. v. 4. 7. 1978, BayGVBl. S. 432).

5. Rechtsweg

Laut ausdrücklicher Vorschrift des § 86 Abs. 2 kann die Entscheidung der höheren Verwaltungsbehörde über die Höhe der Entschädigung im Falle der Nichteinigung nur mit Antrag auf gerichtliche Entscheidung vor dem Landgericht, Kammer für Baulandsachen, angefochten werden.

§ 19)*

Abbruchgebot

§ 20)*

Baugebot

§ 21)*

Modernisierungsgebot

§ 22

Besondere Vorschriften über die Enteignung

(1) Zwingende städtebauliche Gründe im Sinne des § 88 des Bundesbaugesetzes sind gegeben, wenn ein im förmlich festgelegten Sanierungsgebiet gelegenes Grundstück zugunsten der Gemeinde enteignet werden soll. Ein Angebot ist hinsichtlich des Kaufpreises als angemessen anzusehen, wenn es dem nach § 23 bemessenen Wert des Grundstücks entspricht. § 89 des Bundesbaugesetzes ist im förmlich festgelegten Sanierungsgebiet nicht anzuwenden.

---

*) Gestrichen durch die Novelle vom 18. 8. 1976.

(2) Soweit die Enteignung zugunsten der Gemeinde zulässig ist, kann sie auch zugunsten eines Sanierungsträgers erfolgen.
(3) Die Zulässigkeit einer Enteignung wird durch § 18 nicht berührt.

1. Allgemeines

a) Eine spezielle, zweckentsprechende Ausgestaltung des Enteignungsrechts ist bei Sanierungsvorhaben besonders bedeutungsvoll; denn die bei bisherigen Sanierungsmaßnahmen gewonnenen Erfahrungen haben gezeigt, daß die im Bundesbaugesetz normierten Voraussetzungen für eine Enteignung und das bei Durchführung einer Enteignung einzuschlagende Verfahren hier etwas zu langwierig ist. Sie werden dem Sanierungszweck, insbesondere dem Ziel, diese Maßnahmen im Interesse der Allgemeinheit und der betroffenen Bürger so schnell als möglich abzuschließen, nicht gerecht. Im Gesetz ist daher mit dem Ziel einer gleichmäßigen Behandlung aller Betroffenen und zur schnellen Durchführung und Verwirklichung des Sanierungsvorhabens innerhalb einer angemessenen Frist das Enteignungsverfahren des Bundesbaugesetzes auf die speziellen Bedürfnisse bei Sanierungsmaßnahmen ausgerichtet worden. Es wurde zeitlich abgekürzt, ohne dabei jedoch den Rechtsschutz der Betroffenen zu beeinträchtigen.

b) Durch die Novelle vom 18. 8. 1976 wurde § 22 um die bisherigen Absätze 2 bis 6 gekürzt, da die Neufassung des BBauG die entsprechenden Vorschriften der Fassung der StBauFG angepaßt hat und damit eine Parallelvorschrift nicht mehr erforderlich war. Diese Vorschriften des BBauG betrafen dessen §§ 100 Abs. 7, 101 Abs. 1 Nr. 1, 108 Abs. 3, 109 Abs. 2, 111, 112 Abs. 2, 116 Abs. 1 Satz 3 und 117.

2. Voraussetzungen und Inhalt der besonderen Enteignungsvorschriften (Abs. 1, 2, und 3)

a) Nach § 88 BBauG ist die Enteignung unter erleichterten Bedingungen (zugunsten der Gemeinde) zugelassen, wenn sie aus zwingenden städtebaulichen Gründen von der Gemeinde beantragt wird. In **Abs. 1** der vorliegenden Vorschrift wird im Wege einer Gesetzesinterpretation festgelegt, daß „zwingende städtebauliche Gründe" im Sinne des § 88 BBauG in einem förmlich festgelegten Sanierungsgebiet bei einer Enteignung zugunsten der Gemeinde immer vorliegen. Im übrigen müssen aber die allgemeinen Voraussetzungen einer Enteignung gegeben sein (§§ 85, 86, 87 Abs. 1 BBauG), und die Gemeinde muß nachweisen, daß sie sich ernsthaft um den freihändigen Erwerb des Grundstücks zu angemessenen Bedingungen bemüht hat (§ 88 BBauG); dabei ist ein Angebot als „angemessen" anzusehen, wenn es dem nach § 23 bemessenen Wert des Grundstücks entspricht (Abs. 1 Satz 2; siehe Erläuterung zu § 23). Eine Veräußerungspflicht der Gemeinde nach § 89 BBauG besteht in Fällen, in denen nach § 22 Abs. 1 Satz 1 in einem förmlich festgelegten Sanierungsgebiet ein Grundstück zugunsten der Gemeinde enteignet worden ist, nicht; die Nichtanwendung des § 89 BBauG erfolgte im Hinblick auf die Reprivatisierungsverpflichtung in § 25 StBauFG; ebenso findet § 87 Abs. 2 BBauG keine Anwendung, weil der Nachweis nach § 88 (ernsthafte Bemühung um einen freihändigen Erwerb zu angemessenen Bedingungen) genügt (siehe oben).

b) Nach § 87 Abs. 3 BBauG ist die Enteignung zur Vorbereitung einer baulichen Nutzung und zur Zuführung des Grundstücks zur baulichen Nutzung nur zugunsten der Gemeinde zulässig. Das gleiche gilt nach § 88 BBauG für die Enteignung aus zwingenden städtebaulichen Gründen. Da die Gemeinde die Sanierung durch einen Sanierungsträger durchführen lassen kann (§§ 33 ff.), ist in **Abs. 2** vorgesehen, daß auch der Sanierungsträger die genannten Möglichkeiten der Gemeinde wahrnehmen kann.

c) Durch **Abs. 3** wird sichergestellt, daß die Möglichkeit, Maßnahmen nach den §§ 18 bis 21 zu treffen, eine Enteignung des Grundstücks nicht hindert, wenn das Wohl der Allgemeinheit dies erfordert.

§ 23

Bemessung von Ausgleichs- und Entschädigungsleistungen

(1) Sind aufgrund von Maßnahmen, die der Vorbereitung oder Durchführung der Sanierung im förmlich festgelegten Sanierungsgebiet dienen, nach den Vorschriften des Bundesbaugesetzes oder dieses Gesetzes Ausgleichs- oder Entschädigungsleistungen zu gewähren, so werden die Vorschriften des Dritten bis Fünften Teils des Bundesbaugesetzes angewandt, soweit dieses Gesetz nichts Besonderes bestimmt, dies gilt insbesondere für Entschädigungen nach § 95 oder § 96 des Bundesbaugesetzes für einen eintretenden Rechtsverlust oder für andere Vermögensnachteile sowie für die Entschädigung im Land nach § 100 des Bundesbaugesetzes.

(2) Bei der Bemessung der Ausgleichs- und Entschädigungsleistungen nach Absatz 1 werden jedoch Werterhöhungen, die lediglich durch die Aussicht auf die Sanierung, durch ihre Vorbereitung oder ihre Durchführung eingetreten sind, nur insoweit berücksichtigt, als der Betroffene diese Werterhöhungen durch eigene Aufwendungen zulässigerweise bewirkt hat. Änderungen in den allgemeinen Wertverhältnissen auf dem, Grundstücksmarkt sind zu berücksichtigen.

(3) Der Gutachterausschuß hat auf Antrag ein Gutachten über die nach den Absätzen 1 und 2 maßgebenden Grundstückswerte einschließlich der Werte land- und forstwirtschaftlicher Grundstücke zu erstatten.

(4) Bei der Bemessung von Ausgleichs- oder Entschädigungsleistungen aufgrund von Maßnahmen, die der Vorbereitung oder Durchführung der Sanierung im förmlich festgelegten Sanierungsgebiet dienen, bleibt eine Vereinbarung

insoweit unberücksichtigt, als sie von den üblichen Vereinbarungen in vergleichbaren Gebieten, die nicht förmlich festgelegte Sanierungsgebiete sind, auffällig abweicht und Tatsachen die Annahme rechtfertigen, daß sie getroffen worden ist, um eine Ausgleichs- oder Entschädigungsleistung zu erlangen.

1. Allgemeines

Die Nichtberücksichtigung von Werterhöhungen des Grund und Bodens bei Ausgleichs- und Entschädigungsleistungen, die infolge der Erwartung, der Vorbereitung und der Durchführung der Sanierung entstehen, ist für das Gelingen der Sanierung von entscheidender Bedeutung. Ohne sie wird jede Sanierung wesentlich erschwert oder sogar unmöglich gemacht. Denn die Erfahrung zeigt, daß dann, wenn Sanierungsabsichten in der Öffentlichkeit bekannt werden, im Hinblick auf die Sanierung oft Grundstücksgeschäfte vorgenommen werden, die die Grundstückspreise in dem betreffenden Gebiet in die Höhe treiben. Sie nehmen damit den durch die Sanierung erstrebten Erfolg, der gerade erst durch Einsatz öffentlicher Mittel und behördliche Initiative herbeigeführt werden soll, vorweg. Würde das zugelassen, so könnten aus der Beseitigung unwürdiger Zustände unberechtigte Gewinne erzielt werden und damit eine doppelte Belastung der Allgemeinheit eintreten. Unter diesen Umständen könnte die Sanierung vielfach überhaupt nicht durchgeführt werden.

Hinzu kommt noch, daß es sich bei der Sanierung um einen Vorgang handelt, der zur Beseitigung städtebaulicher Mißstände von der Gemeinschaft der Bürger veranlaßt, von ihr geleitet und regelmäßig erst durch den Einsatz erheblicher öffentlicher Mittel ermöglicht wird. Beruht aber der Erfolg der Sanierung maßgeblich auf Maßnahmen und Leistungen der Allgemeinheit, so ist es vom Prinzip der gerechten Interessenabwägung geboten, dies bei der Bemessung von Ausgleichs- und Entschädigungsleistungen zu berücksichtigen (vgl. hierzu Begründung zur Regierungsvorlage, BR-DS 1/70, dort zu § 20). § 23 gilt übrigens gemäß § 57 Abs. 1 Nr. 3 entsprechend im städtebaulichen Entwicklungsbereich. Wegen der Anwendung gleicher Grundsätze bei Grundstücks- und Gebäudewerten siehe Ermächtigung für die Bundesregierung im § 91 Nr. 1.

2. Anwendung des BBauG (Abs. 1)

a) Von den oben unter 1. aufgeführten Erwägungen ausgehend, bestimmt Abs. 1 zunächst grundsätzlich, daß die Vorschriften des Dritten bis Fünften Teils des BBauG Anwendung finden, wenn aufgrund von Maßnahmen, die der Vorbereitung oder Durchführung der Sanierung dienen, Ausgleichs- oder Entschädigungsleistungen zu gewähren sind und wenn im StBauFG „nichts Besonderes" bestimmt ist. In Frage kommen hier von den Vorschriften des BBauG Entschädigungsleistungen nach §§ 40 bis 44 — Entschädigungen bei bestimmten Festsetzungen im BebPl. —, §§ 93 ff. — Enteignungsentschädigungen —, ferner für Ausgleichsleistungen § 57 Satz 5, § 59 Abs. 2 und 3, §§ 60, 61 Abs. 2, 81. Die Erwähnung einiger Vorschriften des BBauG (§§ 95, 96, 100) bedeutet nur einen Hinweis, ist aber nicht vollständig.

3. Bemessung der Ausgleichs- und Entschädigungsleistungen (Abs. 2, 3 und 4)

a) Die in Abs. 2 getroffene gesetzliche Regelung, die einen der Kernpunkte des StBauFG darstellt, war „das Ergebnis schwieriger Bemühungen, Entschädigungsgrundsätze zu finden, die einerseits mit Art. 14 Abs. 3 Satz 3 GG in Einklang stehen, andererseits aber Entschädigungen zu vermeiden, die den Grundsätzen sozialer Bindung des Eigentums widersprechen und dadurch bestimmte Maßnahmen, die im Interesse der Allgemeinheit liegen, unmöglich machen oder erschweren würden. Wert und Preisvorstellungen dürfen nicht die Grenze überschreiten, jenseits der der grundgesetzlich verankerte Schutz des Eigentums durch die soziale Bindung aufgehoben ist" (so Freudling, „Zum Maß der Enteignungsentschädigung", BayVBl. 1972, 10).

b) Das Gesetz hat die Lösung für die in den Sanierungsgebieten auftauchenden Probleme darin gefunden, daß bei der Bemessung von Ausgleichs- und Entschädigungsleistungen Werterhöhungen, „die lediglich durch die Aussicht auf Sanierung, durch ihre Vorbereitung oder Durchführung eingetreten sind", nicht berücksichtigt werden, es sei denn, daß der Betroffene diese Werterhöhungen „durch eigene Aufwendungen zulässigerweise bewirkt hat" oder daß es sich um Änderungen in den allgemeinen Wertverhältnissen auf dem Grundstücksmarkt handelt (Abs. 2 Satz 1 und 2).

Zwar erscheint die Formulierung im ersteren Fall nicht recht glücklich und sie wurde auch in den Ausschußberatungen nicht weiter konkretisiert; man kann aber wohl annehmen, daß zwei Tatbestände die Berücksichtigung bei der Entschädigung ausschließen, nämlich Werterhöhungen, die lediglich (unabhängig von dem Mitwirken des Betroffenen) durch die Aussicht auf die Sanierung, durch ihre Vorbereitung oder ihre Durchführung eingetreten sind, und Werterhöhungen, die der Betroffene unzulässigerweise durch eigene Aufwendungen bewirkt hat.

Es dürfte sich hier, da nach Art. 14 Abs. 3 GG die Entschädigung unter gerechter Abwägung der Interessen der Allgemeinheit und der Beteiligten zu bestimmen sind und diese Interessen im Falle von „Maßnahmen zur Vorbereitung oder Durchführung der Sanierung in förmlich festgelegten Sanierungsgebieten" (Abs. 1) sehr vielgestaltig sein können, um eine **widerlegbare gesetzliche Vermutung** handeln, daß Interessen der in Abs. 2 genannten Art nicht entschädigungsfähig sind (vgl. hierzu die beachtenswerten Ausführungen Freudlings a. a. O.). Im einzelnen wird der Nachweis (den die Behörde führen muß), daß lediglich infolge der Aussicht auf Sanierung usw. Werterhöhungen eingetreten sind, oft sehr schwer sein; immerhin kann es solche Fälle geben (z. B. bei Grundstücksverkäufen nicht allzulang vor Bekanntwerden der Sanierung). Unzulässige eigene wertsteigernde Aufwendungen können bestehen in baulichen Änderungen, die nicht nach § 15 Abs. 2 genehmigt wurden; eine zulässige Wertsteigerung durch eigene Aufwendungen kann sich aus § 15 Abs. 3 ergeben.

Abs. 2 Satz 2 dient dem Interesse der Betroffenen, aber auch der Gemeinde; dadurch soll sichergestellt werden, daß eine Änderung der allgemeinen Wertverhältnisse auf dem Grundstücksmarkt bei der Entschädigung zu berücksichtigen ist, d. h. daß die Entschädigung (bei ihrer behördlichen Festsetzung) höher oder geringer ausfallen kann, je nachdem, ob die Grundstückspreise gestiegen oder gefallen sind.

Wegen eines **Sonderfalls** der Nichtberücksichtigung bei Entschädigungsleistungen siehe Abs. 4, unten Erl. d.

Das BVerwG hat sich im U v. 24. 11. 1978 (siehe unten Nr. 4) über das Maß des noch hinnehmbaren Gegenwertes geäußert und so der Praxis die notwendige Richtschnur gegeben.

c) Hinsichtlich der Gutachterausschüsse und der Wertermittlung vgl. §§ 136 bis 144 BBauG und die dortigen Erläuterungen.

Nach § 136 Abs. 1 Satz 2 BBauG gehört es nach der Novelle 1976 auch zu den Aufgaben des Gutachterausschusses, den Wert land- oder forstwirtschaftlicher Grundstücke zu ermitteln. Außerdem kann der Gutachterausschuß im Rahmen von **Entwicklungs**maßnahmen (vgl. § 57 Abs. 1 Nr. 9), bei denen in der Regel auch land- und forstwirtschaftlich genutzte Grundstücke in Anspruch genommen werden, in dieser Richtung tätig werden.

d) Einen **Sonderfall** der Nichtberücksichtigung bei der Entschädigungsleistung regelt Abs. 4. In Gebieten, für die Sanierungsabsichten in der Öffentlichkeit bekannt werden, ist, wie die Erfahrung zeigt, mit Vereinbarungen zu rechnen, die das Ziel haben, im Falle der Sanierung höhere Ausgleichs- oder Entschädigungsleistungen zu erlangen. Dies kann z. B. dadurch geschehen, daß Pachtverträge mit einer Laufzeit abgeschlossen werden, die in anderen vergleichbaren Gebieten nicht üblich ist. Derartigen Absichten muß vorgebeugt werden. Es ist daher die Nichtberücksichtigung bestimmter Vereinbarungen vorgesehen. Allerdings ist erforderlich, daß **konkrete** Unterlagen („Tatsachen") vorliegen, die beweisen, daß die Verträge nur zur Erzielung höherer Entschädigungen geschlossen worden sind.

e) Auf die grundlegende Regelung des § 23 ist in einer Reihe von Bestimmungen über die Sanierung Bezug genommen, so z. B. in den §§ 15 Abs. 3 Satz 2; 15 Abs. 9; 15 Abs. 10; 16 Abs. 2 Satz 2; 18 Abs. 2 Satz 5.

Bei Eigentümern, die nach Durchführung der Sanierung ihre Grundstücke **behalten,** wirkt sich der in § 23 Abs. 2 niedergelegte Grundsatz dahin aus, daß sie gemäß § 41 Abs. 4 ff. nach Durchführung der Sanierung einen Ausgleichsbetrag für die Werterhöhung des Grundstücks zu zahlen haben.

f) Die hier einschlägige Verordnung über Grundsätze für die Ermittlung des Verkehrswertes von Grundstücken — Wertermittlungsverordnung

(Wert V) — i. d. F. vom 10. 8. 1972 (BGBl. I S. 1409), insbes. die diese Bestimmungen ansprechenden §§ 21 ff. siehe II 1 in Band I des Bauplanungsrechts.

4. Rechtsprechung

BVerwG U vom 24. 11. 1978 (4 C 56.76) BVerwGE 57, 87 = BauR 1979, 142 = BBauBl. 1979, 164

Der vereinbarte „Gegenwert" liegt i. S. des § 15 Abs. 3 Satz 2 StBauFG so lange nicht „über dem Wert..., der sich in Anwendung des § 23 ergibt", wie nicht Werte vereinbart bzw. zugrunde gelegt werden, die in einer den Rechtsverkehr erkennbaren Weise deutlich verfehlen, was auch sonst, nämlich „im gewöhnlichen Geschäftsverkehr... ohne Rücksicht auf ungewöhnliche oder persönliche Verhältnisse, zu erzielen wäre".

§ 24

Ersatz für Änderungen von Einrichtungen, die der öffentlichen Versorgung dienen

(1) Stehen in einem förmlich festgelegten Sanierungsgebiet Anlagen der öffentlichen Versorgung mit Elektrizität, Gas, Wasser oder Wärme, Anlagen der Abwasserwirtschaft oder Fernmeldeanlagen der Deutschen Bundespost infolge der Durchführung der Sanierung nicht mehr zur Verfügung und sind besondere Aufwendungen erforderlich, die über das bei ordnungsgemäßer Wirtschaft erforderliche Maß hinausgehen, zum Beispiel der Ersatz oder die Verlegung dieser Anlagen, so hat die Gemeinde dem Träger der Aufgabe die ihm dadurch entstehenden Kosten zu erstatten. Vorteile und Nachteile, die dem Träger der Aufgabe im Zusammenhang damit entstehen, sind auszugleichen.

(2) Kommt eine Einigung über die Höhe des Erstattungsbetrags nicht zustande, so entscheidet die höhere Verwaltungsbehörde. Vor der Entscheidung sind die Beteiligten zu hören. Die Entscheidung kann nur durch Antrag auf gerichtliche Entscheidung nach dem Neunten Teil des Bundesbaugesetzes angefochten werden.

1. Voraussetzungen des Ersatzes (Abs. 1 Satz 1)

a) Die in Abs. 1 aufgezählten Anlagen müssen solche der öffentlichen Versorgung sein (dies ist zwar bei den „Anlagen der Abwasserwirtschaft" nicht ausdrücklich erwähnt, ergibt sich aber aus dem Zusammenhang). In Frage kommen (außer den Fernmeldeanlagen der Bundespost) die von den Gemeinden oder in ihrem Auftrag von Privaten betriebene Versorgung größerer Bevölkerungskreise mit Elektrizität, Gas, Wasser oder Wärme, ferner die Anlagen zur Beseitigung der Abwässer. Diese Aufgaben fallen grundsätzlich in den „eigenen Wirkungskreis" der Gemeinde, ihre Ausführung fällt also in erster Linie der Gemeinde zu (vgl. Art. 83 BayVf.); sie werden jedoch auch vielfach von privaten Unternehmungen durchgeführt (z. B. Gesellschaften und Genossenschaften zur Versorgung mit Elektrizität oder Wasser; Erschließungsanlagen, die ein Privater aufgrund Vertrags gem. § 123 Abs. 3 BBauG für die Gemeinde ausführt).

b) Bei Durchführung der Sanierung werden Fälle eintreten, in denen infolge der Sanierungsmaßnahmen (Abriß von Bauwerken, Anlegung neuer Straßen und Grünflächen usw.) die genannten Anlagen „nicht mehr zur Verfügung stehen", d. h. im ganzen oder zu einem Teil nicht mehr brauchbar sind und beseitigt werden müssen (z. B. Wasser- und Gasleitungen mit ihren Anschlüssen auf einem bisher bebauten, aber jetzt unbebauten Gebiet). Die Folge sind dann in der Regel „besondere Aufwendungen", wie Abbau der alten und Aufbau neuer Versorgungsleitungen.

c) Für diese Aufwendungen ist in Abs. 1 zugunsten des Trägers der Aufgabe (z. B. Elektriz.-Versorgungsgesellschaft) eine Ersatzverpflichtung der Gemeinde vorgesehen, allerdings nur unter der Voraussetzung, daß die Aufwendungen über das bei ordnungsmäßiger Wirtschaft erforderliche Maß hinausgehen. Als Beispiel hierfür sind im Gesetz ausdrücklich „Ersatz oder die Verlegung der Anlagen" genannt. Allerdings muß hier darauf hingewiesen werden, daß in den genannten Beispielen nicht immer Ersatz geleistet werden muß. Maßgebend ist nämlich stets, daß die Aufwendungen über das bei ordnungsmäßiger Wirtschaft erforderliche Maß hinausgehen müssen; d. h. eine Ersatzpflicht ist nicht gegeben, wenn z. B. Anlagen oder Teile von ihnen ohnehin erneuert werden müßten, weil sie bereits schadhaft geworden sind oder auch für die bisherige Versorgung nicht mehr ausgereicht hätten. Hier liegt die Erneuerung im Rahmen einer ordnungsmäßigen Wirtschaft.

d) Nicht unter die Ersatzpflicht nach Abs. 1 fallen Versorgungseinrichtungen für ein einzelnes, privates Unternehmen, z. B. eine Elektrizitäts-, Wasser- oder Abwasseranlage eines privaten Unternehmers für seinen Betrieb. Für sie kommen, da ihre Beseitigung oder sonstige Beeinträchtigung eine Ordnungsmaßnahme nach § 12 Abs. 1 Nr. 1 bedeutet, die Ersatzvorschriften nach § 41 in Frage.

e) Ebenso fällt es nicht unter die Ersatzpflicht nach Abs. 1, wenn eine bestimmte Art der Versorgung (z. B. Versorgung mit Gas) durch die Sanierung völlig wegfällt oder stark eingeschränkt wird; es handelt sich hier nicht um „Aufwendungen" im Sinne des Abs. 1, und kein Träger einer Versorgung hat einen Anspruch auf einen bestimmten Umfang der Versorgung.

f) Gesetzliche Regelungen über die Kosten der Änderung von Versorgungsleitungen (z. B. im Telegrafenwegegesetz — § § 5, 6 — oder im Fernstraßengesetz — § 8 —) sowie vertragliche Regelungen zwischen einem Versorgungsträger und einem Dritten bleiben unberührt.

2. Vorteilsausgleich (Abs. 1 Satz 2)

Dem Träger der Versorgungsaufgabe können in den Fällen des Abs. 1 Satz 1 (daß ein Ersatzanspruch aufgrund dieser Bestimmung besteht) auch

Vorteile erwachsen; er muß zwar z. B. infolge der Sanierung das gesamte Leitungsnetz erneuern, hat aber nun ein Mehrfaches an Beziehern seiner Leistung; andererseits hat er nun gewisse finanzielle Nachteile dadurch, daß er ein viel größeres Netz unterhalten muß. Beides ist im Sinne eines Ausgleichs bei der Kostenerstattung zu berücksichtigen.

3. Entscheidung der höheren Verwaltungsbehörde (Abs. 3)

Im Streitfalle ist eine Entscheidung der höheren Verwaltungsbehörde über die Höhe der Kostenerstattung zu treffen, die nicht im verwaltungsgerichtlichen Verfahren, sondern nach § 157 Abs. 1 BBauG angefochten werden kann.

In Bayern wurde diese Entscheidung auf die unteren Verwaltungsbehörden delegiert (Delegationsverordnung i. d. F. v. 4. 7. 1978, BayGVBl. S. 432).

§ 25

Veräußerungspflicht der Gemeinde

(1) Die Gemeinde ist verpflichtet, Grundstücke, die sie nach der förmlichen Festlegung des Sanierungsgebiets zur Durchführung der Sanierung freihändig oder nach den Vorschriften dieses Gesetzes oder des Bundesbaugesetzes ohne Hergabe von entsprechendem Austauschland, Ersatzland oder Begründung von Miteigentum an einem Grundstück, grundstücksgleichen Rechten oder Rechten nach dem Wohnungseigentumsgesetz erworben hat, an die in Absatz 2 bezeichneten Personen nach Maßgabe der Absätze 3 bis 8 zu veräußern oder ihnen andere Rechte zu verschaffen. Von dieser Verpflichtung sind Flächen ausgenommen, die als Grundstücke für den Gemeinbedarf oder als Verkehrs-, Versorgungs- oder Grünflächen in einem Bebauungsplan festgesetzt sind oder als Austauschland oder zur Entschädigung in Land benötigt werden.

(2) Bei der Erfüllung der Verpflichtung nach Absatz 1 sind solche Personen zu berücksichtigen, die zur Durchführung der Sanierung Grundstücke übereignet oder durch ein Umlegungs- oder Enteignungsverfahren verloren haben, soweit sie nicht bereits Grundstücke oder Miteigentum an einem Grundstück, grundstücksgleiche Rechte, Rechte nach dem Wohnungseigentumsgesetz oder Immobilienfondsanteile als Ersatz erhalten haben. Dabei sind vorrangig zu berücksichtigen

1. die früheren Eigentümer, die kein sonstiges Grundeigentum oder nur Grundeigentum in geringem Umfang haben,

2. die früheren Eigentümer, die im Sanierungsgebiet eigengenutzten Wohn- oder Geschäftsraum verloren haben.

Die Gemeinde soll die Veräußerung nach Möglichkeit vor einer Bebauung an Bauwillige vornehmen, die glaubhaft machen, daß sie die Grundstücke inner-

halb angemessener Frist entsprechend den Festsetzungen des Bebauungsplans bebauen werden. Zur land- und forstwirtschaftlichen Nutzung festgesetzte Grundstücke sind Land- oder Forstwirten anzubieten, die zur Durchführung der Sanierung Grundstücke übereignet haben oder abgeben mußten. Die Gemeinde soll die übrigen Grundstücke unter Beachtung des Sanierungszwecks und unter Berücksichtigung weiter Kreise der Bevölkerung veräußern.

(3) Die Gemeinde hat ihre Verpflichtung nach den Absätzen 1 und 2 in entsprechender Anwendung des § 89 Abs. 3 des Bundesbaugesetzes so zu erfüllen, daß der Sanierungszweck entsprechend den Festsetzungen des Bebauungsplans sachdienlich und wirtschaftlich erreicht werden kann.

(4) Die Verpflichtung nach den Absätzen 1 und 2 Satz 1 bis 4 beschränkt sich auf die Veräußerung eines Grundstücks mit dem Bodenwert oder die Verschaffung eines Rechts mit dem Wert, den das hergegebene Grundstück in Anwendung des § 23 hatte.

(5) Als Immobilienfonds kommen in Betracht:

1. Kapitalanlagegesellschaften (§ 1 Abs. 1 des Gesetzes über Kapitalanlagegesellschaften in der Fassung der Bekanntmachung vom 14. Januar 1970 [Bundesgesetzbl. I S. 127], geändert durch Artikel 12 des Einführungsgesetzes zum Einkommensteuerreformgesetz vom 21. Dezember 1974 [Bundesgesetzbl. I S. 3656]) mit Grundstücks-Sondervermögen aus inländischen Grundstücken.
2. sonstige Immobilienfonds mit Vermögen aus inländischen Grundstücken, wenn die von der Landesregierung bestimmte Behörde den Immobilienfonds für diese Sanierung als zur Erfüllung der Verpflichtung nach den Absätzen 1 und 2 für geeignet erklärt hat. Ein Immobilienfonds darf nur dann für geeignet erklärt werden, wenn angenommen werden kann, daß die Belange der Anteilinhaber ausreichend gewahrt werden und eine ordnungsmäßige Verwaltung des Vermögens gewährleistet ist. Zur ordnungsmäßigen Verwaltung gehört insbesondere auch, daß vor Ausweisung eines Ertrags ausreichende Rückstellungen zur Deckung der Instandhaltungs- und Erneuerungskosten gebildet werden.

(6) Das Grundstück oder das Recht ist zu dem Verkehrswert zu veräußern, der sich durch die rechtliche und tatsächliche Neuordnung des Sanierungsgebiets ergibt. Der Gutachterausschuß hat auf Antrag ein Gutachten über diesen Verkehrswert zu erstatten.

(7) Die Gemeinde hat bei der Veräußerung nach Absatz 2 Satz 1 bis 4 den Teil des Kaufpreises, der der durch die Sanierung bedingten Erhöhung des Werts des Grundstücks entspricht, auf Verlangen des Käufers in ein Tilgungsdarlehen umzuwandeln, sofern ihm nicht zugemutet werden kann, die Verpflichtung mit eigenen oder fremden Mitteln zu erfüllen. Die Vorschrift des § 41 Abs. 8 Satz 3 ist anzuwenden.

(8) Ist es zur Erreichung des Sanierungszwecks erforderlich, ein Grundstück anderen als den nach Absatz 2 Satz 1 bis 4 zu berücksichtigenden Personen

anzubieten, so hat die Gemeinde, soweit sie dadurch ihre Verpflichtung nach den Absätzen 1 und 2 ihnen gegenüber nicht erfüllen kann, im Rahmen ihrer Möglichkeiten dafür Sorge zu tragen, daß den zu berücksichtigenden Personen Grundstücke oder Rechte außerhalb des Sanierungsgebiets nach Maßgabe des Absatzes 3 angeboten werden.

Übersicht

1. Allgemeines

a) Der in § 25 normierten Veräußerungspflicht der Gemeinden und dem damit zusammenhängenden Problem einer Privatisierung oder Reprivatisierung der von der Gemeinde im Zuge der Sanierung erworbenen Grundstücke kommt im Gesamtzusammenhang der Sanierungsbestimmungen eine wesentliche Bedeutung zu. Wenn der öffentlichen Hand durch Gesetz neue Eingriffsrechte eingeräumt werden, so muß auf der anderen Seite auch sichergestellt werden, daß in Sanierungsgebieten das Eigentum der bisherigen Eigentümer an ihren Grundstücken, soweit dies unter Berücksichtigung des Sanierungszwecks möglich ist, erhalten bleibt oder den bisherigen Eigentümern Eigentum an anderen Grundstücken oder dem Grundeigentum vergleichbare Rechte gewährt werden. Diese bereits in § 1 Abs. 5 aufgestellte Forderung wird durch § 25 konkretisiert (siehe Begründung zu § 25, BT-DS VI/2204).

b) § 25 erfuhr durch die Novelle 1976 in Abs. 1 und 2 geringfügige Änderungen und in Abs. 3 eine Neufassung — bedingt durch die eigentumsrechtlichen Neuregelungen in den §§ 100 ff., §§ 108 ff., §§ 116 Abs. 1 Satz 3 und 117 BBauG.

2. Gegenstand der Veräußerungspflicht (Abs. 1)

a) Für die Veräußerungspflicht der Gemeinde kommen nur Grundstücke in Frage, die sie nach der förmlichen Festlegung des Sanierungsgebiets und mit der Zweckbestimmung der Durchführung der Sanierung erworben hat, und zwar gleichgültig, ob dies freihändig (etwa aufgrund §§ 17, 18 oder auch durch freie Vereinbarung), durch Übernahme (§§ 15 Abs. 7) oder durch Enteignung (§ 22 und die entspr. Vorschriften des BBauG) geschah.

Die Fassung „Rechte der in § 22 Abs. 3 Nr. 1 bezeichneten Art" in Abs. 1 und 2 mußte wegen der Kürzung des § 22 um die Absätze 3 bis 6 im Rahmen der Novelle 1976 ersetzt werden. Dies geschah durch das Wort „Miteigentum", wie es in § 101 Abs. 1 Nr. 1 BBauG n. F. niedergelegt ist.

3. Zu berücksichtigende Personen (Abs. 2)

a) Der Kreis der Personen, denen gegenüber eine Veräußerungspflicht der Gemeinde (Reprivatisierung und Privatisierung) besteht, ist zunächst in Abs. 2 **Satz 1** allgemein festgelegt. Innerhalb dieses Kreises erhalten aber wieder bestimmte Personen Vorrang, d. h. sie sind aus dem allgemeinen Kreis vorweg zu berücksichtigen. Andererseits sind wieder bestimmte Personengruppen von der Berücksichtigung ausgeschlossen.

Allgemein sind hinsichtlich der Veräußerungspflicht der Gemeinde solche Personen begünstigt, die infolge der Sanierung ein Grundstück abgegeben haben, sei es durch Übereignung oder infolge eines Umlegungs- oder Enteignungsverfahrens. Dabei dürfte trotz der Fassung des Gesetzes („Grundstücke ... verloren haben") der Ansicht von Gaentzsch (Komm. zum StBauFG Anm. 3 zu § 25) zuzustimmen sein, daß neben den Grundstückseigentümern auch Miteigentümer, Erbbauberechtigte, Wohnungseigentümer und Inhaber sonstiger grundstücksgleicher Rechte (§ 145 Abs. 2 BBauG, § 86 Abs. 1 StBauFG) begünstigt sind, da der Gesetzgeber Eigentum an Grundstücken und grundstücksgleiche Rechte weitgehend gleichgestellt hat.

Der eben genannte Personenkreis ist also von der Gemeinde bei der Erfüllung der Veräußerungspflicht zu berücksichtigen (wegen einer Einschränkung siehe unten Anm. 6c).

Aus dem unter aa) genannten Personenkreis müssen aber vorrangig berücksichtigt werden die unter Abs. 2 **Satz 2 Nr. 1 und 2** genannten Personen, d. h. soweit Grundstücke zur Veräußerung nach Abs. 1 zur Verfügung stehen, sind ihnen zunächst Grundstücke oder grundstücksgleiche Rechte anzubieten (vgl. wegen der Gründe hierfür u. a. §§ 4, Abs. 2, 8 Abs. 2 — Sozialplan). Eine Rangfolge hinsichtlich der Nr. 1 und 2 besteht nicht.

Ausgeschlossen vom „Reprivatisierungsanspruch" (siehe hierzu unten b) sind Grundstückseigentümer, die zwar Grundstücke verloren haben, aber bereits Grundstücke oder Rechte der in § 22 Abs. 3 Nr. 1 bezeichneten Art oder Immobilienfondsanteile (siehe unten Nr. 5 zu Abs. 5) als Ersatz erhalten haben.

b) Abs. 2 **Satz 3 und 4** enthalten Richtlinien für die Gemeinde, in welcher Weise sie die Veräußerung vornehmen soll (Anbietung an Bauwillige nach entsprechender „Glaubhaftmachung" sowie an Land- oder Forstwirte).

Abs. 2 **Satz 5** bringt ferner Richtlinien hinsichtlich der nach Berücksichtigung der zunächst für die Reprivatisierung in Frage kommenden Personen etwa noch verbleibenden Grundstücke. Hier soll eine Privatisierung angestrebt werden mit dem Ziel, dadurch Eigentum für eine größere Zahl von Personen zu schaffen und eine breitere Vermögensstreuung und andererseits den Sanierungszweck, nämlich vor allem die mit der Sanierung und dem Bebauungsplan angestrebte Bebauung und sonstige Nutzung, zu erreichen. Die Gemeinde soll durch diese Vorschrift angehalten werden, die Grundstücke, die sie zur Durchführung der Sanierung erworben hat, nicht zu behalten, sondern an Private weiterzugeben. Abs. 2 Satz 3 und 4 (siehe oben) gilt hier entsprechend; vgl. aber wegen einer Einschränkung für Satz 5 unten Anm. 6 — zu Abs. 8. Einen klagbaren Anspruch kann ein Begünstigter aus § 25 nicht herleiten; es bleibt ihm lediglich das Mittel der Kommunalaufsicht.

4. Art und Weise der Erfüllung der Veräußerungspflicht (Abs. 3)

a) Abs. 3 in der Fassung der Novelle 1976 ist im Wortlaut vereinfacht; er ersetzt die Einzelaufstellung durch die Verweisung auf § 89 Abs. 3 BBauG. Dies bedeutet mit Ausnahme der Nr. 2 fast wörtlich das gleiche; Nr. 2 der alten Fassung des § 25 ist ersetzt durch Nr. 2 und 3 des Abs. 3 von § 89 BBauG.

Die Vorschrift gibt — allgemein gesagt — den Gemeinden die Möglichkeit, ihre Reprivatisierungs- und Privatisierungspflicht auch dadurch zu erfüllen, daß sie den Eigentümern Rechte, die ähnliche Sicherheiten wie Grundstückseigentum bieten, verschafft; denn bei der Durchführung einer Sanierungsmaßnahme wird es regelmäßig nicht möglich sein, die vorhandenen Grundstückszuschnitte beizubehalten. Der zersplitterte Grundbesitz in Sanierungsgebieten macht es vielfach erforderlich, eine Bodenordnung durchzuführen und in diesem Zusammenhang neue Grundstücke größeren Zuschnitts zu bilden. Dies hat aber zur Folge, daß nicht alle Eigentümer in dem erwünschten Umfang wieder Parzelleneigentum im Sanierungsgebiet erhalten (vgl. Begründung zu § 25 Erstfassung BT-DS 6/2204).

b) Im einzelnen sehen die vier Nummern der Abs. 3 von § 89 folgende Möglichkeiten für die Gemeinde vor, ihre Verpflichtung zu erfüllen, und zwar daß sie

1. ihnen Eigentum an den Grundstücken überträgt oder ihnen einen Anspruch auf Erwerb von Grundstücken verschafft oder
2. für sie Erbbaurechte oder Rechte nach dem Wohnungseigentumsgesetz begründet oder ihnen einen Anspruch auf Erwerb solcher Rechte verschafft oder

3. für sie sonstige dingliche Rechte begründet oder ihnen einen Anspruch auf Erwerb solcher Rechte verschafft oder
4. das Eigentum auf eine juristische Person überträgt, an der sie als Gesellschafter oder Mitglieder überwiegend beteiligt sind, oder
5. das Eigentum auf einen Immobilienfonds im Sinne des § 25 Abs. 5 des Städtebauförderungsgesetzes mit der Maßgabe überträgt, daß dieser ihnen Anteile anbietet.

5. Umfang der Verpflichtung nach Abs. 1 und 2 (Abs. 4)

Abs. 4 spricht eine Beschränkung der in den Abs. 1 und 2 enthaltenen Verpflichtung aus, und zwar auf die Grundstücksveräußerung zum **Bodenwert** oder die Verschaffung eines Rechts mit einem Wert, der sich aus § 23 ergibt (siehe dort).

6. Der Immobilienfond (Abs. 5)

Nach Abs. 3 Nr. 4 kann die Gemeinde ihrer Reprivatisierungspflicht auch in der Weise genügen, daß sie das Grundeigentum an einem im Sanierungsgebiet gelegenen Grundstück auf einen Immobilienfond überträgt und dieser seinerseits den berechtigten Eigentümern Anteilscheine anbietet. Da aber nach Auffassung des Gesetzgebers nicht jeder Immobilienfonds ausreichende Sicherung dafür bietet, daß die Belange der Anteilinhaber gewahrt werden, hat Abs. 5 bestimmt, welche Immobilienfonds im Rahmen einer Reprivatisierung in Betracht kommen. Hier kommen zunächst ganz allgemein in Frage die Kapitalanlagegesellschaften nach dem Gesetz über Kapitalanlagegesellschaften in der Fassung vom 14. 1. 1970 (BGBl. I S. 127 mit spät. Erg. u. Änd.), und zwar Gesellschaften mit Grundstücks-Sondervermögen aus inländischen Grundstücken. An sonstige Immobilienfonds darf die Gemeinde Grundeigentum in einem Sanierungsgebiet nur übertragen, wenn die von der Landesregierung bestimmte Behörde den Immobilienfonds für **geeignet** erklärt hat; für diese Erklärung sind bestimmte Voraussetzungen vorgeschrieben (Abs. 5 Nr. 2 Satz 2 und 3); in Bayern ist hierfür das Staatsministerium des Innern zuständig (V vom 28. 1. 1972, GVBl. 1972 S. 5).

7. Einzelvorschriften für die Veräußerung (Abs. 6, 7 und 8)

a) Die Veräußerung des Grundstücks hat nach **Abs. 6** zu dem Wert zu erfolgen, der sich aus der rechtlichen und tatsächlichen Neuordnung des Sanierungsgebiets ergibt. Die durch die Ordnungsmaßnahmen eingetretene Erhöhung des Wertes des Grundstücks wird also mit dem Kaufpreis bezahlt. Der Kaufpreisanteil, der der Werterhöhung entspricht, soll dazu beitragen, einen Teil der Kosten der Ordnungsmaßnahmen zu decken. (Für den Fall, daß der Eigentümer die Sanierung selbst durchführt, ohne daß es zu dem Erwerb durch die Gemeinde kommt, enthält § 41 eine entsprechende Regelung.) Der Gesetzgeber ist davon ausgegangen, daß der sich nach der

Neuordnung des Sanierungsgebiets ergebende Verkehrswert der gerechte Preis ist, den der Erwerber zu entrichten hat. Durch § 48 wird im übrigen sichergestellt, daß die Gemeinden bei der Durchführung der Sanierung keine Gewinne erzielen. Wegen der Anwendung gleicher Grundsätze bei Ermittlung der Verkehrswerte nach Abs. 6 siehe Ermächtigung für die Bundesregierung in § 91 Nr. 2.

b) Es ist denkbar, daß ein Eigentümer nicht in der Lage ist, mit dem ihm für die Aufgabe seines Grundstücks gewährten Geldausgleich im Rahmen der Reprivatisierung wieder neues Eigentum zu erwerben. Vielfach wird es ihm nicht zuzumuten sein, zusätzliche Kapitalmittel aufzuwenden. **Abs. 7** sieht daher vor, daß in diesen Fällen der Teil des Kaufpreises, welcher der durch die Sanierung bedingten Erhöhung des Wertes des Grundstücks entspricht, auf Verlangen des Käufers in ein Tilgungsdarlehen umzuwandeln ist. Diese Regelung entspricht § 41 Abs. 8.

c) Nicht immer wird die Gemeinde in der Lage sein, denjenigen Eigentümern, die im Sanierungsgebiet Grundstücke abgeben mußten, **dort** wiederum neue Grundstücke oder grundstücksgleiche Rechte anzubieten. Dies gilt insbesondere dann, wenn es aus städtebaulichen Gründen in dem Gebiet notwendig ist, Bauvorhaben zu errichten, die schon von ihrer Finanzierung oder ihrer Art her, z. B. Bau eines Krankenhauses, von Einzeleigentümern nicht durchgeführt werden können. **Abs. 8** verpflichtet die Gemeinde, in diesen Fällen dafür Sorge zu tragen, daß die zu berücksichtigenden Personen außerhalb des Sanierungsgebiets Grundstücke oder grundstücksgleiche Rechte erhalten.

d) Die hier einschlägige Verordnung über Grundsätze für die Ermittlung des Verkehrswertes von Grundstücken — Wertermittlungsverordnung (Wert V) — i. d. F. vom 10. 8. 1972 (BGBl. I S. 1409) mit den das StBauFG betr. §§ 21 ff. ist in Band I unter II 1 abgedruckt.

VIERTER ABSCHNITT

Miet- und Pachtverhältnisse

§ 26

Beendigung von Mietverhältnissen

Muß bei der Durchführung der Sanierung ein Gebäude oder eine sonstige Anlage im förmlich festgelegten Sanierungsgebiet ganz oder teilweise beseitigt werden und ist die alsbaldige Beseitigung beabsichtigt, so ist bei Anwendung der §§ 556a, 556b und 556c des Bürgerlichen Gesetzbuchs auch das öffentliche Interesse an der alsbaldigen Durchführung der Sanierung zu berücksichtigen,

wenn angemessener Ersatzwohnraum für den Mieter und die zu seinem Hausstand gehörenden Personen zu zumutbaren Bedingungen zur Verfügung gestellt wird.

1. Vorschrift

a) Bei der Durchführung der Sanierung müssen Gebäude oder sonstige bauliche Anlagen, die dem BebPl. für das förmlich festgelegte Sanierungsgebiet widersprechen, ganz oder teilweise beseitigt werden; sie sind im BebPl. zu kennzeichnen (§ 10 Abs. 1). Ein Abbruch kommt weiter für Gebäude oder bauliche Anlagen in Betracht, die sich in einem so schlechten baulichen Zustand befinden, daß sie nicht mehr modernisiert werden können.

Die Beseitigung der Bauten setzt voraus, daß sie geräumt sind. Um die Räumung zu erreichen, müssen Rechtsverhältnisse, die zum Besitz oder zur Nutzung der Bauten berechtigen, insbesondere Miet- und Pachtverhältnisse, vor Beginn der Abbrucharbeiten beendet werden können. Dabei ist zwischen der vertragsmäßigen Beendigung der Rechtsverhältnisse durch Kündigung (§ 26) und der — vorzeitigen — Aufhebung der Rechtsverhältnisse (§ 27) zu unterscheiden. Hierüber werden im Vierten Abschnitt nähere Regelungen getroffen. Die Vorschriften gelten nur im förmlich festgelegten Sanierungsgebiet.

b) Da die Grundeigentümer selbst ein Interesse daran haben, ihre Grundstücke im Rahmen der vorgesehenen Planung zum frühestmöglichen Zeitpunkt der neuen Nutzung zuzuführen, wird davon ausgegangen, daß sie die einer Beseitigung des Gebäudes oder der baulichen Anlage entgegenstehenden Rechtsverhältnisse, soweit wie möglich, vertragsgemäß kündigen. Bei Mietverhältnissen über Wohnraum haben sie die Vorschriften des sozialen Mietrechts, insbesondere die längeren Kündigungsfristen, zu beachten. Demgemäß kann ein Mieter auch von seinen Möglichkeiten nach §§ 556a, 556b oder 556c des Bürgerlichen Gesetzbuches Gebrauch machen. Damit der alsbaldigen Verwirklichung der Sanierung in diesen Fällen hinreichend Rechnung getragen werden kann, sind die genannten Vorschriften des BGB mit der Maßgabe anzuwenden, daß auch das öffentliche Interesse an der Durchführung der Sanierung zu berücksichtigen ist. Voraussetzung ist, daß angemessener Ersatzwohnraum zu zumutbaren Bedingungen zur Verfügung gestellt wird. Im übrigen verbleibt es aber bei den vertraglichen Mietbestimmungen, d. h. die Festlegung des Sanierungsgebiets hat keine sonstigen Rechtsfolgen für das Mietverhältnis.

2. Rechtsprechung

1. BVerwG U vom 26. 8. 1971 (VIII C 44.70) BayVBl. 1972, 105

a) „Wohnung“ i. S. des Zweiten Wohnungsbaugesetzes ist die Summe aller Räume, welche die Führung eines selbständigen Haushalts ermöglichen. Dazu gehören stets Kochgelegenheit, Wasserversorgung, Ausguß und Abort.

b) Auch eine „Einliegerwohnung" i. S. des § 11 des Zweiten Wohnungsbaugesetzes ist „Wohnung" und muß deshalb zur Führung eines selbständigen Haushalts geeignet sein. Dazu gehört es, daß eine eigene Toilette vorhanden ist.

c) Die Anschlußberufung eines Beigeladenen ist unzulässig, wenn die Beiladung erst in der Berufungsinstanz erfolgt ist.

2. BayObLG U vom 30. 11. 1971 (Allg. Reg. 31/71) BayVBl. 1972, 106

a) Das um den Rechtsentscheid in Mietsachen angegangene Gericht hat von Amts wegen zu prüfen, ob die vorgelegte Rechtsfrage in den Rahmen der Sozialklausel des § 556a BGB fällt, ob sie von grundsätzlicher Bedeutung ist und ob sie entscheidungserheblich sein kann (BayObLGZ 1970, 169).

b) Eine Gemeinde, die ein Mietverhältnis über Wohnraum gekündigt hat, kann sich gegenüber dem Widerspruch des Mieters zur Begründung ihrer berechtigten Interessen als Vermieter darauf berufen, daß sie den Wohnraum zur Erfüllung öffentlichrechtlicher Pflichten benötigt.

c) Solche Interessen einer Gemeinde können u. U. gegenüber den Interessen des Mieters auch dann überwiegen, wenn dieser nach dem Verlust des Wohnraums von derselben Gemeinde aufgrund einer öffentlich-rechtlichen Pflicht sofort wieder anderweitig untergebracht werden muß. Es kommt auf das Gewicht der beiderseitigen Interessen im Einzelfall an.

d) Auch wenn das Interesse der Gemeinde dahin geht, den Wohnraum nach seiner Rückgabe zur Unterbringung anderer Privatpersonen aufgrund einer öffentlich-rechtlichen Pflicht zu verwenden, ist eine Abwägung der beiderseitigen Interessen im Einzelfall vorzunehmen.

e) Es ist in diesem Fall jedoch den Interessen des bisherigen Mieters nicht das Interesse dieser dritten Personen an der Erlangung des Wohnraumes gegenüberzustellen, sondern vielmehr das Interesse der Gemeinde an der Unterbringung der vorgenannten Personen.

§ 27

Aufhebung von Miet- oder Pachtverhältnissen

(1) Muß bei der Durchführung der Sanierung ein Gebäude oder eine sonstige bauliche Anlage im förmlich festgelegten Sanierungsgebiet ganz oder teilweise beseitigt werden und ist die alsbaldige Beseitigung beabsichtigt, so kann die Gemeinde auf Antrag des Eigentümers oder im Hinblick auf ein Abbruchgebot Miet- oder Pachtverhältnisse, die der Beseitigung entgegenstehen, mit einer Frist von mindestens sechs Monaten, bei einem land- oder forstwirtschaftlich genutzten Grundstück nur zum Schluß eines Pachtjahres aufheben. Die Aufhebung ist nur zulässig, wenn das Rechtsverhältnis bis zum Ablauf der Frist nicht vertragsgemäß endigt oder, falls der Eigentümer den Antrag gestellt hat, nicht von ihm durch Kündigung beendigt werden kann.

(2) Die Gemeinde darf ein Mietverhältnis über Wohnraum nur aufheben, wenn im Zeitpunkt der Beendigung des Mietverhältnisses angemessener Ersatzwohnraum für den Mieter und die zu seinem Hausstand gehörenden Personen zu zumutbaren Bedingungen zur Verfügung steht.

(3) Vor Aufhebung eines Miet- oder Pachtverhältnisses über Geschäftsraum hat die Gemeinde, insbesondere im Hinblick auf ihre Entschädigungsverpflichtung nach § 30, mit dem Mieter oder Pächter die Möglichkeit einer anderweitigen Unterbringung zu erörtern. Strebt der Mieter oder Pächter eine anderweitige Unterbringung an, so soll die Gemeinde das Miet- oder Pachtverhältnis nur aufheben, wenn im Zeitpunkt der Beendigung des Miet- oder Pachtverhältnisses anderer geeigneter Geschäftsraum zu zumutbaren Bedingungen zur Verfügung steht.

(4) Wird die Erwerbsgrundlage eines Mieters oder Pächters von Geschäftsraum im förmlich festgelegten Sanierungsgebiet infolge der Durchführung der Sanierung wesentlich beeinträchtigt und ist ihm deshalb die Fortsetzung des Miet- oder Pachtverhältnisses nicht mehr zuzumuten, so kann die Gemeinde auf Antrag des Mieters oder Pächters das Miet- oder Pachtverhältnis mit einer Frist von mindestens sechs Monaten aufheben. Die Aufhebung ist nur zulässig, wenn das Miet- oder Pachtverhältnis nicht innerhalb einer für den Mieter oder Pächter zumutbaren Frist vertragsgemäß endigt oder durch Kündigung beendigt werden kann.

(5) Ist ein Miet- oder Pachtverhältnis durch Aufhebung beendigt worden, so kann die Gemeinde die Räumung mit den Mitteln des Verwaltungszwanges vollziehen.

(6) Die Zulässigkeit einer Aufhebung von Miet- oder Pachtverhältnissen im Rahmen der Umlegung nach dem Vierten Teil des Bundesbaugesetzes oder eine Enteignung von Miet- oder Pachtverhältnissen nach dem Fünften Teil des Bundesbaugesetzes wird durch die Möglichkeit, Miet- oder Pachtverhältnisse nach den Absätzen 1 bis 4 aufzuheben, nicht berührt.

(7) Die Absätze 1 bis 6 gelten entsprechend für andere schuldrechtliche Vertragsverhältnisse, die zum Gebrauch oder zur Nutzung eines Grundstücks, Gebäudes oder Gebäudeteils oder einer sonstigen baulichen Anlage berechtigen.

1. Wesen der Aufhebung (Abs. 1)

Während § 26 die Möglichkeiten der vertraglich zulässigen Beendigung des Miet- und Pachtverhältnisses (durch den Vermieter) aufzeigt, regelt § 27 die Aufhebung (also zwangsweise, behördlich zu verfügende Beseitigung des Miet- und Pachtverhältnisses). Es handelt sich um einen Verwaltungsakt der Gemeinde, der im verwaltungsgerichtlichen Verfahren angefochten werden kann. Die Vorschrift bezweckt die Eröffnung der Möglichkeit, länger dauernde unkündbare Verträge vorzeitig zu beenden.

2. Voraussetzungen der Aufhebung (noch Abs. 1 und Abs. 2)

a) Es muß sich um ein Gebäude oder eine „sonstige bauliche Anlage" (z. B. nach den Landesbauvorschriften nicht genehmigungspflichtige Anlage) handeln, die im förmlich festgelegten Sanierungsgebiet liegt und ganz oder teilweise beseitigt werden muß. Maßgebend sind hier die Festsetzungen des

Bebauungsplans (vgl. § 10 Abs. 1, insbesondere auch Satz 3); auch kann ein Abbruchgebot vorliegen (siehe c).

b) Es ist notwendig, daß die alsbaldige Beseitigung beabsichtigt ist. Die Gemeinde wird also nicht schon sofort nach der förmlichen Festlegung bei allen Gebäuden mit der Beseitigung und mit der Aufhebung der Mietverhältnisse beginnen, sondern es wird das Fortschreiten der Sanierung bestimmend sein.

c) Es muß entweder ein Antrag des Eigentümers oder (bei Maßnahmen von Amts wegen) ein Abbruchgebot vorliegen. Der früher einschlägige, nun aufgehobene § 19 ist durch § 39d BBauG ersetzt.

d) Eine Aufhebung nach Abs. 1 wäre nicht zulässig, wenn das Miet- oder Pachtverhältnis bis zum Ablauf der von der Gemeinde bei der Aufhebung zu setzenden Frist ohnehin vertragsmäßig endigt oder wenn, falls der Eigentümer den Aufhebungsantrag gestellt hat, das Rechtsverhältnis von ihm selbst bis zum Ablauf der Frist (durch Kündigung) beendigt werden kann.

e) Der Verwaltungsakt der Aufhebung muß mit einer Fristsetzung verbunden werden, die im allgemeinen mindestens 6 Monate beträgt. Eine Sonderregelung wurde für Pachtverhältnisse von land- und forstwirtschaftlich genutzten Grundstücken getroffen. Hier kann die Aufhebung nur zum Schluß eines Pachtjahres erfolgen. Damit wurde der Tatsache Rechnung getragen, daß im Bereich der Land- und Forstwirtschaft die Beendigung eines Pachtverhältnisses regelmäßig auf die Vegetationszeit im Wirtschaftsjahr abgestellt wird.

f) Die Gemeinde **muß** im Falle der Aufhebung von Mietverhältnissen über Wohnräume (vor der Aufhebung) dafür sorgen, daß angemessener Ersatzwohnraum zu zumutbaren Bedingungen zur Verfügung steht (Abs. 2). Dies wird für die Gemeinde eine oft nur schwer zu erfüllende Auflage darstellen. Sie wird daher schon bei der Vorbereitung der Sanierung (§ 4), bei der Aufstellung des Sozialplans (§ 8) und bei den vorgeschriebenen Erörterungen (§ 9) auf eine befriedigende und praktikable Lösung bedacht sein. Den Betroffenen stehen übrigens auch gem. § 30 gewisse Entschädigungsrechte zu.

g) Der **Rechtsschutz** gegen den VA der Aufhebung wird nach der VwGO durch das Verwaltungsgericht gewährt.

3. Besonderheiten für Geschäftsräume (Abs. 3 und 4)

a) Vor der Aufhebung eines Miet- oder Pachtverhältnisses über einen Geschäftsraum wird vielfach die Frage an die Gemeinde herangetragen werden, ob und gegebenenfalls auf welche Weise und unter welchen Bedingungen dem Mieter oder Pächter die Möglichkeit einer anderweitigen Unterbringung verschafft werden kann, entweder im Sanierungsgebiet oder außerhalb desselben (vgl. z. B. § 11 Abs. 1). Hier muß die Gemeinde zunächst mit dem Mieter oder Pächter Erörterungen anstellen (sie kann das natürlich schon im

Rahmen der §§ 4 und 8 tun), ob und wie eine anderweitige Unterbringung möglich ist. Es kommen dann zwei Möglichkeiten in Frage:

aa) Der Mieter oder Pächter strebt eine anderweitige Unterbringung an (z. B. im Sanierungsgebiet in der Nähe seines bisherigen Geschäftsbetriebs). In diesem Fall soll die Gemeinde zunächst für einen anderen Geschäftsraum, der dem Betroffenen unter zumutbaren Bedingungen überlassen werden kann, sorgen. Erst dann soll sie das bisherige Miet- oder Pachtverhältnis durch Verwaltungsakt aufheben.

bb) Der Mieter oder Pächter strebt aufgrund der vorangegangenen Erörterung eine anderweitige Unterbringung durch die Gemeinde nicht mehr an (er will sich selbst um eine anderweitige Unterbringung bemühen), so kommt für die Gemeinde möglicherweise eine Entschädigungsleistung nach § 30 in Frage.

b) Während der Abs. 3 Fälle betrifft, in denen der Mieter oder Pächter in der Regel sein Geschäft fortsetzen kann oder will, kommen für Abs. 4 die Fälle in Betracht, in denen dem Mieter oder Pächter infolge der Durchführung der Sanierung die Existenzgrundlage so sehr beeinträchtigt wird, daß ihm die Fortsetzung des Miet- oder Pachtverhältnisses nicht mehr zuzumuten ist. Beispiel hierfür: Ein Handwerksmeister hatte im Sanierungsgebiet einen Geschäftsraum gemietet, der sich inmitten ausgedehnter Wohnanlagen befindet; nun werden im Zuge der Sanierung große Teile dieser Wohngebäude abgerissen, und es werden an ihrer Stelle öffentliche Gebäude (z. B. eine Schule, ein Krankenhaus mit größeren Grünanlagen) errichtet. Der Handwerksmeister könnte zwar sein Geschäft nach wie vor betreiben (das Haus, in dem er sein Geschäft betreibt, wird nicht abgerissen, er behält seinen Geschäftsraum), seine Erwerbsgrundlage wird aber infolge der Durchführung der Sanierung zerstört, sein Geschäft ist nicht mehr „lebensfähig". Um Unbilligkeiten zu vermeiden, wurde daher die Vorschrift des Abs. 4 getroffen, d. h. es wurde die Möglichkeit geschaffen, das Miet- oder Pachtverhältnis in solchen Fällen unter Einhaltung einer Frist von sechs Monaten durch Verwaltungsakt aufzuheben. Hier ist also nicht Voraussetzung der Aufhebung der Abbruch eines Gebäudes (Abs. 1 und 2), sondern die Tatsache, daß es dem Mieter oder Pächter nicht zugemutet werden kann, an dem Miet- oder Pachtverhältnis länger festzuhalten. Auch hier ist die weitere Voraussetzung, daß der Vertrag nicht ohnehin gekündigt werden kann oder nicht innerhalb einer zumutbaren Frist endigt.

§ 28

Beendigung oder Aufhebung von Miet- oder Pachtverhältnissen bei Modernisierungs- und Instandsetzungsmaßnahmen

Die §§ 26 und 27 gelten entsprechend, soweit im Zusammenhang mit der Durchführung von Modernisierungs- oder Instandsetzungsmaßnahmen nach § 39e des

Bundesbaugesetzes oder von Maßnahmen nach § 43 Abs. 3 Satz 2 die Fortsetzung eines Miet- oder Pachtverhältnisses nicht in Betracht kommt.

1. Zur Durchführung einer Modernisierung nach § 39e BBauG (vor der Novelle 1976 der inzwischen aufgehobene und durch die genannte Bestimmung des BBauG ersetzte § 21 StBauFG) wird es häufig notwendig sein, Wohn- oder Geschäftsräume zu räumen, da andernfalls die baulichen Mängel nicht durch entsprechende Baumaßnahmen beseitigt werden können. Zu unterscheiden sind:

a) Wenn nur eine vorübergehende Räumung in Betracht kommt, bedarf es keiner Aufhebung des Miet- oder Pachtverhältnisses, da der Mieter nach §§ 541a, 581 Abs. 2 BGB verpflichtet ist, die Modernisierungsmaßnahmen zu dulden, u. U. also auch vorübergehend die Räume frei zu machen. Aufwendungen, die der Mieter oder Pächter dafür machen muß, hat der Vermieter ihm nach den vorgenannten Vorschriften in einem den Umständen nach angemessenen Umfang zu ersetzen.

b) Wenn die Modernisierung jedoch dazu führt, daß die Fortsetzung eines Miet- oder Pachtverhältnisses nicht mehr in Betracht kommt (wenn z. B. die Zahl der Wohnräume wesentlich vermindert wird oder wenn statt Wohnräumen Geschäftsräume geschaffen werden oder umgekehrt), so bedarf es einer **Auflösung** des Vertragsverhältnisses (vertragsmäßige Kündigung nach § 26 oder vorzeitige Aufhebung gemäß § 27).

2. Die Notwendigkeit, Miet- oder Pachtverhältnisse zu beendigen, kann auch bestehen, wenn der Eigentümer sich gegenüber der Gemeinde verpflichtet hat, bei Gebäuden von geschichtlicher, künstlerischer oder städtebaulicher Bedeutung zusätzliche Maßnahmen zu treffen, die der Erhaltung, Erneuerung und funktionsgerechten Verwendung dieser baulichen Anlagen dienen (§ 43 Abs. 3 Satz 2). Es wurden daher auch in diesen Fällen die Vorschriften der §§ 26 und 27 für entsprechend anwendbar erklärt.

§ 29

Aufhebung von Miet- oder Pachtverhältnissen über unbebaute Grundstücke

(1) Ist nach den Festsetzungen des Bebauungsplans für ein unbebautes Grundstück im förmlich festgelegten Sanierungsgebiet eine andere Nutzung vorgesehen und ist die alsbaldige Änderung der Nutzung beabsichtigt, so kann die Gemeinde auf Antrag des Eigentümers Miet- oder Pachtverhältnisse aufheben, die sich auf das Grundstück beziehen und der neuen Nutzung entgegenstehen.

(2) Auf die Aufhebung sind die Vorschriften des § 27 Abs. 1 und Abs. 5 bis 7 sinngemäß anzuwenden.

Da für das Sanierungsgebiet neue BebPl. aufzustellen sind (vgl. § 10), muß (nach dem neuen BebPl.) möglicherweise ein bisher unbebautes Grundstück einer anderen Nutzung (z. B. einer Bebauung) zugeführt werden,. Deshalb muß die Gemeinde im Interesse einer zügigen Durchführung der Sanierung (vgl. § 1 Abs. 1) in derselben Weise wie bei bebauten Grundstücken bestehende Miet- oder Pachtverhältnisse vorzeitig aufheben können, wenn

a) das Vertragsverhältnis der neuen Nutzung entgegensteht,
b) die alsbaldige (neue) Nutzung beabsichtigt ist und
c) das Vertragsverhältnis nicht bis zum Zeitpunkt, in dem die neue Nutzung in Angriff genommen werden muß (z. B. Vorarbeiten für die neue Nutzung müssen vorgenommen werden), nicht vertragsmäßig beendigt werden kann.

Auch in diesen Fällen trifft die Gemeinde die Entschädigungspflicht nach § 30. Wegen der Pachtverträge über kleingärtnerisch genutztes Land siehe § 30 Abs. 3.

§ 30

Entschädigung bei Aufhebung von Miet- oder Pachtverhältnissen

(1) Ist ein Rechtsverhältnis aufgrund des § 27, § 28 oder § 29 aufgehoben worden, so ist den Betroffenen insoweit eine angemessene Entschädigung in Geld zu leisten, als ihnen durch die vorzeitige Beendigung des Rechtsverhältnisses Vermögensnachteile entstehen. Die Vorschriften des Zweiten Abschnitts des Fünften Teils des Bundesbaugesetzes gelten entsprechend.
(2) Zur Entschädigung ist die Gemeinde verpflichtet. Kommt eine Einigung über die Höhe der Entschädigung nicht zustande, so entscheidet die höhere Verwaltungsbehörde. Vor der Entscheidung sind die Beteiligten zu hören.
(3) Wird ein Pachtvertrag über kleingärtnerisch genutztes Land nach § 27 oder § 29 aufgehoben, so ist die Gemeinde außer zur Entschädigung nach Absatz 1 auch zur Bereitstellung oder Beschaffung von Ersatzland verpflichtet. Bei der Entschädigung in Geld ist die Bereitstellung oder Beschaffung des Ersatzlandes angemessen zu berücksichtigen. Die höhere Verwaltungsbehörde kann die Gemeinde von der Verpflichtung zur Bereitstellung oder Beschaffung von Ersatzland befreien, wenn die Gemeinde nachweist, daß sie zur Erfüllung außerstande ist.

1. Der Entschädigungsanspruch (Abs. 1)

Bei der vorzeitigen Beendigung von Miet- und Pachtverhältnissen nach §§ 27, 28 oder 29 wird in bestehende vertragliche Abmachungen eingegriffen. Soweit hierdurch den Betroffenen Vermögensnachteile entstehen, handelt es sich um einen Eingriff in vermögenswerte Rechte und damit um eine Enteignung i. S. des Art. 14 GG, die nur gegen angemessene Entschädigung vorgenommen werden darf. Für die Bemessung der Entschädigung gelten §§ 93 bis 103 BBauG entsprechend (über die Einzelheiten siehe Band I, BBauG, Erläuterungen zu den genannten Vorschriften). Die Entschädigung kann jede Vertragspartei fordern, der ein Nachteil entstanden ist, also sowohl Vermieter als auch Mieter. Es ist aber besonders darauf hinzuweisen, daß bei der Festsetzung der Entschädigung nicht bloß die Vermögensnachteile zu berücksichtigen sind, sondern auch die Vermögensvorteile, die dem Entschädigungsberechtigten infolge der Enteignung entstehen (§ 93 Abs. 2 Satz 1 BBauG), z. B. Erzielung einer höheren Miete nach einer Modernisierungsmaßnahme gem. §§ 21, 28.

2. Die Entschädigungsleistung (Abs. 2)

Zur Leistung der Entschädigung ist die Gemeinde verpflichtet. Für den Fall, daß eine Einigung über die Höhe der Entschädigung nicht zustande kommt, entscheidet zunächst die „höhere Verwaltungsbehörde“ (in Bayern nach § 2 der Delegationsverordnung i. d. F. v. 4. 7. 1978 — GVBl. S. 432 — das Landratsamt, bzw. die kreisfreie Stadt). Ihre Entscheidung kann durch Antrag auf gerichtliche Entscheidung vor dem zuständigen Landgericht, Kammer für Baulandsachen, angefochten werden (§ 86 Abs. 2 Satz 2 StBauFG, § 157 BBauG).

3. Entschädigung bei Pachtverträgen über kleingärtnerisch genutztes Land (Abs. 3)

In Anlehnung an die geltenden Schutzbestimmungen bei der Kündigung von Pachtverhältnissen über kleingärtnerisch genutztes Land (§ 3 der V. über Kündigungsschutz und andere kleingartenrechtliche Vorschriften vom 23. 5. 1942 i. d. F. vom 15. 12. 1944, RGBl. I S. 347 ff.; beachte hierzu B des BVerfG v. 12. 6. 1979 über die Verfassungswidrigkeit von Kündigungsschutzbestimmungen des Kleingartengesetzes) ist die Gemeinde im Falle einer für die Durchführung der Sanierung erforderlichen vorzeitigen Vertragsaufhebung (§§ 27, 29) im Interesse des Kleingartenwesens **außer** zur Entschädigung nach Abs. 1 auch zur Bereitstellung oder Beschaffung von Ersatzland verpflichtet. Sie kann von der höheren Verwaltungsbehörde nur dann von dieser Verpflichtung befreit werden, wenn sie nachweislich zu ihrer Erfüllung außerstande ist (z. B. wenn der Gemeinde nach dem bestehenden BebPl. keinerlei Flächen für kleingärtnerische Nutzung zur Verfügung stehen und sie auch nicht in der Lage ist, anderweitig ein Ersatzland zu beschaffen).

In Bayern wurde nach der Delegationsverordnung vom 4. 7. 1978 (siehe oben 2) auch diese Entscheidung an die unteren Verwaltungsbehörden delegiert.

4. Rechtsweg

Von den Baulandgerichten ist gemäß § 86 Abs. 1 in Verbindung mit § 157 BBauG im Antragsverfahren auf gerichtliche Entscheidung nur über die Festsetzung der Entschädigung durch die höhere Verwaltungsbehörde zu entscheiden, während über die Zulässigkeit der Enteignung die allgemeinen Verwaltungsgerichte entscheiden; es fehlt in § 86 Abs. 2 die ausdrückliche Verweisung an die Baulandkammern, wie sie für §§ 18, 57, 85 erfolgt ist. Auch die Entschädigungsvorschriften der §§ 93 bis 103 BBauG sind nicht anwendbar.

§ 31

Verlängerung von Miet- und Pachtverhältnissen

Die Gemeinde kann auf Antrag des Mieters oder Pächters ein Miet- oder Pachtverhältnis über Wohn- oder Geschäftsraum im förmlich festgelegten Sanierungsgebiet verlängern, soweit dies zur Verwirklichung des Sozialplans erforderlich ist.

a) Durch diese in den Parlamentsverhandlungen neu eingefügte Vorschrift soll die Durchführung des Sozialplans (§ 8 Abs. 2) gesichert werden. Sie soll verhindern, daß die im Sozialplan niedergelegten und mit den Betroffenen erörterten Vorstellungen der Gemeinde zum Nachteil der Mieter zunichte gemacht werden. Ist beispielsweise im Sozialplan die Möglichkeit vorgesehen, Bevölkerungsgruppen aus den Sanierungsgebieten möglichst geschlossen umzusiedeln, so muß auch sichergestellt werden, daß den einzelnen Mietern nicht vom Vermieter vorzeitig gekündigt wird. Damit soll vermieden werden, daß sie vor einer geschlossenen Umsiedlung vorübergehend umziehen müssen oder die Umsiedlung sogar unmöglich gemacht wird. Eine Verlängerung eines Mietverhältnisses soll nur so lange möglich sein, als dies zur Verwirklichung des Sozialplans erforderlich ist.

b) Eine Entschädigung für die durch Verwaltungsakt verfügte Verlängerung des Miet- oder Pachtverhältnisses ist nicht vorgesehen, da eine solche Maßnahme im Rahmen der Sozialbindung des Eigentums (Art. 14 Abs. 1 Satz 2, Abs. 2 GG) liegt und mithin entschädigungslos hingenommen werden muß.

c) Etwas problematisch erscheint das Verhältnis zwischen den Bestimmungen der §§ 556a, 556b und 556c BGB (modifiziert durch die Vorschrift des § 26) und § 31. Diese Vorschriften können nebeneinander in Frage kommen, einerseits wenn der Mieter ein Verlangen auf Mietverlängerung stellt (Sozialklausel) und wenn andererseits die Gemeinde die Verfügung nach § 31 trifft. Hier können im Falle der Anfechtung zwei verschiedene Verfahren in

Gang gebracht werden, nämlich ein zivilgerichtliches (hinsichtlich der Bestimmungen des BGB) und ein verwaltungsgerichtliches (hinsichtlich des Verwaltungsakts nach § 31); es kann also zu einem doppelgleisigen Verfahren mit seinen unerfreulichen Auswirkungen (vor allem Verzögerung der Entscheidung) kommen.

§ 32)*

Mieterhöhung bei Modernisierungsmaßnahmen

**) Gestrichen durch Novelle vom 18. 8. 1976; die einschlägigen Bestimmungen sind nunmehr im 2. Wohnungskündigungsschutzgesetz enthalten.*

FÜNFTER ABSCHNITT

Sanierungsträger und andere Beauftragte

§ 33

Erfüllung von Aufgaben für die Gemeinde

(1) Die Gemeinde kann sich zur Erfüllung von Aufgaben, die ihr bei der Vorbereitung oder Durchführung der Sanierung obliegen, eines geeigneten Beauftragten bedienen. Sie darf jedoch die Aufgabe,

1. Sanierungsmaßnahmen durchzuführen, die der Gemeinde nach § 13 obliegen,

2. Grundstücke oder Rechte an ihnen zur Vorbereitung oder Durchführung der Sanierung im Auftrag der Gemeinde zu erwerben,

3. Sanierungsförderungsmittel, die die Gemeinde zur Verfügung stellt oder die ihr gewährt werden, oder sonstige der Sanierung dienende Mittel zu bewirtschaften,

nur einem Unternehmen übertragen, dem die zuständige Behörde nach § 34 bestätigt hat, daß es die Voraussetzungen für die Übernahme der Aufgaben als Sanierungsträger erfüllt.

(2) Die Gemeinde soll die Ausarbeitung der Bauleitpläne und die Aufgaben eines für eigene Rechnung tätigen Sanierungsträgers nicht demselben Unternehmen oder einem rechtlich oder wirtschaftlich von ihm abhängigen Unternehmen übertragen.

(3) Ein Auftrag zur Erfüllung von Aufgaben bei der Vorbereitung der Sanierung kann bereits vor einer förmlichen Festlegung des Sanierungsgebiets erteilt werden.

(4) Hoheitliche Befugnisse darf die Gemeinde nicht übertragen.

1. Allgemeines

a) Die Durchführung der Sanierung verlangt bei dem Umfang der Schwierigkeit und Vielseitigkeit der rechtlichen, technischen und wirtschaftlichen Probleme, der Langfristigkeit und den mit ihr verbundenen Risiken regelmäßig eine leistungsfähige und zuverlässige Trägerschaft. Deshalb ist es notwendig, daß die Unternehmen, welche von der Gemeinde als Sanierungsträger beauftragt werden, die entsprechende Eignung besitzen. Im Fünften Abschnitt sind daher die Voraussetzungen für die Auswahl von Sanierungsträgern festgelegt.

Die sachlichen Voraussetzungen, die für die Beauftragung eines Sanierungsträgers mit der Durchführung von Sanierungsmaßnahmen vorliegen müssen, ergeben sich aus § 13. Die Beauftragung kommt danach für die Durchführung der Ordnungsmaßnahmen in Betracht, wenn deren Durchführung den Eigentümern von der Gemeinde nicht übertragen wird, für die Durchführung der Baumaßnahmen dann, wenn die zügige und zweckmäßige Durchführung der Sanierung durch einzelne Eigentümer nicht gewährleistet ist.

Außerdem werden für den Fall, daß die Gemeinde den Sanierungsträger beauftragt, Sanierungsmaßnahmen als ihr Treuhänder durchzuführen, Regelungen über das Treuhandvermögen und dessen Sicherung getroffen. Derartige Vorschriften sind notwendig, da Bestimmungen über ein rechtsgeschäftliches Treuhandvermögen im bürgerlichen Recht fehlen.

b) Der Gemeinde obliegt im Zuge der Durchführung von Sanierungsmaßnahmen eine große Reihe von wichtigen Aufgaben (vgl. fast alle Bestimmungen des Zweiten Teils, 1. mit 4. Abschnitt). Sie kann sich zum Teil zur Erfüllung dieser Aufgaben eines Beauftragten („Sanierungsträgers") bedienen (über Einschränkungen hinsichtlich der Beauftragung siehe unten Anm. 2). Der Beauftragte kann sowohl Aufgaben der Vorbereitung der Sanierung (z. B. § 4 Abs. 1, § 9; vgl. auch § 40 Abs. 2) als auch Aufgaben der Durchführung der Sanierung übernehmen, z. B. Abbruch von Gebäuden oder die Durchführung von Erschließungen; diese beiden Aufgaben müssen aber wohl nicht **einem** Sanierungsträger übertragen werden, sondern sie können auch getrennt (ein Unternehmer die Vorbereitung, ein anderer die Durchführung) wahrgenommen werden, doch wird die Übertragung der Aufgaben an **einen** Unternehmer die Regel sein (über Einschränkung der Übertragung an einen Unternehmer siehe unten Anm. 2). Über die Rechtsnatur der „Beauftragung", also des zugrunde liegenden Vertrags, siehe § 35 Anm. 2.

2. Einschränkungen hinsichtlich der Beauftragung (Abs. 1 Satz 2 und Abs. 2 und 4)

a) Das Gesetz unterscheidet zwischen Beauftragten, denen von der zuständigen Behörde bestätigt wurde, daß sie die Voraussetzungen für die Übernahme der Aufgaben als Sanierungsträger erfüllen („der Sanierungsträger" i. S. des Gesetzes, vgl. § 33 Abs. 1 Satz 2 und § 34), und Beauftragten, die diese Bestätigung nicht besitzen („Sanierungsbeauftragte"). Der Unterschied besteht in dem Umfang der Betätigung der Beauftragten. Der „Sanierungsträger" kann alle übertragungsfähigen Aufgaben bei der Vorbereitung und Durchführung der Sanierung übernehmen; der Unternehmer, der die genannte Bestätigung nicht hat, kann die in Abs. 1 Satz 2 Nr. 1 bis 3 bezeichneten Aufgaben **nicht** übernehmen. Der Grund besteht darin, daß diese eben genannten Aufgaben, die einige der wichtigsten bei der Durchführung der Sanierung darstellen, besondere finanzielle Risiken enthalten. Im wesentlichen sind es Aufgaben, bei denen der Träger im Auftrag der Gemeinde Vermögensgegenstände erwirbt. Dies ist namentlich dann der Fall, wenn ein Eigentümer Sanierungsmaßnahmen auf seinem Grundstück nicht durchführen kann und die Gemeinde deshalb nach § 13 Abs. 3 für die Durchführung zu sorgen hat; in diesem Fall hat der Sanierungsträger das Grundstück zu erwerben und die Sanierungsmaßnahmen anstelle des Eigentümers durchzuführen. Darüber hinaus kommt auch eine Bewirtschaftung von Sanierungsförderungsmittel oder anderer der Sanierung dienender Mittel durch den Sanierungsträger in Betracht. In welcher Weise der Sanierungsträger seine Aufgaben zu erfüllen hat, ist im einzelnen in § 35 geregelt.

b) Das Gesetz (§ 35 Abs. 1) unterscheidet ferner Sanierungsträger (siehe oben a),

— die ihre Aufgaben „im eigenen Namen für Rechnung der Gemeinde als deren Treuhänder" wahrnehmen und

— die ihre Aufgaben „im eigenen Namen für eigene Rechnung" erfüllen.

Dieser Unterschied gewinnt Bedeutung in der Bestimmung des Abs. 2. Um Interessenkollisionen zu vermeiden, soll die Gemeinde die Übertragung der Ausarbeitung der Bauleitpläne und die Übertragung der Sanierungsaufgaben an einen für eigene Rechnung tätigen Sanierungsträger trennen, d. h. beide Aufgaben sollen nicht denselben Unternehmer übertragen werden (bei einem Sanierungsträger, der als Treuhänder für die Gemeinde tätig wird, ist der Einfluß der Gemeinde viel größer). Dasselbe gilt für ein Unternehmen, das vom Sanierungsträger rechtlich oder wirtschaftlich abhängig ist (z. B. durch Vereinigung der Mehrheit der Gesellschaftsanteile in einer Hand oder durch Mitwirkung eines Unternehmensinhabers in maßgebenden Gremien des anderen Unternehmens).

c) In keinem Falle (also auch nicht an Sanierungsträger, welche die Bestätigung nach § 34 erhalten haben) darf die Gemeinde hoheitliche Befugnisse übertragen (Abs. 4), z. B. die Genehmigungen nach § 15, Einleitung von Umlegungen nach § 16, Ausübung des Vorkaufsrechts und des Grunderwerbsrechts nach §§ 17 und 18, Erlaß von Abbruch-, Bau- und Modernisierungsgeboten nach §§ 39d, 39e und 39b BBauG sowie die Aufhebung oder Verlängerung von Mietverhältnissen (§§ 26 ff.).

§ 34

Voraussetzungen für die Bestätigung als Sanierungsträger

(1) Eine Bestätigung für die Übernahme der Aufgaben als Sanierungsträger darf nur ausgesprochen werden für
1. ein als Organ der staatlichen Wohnungspolitik nach § 28 des Wohnungsgemeinnützigkeitsgesetzes vom 29. Februar 1940 (Reichsgesetzbl. I S. 437), zuletzt geändert durch Artikel 41 des Haushaltsstrukturgesetzes vom 18. Dezember 1975 (Bundesgesetzbl. I S. 3091), anerkanntes Unternehmen,
2. ein gemeinnütziges Wohnungsunternehmen im Sinne des Wohnungsgemeinnützigkeitsgesetzes,
3. ein gemeinnütziges Siedlungsunternehmen im Sinne des § 1 des Reichssiedlungsgesetzes vom 11. August 1919 (Reichsgesetzbl. S. 1429), zuletzt geändert durch Artikel 2 des Gesetzes zur Änderung des Flurbereinigungsgesetzes vom 15. März 1976 (Bundesgesetzbl. I S. 533),
4. ein freies Wohnungsunternehmen, sofern es nicht selbst als Bauunternehmen tätig oder von einem Bauunternehmen abhängig ist,
5. ein anderes Unternehmen, sofern es nicht selbst als Bauunternehmen tätig oder von einem Bauunternehmen abhängig ist.

(2) Voraussetzung für die Bestätigung ist, daß
1. das Unternehmen nach seiner Geschäftstätigkeit und seinen wirtschaftlichen Verhältnissen geeignet und in der Lage ist, die Aufgaben eines Sanierungsträgers ordnungsgemäß zu erfüllen,
2. das Unternehmen, sofern es nicht bereits kraft Gesetzes einer jährlichen Prüfung seiner Geschäftstätigkeit und seiner wirtschaftlichen Verhältnisse unterliegt, sich einer derartigen Prüfung unterworfen hat oder unterwirft,
3. die zur Vertretung berufenen Personen sowie die leitenden Angestellten die erforderliche geschäftliche Zuverlässigkeit besitzen.

(3) Für ein Unternehmen, das nicht bereits kraft Gesetzes einer Prüfung unterliegt, ist in der Bestätigung der Gegenstand der Prüfung zu bestimmen; die Auswahl des Trägers der Prüfung bedarf der Genehmigung der für die Bestätigung zuständigen Behörde.

(4) Die Bestätigung kann allgemein oder nach Anhörung der Gemeinde für den einzelnen Fall ausgesprochen werden. Die allgemeine Bestätigung kann sachlich oder räumlich begrenzt oder befristet werden. Die von der Behörde eines Landes ausgesprochene allgemeine Bestätigung gilt nicht für das Gebiet eines anderen Landes. Die Bestätigung ist zu widerrufen, wenn die Voraussetzungen nach Absatz 1 oder 2 nicht mehr vorliegen.
(45) Die Bestätigung wird durch die nach Landesrecht zuständige Behörde ausgesprochen, bei einem Organ der staatlichen Wohnungspolitik durch die für die Anerkennung zuständige Behörde.

1. Sanierungsträger (Abs. 1)

Für eine Bestätigung als Sanierungsträger (§ 33 Abs. 1 Satz 2) kommen Unternehmen in Betracht, denen von der zuständigen Behörde (siehe Abs. 5) bestätigt worden ist, daß sie die in der vorliegenden Vorschrift geforderte Voraussetzung (Abs. 2) erfüllen. Es kommen aber nur bestimmte in Abs. 1 aufgezählte Unternehmen in Frage, also nicht etwa beliebige private Unternehmen. Es handelt sich hier in erster Linie um Unternehmen, die wohnungswirtschaftlich tätig oder den wohnungswirtschaftlichen Unternehmen verwandt sind (**Nr. 1 bis 3**). Für Unternehmen, die nicht wie die Organe der staatlichen Wohnungspolitik, die gemeinnützigen Wohnungsunternehmen oder die gemeinnützigen Siedlungsunternehmen besonderen Vorschriften unterworfen sind, nämlich „freie Wohnungsunternehmen" (**Nr. 4**) und „andere Unternehmen" (Nr. 5) werden entsprechende Garantien hinsichtlich der Unabhängigkeit vom Baugewerbe und der Ausschaltung von Interessenkollisionen gefordert in der Weise, daß solche Unternehmen weder selbst als Bauunternehmen tätig sein, noch von einem Bauunternehmen abhängig sein dürfen (wegen der „Abhängigkeit" siehe § 33 Anm. 2b, bb, letzter Satz). Für die eben genannten gemeinnützigen Unternehmen sind solche Garantien nicht erforderlich, da entsprechende Verbote bereits nach dem Wohnungsgemeinnützigkeitsgesetz — WGG — bestehen. Vom „Bauunternehmen" ist zu unterscheiden die Tätigkeit als „Bauherr".

2. Voraussetzungen der Bestätigung (Abs. 2)

a) Daß die zur Vertretung eines Unternehmens berufenen Personen sowie die leitenden Angestellten (ein Begriff, der nur nach der jeweiligen Struktur des einzelnen Unternehmens genau präzisiert werden kann) die erforderliche geschäftliche Zuverlässigkeit besitzen müssen, soll nicht nur bei den „anderen Unternehmen" vor der Bestätigung geprüft werden, sondern bei sämtlichen für die Übernahme der Aufgabe als Sanierungsträger in Betracht kommenden, in Abs. 1 genannten Unternehmen.

b) Für die Prüfung der Zuverlässigkeit (Abs. 1 **Nr. 3**) wird im allgemeinen ein Strafregisterauszug genügen. Wenn sich Zweifel ergeben, sind auch weitere Erhebungen bei zuständigen Behörden und Stellen anzustellen. Eine Bedürfnisprüfung findet nicht statt. Es handelt sich bei der Bestimmung des Abs. 2 um eine nach Art. 12 Abs. 1 Satz 2 GG zulässige Regelung der Berufsausübung (erhebliche Bedeutung der Tätigkeit eines Sanierungsträgers für die Allgemeinheit, die Gemeinde und die einzelnen Beteiligten).

3. Die Bestätigung (Abs. 3, 4 und 5)

a) Die Bestätigung der Erfüllung der Voraussetzungen wird gemäß § 33 Abs. 1 Satz 2 dem Unternehmen erteilt. Die meisten Unternehmen (vor allem die gemeinnützigen Unternehmen) unterliegen bereits kraft Gesetzes einer Prüfung. Für die übrigen Unternehmen (etwa die „anderen" Unternehmen nach Abs. 1 Nr. 5) muß von der zuständigen Behörde (siehe unten Anm. c) in der Bestätigung der „Gegenstand der Prüfung" bestimmt werden, d. h. der Teil der Tätigkeit des Unternehmens, welcher der Prüfung unterworfen werden soll (wegen des Inhalts der Prüfung vgl. auch § 35 Abs. 4). Außerdem ist (im öffentlichen Interesse und im Interesse der Beteiligten) bestimmt, daß die Auswahl des Trägers dieser Prüfung (z. B. Prüfungsverband) der Genehmigung der Bestätigungsbehörde (siehe unten c) unterliegt.

b) Die Bestätigung kann dem Unternehmen für den Einzelfall (d. h. für ein ganz bestimmtes, abgegrenztes Sanierungsvorhaben) oder generell ausgesprochen werden. Im ersteren Fall muß die Gemeinde gehört werden (keine Zustimmung erforderlich). Die Zuständigkeit für die Erteilung der Bestätigung kann in beiden Fällen verschieden sein (siehe unten c, bb).

c) Für die Zuständigkeit zur Ausstellung der Bestätigung **(Abs. 5)** bestehen zwei Möglichkeiten:

aa) wenn es sich um ein Organ der staatlichen Wohnungspolitik handelt, wird die Bestätigung durch die Behörde ausgesprochen, welche für die Anerkennung dieses Organs zuständig ist,

bb) bei allen übrigen Unternehmen wird die Zuständigkeit durch Landesrechte bestimmt; in Bayern z. B. ist dies geschehen durch Gesetz über Zuständigkeit nach dem StBauFG vom 28. 1. 1972 (GVBl. S. 5). Hiernach (Art. 1) ist in Bayern für die Erteilung der allgemeinen Bestätigung als Sanierungsträger nach § 34 Abs. 5 Halbsatz 1 das Staatsministerium des Innern zuständige Behörde. Für die Erteilung der Bestätigung als Sanierungsträger für den einzelnen Fall ist nach Art. 2 des eben genannten Gesetzes vom 27. 1. 1972 in Bayern die Regierung zuständige Behörde. Vgl. hierzu ferner Bek. des Bayer. StMdJ über Bestätigung als Sanierungs- und Entwicklungsträger vom 6. 3. 1972 Nr. IV C 4—9270/2 (BayMABl. 1972, 181).

§ 35

Erfüllung der Aufgaben als Sanierungsträger

(1) Der Sanierungsträger erfüllt die ihm von der Gemeinde übertragenen Aufgaben nach § 33 Abs. 1 Nr. 1 oder 2 im eigenen Namen für Rechnung der Gemeinde als deren Treuhänder oder im eigenen Namen für eigene Rechnung. Die ihm von der Gemeinde übertragene Aufgabe nach § 33 Abs. 1 Nr. 3 erfüllt er im eigenen Namen für Rechnung der Gemeinde als deren Treuhänder. Bei der Erfüllung der Aufgaben sind die Vorschriften der Absätze 3 bis 7 und, soweit ihm die Aufgaben als Treuhänder der Gemeinde übertragen sind, außerdem die Vorschriften der §§ 36 und 37 anzuwenden.

(2) Die Gemeinde und der Sanierungsträger legen die Aufgaben, die Rechtsstellung, in der sie der Sanierungsträger zu erfüllen hat, eine von der Gemeinde

hierfür zu entrichtende angemessene Vergütung und die Befugnis der Gemeinde zur Erteilung von Weisungen durch schriftlichen Vertrag fest. Der Vertrag bedarf nicht der Form des § 313 des Bürgerlichen Gesetzbuchs. Er kann von jeder Seite nur aus wichtigem Grund gekündigt werden.

(3) Der Sanierungsträger hat der Gemeinde auf Verlangen Auskunft zu erteilen.

(4) Bei der jährlichen Prüfung der Geschäftstätigkeit des Sanierungsträgers ist auch die Einhaltung der Vorschriften dieses Gesetzes und des mit der Gemeinde geschlossenen Vertrags zu prüfen. Der Prüfungsbericht ist der für die Bestätigung zuständigen Behörde und der Gemeinde vorzulegen.

(5) Der Sanierungsträger ist verpflichtet, die Grundstücke, die er nach Übertragung der Aufgabe zur Vorbereitung oder Durchführung der Sanierung erworben hat, nach Maßgabe des § 25 und unter Beachtung der Weisungen der Gemeinde zu veräußern. Er hat die Grundstücke, die er nicht veräußert hat, der Gemeinde anzugeben und auf ihr Verlangen an Dritte oder an sie zu veräußern. Bei der Veräußerung an Dritte ist § 25 Abs. 6 anzuwenden.

(6) Ist in dem von dem Erwerber an den Sanierungsträger entrichteten Kaufpreis ein Betrag enthalten, der nach § 41 Abs. 4 bis 6a vom Eigentümer zu tragen wäre, so hat der Sanierungsträger diesen Betrag an die Gemeinde abzuführen oder mit ihr zu verrechnen. Hat der Sanierungsträger diesen Teil des Kaufpreises nach Maßgabe des § 25 Abs. 7 in ein Tilgungsdarlehen umgewandelt, so hat er die Ansprüche aus dem Darlehen auf Verlangen entweder an die Gemeinde abzutreten und empfangene Zinsen und Tilgungen an sie abzuführen oder sie mit ihr zu verrechnen.

(7) Der Sanierungsträger hat für die Grundstücke, deren Eigentümer er bleibt, an die Gemeinde Ausgleichsbeträge nach § 41 zu entrichten.

(8) Der Vertrag, den die Gemeinde mit dem für eigene Rechnung tätigen Sanierungsträger geschlossen hat, erlischt mit der Eröffnung des Konkursverfahrens über das Vermögen des Sanierungsträgers. Die Gemeinde kann vom Konkursverwalter verlangen, ihr die im Sanierungsgebiet gelegenen Grundstücke, die der Sanierungsträger nach Übertragung der Aufgaben zur Vorbereitung oder Durchführung der Sanierung erworben hat, gegen Erstattung der vom Sanierungsträger erbrachten Aufwendungen und Übernahme der von ihm eingegangenen Verbindlichkeiten zu übereignen. Der Konkursverwalter ist verpflichtet, der Gemeinde ein Verzeichnis dieser Grundstücke zu übergeben. Die Gemeinde kann ihren Anspruch nur binnen sechs Monaten nach Übergabe des Grundstücksverzeichnisses ausüben. Im übrigen haftet die Gemeinde den Gläubigern von Verbindlichkeiten aus der Durchführung der Ordnungsmaßnahmen wie ein Bürge, soweit sie aus dem Vermögen des Sanierungsträgers im Konkursverfahren keine vollständige Befriedigung erlangt haben.

(9) Kündigt die Gemeinde im Falle der Eröffnung des Vergleichsverfahrens über das Vermögen des für eigene Rechnung tätigen Sanierungsträgers den Vertrag, so kann sie vom Sanierungsträger verlangen, ihr die im Sanierungsgebiet

gelegenen Grundstücke, die der Sanierungsträger nach Übertragung der Aufgaben zur Vorbereitung oder Durchführung der Sanierung erworben hat, gegen Erstattung der vom Sanierungsträger erbrachten Aufwendungen und Übernahme der von ihm eingegangenen Verbindlichkeiten zu übereignen. Die Vorschrift des § 64 Satz 2 der Vergleichsordnung ist insoweit nicht anzuwenden. Der Sanierungsträger ist verpflichtet, die Gemeinde ein Verzeichnis dieser Grundstücke zu übergeben. Die Vorschriften des Absatzes 8 Satz 4 und 5 gelten entsprechend.

1. Rechtsstellung der Sanierungsträger (Abs. 1)

Die Bestimmung in Abs. 1 bringt eine sehr wichtige und einschneidende Regelung hinsichtlich der Trägerschaft. Es ist zu unterscheiden zwischen

a) einem „Treuhänder", d. h. einem Sanierungsträger, der im eigenen Namen für Rechnung der Gemeinde als deren Treuhänder tätig wird,

b) einem „Sanierungsunternehmer", d. h. einem Sanierungsträger, der im eigenen Namen für eigene Rechnung tätig wird. Dabei ist zu beachten, daß die Aufgaben aus § 33 Abs. 1 Nr. 1 und 2 (Durchführung der der Gemeinde nach § 13 obliegenden Sanierungsmaßnahmen sowie die Aufgabe, Grundstücke oder Rechte an ihnen zur Vorbereitung oder Durchführung der Sanierung im Auftrag der Gemeinde zu erwerben) von den Sanierungsträgern der beiden genannten Arten ausgeführt werden können, während die Aufgabe nach § 33 Abs. 1 Nr. 3 (Bewirtschaftung von Sanierungsförderungsmitteln, die die Gemeinde zur Verfügung stellt oder die ihr gewährt werden, oder von sonstigen der Sanierung dienenden Mitteln) **nur** einem **Treuhänder** (oben Buchst. a) übertragen werden kann.

2. Der Vertrag zwischen der Gemeinde und dem Sanierungsträger (Abs. 2)

a) Der zwischen der Gemeinde und dem Sanierungsträger abzuschließende Vertrag gehört dem bürgerlichen Recht an. Da die Übertragung hoheitlicher Befugnisse ausgeschlossen ist (vgl. § 33 Anm. 2c), wird es sich bei der Tätigkeit des Sanierungsträgers (auch wenn er im Besitz der Bestätigung nach § 33 Abs. 1 Satz 2, 34 ist) wohl stets um Geschäfte aus dem Bereich des Zivilrechts handeln, insbesondere um die Vorbereitung der Sanierung (§§ 4, 8, 9), Erwerb, Bebauung und gegebenenfalls Weiterübertragung von Grundstücken und um damit verbundene Geldleistungen — vgl. Abs. 5 bis 9 — sowie um Durchführung sonstiger Ordnungs- und Baumaßnahmen — vgl. §§ 12 und 13. Dabei ist bestimmt, daß der Vertrag **zwischen der Gemeinde und dem Sanierungsträger,** auch wenn er eine Verpflichtung für den Sanierungsträger zur Veräußerung oder zum Erwerb von Grundstücken begründet, **nicht** der Form des § 313 BGB (gerichtliche oder notarielle Beurkundung) bedarf. Von dieser Formvorschrift glaubte der Gesetzgeber bei der Beratung der Erstfassung (nach der Begr. zu § 35, 14. Ausschuß, BT-DS VI/2204) Abstand nehmen zu können, weil die Vorverhandlungen bis zum Abschluß eines solchen

Vertrags beiden Vertragsteilen so ausreichende Überprüfungszeit lassen, daß ein unüberlegter Vertragsabschluß ausgeschlossen erscheint.

b) Die Gemeinde muß sich vor Abschluß des Vertrags klar sein, in welcher Rechtsstellung sie den Sanierungsträger tätig werden lassen will (siehe oben 1a und b). Sie wird dabei zu bedenken haben, daß der Treuhänder als „verlängerter Arm" der Gemeinde im Gegensatz zum Sanierungsunternehmer grundsätzlich keine eigenen wirtschaftlichen Interessen in bezug auf die künftige Nutzung und Bebauung des Sanierungsgebiets oder einzelner Grundstücke verfolgt; er behält deshalb grundsätzlich keine Grundstücke im Sanierungsgebiet (§ 36 Abs. 6 Satz 2); er übt auch keine Bautätigkeit für eigene Zwecke im Sanierungsgebiet aus. Die Unternehmerform setzt auf der Gemeindeseite einen hohen Grad von Unabhängigkeit in der Bauleitplanung gegenüber dem Träger voraus, aber auch Kontrollrechte in bezug auf die wirtschaftliche Situation des Unternehmens und Weisungsrechte in bezug auf die Durchführung der Maßnahmen (so Gaentzsch, StBauFG, Anm. 1 zu § 35).

3. Gemeinsame Bestimmungen für Treuhänder und Sanierungsunternehmer (noch Abs. 2 und Abs. 3 bis 7)

Die Vorschriften der Abs. 2 bis 7 gelten für beide Arten von Sanierungsträgern; außerdem gelten für den Treuhänder noch die Vorschriften der §§ 36 und 37.

a) Hinsichtlich des Inhalts des Vertrages gibt Abs. 2 bestimmte Richtlinien, die als Mindesterfordernisse des Vertragsinhalts anzusehen sind. Ein wichtiger Grund für die Vertragskündigung seitens der Gemeinde ist z. B. gegeben, wenn der Sanierungsträger mit seinen Leistungen in Verzug gerät, wenn er die Leistungen nur sehr mangelhaft erbringt oder wenn über das Vermögen des für eigene Rechnung tätigen Sanierungsträgers ein Vergleichsverfahren eröffnet wird **(Abs. 9)**. Ob ein wichtiger Grund vorliegt, entscheidet im Streitfall das Gericht.

b) Die Befugnis der Gemeinde, dem Sanierungsträger Weisungen über Art und Umfang der Durchführung der Aufgaben erteilen zu können **(Abs. 2)**, von ihm Auskunft über das Fortschreiten und die weitere Planung der Durchführung zu verlangen **(Abs. 3)** sowie bei der jährlichen Prüfung der Geschäftstätigkeit des Sanierungsträgers insbesondere auch die Einhaltung der gesetzlichen Vorschriften und des Vertrags zu überprüfen **(Abs. 4)**, bildet eines der wichtigsten Instrumente für die Gemeinde, sich im Hinblick auf ihre möglichen Haftungsverbindlichkeiten, die sich aus der Durchführung der Sanierungsarbeiten ergeben, jederzeit über die Tätigkeit des Sanierungsträgers zu informieren.

Die Prüfung des Unternehmens (vgl. hinsichtlich der Zuständigkeit zur Auswahl des Trägers der Prüfung und des Gegenstands der Prüfung § 34 Abs. 3) wird dessen gesamte Tätigkeit, nicht bloß die Tätigkeit für ein bestimmtes Sanierungsunternehmen umfassen, um so die Möglichkeit einer Überprüfung der wirtschaftlichen Grundlagen des Unternehmens zu gewinnen.

c) Die Bestimmung in **Abs. 5** entspricht der Reprivatisierungspflicht der Gemeinde nach § 25. Die Pflicht des Sanierungsträgers wurde durch den Ausschuß für Städtebau und Wohnungswesen dahin erweitert, daß der Sanierungsträger auch Grundstücke, die er **nicht** nach § 25 **reprivatisiert** hat, auf Verlangen der Gemeinde unter Beachtung der Vorschrift des § 25 Abs. 6 an Dritte oder an die Gemeinde selbst zu veräußern hat.

d) Abs. 6 hängt mit den Regelungen in § 25 Abs. 6 und 7 zusammen und stellt sicher, daß der vom Sanierungsträger mit dem Kaufpreis empfangene Betrag der Erhöhung des Grundstückswerts an die Gemeinde abgeführt oder mit ihr verrechnet wird. Entsprechendes gilt, wenn dieser Teil des Kaufpreises in ein Tilgungsdarlehen umgewandelt wird (§ 25 Abs. 7). Damit wird für den Verkaufsfall die Erfüllung des in § 41 enthaltenen Grundsatzes sichergestellt.

Abs. 7 enthält lediglich eine Klarstellung.

4. Besondere Vorschriften für Sanierungsunternehmer (Abs. 8 und 9)

a) Die Abs. 8 und 9 sind vom damaligen Ausschuß für Städtebau und Wohnungswesen auf Vorschlag des Rechtsausschusses eingefügt worden. Sie beziehen sich auf den Sanierungsträger, der die Aufgabe im eigenen Namen für eigene Rechnung erfüllt. Für den als Treuhänder tätigen Sanierungsträger sind vergleichbare Regelungen in § 36 Abs. 6 und § 37 Abs. 3 enthalten. Abs. 8 und 9 beziehen sich auf das Innenverhältnis (Vertragsverhältnis) zwischen Gemeinde und Sanierungsträger.

Durch die Bestimmungen der Abs. 8 und 9 wird für den Fall der Eröffnung des Konkursverfahrens oder des Vergleichsverfahrens über das Vermögen des Sanierungsträgers der Gemeinde die Befugnis zuerkannt, die von dem Träger zur Vorbereitung oder Durchführung der Sanierung erworbenen Grundstücke aus dem Konkurs- oder Vergleichsverfahren herauszuziehen (Abs. 8 Satz 2; Abs. 9 Satz 1). Die Gemeinde hat als Gegenleistung die vom Sanierungsträger für das Grundstück erbrachten Aufwendungen zu erstatten und die von ihm eingegangenen Verbindlichkeiten zu übernehmen. Für Verbindlichkeiten, die der Sanierungsträger zur Durchführung von Ordnungsmaßnahmen eingegangen ist, soll die Gemeinde im übrigen wie ein Ausfallbürge haften.

Mit diesen Regelungen wird sichergestellt, daß aus einer Insolvenz eines Sanierungsträgers für die an der Sanierung Beteiligten keine Nachteile entstehen und die Reprivatisierungsansprüche gemäß § 25 von der Gemeinde erfüllt werden können.

b) Mit der Eröffnung des Konkursverfahrens (vgl. §§ 102 ff. KO) erlischt der Sanierungsvertrag (Abs. 8), während im Fall der Eröffnung des Vergleichsverfahrens über das Vermögen des Sanierungsträgers (vgl. §§ 16 ff. VerglO) ein Kündigungsgrund i. S. des Abs. 2 Satz 2 (siehe oben Anm. 3 a) für die Gemeinde gegeben ist (Abs. 9). Hervorzuheben ist auch hier, daß sich Abs. 8 und 9 nur auf „Sanierungsunternehmer", also auf Sanierungsträger, die im eigenen Namen auf eigene Rechnung tätig sind, beziehen, nicht auf Sanierungstreuhänder. (Wegen des Erlöschens des Treuhandverhältnisses im Falle der Konkurseröffnung siehe § 37 Abs. 3.)

§ 36

Treuhandvermögen

(1) Ist dem Sanierungsträger eine Aufgabe als Treuhänder der Gemeinde übertragen, so erfüllt er sie mit einem Treuhandvermögen in eigenem Namen für Rechnung der Gemeinde. Der Sanierungsträger erhält von der Gemeinde für den Rechtsverkehr eine Bescheinigung über die Übertragung der Aufgabe als Treuhänder. Er soll bei Erfüllung der Aufgabe seinem Namen einen das Treuhandverhältnis kennzeichnenden Zusatz hinzufügen.

(2) Der als Treuhänder tätige Sanierungsträger hat das in Erfüllung der Aufgabe gebildete Treuhandvermögen getrennt von anderem Vermögen zu verwalten.

(3) Zum Treuhandvermögen gehören die Mittel, die die Gemeinde dem Sanierungsträger zur Erfüllung der Aufgabe zur Verfügung stellt. Zu dem Treuhandvermögen gehört auch, was der Sanierungsträger mit Mitteln des Treuhandvermögens oder durch ein Rechtsgeschäft, das sich auf das Treuhandvermögen bezieht, oder aufgrund eines zum Treuhandvermögen gehörenden Rechts oder als Ersatz für die Zerstörung, Beschädigung oder Entziehung eines zum Treuhandvermögen gehörenden Gegenstands erwirbt.

(4) Die Gemeinde gewährleistet die Erfüllung der Verbindlichkeiten, für die der Sanierungsträger mit dem Treuhandvermögen haftet. Mittel, welche der Sanierungsträger darlehnsweise von einem Dritten erhält, gehören nur dann zu dem Treuhandvermögen, wenn die Gemeinde der Darlehnsaufnahme schriftlich zugestimmt hat. Das gleiche gilt für eigene Mittel, die der Sanierungsträger einbringt.

(5) Grundstücke im Sanierungsgebiet, die der Sanierungsträger vor oder nach Übertragung der Aufgabe mit Mitteln, die nicht zum Treuhandvermögen gehören, oder unter Hergabe von eigenem Austauschland erworben hat, kann er mit Zustimmung der Gemeinde gegen Ersatz seiner Aufwendungen in das Treuhandvermögen überführen; er hat sie in das Treuhandvermögen zu überführen; wenn die Gemeinde es verlangt. Dabei sind als Grundstückswerte die Werte zu berücksichtigen, die sich in Anwendung des § 23 ergeben.

(6) Der als Treuhänder tätige Sanierungsträger hat der Gemeinde nach Beendigung seiner Tätigkeit Rechenschaft abzulegen. Er hat nach Beendigung seiner Tätigkeit das Treuhandvermögen, insbesondere die Grundstücke, die er nicht veräußert hat, auf die Gemeinde zu übertragen. Von der Übertragung ab haftet die Gemeinde anstelle des Sanierungsträgers für die noch bestehenden Verbindlichkeiten, für welche dieser mit dem Treuhandvermögen gehaftet hat.
(7) Der Sanierungsträger darf vor der Übertragung nach Absatz 6 die Grundstücke des Treuhandvermögens, die er unter Hergabe von entsprechendem nicht zum Treuhandvermögen gehörendem eigenem Austauschland, oder mindestens zwei Jahre, bevor ihm die Gemeinde einen mit der Sanierung zusammenhängenden Auftrag erteilt hat, erworben und in das Treuhandvermögen überführt hat, in sein eigenes Vermögen zurücküberführen. Sind die von ihm in das Treuhandvermögen überführten Grundstücke veräußert oder im Rahmen der Ordnungsmaßnahmen zur Bildung neuer Grundstücke verwendet oder sind ihre Grenzen verändert worden, so kann der Sanierungsträger andere Grundstücke, die wertmäßig seinen in das Treuhandvermögen überführten Grundstücken entsprechen, in sein eigenes Vermögen zurücküberführen; er bedarf hierzu der Genehmigung der Gemeinde. Er hat dem Treuhandvermögen den Verkehrswert der Grundstücke zu erstatten, der sich durch die rechtliche und tatsächliche Neuordnung des Sanierungsgebiets ergibt.
(8) Der Gutachterausschuß hat auf Antrag ein Gutachten über die Grundstückswerte nach den Absätzen 5 und 7 zu erstatten.

1. Allgemeines (Abs. 1)

Die Vorschrift setzt voraus, daß die Gemeinde einen Sanierungsträger beauftragt hat, Sanierungsmaßnahmen entsprechend § 13 durchzuführen, und zwar in der Rechtsstellung als Treuhänder der Gemeinde. Der Sanierungsträger ist als Treuhänder nicht Bevollmächtigter der Gemeinde, sondern er wird im eigenen Namen tätig (allerdings für Rechnung der Gemeinde) und ist Eigentümer des Treuhandvermögens (wenigstens in juristischem Sinn, in wirtschaftlicher Beziehung ist das Vermögen infolge des Einflusses der Gemeinde weitgehend in ihrer Verfügungsgewalt). Die Sätze 2 und 3 sind Ordnungsvorschriften zur Klarstellung der Verhältnisse im Rechtsverkehr. Die hiernach auszustellende „Bescheinigung" und der „Zusatz" können auch auf die Teile der Tätigkeit des Sanierungsträgers beschränkt werden, in denen dieser (im Gegensatz zu anderen ihm übertragenen Sanierungsaufgaben) als Treuhänder tätig wird (z. B. Bewirtschaftung von Förderungsmitteln nach § 33 Abs. 1 Nr. 3 i. V. mit § 35 Abs. 1 Satz 2).

2. Das Treuhandvermögen (Abs. 2 und 3, Abs. 4 Satz 2 und 3)

a) Beim Treuhänder entstehen nach der Vorschrift des Abs. 2 zwei Vermögensmassen, die in seinem Eigentum stehen, nämlich das Treuhandvermögen und sein sonstiges Vermögen. Das wirkt sich besonders u. a. dabei aus, daß dieses Treuhandvermögen auch bezüglich der Vermögenshaftung als Sondervermögen behandelt wird (§ 37).

b) Die Mittel, die die Gemeinde aufgrund des von ihr erteilten Auftrags dem Treuhänder zur Erfüllung seiner Aufgabe zur Verfügung stellt, werden Teil des Treuhandvermögens. Zum Treuhandvermögen gehören nach Abs. 3 Satz 2 auch die Surrogate. Der Grundsatz der dinglichen Surrogation, der in verschiedenen Vorschriften des Bürgerlichen Gesetzbuches enthalten ist, wird damit auch für das Treuhandverhältnis nach dem StBauFG verbindlich. Ohne eine gesetzliche Regelung würde der Grundsatz der dinglichen Surrogation nach der Rechtsprechung des Reichsgerichts (RGZ 153 S. 370) nicht durch eine vertragliche Vereinbarung über ein Treuhandverhältnis wirksam gemacht werden können. Dieser Grundsatz ist jedoch für ein Treuhandvermögen, in das wesentliche Mittel der öffentlichen Hand fließen können, notwendig.

c) Darlehen, die der Sanierungsträger zur Erfüllung seiner Aufgabe von einem Dritten erhält, sowie Mittel, die der Sanierungsträger aus seinem eigenen Vermögen in das Treuhandvermögen einbringt, werden nur dann Bestandteil des Treuhandvermögens (mit den entsprechenden Haftungsfolgen z. B. nach Abs. 4 oder nach § 37), wenn die Gemeinde der Darlehnsaufnahme bzw. der Überführung der Mittel ausdrücklich (schriftlich) zugestimmt hat (Abs. 4 Satz 2 und 3). Die Zustimmung kann auch nachträglich erteilt werden (§ 184 Abs. 1 BGB).

3. Gewährträgerschaft der Gemeinde (Abs. 4 Satz 1 und Abs. 6 Satz 3)

Besonders bedeutungsvoll ist Abs. 4 Satz 1, der zum Ausdruck bringt, daß die Gemeinde die Erfüllung der Verbindlichkeiten gewährleistet, für die der Sanierungsträger mit dem Treuhandvermögen haftet. Durch diese Regelung wird der Sanierungsträger als Treuhänder befähigt, für das Treuhandvermögen von Pfandbriefinstituten Darlehen zu erhalten, die durch Kommunalobligationen refinanziert werden (Kommunaldarlehen). Die Haftung besteht sowohl während des Bestehens des Treuhandverhältnisses als auch (kraft Gesetzes, vgl. Abs. 6 Satz 3) nach dessen Beendigung.

4. Überführung von eigenen Grundstücken des Treuhänders in das Treuhandvermögen (Abs. 5)

Durch Abs. 5 wird die Möglichkeit eröffnet, den Sanierungsträger auch mit eigenem Grundbesitz im Sanierungsgebiet interessenneutral zu stellen. Die Vorschrift lehnt sich hinsichtlich des Grundstücksbesitzes des Sanierungsträgers an die Bestimmung in Abs. 4 Satz 3 an. Dem Sanierungsträger steht es grundsätzlich frei, die Überführung von bestimmten eigenen Grundstücken in das Treuhandvermögen zu beantragen. Es spielt keine Rolle, ob die Grundstücke vor oder nach der Beauftragung mit der Sanierungsaufgabe durch die Gemeinde in das („sonstige") Vermögen des Treuhänders übergegangen sind oder ob er (auch im Sanierungsgebiet) gegen Hergabe von Eigentum Austauschland erworben hat. Erforderlich ist zur Überführung in das Treuhandvermögen die (auch nachträglich mögliche) Zustimmung der Gemeinde; auf Verlangen der Gemeinde muß aber der Treuhänder die Überführung der genannten Grundstücke vornehmen.

5. Verfügungen über Grundstücke nach Beendigung der Tätigkeit des Sanierungsträgers (Abs. 6 und 7)

a) Soweit nach Beendigung des Auftrags als Sanierungsträger noch ein Treuhandvermögen vorhanden sein sollte, insbesondere Grundstücke noch nicht veräußert werden konnten, hat der Sanierungsträger dieses Vermögen nach **Abs. 6** auf die Gemeinde zu übertragen. Von der Übertragung ab tritt die Gemeinde in alle Rechte und Verbindlichkeiten des Sanierungsvermögens ein. Diese Vorschrift findet übrigens nicht nur dann Anwendung, wenn der Sanierungsträger seine Aufgabe erfüllt hat, sondern auch dann, wenn das Treuhandverhältnis vorzeitig aufgrund einer Kündigung aus wichtigem Grund beendigt wird. Eine solche Kündigung aus wichtigem Grund könnte namentlich in Betracht kommen, wenn über das Vermögen des Sanierungsträgers das Vergleichsverfahren eröffnet wird. Abs. 6 stellt sonach auch eine Parallelvorschrift zu § 35 Abs. 2 Satz 3 und Abs. 9 dar.

In welcher Weise ein Verlust, der bei dem Sanierungsträger nach Erfüllung seines Auftrags eingetreten ist, ausgeglichen wird, kann im einzelnen im Vertrag zwischen der Gemeinde und dem Sanierungsträger geregelt werden.

b) Der Sanierungsträger ist verpflichtet, die Grundstücke, die er nach Übertragung der Aufgabe zur Vorbereitung oder Durchführung der Sanierung erworben hat, nach Maßgabe des § 25 und unter Beachtung der Weisungen der Gemeinde zu veräußern (§ 35 Abs. 5 Satz 1; vgl. auch § 36 Abs. 6 und oben Anm. 5a). Daraus ergibt sich, daß der Sanierungsträger grundsätzlich keine Grundstücke behalten soll. **Abs. 7** enthält hierzu eine Ausnahme. Durch diese Vorschrift wird der Sanierungsträger für die eigenen Grundstücke, die er in das Treuhandvermögen überführt hat, bei der Rücküberführung in sein eigenes Vermögen ebenso behandelt wie jeder Dritte, der aus dem Treuhandvermögen im Wege der Reprivatisierung ein Grundstück erwirbt (vgl. § 25 Abs. 2 und 3). Sind die vom Treuhänder in das Treuhandvermögen überführten Grundstücke nicht mehr „greifbar" (z. B. wenn sie veräußert oder ihre Grenzen verändert wurden), so kann der Treuhänder wertmäßig entsprechende Ersatzgrundstücke zurücküberführen (er bedarf hierzu der **Genehmigung** der Gemeinde). Entsprechend der Vorschrift in Abs. 5, wonach der Treuhänder bei Überführung von eigenen Grundstücken in das Treuhandvermögen Ersatz seiner Aufwendungen verlangen kann, muß er bei der Rücküberführung der Gemeinde den Verkehrswert der Grundstücke erstatten, der sich durch die rechtliche und tatsächliche Neuordnung des Sanierungsgebiets ergibt.

§ 37

Sicherung des Treuhandvermögens

(1) Der Sanierungsträger haftet Dritten mit dem Treuhandvermögen nicht für Verbindlichkeiten, die sich nicht auf das Treuhandvermögen beziehen.

(2) Wird in das Treuhandvermögen wegen einer Verbindlichkeit, für welche der Sanierungsträger nicht mit dem Treuhandvermögen haftet, die Zwangsvollstreckung betrieben, so kann die Gemeinde aufgrund des Treuhandverhältnisses gegen die Zwangsvollstreckung nach Maßgabe des § 771 der Zivilprozeßordnung Widerspruch, der Sanierungsträger unter entsprechender Anwendung des § 767 Abs. 1 der Zivilprozeßordnung Einwendungen geltend machen.

(3) Das Treuhandverhältnis erlischt mit der Eröffnung des Konkursverfahrens über das Vermögen des Sanierungsträgers. Das Treuhandvermögen gehört nicht zur Konkursmasse. Der Konkursverwalter hat das Treuhandvermögen auf die Gemeinde zu übertragen und bis zur Übertragung zu verwalten. Von der Übertragung ab haftet die Gemeinde anstelle des Sanierungsträgers für die Verbindlichkeiten, für welche dieser mit dem Treuhandvermögen gehaftet hat. Die mit der Eröffnung des Konkursverfahrens verbundenen Rechtsfolgen treten hinsichtlich dieser Verbindlichkeiten nicht ein. § 418 des Bürgerlichen Gesetzbuchs findet keine Anwendung.

a) § 37 bezieht sich im Gegensatz zu § 36 auf das **Außenverhältnis** zwischen Treuhandvermögen und Dritten. Durch diese Bestimmungen soll eine Sicherung des Treuhandvermögens gegenüber Eingriffen Dritter erreicht werden. **Abs. 1** bringt daher den allgemeinen Grundsatz zum Ausdruck, daß die Treuhandstelle mit dem Treuhandvermögen **nur** für Verbindlichkeiten haftet, die der Treuhänder in Durchführung der ihm übertragenen Aufgaben eingegangen ist, die sich also auf das Treuhandvermögen „beziehen"; dagegen kann der Treuhänder für Verbindlichkeiten, die sich nicht auf das Treuhandvermögen beziehen, mit seinem übrigen Vermögen haften.

b) Nach Abs. 2 sollen für den Fall der Zwangsvollstreckung in das Treuhandvermögen wegen einer Forderung, für welche dieses **nicht** haftet, der Gemeinde die Drittwiderspruchsklage nach § 771 ZPO und dem Sanierungsträger die Vollstreckungsgegenklage gegeben sein. Dabei kann für die Vollstreckungsgegenklage nur § 767 Abs. 1 ZPO entsprechende Anwendung finden, da Abs. 2 für den vorliegenden Fall nicht paßt.

c) Wie beim Sanierungsunternehmer (§ 35 Abs. 8) erlischt auch beim Sanierungstreuhänder mit der Eröffnung des Konkursverfahrens über das Vermögen des Sanierungsträgers das Treuhandverhältnis (Abs. 3). Das Treuhandvermögen soll im Falle der Konkurseröffnung abgesichert werden, es gehört nicht zur Konkursmasse und ist vom Konkursverwalter von Amts wegen auf die Gemeinde zu übertragen. Verbindlichkeiten, die sich auf das Treuhandvermögen beziehen, sind keine Konkursforderungen. Nach Übertragung der **einzelnen** Vermögensgegenstände des Treuhandvermögens (Grundstücke, Wertpapiere, Geldforderungen) durch den Konkursverwalter an die Gemeinde tritt eine befreiende Schuldübernahme der Treuhandverbindlichkeiten durch die Gemeinde ein (Satz 4).

Es ist darauf hinzuweisen, daß es sich bei Abs. 3 um einen Konkurs „über das Vermögen des Sanierungsträgers" handelt, es geht also z. B. das als Sanierungsträger fungierende Wohnungsunternehmen in Konkurs. Es handelt sich nicht etwa um einen Konkurs des Treuhändervermögens; einen solchen Konkurs gibt es im Hinblick auf die Gewährträgerschaft der Gemeinde (§ 36 Abs. 4) nicht.

SECHSTER ABSCHNITT

Finanzierung der Sanierung

Vorbemerkung

1. Die Finanzierung der Sanierung wirft dadurch besondere Probleme auf, daß in nennenswertem Umfang Kosten entstehen, die aus Finanzierungsmitteln gedeckt werden müssen, deren Zinsen und Tilgungen aus den Erträgen der Neubebauung nicht aufzubringen sind. Es handelt sich also hier um Kosten, die einen Verlust verursachen und regelmäßig nur mit Zuschüssen finanziert werden können. Kosten dieser Art werden in der Wohnungswirtschaft als „unrentierliche Kosten" bezeichnet. Zu ihnen gehören namentlich die Kosten der Vorbereitung der Sanierung, wesentliche Teile der Kosten der Ordnungsmaßnahmen einschließlich der Kosten einer Änderung der Erschließung oder einer Neuerschließung, für die nach § 6 Abs. 7 Beiträge nicht erhoben werden dürfen, sowie vielfach auch Kosten, die bei einer Modernisierung anfallen.

Für diese Kosten muß letzten Endes die Gemeinde, die die Sanierungsmaßnahmen veranlaßt, aufkommen und hierzu eigene Haushaltsmittel bereitstellen oder andere Haushaltsmittel der öffentlichen Hand beantragen. Die Gemeinden müssen sich daher rechtzeitig über den Umfang ihrer Finanzverantwortung Klarheit verschaffen und bereits durch vorbereitende Untersuchungen Beurteilungsunterlagen gewinnen (vgl. § 5 Abs. 2). Darüber hinaus haben sie nach dem in diesem Abschnitt enthaltenen § 38 eine Kosten- und Finanzierungsübersicht aufzustellen. Sollte sich aus dieser Übersicht ergeben, daß die Sanierung nicht oder nur für einen Teil des Gebiets finanziert werden kann, so ist die Erklärung zum förmlichen Sanierungsgebiet nach § 51 Abs. 2 ganz oder teilweise wieder aufzuheben.

2. In diesem Abschnitt werden außerdem Regelungen über den Einsatz von Sanierungsförderungsmitteln, die Tragung der verschiedenen bei einer Sanierung anfallenden Kosten und die Behandlung eines Überschusses und von Entschädigungen getroffen.

3. Die Novelle 1979 hat im Sechsten Abschnitt die §§ 38 Abs. 1, 39 Abs. 1, 41, 42, 43 und die Überschrift von § 44 geändert, sowie die §§ 38, 40, 41 und 43 erweitert. Vielfach dienen die Änderungen der Klarstellung; einige haben Verfahrenserleichterungen zum Inhalt. Im einzelnen siehe die Erläuterungen bei den einzelnen Bestimmungen.

4. Mehrere Länder haben in eigenen Bekanntmachungen Richtlinien über Sanierungs- und Förderungsmaßnahmen nach dem StBauFG erlassen.

§ 38

Kosten- und Finanzierungsübersicht

(1) Nach der förmlichen Festlegung des Sanierungsgebiets hat die Gemeinde nach dem Stand der Planung eine Kosten- und Finanzierungsübersicht für die Durchführung der Sanierung aufzustellen, sie mit den Kosten- und Finanzierungsvorstellungen anderer Träger öffentlicher Belange, deren Aufgabenbereich durch die Sanierung berührt wird, abzustimmen und der höheren Verwaltungsbehörde vorzulegen.

(2) Die Gemeinde und die höhere Verwaltungsbehörde können von anderen Trägern öffentlicher Belange Auskunft über deren eigene Absichten im Sanierungsgebiet und ihre Kosten- und Finanzierungsvorstellungen verlangen. Die höhere Verwaltungsbehörde kann von der Gemeinde Ergänzungen oder Änderungen der Kosten- und Finanzierungsübersicht verlangen. Sie hat für ein wirtschaftlich sinnvolles Zusammenwirken der Gemeinde und der anderen Träger öffentlicher Belange bei der Durchführung ihrer Maßnahmen zu sorgen und die Gemeinde bei der Beschaffung von Förderungsmitteln eines öffentlichen Haushalts zu unterstützen.

(2a) Die Kosten- und Finanzierungsübersicht kann mit Zustimmung der nach Landesrecht zuständigen Behörde auf den Zeitraum der mehrjährigen Finanzplanung der Gemeinde beschränkt werden. § 5 Abs. 2 Satz 4 bleibt unberührt.

(3) § 9 Abs. 8 des Bundesbaugesetzes bleibt unberührt.

1. Entwicklung der Vorschrift

Die ursprüngliche Fassung des § 38 hat einige Rechtsfragen offengelassen, insbesondere hat sie keinerlei Festlegung des Zeitpunktes für die Aufstellung der notwendigen Übersicht zum Inhalt gehabt. Auch fehlten Bestimmungen über die erforderliche Flexibilität des notwendigen Zeitraumes, für den die Kosten- und Finanzierungsübersicht zu erstellen ist. Beidem hat die Novelle 1979 durch Änderung des Abs. 1 und die Einfügung des Abs. 2a abgeholfen (siehe unten).

2. Erfordernis der Kosten- und Finanzierungsübersicht (Abs. 1)

Die Gemeinde wird sich nicht erst nach der förmlichen Festlegung des Sanierungsgebiets (§ 5) oder gar erst nach der Aufstellung des Entwurfs des BebPlans (§ 10) über die Kosten der Sanierungsmaßnahmen und über die Möglichkeiten ihrer Finanzierung Gedanken machen. Sie wird vielmehr schon bei den vorbereitenden Untersuchungen (§ 4) und bei der Beantragung der Satzungsgenehmigung (§ 5 Abs. 2) sowie bei der Festlegung des Sozialplans (§ 8 Abs. 2) möglichst genaue Berechnungen anstellen müssen und sich bei diesen Gelegenheiten, insbesondere auch bei den Verhandlungen mit den Trägern öffentlicher Belange nach § 4 Abs. 4, Klarheit über die Auswirkungen des Sanierungsvorhabens auf diese Träger verschaffen (z. B. Auswirkungen auf nichtkommunale Verkehrsverbindungen, Bahn- und Fernmeldeanlagen, sonstige nichtkommunale öffentliche Einrichtungen). Die Gemeinde muß dann nach der förmlichen Festlegung des Sanierungsgebiets entsprechend dem Stand der Planung vor der Novelle 1979 auch nach der (beschlußmäßigen) Aufstellung des Entwurfs des BebPl. — aufgrund aller bisher gesammelten Unterlagen eine mit den anderen Trägern öffentlicher Belange abgestimmte Kosten- und Finanzierungsübersicht der höheren Verwaltungsbehörde vorlegen (also der Stelle, welche die förmliche Festlegung des Sanierungsgebiets gemäß § 5 Abs. 2 genehmigt hat).

Nach dem ursprünglichen Wortlaut des Abs. 1 blieb offen, zu welchem Zeitpunkt die erwähnte Übersicht aufzustellen war, wenn — wie häufig — mehrere BebPlEntwürfe zu unterschiedlichen Zeitpunkten aufgestellt wurden. Sie ließ weiterhin offen, ob die Übersicht für jedes einzelne BebPlangebiet einzeln aufgestellt werden sollte. Schließlich stellte sie wenig flexibel auf den Entwurf des BebPlans ab, obwohl die Aufstellung der Übersicht schon zu einem früheren Zeitpunkt sinnvoll sein konnte. Um diese Unklarheiten in der Praxis zu beheben und das Verfahren möglichst flexibel zu halten, insbesondere um die Erstellung der Finanzübersicht zu einem für die Förderung rechtzeitigen Zeitpunkt zu ermöglichen, wurde die „Aufstellung des Entwurfs des Bebauungsplans" durch den „Stand der Planung" ersetzt. Damit wurde klargestellt, daß Kosten- und Finanzierungsübersichten nach der förmlichen Festlegung des Sanierungsgebiets aufzustellen sind, sobald es der Stand der Planung, also ziemlich frühzeitig, ermöglicht.

Welche Träger der öffentlichen Belange in Betracht kommen, richtet sich danach, ob diese an den Kosten und der Finanzierung irgendwie beteiligt sind.

3. Zusammenwirken von Gemeinde und höherer Verwaltungsbehörde (Abs. 2)

Aufgabe der höheren Verwaltungsbehörde ist es, die Kosten- und Finanzierungsübersicht der Gemeinde zu prüfen und zusammen mit der Gemeinde andere Träger öffentlicher Belange zur verbindlichen Mitteilung ihrer eigenen Absichten im Sanierungsgebiet und ihrer Kosten- und Finanzierungsvorstellungen aufzufordern. Die Gemeinde und die höhere Verwaltungsbehörde erhalten damit die Möglichkeit, eine Abstimmung verschiedener, an der Durchführung von Sanierungsmaßnahmen beteiligter öffentlicher Kostenträger herbeizuführen. Die höhere Verwaltungsbehörde hat außerdem die Aufgabe, für ein sinnvolles Zusammenwirken der Gemeinde und der anderen Träger öffentlicher Belange zu sorgen, hat also eine alle Kostenträger umfassende **Koordinierungsaufgabe** wahrzunehmen. Dem entspricht es, daß die höhere Verwaltungsbehörde die Gemeinde auch bei der Beschaffung von öffentlichen Förderungsmitteln, die in die Sanierung fließen können, unterstützt.

4. Beschränkung der Kosten- und Finanzierungsübersicht (Abs. 2a)

a) Der durch das Gesetz vom 6. 7. 1979 eingefügte Abs. 2a dient der Flexibilität. Die hier normierte Beschränkung der Kosten- und Finanzierungsübersicht in Abs. 2a **Satz 1** auf den Zeitraum der mehrjährigen Finanzplanung der Gemeinde hat finanzierungs- und haushaltspraktische Gründe. Einigermaßen verläßliche Aussagen darüber, ob und gegebenenfalls in welcher Höhe Mittel aus öffentlichen Haushalten zur Finanzierung von Sanierungs- und Entwicklungsmaßnahmen bereitgestellt werden können, lassen sich nur für den Zeitraum der mittelfristigen Finanzplanung von Bund, Ländern und Gemeinden treffen. Es reicht nach Kennung der BReg daher aus, wenn sich die Kosten- und Finanzierungsübersicht auf diesen Zeitraum der Finanzplanung beschränkt. Diese Beschränkung bedarf allerdings der Zustimmung der nach Landesrecht zuständigen Behörde.

b) In der Novelle wurde aber auch ausdrücklich herausgestellt, daß § 5 Abs. 2 Satz 4 über die Prüfung der allgemeinen Durchführbarkeit der Sanierung bei Genehmigung die Sanierungssatzung unberührt bleibt **(Satz 2)**. Die Genehmigung der Satzung kann also auch weiterhin versagt werden, wenn aus Finanzierungsgründen keine Aussicht besteht, die Sanierungsmaßnahmen innerhalb eines absehbaren Zeitraums abzuschließen.

5. Begründungspflicht für den Plan bleibt unberührt (Abs. 3)

Nach § 9 Abs. 8 BBauG ist dem BebPl. eine Begründung beizugeben; in ihr sollen insbesondere die überschlägig ermittelten Kosten angegeben werden, die der Gemeinde durch die vorgesehenen städtebaulichen Maßnahmen voraussichtlich entstehen. Außerdem sind in der Begründung bodenordnende und sonstige Maßnahmen darzulegen, für die der BebPl. die Grundlage bilden soll.

Diese Vorschriften werden durch die in § 38 Abs. 1 und 2 vorgesehenen, von der Gemeinde durchzuführenden Untersuchungen (Vorlage einer Kosten- und Finanzierungsübersicht hinsichtlich der Sanierungsmaßnahmen) nicht berührt, d. h. beide Vorschriften bestehen nebeneinander, und die Gemeinde hat beide Übersichten anzufertigen und vorzulegen.

§ 39

Einsatz von Sanierungsförderungsmitteln

(1) Mittel des Bundes, der Länder, Gemeinden und Gemeindeverbände, die von ihnen zur Förderung der Sanierung bestimmt sind (Sanierungsförderungsmittel), sollen von den für die Bewilligung zuständigen Stellen zur Deckung der Kosten der Vorbereitung der Sanierung, der Kosten der Ordnungsmaßnahmen, der Kosten der Modernisierungsmaßnahmen und der Kosten der

Instandsetzungsmaßnahmen eingesetzt werden. Sie können auch zur Deckung der Kosten des Erwerbs von Grundstücken eingesetzt werden sowie zur Deckung sonstiger Kosten der Sanierung, insbesondere auch der durch sie bedingten Gemeinbedarfs- und Folgeeinrichtungen, sowie der Baumaßnahmen nach § 13 Abs. 3, wenn sonst der Sanierungszweck nicht erreicht werden könnte. Der Einsatz von Sanierungsförderungsmitteln für den Neubau von Wohnungen und den Bau von Ersatzwohnungen nach § 45 Abs. 2 bis 5 bleibt unberührt.

(2) Sanierungsförderungsmittel des Bundes, der Länder und anderer öffentlicher Haushalte sind der Gemeinde zuzuweisen, soweit sie Maßnahmen selbst durchführt oder zur Kostentragung verpflichtet ist. Zur Förderung sonstiger Maßnahmen bestimmte Sanierungsförderungsmittel eines anderen öffentlichen Haushalts sollen der Gemeinde zur Weiterbewilligung an den die Maßnahme Durchführenden gewährt werden, sofern die zuständige Landesbehörde nicht eine andere Stelle als Bewilligungsstelle bestimmt hat; die andere Stelle soll der Gemeinde vor einer Bewilligung Gelegenheit zur Stellungnahme geben.

(3) Sanierungsförderungsmittel können als Darlehen oder Zuschüsse zur Deckung der Kosten oder zur Verbilligung von anderen Darlehen, die der Deckung der Kosten dienen, gewährt werden. Sie können als Darlehen auch zur Vor- oder Zwischenfinanzierung, als Zuschüsse auch zur Verbilligung von anderen Vor- oder Zwischenfinanzierungsdarlehen, zur Förderung von Modernisierungsmaßnahmen, von Instandsetzungsmaßnahmen oder von Maßnahmen im Sinne des § 43 Abs. 3 Satz 2 auch als Darlehen oder Zuschüsse zur Deckung der erhöhten laufenden Aufwendungen gewährt werden.

(4) Soweit eine andere Stelle als die Gemeinde Kosten für bestimmte durch die Sanierung bedingte oder mit ihr zusammenhängende Maßnahmen auf anderer rechtlicher Grundlage zu tragen verpflichtet ist oder aus anderen als Sanierungsförderungsmitteln trägt oder derartige Maßnahmen fördert, dürfen Sanierungsförderungsmittel mit Zustimmung der anderen Stelle zur Vor- oder Zwischenfinanzierung eingesetzt werden, wenn die Ersetzung durch die endgültigen Finanzierungs- oder Förderungsmittel zu erwarten ist.

(5) Sanierungsförderungsmittel können als Vorauszahlung gegeben werden unter Vorbehalt einer späteren Bestimmung, ob sie als Darlehen oder Zuschuß gewährt werden oder durch andere Finanzierungsmittel zu ersetzen oder zurückzuzahlen sind; die vorausgezahlten Mittel sind in der Vorauszahlungszeit zins- und tilgungsfrei.

1. Sanierungsförderungsmittel (Abs. 1 Satz 1)

a) Abs. 1 Satz 1 spricht die öffentlichen Stellen an, die Förderungsmittel für die einzelnen Sanierungsvorhaben haushaltsmäßig bereitzustellen. Es handelt sich um Bund, Länder, Gemeinden und Gemeindeverbände (hier z. B. Landkreise). Diese Stellen können in ihren Haushalten Förderungsmittel zweckgebunden einsetzen, sie sind aber nicht dazu verpflichtet. Wenn sie es tun, müssen die Bewilligungsbehörden die Bestimmungen der §§ 39 ff. beachten. Vom Einsatz der Förderungsmittel in den öffentlichen Haushalten ist die Bewilligung der Mittel zu unterscheiden (siehe unten b). Die Mittel sind in den Haushalten als „Sanierungsförderungsmittel" ausdrücklich zu bezeichnen.

b) Die Sanierungsförderungsmittel werden nicht unmittelbar von den Stellen, in deren Haushalt sie eingesetzt sind, an die Gemeinden oder sonstige zum Empfang berechtigte Stellen (siehe Abs. 2) gegeben, sondern werden von den Haushalten nur bereitgehalten, müssen aber im einzelnen durch die Bewilligungsstelle zugewiesen werden. Die Zuständigkeit hinsichtlich der Bewilligung wird vom Landesgesetzgeber bestimmt (z. B. ist in Bayern die Regierung zuständig — Art. 2 Satz 2 des Gesetzes über die Zuständigkeiten nach dem StBauFG vom 28. 1. 1972, GVBl. S. 5).

2. Zweck der Förderungsmittel (Abs. 1 Sätze 1, 2 und 3)

a) Für den Einsatz der Förderungsmittel durch die Bewilligungsbehörden (siehe oben 1 b) sind genaue Vorschriften erlassen worden. Die Mittel können verwendet werden:

a) zur Deckung der Kosten der Vorbereitung der Sanierung (§ 40),
b) für Kosten der Ordnungsmaßnahmen (§ 41),
c) für Kosten der Modernisierungsmaßnahmen (§ 43),
d) zur Deckung der Kosten des Erwerbs von Grundstücken (vgl. hierzu auch § 40 Abs. 3, § 12 Abs. 1 Satz 2 Nr. 1 — Erwerb von Grundstücken für die Erschließung oder im Zuge einer Bodenordnung — § 12 Abs. 1 Satz 2 Nr. 1 und § 13 Abs. 1),
e) zur Deckung „sonstiger Kosten der Sanierung" (§ 44),
f) für Kosten, die durch sanierungsbedingte Beschaffung von Gemeinbedarfs- und Folgeeinrichtungen entstehen,
g) schließlich für Neubauvorhaben und Ersatzbauten (Abs. 1 Satz 3); der Einsatz dieser Mittel bestimmt sich nach § 45 Abs. 2 bis 5; es handelt sich hier um Kosten für Neubebauung oder für Ersatzbauten, die vom Eigentümer als Bauherrn zu tragen sind.

b) Satz 2 in der Fassung vor der Novelle 1979 ließ offen, ob Förderungsmittel auch eingesetzt werden können, wenn die Gemeinde nach § 13 Abs. 3 Baumaßnahmen selbst übernehmen muß, um die Sanierung fortzuführen oder zum Abschluß zu bringen. Um die hierauf bezogenen Zweifel in der Praxis zu beseitigen, wurde in Satz 2 eine entsprechende Klarstellung aufgenommen.

c) Die Fassung des Satzes 3 bis zur Novelle 1979, in der auf § 45 Abs. 2 bis 5 abgestellt war, konnte die Auslegung nahelegen, daß sich der Einsatz von Sanierungsförderungsmitteln für Neubauvorhaben und Ersatzbauten ausschließlich nach § 45 Abs. 2 bis 5 (Kosten der Neubebauung und der Ersatzbauten) richtet. Anläßlich der klarstellenden Ergänzung in Satz 2 erschien es dem Gesetzgeber sinnvoll, nunmehr auch in **Satz 3** zu verdeutlichen, daß § 45

Abs. 2 bis 5 insoweit keine abschließende Regelung ist und folglich nur „unberührt" bleibt. § 45 Abs. 2 bis 5 eröffnet nur die Möglichkeit, Sanierungsförderungsmittel auch zur Förderung des sozialen Wohnungsbaus einzusetzen. Soweit die Förderung von Wohnungsbaumaßnahmen im Hinblick auf § 13 Abs. 3 erfolgt, braucht für den Einsatz der Mittel § 45 Abs. 2 bis 5 nicht zur Anwendung zu kommen.

Ein weitergehender Vorschlag der BR (BR-DS Nr. 446/78) konnte sich nicht durchsetzen. Die BR hatte den Vorschlag mit folgender Begründung abgelehnt (BT-DS 8/2451 zu 21):

„Der Vorschlag geht über eine ‚Klarstellung' hinsichtlich der Förderung von Neubauvorhaben für die Fälle hinaus, in denen die Gemeinde selbst Baumaßnahmen übernehmen muß. Er bedeutet, daß z. B. ganz allgemein auch frei finanzierte Wohnungsbauvorhaben mit Mitteln nach dem Städtebauförderungsgesetz gefördert werden können. Dies widerspricht dem im Städtebauförderungsgesetz enthaltenen Grundsatz, daß die Finanzierung von Bauvorhaben dem Bauherrn obliegt. Eine Bezuschussung von privaten Neubaumaßnahmen stünde auch mit den Grundsätzen der Wohnungsbauförderung nicht im Einklang. Die in der Begründung des Vorschlages des Bundesrates angeführten standortbedingten Mehrkosten können zu einer Erhöhung der Darlehensförderung nach § 45 Abs. 2 bis 5 führen, wenn sie nicht den zuschußfähigen Kosten der Ordnungsmaßnahmen zugerechnet werden können."

3. Zuweisung der Förderungsmittel (Abs. 2 und 5)

a) Abs. 2 legt die Stellung der Gemeinde im Rahmen der Förderung fest. Zu den Maßnahmen, welche die Gemeinde selbst durchführt oder zu deren Kostentragung sie verpflichtet ist, gehören namentlich die Vorbereitung der Sanierung (§§ 4, 40), die Aufbringung der Kosten für die Ordnungsmaßnahmen (§§ 12, 13, 41) und die Tragung der Kosten der Modernisierungsmaßnahmen (§§ 21, 43), soweit der Eigentümer sie nicht zu tragen hat oder sie nicht durch einen Zuschuß von dritter Seite gedeckt werden. Hier weist die Bewilligungsbehörde (siehe oben Anm. 1 b) die Mittel direkt und zur eigenen Verwendung der Gemeinde zu. Diese Vorschrift bezieht sich nur auf Förderungsmittel, die in nichtgemeindlichen Haushalten verankert sind, denn nur diese werden von der Bewilligungsstelle den Gemeinden „zugewiesen"; aber auch die gemeindlichen Mittel werden für die in Abs. 1 genannten Zwecke von der Bewilligungsstelle „eingesetzt". Diese bestimmt also bei allen Förderungsmitteln (auch bei den in den Gemeindehaushalten eingesetzten Mitteln), für welche Sanierungszwecke sie jeweils bei einem bestimmten Sanierungsvorhaben eingesetzt werden müssen.

Die Mittel für Maßnahmen, welche nicht die Gemeinde durchführt (z. B. § 45), **können** der Gemeinde zur „Weiterbewilligung" an den die Maßnahme Durchführenden zugewiesen werden. Die zuständige Landesbehörde kann aber auch eine andere Stelle als Bewilligungsstelle bestimmen. In Bayern ist z. B. die Regierung als Landesbehörde, die auch eine andere Bewilligungsstelle als die Gemeinde (für Mittel zur Förderung „sonstiger Maßnahmen") bestimmen kann, erklärt (Art. 2 Satz 2 des oben unter 2b genannten Gesetzes vom 28. 1. 1972); in diesen Fällen (in denen eine „andere Stelle" die Bewilligung ausspricht) soll der Gemeinde Gelegenheit zur Stellungnahme gegeben werden.

b) Da der Einsatz der Förderungsmittel sehr vielgestaltig sein kann, muß er möglichst beweglich gehalten werden (Darlehen, Zuschüsse zur Deckung der Kosten oder zur Verbilligung von Darlehen, Ermöglichung von Vor- und Zwischenfinanzierungsdarlehen usw.). **Abs. 3** bezeichnet die Einsatzmöglichkeiten für die Finanzierungsmittel; die Vorschrift lehnt sich inhaltlich an § 42 des Zweiten Wohnungsbaugesetzes an, der sich in der Praxis bewährt hat.

c) Durch die Vorschrift des **Abs. 4** soll ermöglicht werden, Sanierungsförderungsmittel auch zur Vor- oder Zwischenfinanzierung anderer Mittel einzusetzen, sofern deren Zurverfügungstellung zu erwarten ist. Mit dieser Regelung kann erreicht werden, daß die mit der Sanierung zusammenhängenden oder durch sie bedingten Maßnahmen anderer Kostenträger in **einem** Vorgang mit der Sanierung durchgeführt werden. Die Verwendung der Sanierungsförderungsmittel zur Vor- und Zwischenfinanzierung bedarf der Zustimmung der „anderen Stelle", d. h. der außergemeindlichen Stelle, welche die Sanierungskosten aufgrund besonderer Vorschriften tragen muß oder welche die Kosten aus anderen als Sanierungsförderungsmitteln trägt.

d) Da nicht von vornherein übersehen werden kann, in welcher Höhe zur Finanzierung der Sanierung Zuschüsse oder Darlehen erforderlich sein werden, soll durch **Abs. 5** die Möglichkeit eröffnet werden, die Mittel als Vorauszahlung zu geben und erst später zu bestimmen, in welchem Umfang sie als Zuschuß oder Darlehen zu gewähren oder zurückzuzahlen oder durch andere Förderungsmittel zu ersetzen sind. Darin ist eine wesentliche Förderung und Erleichterung für die Durchführung von Sanierungsmaßnahmen zu erblikken.

e) Seit 1. 1. 1977 (Novelle 1976) sind auch Instandsetzungsarbeiten förderungsfähig.

4. Rechtsprechung

OVG Berlin U vom 14. 1. 1972 (II B 64/69) DVBl. 1972, 932 = JR 1972, 349, mit Anm. von Scholz

a) Schon vor Inkrafttreten des StBauFG sind in Berlin die Sanierungsverhältnisse durch Verwaltungsakt begründet worden. Sanierungsverträge dienten lediglich der näheren Ausgestaltung und der Anpassung an die Besonderheiten des Einzelfalles.

b) Die Rückforderung zuviel gewährter Sanierungsförderungsmittel ist im Wege des öffentlich-rechtlichen Erstattungsanspruchs durch Leistungsbescheid geltend zu machen.

c) Der Rückerstattungsanspruch ist ein immanenter Bestandteil des Sanierungsverhältnisses. Läßt sich die Behörde darüber hinaus die Erstattung einer Überzahlung vertraglich zusichern, so liegt darin kein Verzicht auf den öffentlich-rechtlichen Erstattungsanspruch.

§ 40

Kosten der Vorbereitung der Sanierung

(1) Zur Deckung der Kosten der Vorbereitung der Sanierung können Sanierungsförderungsmittel auch bereits vor einer förmlichen Festlegung des Sanierungsgebiets eingesetzt werden.
(2) Zu den Kosten der Vorbereitung der Sanierung gehören insbesondere die Kosten der vorbereitenden Untersuchungen, der Verhandlung mit den Beteiligten, der förmlichen Festlegung des Sanierungsgebiets, der Erarbeitung des Sozialplans und der Ausarbeitung von Bauleitplänen. Die Kosten einzelner von der Gemeinde beschlossener Ordnungs- und Baumaßnahmen, die vor einer förmlichen Festlegung des Sanierungsgebiets durchgeführt werden, gelten als Kosten der Vorbereitung der Sanierung, wenn gewährleistet ist, daß diese Maßnahmen den Zielen und Zwecken der Sanierung entsprechen und die Landesregierung oder die von ihr bestimmte Stelle zugestimmt hat.
(3) Sanierungsförderungsmittel können einer Gemeinde auch für Kosten gewährt werden, die ihr aus dem Erwerb von Grundstücken erwachsen, wenn der Erwerb der Sanierung dient.

1. Vorzeitiger Einsatz von Sanierungsmitteln (Abs. 1)

Die Vorbereitung der Sanierung kann schon vor einer förmlichen Festlegung des Sanierungsgebiets einsetzen, wie z. B. die vorbereitenden Untersuchungen und Stellungnahmen nach Abs. 4; allerdings muß hier ein förmlicher, ortsüblich bekanntzumachender Beschluß vorausgehen (§ 4 Abs. 3). Durch diese vorbereitenden Maßnahmen können bereits Kosten entstehen. Für diese Kosten (vor der förmlichen Festlegung) können nach **Abs. 1** bereits Förderungsmittel in Anspruch genommen werden.

2. Umfang der vorbereitenden Kosten (Abs. 2)

Die Kosten der vorbereitenden Untersuchungen und der Verhandlung mit den Beteiligten sind u. a. in Abs. 2 aufgezählt. Weiter gehören dazu die förmliche Festlegung des Sanierungsgebiets (§ 5), die Erarbeitung des Sozialplans (§ 8 Abs. 2) und die Ausarbeitung von Bauleitplänen (§ 10), wobei ein Hauptteil auf die förmliche Festlegung des Sanierungsgebiets entfällt. Für alle genannten Maßnahmen können Sanierungsförderungsmittel gewährt werden. Auf Vorschlag des BR (BR-DS 446/78) wurde im Abs. 2 durch das Gesetz vom 6. 7. 1979 ein **Satz 2** angefügt. Zur Begründung hatte der BR angeführt:
„Ein möglichst frühzeitiger Beginn einzelner Ordnungs- und Baumaßnahmen in Gebieten, in denen die vorbereitenden Untersuchungen noch nicht abgeschlossen sind, kann wesentlich dazu beitragen, daß die negativen Entwicklungen in dem Untersuchungsgebiet eher aufgefangen werden und die angestrebte Verbesserung der baulichen und städtebaulichen Verhältnisse rascher in Gang kommt. Das gilt besonders in den Fällen, in denen die vorbereitenden Untersuchungen wegen bestimmter schwieriger Teilfragen nicht kurzfristig abgeschlossen werden können, während die Ziele und

Zwecke der Sanierung für bestimmte andere Teilbereiche sich bereits weitgehend herausgebildet haben. In diesen Fällen soll ermöglicht werden, daß zur Förderng von einzelnen Ordnungs- und Baumaßnahmen bereits Sanierungsförderungsmittel eingesetzt werden können."

Unter Zurückstellung von Bedenken stimmte die BReg zu (BT-DS 8/2451 zu 22), da

„die vorzeitige Förderung von Durchführungsmaßnahmen auf Einzelfälle beschränkt und nur dann zulässig sein sollte, wenn die Landesregierung oder die von ihr bestimmte Stelle zugestimmt hat. Diese Voraussetzungen dürften hinreichend sicherstellen, daß Förderungen vermieden werden, die sich später als nicht vertretbar herausstellen."

3. Eingeschränkte Möglichkeiten zur Feststellung von Vorbereitungskosten (Abs. 2)

Bei der Vorbereitung der Sanierung wird es wohl selten möglich sein, schon zu beurteilen, welcher Grundstückserwerb „der Sanierung dienen" wird. Es wird sich daher meist um wenige Fälle handeln, in denen der spätere Verwendungszweck (z. B. Verwendung für Gemeinbedarfs- und Folgeeinrichtungen) schon ganz sicher feststeht. Gegebenenfalls kann auch eine Vorauszahlung nach § 39 Abs. 5 in Frage kommen.

§ 41

Kosten der Ordnungsmaßnahmen; Ausgleichsbeträge

(1) Die Kosten der Ordnungsmaßnahmen trägt die Gemeinde.

(2) Zu den Kosten der Ordnungsmaßnahmen gehören alle Kosten, die bei der Durchführung der in § 12 Abs. 1 Nr. 1 bezeichneten Ordnungsmaßnahmen entstehen, insbesondere auch

1. Entschädigungen, soweit durch sie kein bleibender Gegenwert erlangt worden ist,

2. Ausgaben für den Härteausgleich,

3. Kosten der Verwirklichung des Sozialplans, soweit sie bei der Durchführung der Ordnungsmaßnahmen entstehen, insbesondere Kosten des Umzugs von Bewohnern und Betrieben.

(3) Zu den Kosten der Ordnungsmaßnahmen gehören nicht die persönlichen und sachlichen Kosten der Gemeindeverwaltung.

(4) Der Eigentümer eines im förmlich festgelegten Sanierungsgebiet gelegenen Grundstücks hat an die Gemeinde einen Ausgleichsbetrag in Geld zu entrichten, der der durch die Sanierung bedingten Erhöhung des Werts seines Grundstücks entspricht. Eine Vereinbarung zwischen der Gemeinde und dem Eigentümer über einen höheren Ausgleichsbetrag ist zulässig.

(5) Die durch die Sanierung bedingte Erhöhung des Werts des Grundstücks besteht aus dem Unterschied zwischen dem Wert, der sich für das Grundstück ergeben würde, wenn eine Sanierung weder beabsichtigt noch durchgeführt worden wäre, und dem Wert, der sich für das Grundstück durch die rechtliche und tatsächliche Neuordnung des Sanierungsgebiets ergibt. Die Bebauung ist dabei nicht zu bewerten. Sind die Grundstücksgrenzen verändert worden, oder ist dem Eigentümer in einem Umlegungsverfahren oder in sonstiger Weise ein anderes Grundstück zugeteilt worden, so ist bei Anwendung der Sätze 1 und 2 der Unterschied zwischen dem Wert des bisherigen Grundstücks und dem des neuen Grundstücks festzustellen. Der Gutachterausschuß hat auf Antrag ein Gutachten über die Erhöhung des Grundstückswerts zu erstatten.

(6) Der Ausgleichsbetrag ist nach Abschluß der Sanierung (§§ 50 und 51) zu entrichten. Die Gemeinde kann die Ablösung im ganzen vor Abschluß der Sanierung zulassen; dabei ist von der nach dem Sanierungsziel zulässigen Nutzung auszugehen.

(6a) Auf den Ausgleichsbetrag sind anzurechnen

1. **die durch die Sanierung entstandenen Vorteile oder Werterhöhungen des Grundstücks, die bereits in einem anderen Verfahren, insbesondere in einem Enteignungsverfahren berücksichtigt worden sind; für Umlegungsverfahren bleibt Absatz 7 Nr. 2 unberührt,**
2. **die Werterhöhungen des Grundstücks, die der Eigentümer zulässigerweise durch eigene Aufwendungen bewirkt hat,**
3. **die dem Eigentümer entstandenen Kosten der Ordnungsmaßnahmen.**

(7) Ein Ausgleichsbetrag entfällt,

1. **soweit der Eigentümer beim Erwerb des Grundstücks als Teil des Kaufpreises bereits einen den Vorschriften der Absätze 4 bis 6a entsprechenden Betrag zulässigerweise entrichtet hat oder**
2. **wenn eine Umlegung nach Maßgabe des § 16 durchgeführt worden ist; wird der Bebauungsplan nach Eintritt der Unanfechtbarkeit des Umlegungsplans, aber vor Abschluß der Sanierung geändert, sind dadurch entstandene sanierungsbedingte Werterhöhungen der Grundstücke durch Änderung des Umlegungsplans nach § 73 Nr. 1 des Bundesbaugesetzes zu erlassen.**

(8) Die Gemeinde fordert den Ausgleichsbetrag durch Bescheid an; der Betrag wird einen Monat nach Zustellung des Bescheids fällig. Sie hat den Ausgleichsbetrag auf Antrag des Eigentümers in ein Tilgungsdarlehen umzuwandeln, sofern diesem nicht zugemutet werden kann, die Verpflichtung bei Fälligkeit mit eigenen oder fremden Mitteln zu erfüllen. Sie soll den zur Finanzierung der Neubebauung, Modernisierung oder Instandsetzung erforderlichen Grundpfandrechten den Vorrang vor einem zur Sicherung ihres Tilgungsdarlehens bestellten Grundpfandrecht einräumen.

(9) § 135 Abs. 5 des Bundesbaugesetzes ist auf den Ausgleichsbetrag entsprechend anzuwenden. Die Freistellung bedarf der Zustimmung der höheren Verwaltungsbehörde.

(10) Die Gemeinde kann von dem Eigentümer auf den nach den Absätzen 4 bis 6a zu entrichtenden Ausgleichsbetrag Vorauszahlungen verlangen, sobald die beabsichtigten Sanierungsmaßnahmen auf dem Grundstück und die seine zweckentsprechende Nutzung beeinflussenden sonstigen Sanierungsmaßnahmen durchgeführt sind und das Grundstück entsprechend den Festsetzungen des Bebauungsplans genutzt wird. Die Vorschriften des Absatzes 8 gelten entsprechend.

(11) Sind dem Eigentümer Kosten der Ordnungsmaßnahmen entstanden, so hat die Gemeinde sie ihm zu erstatten, soweit sie über den nach den Absätzen 4 bis 6 a ermittelten Ausgleichsbetrag hinausgehen.

1. Vorbemerkung

a) § 41 wurde auf Vorschlag des BR (vgl. BR-DS 190/76 Nr. 24) in Abs. 3 und durch Einfügung eines Abs. 9 (was die Verschiebung der übrigen Absätze zur Folge hatte) geändert. Der BR begründete das vom BT Übernommene wie folgt:

In einem neuzeitlichen Städtebau muß es möglich sein, auch Brückenbauwerke und Rampen zu errichten. Nach der geltenden Regelung in § 41 Abs. 3 Nr. 2 sind derartige Bauwerke nicht förderungsfähig. Daher unterbleibt deren Bau. Das kann vom städtebaulichen Ergebnis her nicht hingenommen werden. Im übrigen hängt die derzeitige Fassung des § 41 Abs. 3 mit den früheren im Gesetzgebungsverfahren zum StBauFG jedoch aufgegebenen Vorstellungen des Gesetzgebers über einen individuellen Kostenbeitrag zu den Kosten der Ordnungsmaßnahmen zusammen. Bei der Verabschiedung des Städtebauförderungsgesetzes ist es versehentlich unterblieben, diese Vorschrift herauszunehmen.

Die Einfügung des Abs. 9 wurde vom BR damit begründet, daß das öffentliche Interesse an der Durchführung der Sanierung es im Einzelfall erforderlich macht, vom Ausgleichsbetrag freizustellen.

b) Die aufgrund des § 41 zu erlassende Verordnung ist in Gestalt der Verordnung über die Erhebung von Ausgleichsbeträgen nach den §§ 41 und 42 StBauFG (Ausgleichsbetragverordnung) am 6. 2. 1976 (BGBl. I S. 273) ergangen — siehe unter B 2.

2. Die Gemeinde als Kostenträgerin (Abs. 1)

Ursprünglich war in den Gesetzentwürfen die Regelung vorgesehen, daß die Kosten der Ordnungsmaßnahmen von der Gemeinde und von den Eigentümern **anteilig** getragen werden. In diesem Falle wäre eine ziemlich komplizierte Berechnung der Anteile erforderlich gewesen. Man ist daher im Laufe der Gesetzgebungsverhandlungen davon abgekommen und hat die Regelung vorgezogen, daß die Gemeinde die Kosten der Ordnungsmaßnahmen trägt und dafür die Grundstückseigentümer an die Gemeinde Ausgleichsbeträge zu zahlen haben (Abs. 4 und 5). Damit ist natürlich nicht gesagt, daß die

Gemeinde die Kosten der Ordnungsmaßnahmen aus eigenen Haushaltsmitteln allein zu tragen hat; denn Abs. 1 sagt nichts über die Möglichkeit der Inanspruchnahme von Sanierungsförderungsmitteln aus. Diese Mittel, die auch Bundes- und Landesmittel sein können, dürfen nach § 39 Abs. 1 auch für die Kosten der Ordnungsmaßnahmen eingesetzt werden. Wichtig ist jedoch die Kostentragung der Gemeinde hinsichtlich der Verrechnung eines etwaigen Überschusses nach § 48.

3. Kosten der Ordnungsmaßnahmen (Abs. 2 und 3)

a) Welche Sanierungsvorhaben zu den Ordnungsmaßnahmen zählen, ist in § 12 Abs. 1 Satz 2 Nr. 1 aufgezählt. Alle Kosten, die bei der Durchführung dieser Maßnahmen entstehen, gehören zu den „Kosten der Ordnungsmaßnahmen" i. S. des § 41 Abs. 1, die die Gemeinde zu tragen hat und für die gemäß § 39 Abs. 1 Förderungsmittel gewährt werden können. Zur Klarstellung sind in **Abs. 2** einige Ausgaben und Kosten erwähnt, die zu den Kosten der Ordnungsmaßnahmen zählen. Es handelt sich hier um:

aa) Entschädigungen in Geld (im Gegensatz z. B. Entschädigungen durch Ersatzland),

bb) Ausgaben für den Härteausgleich (vgl. § 85) und

cc) Durchführung von Ordnungsmaßnahmen in Ausführung des Sozialplans (§ 8 Abs. 2), insbesondere Kosten des Umzugs von Bewohnern und Betrieben (§ 12 Abs. 1 Satz 2 Nr. 1).

b) In **Abs. 3** sind (ebenfalls zur Klarstellung) die Kosten aufgezählt, die nicht zu den „Kosten der Ordnungsmaßnahmen" gehören. Nach der Novelle 1976 entfiel die frühere Nr. 2, die die Erschließungskosten nach § 128 Abs. 3 BBauG noch zum Inhalt hatte. Dies geschah, wie oben bei Nr. 1a aufgezeigt wurde, auf Vorschlag des BR.

Die Bestimmung in Abs. 2 hat vor allem Bedeutung für die Förderung nach § 39.

4. Der Ausgleichsbetrag (Abs. 4 bis 11)

a) Maßstab für den Ausgleichsbetrag ist die sanierungsbedingte Werterhöhung des Grundstücks **(Abs. 4)**, also nicht etwa ein bestimmter Kostenanteil. In diesem Zusammenhang ist auf bestimmte gesetzlich festgelegte Begrenzungen der Werterhöhung der Grundstücke hinzuweisen, so auf § 15 Abs. 3, § 16 Abs. 2 Satz 2, § 18 Abs. 2 Satz 5 und § 23. Die Gemeinde ist verpflichtet, den Ausgleichsbetrag anzufordern (vgl. auch Abs. 8). Die Vereinbarung eines höheren Ausgleichsbetrags (d. h. höher, als er sich aus der Werterhöhung ergibt) durch Vereinbarung zwischen der Gemeinde und dem Eigentümer ist (zur Klarstellung) für zulässig erklärt.

b) Die Berechnung des Ausgleichsbetrages ergibt sich aus den **Abs. 5, 6 und 6a.** Nach der bis zur Novelle 1979 geltenden Fassung des **Abs. 6** Satz 1 war der Ausgleichsbetrag erst nach Abschluß der Sanierung zu entrichten. § 8

Abs. 6 AusgleichsbetragV sieht allerdings vor, daß die Gemeinde mit Einverständnis des Ausgleichspflichtigen den Ausgleichsbetrag vor Abschluß festsetzen kann, wenn die Höhe des Ausgleichsbetrags zu diesem Zeitpunkt mit hinreichender Sicherheit zu ermitteln ist. Doch wollte auch der Gesetzgeber im StBauFG dies als Gesetzesbestimmung festlegen. Die vorgenommenen Änderungen des § 41 Abs. 6 haben einmal eine Klarstellung zum Inhalt: Der Abschluß der Sanierung wurde durch den gefügten Klammerzusatz auf die §§ 50 und 51 bezogen, die den förmlichen Abschluß regeln **(Satz 1)**. Zum anderen wurde durch **Satz 2** die Ablösung des Ausgleichsbetrags nach dem Vorbild der Ablösung des Erschließungsbeitrags (§ 133 Abs. 3 Satz 2 BBauG) eingeführt. Dabei wurde als Maßstab für die Ablösung die nach dem Sanierungsziel zulässige Nutzung vorgesehen. Die Ablösung muß das Einverständnis des Pflichtigen voraussetzen. Mit der Ablösung können wesentliche Schwierigkeiten bei Investitionen vermieden werden. Investoren könnten auf sicherer Grundlage eindeutig kalkulieren. **Satz 2** läßt nunmehr die Ablösung zu, wenn die dort bezeichnete Mindestvoraussetzung vorliegt, von der bei Anwendung der allgemeinen Wertermittlungsgrundsätze dann auszugehen ist. Bei der Anwendung des Abs. 6 müssen die Vorschriften des § 23 Abs. 2 und des § 41 Abs. 5 zuverlässig ineinandergreifen, um die Werterhöhung (Ausgangswert des alten Grundstücks und der sich aus der Sanierung ergebende Wert des neuen Grundstücks) berechnen zu können; ferner ist bei der Berechnung Abs. 6a zu berücksichtigen, da nach dieser Bestimmung gewisse Abzüge vom Ausgleichsbetrag möglich sind (Nr. 1 bis 3). Immer ist aber zu beachten, daß Werterhöhungen nicht in Frage kommen, soweit sie in früheren Abschöpfungen bereits berücksichtigt wurden (siehe oben Erläut. 3a; Beispiel: Abs. 6a Nr. 2 ist nicht anzuwenden in Fällen, in denen die durch eigene Aufwendungen bewirkte Werterhöhung bereits gemäß § 23 Abs. 2 bei der Ermittlung des Ausgangswertes berücksichtigt worden ist; ferner kein Wertausgleich z. B. bei Entschädigung des Enteigneten in Ersatzland entweder im gleichen Wert oder unter Gewährung eines Ausgleichsbetrages). Abs. 6 a stellt die durch die Novelle 1979 geschaffene Verselbständigung des alten Satz 2 von Abs. 6 (alt) dar, wobei Nr. 1 geändert wurde: es wurde die Anrechnung auf alle Verfahren erweitert, im Rahmen derer die durch die Sanierung entstandenen Vorteile oder Werterhöhungen des Grundstücks berücksichtigt worden sind. Enteignungsverfahren werden nun nur noch beispielhaft genannt.

Wegen des Ineinandergreifens der verschiedenen Arten der Wertabschöpfung und auch im Hinblick auf **Abs. 7** muß die Ermittlung nach § 23 Abs. 2 und die des Ausgangswertes nach § 41 Abs. 5 zu gleichen Ergebnissen führen. Bei Änderungen der Grundstücksgrenzen oder Zuteilung eines anderen Grundstücks (z. B. im Wege einer freiwilligen Bodenordnung, nicht im Wege der Privatisierung nach § 25) sind der Ausgangswert des alten Grundstücks und der sich aus der Sanierung ergebende Wert des neuen Grundstücks gegenüberzustellen (Abs. 5 Satz 3). Wegen der Anwendung gleicher Grundsätze bei der Erhöhung der Grundstückswerte nach § 41 Abs. 5 siehe Ermächtigung für die Bundesregierung in § 91 Nr. 2.

c) Abs. 7 enthält eine Klarstellung im Hinblick auf § 25 Abs. 6 und 7 und § 35 Abs. 5 und 6. Abs. 7 wurde im übrigen durch das Gesetz vom 6. 7. 1979 dergestalt verändert, daß sein Inhalt die neue **Nr. 1** wurde, während **Nr. 2** neu eingefügt wurde: Das Verhältnis von Umlegungsvorteil und Ausgleichsbetrag gab im vormaligen Recht zu Zweifeln Anlaß, die das auch für Sanierungen bedeutsame Instrument der Umlegung wesentlich beeinträchtigen konnten. Abs. 7 Nr. 2 will die Zweifelsfragen beheben. Dabei wurde vom Gesetzgeber davon ausgegangen, daß gemäß § 16 Abs. 2 Satz 3 die sanierungsbedingten Wertsteigerungen grundsätzlich im Rahmen der Umlegung zu erfassen sind, so daß es der späteren Erhebung eines Ausgleichsbetrags nach Abschluß der Sanierung nicht bedarf **(Halbsatz 1)**. Auch wenn ausnahmsweise nach Abschluß der Umlegung der BebPlan im Zuge der weiteren Durchführung der Sanierung geändert worden ist, erfolgt die Erfassung der Vorteile im Rahmen des § 73 Nr. 1 BBauG; dies wird in **Halbsatz 2** klargestellt. Die Änderung des BebPlans nach Abschluß der Umlegung, aber vor Abschluß der Sanierung, ist eine seltene Ausnahme. Daher können Umlegungsbeteiligte im Regelfall davon ausgehen, daß sie nach Abschluß der Umlegung nicht mehr belastet werden.

d) In **Abs. 8** wird bestimmt, daß es sich bei den Ausgleichsbeträgen um eine öffentlich-rechtliche Leistung handelt, die durch Bescheid angefordert wird. Dieser ist ein Verwaltungsakt und kann mit den allgemeinen Rechtsbehelfen der VWGO, also schließlich vor den Verwaltungsgerichten, angefochten werden. Die aufschiebende Wirkung der Rechtsbehelfe entfällt (§ 80 Abs. 2 Nr. 1 VwGO; im übrigen vgl. hierzu auch Teil I des Komm. § 135 BBauG Anm. 1). Schuldner des Ausgleichsbetrags, der nach Abschluß der Sanierung, also nach Aufhebung der Satzung über die förmliche Festlegung des Sanierungsgebiets, zu entrichten ist (Abs. 6 und § 51 Abs. 1), ist der Grundstückseigentümer (Abs. 4 Satz 1). Eine dem § 134 Abs. 1 Satz 3 BBauG entsprechende Bestimmung fehlt im StBauFG, so daß Miteigentümer, Wohnungseigentümer und Teileigentümer — vgl. wegen der beiden letzteren in § 1 Abs. 2 und 3 WEG — nur **anteilig** haften; andernfalls hätte wohl der Gesetzgeber im Hinblick auf § 420 BGB eine ausdrückliche Bestimmung schaffen müssen. Ebenso hätte es ausdrücklich bestimmt werden müssen, wenn (entsprechend der Vorschrift in § 134 Abs. 2 BBauG für den Erschließungsbeitrag) der Ausgleichsbetrag als öffentliche Last auf dem Grundstück ruhen würde; dies ist nicht der Fall, was bei Zwangsversteigerungen im Hinblick auf § 10 Abs. 1 Nr. 3 ZVG von Bedeutung ist.

Die Umwandlung des Ausgleichsbetrages in ein Tilgungsdarlehen (Abs. 8 **Satz 2**) soll es ermöglichen, Härten für die betroffenen Eigentümer zu vermeiden.

e) Der auf Vorschlag des BR eingeführte **Abs. 9** (Novelle 1976) setzt gesetzlich fest, daß § 135 Abs. 5 BBauG enthaltenen Freistellungsvorschriften (beim Erschließungsbeitrag) in Fällen der öffentlichen Interesses oder der Härte auf den Ausgleichsbetrag entsprechend anzuwenden ist. Dies bedeutet, daß die Gemeinde im Einzelfall von der Erhebung des Erschließungsbeitrags ganz oder teilweise absehen kann, wenn dies im öffentlichen Interesse oder zur Vermeidung unbilliger Härten geboten ist.

f) Da der Ausgleichsbetrag erst nach Abschluß der Sanierung zu entrichten ist (siehe oben Anm. d), die Benutzung der im Sanierungsgebiet geschaffenen Gebäude jedoch erheblich früher beginnen kann, läßt **Abs. 10** die Erhebung von Vorauszahlungen zu, sofern das Grundstück entsprechend den Festsetzungen des Bebauungsplans genutzt wird. Als Zeitpunkt hierfür kommt vor allem der Erlaß einer „Abschlußerklärung" nach § 50 in Betracht (siehe Anm. dort). Bei einem zur Vermietung bestimmten Gebäude ist der Beginn der Mietzeit als Aufnahme der Nutzung vorzusehen. Vorauszahlungen können bis zur Höhe des voraussichtlichen Ausgleichsbetrages erhoben werden; für ihre Erhebung und Tilgung gilt das gleiche wie für den Ausgleichsbetrag selbst (siehe oben Anm. d).

g) Hat der Eigentümer selbst Kosten der Ordnungsmaßnahmen getragen, so hat die Gemeinde sie ihm nach Abs. 11 zu erstatten.

h) Von den hier genannten Vorschriften sind ergangen: Verordnung über die Kosten der Ordnungsmaßnahmen am 20. 1. 1976 (siehe 2a dieses Bandes), die Ausgleichsbetragsverordnung am 6. 2. 1976 (siehe 2b dieses Bandes), noch nicht Vorschriften über die Vorauszahlungen und die anzurechnenden Leistungen, die Bedingungen der Tilgungsdarlehen, insbesondere die Zins- und Tilgungsverpflichtungen. Sie bedürfen in verschiedener Hinsicht noch einer weiteren Ausgestaltung. In § 91 Nr. 1 bis 7 wurde die BReg. ermächtigt, mit Zustimmung des BR durch Rechtsverordnung die in §§ 41 (§ 42) und anderswo genannten ergänzenden Vorschriften zu erlassen (siehe bei § 91).

§ 42

Ausgleichsbeträge des Veranlassers

(1) Beruhen die städtebaulichen Mißstände im Sinne des § 3 Abs. 3 Nr. 1 nicht nur unwesentlich auf Einwirkungen, die von einem Betrieb auf das Sanierungsgebiet ausgehen, und gewinnt der Betrieb aus der Durchführung der Sanierung einen Vorteil, so kann die Gemeinde ihn in Höhe des Vorteils zu einem Ausgleichsbetrag heranziehen. Als Vorteil gilt insbesondere die Werterhöhung des Betriebs oder die Ersparnis eigener Aufwendungen, die erforderlich geworden wären, um die Einwirkungen auszuschließen oder zu vermindern.

(2) Von einem im Sanierungsgebiet gelegenen Betrieb darf ein Ausgleichsbetrag nach Absatz 1 nur insoweit erhoben werden, als der Vorteil die durch die Sanierung bedingte Werterhöhung seiner im Sanierungsgebiet gelegenen Grundstücke übersteigt.

(3) Für die Heranziehung gelten die Vorschriften des § 41 Abs. 6 und Abs. 8 entsprechend.

1. Vorbemerkung

Für § 42 ist die Verordnung über die Erhebung von Ausgleichsbeträgen nach den §§ 41 StBauFG von Bedeutung. Sie ist am 6. 2. 1976 (BGBl. I S. 273) ergangen (siehe nachfolgend unter B 2).

2. Grundlage des Ausgleichsbetrags (Abs. 1)

a) Städtebauliche Mißstände der Art, daß ein Gebiet den allgemeinen Anforderungen an gesunde Wohn- und Arbeitsverhältnisse oder an die Sicherheit der in ihm wohnenden oder arbeitenden Menschen nicht entspricht (§ 3 Abs. 2 und Abs. 3 Nr. 1), können auf Einwirkungen zurückzuführen sein, die von einem Betrieb auf das Sanierungsgebiet ausgehen. Dabei kann es sich um Auswirkungen eines innerhalb oder auch außerhalb des Sanierungsgebiets liegenden Betriebs handeln.

b) Bei den „Einwirkungen" handelt es sich meist um sog. Immissionen (z. B. Einwirkungen durch Ruß, Rauch, Lärm, Staub, Geruchsbelästigung), die ein gesundes Wohnen und Arbeiten oft im weiten Umkreis unmöglich machen oder erschweren. Die zuständige Behörde (Gemeinde, Gewerbeaufsicht) steht hier vielfach vor der Aufgabe, diese Einwirkungen durch bestimmte Maßnahmen (Sanierung, Auflagen für Schutzeinrichtungen oder auch Betriebs- und Wohnungsverlegungen) zu beseitigen oder möglichst zu vermindern.

c) Diese Einwirkungen müssen von einem „Betrieb", also in der Regel von einem gewerblichen Unternehmen ausgehen, gleichviel, ob es sich um ein privates Unternehmen oder um den Betrieb eines öffentlichen Trägers (z. B. städtisches Gas- oder Fernheizwerk) handelt, und sie müssen sich „auf das Sanierungsgebiet", wenigstens auf einen wesentlichen Teil, erstrecken. Schließlich dürfen die Einwirkungen selbst „nicht nur unwesentlich" sein. Ob dies der Fall ist, wird oft nicht leicht zu entscheiden sein. Es wird auf die Dauer und die Intensität der Einwirkungen (die zum Teil meßbar sind) und auch auf die Meinung der betroffenen Bewohner ankommen.

3. Voraussetzungen für die Erhebung des Ausgleichsbetrages (noch Abs. 1)

Der Betrieb muß aus der Durchführung der Sanierung einen „Vorteil" gewinnen. Der Vorteil, den das zum Betrieb gehörende Grundstück durch die Sanierung gewinnt (Erhöhung des Wertes des Grundstücks), wird bereits durch den nach § 41 Abs. 2 zu zahlenden Ausgleichsbetrag abgeschöpft. Es kommt also hier bei Abs. 1 lediglich der Vorteil in Frage, der für den Betrieb entsteht; dieser kann z. B. darin liegen, daß dem Betrieb durch die sanierungsbedingte Wegverlegung von Wohnungen erspart wird, kostspielige Immisionsschutzeinrichtungen anzuschaffen oder Teile der Produktion zu verlagern. Denkbar ist auch eine Werterhöhung des Betriebs dadurch, daß dieser infolge der Sanierung (Wegverlegung von Wohnungen und anderen Einrichtungen) etwa die Möglichkeit erhält, Grundstücke für die Erweiterung des Betriebs zu erwerben. All das sind „Vorteile" im Sinne des Abs. 1, die dem Betrieb zugute kommen (vgl. hierzu Abs. 1 Satz 2).

4. Der Ausgleichsbetrag (Abs. 2 und 3)

a) Die Gemeinde kann einen Ausgleichsbetrag erheben, muß es aber nicht. Sie ist aber an den Gleichheitsgrundsatz insofern gebunden, als sie die in Frage kommenden Betriebe gleich behandeln muß, d. h. entweder von allen Betrieben oder von keinem Betrieb den Ausgleichsbetrag fordert.

b) Die Bemessung des Ausgleichsbetrages geschieht nach dem Vorteil, den der Betrieb hat. Die Berechnung wird oft nicht einfach sein. Es müssen die ersparten Aufwendungen und die Werterhöhung des Betriebes (siehe oben Anm. 2) in Betracht gezogen werden.

c) Bei der Berechnung des „Vorteils" muß auch die Werterhöhung der im Sanierungsgebiet gelegenen Grundstücke des Unternehmens (siehe oben Anm. 2 Satz 1 und 2) **berücksichtigt** werden, die möglicherweise eine Grundlage für einen Ausgleichsbetrag nach § 41 bildet. Ist der „Vorteil" nach Abs. 1 (für den Betrieb) **geringer** als die durch die Sanierung bedingte Werterhöhung der Grundstücke, so darf ein Ausgleichsbetrag nach § 42 nicht erhoben werden.

d) Der BReg. wurde in § 91 Nr. 6 die Ermächtigung erteilt durch Rechtsverordnung über die Ermittlung des Vorteils und die Erhebung der Ausgleichsbeträge nach § 42 Abs. 1 und 2 Vorschriften zu erlassen. Die Ausgleichsverordnung erging am 6. 2. 1976 (BSBl. I S. 273) (siehe II b dieses Bandes).

e) Der **Rechtsweg** in Streitigkeiten wegen des Ausgleichsbetrags führt vor die allgemeinen **Verwaltungsgerichte.**

§ 43

Kosten der Modernisierungs- und Instandsetzungsmaßnahmen

(1) Hat die Gemeinde nach § 39e Abs. 1 bis 3 des Bundesbaugesetzes angeordnet, daß der Eigentümer bestimmte Maßnahmen zur Modernisierung oder Instandsetzung seines Gebäudes durchzuführen hat, so hat der Eigentümer die Kosten dieser Maßnahmen insoweit zu tragen, als er sie durch eigene oder

fremde Mittel decken und die sich daraus ergebenden Kapitalkosten sowie die zusätzlich entstehenden Bewirtschaftungskosten aus Erträgen des Gebäudes aufbringen kann. Sind dem Eigentümer Kosten entstanden, die er nicht zu tragen hat, so hat die Gemeinde sie ihm zu erstatten, soweit nicht eine andere Stelle einen Zuschuß zu ihrer Deckung gewährt. Dies gilt nicht, wenn der Eigentümer aufgrund anderer Rechtsvorschriften verpflichtet ist, die Kosten selbst zu tragen, oder wenn er Instandsetzungen unterlassen hat und nicht nachweisen kann, daß ihre Vornahme wirtschaftlich unvertretbar oder ihm nicht zuzumuten war. Die Gemeinde kann mit dem Eigentümer den Kostenerstattungsbetrag unter Verzicht auf eine Berechnung im Einzelfall als Pauschale in Höhe eines bestimmten Vomhundertsatzes der Modernisierungs- oder Instandsetzungskosten vereinbaren.

(2) Der vom Eigentümer zu tragende Kostenanteil wird nach der Durchführung der Modernisierungs- oder Instandsetzungsmaßnahmen unter Berücksichtigung der Erträge ermittelt, die für das modernisierte oder instandgesetzte Gebäude bei ordentlicher Bewirtschaftung unter Berücksichtigung des Sanierungszwecks nachhaltig erzielt werden können.

(3) Soweit nichts anderes vereinbart ist, gelten die Vorschriften der Absätze 1 und 2 entsprechend, wenn der Eigentümer sich gegenüber der Gemeinde vertraglich verpflichtet hat, bestimmte Modernisierungs- oder Instandsetzungsmaßnahmen im Sinne des § 39e des Bundesbaugesetzes durchzuführen. Hat der Eigentümer eines Gebäudes, das wegen seiner geschichtlichen, künstlerischen oder städtebaulichen Bedeutung erhalten bleiben soll, sich gegenüber der Gemeinde vertraglich verpflichtet, neben bestimmten Modernisierungsmaßnahmen auch bestimmte Maßnahmen durchzuführen, die der Erhaltung, Erneuerung und funktionsgerechten Verwendung des Gebäudes dienen, so gelten auch für die Kosten dieser Maßnahmen die Vorschriften der Absätze 1 und 2 entsprechend.

(4) Ein Zuschuß aus Sanierungsförderungsmitteln darf zur Deckung der Kosten der Modernisierung und Instandsetzung nur insoweit gewährt werden, als diese Kosten nicht vom Eigentümer zu tragen sind.

1. Allgemeines

a) Nach § 39 Abs. 1 können Sanierungsförderungsmittel u. a. auch zur Deckung der Kosten der Modernisierungs- und Instandsetzungsmaßnahmen eingesetzt werden. § 43 sagt nun über die Gewährung von Förderungsmitteln unmittelbar nichts aus, sondern bestimmt nur in Abs. 4, daß für Kosten der Modernisierung und Instandsetzung ein Zuschuß aus Förderungsmitteln nur insoweit gewährt werden darf, als diese Kosten nicht von dem Eigentümer zu tragen sind. Inwieweit das letztere der Fall ist, geht aus den Absätzen 1 bis 3 hervor. In ihnen ist die Kostentragung geregelt, und zwar findet eine Kostenteilung zwischen Eigentümer und Gemeinde statt. Sanierungsförderungsmittel dürfen für die Modernisierung und Instandsetzung nur eingesetzt werden, soweit die Gemeinde die Kosten zu tragen hat. In welcher Form die Förderungsmittel gegeben werden, ergibt sich aus § 39.

b) § 43 wurde durch die **Novelle 1976** nur unwesentlich geändert. Im Hinblick auf die Einführung des Instandsetzungsgebots des BBauG wurde dem auch in § 43 dem Rechnung getragen. Anstelle des aufgehobenen § 21 trat der neueingefügte § 39e BBauG (Abs. 1 und 3).

Die **Novelle 1979** hat den **Satz 4** angefügt (siehe unter 2).

c) Zu Streitfällen aus § 43 ist der **Rechtsweg** zu den allgemeinen **Verwaltungsgerichten** eröffnet.

2. Grundsätze für die Kostentragung bei Modernisierungs- und Instandsetzungsmaßnahmen (Abs. 1 und 3)

a) Modernisierungs- und Instandsetzungsmaßnahmen erfordern häufig hohe Kosten, die — wenigstens teilweise — nicht mit ordentlichen Finanzierungsmitteln gedeckt werden können, deren Verzinsung und Tilgung aus den Erträgen des modernisierten Gebäudes möglich ist. Das Gesetz unterscheidet daher:

aa) „rentierliche" Kosten, d. h. Kosten, die der Eigentümer insoweit zu tragen hat, als er sie durch eigene oder fremde Mittel decken und die sich daraus ergebenden Kapitalkosten sowie die zusätzlich entstehenden Bewirtschaftungskosten aus den Erträgnissen des Gebäudes aufbringen kann. Als solche rentierliche Kosten kommen in Frage diejenigen Kosten, die durch Miet- oder Pachtzinsen, gegebenenfalls auch durch Mieterhöhungen nach § 32, gedeckt werden können (siehe Abs. 2 Satz 2),

bb) Kosten, die durch eine unter aa) angeführte zumutbare Eigenbelastung nicht getragen werden können, sind „unrentierliche" Kosten der Modernisierung; hinsichtlich dieser Kosten erhalten die Eigentümer einen Erstattungsanspruch gegen die Gemeinde (Gewährung von Zuschüssen).

b) Ein Kostenerstattungsanspruch gegen die Gemeinde besteht nicht,

aa) soweit „eine andere Stelle" einen Zuschuß zur Kostendeckung gewährt. Hier ist vor allem an staatliche Zuschüsse für die Erhaltung künstlerisch oder denkmalpflegerisch wertvoller Gebäude, an Bundes- oder Landesmittel für Althauserneuerung usw. gedacht (siehe auch Abs. 3),

bb) wenn der Eigentümer „aufgrund anderer Rechtsvorschriften" verpflichtet ist, die Maßnahmen zur Modernisierung oder Instandsetzung des Gebäudes selbst zu tragen (z. B. aufgrund Herkommens, alter Unterhaltsverträge, gesetzlicher Unterhaltsbestimmungen).

c) Voraussetzung für eine etwaige Kostenerstattungspflicht der Gemeinde ist, daß sie selbst nach § 21 Abs. 3 angeordnet hat, daß der Eigentümer bestimmte Maßnahmen zur Modernisierung oder Instandsetzung seines Gebäudes durchzuführen hat, oder wenn sich der Eigentümer gegenüber der Gemeinde vertraglich verpflichtet hat, bestimmte Modernisierungsmaßnahmen i. S. des § 21 durchzuführen (Abs. 1 Satz 1, **Abs. 3 Satz 1**).

d) Die Vorschriften über die Ermittlung des Kostenerstattungsbetrags gelten sowohl im Fall einer angeordneten Modernisierung oder Instandsetzung (Abs. 1) als auch beim Abschluß einer Modernisierungs- oder Instandsetzungsvereinbarung (Abs. 3). Vereinbarungen sind in der Praxis die Regel. Vereinfachende Pauschalierungen des Erstattungsbetrags sah § 43 für beide Fälle jedoch nicht vor; sie wurden in der Praxis aber nach Abs. 3 Satz 1 für zulässig gehalten. Investoren haben ein berechtigtes Interesse, vor allem bei Abschluß einer Modernisierungs- oder Instandsetzungsvereinbarung sichere Kenntnis über die Höhe des Erstattungsbetrags zu erhalten. Geschieht dies nicht, halten sie in starkem Maß mit Modernisierungen und Instandsetzungen zurück.

Der durch die Novelle 1979 eingefügte neue Satz 4 in Abs. 1 sieht eine Vereinbarung über den Kostenerstattungsbetrag vor, und zwar unter Verzicht auf eine Berechnung im Einzelfall als Pauschale in Höhe eines bestimmten Vomhundertsatzes der Modernisierungs- oder Instandsetzungskosten. Diese Ergänzung hat in bezug auf Abs. 1 rechtsbegründende, bezüglich Abs. 3, der auf Abs. 1 verweist, klarstellende Bedeutung. Allerdings eignen sich nicht alle Modernisierungs- und Instandsetzungsmaßnahmen für eine Pauschalierung des Erstattungsbetrags. Dies gilt insbesondere bei Gebäuden, die wegen ihrer geschichtlichen oder künstlerischen Bedeutung erhalten bleiben sollen. In diesen und anderen Fällen bleibt es der Gemeinde freigestellt, von einer Pauschalierung abzusehen.

Das vereinfachende Pauschalierungsverfahren hat nach der AmtlBegr. (BT-DS 8/2451, zu 4) neben Beschleunigungseffekten zugleich den Vorzug, daß sich eine genaue Abrechnung des Erstattungsbetrags nach Beendigung der Maßnahme erübrigt, so daß ein nicht unerheblicher Verwaltungsaufwand eingespart wird.

e) Eine bedeutungsvolle Erweiterung gelegentlich der Novelle 1976 hat die Regelung der Kostentragung bei Modernisierungs- und Instandsetzungsmaßnahmen durch **Abs. 3 Satz 2** erhalten. Die Erweiterung bezieht sich auf Gebäude, die wegen ihrer geschichtlichen, künstlerischen oder städtebaulichen Bedeutung erhalten bleiben sollen. Sie sind nach § 10 Abs. 1 im BebPl. kenntlich zu machen. Hat sich der Eigentümer gegenüber der Gemeinde verpflichtet, neben bestimmten (siehe § 21) auch solche Maßnahmen durchzuführen, die der Erhaltung, Erneuerung und funktionsgerechten Verwendung des Gebäudes dienen, so sollen auf die Finanzierung dieser Maßnahmen die für die Modernisierung geltenden Regelungen Anwendung finden. Das bedeutet, daß der Eigentümer die Kosten dieser Maßnahmen insoweit — aber auch nur insoweit — zu tragen hat, als er sie durch eigene oder fremde Mittel decken und die sich daraus ergebenden Kapitalkosten sowie die zusätzlich entstehenden Bewirtschaftungskosten **aus den Erträgnissen** des Gebäudes aufbringen kann. Darüber hinausgehende Kosten sind dem Eigentümer von der Gemeinde zu erstatten, soweit nicht von anderer Stelle ein

Zuschuß zu den Kosten gewährt wird. Mit dieser Regelung wollte der Gesetzgeber einen wichtigen Beitrag zur Finanzierung der Erneuerung und Instandsetzung erhaltungswürdiger Gebäude leisten. Wegen der Frage der steuerlichen Berücksichtigung von Kosten für Maßnahmen i. S. des § 43 Abs. 3 Satz 2 siehe § 82g der Einkommensteuer-DVO, abgedruckt bei § 84.

3. Kostenberechnung (Abs. 2)

a) Die Kostenanteile, die auf den Eigentümer und auf die Gemeinde entfallen, werden nach Durchführung der Modernisierung oder Instandsetzung ermittelt, also dann, wenn die entstandenen Kosten feststehen und die zu erwartenden Erträge überschaubar sind. Maßstab bilden die Erträge, die für das modernisierte (instandgesetzte) Gebäude „bei ordentlicher Bewirtschaftung nachhaltig erzielt werden können".

b) Die im Laufe der Beratung der Novelle 1976 gewonnene endgültige Fassung des Abs. 2 ist auf Vorschlag des BR (BR-DS 190/76 Nr. 25) zustandegekommen. Der BR hat sich in einer sehr ausführlichen Stellungnahme mit dem Problem des Kostenanteils befaßt. Er hat folgende Auffassung vertreten:

„Die Regelung in § 43 StBauFG wird — nach Streichung von § 32 StBauFG — die Modernisierung und Instandsetzung in Sanierungsgebieten erheblich beschweren oder ganz verhindern und damit den Erfolg zahlreicher Sanierungsmaßnahmen gefährden. Die Gründe hierfür liegen darin, daß nach § 43 Abs. 1 und 2 StBauFG nur für solche Kosten Sanierungsförderungsmittel gewährt werden können, die der Eigentümer nicht aus den nachhaltig erzielbaren Erträgen des Gebäudes aufbringen kann. Als „nachhaltig erzielbar" sind in diesem Zusammenhang mindestens die Erträge anzusetzen, die sich aufgrund einer gesetzlich zulässigen Mieterhöhung ergeben. Diese Regelung hat zur Folge, daß die Mieten modernisierter oder instandgesetzter Wohnungen im Sanierungsgebiet in der Regel auf das höchstzulässige Niveau angehoben werden, da nur der durch die in zulässiger Weise erhöhten Mieten nicht gedeckte Modernisierungsaufwand förderungsfähig ist.

Dies wird in vielen Fällen zu Vertreibungseffekten führen, die dem Ziel der Sanierung zuwiderlaufen. In vielen Fällen wird die erforderliche Modernisierung unterbleiben. Die ersatzlose Streichung von § 32 StBauFG hat nämlich zur Folge, daß die Mieten der modernisierten oder instandgesetzten Wohnungen entsprechend dem allgemeinen Mietrecht erhöht werden können, und zwar

a) bei nicht preisgebundenen Wohnungen gemäß Art. 3 § 3 des Zweiten Wohnraumkündigungsschutzgesetzes um 14 v. H. der für die Wohnung aufgewendeten Kosten,
b) bei preisgebundenen Wohnungen entsprechend den Vorschriften des Preisrechts.

Da in Sanierungsgebieten bei dem oft jahrhundertealten Baubestand die Modernisierungskosten sehr hoch liegen (durchschnittlicher Erfahrungswert 30 000 DM/Wohnung oder 400 DM/qm), ergeben sich hiernach extrem hohe Mietsteigerungen.

Die Regelung in § 43 Abs. 2 Satz 1 StBauFG ist daher so zu modifizieren, daß der Sanierungszweck bei Bemessung der nach Modernisierung erzielbaren Erträgen angemessen berücksichtigt werden kann. Diese Modifizierung würde es erlauben, Sanierungsförderungsmittel in dem Umfange einzusetzen, daß das Mietniveau unter dem höchstzulässigen Niveau bleibt. Dies kann die Gemeinde in dem Vertrag mit dem Eigentümer gegebenenfalls sicherstellen."

c) Eine steuerliche Vergünstigung der Modernisierungsmaßnahmen und der damit in Zusammenhang stehenden Maßnahmen zur Erhaltung wertvoller Gebäude sieht § 84 vor.

§ 44

Kosten der Verlagerung oder Änderung von Betrieben

Zur anderweitigen Unterbringung eines von der Sanierung betroffenen gewerblichen Betriebs oder land- oder forstwirtschaftlichen Betriebs können Sanierungsförderungsmittel eingesetzt werden, soweit eine Entschädigung und eine Förderung aufgrund anderer rechtlicher Grundlagen hierzu nicht ausreichen. Das gleiche gilt, wenn ein solcher Betrieb durch die Sanierung derart beeinträchtigt wird, daß eine wesentliche Änderung baulicher Anlagen erforderlich wird.

Die Sanierungsförderungsmittel sollen nur **subsidiär** eingesetzt werden, also nach Inanspruchnahme anderer Mittel aufgrund anderer rechtlicher Vorschriften (z. B. Entschädigungen); die Sanierungsförderungsmittel sollen nicht dazu dienen, andere Förderungsmittel einzusparen.

a) § 44 will die anderweitige Unterbringung eines von der Sanierung betroffenen gewerblichen oder land- oder forstwirtschaftlichen Betriebs erleichtern. Er läßt den Einsatz von Sanierungsförderungsmitteln zu, soweit zu dieser anderweitigen Unterbringung eine dem Betriebsinhaber gewährte Entschädigung und eine Förderung aufgrund anderer Vorschriften nicht ausreichen. Es handelt sich somit um eine Bereitstellung von Spitzenbeträgen, die zur Finanzierung der anderweitigen Unterbringung erforderlich sind. Würde eine solche Finanzierung nicht ermöglicht, so könnte der von der Sanierung betroffene Betriebsinhaber möglicherweise Entschädigungsansprüche wegen höherer anderer Vermögensnachteile nach § 96 BBauG stellen (vgl. die Kommentierung zum BBauG § 96).

b) Eine solche „Spitzenfinanzierung" ist auch möglich, wenn ein Betrieb durch die Sanierung derart beeinträchtigt wird, daß eine wesentliche Änderung baulicher Anlagen erforderlich wird. Dies kann z. B. der Fall sein, wenn in einem Sanierungsgebiet städtebauliche Mißstände i. S. von § 3 Abs. 3 Nr. 1 nicht nur unwesentlich auf Einwirkungen des Betriebs beruhen und zur Behebung dieser Mißstände eine — im BebPl. im einzelnen festgelegte — wesentliche Änderung baulicher Anlagen erforderlich wird (wie Abriß und Aufbau eines Teiles des Betriebs an anderer Stelle mit erheblichen Aufwendungen für Immissionsschutzeinrichtungen). Zu berücksichtigen ist hierbei vor allem auch § 42 Abs. 1 und 2.

§ 45

Kosten der Neubebauung und der Ersatzbauten

(1) Die Kosten der Neubebauung und der Ersatzbauten werden von dem Eigentümer als Bauherrn getragen. Die Gemeinde soll den Eigentümer im Rahmen des Möglichen bei der Beschaffung von Finanzierungsmitteln, insbesondere von

Förderungsmitteln aus einem öffentlichen Haushalt, beraten und unterstützen. Hat ein Eigentümer einen Antrag auf Bewilligung derartiger Förderungsmittel nicht über die Gemeinde gestellt, so soll die Bewilligungsstelle vor der Bewilligung der Gemeinde Gelegenheit zur Stellungnahme geben.

(2) Soweit für den Neubau von Wohnungen im Sanierungsgebiet Mittel zur Förderung des sozialen Wohnungsbaues nicht zur Verfügung stehen, können in besonderen Fällen, insbesondere, wenn eine begonnene Sanierung sonst nicht abgeschlossen werden könnte, auch Sanierungsförderungsmittel eingesetzt werden.

(3) Soweit für den Bau von Ersatzwohnungen Mittel zur Förderung des sozialen Wohnungsbaues nicht zur Verfügung stehen, können Sanierungsförderungsmittel eingesetzt werden, wenn die Behebung städtebaulicher Mißstände im Sanierungsgebiet, insbesondere ungesunder Wohnverhältnisse, dringend erforderlich ist.

(4) Die Sanierungsförderungsmittel können zum Einsatz für den Neubau von Wohnungen oder den Bau von Ersatzwohnungen zu öffentlichen Mitteln im Sinne des § 6 Abs. 1 des Zweiten Wohnungsbaugesetzes bestimmt werden.

(5) Werden die Sanierungsförderungsmittel nicht als öffentliche Mittel im Sinne des § 6 Abs. 1 des Zweiten Wohnungsbaugesetzes eingesetzt, so gelten für ihren Einsatz die Vorschriften des § 42 Abs. 1, und Satz 1 des Zweiten Wohnungsbaugesetzes sinngemäß. Als Baudarlehen sollen die Sanierungsförderungsmittel in diesem Falle nur bewilligt werden, wenn die Gesamtkosten des Neubaues auch bei angemessenem Einsatz von erststelligen Finanzierungsmitteln, Eigenleistungen des Bauherrn und sonstigen Finanzierungsmitteln unter Berücksichtigung der nachhaltig erzielbaren Erträge nicht gedeckt werden können; im Darlehnsvertrag ist sicherzustellen, daß das Baudarlehen zum Zwecke der Ersetzung aus Kapitalmarktmitteln mit angemessener Frist ganz oder teilweise gekündigt werden kann. Bei der Bewilligung der Sanierungsförderungsmittel hat der Bauherr sich zu verpflichten, die Wohnungen im Falle der Vermietung höchstens zu einem Entgelt zu vermieten oder sonst zum Gebrauch zu überlassen, das die zur Deckung der laufenden Aufwendungen erforderliche Miete (Kostenmiete) nicht übersteigt; die Vorschriften des § 88b Abs. 2 und 3 des Zweiten Wohnungsbaugesetzes sowie die dort bezeichneten Vorschriften sind entsprechend anzuwenden. Die Verpflichtung erlischt, wenn entsprechend die Voraussetzungen vorliegen, unter denen eine öffentlich geförderte Wohnung ihre Eigenschaft als solche verliert (§§ 15 bis 18 des Wohnungsbindungsgesetzes in der Fassung der Bekanntmachung vom 31. Januar 1974 [Bundesgesetzbl. I S. 137], geändert durch Artikel 3 des Gesetzes zur Förderung von Wohnungseigentum und Wohnbesitz im sozialen Wohnungsbau vom 23. März 1976 [Bundesgesetzbl. I S. 737]).

1. Kostentragung bei Neubauten und Ersatzbauten (Abs. 1)

a) Hinsichtlich der Arten der Bebauung unterscheidet das Gesetz Neubebauung und Ersatzbauten. Erstere findet statt im förmlich festgelegten Sanierungsgebiet, die Ersatzbauten (und Ersatzanlagen, auch die sanierungsbedingte Errichtung von Gemeindebedarfs- und Folgeeinrichtungen, z. B. Grünflächen, Schulen, Krankenhäuser; diese letzteren Maßnahmen werden in der Regel **von der Gemeinde** als **Eigentümerin** und Bauherrin durchgeführt) können auch außerhalb des Sanierungsgebiets liegen (vgl. § 11 Erl. 1 und § 12 Erl. 2b). Die Kosten für diese Bauten hat grundsätzlich der Eigentümer zu tragen (§ 13 Abs. 2); beide Arten von Baumaßnahmen gehören zur „Durchführung der Sanierung" (§ 12 Abs. 1, insbesondere Satz 2 Nr. 2); ausnahmsweise kann nach § 13 Abs. 3 die Gemeinde die Maßnahmen selbst übernehmen; dann ist sie auch Kostenträgerin.

2. Einsatz von Förderungsmitteln (Abs. 1 Satz 2 und 3; Abs. 2 bis 5)

Im Hinblick darauf, daß (außer den Sanierungsförderungsmitteln) eine Reihe von sonstigen öffentlichen Mitteln zur Finanzierung von Bauten, vor allem der Wohnungsbauten (Förderung des sozialen Wohnungsbaues), zur Verfügung steht, sind im Gesetz auch verschiedene Möglichkeiten der Finanzierungshilfen für den baupflichtigen Eigentümer vorgesehen.

a) Zunächst ist der Gemeinde der gesetzliche Auftrag erteilt (Abs. 1 Satz 2), den Eigentümer bei der Beschaffung von Finanzierungsmitteln (z. B. Mittel zur Förderung des sozialen Wohnungsbaues) zu beraten und zu unterstützen. Der Grundgedanke ist, daß auch für Baumaßnahmen in Sanierungsgebieten in erster Linie nicht Sanierungsförderungsmittel, sondern andere Mittel (öffentlicher oder privater Natur) eingesetzt werden sollen (vgl. auch § 47). Dem Interesse der Koordinierung bei der Verleihung der verschiedenen Förderungsmittel dient die Vorschrift in Abs. 1 Satz 3.

b) Der Einsatz von Sanierungsförderungsmitteln für Wohnungsneubauten und Ersatzbauten ist nur unter den in Abs. 2, 3 und 4 angeführten Voraussetzungen möglich (vgl. hierzu auch § 39 Abs. 1 Satz 3). Die Bereitstellung von Mitteln des sozialen Wohnungsbaues für Wohnungsbauten im Rahmen der Sanierung ist Gegenstand der Regelungen des Wohnungsbaugesetzes.

c) Der bei der Beratung der Erstfassung des StBauFG zuständige Ausschuß für Städtebau und Wohnungswesen (vgl. BT-DS VI/2204) war übereinstimmend der Auffassung, daß für mit Sanierungsförderungsmitteln geschaffene Wohnungen auch dann die Kostenmiete verbindlich sein soll, wenn es sich um steuerbegünstigte oder freifinanzierte Wohnungen handelt. Es wurde daher in Abs. 5 eine entsprechende Regelung aufgenommen und dabei Vorschriften des Zweiten Wohnungsbaugesetzes, welche die Kostenmiete für steuerbegünstigte Wohnungen im Falle der Gewährung von Annuitätszuschüssen behandeln, für entsprechend anwendbar erklärt; damit gelangen auch die zur Kostenmietberechnung ergangenen Durchführungsverordnungen zum Zweiten Wohnungsbaugesetz zur Anwendung. Die Verpflichtung zur Einhaltung der Kostenmiete soll dann erlöschen, wenn sie auch bei entsprechenden öffentlich geförderten Wohnungen nicht mehr verbindlich wäre. Über die Bindung bei Überlassung geförderter Wohnungen siehe § 46.

§ 46

Überlassung geförderter Wohnungen

(1) Die Bewilligung von Wohnungsbauförderungsmitteln oder von Sanierungsförderungsmitteln zum Bau von Wohnungen in den Fällen des § 45 Abs. 2 bis 5 kann mit der Auflage verbunden werden, daß die Wohnungen nur Wohnungsuchenden zu überlassen sind, die von der Gemeinde, insbesondere zur Verwirklichung des Sozialplans, benannt werden.

(2) Ist die Auflage erteilt worden, so hat die Gemeinde dem Verfügungsberechtigten bis zur Bezugsfertigkeit oder bis zum Freiwerden der Wohnung mindestens drei Wohnungsuchende zur Auswahl zu benennen; bei einer öffentlich geförderten Wohnung ist auch die Benennung solcher Wohnungsuchenden aus Sanierungsgebieten zulässig, die nicht die Voraussetzungen erfüllen, die zur Erlangung einer Bescheinigung nach § 5 des Wohnungsbindungsgesetzes erforderlich wären. Der Verfügungsberechtigte darf die Wohnung nur einem der benannten Wohnungsuchenden überlassen.

(3) Soweit die Bindungen nach den Absätzen 1 und 2 für Sanierungsmaßnahmen nicht mehr erforderlich sind, soll die nach Landesrecht zuständige Behörde den Verfügungsberechtigten hiervon freistellen. Bei öffentlich geförderten Wohnungen bleiben im übrigen die Vorschriften des Wohnungsbindungsgesetzes auch nach dieser Freistellung anwendbar.

(4) § 5a des Wohnungsbindungsgesetzes und die aufgrund dieser Vorschrift erlassenen Rechtsverordnungen sind in ihrem jeweiligen Geltungsbereich entsprechend anzuwenden.

a) Wenn neue Wohnungen im Sanierungsgebiet oder Ersatzwohnungen für die von der Sanierung betroffenen Bevölkerungskreise geschaffen werden, muß es möglich sein, die neuen Wohnungen auch in den Besitz derjenigen Personen zu bringen, für die der Bau von der öffentlichen Hand gefördert worden ist. Um dies sicherzustellen, eröffnet § 46 die Möglichkeit, bei der Bewilligung von Wohnungsbauförderungsmittel oder von Sanierungsförderungsmittel die Auflage zu erteilen, daß die geförderten Wohnungen nur Wohnungsuchenden überlassen werden dürfen, die dem Verfügungsberechtigten von der Gemeinde benannt worden sind. Die Gemeinde soll damit vor allem ein Instrument erhalten, um durch die Benennung von Wohnungsuchenden die Verwirklichung des Sozialplans sicherzustellen.

b) Die Auflage führt nach **Abs. 2** dazu, daß die Gemeinde dem Verfügungsberechtigten drei Wohnungsuchende zur Auswahl zu benennen hat. Bei der öffentlich geförderten Wohnung ist die Gemeinde für die Benennung von Wohnungsuchenden aus dem Sanierungsgebiet nicht an die Einkommensgrenze, die zur Erlangung einer Bescheinigung nach § 5 des Wohnungsbindungsgesetzes eingehalten sein muß, gebunden.

c) Die Bindungen über die Vergabe der Wohnungen sind nur solange gerechtfertigt, als es für die Durchführung von Sanierungsmaßnahmen erforderlich ist. Nach Ablauf dieser Zeit soll daher eine Freistellung gemäß **Abs. 3** erfolgen.

d) In Hamburg sowie in der Stadt und im Landkreis München gelten für die Benennung der Wohnungssuchenden im übrigen die besonderen, aufgrund des § 5a des Wohnungsbindungsgesetzes 1965 erlassenen Rechtsvorschriften **(Abs. 4).**

§ 47

Einsatz anderer öffentlicher Mittel

Für Maßnahmen im Zusammenhang mit der Sanierung, deren Finanzierung oder Förderung auf anderer gesetzlicher Grundlage beruht, sollen die in den jeweiligen Haushaltsplänen zur Verfügung gestellten Finanzierungs- oder Förderungsmittel so eingesetzt werden, daß die Maßnahmen im Rahmen der Sanierung durchgeführt werden können.

Die Vorschrift des § 47 will sicherstellen, daß Maßnahmen, die im Zusammenhang mit der Sanierung stehen und deren Durchführung daher in ihrem Rahmen erforderlich ist, auch so finanziert werden können, daß die gemeinsame Durchführung ermöglicht wird; sie setzt voraus, daß die Finanzierungs- und Förderungsmittel für die anderen Maßnahmen in den jeweiligen Haushaltsplänen zur Verfügung gestellt sind und bindet nicht die Haushaltsgesetzgeber, sondern richtet an sie lediglich den Appell, Mittel in eigener Zuständigkeit bereitzustellen (vgl. hierzu auch §§ 2 und 39 Abs. 4).

§ 48

Verteilung eines Überschusses

(1) Ergibt sich nach der Durchführung der Sanierung und der Übertragung eines Treuhandvermögens auf die Gemeinde bei ihr ein Überschuß der bei der Vorbereitung und Durchführung der Sanierung erzielten Einnahmen über die hierfür getätigten Ausgaben, so ist dieser Überschuß auf die Eigentümer der im Sanierungsgebiet gelegenen Grundstücke zu verteilen. Maßgebend sind die Eigentumsverhältnisse bei der Bekanntmachung des Beschlusses über die förm-

liche Festlegung des Sanierungsgebiets. Ist nach diesem Zeitpunkt das Eigentum gegen Entgelt übertragen worden, so steht der auf das Grundstück entfallende Anteil dem früheren Eigentümer und dem Eigentümer, der zu einem Ausgleichsbetrag nach § 41 herangezogen worden ist, je zur Hälfte zu.

(2) Die auf die einzelnen Grundstücke entfallenden Anteile des Überschusses sind nach dem Verhältnis der Werte der Grundstücke zu bestimmen, die sich ergeben würden, wenn eine Sanierung weder beabsichtigt noch durchgeführt worden wäre. Die Bebauung ist dabei nicht zu bewerten.

(3) Die Gemeinde hat bei der Errechnung des Überschusses Zuschüsse abzuziehen, die ihr oder Eigentümern aus Mitteln eines anderen öffentlichen Haushalts zur Deckung von Kosten der Vorbereitung oder Durchführung der Sanierung gewährt worden sind.

a) Wenn die Gemeinde die Verrechnung der Kosten der Ordnungsmaßnahmen mit den Eigentümern nach § 41 durchgeführt hat, mit einem Sanierungsträger nach § 36 Abs. 6 abgerechnet und ein etwaiges Restvermögen übernommen hat, ist es denkbar, daß sich bei ihr in einer Schlußabrechnung über die Durchführung der Sanierung ein Überschuß der erzielten Einnahmen über die Ausgaben ergibt. Derartige Fälle werden allerdings bei den hohen Kosten der Ordnungsmaßnahmen nur selten vorkommen. Sie sind jedoch ausnahmsweise dann möglich, wenn die Kosten der Ordnungsmaßnahmen und der sonstige Sanierungsverlust niedrig sind und die durch die Neuordnung des Sanierungsgebiets sich ergebende Erhöhung der Grundstückswerte über diese Kosten hinausgeht. Es würde sich dann nach Beendigung der Sanierung bei der Gemeinde ein Überschuß ergeben. Da jedoch die Gemeinde aus der Durchführung der Sanierung keinen Gewinn erzielen soll, ist in der vorliegenden Vorschrift vorgesehen, daß der Überschuß auf die Eigentümer der im Sanierungsgebiet gelegenen Grundstücke zu verteilen ist. Dabei sind die Eigentümer zu berücksichtigen, denen die Grundstücke im Zeitpunkt der Bekanntmachung des Beschlusses über die förmliche Festlegung des Sanierungsgebiets gehörten. Hat nach diesem Zeitpunkt ein Eigentümerwechsel gegen Entgelt stattgefunden, so soll der auf das Grundstück entfallene Teil des Überschusses zwischen dem früheren und dem neuen Eigentümer je zur Hälfte aufgeteilt werden. Voraussetzung für die Verteilung eines Überschusses ist naturgemäß der Abschluß der Sanierung gemäß § 51. Wegen der Ausgaben für die Sanierung vergleiche insbesondere §§ 24, 40, 41, 43, 44, 45; wegen der Einnahmen §§ 41 Abs. 4 (Ausgleichsbeträge), 25 Abs. 6 (Veräußerungserlös), 35 Abs. 6 (Abführung eines Kaufpreisteilbetrages an die Gemeinde), 42 (Ausgleichsbeträge des Veranlassers).

b) Die Verteilung des Überschusses **(Abs. 2)** geschieht nach dem Verhältnis der einzelnen Grundstückswerte, wobei nur das Grundstück, nicht die Bebauung berücksichtigt werden darf; ferner ist nicht zu berücksichtigen die

Wertsteigerung, die das Grundstück infolge der Durchführung der Sanierung erfahren hat (Abs. 2; vgl. hierzu § 41 Abs. 5).

c) Ein Überschuß, der verrechnet werden könnte, kann nur dann vorhanden sein, wenn Zuschüsse, die zur Deckung der Sanierung gewährt worden sind, unberücksichtigt bleiben **(Abs. 3).**

§ 49

Gewährung und Verwendung von Entschädigungen

(1) Eine Vereinbarung über den Grund oder die Höhe einer Entschädigung oder eines Härteausgleichs soll unter Beachtung der Vorschriften dieses Gesetzes und des Bundesbaugesetzes getroffen werden, die angewandt würden, wenn es nicht zu einer Einigung käme.

(2) Die Gewährung von Mitteln eines öffentlichen Haushalts zur Förderung der Neubebauung, von Modernisierungsmaßnahmen, Instandsetzungsmaßnahmen, Ersatzbauten oder Ersatzanlagen kann davon abhängig gemacht werden, daß der Bauherr eine Entschädigung für einen Rechtsverlust, die er im Hinblick auf die Sanierung erhält, oder eine entsprechende Ausgleichsleistung aus einem Umlegungsverfahren oder einen entsprechenden Zuschuß als Eigenleistung für die Finanzierung einsetzt.

a) Schuldner einer Entschädigung im Rahmen der städtebaulichen Sanierung ist aufgrund des Bundesbaugesetzes oder des Städtebauförderungsgesetzes in der Regel die Gemeinde. Diese wird zu diesem Zweck eigene Haushaltsmittel bereitstellen und vielfach Mittel eines anderen öffentlichen Haushalts erhalten. Die Gewährung dieser Mittel an einen Entschädigungsberechtigten soll, wenn es zu einer Einigung zwischen ihm und der Gemeinde kommt, nach denselben Vorschriften vorgenommen werden, die zur Anwendung kommen würden, wenn es nicht zu einer Einigung käme. Es wird auf diese Weise einerseits sichergestellt, daß der Entschädigungsberechtigte im Falle der Einigung mit derselben Entschädigung rechnen kann, wie im Falle eines durchgeführten Verfahrens, andererseits aber soll dadurch auch erreicht werden, daß sich die Forderungen des Entschädigungsberechtigten in einem vertretbaren Rahmen halten und die Gemeinde von vornherein gegen überhöhte Forderungen geschützt ist. Ein ähnlicher Gedanke ist übrigens auch in § 22 Abs. 1 Satz 2 ausgesprochen.

Als Vorschriften, die für die Anwendung des Abs. 1 in Frage kommen, sind u. a. anzuführen §§ 11, 15, 16 Abs. 4, 18 Abs. 4, 22, 30, 39e BBauG.

b) Entschädigungen werden häufig auch an Eigentümer zu entrichten sein, etwa für den Abbruch von baulichen Anlagen (§§ 19 Abs. 3 und 4), wobei die Eigentümer ihrerseits bereit sind, auf ihren Grundstücken die Neubebauung selbst durchzuführen. In solchen Fällen erscheint es gerechtfertigt, die Entschädigung, die der Eigentümer für den Rechtsverlust erhalten hat, als **Eigenleistung** für die Finanzierung der Neubebauung einzusetzen. **Abs. 2** gibt daher den Bewilligungsstellen von Mitteln öffentlicher Haushalte im Falle der Zuteilung von Förderungsmitteln für Baumaßnahmen im Zusammenhang mit der Sanierung die Befugnis, die Mittelgewährung **davon abhängig zu machen,** daß der Eigentümer eine Entschädigung als Eigenleistung bei der Finanzierung des Bauvorhabens verwendet.

SIEBENTER ABSCHNITT

Abschluß der Sanierung

§ 50

Fortfall von Rechtswirkungen für einzelne Grundstücke

(1) Ist ein Grundstück in einem förmlich festgelegten Sanierungsgebiet bei der Durchführung der Sanierung entsprechend den Festsetzungen des Bebauungsplans bebaut oder ist entsprechend diesen Festsetzungen in sonstiger Weise die Nutzung des Grundstücks aufgenommen oder ist die Modernisierung oder Instandsetzung durchgeführt worden, so hat die Gemeinde auf Antrag des Eigentümers die Sanierung für das Grundstück als abgeschlossen zu erklären. Unter den Voraussetzungen des § 33 des Bundesbaugesetzes treten an die Stelle der Festsetzungen des Bebauungsplans seine künftigen Festsetzungen.

(2) Die Gemeinde kann bereits vor dem in Absatz 1 bezeichneten Zeitpunkt die Durchführung der Sanierung für einzelne Grundstücke durch Bescheid an die Eigentümer für abgeschlossen erklären, wenn die dem Sanierungszweck entsprechende Bebauung oder sonstige Nutzung oder die Modernisierung oder Instandsetzung auch ohne Gefährdung des Sanierungszwecks zu einem späteren Zeitpunkt möglich ist. Ein Rechtsanspruch auf Abgabe der Erklärung besteht in diesem Fall nicht.

(3) Mit der Erklärung entfällt für Rechtsvorgänge nach diesem Zeitpunkt die Anwendung der §§ 15 bis 18 und 22 bis 31 für dieses Grundstück. Maßnahmen nach dem Bundesbaugesetz, die der Verwirklichung des Sanierungszwecks dienen, insbesondere Maßnahmen zur Verwirklichung des Bebauungsplans oder zur Durchführung von Modernisierungen oder Instandsetzungen, bleiben unberührt. Das Grundbuchamt löscht auf Ersuchen der Gemeinde den Sanierungsvermerk.

1. Allgemeines

a) Um den Vollzug des StBauFG flexibler zu gestalten, erfuhr gerade § 50 einige wichtige Änderungen durch das Gesetz vom 6. 7. 1979. So wurde in Abs. 1 ein zweiter Satz angefügt. Abs. 2 erfuhr hinsichtlich der Voraussetzungen für die vorzeitige Abschlußerklärung (Satz 1) Änderungen, und in Abs. 3 wurde nach Satz 1 ein weiterer Satz eingefügt, demzufolge die Anwendung von sanierungsähnlichen Maßnahmen nach dem BBauG nicht durch solche nach § 50 StBauG ausgeschlossen werden. Im einzelnen siehe bei den entspr. Erläuterungen unten.

b) Die durch die förmliche Festlegung des Sanierungsgebiets eingetretenen Rechtswirkungen und die Beschränkungen haben für die Grundstücke nur solange ihre Berechtigung, als die Grundstücke noch nicht entsprechend den Festsetzungen des neuen BebPlans (§ 10) genutzt werden, insbesondere noch nicht neu bebaut sind. Aus diesem Grund sieht Abs. 1 vor, daß die Gemeinde auf Antrag des Eigentümers die Sanierung für das Grundstück als abgeschlossen zu erklären hat, wenn die zu treffenden Maßnahmen durchgeführt sind.

c) Zu bemerken ist, daß zwar die Formulierung des Abs. 1 nicht genau mit der des § 12 Abs. 1 Satz 2 Nr. 2 übereinstimmt (es sind in Abs. 1 nicht genannt die Ersatzbauten, Ersatzanlagen und durch die Sanierung bedingten Gemeinbedarfs- und Folgeeinrichtungen), es ist aber wohl nicht daran zu zweifeln, daß beide Vorschriften denselben Inhalt haben sollen. Es kommen also bei § 50 für den „Fortfall der Rechtswirkungen" nur Grundstücke in Frage, auf denen Baumaßnahmen i. S. von § 12 Abs. 1 Satz 2 Nr. 2 (siehe Anm. dort) durchgeführt wurden, und zwar einschließlich der eben genannten Ersatzbauten, Ersatzanlagen usw., die auch außerhalb des Sanierungsgebiets liegen können (vgl. § 12 Anm. 2b; § 12 Abs. 1 Satz 3; ferner unten Anm. 2c).

d) Hinsichtlich der Frage, ob für die Abschlußerklärung auch erforderlich ist, daß die Ordnungsmaßnahmen abgeschlossen sind (vgl. § 12 Abs. 1 Satz 2 Nr. 1), ist zu sagen, daß diese in aller Regel den Baumaßnahmen vorausgehen müssen (vgl. die Formulierung in der eben genannten Bestimmung: „damit die Baumaßnahmen durchgeführt werden können"); so werden Bodenordnung, Umzug der Bewohner und Betriebe, Beseitigung baulicher Anlagen in der Regel den (hierdurch ausgelösten) Baumaßnahmen vorangehen.

2. Die Abschlußerklärung (Abs. 1)

a) Bei der in Abs. 1 angesprochenen behördlichen Maßnahme handelt es sich um die „Abschlußerklärung", d. h. eine Erklärung, daß die Sanierung hinsichtlich eines ganz bestimmten Grundstücks zu Ende gebracht wurde (über die Rechtsfolgen der Erklärung siehe unten Nr. 3).

b) Die Abschlußerklärung setzt einen Antrag des Eigentümers voraus (weil sie nur in seinem Interesse liegt). Von Amts wegen kann die Gemeinde die Erklärung nicht abgeben.

c) Die Formulierung „ein Grundstück in einem förmlich festgelegten Sanierungsgebiet" erscheint nicht ganz zutreffend. Zwar wird es sich (bei der Durchführung von Baumaßnahmen zum Zwecke der Sanierung) in aller Regel um Grundstücke in einem Sanierungsgebiet handeln, es können aber (z. B. bei Ersatzbauten; vgl. hierzu oben Nr. 1) auch Grundstücke außerhalb des Sanierungsgebiets in Frage kommen. Für diese **kann** zwar in einem in Frage kommenden Gebiet (etwa mehrere Grundstücke, auf denen Ersatzbauten errichtet werden) eine — gesonderte — förmliche Festlegung nach § 11 erfolgen, muß es aber nicht (vgl. hierzu § 11 Nr. 1 und § 12 Nr. 2b). Die Abschlußerklärung nach § 50 Abs. 1 (die sich ja nur auf Grundstücke bezieht) kann also durchaus auch hinsichtlich eines Grundstücks ausgesprochen werden, das nicht in einem förmlich festgelegten Sanierungsgebiet liegt. In diesem Fall treten die Rechtsfolgen der Abschlußerklärung (siehe unten Erläut. 3) auch für dieses Grundstück ein.

d) Es entspricht den wohlverstandenen Interessen der Gemeinde und in vielen Fällen auch den der Betroffenen, einen möglichst baldigen Abschluß der Sanierung und damit zugleich einen möglichst frühzeitigen Zeitpunkt für die endgültige Festsetzung des Ausgleichsbetrags zu erreichen. Satz 1 (Bebauung oder Nutzungsaufnahme) setzt nun aber für den individuellen Abschluß der Sanierung voraus, daß die Festsetzungen im SanierungsBebPlan getroffen sind. Wie auch sonst im Baurecht (vgl. u. a. § 33 BBauG) muß jedoch der planreife Entwurf dem rechtsverbindlichen BebPlan gleichgesetzt werden. Deshalb wurde durch Anfügung des **Satzes 2** im Zuge der Novelle vom 6. 7. 1979 klargestellt, daß unter den Voraussetzungen des § 33 BBauG an die Stelle der Festsetzungen des BebPlans dessen künftige Festsetzungen treten. Es muß also nach dem Stand der Planungsarbeiten anzunehmen sein, daß die den individuellen Abschluß der Sanierung rechtfertigende Bebauung oder Nutzungsaufnahme den künftigen Festsetzungen des SanierungsBebPlans nicht entgegenstehen würde. Außerdem muß der durch den vorzeitigen Abschluß der Sanierung Begünstigte die erwähnten zukünftigen Festsetzungen für sich und seine Rechtsnachfolger schriftlich anerkennen. Das in § 33 enthaltene Erfordernis der Sicherung der Erschließung kann hier praktisch entfallen, weil das Grundstück nach § 50 Abs. 1 bereits bebaut sein muß.

e) die Abschlußerklärung ist (im Gegensatz zur „Aufhebung des Sanierungsgebiets" nach § 51, die durch Satzungsaufhebung erfolgen muß) ein Verwaltungsakt, der gegenüber dem Eigentümer des Grundstücks auf seinen Antrag ergeht. Bei Vorliegen der Voraussetzungen besteht ein Rechtsanspruch auf Erlaß der Abschlußerklärung (die Gemeinde „hat" die Erklärung zu erlassen; vgl. im Gegensatz hierzu die Abschlußerklärung nach Abs. 2 Satz 2, wo ausdrücklich erklärt wird, daß ein Rechtsanspruch „in diesem

Falle" nicht besteht). Die Ablehnung kann **verwaltungsgerichtlich** angefochten werden. Die Erklärung ist eine Art Vorabentscheidung für ein bestimmtes einzelnes Grundstück.

3. Vorzeitige Abschlußerklärung (Abs. 2)

a) Abs. 2 gibt die Möglichkeit, die „Abschlußerklärung" auch bereits vor dem in Abs. 1 bestimmten Zeitpunkt (**nach** Durchführung der Bebauung usw.; siehe oben Nr. 1) zu erlassen. Voraussetzung ist, daß die Durchführung der in Abs. 1 aufgeführten Maßnahmen „ohne Gefährdung des Sanierungszwecks zu einem späteren Zeitpunkt erfolgen kann". Der Sanierungszweck darf also durch den vorzeitigen Ausspruch der Abschlußerklärung nicht beeinträchtigt werden, d. h. die Durchführung der in Abs. 1 angeführten Maßnahmen muß gewährleistet sein. Hier sind alle in Frage kommenden Einzelgesichtspunkte genau zu prüfen, und die Gemeinde wird von der Möglichkeit des Abs. 2 nur sehr vorsichtig Gebrauch machen, denn sie muß sich darüber im klaren sein, daß auch durch die Abschlußerklärung nach Abs. 2 die Anwendung der Vorschriften in den §§ 15 bis 18 sowie 22 bis 31 entfällt und eine Reihe von Verwaltungsakten (z. B. Genehmigungen nach § 15, Abbruch-, Bau- und Modernisierungs- und Instandsetzungsgebote, Beendigungen von Miet- und Pachtverhältnissen) nicht mehr erlassen werden kann. Ein Rechtsanspruch auf den Erlaß der vorzeitigen Abschlußerklärung besteht nicht (im Gegensatz zur Abschlußerklärung nach Abs. 1 — siehe oben Nr. 2 d).

b) Bis zur Novelle von 1979 (inkraftgetreten 1. 8. 1979) mußte auf die bereits vorhandenen Festsetzungen des BebPlans abgestellt werden. Entsprechend der Änderung des **Satzes 1** kann es nunmehr ausreichen, daß die sanierungsgemäße Bebauung später möglich ist und die Herausnahme des Grundstücks aus der Sanierung den Sanierungszweck nicht gefährdet.

c) Der im RegE zur Novelle 1979 enthaltene Vorschlag einer Änderung auch des Satzes 2, die „praktisch wie die Schaffung eines Rechtsanspruchs auf vorzeitige Entlassung einzelner Grundstücke aus dem Sanierungsgebiet in den Fällen des Satz 1 wirkte" (BR-DS 8/446 zu 27) stieß auf entschiedenen Widerspruch des BR und wurde fallengelassen (BT-DS 8/2451 zu 27).

d) Eine Sanierungssatzung kann nicht automatisch außer Kraft treten (siehe BVerwG vom 20. 10. 1978, nachfolgend Nr. 5).

4. Rechtsfolgen der Abschlußerklärung (Abs. 3)

a) Das Grundstück, für das die Abschlußerklärung abgegeben wird, wird zwar nicht aus dem Sanierungsgebiet herausgenommen, aber es wird eine Reihe von Rechtsvorschriften hinsichtlich dieses Grundstücks nicht mehr angewendet, und zwar handelt es sich um sämtliche in den §§ 15 bis 32 enthaltenen Regelungen (Dritter Abschnitt: „Besondere bodenrechtliche Vorschriften" und Vierter Abschnitt: „Miet- und Pachtverhältnisse"). Alle übrigen Vorschriften bleiben weiterhin anwendbar, vor allem die Vorschriften über die Sanierungsträger und die Finanzierungsvorschriften; es können insbesondere nach den letzteren Bestimmungen Ausgleichsbeträge verlangt und ein Überschuß verteilt werden.

b) Die Löschung des Sanierungsvermerks im Grundbuch (§ 5 Abs. 4) geschieht auf Ersuchen der Gemeinde; es wird sich auch hier um eine Anweisung des Gesetzgebers an die Gemeinde handeln, dieses Ersuchen zu stellen. Die gegenüber § 51 Abs. 5 unterschiedliche Formulierung in § 50 Abs. 3 dürfte ohne Bedeutung sein (a. M. Gaentzsch, StBauFG, § 50 Anm. 1). Auch der Ausschuß für Städtebau- und Wohnungswesen war der Auffassung, daß die Gemeinde für die Löschung des Sanierungsvermerks „zu sorgen hat" (BT-DS 6/2204 zu § 50).

c) Der durch die **Novelle 1979** angefügte **Satz 2** stellt klar, daß nach einem individuellen Sanierungsabschluß (Absätze 1 und 2) Maßnahmen zur Verwirklichung des Sanierungszwecks nach dem allgemeinen Baurecht möglich bleiben. Dies gilt vor allem für Maßnahmen zur Planverwirklichung sowie für Modernisierungs- und Instandsetzungsgebote.

5. Rechtsprechung

BVerwG U vom 20. 10. 1978 (4 C 48.76) BauR 1979, 139 = DVBl. 1970, 153

Weder der Zeitablauf noch eine unzureichend zügige Förderung der Sanierung haben zur Folge, daß die zugrunde liegende Sanierungssatzung automatisch außer Kraft tritt; beides kann jedoch bei der Prüfung der im Gesetz vorgesehenen Gründe für eine Genehmigungsversagung von Belang sein.

§ 51

Aufhebung der förmlichen Festlegung des Sanierungsgebiets

(1) Ist die Sanierung durchgeführt, so ist die Satzung der Gemeinde über die förmliche Festlegung des Sanierungsgebiets aufzuheben.

(2) Erweist sich die Sanierung als undurchführbar, insbesondere, weil die erforderlichen Finanzierungsmittel nicht beschafft werden können, oder wird die Sanierungsabsicht aus anderen Gründen aufgegeben, so ist die Satzung über die förmliche Festlegung des Sanierungsgebiets aufzuheben. Sind diese Voraussetzungen nur für einen Teil des Sanierungsgebiets gegeben, so ist die Satzung für diesen Teil aufzuheben.

(3) Der Beschluß der Gemeinde, durch den die förmliche Festlegung des Sanierungsgebiets ganz oder teilweise aufgehoben wird, ergeht als Satzung. Er bedarf der Genehmigung der höheren Verwaltungsbehörde; die Vorschrift des § 6 Abs. 2 bis 4 des Bundesbaugesetzes gilt entsprechend. Die Satzung ist zusam-

men mit der Genehmigung in der Gemeinde ortsüblich bekanntzumachen. Mit der Bekanntmachung wird die Satzung rechtsverbindlich.

(4) Mit dem Inkrafttreten der Satzung wird die Kenntlichmachung des Sanierungsgebiets oder des Teils des Sanierungsgebiets im Bebauungsplan, im Falle des Absatzes 1 auch im Flächennutzungsplan, gegenstandslos; das gleiche gilt für die Kenntlichmachung der zu beseitigenden Gebäude und sonstigen baulichen Anlagen im Bebauungsplan. Die Pläne sind entsprechend zu berichtigen.

(5) Die Gemeinde ersucht das Grundbuchamt, die Sanierungsvermerke zu löschen.

1. Rechtsnatur der Aufhebung (Abs. 1 und 3)

Während es sich bei der „Abschlußerklärung" nach § 50 um einen Verwaltungsakt handelt (siehe § 50 Erläut. 2d), muß die „Aufhebung" der förmlichen Festlegung des Sanierungsgebiets als Rechtsetzungsakt, nämlich als Satzung der Gemeinde ergehen. Die Vorschriften über den Erlaß der Aufhebungssatzung (Abs. 3) entsprechen weitgehend den Vorschriften über den Erlaß der Satzung über die förmliche Festlegung (§ 5 Abs. 1, 2 und 3).

2. Voraussetzungen der Aufhebung (Abs. 1 und 2)

a) Der Hauptfall der Aufhebung der förmlichen Festlegung ist gegeben, wenn die Sanierung durchgeführt ist, wenn also sämtliche Ordnungs- und Baumaßnahmen abgeschlossen und die Finanzierungs-Ausgleichs- und Entschädigungsfragen geregelt sind (Abs. 1).

b) Die Voraussetzungen für die Aufhebung sind aber auch gegeben, wenn die Sanierung zwar eingeleitet wurde, sich aber im Lauf des Verfahrens herausstellt, daß sie nicht durchgeführt werden kann oder die Sanierungsabsicht aufgegeben wird. Die Undurchführbarkeit kann sich vor allem dann ergeben, wenn die erforderlichen Mittel nicht beschafft werden können. Die Gemeinde hat zwar schon bei den vorbereitenden Untersuchungen nach § 4 „die Möglichkeiten der Planung und Durchführung der Sanierung" und damit auch die Durchführbarkeit in finanzieller Hinsicht zu prüfen, doch kann sich das finanzielle Unvermögen auch später herausstellen (z. B. Nichtgewährung eingeplanter Förderungsmittel). Ferner sind auch Fälle denkbar, in denen (ohne Rücksicht auf finanzielle Erwägungen) die Sanierungsabsicht aufgegeben wird, z. B. wenn sich nach Erlaß des Beschlusses über die förmliche Festlegung des Sanierungsgebiets ergibt, daß die Sanierung anderen wichtigen oder auch vorrangigen Planungen (z. B. Bahn, Post, Verteidigung) zuwiderläuft und daher sinnlos geworden ist. Wegen eines etwaigen Rechts auf Rückübertragung von Grundstücken im Falle der Aufhebung nach § 51 Abs. 2 siehe § 52 und die dortigen Anmerkungen.

c) Schließlich ist unter den eben in b) angeführten Voraussetzungen eine Teilaufhebung möglich; es muß sich also auch bei der Teilaufhebung um Fälle handeln, in denen die Sanierung sich als undurchführbar erwiesen hat oder die Sanierungsabsicht aus anderen Gründen aufgegeben worden ist (Abs. 2). Eine Teilaufhebung aus Gründen des Abs. 1 (siehe oben Erläut. 2a) ist nicht vorgesehen; hier kann eine Abschlußerklärung nach § 50 in Frage kommen.

3. Rechtswirkungen der Aufhebung (Abs. 4 und 5)

a) Ist die Sanierung durchgeführt und die Satzung nach Abs. 1 aufgehoben, so wird die Kenntlichmachung des förmlich festgelegten Sanierungsgebiets in den Bauleitplänen (vgl. § 10 Abs. 1) gegenstandslos. In den Fällen, in denen die Sanierung sich als undurchführbar erweist (Abs. 2), wird dagegen die Kenntlichmachung im FlNPl. nicht gegenstandslos, weil das Sanierungsgebiet sanierungsbedürftig bleibt (§ 5 Abs. 4 BBauG). In den Fällen ist nur die Kenntlichmachung im BebPl. zu berichtigen, weil die förmliche Festlegung nicht mehr rechtsverbindlich ist. Gegenstandslos wird auch die Kenntlichmachung der zu beseitigenden baulichen Anlagen im BebPl. (§ 10 Abs. 1 und 2), und zwar sowohl im Falle des Abs. 1 als auch im Falle des Abs. 2. Aus Gründen der Verfahrensvereinfachung können die Pläne formlos berichtigt werden.

b) Die Gemeinde ist verpflichtet, beim Grundbuchamt die Löschung des Sanierungsvermerks (§ 5 Abs. 4) zu beantragen (vgl. auch § 50 Abs. 3 Satz 2 und die dortige Erläut. 3).

c) Daß eine Sanierungssatzung nicht automatisch außer Kraft treten kann, hat das BVerwG mit U vom 20. 10. 1978 entschieden, siehe nachfolgend Nr. 4.

4. Rechtsprechung

BVerwG U vom 20. 10. 1978 (4 C 48.76) BauR 1979, 139 = DVBl. 1979, 153

Weder der Zeitablauf noch eine unzureichend zügige Förderung der Sanierung haben zur Folge, daß die zugrunde liegende Sanierungssatzung automatisch außer Kraft tritt; beides kann jedoch bei der Prüfung der im Gesetz vorgesehenen Gründe für eine Genehmigungsversagung von Belang sein.

§ 52

Anspruch auf Rückübertragung

(1) Wird die Satzung über die förmliche Festlegung des Sanierungsgebiets aus den in § 51 Abs. 2 bezeichneten Gründen aufgehoben, so hat der frühere Eigentümer eines Grundstücks einen Anspruch gegenüber dem jeweiligen Eigentümer auf Rückübertragung dieses Grundstücks, wenn es die Gemeinde oder der Sanierungsträger von ihm nach der förmlichen Festlegung des Sanierungsgebiets zur Durchführung der Sanierung freihändig oder nach den Vorschriften

dieses Gesetzes oder des Bundesbaugesetzes ohne Hergabe von entsprechendem Austauschland, Ersatzland oder Begründung von Rechten der in § 101 Abs. 1 Nr. 1 des Bundesbaugesetzes bezeichneten Art erworben hatte.

(2) Der Anspruch besteht nicht, wenn

1. das Grundstück als Baugrundstück für den Gemeinbedarf oder als Verkehrs-, Versorgungs- oder Grünfläche in einem Bebauungsplan festgesetzt ist oder für sonstige öffentliche Zwecke benötigt wird oder

2. der frühere Eigentümer selbst das Grundstück im Wege der Enteignung erworben hatte oder

3. der Eigentümer mit der zweckgerechten Verwendung des Grundstücks begonnen hat oder

4. das Grundstück aufgrund der Vorschriften der §§ 25 oder 35 Abs. 5 an einen Dritten veräußert wurde oder

5. die Grundstücksgrenzen erheblich verändert worden sind.

(3) Die Rückübertragung kann nur binnen zwei Jahren seit der Aufhebung der Satzung über die förmliche Festlegung verlangt werden.

(4) Der frühere Eigentümer hat als Kaufpreis den Verkehrswert zu zahlen, den das Grundstück im Zeitpunkt der Rückübertragung hat.

(5) Die Vorschriften der Absätze 1 bis 4 gelten entsprechend, wenn die Satzung über die förmliche Festlegung eines Ersatz- oder Ergänzungsgebiets (§ 11) aus den in § 51 Abs. 2 bezeichneten Gründen aufgehoben wird,

(6) Ein Anspruch auf Rückenteignung nach § 102 des Bundesbaugesetzes bleibt unberührt. Die dem Eigentümer zu gewährende Entschädigung nach § 103 des Bundesbaugesetzes bemißt sich nach dem Wert des Grundstücks, der sich aufgrund des rechtlichen und tatsächlichen Zustands im Zeitpunkt der Aufhebung der förmlichen Festlegung ergibt.

a) Der federführende Ausschuß für Städtebau und Wohnungswesen hat in seinem schriftlichen Bericht zur Erstfassung des StBauFG (BT-DS 6/2204) folgendes ausgeführt:

„Der Ausschuß war mit Mehrheit der Auffassung, daß davon abgesehen werden soll, im Gesetz im einzelnen zu regeln, ob und welche Entschädigungen zu leisten sind, wenn die Sanierung vorzeitig abgebrochen wird. Er schließt sich insoweit der Auffassung des Rechtsausschusses des Bundesrats (Protokoll der Sitzung des Unterausschusses vom 21. 1. 1970 und des Rechtsausschusses vom 28. 1. 1970) an. Entsprechend der Rechtsprechung des BGH zur zulässigen Dauer einer Veränderungssperre im Umlegungsverfahren (BGH, NJW 1965, S. 2101) wird die von dem betroffenen Grundeigentümer entschädigungslos hinzunehmende Sozialbindung erst dann zur entschädigungspflichtigen Enteignung, wenn das Verfahren sich länger als notwendig hinzieht. In derartigen Fällen wird dem Betroffenen ein Entschädigungsanspruch unmittelbar aus Artikel 14 Abs. 3 GG zugebilligt.

Entsprechendes gilt auch für den Fall, daß in einem an sich sanierungsbedürftigen Gebiet die Sanierung ergebnislos abgebrochen wird. Wenn die Gemeinde sich ohne schuldhaftes Zögern um die Durchführung der Sanierung bemüht hat und alsbald, nachdem sie die Undurchführbarkeit erkennen kann, den Sanierungsbeschluß aufhebt, steht dem Betroffenen ein Anspruch auf Enteignungsentschädigung nicht dafür zu, daß er in einem sanierungsbedürftigen Gebiet zeitweilige Beschränkungen der Ausübung der Befugnisse aus dem Grundeigentum im Rahmen der Sozialbindung ersatzlos hinnehmen mußte.

Anders dagegen ist die Rechtslage, wenn die Gemeinde die Undurchführbarkeit der Sanierung selbst verschuldet oder die alsbaldige Aufhebung des Beschlusses schuldhaft verzögert hat. Der Ausschuß hielt es für problematisch, im Entwurf die Voraussetzungen für derartige Entschädigungsansprüche zu normieren. Die Vielzahl der möglichen Tatbestände ist gesetzlich schwerlich faßbar."

b) Der Gesetzgeber ist jedoch der Auffassung des Städtebauausschusses gefolgt, daß ein (früherer) Eigentümer, der zur Durchführung der Sanierung sein Grundstück freihändig oder nach den Vorschriften des StBauFG oder des BBauG ohne Empfang von entsprechendem Austauschland, Ersatzland oder Begründung von grundstücksgleichen Rechten der in § 101 Abs. 1 Nr. 1 BBauG (früher der in Teilen durch die Novelle 1976 aufgehobene § 22 StBauFG) bezeichneten Art hergegeben hat, einen Anspruch auf Rückübertragung des Grundstücks haben soll, wenn die Sanierung vorzeitig abgebrochen wird (Abs. 1 i. V. mit § 51 Abs. 2); in diesem Fall ist es nicht vertretbar, daß die Gemeinde ausnahmslos die bis zur Aufhebung erworbenen Grundstücke behält. § 52 bestimmt daher, welche Grundstücke rückzuübertragen sind, und legt die Voraussetzungen fest, unter denen ein entsprechender Anspruch geltend gemacht werden kann. § 25 kommt hier nicht mehr zum Zuge; ein Anspruch auf Rückenteignung nach § 102 BBauG wird aber durch die in § 52 getroffene Regelung nicht ausgeschlossen (Abs. 6 Satz 1).

c) Da auch in den Fällen, in denen eine Sanierung vorzeitig abgebrochen wird (§ 51 Abs. 2), die Werte der Grundstücke infolge der in der Zwischenzeit getroffenen Maßnahmen sich erhöht haben können, hat der (frühere) Eigentümer im Falle der Rückübertragung als Kaufpreis den Verkehrswert zu zahlen, den das Grundstück im Zeitpunkt der Rückübertragung hat (Abs. 4). Ebenso bemißt sich die dem (bisherigen) Eigentümer etwa nach § 103 BBauG zu gewährende Entschädigung nach dem Wert des Grundstücks, der sich aufgrund des rechtlichen und tatsächlichen Zustandes im Zeitpunkt der Aufhebung der förmlichen Festlegung ergibt (Abs. 6 Satz 2).

DRITTER TEIL

Entwicklungsmaßnahmen

§ 53

Erklärung zum städtebaulichen Entwicklungsbereich

(1) Die Landesregierung kann den für eine Entwicklungsmaßnahme im Sinne des § 1 Abs. 3 in Betracht kommenden Bereich durch Rechtsverordnung förmlich als städtebaulichen Entwicklungsbereich festlegen, wenn

1. die einheitliche Vorbereitung, Planung und Durchführung der Maßnahme der angestrebten Entwicklung des Landesgebiets und der Region entspricht;
2. das Wohl der Allgemeinheit die Durchführung der Entwicklungsmaßnahme nach diesem Gesetz erfordert;
3. eine zügige Durchführung der Maßnahme innerhalb eines absehbaren Zeitraums gewährleistet und
4. die Bereitstellung der voraussichtlich erforderlichen Mittel aus öffentlichen Haushalten erwartet werden kann.

(2) Der Entwicklungsbereich ist so zu begrenzen, daß sich die Entwicklung zweckmäßig durchführen läßt. Im Zusammenhang bebaute Gebiete können in den Entwicklungsbereich einbezogen werden, wenn zu erwarten ist, daß in diesen Gebieten Maßnahmen nach § 62 durchzuführen sind. Grundstücke der in § 12 Abs. 2 bezeichneten Art, Grundstücke mit Forschungsreaktoren oder Kernkraftwerken sowie Grundstücke, für die gemäß § 1 Abs. 2 des Gesetzes über die Landbeschaffung für Aufgaben der Verteidigung vom 23. Februar 1957 (Bundesgesetzbl. I S. 134), zuletzt geändert durch Gesetz vom 29. November 1966 (Bundesgesetzbl. I S. 653), ein Anhörungsverfahren eingeleitet worden ist, und bundeseigene Grundstücke, bei denen die Absicht, sie für Zwecke der Landesverteidigung zu verwenden, der Landesregierung bekannt ist, dürfen nur mit Zustimmung des Bedarfsträgers in den Entwicklungsbereich einbezogen werden. Die Bedarfsträger sollen ihre Zustimmung erteilen, wenn auch bei Berücksichtigung ihrer Aufgaben ein überwiegendes öffentliches Interesse an der Durchführung der Entwicklungsmaßnahme besteht.

(3) Der Entwicklungsbereich ist in der Rechtsverordnung genau zu bezeichnen.

(4) In den Gemeinden, in deren Gebiet die Entwicklungsmaßnahme durchgeführt werden soll, ist nach Erlaß der Rechtsverordnung auf diese und auf die Genehmigungspflicht nach § 57 Abs. 1 Nr. 3 in Verbindung mit § 15 durch ortsübliche Bekanntmachung hinzuweisen.

(5) Die Gemeinde ersucht das Grundbuchamt, in das Grundbuch einzutragen, daß eine Entwicklungsmaßnahme durchgeführt wird (Entwicklungsvermerk).

1. Allgemeines

Der Begriff der Entwicklungsmaßnahme ist in § 1 Abs. 3 mit drei Varianten festgelegt (siehe Erläut. 3 dort). Die in § 1 aufgeführte Dreistufigkeit „vorbereitet, gefördert und durchgeführt" findet sich in Nr. 1 des Abs. 1 wieder („Vorbereitung, Planung und Durchführung"). Auch die Forderung, daß das Wohl der Allgemeinheit die Durchführung der Entwicklungsmaßnahme erfordert, ist bereits in § 1, und zwar in Abs. 4 Satz 1 normiert. Anders wie bei Sanierungsmaßnahmen bedarf es bei den Entwicklungsmaßnahmen nicht der umfangreichen vorbereitenden Untersuchungen und Stellungnahmen (§ 4).

Nicht alle Entwicklungsmaßnahmen bedürfen der Förderung durch das StBauFG im Rahmen einer Verordnung der Landesregierung; es gibt Maßnahmen, die für die Landes- oder Regionalentwicklung nicht so bedeutend sind oder die zunächst zurückgestellt werden müssen, weil vorerst keine Mittel zur Verfügung gestellt werden können. Die Festlegung des Entwicklungsbereichs hängt eng mit der Landesplanung und Landesentwicklung zusammen.

§ 53 hat einige unbestimmte Rechtsbegriffe zum Inhalt („erfordert", „gewährleistet", „erwartet werden", „überwiegendes öffentliches Interesse"), die voll der verwaltungsgerichtlichen Nachprüfung unterliegen. Im Ausschußbericht (BT-DS 6/434) wurde ausdrücklich darauf hingewiesen, daß sich Beschwerdemöglichkeiten für die Eigentümer und Nutzungsberechtigten über Normenkontrollverfahren (§ 47 VwGO) in den Ländern Bayern, Baden-Württemberg, Hessen, Schleswig-Holstein und Bremen ergeben können. Mit der Änderung des § 47 VwGO durch G vom 26. 8. 1976 ist das Normenkontrollverfahren in bezug auf BBauG und StBauFG nunmehr für alle Länder bundesrechtlich eingeführt (§ 47 Abs. 1 VwGO).

2. Rechtsverordnung der Landesregierung (Abs. 1)

Ungeachtet dessen, daß formale Vorbereitungsmaßnahmen hier entfallen, wird es im Verwaltungsbereich eingehender Maßnahmen bedürfen, ehe die Landesregierung durch Verordnung Entwicklungsbereiche festlegt. Die in Abs. 1 genannten vier Voraussetzungen müssen nebeneinander (vgl. in Nr. 3 „und") gegeben sein. Bei den in § 1 Abs. 3 genannten Entwicklungsmaßnahmen genügt wahlweise eine der drei Voraussetzungen (Schaffung neuer Orte, Entwicklung vorhandener Orte zu neuen Siedlungseinheiten, Erweiterung vorhandener Orte um neue Ortsteile).

Die Entwicklungsmaßnahmen selbst werden, wie sich aus § 54 ergibt, von der Gemeinde (oder einem Verband nach Abs. 4 dort) vorbereitet und ausgeführt.

Der Ausdruck „städtebaulicher Entwicklungsbereich" ist eine für die Rechtsverordnung typische Bezeichnung.

Die zahlreichen Beschränkungen, die sich aus der verordnungsmäßigen Erklärung zum Entwicklungsbereich ergeben, sind aus § 57 Abs. 1 zu entnehmen. Das bedeutet u. U. Beschwerde von Betroffenen, die Durchführung von Vorhaben beabsichtigen oder genehmigungspflichtige Handlungen vornehmen wollen. Wie schon oben angedeutet, ist ein Vorgehen gegen die Verordnung selbst nur im Wege der allenfalls in den betreffenden Bundesländern vorgesehenen Normenkontrolle beim OVG möglich. Der Rechtsschutz gegen die Beschwerde im einzelnen ergibt sich aus der VwGO bzw. aus den besonderen Vorschriften des § 86 Abs. 2 dieses Gesetzes (Antrag auf gerichtl. Entscheidung vor den Baulandkammern).

3. Begrenzung und Bezeichnung des Entwicklungsbereichs (Abs. 2 und 3)

a) Was nach § 3 Abs. 1 Satz 2 für das Sanierungsgebiet gilt, ist für den Entwicklungsbereich in gleicher Weise in § 53 **Abs. 2 Satz 1** festgelegt. Ähnliches gilt für **Satz 3**, der für das Sanierungsgebiet dem § 12 Abs. 2 in etwa entspricht; im Entwicklungsbereich wird zusätzlich die Einbeziehung der hier in Satz 3 genannten besonderen Grundstücke von der Zustimmung des Bedarfsträgers abhängig gemacht. Während in Sanierungsgebieten die bestimmten öffentlichen Zwecken dienenden Grundstücke in dieses Gebiet automatisch einbezogen sind, dürfen sie in den Entwicklungsbereich nur mit Zustimmung des Bedarfsträgers einbezogen werden; die Einbeziehung ohne diese Zustimmung macht die Gültigkeit dieses Teils der Verordnung so lange schwebend unwirksam, solange nicht die Zustimmung (nachträglich) erteilt ist.

b) Zur flexibleren Gestaltung der Anwendung des StBauFG wurde im Rahmen des Beschleunigungsgesetzes v. 6. 7. 1979 in Abs. 2 ein neuer Satz 2 eingefügt, der die Einbeziehung im Zusammenhang bebauter Ortsteile (Rechtsbegriff, siehe § 34 BBauG) unter den Voraussetzungen des § 62 (siehe dort) in den Entwicklungsbereich ermöglicht.

c) Abs. 3 entspricht der Rechtssicherheit. Die gleichlautende Vorschrift für die Sanierungsgebiete findet sich in § 5 Abs. 1 Satz 2. Genau wie die Rechtsprechung für Landschafts- oder Naturschutzverordnungen die genaue Bezeichnung der Grenzen durch Angabe der Grundstücke (Flurnummern) fordert, so ist auch der Entwicklungsbereich in seinen Abgrenzungen genau, d. h. unter Setzung von klaren Grenzbezeichnungen, festzulegen.

4. Maßnahmen der Gemeinde (Abs. 4 und 5)

Die ortsübliche Bekanntmachung ist der übliche Weg der Mitteilung an die Öffentlichkeit (vgl. für BebPl., also Rechtsnormen, § 12 BBauG). Die Ortsüblichkeit ergibt sich aus den Vorschriften der Gemeinde (Gemeindeordnungen) oder aus Herkömmlichkeit (z. B. Veröffentlichung im Amtsblatt, Anschlag an der Gemeindetafel u. a.).

§ 54

Zuständigkeit und Aufgaben

(1) Die Entwicklungsmaßnahme wird von der Gemeinde vorbereitet und durchgeführt, sofern nicht nach Absatz 4 eine abweichende Regelung getroffen wird. Die Gemeinde hat für den städtebaulichen Entwicklungsbereich ohne Verzug Bebauungspläne aufzustellen und, soweit eine Aufgabe nicht nach sonstigen gesetzlichen Vorschriften einem anderen obliegt, alle erforderlichen Maßnahmen zu ergreifen, um die vorgesehene Entwicklung im städtebaulichen Entwicklungsbereich zu verwirklichen. § 8 Abs. 1 Satz 3 und § 10 Abs. 7 sind entsprechend anzuwenden.

(2) Die Gemeinde hat die Voraussetzungen dafür zu schaffen, daß ein lebensfähiges örtliches Gemeinwesen entsteht, das nach seinem wirtschaftlichen Gefüge

und seiner bevölkerungsmäßigen Zusammensetzung dem Zweck der städtebaulichen Entwicklungsmaßnahme entspricht, und in dem eine ordnungsmäßige und zweckentsprechende Versorgung der Bevölkerung mit Gütern und Dienstleistungen sichergestellt ist.

(3) Die Gemeinde soll die Grundstücke im städtebaulichen Entwicklungsbereich erwerben. Dabei soll sie feststellen, ob und in welcher Rechtsform die bisherigen Eigentümer einen späteren Erwerb von Grundstücken oder Rechten im Rahmen des § 59 Abs. 2 anstreben. Die Gemeinde soll von dem Erwerb eines Grundstücks absehen, wenn

1. bei einem baulich genutzten Grundstück die Art und das Maß der baulichen Nutzung bei der Durchführung der Entwicklungsmaßnahme nicht geändert werden sollen oder

2. der Eigentümer auf einem unbebauten Grundstück für sich ein Eigenheim oder eine Kleinsiedlung bauen will und durch dieses Vorhaben der Zweck der Entwicklungsmaßnahme nicht beeinträchtigt wird.

Erwirbt die Gemeinde ein Grundstück nicht, so ist der Eigentümer verpflichtet, einen Ausgleichsbetrag an die Gemeinde zu entrichten, der der durch die Entwicklungsmaßnahme bedingten Erhöhung des Werts seines Grundstücks entspricht. Die Vorschriften des § 41 Abs. 4 bis 11 gelten entsprechend.

(4) Wenn es zur Vorbereitung und Durchführung der Entwicklungsmaßnahme geboten ist, kann die Landesregierung durch Rechtsverordnung bestimmen, daß ein Gemeindeverband oder ein Verband, an dessen Willensbildung die Gemeinde oder der zuständige Gemeindeverband beteiligt ist, diese Aufgabe wahrnimmt. In der Rechtsverordnung kann auch eine andere Gemeinde oder ein Landkreis mit der Wahrnehmung der Aufgabe beauftragt werden, wenn die betroffene Gemeinde zustimmt oder wenn ihr Gemeindegebiet nur in geringem Umfang berührt wird. In diesem Fall tritt für den städtebaulichen Entwicklungsbereich der in der Rechtsverordnung bestimmte Rechtsträger bei Anwendung des Bundesbaugesetzes oder dieses Gesetzes an die Stelle der Gemeinde. Nach Aufhebung der Erklärung zum städtebaulichen Entwicklungsbereich gelten die von dem Rechtsträger aufgestellten Pläne als Bauleitpläne der Gemeinde.

(5) Soll ein Planungsverband zur Wahrnehmung der Vorbereitung und Durchführung der Entwicklungsmaßnahme bestimmt werden, so ist für den Zusammenschluß nach § 4 Abs. 2 des Bundesbaugesetzes der Antrag eines Planungsträgers oder der für die Landesplanung nach Landesrecht zuständigen Stelle nicht erforderlich.

1. Vorbereitung und Durchführung durch die Gemeinde (Abs. 1 und 2)

a) Was für das Sanierungsgebiet § 8 Abs. 1 vorschreibt, wird hier für den Entwicklungsbereich festgelegt. Bei Entwicklungsmaßnahmen handelt es sich um in sich geschlossene städtebauliche Vorhaben. Zur Ordnung der städtebaulichen Entwicklung dieses Gebiets reicht es in der Regel nicht aus, wenn die Gemeinde nach § 2 Abs. 2 BBauG einen BebPl. aufstellt. Bei einer so umfangreichen Maßnahme, wie sie die Festlegung eines Entwicklungsbereichs darstellt, wird die Aufstellung des vorbereitenden Bauleitplanes, des FlNPl., kaum zu umgehen sein. Trotzdem hat das Gesetz dies nicht vorgesehen, und zwar auf Vorschlag des federführenden Ausschusses für Städtebau- und Wohnungswesen. Da der BebPl. grundsätzlich aus dem FlNPl. heraus entwickelt wird, ist die Änderung der Regierungsvorlage um so weniger verständlich, als Abs. 1 der Gemeinde ein großes Maß an verantwortungsvollen Aufgaben im Selbstverwaltungsbereich zuweist. Das Gesetz fordert von der Gemeinde diese Aufstellung der BebPl. „ohne Verzug", das heißt ohne schuldhaftes Verzögern; dazu kommt die Generalklausel, alle erforderlichen Maßnahmen zu ergreifen. Eine Einschränkung ist nur insoweit vorgesehen, als Gesetze die notwendigen Aufgaben anderen zugewiesen haben oder zuweisen. Auch wird hier schon auf die übergemeindliche Verlagerung hingewiesen, die in Abs. 4 vorgesehen ist.

b) Zur Klarstellung wurde durch die Novelle 1979 dem Abs. 1 ein neuer Satz 3 angefügt, der auf die ebenfalls durch das Gesetz vom 6. 7. 1979 eingefügten Vorschriften in § 8 Abs. 1 (Satz 3) und § 10 (Abs. 7) Bezug nimmt.

c) Abs. 2 stellt mehr einen Programmsatz dar als einen klar umrissenen Gesetzestatbestand. Zum Verständnis der Formulierung dieses Absatzes diene der RegE (BT-DS VI/510, S. 47), in dem es heißt:

„Entwicklungsmaßnahmen ... können ... ihrem Wesen nach nicht oder nur in recht geringem Umfang auf bereits bestehende Einrichtung zurückgreifen. Die neue Siedlungseinheit wird mit den erforderlichen kommunalen Einrichtungen und Anlagen im wesentlichen insgesamt neu geschaffen."

2. Grunderwerb durch die Gemeinde (Abs. 3)

Die Fassung des Abs. 3 ist das Ergebnis längerer Auseinandersetzungen unter den Parteien des BT bei der Beratung der Erstfassung. Man einigte sich auf die Sollvorschrift des Satzes 1. Dies bedeutet eine Verpflichtung, von der nur Abstand genommen werden darf, wenn die besonderen Umstände des Falles dies rechtfertigen. Nur beispielsweise steht Satz 3, der nicht die beiden einzigen Fälle anführt, die die Gemeinde aus ihrer Verpflichtung befreien können. Bei ihm handelt es sich ebenfalls um eine Sollvorschrift.

Der Sinn der Vorschrift liegt darin, daß mit ihr eine Regulierung des Bodenverkehrs erreicht werden soll, insbesondere zur Ausschaltung von Gewinnen, die einzelne aus den Maßnahmen der Gemeinde durch Aufwertung ihrer Grundstücke ziehen könnten. Grundsätzlich geschieht der Erwerb durch die Gemeinde freihändig. Im Zusammenhang mit der Erwerbspflicht ist auch auf § 57 Abs. 3 (Enteignung) zu verweisen, ferner auf § 56 (Übernahmeverlangen) und § 59 Abs. 3 (Veräußerungspflicht der Gemeinde) — siehe die Anmerkungen dort.

Ebenso wie Grundstückserwerber die Wertsteigerung bei der beabsichtigten oder rechtlichen Neuordnung des Entwicklungsgebietes mitbezahlen müssen, müssen sie Ausgleichsbeträge entrichten, wenn bebaute oder unbebaute Grundstücke vom Erwerb ausgenommen werden. Die entsprechende Anwendung des § 41 Abs. 4 bis 10 bedeutet, daß die Modalitäten beim Ausgleichsbetrag sowie die Zulässigkeit einer Vereinbarung zwischen Gemeinde und Eigentümer über einen höheren Ausgleichsbetrag (siehe Anm. bei § 41) übernommen werden.

3. Rechtsverordnung über Aufgabenverlagerung (Abs. 4)
Die unterschiedliche Leistungsfähigkeit der Gemeinden oder das Hinübergreifen der Entwicklungsmaßnahmen über den Bereich einer Gemeinde hinaus gebietet es, eine Aufgabenverlagerung vornehmen zu können. Sie soll durch Rechtsverordnung erfolgen. Die Gemeindeverbände sind je nach den Landesgesetzen verschieden bezeichnet (Verwaltungsgemeinschaft, Verbandsgemeinde u. a.), die Planungsverbände werden im § 4 Abs. 4 bis 7 BBauG angesprochen. Genau wie Kosten anteilmäßig auf die beteiligten Gemeinden umgelegt werden, so sind auch Überschüsse dementsprechend zu verteilen. Bei der Bestimmung eines Planungsverbands kann auf den nach § 4 Abs. 2 BBauG erforderlichen Antrag verzichtet werden.

4. Bestimmung des Planungsverbands (Abs. 5)
Abs. 5 wurde durch das ÄndG vom 18. 8. 1976 erweitert, und zwar durch Aufnahme der nach Landesrecht zuständigen Landesplanungsstelle. Diese und — wie vor der Novelle 1976 — der Planungsträger bedürfen **keines Antrags** für einen Zusammenschluß nach § 4 Abs. 2 BBauG im Rahmen der Entwicklungsmaßnahmen nach dem StBauFG.

§ 55

Entwicklungsträger

(1) Die Gemeinde kann einen Entwicklungsträger beauftragen,
1. **die städtebauliche Entwicklungsmaßnahme vorzubereiten und durchzuführen,**
2. **Mittel, die die Gemeinde zur Verfügung stellt oder die ihr gewährt werden, oder sonstige der Entwicklungsmaßnahme dienende Mittel zu bewirtschaften.**

Auf Verlangen der zuständigen obersten Landesbehörde ist die Gemeinde verpflichtet, einen Entwicklungsträger zu beauftragen.
(2) Die Gemeinde darf die Aufgabe nur einem Unternehmen übertragen, dem die zuständige Behörde bestätigt hat, daß es die Voraussetzungen für die Übernahme der Aufgaben als Entwicklungsträger erfüllt; § 34 findet mit der Maßgabe entsprechende Anwendung, daß die Bestätigung nur für den einzelnen Fall ausgesprochen werden darf.

(3) Der Entwicklungsträger erfüllt die ihm von der Gemeinde übertragenen Aufgaben in eigenem Namen für Rechnung der Gemeinde als deren Treuhänder. Die Vorschrift des § 33 Abs. 3 und 4, des § 35 Abs. 2 bis 4 sowie der §§ 36 und 37 gelten entsprechend.
(4) Der Entwicklungsträger ist verpflichtet, die Grundstücke des Treuhandvermögens nach Maßgabe des § 59 zu veräußern; er ist dabei an die Weisungen der Gemeinde gebunden.

1. Beauftragung eines Entwicklungsträgers durch die Gemeinde (Abs. 1 und 2)

Auch hier finden sich Parallelen zur Regelung der Sanierung. Dort ist es der Sanierungsträger (vgl. § 33), hier der Entwicklungsträger. Anders wie in § 34 für den Sanierungsträger entfällt für den Entwicklungsträger eine allgemeine Bestätigung seiner Aufgaben; **Abs. 2** zweiter Halbsatz legt vielmehr ausdrücklich fest, daß die Bestätigung nur für den einzelnen Fall ausgesprochen werden darf. Daß in den Aufgaben der Grundstückserwerb inbegriffen ist, und zwar in ganz wesentlichem Umfang, ergibt sich aus Abs. 4 (siehe unten).

Zum Unterschied der Beauftragung eines Sanierungsträgers kann die Gemeinde durch die zuständige oberste Landesbehörde zur Beauftragung des Entwicklungsträgers gezwungen werden. Dies ergibt sich aus der überörtlichen Bedeutung der Festlegung eines Entwicklungsgebiets durch Rechtsverordnung.

2. Aufgaben des Entwicklungsträgers (Abs. 3 und 4)

Auch der Entwicklungsträger wird als Treuhänder tätig **(Abs. 3)** und erfüllt die Aufgaben auf Rechnung der Gemeinde. Ausdrücklich wird auf entsprechende Vorschriften über den Sanierungsträger verwiesen (Auftragserteilung bereits vor Festlegung des Sanierungsgebiets, Ausschluß der Übertragung hoheitlicher Befugnisse, schriftlicher Vertrag, Auskunftspflicht des Trägers, Prüfungsbericht, Treuhandvermögen und seine Sicherung).

In **Abs. 4** wird § 59 ausdrücklich in die Regelung einbezogen. Dies bedeutet, daß auch den Entwicklungsträger eine Veräußerungspflicht trifft, und zwar im dort bezeichneten Ausmaß. Grundstücke, die für öffentliche Zwecke bestimmt sind und die nicht veräußert werden können, sind an die Gemeinde zu übertragen (vgl. Abs. 3 Satz 2 i. V. mit § 36 Abs. 6 Satz 2).

Der Entwicklungsträger darf auch nicht die vor Auftragserteilung selbst erworbenen und in das Treuhandvermögen eingebrachten Grundstücke behalten; dies folgt aus der Nichtanwendbarkeit der Abs. 5 ff. des § 35. Die Weisungsgewalt der Gemeinde ist nicht unbegrenzt; die Bindung wird durch § 59 abgegrenzt.

§ 56

Übernahmeverlangen

(1) Der Eigentümer eines im städtebaulichen Entwicklungsbereich gelegenen Grundstücks kann von der Gemeinde die Übernahme des Grundstücks verlangen, wenn es ihm mit Rücksicht auf die Erklärung zum städtebaulichen Entwicklungsbereich oder den Stand der Entwicklungsmaßnahme wirtschaftlich nicht mehr zuzumuten ist, das Grundstück zu behalten oder es in der bisherigen oder einer anderen zulässigen Art zu nutzen. Liegen die Flächen eines land- oder forstwirtschaftlichen Betriebs sowohl innerhalb als auch außerhalb des städtebaulichen Entwicklungsbereichs, so kann der Eigentümer von der Gemeinde die Übernahme sämtlicher Grundstücke des Betriebs verlangen, wenn die Erfüllung des Übernahmeverlangens für die Gemeinde keine unzumutbare Belastung bedeutet; die Gemeinde kann sich auf eine unzumutbare Belastung nicht berufen, soweit die außerhalb des Entwicklungsbereichs gelegenen Grundstücke nicht mehr in angemessenem Umfang baulich oder wirtschaftlich genutzt werden können.

(2) Kommt eine Einigung über die Übernahme nicht zustande, so kann der Eigentümer die Entziehung des Eigentums an dem Grundstück verlangen. Für die Entziehung des Eigentums gelten die Vorschriften des Fünften Teils des Bundesbaugesetzes entsprechend.

1. Übernahmeverlangen des Eigentümers (Abs. 1)

Drei Voraussetzungen müssen alternativ gegeben sein, um die Rechte des Eigentümers auszulösen, von der Gemeinde die Übernahme eines im Entwicklungsbereich gelegenen Grundstücks zu verlangen: Unzumutbarkeit, das Grundstück zu behalten oder es in der bisherigen Art zu nutzen oder es in einer anderen Art zu nutzen. Der Übernahmeanspruch entspricht in weitgehendem Umfang denjenigen bei Ersatz- und Ergänzungsgebieten (§ 11 Abs. 3), im Sanierungsgebiet (§ 15 Abs. 7) und auch dem § 40 Abs. 2 Nr. 1 BBauG.

Die Sonderbestimmung des Satzes 2 für land- und forstwirtschaftliche Flächen beruhen auf einem Vorschlag des BR (BR-DS I/70 zu § 47 Abs. 1 E).

2. Verlangen der Eigentumsentziehung (Abs. 2)

Auch hier kann auf die fast gleichlautende Vorschrift in § 11 Abs. 3 Satz 3 und 4 sowie auf die § 11 Abs. 7 Satz 3 und 4 sowie § 40 Abs. 5 BBauG hingewiesen werden.

Im Zusammenhang mit § 56 ist auch auf § 59 Abs. 4 zu verweisen.

3. Rechtsschutz

Da § 56 dem § 40 Abs. 2 BBauG im wesentlichen gleich ist und dort gemäß § 157 Abs. 1 BBauG die Zuständigkeit der **Baulandkammer** beim Landgericht normiert ist, besteht hier der gleiche Rechtsschutz, also die Möglichkeit, Antrag auf Entscheidung der Baulandkammer zu stellen.

§ 57

Besondere Vorschriften für den Entwicklungsbereich

(1) Im städtebaulichen Entwicklungsbereich gelten entsprechend die Vorschriften des

1. § 4 Abs. 2 und 2 a. Satz 1 Nr. 2 und Satz 2 sowie § 8 Abs. 2 (Sozialplan),
2. § 6 Abs. 1 bis 7 (Wirkung der förmlichen Festlegung),
3. § 15 (Genehmigungspflichtige Vorhaben und Rechtsvorgänge),
4. § 17 (Vorkaufsrecht) und § 18 (Gemeindliches Grunderwerbsrecht); die Gemeinde hat das Vorkaufs- oder Grunderwerbsrecht zugunsten des Entwicklungsträgers auszuüben, wenn dieser es verlangt,
5. § 22 Abs. 3 (Besondere Vorschriften über die Enteignung),
6. § 23 (Bemessung von Ausgleichs- und Entschädigungsleistungen) und
7. der §§ 26 bis 31 (Miet- und Pachtverhältnisse).

(2) Die Vorschriften des Vierten Teils des Bundesbaugesetzes über die Umlegung und die Grenzregelung finden im städtebaulichen Entwicklungsbereich keine Anwendung.

(3) Die Enteignung ist im städtebaulichen Entwicklungsbereich ohne Bebauungsplan zugunsten der Gemeinde oder des Entwicklungsträgers zur Erfüllung ihrer Aufgaben zulässig. Sie setzt voraus, daß der Antragsteller sich ernsthaft um den freihändigen Erwerb des Grundstücks zu angemessenen Bedingungen bemüht hat. Die Vorschriften der §§ 85 und 87 bis 89 des Bundesbaugesetzes finden im städtebaulichen Entwicklungsbereich keine Anwendung.

(4) Auf land- oder forstwirtschaftlich genutzte Grundstücke ist § 23 mit der Maßgabe anzuwenden, daß in den Gebieten, in denen sich kein von dem innerlandwirtschaftlichen Verkehrswert abweichender Verkehrswert gebildet hat, der Wert maßgebend ist, der in vergleichbaren Fällen im gewöhnlichen Geschäftsverkehr auf dem allgemeinen Grundstücksmarkt dort zu erzielen wäre, wo keine Entwicklungsmaßnahmen vorgesehen sind.

1. Anwendung von Vorschriften über Sanierungsgebiete für den Entwicklungsbereich (Abs. 1)

a) Neben den in verschiedenen vorangegangenen Vorschriften genannten Bezugnahmen auf Vorschriften über die Sanierungsgebiete nennt Abs. 1 vierzehn weitere Paragraphen. Daraus ergibt sich **die Nichtanwendung** folgender Vorschriften:

die Umlegung (vgl. Abs. 2);
die Voraussetzungen für die Enteignung nach § 22 Abs. 2; nach Abs. 3 wird nur der ernsthafte Versuch des freihändigen Erwerbs vorausgesetzt;
anstelle von § 25 gilt im Entwicklungsbereich der fast gleiche § 59.

b) Die in der Erstfassung des StBauFG noch aufgeführten §§ 19, 20 Abs. 1 Satz 1 und Abs. 2 und 3 sowie 21 sind durch die Novelle vom 18. 8. 1976 gestrichen worden, so daß die alten Nrn. 5, 6 und 7 entfallen sind; das gleiche gilt für die Anführung der früheren Absätze 4 bis 8 von § 22 und des § 32. Durch die Novelle 1979 wurde die Nr. 1 des Abs. 1 durch die in § 4 eingefügten Bestimmungen (Abs. 2 a) erweitert.

c) Verwaltungsakte nach § 57 hinsichtlich des gemeindlichen Grunderwerbsrechts können nur durch Antrag auf gerichtliche Entscheidung durch die Baulandkammern (Baulandsenate) angefochten werden.

d) Schon der RegE hatte eine weitgehende Anpassung der für Entwicklungsmaßnahmen notwendigen Handhaben in ihrer rechtlichen Ausgestaltung an das für Sanierungsmaßnahmen bereitgestellte Instrumentarium vorgesehen (BT — zu DS 6/2204 § 57). Doch wurden vom federführenden Ausschuß weitere Vorschriften (Nr. 1 und 7 = alle Nr. 10) aufgenommen. Insbesondere wurde die Anwendung der Vorschriften über den Sozialplan als praktisch wertvoll angesehen. **Nr. 4** hat insofern besondere Bedeutung, als hier ausdrücklich festgelegt ist, daß die Gemeinde das Vorkaufs- und Grunderwerbsrecht zugunsten des Entwicklungsträgers auszuüben hat, sobald dieser es verlangt; damit wird dieser aus der Rolle des von der Gemeinde Beauftragten herausgedrängt.

2. Nichtanwendung von Vorschriften des Bundesbaugesetzes (Abs. 2 und 3)

Der Ausschluß der Umlegung und Grenzregelung im Entwicklungsbereich ist verschiedentlich kritisiert worden (vgl. Gehrmann, § 57 zu Abs. 2). Die Kritik erscheint berechtigt, weil die Enteignung ultima ratio sein soll, und die Gemeinde über die Umlegung in einer durchaus weniger harten Form ihre Ziele durchsetzen kann. Da Abs. 2 eine sehr weitgehende Zulässigkeit der Enteignung ermöglicht, ist für die weniger weitgehenden Vorschriften des BBauG über die Zulässigkeit der Enteignung kein Raum. Die Veräußerungspflicht (§ 89 BBauG) ist für den Entwicklungsbereich anders gelagert (§ 59 StBauFG).

3. Sonderregelung für Grundstücke der Land- und Forstwirtschaft (Abs. 4)

Durch Abs. 4 wird § 23 Abs. 2 dahin abgeändert, daß bei den land- und forstwirtschaftlichen Grundstücken ohne Bau- und Entwicklungserwartung ein höherer Wert als der — geringe — landwirtschaftliche Grundstückswert angesetzt wird. Es handelt sich somit um einen modifizierten Verkehrswert (§ 142 BBauG), der aufgrund Vorschlags des federführenden Ausschusses

(BT — zu DS 6/2204 zu § 57) eingefügt wurde. Es handelt sich hier um eine zugunsten der Land- und Forstwirtschaft abweichende Regelung vom Grundsatz des Gesetzes, Werterhöhungen, die lediglich in der Erwartung von Maßnahmen der öffentlichen Hand entstehen können, auszuschalten. Ob die Vorschrift mit dem Gleichheitssatz des Art. 3 GG und auch mit Art. 14 Abs. 3 Satz 3 GG („gerechte Abwägung der Interessen der Allgemeinheit und der Beteiligten" bei Entschädigung) vereinbar ist, ist fraglich, da hier Grundstücke ohne Bauerwartungsland-Wert mit solchen mit Bauerwartungsland-Wert gleichgesetzt werden.

4. Rechtsweg

Nach der ausdrücklichen Vorschrift des § 86 Abs. 2 können Verwaltungsakte nach § 37 hinsichtlich des gemeindlichen Grunderwerbsrechts nur durch Antrag auf gerichtliche Entscheidung vor den Baulandgerichten (§ 157 BBauG) angefochten werden.

§ 58

Finanzierung der städtebaulichen Entwicklungsmaßnahme

Mittel des Bundes, der Länder, Gemeinden und Gemeindeverbände, die von ihnen zur Förderung städtebaulicher Entwicklungsmaßnahmen bestimmt sind (Entwicklungsförderungsmittel), können von den für die Bewilligung zuständigen Stellen zur Deckung der Kosten der Vorbereitung und Durchführung der Maßnahmen einschließlich der durch sie bedingten Gemeinbedarfs- und Folgeeinrichtungen eingesetzt werden. Auf den Einsatz der Mittel sind die Vorschriften des § 39 Abs. 2 bis 5, der §§ 40, 43 bis 47 und 49 entsprechend anzuwenden.

a) Die Förderung von Entwicklungsmaßnahmen, wie sie hier festgelegt wurde, ist durch den für die Erstfassung des StBauFG zuständigen federführenden Ausschuß eingeführt worden (BT — zu DS 6/2204 § 58). Sie entspricht zwar § 39, ist jedoch entsprechend den Besonderheiten der Entwicklungsmaßnahmen hinsichtlich des Rahmens der Maßnahmen weiter gefaßt; die Abs. 2 bis 5 von § 39 (Umfang und Art der Zuweisung) sind für anwendbar erklärt worden. Durch die ausdrücklich für anwendbar erklärte Anwendung der § 39 Abs. 3 und § 47 können Entwicklungsförderungsmittel für Gemeinbedarfs- und Folgeeinrichtungen nur hilfsweise eingesetzt werden.

Ausgleichsbeträge störender Betriebe (§ 42) kommen in unbebauten Gebieten nicht in Betracht; für bebaute Gebiete ist die Sondervorschrift des § 62 maßgeblich.

b) Nicht anwendbar sind die Bestimmungen über die Unterscheidung von Ordnungs- und Baumaßnahmen (§ 39 Abs. 1, § 41 Abs. 1 bis 4); bei Entwicklungsmaßnahmen wird die Unterscheidung nicht getroffen (vgl. § 57 Abs. 1), nachdem §§ 12 und 13 nicht in den Katalog der anwendbaren Vorschriften aufgenommen worden sind. Daß §§ 41 und 42 nicht genannt sind, hat seinen Grund darin, daß die vom Grundstückserwerb durch die Gemeinde ausgenommenen Eigentümer nach § 54 Abs. 3 Satz 4 und 5 Ausgleichsbeträge zu zahlen haben.

§ 59

Veräußerungspflicht der Gemeinde

(1) Die Gemeinde ist verpflichtet, Grundstücke, die sie zur Durchführung der Entwicklungsmaßnahme freihändig oder nach den Vorschriften dieses Gesetzes oder des Bundesbaugesetzes erworben hat, nach Maßgabe der Absätze 2 bis 5 zu veräußern mit Ausnahme der Flächen, die als Baugrundstücke für den Gemeinbedarf oder als Verkehrs-, Versorgungs- oder Grünflächen in einem Bebauungsplan festgesetzt sind oder für sonstige öffentliche Zwecke oder als Austauschland oder zur Entschädigung in Land benötigt werden.

(2) Die Grundstücke sind nach ihrer Neuordnung und Erschließung unter Berücksichtigung weiter Kreise der Bevölkerung und unter Beachtung der Ziele der Entwicklungsmaßnahme an Bauwillige zu veräußern, die glaubhaft machen, daß sie die Grundstücke innerhalb angemessener Frist entsprechend den Festsetzungen des Bebauungsplans und den Erfordernissen der Entwicklungsmaßnahme bebauen werden. Dabei sind zunächst die früheren Eigentümer zu berücksichtigen, und zwar in erster Linie diejenigen, die kein sonstiges Grundeigentum oder nur Grundeigentum in geringem Umfange haben. Auf die Veräußerungspflicht sind die Vorschriften des § 25 Abs. 3 und 5 entsprechend anzuwenden.

(3) Die Gemeinde hat bei der Veräußerung dafür zu sorgen, daß die Bauwilligen die Bebauung in wirtschaftlich sinnvoller Aufeinanderfolge derart durchführen, daß der Zweck der städtebaulichen Entwicklung erreicht wird und die Vorhaben sich in den Rahmen der Gesamtmaßnahme einordnen. Sie hat weiter sicherzustellen, daß die neugeschaffenen Gebäude und Einrichtungen so verwendet werden, daß die in § 54 Abs. 2 bezeichneten Ziele erreicht werden.

(4) Zur land- und forstwirtschaftlichen Nutzung festgesetzte Grundstücke sind Land- oder Forstwirtschaften anzubieten, die zur Durchführung der Entwicklungsmaßnahme Grundstücke übereignet haben oder abgeben mußten.

(5) Das Grundstück oder das Recht ist zu dem Verkehrswert zu veräußern, der sich durch die rechtliche und tatsächliche Nutzung des Entwicklungsbereichs ergibt. Der Gutachterausschuß hat auf Antrag ein Gutachten über diesen Verkehrswert zu erstatten.

1. Allgemeines

Die hier festgelegte Veräußerungspflicht der Gemeinde ist auf Kritik in der Literatur gestoßen (vgl. Pohl, Stadtbauwelt 31, S. 210), und zwar unter dem Gesichtspunkt einer notwendigen Bevorratung von Land für künftigen Gemeinbedarf.

Die Veräußerungspflicht ist im Zusammenhang mit der Erwerbspflicht nach § 54 Abs. 3 zu sehen. Abweichend von § 25 (Veräußerungspflicht der Gemeinden in Sanierungsgebieten) sind die Grundstücke im Entwicklungsbereich nicht nur an solche Eigentümer zu veräußern, die Flächen im Zuge der Durchführung der Maßnahmen abgeben mußten; entsprechend dem Grundsatz des § 1 Abs. 6 sollen vielmehr weite Kreise der Bevölkerung — vorrangig allerdings die früheren Eigentümer — berücksichtigt werden. Im Gegensatz zu § 25 wird damit den früheren Eigentümern kein Anspruch auf Übertragung eines Grundstücks zu dem vollen Wert, den das hergegebene Grundstück in Anwendung des § 23 hatte, zugebilligt.

Die Fassung des Abs. 2 beruht auf dem Beschluß des federführenden Ausschusses. Dieser war der Auffassung, daß die in § 25 Abs. 3 und 5 enthaltenen Regelungen Anwendung finden sollten. Die Veräußerung soll nach dem Willen des Ausschusses dazu beitragen, daß eine wirtschaftliche und soziale Struktur geschaffen wird, die gewährleistet, daß das „neu geschaffene Gemeinwesen“ lebensfähig ist.

2. Gegenstand der Veräußerungspflicht (Abs. 1)

Wie schon dargelegt, ist § 59 dem § 25 (Sanierungsgebiet) nachgebildet. Doch finden sich auch Abweichungen. So stellt § 59 nur darauf ab, daß die Grundstücke zur Durchführung der Entwicklungsmaßnahmen erworben sind, nicht aber darauf, ob dies vor oder nach der förmlichen Festlegung des Entwicklungsgebiets geschehen ist. In § 59 ist weiter festgelegt, daß nur **Baugrundstücke** für den Gemeinbedarf von der Veräußerungspflicht ausgenommen sind; er erweitert aber dafür den Ausnahmekatalog um „sonstige öffentliche Zwecke“, so daß der Umfang der Ausnahmen des § 25 Abs. 1 Satz 2 auch für Entwicklungsgebiete erreicht werden kann.

Bei der in Abs. 1 genannten Bezugnahme auf das BBauG handelt es sich um den dritten Abschnitt des ersten Teiles des BBauG (gesetzliches Vorkaufsrecht, §§ 24 ff.), weiter um Erwerb im Rahmen der Umlegung (§ 59 Abs. 5 BBauG) und um den Fünften Teil des BBauG (Enteignung, § 85 ff.).

3. Kreis der Begünstigten (Abs. 2, 4) und Art und Weise der Veräußerung (Abs. 3)

Der Hinweis auf „weite Kreise der Bevölkerung“ geht über den Umfang der Veräußerungspflicht in Sanierungsgebieten hinaus. Dieser Auftrag des Gesetzgebers soll u. a. eine allzu weite Berücksichtigung früherer Eigentümer, z. B. Großeigentümer von land- und forstwirtschaftlichen Grundstücken, ausschalten; vgl. jedoch die Sonderregelung, wenn die Grundstücke für land- und forstwirtschaftliche Nutzung vorgesehen sind (entspricht § 25 Abs. 2 Satz 3 für Sanierungsgebiete). Ansonsten müssen schon zunächst die früheren Eigentümer berücksichtigt werden, aber in erster Linie die „grundstücksarmen“. Soweit frühere Eigentümer einen Rechtsanspruch wegen Nichtberücksichtigung gerichtlich geltend machen, haben sie Antrag auf gerichtliche Entscheidung bei den Baulandkammern zu stellen (vgl. § 86 Abs. 2).

Die Art der Glaubhaftmachung der Bauwilligkeit ist im Gesetz nicht konkretisiert, es genügt die Anwendung der allgemeinen Rechtsgrundsätze über Glaubhaftmachung.

Die Veräußerung muß in angemessener Frist geschehen, d. h. es darf keine so lange Zurückhaltung der Grundstücke eintreten, daß unter Berücksichtigung aller Umstände etwa von einer Hortung gesprochen werden könnte.

Die entsprechende Anwendung der Abs. 3 und 5 des § 25 bedeutet einmal, daß die Art und Weise der Erfüllung der Veräußerungspflicht im Sanierungsgebiet auch für den Entwicklungsbereich gilt; weiter sind die Arten der Immobilienfonds genannt, die als Erwerber in Betracht kommen können.

Die in **Abs. 3** ausgesprochene Verpflichtung, die hier nur in allgemeinen Worten ausgedrückt ist, wird konkretisiert durch Anwendung des Instruments dieses Gesetzes und des BBauG (z. B. Abbruchsgebiet, Baugebiet, Modernisierungsgebiet, Instandsetzungsbereich, Ausweisung als Sondergebiet, Maßnahmen der Gemeinde, soweit sie auch Baubehörde ist, z. B. durch Nutzungsuntersagung, Beseitigungsanordnung u. a.).

4. Veräußerung zum Verkehrswert (Abs. 5)

Auch diese Bestimmung hat ihr Gegenstück in den Vorschriften über Sanierungsgebiete, und zwar in § 25 Abs. 6 (siehe die Erläuterungen dort).

§ 60

Entwicklungsgemeinschaft

(1) Grundeigentümer, Mieter, Pächter und sonstige Nutzungsberechtigte sowie andere Dritte können sich zu einer Entwicklungsgemeinschaft zusammenschließen, deren Zweck die gemeinsame Durchführung der Bebauung entsprechend den Festsetzungen des Bebauungsplans und den Erfordernissen der Entwicklungsmaßnahme ist. Die Entwicklungsgemeinschaft entsteht durch Verleihung der Rechtsfähigkeit durch die nach Landesrecht zuständige Behörde und ist eine juristische Person des privaten Rechts.

(2) Das Nähere wird in einem besonderen Gesetz geregelt.

Für eine wirtschaftlich sinnvolle Bebauung der von der Gemeinde zu veräußernden Grundstücke kann es zweckmäßig sein, wenn sich der in § 60 genannte weitgefaßte („sowie andere Dritte") Personenkreis zu der Rechtsform der Entwicklungsgemeinschaft zusammenschließt. Das in Abs. 2 vorgesehene Gesetz ist allerdings noch nicht ergangen.

Einzige Aufgabe der Entwicklungsgemeinschaft ist die Bebauung, während das ähnliche Institut der Sanierungsgemeinschaft (§ 14) auch Ordnungsmaßnahmen (§ 13 Abs. 1) durchführen kann.

Siehe § 14 und dortige Erläuterung.

§ 61

Beteiligung des Entwicklungsträgers

Vor der Entscheidung über einen Antrag auf Erteilung einer Genehmigung nach § 57 Abs. 1 Nr. 3 in Verbindung mit § 15 oder über einen Antrag auf Genehmigung eines Vorhabens nach dem Ersten Abschnitt des Dritten Teils des Bundesbaugesetzes ist dem Entwicklungsträger Gelegenheit zur Stellungnahme zu geben.

1. Allgemeines

Erfaßt von § 61 werden zunächst dringliche und obligatorische auf Grundstücke und Gebäude bezogene Rechtsvorschriften, die Einfluß auf die Durchführung der Entwicklungsmaßnahmen haben, dann die Zulässigkeit von Bauvorhaben im verplanten und nichtverplanten Innenbereich sowie im Außenbereich. Die vorherige Einschaltung des Entwicklungsträgers, der dafür zu sorgen hat, daß die einzelnen Grundstücke in wirtschaftlich sinnvoller Aufeinanderfolge baulich oder sonstwie genutzt werden, ist gerechtfertigt, wenn es darum geht, Entscheidungen über genehmigungspflichtige Vorhaben und Rechtsvorgänge nach § 15 oder über die Zulässigkeit von Vorhaben nach dem ersten Abschnitt des dritten Teiles des BBauG zu treffen.

Die Anhörung bedeutet nicht, daß die Entscheidung der Gemeinde (nach § 15 StBauFG) oder der Baubehörde (nach §§ 29 bis 39 BBauG) von der Zustimmung abhängig ist. Andererseits kann die Nichtanhörung des Entwicklungsträgers u. U. die Entscheidungen der Behörde fehlerhaft (nicht nichtig) machen. Er selbst kann nicht auf Beteiligung klagen; doch könnte die Nichtanhörung u. U. Schadensersatzansprüche seinerseits auslösen.

2. Die von der Anhörung des Entwicklungsträgers erfaßten genehmigungspflichtigen Vorgänge nach dem BBauG

a) Bezüglich der genehmigungspflichtigen Vorgänge des § 15 in Verbindung mit § 57 Abs. 1 Nr. 3 siehe bei § 15.

b) Die nach dem BBauG genehmigungspflichtigen, hier angesprochenen Vorgänge sind im einzelnen:

§ 29 BBauG stellt den Begriff Vorhaben dar. Danach werden die Errichtung, Änderung oder Nutzungsänderung von baulichen Anlagen einbezogen, die der bauaufsichtlichen Genehmigung oder Zustimmung bedürfen.

§ 30 hat die Zulässigkeit von Vorhaben im Geltungsbereich des BebPl. zum Inhalt.

§ 31 beinhaltet die Ausnahmen von den Festsetzungen des BebPl. Hier ist in Abs. 2 die Gemeinde (auch wenn sie nicht selbst Baugenehmigungsbehörde ist) — neben der höheren Verwaltungsbehörde — eingeschaltet, allerdings in stärkerem Maß („Zustimmung") als der Entwicklungsträger hier.

§ 32 hat Nutzungsbeschränkungen auf künftigen Gemeinbedarfs-, Verkehrs-, Versorgungs- oder Grünflächen zum Inhalt.

In § 33 ist die Zulässigkeit von Vorhaben während der Planaufstellung geregelt. Die Erklärung zum Entwicklungsbereich verändert die Zulässigkeitsvoraussetzung nicht. Nach dieser Bestimmung muß entsprechend der Rechtsprechung Planreife gegeben sein. Es dürfte somit zur Planreife zumindest auch Anhörung des Planungsträgers gehören.

Hier ist auch § 62 StBauFG zu beachten. Wie bei § 33 so ist auch bei § 34 und bei § 35 die Zustimmung der Gemeinde (und höheren Verwaltungsbehörde) erforderlich (§ 36). So ist im Hinblick auf § 61 StBauFG ein weiterer Träger eingeschaltet, der zwar nicht ein Vorhaben zu Fall bringen, aber u. U. die Zulässigkeit eines Vorhabens zeitlich oder sonstwie hinauszögern kann. Je mehr Stellen zwischengeschaltet werden, desto schwerer beweglich ist der Ablauf des Genehmigungsverfahrens. Dies wird für die Betroffenen stets bedauerlich sein, läßt sich aber in unserer pluralistisch ausgerichteten Ordnung auch für die Zukunft kaum vermeiden. In diesem Zusammenhang sei auch die zusätzliche förmliche Festlegung des Entwicklungsgebiets nach § 62 genannt.

§ 34 betrifft die Zulässigkeit von Vorhaben innerhalb der im Zusammenhang bebauten Ortsteile und die Festlegung des Innenbereichs durch Satzung.

§ 35 nennt im ersten Absatz die sog. privilegierten Vorhaben im Außenbereich. Die anderen Absätze befassen sich mit der Beeinträchtigung öffentlicher Belange durch Vorhaben im Außenbereich.

§ 62

Sonderregelung für im Zusammenhang bebaute Gebiete

Umfaßt der städtebauliche Entwicklungsbereich ein im Zusammenhang bebautes Gebiet, so soll die Gemeinde dieses Gebiet zur Anpassung an die vorgesehene Entwicklung ganz oder teilweise durch Beschluß förmlich festlegen. Der

Beschluß darf erst ergehen, wenn entsprechend § 4 vorbereitende Untersuchungen durchgeführt und Stellungnahmen eingeholt worden sind. Für den Beschluß gilt § 5 entsprechend. In dem förmlich festgelegten Gebiet sind neben den für Entwicklungsmaßnahmen geltenden Vorschriften sinngemäß auch die Vorschriften über die Sanierung anzuwenden mit Ausnahme der Vorschriften des § 3 Abs. 1 bis 3, § 5 Abs. 4, der §§ 11, 48, 51, 54 Abs. 3, § 57 Abs. 2 und 3 sowie des § 59; auf den Fortfall von Rechtswirkungen für einzelne Grundstücke ist § 63 Abs. 2 a anzuwenden.

1. Entwicklung der Vorschrift

a) Die Vorschrift verdankt ihre Einfügung dem seinerzeitigen federführenden Ausschuß (vgl. DB zu DS VI/2204 § 62). Es liegt ihr der Gedanke zugrunde, daß Entwicklungsmaßnahmen nicht nur „auf der grünen Wiese" durchgeführt werden, sondern auch im Zusammenhang bebaute Gebiete einschließen können. In solchen „Anpassungsgebieten" sollen die notwendigen Maßnahmen im wesentlichen schon mit den Handhaben des Sanierungsteiles des Gesetzesentwurfs durchgeführt werden. Dies hat zur Folge, daß die Gemeinde nicht verpflichtet ist, sämtliche Grundstücke in dem betreffenden Gebiet zu erwerben, und daß die Eigentümer aufgerufen sind, die notwendigen Maßnahmen im Rahmen des § 13 selbst durchzuführen. Durch Anwendung verschiedener Vorschriften auf Sanierungsgebiete zeigt sich auch hier wieder die starke Ähnlichkeit beider Maßnahmen des StBauFG hinsichtlich der Durchführungsmodalitäten.

b) Durch die **Novelle 1979** wurde dem neu eingefügten Abs. 2 a in § 63 Rechnung getragen, auf den in Satz 4 des § 62 nun ausdrücklich hingewiesen wird.

2. Inhalt der Vorschrift

a) Der Rechtsbegriff „im Zusammenhang bebaute Ortsteile" — siehe § 34 BBauG — ist in den Entscheidungen des BVerwG vom 6. 11. 1968, BVerwGE 31, 22 und 31, 22, dargelegt (siehe Rspr. bei § 34 BBauG, Band I).

Da § 62 eine Soll- und keine Mußvorschrift darstellt, kann es auch im Zusammenhang bebaute Entwicklungsgebiete geben, die nicht durch Gemeindebeschluß förmlich festgelegt sind.

b) Die Maßnahmen der in § 62 genannten Art werden Anpassungsmaßnahmen genannt und treten gesondert neben die Sanierungsmaßnahmen und die sonstigen Maßnahmen im **Entwicklungsbereich.** Sie unterscheiden sich von den letzteren wie folgt:

- Ausgleichsbeträge nach § 41 ff. und nach § 42 werden grundsätzlich erhoben.
- Die Gemeinde ist nicht verpflichtet, alle Grundstücke zu erwerben (§ 54 Abs. 3), sondern nur solche, die für öffentliche Zwecke, und solche, deren Bebauung durch die Eigentümer nicht gewährleistet ist.

— Die Enteignung ist nur nach Maßgabe des § 22 zulässig.
— Die Umlegung nach §§ 45 ff. BBauG und die Grenzregelung (§§ 80 ff. BBauG) sind anwendbar.
— Die Veräußerungspflicht der Gemeinde richtet sich nach § 25 und nicht nach § 59.

Gegenüber den **Sanierungsgebieten** ergeben sich folgende Unterschiede im Anpassungsgebiet:
— Die Vorschriften über den Sanierungsvermerk (§ 5 Abs. 4) entfallen: dafür gilt § 53 Abs. 5.
— Ersatz- und Ergänzungsgebiete können nicht festgelegt werden (§ 11).
— Es erfolgt keine Überschußverteilung (§ 48).

c) Die Bezeichnung „förmliche Festlegung durch Beschluß" bedeutet die Erstellung einer **Gemeindesatzung.** Dies ergibt sich auch aus dem Wortlaut des § 63 Abs. 2. Mit Inkrafttreten der Satzung treten die Rechtswirkungen der §§ 6, 15 ff. ein und nicht schon mit der Festlegung durch § 57 (Rechtsverordnung der Landesregierung).

d) Der 1979 angefügte Halbsatz am Schluß der Vorschrift besagt, daß der neue § 63 Abs. 2 a auch für Anpassungsgebiete gilt. Im Zusammenhang gesehen fallen Rechtswirkungen nach § 50 — siehe dort — für Entwicklungsgebiete und Anpassungsgebiete fort.

§ 63

Aufhebung der Erklärung zum städtebaulichen Entwicklungsbereich; Fortfall von Rechtswirkungen für einzelne Grundstücke

(1) Die Erklärung zum städtebaulichen Entwicklungsbereich ist von der Landesregierung durch Rechtsverordnung aufzuheben, wenn die Entwicklungsmaßnahme durchgeführt ist. Ist die Entwicklungsmaßnahme nur in einem Teil des städtebaulichen Entwicklungsbereichs durchgeführt, so kann die Erklärung für diesen Teil aufgehoben werden.

(2) Mit der Rechtsverordnung nach Absatz 1 ist für ihren Geltungsbereich auch die Satzung nach § 62 aufgehoben.

(2 a) Die Vorschriften des § 50 über den Fortfall von Rechtswirkungen für einzelne Grundstücke sind entsprechend anzuwenden; die Gemeinde bedarf für die Abgabe der Abschlußerklärung der Zustimmung der nach Landesrecht zuständigen Behörde.

(3) In den Fällen der Absätze 1 bis 2 a ersucht die Gemeinde das Grundbuchamt um Löschung der Entwicklungsvermerke.

1. Allgemeines

a) Diese Vorschrift hat ihre Parallele in § 51 Abs. 1 für Sanierungsgebiete. Von praktischer Bedeutung ist § 63 im Hinblick auf die Teilaufhebung (Abs. 1 Satz 2).

b) Das Gesetz vom 6. 7. 1979 brachte einen neuen Abs. 2 a: Die Beschränkung des individuellen Abschlusses auf Sanierungsfälle (§ 50) war nicht sachgerecht. Besonders bei den in der Regel umfangreichen Entwicklungsverfahren konnte sich der Fortfall von Rechtswirkungen der Entwicklungsmaßnahme für einzelne Grundstücke auf Bauinvestitionen im Entwicklungsbereich beschleunigend auswirken. In dem neuen Absatz 2 a wird der sich auf Sanierungen beziehende § 50 daher für den Entwicklungsbereich einschließlich der Anpassungsgebiete nach § 62 für entsprechend anwendbar erklärt (Halbsatz 1); in Anpassungsgebieten tritt dann die Erklärung gemäß § 63 Abs. 2 a an die Stelle der Abschlußerklärung nach Sanierungsrecht (vgl. § 62 Satz 4 Halbsatz 2). Da die Erklärung zum städtebaulichen Entwicklungsbereich von der Landesregierung durch Rechtsverordnung ganz oder teilweise aufzuheben ist (Abs. 1), wird die individuelle Abschlußerklärung an die Zustimmung der nach Landesrecht zuständigen Behörde gebunden.

2. Aufhebung der Erklärung zum Entwicklungsbereich (Abs. 1, 2, 2 a)

Die rechtliche Bedeutung der Erklärung zum Entwicklungsbereich hat zur Folge, daß die Aufhebung erschwerten Formalitäten unterliegt, hier also nur durch Rechtsverordnung der Landesregierung erfolgen kann **(Satz 1)**.

Der Zeitpunkt der „Durchführung" hängt nicht von der vollständigen Bebauung der Grundstücke ab, doch müssen die Neuordnung und Veräußerung der Grundstücke sowie die Erschließungs- und die Erfassungsmaßnahmen nach § 62 durchgeführt sein.

Bei den Sanierungsgebieten ist eine förmliche Teilaufhebung nicht möglich (vgl. § 51 Abs. 1), doch kann die Gemeinde für einzelne Grundstücke eine Abschlußerklärung abgeben (§ 50 Abs. 2).

Die Aufhebung hat nicht zur Folge, daß andere unanfechtbare Verwaltungsakte auch als mitaufgehoben gelten.

Mit dem Inkrafttreten der Rechtsverordnung treten über § 62 Satz 4 die Wirkungen des § 41 Abs. 6 ff. ein, vor allem die Entrichtung des Ausgleichsbetrags an die Gemeinde.

Abs. 2 erspart die förmliche Aufhebung der Satzung des § 62. Genau wie die Gemeinde nach § 53 Abs. 5 selbst für die Eintragung des Sanierungsvermerks zu sorgen hat, muß sie dies auch bezüglich der Löschung tun.

3. Ansuchen an das Grundbuchamt (Abs. 3)

Abs. 3 trägt den rechtlichen Folgen Rechnung. Aus praktischen Erwägungen hat die **Gemeinde** den Anstoß zu geben, daß die nunmehr gegenstandslosen Vermerke im Grundbuch beseitigt werden. Im Hinblick auf den durch die

Novelle 1979 eingefügten Abs. 2 a wurde Abs. 3 durch einen entsprechenden Hinweis, der auch Abs. 2 a einbezieht, erweitert.

VIERTER TEIL)*

Städtebauliche Maßnahmen im Zusammenhang mit Maßnahmen zur Verbesserung der Agrarstruktur

§ 64

Abstimmung von Maßnahmen

§ 65

Bauleitplanung und Maßnahmen zur Verbesserung der Agrarstruktur

§ 66

Bauleitplanung und Flurbereinigung

§ 67

Aufstellung der Bauleitpläne

§ 68

Ersatzlandbeschaffung

§ 69

Ersatzlandbeschaffung durch gemeinnützige Siedlungsunternehmen

§ 70

Flurbereinigung aus Anlaß einer Sanierungs- oder Entwicklungsmaßnahme

---

*) Die Vorschriften des Vierten Teils (§§ 64 bis 70) wurden durch die Novelle vom 18. 8. 1976 gestrichen. Sie wurden in das BBauG (§§ 144a bis 144f) übernommen.

FÜNFTER TEIL

Förderung durch den Bund

Vorbemerkung

Es ist offensichtlich, daß die Durchführung der im StBauFG vorgesehenen Sanierungs- und Entwicklungsmaßnahmen den Einsatz umfangreicher öffentlicher Mittel erforderlich macht. Den Gemeinden kann diese erhebliche Last finanziell nicht in voller Höhe zugemutet werden. Deshalb muß der Bund über die Länder tätig werden. Die gesetzliche Grundlage bildet Art. 104a Abs. 4 GG. Nach dieser Bestimmung kann der Bund den Ländern u. a. Finanzhilfen für besonders bedeutsame Investitionen der Länder und Gemeinden gewähren, die zur Abwehr einer Störung des gesamtwirtschaftlichen Gleichgewichts, zum Ausgleich unterschiedlicher Wirtschaftskraft oder zur Förderung wirtschaftlichen Wachstums erforderlich sind. Für letzteres ist eine moderne städtebauliche Struktur von großer Bedeutung.

Die Entstehungsgeschichte des Art. 104a Abs. 4 zeigt, daß Maßnahmen, wie sie das StBauFG vorsieht, von dieser Bestimmung erfaßt werden. Ursprünglich war eine sehr viel weitergehende Fassung dieser Bestimmung vom BT beschlossen worden (BT-DS V/3605, Niederschrift über die 204. Sitzung des 5. Bundestages, Punkt 4). Aufgrund Anrufs des Vermittlungsausschusses durch den BR, der eine Einschränkung der Bestimmung für notwendig erachtete (BR-DS 14/69), beschloß der Vermittlungsausschuß die endgültige Fassung des Art. 104a Abs. 4 GG. Aus den Sitzungsprotokollen (222. Sitzung des BT und 330. Sitzung des BR) ergibt sich, daß die städtebaulichen Erneuerungs- und Entwicklungsmaßnahmen in den Gemeinden von der Vorschrift mit erfaßt werden.

§ 71

Finanzhilfen des Bundes

(1) Zur Förderung städtebaulicher Sanierungs- und Entwicklungsmaßnahmen nach diesem Gesetz gewährt der Bund nach Art. 104a Abs. 4 des Grundgesetzes den Ländern für Investitionen der Gemeinden Finanzhilfen.

(2) In den Haushaltsjahren 1971 bis 1973 stellt der Bund für Maßnahmen nach diesem Gesetz einen Bindungsrahmen von 450 Millionen Deutsche Mark bereit. Ab 1974 stellt der Bund aus allgemeinen Deckungsmitteln weitere Beträge zur Verfügung. Das Nähere ergibt sich aus dem jeweiligen Bundeshaushaltsplan. Die Gewährung von Finanzhilfen zur Abwehr einer Störung des gesamtwirtschaftlichen Gleichgewichts bleibt unberührt.

(3) Die Finanzhilfen sind nach räumlichen oder sachlichen Schwerpunkten gemäß der Bedeutung der Investitionen für die wirtschaftliche und städtebauliche Entwicklung im Bundesgebiet zu gewähren.

1. Allgemeines

a) § 71 wurde vom Ausschuß bei der Beratung der Erstfassung gegenüber dem RegE (§ 55 E) in Abs. 1 und 2 geändert; der ursprüngliche Abs. 4 wurde gestrichen. Vor allem ist Art. 104a Abs. 4 GG ausdrücklich genannt, um Zweifel hinsichtlich der grundgesetzlich gedeckten Erfassung der städtebaulichen Sanierungs- und Entwicklungsmaßnahmen von vornherein auszuschließen. Außerdem wurde die spezielle Fassung „in den Verdichtungsgebieten, ... außerhalb der Verdichtungsgebiete" wegen der möglichen Mißdeutung (Ausschluß von Maßnahmen auf dem Lande?) gestrichen.

Auch Abs. 2 wurde der Finanzlage des Bundes entsprechend gestaltet und ein Vorschlag der CDU/CSU auf Zuweisung bestimmter Beträge auch für die Jahre nach 1973 abgelehnt. Der federführende Ausschuß wollte eine feste Bindung an bestimmte Beträge über 1973 hinaus nicht zulassen.

b) Auf Vorlage der Bayer. Staatsregierung, die die Verfassungsmäßigkeit der §§ 71 und 72 in Zweifel zog, stellte das BVerfG mit U vom 4. 3. 1971 fest, daß die beiden Bestimmungen mit dem GG vereinbar sind. Wegen der Begründung siehe unten Nr. 5.

c) Eine allgemeine Verwaltungsvorschrift über den Einsatz von Förderungsmitteln erging am 14. 2. 1975 (Beil. z. BAnz. Nr. 39) und wurde am 14. 3. 1979 (Beil. z. BAnz. Nr. 57) neugefaßt — siehe in diesem Band bei 2 b.

2. Verpflichtung des Bundes (Abs. 1)

In Abs. 1 wird eine bindende Verpflichtung des Bundes ausgesprochen. Nach Satz 2 des Abs. 4 der Vorschrift des Art. 104a GG werden insbesondere die Arten der zu fördernden Investitionen durch Bundesgesetz, das der Zustimmung des BR bedarf, oder aufgrund des Bundeshaushaltsgesetzes durch Verwaltungsvereinbarung geregelt.

3. Festlegung der Mittel bis 1973 (Abs. 2)

Da die städtebaulichen Maßnahmen zumeist einen längeren Zeitraum umfassen, muß auch der Mitteleinsatz langfristig gesichert sein. Aus diesem Grunde mußte zumindest in den ersten Jahren nach Inkrafttreten des Gesetzes nicht jeweils von Haushalt zu Haushalt der Mitteleinsatz nur bestimmt werden müssen.

4. Räumlicher und sachlicher Umfang der Finanzhilfen (Abs. 3)

Die Abgrenzung nach räumlichen und sachlichen Schwerpunkten steht im Zusammenhang mit § 1 Abs. 2, 3 und 4 Satz 1 Nr. 1 bis 3, weil hier schon ein Fingerzeig bezüglich der Schwerpunkte gegeben ist. Diese Bestimmung ist nach der Begründung der Regierungsvorlage Ausdruck der Konzeption des Art. 104a GG.

5. Rechtsprechung

BVerfG U vom 4. 3. 1975 (2 BvF 1/72) BVerfGE 39,96 = BBauBl. 1975, 172 = NJW 1975, 819 mit Anm. Müller-Vollbehr 1975, 1115 = DÖV 1975, 485 = BayVBl. 1975, 269 (Entscheidungssatz auch BGBl. 1975 I S. 727)

Die §§ 71, 72 des Gesetzes über städtebauliche Sanierungs- und Entwicklungsmaßnahmen in den Gemeinden (Städtebauförderungsgesetz) vom 27. Juli 1971 (Bundesgesetzbl. I S. 1125) sind in der sich aus den Gründen ergebenden Auslegung mit dem Grundgesetz für die Bundesrepublik Deutschland vereinbar.

Aus den Gründen:

A.

I.

Gegenstand des Verfahrens ist die Vereinbarkeit einzelner Vorschriften des Gesetzes über städtebauliche Sanierungs- und Entwicklungsmaßnahmen in den Gemeinden (Städtebauförderungsgesetz) vom 27. Juli 1971 (BGBl. I S. 1125) — StBauFG —, die die Aufstellung und Abwicklung eines Bundesprogramms für den Einsatz von Finanzhilfen des Bundes zur Förderung städtebaulicher Sanierungs- und Entwicklungsmaßnahmen betreffen, mit dem Grundgesetz.

II.

...

3. Der Bund gewährt seine Finanzhilfen den Ländern in Höhe von einheitlich einem Drittel der förderungsfähigen Kosten. Die Bundesprogramme umfaßten 1971 100 Millionen DM, 1972 150 Millionen DM und 1973 200 Millionen DM. Das Bundesprogramm 1974—1977 sah für 1974 Finanzhilfen in Höhe von 215 Millionen DM vor und enthält für die Fortschreibungsjahre 1975—1977 einen Verfügungsrahmen von jährlich 240 Millionen DM. 1974 kamen erstmalig 20 Millionen DM Wohnungsbauförderungsmittel des Bundes für den Ersatzwohnungsbau in Sanierungsgebieten und städtebaulichen Entwicklungsbereichen hinzu.

Als Hauptgesichtspunkte für die Förderung eines Sanierungs- oder Entwicklungsvorhabens gelten in der Verwaltungspraxis des Bundesministers für Raumordnung, Bauwesen und Städtebau raumordnerische Rücksichten, städtebauliche Bedürfnisse und ein Bündelungseffekt, der durch die begleitende und unterstützende Koordinierung (§§ 2, 38 Abs. 2, 47 und 58 StBauFG) mit sonstigen Förderungsmaßnahmen des Bundes und des Landes (sog. flankierende Maßnahmen) in den Bereichen der Wirtschaft, der Landwirtschaft, des Verkehrs, der Wissenschaft und anderer Gebiete wie dem Postwesen, dem Krankenhausbau und ähnlichem erreicht werden soll. Darüber stimmen sich die beteiligten Bundesressorts ab. Der Bundesminister für Raumordnung, Bauwesen und Städtebau behält sich vor, sowohl die Kostenansätze der Landesprogramme zu verändern als auch von einem Land zurückgemeldete Bundesmittel in anderen Ländern einzusetzen.

Nach der Aufstellung des Bundesprogramms weist der Bundesminister den zuständigen obersten Landesbehörden den Gesamtbetrag der auf das betreffende Land entfallenden Finanzhilfen zur Verwendung nach Maßgabe des beigefügten Landesteils des Bundesprogramms zu. Dafür gelten ergänzend „Richtlinien für die Finanzhilfen des Bundes zur Förderung städtebaulicher Sanierungs- und Entwicklungsmaßnahmen nach dem StBauFG" des Bundesministers für Raumordnung, Bauwesen und Städtebau, gegenwärtig i. d. F. vom 22. 2. 1973. Die geförderten Maßnahmen dienen zur Zeit überwiegend der Strukturverbesserung von Innenstadtgebieten, der Schaffung leistungsfähiger Dorfkerne und der Entwicklung neuer Orte und Ortsteile. 1974 sind insgesamt 412 Sanierungs- und 34 Entwicklungsmaßnahmen in 379 Städten und Gemeinden gefördert worden.

III.

1. Die Bayerische Staatsregierung hat beantragt, im Verfahren der abstrakten Normenkontrolle § 72 Abs. 3 Sätze 3 und 4 StBauFG für nichtig zu erklären. ...

B.

Gegen die Zulässigkeit des Normenkontrollantrages der Bayerischen Staatsregierung bestehen keine Bedenken.

...

...

...

C.

Die Vorschriften des Fünften Teils des StBauFG über Inhalt (§ 71 Abs. 1 bis 3 StBauFG), Aufstellung (§ 72 Abs. 1, 2 und 3, Satz 1 bis 3 StBauFG) und Abwicklung (§ 72 Abs. 3 Satz 4 und Abs. 4 StBauFG) des Bundesprogramms für den Einsatz der Finanzhilfen des Bundes zur Förderung städtebaulicher Sanierungs- und Entwicklungsmaßnahmen regeln einiges „Nähere" der Finanzhilfen des Bundes gemäß Art. 104a Abs. 4 Satz 2 GG. In verfassungskonformer Auslegung sind sie mit dem Grundgesetz, insbesondere mit Art. 104a Abs. 4 Satz 1 GG vereinbar, der bestimmt, unter welchen Voraussetzungen der Bund den Ländern Finanzhilfen gewähren kann.

I.

1. Die Verfassung des Bundesstaates bedarf einer stabilen Verteilung der öffentlichen Einkünfte, insbesondere des Steueraufkommens auf Bund und Länder. Denn Mittel aus dem Bundeshaushalt an die Länder für Landesaufgaben bringen die Länder in Abhängigkeit vom Bund und rühren damit an die Eigenständigkeit der Länder. Eine bundesstaatliche Ordnung muß deshalb prinzipiell sicherstellen, daß Finanzhilfen aus dem Bundeshaushalt an die Länder die Ausnahme bleiben und ihre Gewährung rechtlich so geregelt wird, daß sie nicht zum Mittel der Einflußnahme auf die Entscheidungsfreiheit der Gliedstaaten bei der Erfüllung der ihnen obliegenden Aufgaben werden. Diese Gefahr besteht vor allem, wenn der Gesamtstaat allein das Ob und Wie seiner Finanzhilfe bestimmt, die Länder auf die Bundesmittel angewiesen sind und die Entscheidung darüber zugleich wesentliche Teile der Haushaltsmittel der Länder festlegt, weil von ihrer finanziellen Beteiligung die Gewährung der Finanzhilfe des Bundes abhängt. Der Streit um die Auslegung des Art. 104a Abs. 4 GG betrifft demnach ein zentrales Problem der bundesstaatlichen Ordnung.

2. Art. 104a Abs. 4 Satz 1 GG enthält die verfassungsrechtliche Grundlage für die Gewährung von Finanzhilfen des Bundes an die Länder. Zweck der Finanzhilfen ist die Förderung von Investitionen der Länder und Gemeinden (Gemeindeverbände). An ihrer Finanzierung kann sich der Bund mit Zuschüssen beteiligen, wenn sein Eingreifen aus bestimmten konjunkturpolitischen (Art. 104a Abs. 4 Satz 1 1. Alternative GG) oder strukturpolitischen Gründen (Art. 104a Abs. 4 Satz 1 2. und 3. Alternative GG) erforderlich ist und es sich um besonders bedeutsame Investitionen im Landesbereich handelt.

a) Die Vorschrift fügt sich in die bundesstaatliche Finanzverfassung als eine Modifikation der allgemeinen Lastenverteilungsregel des Art. 104a Abs. 1 GG ein, nach der Bund und Länder gesondert die Ausgaben tragen, die sich aus der Wahrnehmung ihrer Aufgaben ergeben (vgl. dazu BVerfGE 9, 305 [328 f.]; 14, 221 [234]; 26, 338 [390]). Die Staatlichkeit des Bundes und der Länder kann sich nur dann wirksam entfalten, wenn sowohl der Gesamtstaat als auch die Gliedstaaten im Rahmen ihrer grundsätzlich selbständigen und voneinander unabhängigen Haushaltswirtschaften (Art. 109 Abs. 1 GG) über hinreichende Anteile am Steueraufkommen verfügen und damit nicht von Zahlungen der anderen Seite abhängig sind. Finanzleistungen aus dem Bundeshaushalt an die Länder für Landesaufgaben, zu denen auch die Förderung von Investitionen der Gemeinden und Gemeindeverbände gehört, schaffen die Gefahr von Abhängigkeiten der Länder vom Bund. Sie gefährden damit die verfassungsrechtlich garantierte Eigenständigkeit der Länder, denen das Grundgesetz die volle Sach- und Finanzverantwortung für die ihnen obliegenden Aufgaben eingeräumt hat. In einem System, das darauf angelegt ist, eine der Aufgabenverteilung gerecht werdende Finanzausstattung der Länder zu erreichen, dürfen deshalb nach dem bundesstaatlichen Grundverhältnis zwischen Bund und Ländern Bundeszuschüsse in Form von Finanzhilfen für Landesaufgaben nur eine Ausnahme sein. Auf Art. 104a Abs. 4 GG kann also nicht als Ersatz für die nicht rechtzeitige und richtige Verteilung des Aufkommens der Gemeinschaftssteuern gemäß Art. 106 Abs. 3 ff. GG oder für die rechtzeitige und richtige Regelung des Finanzausgleichs nach Art. 107 Abs. 1 und 2 GG zurückgegriffen werden.

Überträgt die Verfassung dem Bund — wie in Art. 104a Abs. 4 GG — keine weitergehenden Kompetenzen oder Ingerenzen, so erschöpft sich die Zuständigkeit des Bundes in der Gewährung der Finanzhilfen unter den dort genannten Voraussetzungen, so daß die Sachzuständigkeit und -verantwortung der Länder, von der diese auch im Falle von Bundeszuschüssen nicht entbunden sind, unberührt bleibt. Eine Einflußnahme auf die Freiheit der Länder, ihre staatlichen Aufgaben selbständig und weisungsfrei zu erfüllen, widerspricht dem föderativen Aufbau der Bundesrepublik und dem damit verbundenen Recht der Länder zur Eigengestaltung ihres Aufgabenbereichs. Auch für die Zuständigkeit des Bundes nach Art. 104a Abs. 4 GG kann nichts anderes gelten als für andere Zuständigkeiten des Bundes, die mit Landeszuständigkeiten zusammentreffen. Sie sind im Grundgesetz, insbesondere in Art. 83 ff., 30 GG — auch für die Aufgaben der gesetzesfreien Verwaltung (vgl. BVerf2GE 12, 205 [246 ff.]) — erschöpfend geregelt und grundsätzlich kein dispositives Recht (vgl. BVerfGE 32, 145 [156]) und nur begrenzt durch die wechselseitige Pflicht zu bundesfreundlichem Verhalten. In dieses System fügt sich auch die Zuständigkeit des Bundes zu Finanzhilfen nach Art. 104a Abs. 4 Satz 1 GG ein.

Das StBauFG ist (ebenso wie das BBauG und das Wohnungsbaugesetz) mangels anderweitiger Bestimmung im Grundgesetz gemäß Art. 83 GG von den Ländern als eigene Angelegenheit auszuführen. Im Sinn dieser Vorschrift ist „eigene Angelegenheit" der Länder auch das, was nach einem Bundesgesetz den Kommunen, Kommunalverbänden oder Planungsverbänden an Ausführung obliegt. Denn nach dem Grundgesetz sind diese öffentlich-rechtlichen Träger von Zuständigkeiten ausschließlich dem Verfassungsbereich der Länder zugeordnet. Sie haben im Wege der Aufsicht die Kompetenz, Verantwortung und Pflicht, sicherzustellen, daß jene Träger ihre Maßnahmen zur Ausführung der Gesetze in Bindung an das Gesetz, d. h. auf der Grundlage und im Rahmen des Gesetzes treffen. Das gilt auch, soweit die Gesetze in ihren materiell-rechtlichen Vorschriften die Berücksichtigung gesamtstaatlicher Gesichtspunkte vorschreiben. Dem Bund kommt bei der Ausführung von Bundesgesetzen durch die Länder als eigener Angelegenheit die Bundesaufsicht nach Art. 84 GG zu. Er kann — abgesehen von der Möglichkeit des Erlasses von allgemeinen Verwaltungsvorschriften mit Zustimmung des Bundesrates (Art. 84 Abs. 2 GG) — insbesondere die Rechte nach Art. 84 Abs. 3 und 4 GG wahrnehmen. Dieser Weg kann aber nicht dadurch ersetzt oder erweitert werden, daß im Zusammenhang mit der Gewährung von Finanzhilfen an die Hingabe dieser Mittel weitere Auflagen, Bedingungen, Kontrollen oder Wertungen seitens eines Bundesministeriums geknüpft werden, die die Länder hinnehmen müssen, um in den Genuß der Finanzhilfe zu kommen. Denn dadurch würde das bundesstaatliche Gefüge zwischen Bund und Ländern in einem zentralen Punkt und im Widerspruch zu der Grundregel des Art. 84 GG verändert.

b) Art. 104a Abs. 4 GG hat eine ungeregelte und deshalb umstrittene Praxis des Bundes — sog. Fondswirtschaft — abgelöst: Im Bereich der gesetzesfreien Erfüllung öffentlicher Aufgaben hatte der Bund Finanzleistungen für Investitionen der Länder und Gemeinden aufgrund eigener Förderungsprogramme und -richtlinien oder Verwaltungsabkommen mit den Ländern mit Bedingungen und Auflagen verbunden, durch die er Einfluß auf die Erfüllung der von ihm mitfinanzierten Aufgaben nahm. Waren die Länder auch rechtlich nicht verpflichtet, sich derartigen Bindungen zu unterwerfen, zog doch deren Ablehnung den Verlust des Bundeszuschüsse nach sich (vgl. Gutachten über die Finanzreform in der Bundesrepublik Deutschland [Troeger-Gutachten], 1966, Nr. 44 ff.).

Das Finanzreformgesetz hat diese unbefriedigende Entwicklung der Bezuschussung von Landesaufgaben durch den Bund, die einen immer größeren Umfang annahm, in Art. 91 a, 91 b und 104 a Abs. 4 GG verfassungsrechtlich instutionalisiert und verrechtlicht und damit in klare Bahnen gelenkt und in mehrfacher Hinsicht rechtlich begrenzt. Deshalb können aus der vorangegangenen Praxis keine Folgerungen für die Auslegung des Art. 104 a Abs. 4 GG gezogen werden. Die rechtliche Ausgestaltung des Zusammenwirkens von Bund und Ländern in Art. 104 a Abs. 4 GG (Bundesfinanzhilfen an die Gliedstaaten — eigenverantwortlicher Einsatz der Finanzhilfen durch die Länder) hat zugleich die Grundlage für rechtliche Auseinandersetzungen im Konfliktsfall geschaffen, um eine mit der bundesstaatlichen Ordnung des Grundgesetzes unvereinbare politische Abhängigkeit der Länder, die auf die Finanzhilfen des Bundes angewiesen sind und angebotene Bundesmittel aus politischen Gründen praktisch nicht ablehnen können, nach Möglichkeit zu verhindern.

3. Die Befugnis aus Art. 104 a Abs. 4 Satz 1 GG, den Ländern aus Bundesmitteln zweckgebundene Finanzhilfen zu Investitionen im Landesbereich zur Verfügung zu stellen, ist kein Instrument direkter oder indirekter Investitionssteuerung zur Durchsetzung allgemeiner wirtschafts-, währungs-, raumordnungs- oder strukturpolitischer Ziele des Bundes in den Ländern. Außerhalb der Förderungsziele des Art. 104 a Abs. 4 Satz 1 GG lassen diese Bundeszuschüsse eine Einflußnahme aus bundespolitischer Sicht auf die Aufgabenerfüllung durch die Länder nicht zu. Dafür stehen andere verfassungsrechtliche Instrumente zur Verfügung, wie z. B. Art. 109 Abs. 4 GG, das Gesetz zur Förderung der Stabilität und des Wachstums der Wirtschaft (Stabilitätsgesetz) vom 8. Juni 1967 (BGBl. I S. 582), die Gesetzgebung des Bundes im Rahmen seiner Gesetzgebungszuständigkeiten, die Investitionspolitik des Bundes im eigenen Aufgabenbereich oder die Mitwirkung bei den Gemeinschaftsaufgaben nach Art. 91 a, 91 b GG.

Art. 104 a Abs. 4 GG hat nach seiner Stellung im Abschnitt X des Grundgesetzes „Das Finanzwesen“ und der Einbettung in die Finanzverfassung der Bundesrepublik nur die Funktion, die durch den vertikalen und horizontalen Finanzausgleich angestrebte gleichgewichtige Verteilung des Steueraufkommens auf den Finanzbedarf des Bundes und der Länder für ihre Aufgaben zu ergänzen, wenn eine gleichmäßige Deckung nicht erreicht wird und die Länder ihnen zugewiesene wichtige Aufgaben trotz entsprechender Anstrengungen nicht aus eigener Kraft erfüllen können.

...

...

...

Wenn, wie hier — und auf diese Fallgestaltung beschränken sich die folgenden Ausführungen —, die Finanzhilfe im Zusammenhang mit einem Bundesgesetz gewährt wird, das umfassend eine Sachmaterie, die zu den Staatsaufgaben zählt, regelt (Städtebauförderung), so ergibt sich aus diesem Gesetz, seiner Anlage und seinem Inhalt, ob und in welcher Begrenzung gesamtstaatliche Gesichtspunkte beim Vollzug durch die Länder zu beachten sind. Verzichtet der Bund darauf, in diesem Gesetz — natürlich in den Grenzen des Art. 104 a Abs. 4 GG — näher zu regeln, unter welchen konkreteren Voraussetzungen er nur bereit ist, Finanzhilfe zum Aufwand zu leisten, der den Ländern in Ausführung des Gesetzes entsteht, so ist kein Raum mehr, von Bundes wegen die Finanzhilfe unter die Länder nach bundespolitischen Gesichtspunkten schwerpunktmäßig durch Bildung von Prioritäten u. ä. zu verteilen.

Soweit die Finanzierung von Investitionen der Länder und Gemeinden zur Förderung des wirtschaftlichen Wachstums aus Programmen erfolgt, die anhand von Investitionsplänen nach Maßgabe der in Bund, Ländern und Gemeinden zur Verfügung stehenden Investitionsförderungsmittel aufgestellt werden, hat der Bund also grundsätzlich von den entsprechenden Programmen der Länder auszugehen, in die die Investitionsplanungen und -entscheidungen der Länder und Gemeinden einfließen. Nach dem dargelegten verfassungssystematischen Zusammenhang steht den Ländern die Planungsfreiheit und die alleinige Entscheidung zu, ob in ihrem Aufgabenbereich ein Investitionsvorhaben durchgeführt und vom Bund mitfinanziert werden soll. Der Einsatz der Bundesfinanzhilfen hängt daher von der Anmeldung geeigneter Investitionsvorhaben durch die Länder ab, ohne daß der Bund dabei unmittelbar durch die Auswahl ihm mehr oder weniger förderungswürdig erscheinender Maßnahmen oder mittelbar durch Aufstellung engerer Auswahlkriterien als der der Investitionsart in die Zuständigkeiten der Länder übergreifen kann. Beschränkt auf eine finanzielle Beteiligung kann die Bundesexekutive nur dann einzelne Projekte von der Förderung ausschließen, wenn sie ihrer Art nach nicht der im Bundesgebiet festgelegten Zweckbindung der Finanzhilfen entsprechen oder gänzlich ungeeignet sind, zur Verwirklichung der mit den Bundeszuschüssen angestrebten Ziele des Art. 104a Abs. 4 Satz 1 GG beizutragen. Letzteres wird beispielsweise anzunehmen sein, wenn es ein Land versäumt, die im Gesetz geforderten räumlichen und sachlichen Schwerpunkte zu bilden, oder sich der für eine einzelne Investition in dem maßgeblichen Haushaltsjahr in Anspruch genommene Finanzbedarf nicht auf die konjunktur- und wachstumspolitischen Ziele der Finanzhilfen auswirken kann. Im übrigen hat der Bund auch die Prioritätenwahl des jeweiligen Landesprogramms, sofern sie in der Reihenfolge der genannten Projekte oder sonst zum Ausdruck kommt, als ein wesentliches Element der Investitionsplanungen der Länder zu respektieren. Das schließt zugleich — jedenfalls soweit das Gesetz es nicht ausdrücklich anders bestimmt — die einseitige Konzentration der Finanzhilfen auf bestimmte Investitionsvorhaben aus der Zahl der von den Ländern vorgeschlagenen aus. Erst recht gilt dies für eine einseitige Konzentrierung der Finanzhilfen auf ein oder mehrere Länder in einem Verteilungsjahr mit der Intention, diese könne in den folgenden Jahren ausgeglichen werden. Denn Finanzhilfen, die überproportional an ein Land gewährt werden, könnten, ohne daß dies nachzuweisen oder zu kontrollieren wäre, auch einmal aus unsachlichen Gründen gegeben werden. Deshalb kann eine solche unproportionale Verteilung von Finanzhilfen, die erst im Laufe der folgenden Jahre angeglichen werden sollen, nur bei Zustimmung aller Länder in Betracht kommen; in diesem Fall beruht die Verteilung der Mittel entscheidend (auch) auf dem Willen jedes einzelnen Landes der Bundesrepublik Deutschland; damit ist dem Grundsatz des gleichen Status aller Länder im Bundesstaat des Grundgesetzes Genüge getan.

b) Enthalten einzelne oder alle Landesprogramme mit der Anzahl der darin aufgenommenen Projekte einen größeren Finanzbedarf, als in dem jeweiligen Haushaltsjahr im Bundeshaushalt Mittel für diesen Zweck zur Verfügung stehen, verlangt der in der Verfassungspflicht zu bundesfreundlichem Verhalten liegende Zwang zur Verständigung (vgl. BVerfGE 1, 299 [315]), daß Bund und Länder über eine notwendige Kürzung der Landesprogramme mit dem Ziel verhandeln, sich zu einigen. Bund und Länder müssen sich ernsthaft bemühen, die notwendigen Entscheidungen gemeinsam herbeizuführen. Diese Verständigung kann durch den Widerspruch eines oder mehrerer Länder nicht in Frage gestellt werden, wenn der Bund in der Regelung nach Art. 104a Abs. 4 Satz 2 GG einen notfalls groben, jedoch für alle Länder in gleicher Weise geltenden allgemeinen und sachgerechten Maßstab offenlegt, nach dem überhöhte Investitionsprogramme der Länder „gleichmäßig" auf den Haushaltsansatz des Bundes zurückgeführt werden können. Die Pflicht des Bundes, die Länder bei einer Finanzmittelverteilung nach gleichen Maßstäben zu behandeln, ist in dem föderalistischen Prinzip begründet, nach dem die Länder als Glieder des Gesamtstaates den gleichen Status besitzen und gleichberechtigt nebeneinanderstehen (vgl. BVerfGE 1, 299 [3415]). Der Bund hat die Proportionalität der Finanzhilfen, die in den verschiedenen Zielen des Art. 104a Abs. 4 Satz 1 GG unterschiedlich bemessen sein kann, im Verhältnis der Länder untereinander zu wahren. Verfährt der zuständige Bundesminister bei einer notwendigen Beschränkung der Landesprogramme hiernach, ist der entgegenstehende und damit sachfremde Widerspruch eines oder mehrerer Länder mit der Pflicht zu bundesfreundlichem Verhalten unvereinbar und daher rechtlich unerheblich (vgl. BVerfGE 1, 299 [315 f.]; 12, 205 [254]). Das gleiche gilt für den Widerspruch gegen die Ablehnung nicht förderungsfähiger Investitionsvorhaben. Unsachliche Bevorzugungen oder Vernachlässigungen einzelner Länder bei der Verteilung der Bundeszuschüsse scheiden damit ebenso aus wie Widerstände der Länder mit dem Ziel, über ein „Entgegenkommen" des Bundes finanziell günstiger abzuschneiden. Der Streit um den sachgerechten Maßstab und die Erheblichkeit oder Unerheblichkeit des Widerspruchs ist ein Rechtsstreit, für dessen Entscheidung das Bundesverfassungsgericht zuständig ist (vgl. BVerfGE 1, 299 [316]).

c) Dagegen läßt Art. 104a Abs. 4 GG seinem Inhalt und seiner Funktion nach eine weitergehende sachliche Mitwirkung des Bundes bei den Investitionsplanungen und -entscheidungen der Länder und der damit in untrennbarem Zusammenhang stehenden Auswahl der Förderungsprojekte nicht zu. Mitplanungs-, Mitverwaltungs- und Mitentscheidungsbefugnisse gleich welcher Art im Aufgabenbereich der Länder, ohne daß die Verfassung dem Bund entsprechende Sachkompetenzen übertragen hat, verstoßen gegen das grundgesetzliche Verbot einer sog. Mischverwaltung (vgl. BVerfGE 32, 145 [156]). Daraus ergibt sich auch die Abgrenzung gegenüber der gleichfalls durch das Finanzreformgesetz in das Grundgesetz eingefügten Regelung über die Gemeinschaftsaufgaben der Art. 91 a, 91 b GG. Soweit bei der Erfüllung der dort genannten Aufgaben der Länder die Mitwirkungsbefugnisse des Bundes über die Mitfinanzierung hinausgehen, läßt sich daraus für den Umfang der Kompetenz des Bundes nach Art. 104a Abs. 4 Satz 1 GG nichts herleiten.

Bedingungen (Einvernehmens-, Zustimmungs- und Genehmigungsvorbehalte, Einspruchsrechte) und Dotationsauflagen finanzieller oder sachlicher Art seitens des Bundes bei dem Einsatz dieser Finanzhilfen, die unmittelbar oder mittelbar darauf abzielen, die Planungs- und Gestaltungsfreiheit der Länder in ihrer Rolle als Zuwendungsempfänger entweder innerhalb der Förderungsziele des Art. 104a Abs. 4 Satz 1 GG über die aufgezeigten Möglichkeiten hinaus oder sonst an andere bundespolitischen Interessen und Absichten zu binden, sind im Gegensatz zu der Praxis der Bundesfondswirtschaft vor der Finanzreform nach der verfassungsrechtlichen Normierung der Finanzhilfekompetenz nicht mehr möglich. Das schließt nicht aus, daß der Bund von sich aus die Durchführung einzelner Investitionsvorhaben innerhalb eines mit Bundeszuschüssen geförderten Investitionsbereiches, die er aus gesamtstaatlicher Sicht für erforderlich hält, gegenüber den Ländern anregt und sich gemeinsam mit den Ländern um eine Zusammenfassung („Bündelungseffekt") der nach Art. 104a Abs. 4 GG geförderten Investitionen mit anderen Förderungsmaßnahmen des Bundes und der Länder bemüht.

6. Entsprechendes gilt, wenn Bund und Länder das Nähere im Sinne von Art. 104a Abs. 4 Satz 2 GG einvernehmlich durch Verwaltungsvereinbarung auf der Grundlage des Bundeshaushaltsgesetzes regeln. Verwaltungsvereinbarungen können den Einsatz der Bundesfinanzhilfen vereinfachen und beschleunigen. Ebenso wie die Bundesgesetze, an deren Stelle sie treten, müssen sie sich jedoch im Rahmen der finanzverfassungsrechtlichen Ausgestaltung der Finanzhilfen halten und sich an der bundesstaatlichen Aufgaben- und Kompetenzabgrenzung des Grundgesetzes ausrichten. Eine Verwaltungsvereinbarung über ein Einzelprojekt kommt nur zustande, wenn Bund und Land sich über dessen Auswahl verständigen. Weitergehende Mitwirkungsbefugnisse sachlicher Art folgen daraus nicht. In den von Art. 104a Abs. 4 GG betroffenen Investitionsbereichen kann der Bund keine Investitionspläne in eigener Regie aufstellen und durch Vergaberichtlinien absichern. Im übrigen ist die in Art. 104a Abs. 4 GG vorgesehene Verwaltungsvereinbarung (soweit sie nur mit einzelnen Ländern geschlossen wird) nicht geeignet, die oben dargelegte Pflicht des Bundes zu umgehen, alle Länder

gleichmäßig (anteilig) an einer Finanzhilfe gemäß Art. 104a Abs. 4 Satz 1 GG zu beteiligen.

II.

Die einschlägigen Vorschriften des Städtebauförderungsgesetzes lassen eine Auslegung zu, die mit der finanzverfassungsrechtlichen Grundlage und den durch die bundesstaatliche Ordnung des Grundgesetzes gezogenen Grenzen für die Finanzleistungen des Bundes nach Art. 104a Abs. 4 GG vereinbar ist.

1. Städtebauliche Sanierungs- und Entwicklungsmaßnahmen werden von den Gemeinden vorbereitet und durchgeführt. §§ 71 Abs. 1, 72 Abs. 3 Satz 4 und Abs. 4 StBauFg stellen klar, daß der Bund die dafür vorgesehenen Zuschüsse entsprechend Art. 104a Abs. 4 Satz 1 GG nur den Ländern gewähren kann, in deren Händen die verantwortliche Vergabe der Mittel an die kommunalen Investitionsträger liegt. Föderalistische Partner der Finanzhilfen des Bundes für Investitionen der Gemeinden sind stets Bund und Länder, nicht Bund und Gemeinden, auch wenn die geförderten Investitionsprojekte von den Gemeinden durchgeführt werden.

2. Der Auftrag des **§ 71 Abs. 3** StBauFG, die Finanzhilfen zur Förderung städtebaulicher Sanierungs- und Entwicklungsmaßnahmen nach räumlichen oder sachlichen Schwerpunkten gemäß der Bedeutung der Investitionen für die wirtschaftliche und städtebauliche Entwicklung im Bundesgebiet einzusetzen, kann mangels entsprechender Verwaltungskompetenzen keine Mitplanungs- und sonstigen Mitwirkungsbefugnisse des Bundes nach bundeseinheitlichen Gesichtspunkten bei der Auswahl der zu fördernden Einzelprojekte begründen. Er ist eine der materiell-rechtlichen gesetzlichen Vorschriften, die die Länder bei der Ausführung des Gesetzes als eigene Angelegenheit zu verwirklichen haben (vgl. oben I, 2, a). Er richtet sich also an die Länder, die diese gesetzliche Vorschrift bei der Aufstellung ihrer Landesprogramme „für die städtebaulichen Sanierungs- und Entwicklungsmaßnahmen ..., für die Finanzhilfen des Bundes nach § 71 in Betracht kommen", beachten müssen (§ 72 Abs. 2 Satz 1 StBauFG). Sind die Länder verpflichtet und als Träger dieser Sachaufgabe gegenüber dem Bund allein zuständig, bei der Projektbindung Schwerpunkte zu bilden, in denen die gesamtstaatlichen Ziele der Finanzhilfen des Bundes erreicht werden können, bleibt der Bund darauf beschränkt, einzelne Investitionsvorhaben zurückzuweisen, die dieser Forderung und der Zweckbindung der Finanzhilfen nicht entsprechen oder sich aus sonstigen Gründen nicht auf die verfassungsrechtlichen Ziele des Art. 104a Abs. 4 Satz 1 GG auswirken können.

Den Ländern obliegt es ebenfalls, für eine sachgerechte Abstimmung ihrer Vorschläge mit den in § 72 Abs. 2 Satz 3 StBauFG aufgeführten anderen Maßnahmen des Bundes und der Länder zu sorgen. Soweit nötig, hat der Bund ihnen aus dem Gesichtspunkt der Kooperation die unter dem gesamtstaatlichen Aspekt bedeutsamen Daten zu liefern. Der in § 72 Abs. 3 Satz 3 StBauFG vorgesehenen „Abstimmung mit anderen im Zusammenhang stehenden Maßnahmen" kommt daneben keine selbständige Bedeutung zu, die den Bund zur einseitigen Durchsetzung überregionaler Planungs- und Koordinierungsbedürfnisse dieses oder anderer Sachgebiete im Aufgabenbereich der Länder berechtigt. Dies ist vielmehr Sache der Länder.

3. **§ 72 Abs. 1 und 3** StBauFG regeln auf dieser Grundlage das Verfahren der finanziellen Beteiligung des Bundes an städtebaulichen Investitionen, das in einem mehrjährigen „Bundesprogramm für den Einsatz der Finanzhilfen des Bundes" die Verteilung der Bundeszuschüsse für ein Haushaltsjahr mit der Fortschreibung für die in kommenden Jahren vorgesehenen Bundesmittel (§ 71 Abs. 2 StBauFG) verbindet. Das Bundesprogramm beschränkt sich — wegen der Besonderheiten dieses Investitionsbereiches vertretbar — nicht darauf, eine quotenmäßige Beteiligung der Länder an den Finanzleistungen festzulegen, sondern faßt die einzelnen Projekte zusammen, die mit den Finanzhilfen des Bundes nach Art. 104a Abs. 4 GG in Verbindung mit § 71 Abs. 1 StBauFG gefördert werden.

...

...

...

Die nach § 72 Abs. 3 Satz 1 StBauFG der Aufstellung des Bundesprogramms vorausgehende Beratung des Bundesministers für Raumordnung, Bauwesen und Städtebau mit den zuständigen Ministern und Senatoren der Länder „insbesondere über die — von den Ländern — vorgesehenen Maßnahmen, den Zeitpunkt ihrer Durchführung, die Höhe der Finanzhilfen des Bundes und die Beteiligung der Länder an der Förderung der Maßnahmen" ist im besonderen Maße geeignet zu verhindern, daß die Sanierungs- und Entwicklungsförderungsmittel des Bundes nach unsachlichen Gesichtspunkten und ohne Rücksicht auf die Pflicht zur Gleichbehandlung der Länder verteilt werden und einseitig die in den Programmen der Länder aufgestellten Prioritäten unter Berufung auf die Zweckbindung der Finanzhilfen und die Begrenzung der bereitstehenden Bundesmittel verändert werden. Gleichzeitig erleichtert die Beratung die erforderliche Abstimmung des Einsatzes der Finanzhilfen des Bundes mit anderweitig von Bund und Ländern geförderten und durchgeführten Maßnahmen, die den Bereich städtebaulicher Sanierung und Entwicklung berühren. Gegen eine Anwesenheit von Vertretern der kommunalen Spitzenverbände (§ 72 Abs. 3 Satz 2 StBauFG) bestehen keine Bedenken, solange damit keine verfassungsrechtlich unzulässigen unmittelbaren Verhandlungen des Bundes mit Gemeinden oder Gemeindeverbänden über Bundeszuschüsse nach Art. 104a Abs. 4 GG verbunden sind.

Als eine Form bundesstaatlichen Zusammenwirkens verlangt die Beratung, daß Bund und Länder mit dem Ziel verhandeln, eine einvernehmliche Zuteilung der Bundesmittel herbeizuführen. Dieser Auffassung ist die Bundesregierung in dem Gesetzgebungsverfahren zum Städtebauförderungsgesetz ausdrücklich beigetreten (vgl. die Erklärung des Bundesministers Dr. Lauritzen in der 369. Sitzung des Bundesrates am 9. Juli 1971; StenBer. S. 176). Entsprechend sind sämtliche bisherigen Bundesprogramme einschließlich des Bundesprogramms 1974—1977 im Einvernehmen von Bund und Ländern aufgestellt worden.

§ 72 Abs. 3 StBauFG fordert somit eine Einigung zwischen Bund und Ländern, um die sich insbesondere der Bundesminister für Raumordnung, Bauwesen und Städtebau, der bei der Gewährung der Finanzhilfen für den Bund handelt, soweit und solange bemühen muß, bis das Einigwerden daran scheitert, daß entweder der Bund oder die Länder in einer mit dem Prinzip der Bundestreue unvereinbarer Weise auf ihrem Standpunkt beharren. Die Verständigung zwischen dem Bundesminister und den zuständigen obersten Landesbehörden über das Bundesprogramm und die Zuteilung der Finanzhilfen an die Länder kann jedoch durch den Widerspruch eines oder mehrerer Länder dann nicht in Frage gestellt werden, wenn sich der Bundesminister für Raumordnung, Bauwesen und Städtebau bundesfreundlich verhält und der einer Einigung entgegenstehende Widerspruch mit der Pflicht der Länder zu bundesfreundlichem Verhalten unvereinbar und damit rechtlich unbeachtlich ist. Dabei muß der Bundesminister die unter C, I, 4 und 5 dargelegte Abgrenzung der Befugnisse von Bund und Ländern wahren. Grundlage der Beratung sind nur die nach § 72 Abs. 1 und 2 StBauFG aufgestellten und fortgeführten (§ 72 Abs. 1 Satz 2 StBauFG) Programme der Länder. Städtebauliche Projekte, die nicht in den Landesprogrammen enthalten sind, kann der Bundesminister ohne Zustimmung der Länder nicht zum Gegenstand der Beratung machen.

4. § 71 Abs. 1 und 3, Satz 3 StBauFG begründet für den Bund weder eine Programmkompetenz", wie sie die Bayerische Staatsregierung darstellt, noch eine „Negativ-Entscheidungskompetenz", aus der die Bundesregierung ein die Programme der Länder korrigierendes Auswahlrecht herleiten könnte. Das „Bundesprogramm für den Einsatz der Finanzhilfen des Bundes" ist keine selbständige Investitionsplanung des Bundes für städtebauliche Sanierungs- und Entwicklungsmaßnahmen. Es legt das

Ergebnis der im vorstehenden Sinne verstandenen Beratung förmlich fest („auf der Grundlage"), ohne daß es über die Möglichkeit hinaus, in den aufgezeigten Fällen ausnahmsweise einzelne Projekte abzulehnen, zur Disposition des Bundesministers für Raumordnung, Bauwesen und Städtebau steht. Dieser kann nur einzelne oder alle Landesprogramme nach einem allgemeinen, für alle Länder gleichermaßen geltenden Maßstab kürzen, wenn die Anforderungen der Länder die verfügbaren Haushaltsmittel des Bundes übersteigen.

...

...

6. Der Antrag der Bayer. Staatsregierung wendet sich ferner gegen **§ 72 Abs. 3 Satz 4** StBauFG. Zwar können die Länder über die ihnen nach Maßgabe des Bundesprogramms zugeteilten Finanzhilfen nicht frei verfügen. Mit der Zuweisung hat der Bund ihnen aber seine Finanzleistungen der Höhe und dem Verwendungszweck nach rechtlich verbindlich zugesagt. Jeder weitere Einfluß auf die Verwaltung der Bundesmittel durch die Länder, die die Bundesfinanzhilfen durch Bewilligung gemäß § 72 Abs. 4 StBauFG an die kommunalen Projektträger vergeben, ist dem Bund versagt. Es ist ihm nicht mehr möglich, in die Abwicklung des Bundesprogramms einzugreifen und die Mittelvergabe durch die Länder zu lenken. Die zuständigen Landesbehörden erledigen den administrativen Vollzug der Bundesförderung in eigener Verantwortung. Sie unterliegen dabei der parlamentarischen Kontrolle und der Kontrolle des Rechnungshofes des Landes, während die parlamentarische Kontrolle des Bundestages und die des Bundesrechnungshofes nur bis zur Hingabe der Finanzhilfen der Länder reicht. Unbeschadet dessen gehört es in diesem Fall zu den aus der Kooperation zwischen Bund und Ländern sich ergebenden Pflichten jedes Landes, den Bund über die zweckentsprechende Verwendung der Finanzhilfe zu unterrichten. Prüfungszuständigkeiten des Bundes, die sich auf Planung, Durchführung und Auswirkungen des einzelnen Projektes beziehen, ergeben sich daraus nicht.

D.

In dieser Auslegung sind §§ 71, 72 StBauFG mit dem Grundgesetz vereinbar.
Diese Entscheidung ist einstimmig ergangen.

§ 72

Einsatz der Finanzhilfen des Bundes

(1) Für den Einsatz der Finanzhilfen des Bundes sind für den Zeitraum der mehrjährigen Finanzplanung Programme nach Maßgabe der Absätze 2 und 3 aufzustellen. Sie sind vor Beginn eines jeden weiteren Jahres nach denselben Gesichtspunkten der Entwicklung anzupassen und fortzuführen.
(2) Die für das Bau-, Wohnungs- und Siedlungswesen zuständigen Minister oder Senatoren der Länder stellen Programme für die städtebaulichen Sanierungs- und Entwicklungsmaßnahmen auf, für die Finanzhilfen des Bundes nach § 71 in Betracht kommen. Die Maßnahmen sind mit anderen vom Bund oder von den Ländern geförderten oder durchgeführten Maßnahmen, insbesondere der Raumordnung, der Wirtschaft, der Landwirtschaft, des Verkehrs oder der Wissenschaft, abzustimmen.

(3) Der Bundesminister für Raumordnung, Bauwesen und Städtebau berät über die Programme der Länder mit den zuständigen Ministern und Senatoren der Länder, insbesondere über die vorgesehenen Maßnahmen, die Zeit für ihre Durchführung, die Höhe der Finanzhilfen des Bundes und die Beteiligung der Länder an der Förderung der Maßnahmen. Zu der Beratung können Vertreter der Kommunalen Spitzenverbände zugezogen werden. Auf der Grundlage dieser Beratung stellt der Bundesminister für Raumordnung, Bauwesen und Städtebau unter Abstimmung mit anderen im Zusammenhang stehenden Maßnahmen ein Bundesprogramm für den Einsatz der Finanzhilfen des Bundes auf. Er teilt entsprechend dem Bundesprogramm die als Finanzhilfen bestimmten Bundesmittel den Ländern zu.

(4) Die Bewilligung der Mittel für die einzelnen Maßnahmen erfolgt durch die Länder.

1. Allgemeines

a) Die endgültige Fassung ist aus dem RegE zur Erstfassung und den Vorschlägen sowohl des BR als auch des federführenden Ausschusses zusammengesetzt. So hat beispielsweise der Ausschuß in Abs. 2 entsprechend dem Vorschlag des BR vorgesehen, daß die Länder, für die städtebauliche Sanierungs- und Entwicklungsmaßnahmen für die Finanzhilfen des Bundes in Betracht kommen, ihrerseits Programme aufstellen. Dem weiteren Vorschlag des BR, daß der Bundesminister für Raumordnung, Bauwesen und Städtebau die Bundesmittel auf der Grundlage der Programme im Einvernehmen mit den zuständigen Landesbehörden auf die Länder verteilen solle, hat sich der Ausschuß nicht angeschlossen. Vielmehr ist entsprechend dem RegE die Vorschrift so gestaltet worden, daß keine globale Verteilung auf die Länder nach Programmen, die von diesen allen aufgestellt worden sind, erfolgt, sondern daß vom zuständigen Bundesminister nach Beratung mit den zuständigen Länderministern ein Bundesprogramm aufgestellt wird. Ein Widerspruch eines einzigen Landes würde nach Meinung des Ausschusses bei zwingend gefordertem Einvernehmen die Mittelverteilung blockieren.

b) Das BVerfG hat mit Urteil vom 4. 3. 1975 (2 BvF 1/72) (siehe Nr. 5 — Rspr. — bei § 71) die §§ 71 und 72 StBauFG als mit dem GG vereinbar erklärt.

2. Einsatz von Bundesmitteln

Aus dem Wortlaut des **Abs. 1** ergibt sich, daß die Beteiligung des Bundes als eine Daueraufgabe angesehen wird. Satz 2 des Abs. 1 sorgt für die notwendige Flexibilität der Programme. Durch den Hinweis in **Abs. 2** Satz 1 auf § 71 ist die Verbindung zu Art. 104a GG hergestellt; für die notwendige Koordinierung mit anderen Maßnahmen sorgt die Mußvorschrift von Satz 2. Die in **Abs. 3** vorgesehene Beteiligung der Vertreter der kommunalen Spitzenverbände (z. B. Deutscher Städtetag, Landkreisverband, Verbände der Landgemeinden).

Die Aufstellung des Bundesprogramms ist Angelegenheit des Bundesministers für Raumordnung, Bauwesen und Städtebau; er berät zwar mit den zuständigen Landesministerien, ohne jedoch auf deren Zustimmung angewiesen zu sein. Die Bewilligung der an die Länder zugeteilten Mittel für die einzelnen Maßnahmen erfolgt durch die Länder (**Abs. 4**).

§ 73

Einsatz besonderer Bundesmittel

Auf Haushaltsmittel des Bundes, die für den Geschäftsbereich des Bundesministers für Raumordnung, Bauwesen und Städtebau für ressortzugehörige Aufgaben oder zur Förderung nichtstaatlicher zentraler Einrichtungen zur Verfügung gestellt werden, finden die §§ 71 und 72 keine Anwendung, auch wenn sie städtebaulichen Sanierungs- oder Entwicklungsmaßnahmen zugute kommen. Sollen für die Forschung vorgesehene Bundesmittel für einzelne Sanierungs- oder Entwicklungsmaßnahmen verwendet werden, so sind sie dem Land zuzuteilen. Dieses erteilt bei der Bewilligung der Mittel für die Sanierungs- oder Entwicklungsmaßnahme die vom Bundesminister für Raumordnung, Bauwesen und Städtebau für erforderlich gehaltenen, der Forschung dienenden Auflagen.

a) Diese Vorschrift findet sich sowohl im RegE als auch im Entwurf der CDU/CSU-Fraktion. Sie dient der Klarstellung, daß der Bund über §§ 71 und 72 hinaus auch Haushaltsmittel zur Erfüllung eigener Aufgaben, und zwar in zweifacher Hinsicht zur Verfügung stellen kann, nämlich für dem Bundeswohnungsbauministerium zugehörige Aufgaben oder zur Förderung nichtstaatlicher Einrichtungen. Der Ausschluß der beiden vorangegangenen Bestimmungen findet auch in den Fällen statt, in denen städtebauliche Sanierungs- oder Entwicklungsmaßnahmen in Frage kommen.

b) Die Art der hier erfaßten Mittel umfaßt z. B. die Haushaltsmittel im Rahmen des langfristigen Wohnungsbauprogramms, zur Förderung von Instandsetzungs- und Modernisierungsarbeiten in Wohngebäuden sowie Zuschüsse an Städtebauinstitute. Bei den von Satz 2 und 3 erfaßten Bundesmitteln sind vor allem diejenigen für Studien- und Modellvorhaben zur Erneuerung von Städten und Dörfern, ferner zur Förderung von Versuchs-, Vergleichs- und Demonstrativbauten gemeint. Der Vorbehalt für das einzelne Land soll diesem die Koordinierung mit den allgemeinen Städtebauförderungsmaßnahmen erleichtern.

§ 74

Rückflüsse an den Bund

(1) Rückflüsse (Rückzahlungen der Darlehnssumme im ganzen oder in Teilen, Zinsen und Tilgungsbeträge) aus Haushaltsmitteln, die der Bund nach § 71 oder § 73 als Darlehen gewährt, hat der Bund laufend wieder zur Förderung von Maßnahmen nach § 71 oder § 73 oder zur Förderung von Maßnahmen zugunsten des sozialen Wohnungsbaues zu verwenden.
(2) Abweichend von § 17 des Ersten Wohnungsbaugesetzes in der Fassung der Bekanntmachung vom 25. August 1953 (Bundesgesetzbl. I S. 1047), zuletzt geändert durch Artikel 1 Nr. 2 des Gesetzes zur Änderung mietrechtlicher und mietpreisrechtlicher Vorschriften vom 17. November 1975 (Bundesgesetzbl. I S. 2867), und von § 20 des Zweiten Wohnungsbaugesetzes können die nach diesen Vorschriften für Maßnahmen zugunsten des sozialen Wohnungsbaus zu verwendenden Rückflüsse, Erträge, Rückzahlungen oder Erlöse auch zur Förderung von Maßnahmen nach § 71 oder § 73 verwendet werden, die mit Maßnahmen zur Fortführung des Wohnungsbaues oder zur Verbesserung der Wohnverhältnisse verbunden sind.

Sowohl im Ersten Wohnungsbaugesetz (§ 17) als auch im Zweiten Wohnungsbaugesetz (§ 20) finden sich ähnliche Vorschriften. Diese Bestimmungen wurden nach **Abs. 2** in den Bereich des StBauFG einbezogen, und zwar durch Erweiterung der Rückflußmöglichkeit auch zugunsten der städtebaulichen Sanierungs- und Entwicklungsmaßnahmen sowie für die städtebauliche Forschung.

Mit dieser Vorschrift wurde der Haushaltsgesetzgebung des Bundes eine Bindung auferlegt.

§ 75

Übernahme von Bürgschaften

(1) Der Bund kann zur Förderung städtebaulicher Sanierungs- und Entwicklungsmaßnahmen nach diesem Gesetz gegenüber den Ländern Bürgschaften, Garantien oder sonstige Gewährleistungen übernehmen.
(2) Die Übernahme erfolgt nach Maßgabe des Haushaltsgesetzes. Anträge auf Übernahme sind beim Bundesminister für Raumordnung, Bauwesen und Städtebau zu stellen.

§ 75 baut auf § 59 des RegE und auf § 51 des Gegenentwurfs der CDU/CSU auf. Der federführende Ausschuß hat im wesentlichen nur redaktionelle Verbesserungen vorgenommen. Die Bürgschaften des Bundes kommen als

Rückbürgschaften gegenüber den Ländern in Betracht, und zwar zur Verstärkung von Bürgschaften, die die Länder zur Förderung der Sanierungs- und Entwicklungsmaßnahmen übernehmen.

Die Ermächtigung zur Übernahme und den Rahmen der Bürgschaften legt das jeweilige Haushaltsgesetz des Bundes fest.

SECHSTER TEIL

Abgaben- und steuerrechtliche Vorschriften

Vorbemerkung

Die abgaben- und steuerrechtlichen Vorschriften haben der Natur der Sache nach erhebliche Bedeutung. Sowohl der bei der Beratung der Erstfassung zuständige federführende Ausschuß für Städtebau und Wohnungswesen als auch der Finanzausschuß des BT hatten sich bemüht, durch Aufbau eines Sechsten Teils des Gesetzes die Vorschriften in erweiterter und gegenüber dem RegE geänderter Fassung (bei Ablehnung von weiteren Vorschlägen der Opposition) in ein einheitliches Gefüge zu bringen. So stellen die neuen Bestimmungen über Abgabenfreiheit, Befreiung von der Grunderwerbssteuer, Grundsteuererlaß, Gewerbesteuererlaß, Gesellschaftssteuerfreiheit, Steuerfreiheit für bestimmte Rechtsträger, Überleitungsvorschriften für die Erhebung des Ausgleichsbetrags und für die Förderung ein wichtiges Instrument im Sinne der Funktionsfähigkeit des Gesetzes dar.

§ 76

Abgabenfreiheit

(1) Frei von Gebühren, Auslagen und ähnlichen Abgaben sind Geschäfte und Verhandlungen

1. zur Vorbereitung oder Durchführung von Sanierungs- oder Entwicklungsmaßnahmen,

2. zur Durchführung von Erwerbsvorgängen nach § 77,

3. zur Gründung oder Auflösung eines Unternehmens, dessen Geschäftszweig ausschließlich darauf gerichtet ist, als Sanierungs- oder Entwicklungsträger tätig zu werden,

4. zur Gründung oder Auflösung von Zusammenschlüssen im Sinne des § 13 Abs. 4, der §§ 14 und 60 oder zur Beteiligung an derartigen Zusammenschlüssen.

(2) Die Abgabenfreiheit gilt nicht für die Kosten eines Rechtsstreits. Unberührt bleiben Regelungen nach landesrechtlichen Vorschriften.

a) Die in **Abs. 1** festgelegte umfangreiche Freiheit von Gebühren, Auslagen und ähnlichen Abgaben hat Vorgänger: Ähnliche Vorschriften haben das BBauG (§ 79), das FlurbG (§ 108), das Landbeschaffungsgesetz (§ 71 Abs. 2), das Reichssiedlungsgesetz (§ 29), das Reichsheimstättengesetz (§ 34). Regierung und Ausschuß waren der einheitlichen Meinung, daß die Abgabenfreiheit im Hinblick auf das öffentliche Interesse an Sanierung und Entwicklung sowie auf Unabhängigkeit der Maßnahmen vom Willen der Beteiligten gerechtfertigt sei.

Ausgeschlossen von der Befreiung sind Beurkundungs- und Beglaubigungsgebühren, weil nach § 11 Abs. 3 der Kostenverordnung hierfür eine ausdrückliche Befreiung erforderlich wäre. Das gilt auch für Notariatsgebühren. Auch fallen bauaufsichtliche Genehmigungen (für Bauvorbescheid, Baugenehmigungen, für Abbruchgenehmigungen u. ä.) nicht unter die Abgabenfreiheit des § 76. Der Katalog der Nr. 1 bis 4 zeigt, daß das Sanierungsgebiet bzw. der Entwicklungsbereich nicht schon förmlich festgelegt sein muß. So kommt z. B. für den Erwerb von Ersatzland oder Austauschland durchaus § 76 zur Anwendung.

b) Abs. 2 schließt die Kosten eines Rechtsstreits, gleich ob vor den Zivilgerichten, Baulandkammern oder allgemeinen Verwaltungsgerichten, aus. Die Fassung „Kosten eines Rechtsstreits" beinhaltet auch die Rechtsanwaltsgebühren.

Satz 2 des Abs. 2 schließt aus, was nach dem GG sowieso nicht zulässig wäre, nämlich ein Eingriff in die landesrechtlichen Gebührenregelungen.

§ 77

Befreiung von der Grunderwerbsteuer

(1) Von der Grunderwerbsteuer sind auf Antrag die folgenden Rechtsvorgänge aus dem Bereich dieses Gesetzes ausgenommen:

1. der Erwerb eines Grundstücks durch eine Gemeinde oder durch einen Rechtsträger im Sinne der §§ 7, 13 Abs. 4, §§ 14, 33, 54 Abs. 4 und 5 und der §§ 55 und 60

a) zur Vorbereitung oder Durchführung von Sanierungs- oder Entwicklungsmaßnahmen,

b) zur Verwendung als Austausch- oder Ersatzland im Rahmen von Sanierungs- oder Entwicklungsmaßnahmen.

Der Befreiung steht nicht entgegen, daß eine förmliche Festlegung des Sanierungsgebiets oder eine Erklärung zum städtebaulichen Entwicklungsbereich noch nicht erfolgt ist;

2. der Erwerb eines Grundstücks durch eine Person, die zur Vorbereitung oder Durchführung von Sanierungs- oder Entwicklungsmaßnahmen oder zur Ver-

wendung als Austausch- oder Ersatzland (Nummer 1 Buchstaben a und b) ein Grundstück übereignet oder verloren hat. Grunderwerbsteuer ist insoweit zu erheben, als die Gegenleistung für das erworbene Grundstück die Gegenleistung für das übereignete oder verlorene Grundstück um mehr als 50 vom Hundert oder, wenn das erworbene Grundstück in demselben Sanierungsgebiet oder Entwicklungsbereich wie das übereignete oder verlorene Grundstück liegt, um mehr als 100 vom Hundert übersteigt. Der auf das erworbene Grundstück entfallende Ausgleichsbetrag (§ 41) bleibt außer Ansatz, soweit er dem Erwerber besonders in Rechnung gestellt wird. Ist die Gegenleistung nicht Besteuerungsgrundlage, so bestimmt sich der Umfang der Steuerbefreiung aus dem Verhältnis der Einheitswerte.
Die Befreiung wird nur gewährt
a) beim Erwerb eines Grundstücks im Sanierungsgebiet oder Entwicklungsbereich, in dem das übereignete oder verlorene Grundstück liegt, bis zum Abschluß der Sanierungs- oder Entwicklungsmaßnahmen,
b) in anderen Fällen bis zum Ablauf von zehn Jahren, gerechnet von dem Zeitpunkt ab, an dem die Unbedenklichkeitsbescheinigung für das übereignete oder verlorene Grundstück erteilt wurde;

3. der Erwerb eines im förmlich festgelegten Sanierungsgebiet gelegenen Grundstücks, soweit die Gegenleistung in der Hingabe eines in demselben Sanierungsgebiet gelegenen Grundstücks besteht;
4. der Erwerb eines Grundstücks durch einen Immobilienfonds im Sinne des § 89 Abs. 3 Satz 1 Nr. 5 des Bundesbaugesetzes in Verbindung mit § 25 Abs. 3 und 5 Nr. 2, soweit er binnen achtzehn Monaten Anteile an die in Nummer 2 bezeichneten Personen veräußert und soweit nachgewiesen wird, daß diesen Personen Steuerbefreiung nach Nummer 2 zustehen würde, wenn sie ohne Zwischenschaltung des Immobilienfonds Miteigentum an dem Grundstück erworben hätten.
5. Erwerbsvorgänge, die durch die Begründung das Bestehen oder die Auflösung eines Treuhandverhältnisses im Sinne des § 36, 37 oder 55 bedingt sind.

(2) Voraussetzung für die Steuerbefreiung ist

1. in den Fällen des Absatzes 1 Nr. 1 eine Bescheinigung der nach Landesrecht zuständigen Behörde, daß das Grundstück zu den dort bezeichneten Zwekken verwendet werden soll;
2. in den Fällen des Absatzes 1 Nr. 2 eine Bescheinigung der nach Landesrecht zuständigen Behörde, daß der Erwerber zur Vorbereitung oder Durchführung von Sanierungs- oder Entwicklungsmaßnahmen oder zur Verwendung als Austausch- oder Ersatzland ein Grundstück übereignet oder verloren hat; in dieser Bescheinigung ist das Grundstück grundbuchmäßig zu bezeichnen und die Gegenleistung anzugeben;
3. in den Fällen des Absatzes 1 Nr. 4 eine Bescheinigung der Gemeinde, daß die Voraussetzungen des § 89 Abs. 3 Satz 1 Nr. 5 des Bundesbaugesetzes in Verbindung mit § 25 Abs. 3 und 5 Nr. 2 vorliegen. Zum Nachweis, inwieweit

den Erwerbern der Anteile Steuerbefreiung nach Absatz 1 Nr. 2 zustehen würde, wenn sie ohne Zwischenschaltung des Immobilienfonds Miteigentum an dem Grundstück erworben hätten, sind dem Finanzamt die in Nummer 2 bezeichneten Bescheinigungen auch dann einzureichen, wenn der Erwerb der Anteile am Immobilienfonds nicht der Grunderwerbsteuer unterliegt.

(3) Erwerbsvorgänge nach Abs. 1 Nr. 1 unterliegen der Steuer

1. in den Fällen des Buchstaben a mit dem Abschluß der Sanierungs- oder Entwicklungsmaßnahmen (§§ 51 und 63), soweit das Grundstück bis zu diesem Zeitpunkt nicht weiterveräußert wird;

2. in den Fällen des Buchstaben b mit Ablauf von zehn Jahren vom Tage der Ausstellung der Unbedenklichkeitsbescheinigung an gerechnet, soweit das Grundstück nicht innerhalb dieses Zeitraums weiterveräußert wird;

3. mit Aufgabe des begünstigten Zwecks, soweit dieser vor Ablauf der in den Nummern 1 und 2 bezeichneten Zeiträume aufgegeben wird. Die Aufgabe des Zwecks ist dem Finanzamt anzuzeigen.

(4) Eine Nachversteuerung (Absatz 3) unterbleibt,

1. wenn und soweit der Erwerber das Grundstück zu einem Zweck verwendet, zu dem er aufgrund anderer Vorschriften das Grundstück hätte steuerfrei erwerben können;

2. wenn und soweit der Erwerber das Grundstück für andere Sanierungs- oder Entwicklungsmaßnahmen verwendet oder benötigt;

3. wenn das Grundstück nach Aufgabe des Sanierungs- oder Entwicklungszwecks ohne Gewinn veräußert wird.

(5) Die Grunderwerbsteuer wird nicht nacherhoben, wenn und soweit Grundstücke, die zu einem steuerbegünstigten Zweck erworben worden sind, für die in Absatz 1 Nr. 1 bezeichneten Zwecke verwendet werden.

(6) Landesrechtliche Vorschriften, die für Sanierungs- und Entwicklungsmaßnahmen weitergehende Vergünstigungen vorsehen, bleiben unberührt.

Übersicht

1. Allgemeines

a) Ziel der vom Ausschuß gegenüber der Regierungsvorlage (§ 62 Abs. 2) im Umfang erheblich erweiterten Grunderwerbsteuerfreiheit in § 77 ist es, die

Sanierungs- und Entwicklungsmaßnahmen im Grundsatz ohne Belastung mit Grunderwerbsteuer zu ermöglichen und durchzuführen. Damit erhöht sich die Zahl der von dieser Steuer befreiten Rechtsvorgänge um ein beträchtliches. Bisher gab es Befreiungen auf dem Sektor des Wohnstättenbaues, bei öffentlichen Verkehrs- und Grünanlagen, nach dem BBauG bei Ausübung der beiden Arten der Vorkaufsrechte, beim Erwerb von Grundstücken zur Vermeidung oder in Durchführung eines Umlegungsverfahrens, dann nach den Wohnungsbaugesetzen. Gerechtfertigt ist die Befreiung aus den gleichen Gründen wie die Abgabenfreiheit nach § 76 (Erwerbsgeschäft im öffentlichen Interesse ohne Anstoß durch die Betroffenen).

b) § 77 erfuhr im Zuge der Kürzung des § 25 Abs. 3 durch das ÄndG vom 18. 8. 1976 entsprechende redaktionelle Änderungen in Abs. 1 Nr. 4 und Abs. 2 Nr. 3; ferner wurde dort § 89 Abs. 3 Satz 1 Nr. 5 BBauG eingefügt. Auch die letztgenannte Vorschrift wurde erst durch die Novelle 1976 in das BBauG aufgenommen.

2. Die einzelnen Befreiungstatbestände (Abs. 1)

a) In **Nr. 1** ist vor allem die Gemeinde genannt. Rechtsträger im Sinne der hier genannten Bezugsvorschriften sind Planungsverbände, juristische Personen, zu denen sich Eigentümer zu Sanierungszwecken zusammengeschlossen haben, Sanierungsgemeinschaften, Sanierungsträger, Gemeindeverbände, Zweckverbände sowie andere Verbände (oder Gemeinden), die die Entwicklungsmaßnahmen für (andere) Gemeinden übernommen haben, Entwicklungsträger und Entwicklungsgemeinschaften, Planungsverbände, die Entwicklungsmaßnahmen vorbereiten und durchführen müssen. Nicht nur die Durchführung der Sanierungs- und Entwicklungsmaßnahmen, sondern auch die Verwendung als Austausch- und Ersatzland in diesem Rahmen fällt unter die Befreiung; einer förmlichen Festsetzung des Sanierungsgebiets durch Satzung oder der Erklärung zum städtebaulichen Entwicklungsbereich durch Rechtsverordnung bedarf es noch nicht.

b) In **Nr. 2** werden die Personen angesprochen, die im Rahmen der Vorbereitung und Durchführung von Sanierungsmaßnahmen oder zur Verwendung als Austausch- und Ersatzland ein Grundstück übereignet oder verloren haben und nunmehr ein Grundstück neu erwerben wollen. Unter Person im Sinne dieser Bestimmung ist nur die natürliche Person zu verstehen.

c) Allerdings findet ein besonderer Ausgleich in Gestalt einer Teilerhebung in den in **Satz 2** genannten Fällen statt. Dabei bleibt nach **Satz 3** der Ausgleichsbetrag nach § 41 außer Ansatz, soweit er dem Erwerber besonders in Rechnung gestellt worden ist. **Satz 4** regelt den Sonderfall, in dem die Gegenleistung nicht Besteuerungsgrundlage ist; hier werden die Einheitswerte in das Verhältnis zueinander gebracht.

d) Die Befreiung ist zeitlich nicht unbegrenzt. Vielmehr muß der Erwerb bis zum Abschluß der Sanierungs- und Entwicklungsmaßnahmen getätigt sein. In anderen Fällen, d. h. bei Erwerb eines Grundstücks außerhalb des Sanierungs- und Entwicklungsgebiets, ist die Frist auf 10 Jahre begrenzt, gerechnet von der Erteilung der Unbedenklichkeitsbescheinigung **(Satz 5).**

e) Nr. 3 unterscheidet sich von Nr. 2 (vgl. Buchst. a) dadurch, daß einmal nicht auf eine (natürliche) Person, dann, daß auf dasselbe Sanierungsgebiet abgestellt wird, und daß offensichtlich von Grundstücken gleichen Wertes ausgegangen wird. Bei Wertunterschieden ist nach dem Sinn des Gesetzes Nr. 2 Satz 2 anzuwenden.

f) Bei **Nr. 4** ist Voraussetzung, daß der Immobilienfonds nur an den in Abs. 1 Nr. 2 bezeichneten Personenkreis ausgibt. Im Hinblick auf den Inhalt der §§ 89 Abs. 3 Satz 1 Nr. 5 BBauG und § 25 Abs. 3 und 5 Nr. 2 StBauFG, auf die ausdrücklich Bezug genommen wird, wird der Nachweis der Veräußerung an den Personenkreis der Nr. 2 gefordert. Die Steuerbefreiung nach Nr. 4 entfällt, wenn der geschlossene Immobilienfonds auch nur einen einzigen Anteil an eine nicht unter Abs. 1 Nr. 2 fallende Person veräußert. Dies bedeutet im Ergebnis eine sehr starke Bindung des Immobilienfonds.

In dem Ausschußbericht — die Erstfassung ist der Sache nach unverändert geblieben — (vgl. BT zu DS VI/2204, zu § 77, S. 27 Sp. 2) heißt es:

„Anteile an geschlossenen Immobilienfonds in der Rechtsform von Gesamthandgemeinschaften, z. B. KG, gelten nicht als Grundstücke und ihr Erwerb unterliegt nicht der Grunderwerbsteuer. Anteile an offenen Immobilienfonds, die den Vorschriften des Gesetzes über Kapitalanlagegesellschaften (KAAG) i. d. F. vom 14. 1. 1970 (BGBl. I S. 127) unterliegen, sind Wertpapiere. Der Erwerb solcher Zertifikate ist nicht grunderwerbsteuerpflichtig."

g) Nr. 5 ermöglicht überhaupt erst das Zustandekommen von Treuhandverhältnissen nach § 36 Abs. 3 Satz 1, Abs. 6 Satz 2, § 37 Abs. 3 Satz 3; ohne die Steuerbefreiung würden schwerlich Treuhandverhältnisse begründet werden. Im übrigen bleibt die Gemeinde Eigentümer der von den Treuhandverhältnissen erfaßten Grundstücke.

3. Bescheinigungen zur Erlangung der Steuerbefreiung (Abs. 2)

Hier wird im einzelnen bestimmt, welche Bescheinigungen als Voraussetzung für die Inanspruchnahme der Steuerbefreiung vorzulegen sind. Nur in den Fällen der **Nr. 3** und **5** des Abs. 1 sind keine Bescheinigungen vorzulegen. Die Vorlage nach Abs. 2 **Nr. 1** und **2** ist unproblematisch. Im Gegensatz hierzu ist die Regelung bei **Nr. 3** schwieriger: denn beim Erwerb eines Grundstücks durch einen geschlossenen Immobilienfonds ist nicht nur die Bescheinigung erforderlich, daß es sich um einen Fonds im Sinne des § 25 Abs. 5 Nr. 2 (der ebenfalls neu aufgeführte § 89 Abs. 3 Satz 1 Nr. 5 BBauG verweist auf diese Vorschrift) handelt, auf den durch die Gemeinde Eigentum übertragen worden ist (vgl. § 25 Abs. 3), sondern es müssen auch für sämtliche Anteilserwerber Bescheinigungen vorgelegt werden, daß sie zum Personenkreis des Abs. 1 Nr. 2 gehören. Nach dem Willen des federführenden

Ausschusses soll durch **Satz 2** der Nr. 3 erreicht werden, daß die Erwerber von Miteigentumsanteilen und die Erwerber von Kommanditanteilen im Ergebnis gleich behandelt werden. Da bei den Immobilienfonds, die in Form der KG betrieben werden, der Erwerb der Kommanditanteile nicht unter das Grunderwerbsteuergesetz fällt, würde ein Sanierungsverdrängter, der einen solchen Anteil erwirbt, somit grunderwerbsteuerfrei zu einer Beteiligung am Grundvermögen des Fonds kommen und könnte dazu — im Gegensatz zum Erwerber eines Miteigentumsanteils — auch noch Steuerbefreiung für einen weiteren Erwerb beanspruchen (a. A. Gaentzsch § 77, S. 181).

4. Nachversicherung (Abs. 3)

Da die Erwerbsvorgänge durch die Gemeinde oder die gleichgestellten Rechtsträger nach dem Sinn des StBauFG keine Zwischenvorgänge darstellen sollen, entfällt die Steuerfreiheit, wenn die Grundstücke nicht bis zum Abschluß der Sanierungs- und Entwicklungsmaßnahmen weiterveräußert worden sind (Nr. 1). Ebenso ist es mit Nr. 2. Hatten die Gemeinden (oder die gleichgestellten Rechtsträger) Grundstücke für Austausch- oder Ersatzlandzwecke im Rahmen von Sanierungs- oder Entwicklungsmaßnahmen erworben, so werden solche Erwerbsvorgänge mit Ablauf von zehn Jahren vom Tag der Ausstellung der Unbedenklichkeitsbescheinigung an steuerpflichtig, soweit das Grundstück nicht in dieser Zeit weiterveräußert wird. Allgemein entfällt die Steuerbefreiung, sobald der begünstigte Zweck vor Abschluß der Maßnahmen (bei Erwerb) oder vor Ablauf der zehn Jahre (bei Ersatz- und Austauschlanderwerb) aufgegeben wird, z. B. wenn sich die Sanierungsmaßnahmen als nicht durchführbar erweisen und der förmliche Beschluß oder die Rechtsverordnung über die Erklärung zum Entwicklungsbereich aus irgendwelchen Gründen aufgehoben wird.

5. Wegfall der Nachversteuerung (Abs. 4 und 5)

a) Das Gesetz läßt jedoch auch Fälle zu, in denen von der Nachversteuerung abgesehen wird. Vor allem ist hier der Fall angesprochen, daß der Erwerber zu einem Zweck erwirbt, der nach anderen, z. B. landesrechtlichen Vorschriften eine Grunderwerbsteuerfreiheit ausgelöst hatte (**Abs. 4** Nr. 1). Wenn die Gemeinde das Grundstück für andere als für die vorgesehenen Sanierungs- oder Entwicklungsmaßnahmen verwendet, unterbleibt auch die Weiterveräußerung ohne Gewinn nach Aufgabe des Sanierungs- oder Entwicklungszwecks (Nr. 3).

b) Nach **Abs. 5** unterbleibt die Nachbesteuerung in den Fällen der Zweckumwidmung, und zwar im umgekehrten Fall des Abs. 4 Nr. 1, also Erwerb zu einem anderen steuerbegünstigten Zweck, Veräußerung zum Zweck der Vorbereitung oder Durchführung von Sanierungs- und Entwicklungsmaßnahmen oder zur Verwendung als Austausch- oder Ersatzland im Rahmen dieser Maßnahmen.

6. Vorbehalt für die Länder (Abs. 6)

a) Es gibt eine Reihe von landesrechtlichen Grunderwerbsteuerbefreiungen, die von der Regelung des § 77 nicht berührt werden sollen.

Das Grunderwerbsteuergesetz (GrEStG) vom 29. 3. 1940 (RGBl. S. 585) ist durch die Gesetzgebungskompetenzverteilung des Grundgesetzes Landesrecht geworden. Die Länder haben von dieser Kompetenz Gebrauch gemacht und folgende Gesetze erlassen. Zum Teil beinhalten diese Gesetze die Fassung des Reichsgesetzes.

b) Landesrechtliche Fassungen des **Grunderwerbsteuergesetzes:**

Baden-Württemberg:

Grunderwerbsteuergesetz (GrEStG 1970) i. d. F. vom 25. 5. 1970 (GBl. S. 295, ber. S. 430), geändert durch Gesetz v. 14. 3. 1972 (GBl. S. 92) u. v. 5. 2. 1974 (GBl. S. 65)

Bayern:

Grunderwerbsteuergesetz i. d. F. der Bek. vom 16. 7. 1969 (GVBl. S. 170), geändert durch Gesetz v. 13. 3. 1972 (GVBl. S. 71)

Berlin:

Grunderwerbsteuergesetz (GrEStG 1969) vom 18. 7. 1969 (GVBl. S. 1034)

Bremen:

Hier gilt noch das Grunderwerbsteuergesetz vom 29. 3. 1940 (RGBl. I S. 585), geändert durch Ges. v. 2. 7. 1954 (GBl. S. 74)

Hamburg:

Grunderwerbsteuergesetz (GrEStG 1966) i. d. F. vom 26. 4. 1966 (GVBl. S. 129/ BStBl. II S. 113)*)

Hessen:

Grunderwerbsteuergesetz i. d. F. vom 31. 5. 1965 (GVBl. S. 110/BStBl. II S. 116, geändert durch Gesetz vom 15. 7. 1970 (GVBl. S. 401/BStBl. I S. 934) und v. 31. 10. 1972 (GVBl. I S. 349)*)

Niedersachsen:

GrEStG in der Fassung der Gesetze vom 29. 10. 1962 (GVBl. S. 217), vom 12. 6. 1964 (GVBl. S. 94), vom 19. 3. 1970 (GVBl. S. 66) und vom 22. 4. 1971 (BStBl. I S. 328)*)

Nordrhein-Westfalen:

Grunderwerbsteuergesetz (GrEStG) i. d. F. der Bek. vom 12. 7. 1970 (GV NW S. 612)

Rheinland-Pfalz:

Grunderwerbsteuergesetz vom 1. 6. 1970 (GVBl. S. 166/BStBl. I S. 828)

Saarland:

Grunderwerbsteuergesetz i. d. F. der Bek. vom 3. 3. 1970 (ABl. S. 158)

Schleswig-Holstein:

Grunderwerbsteuergesetz i. d. F. vom 3. 2. 1967 (BStBl. II S. 105), geändert durch Gesetz vom 25. 3. 1970 (BStBl. I S. 387)

---

*) Es gilt noch die reichsrechtliche Durchführungsverordnung vom 30. 3. 1940 (RGBl. I S. 595).

§ 78

Grundsteuererlaß

(1) Wird bei bebauten Grundstücken der bisherige Mietertrag durch Sanierungs- oder Entwicklungsmaßnahmen um mehr als 20 vom Hundert gemindert, ist die Grundsteuer auf Antrag entsprechend dem Anteil der Ertragsminderung bis zu 80 vom Hundert zu erlassen.

(2) Wird bei eigengewerblich genutzten bebauten Grundstücken (Grundstücksteilen) die Ausnutzung durch Sanierungs- oder Entwicklungsmaßnahmen um mehr als 20 vom Hundert gemindert, ist die Grundsteuer auf Antrag in den Grenzen des Absatzes 1 zu erlassen.

§ 78 ist auf Vorschlag des federführenden Ausschusses eingefügt worden. Er behandelt die Grundsteuer. Nach Meinung des Ausschusses soll der Erfahrung begegnet werden, daß in Sanierungsgebieten und Entwicklungsbereichen die Grundstückserträge zurückgehen. Der Grundsatz des § 131 Abgabenordnung, daß für den teilweisen oder gänzlichen Erlaß eine unbillige Härte vorliegen muß, wird durch diese Vorschrift unterbrochen. Die Wertfortschreibung (Neufeststellung des Einheitswerts) nach § 22 BewG bleibt durch § 78 unberührt. Da bei der Neufeststellung des Einheitswertes die Ertragsminderung bezüglich der Grundsteuer berücksichtigt wird, hat § 78 insofern nur vorübergehende Bedeutung.

Abs. 1 bezieht sich zwar dem Wortlaut nach nur auf „Mietertrag"; dem Sinn des Gesetzes entspricht jedoch eine gleiche Anwendung auf Pachtverhältnisse, Nutzungsverträge, Gebrauchsüberlassungsverträge u. ä. „Verursacht" bedeutet, daß die Minderung des Mietertrages durch den Eigentümer nicht verhindert werden kann. Beispiele sind lärmverursachende Straßen oder Tiefbauarbeiten im Zug der Sanierungs- oder Entwicklungsmaßnahmen, notwendige Teilräumungen von Wohnungen wegen Abbruchs von Teilen eines Hauses im Zuge der Neuführung von Straßen.

Abs. 2 stellt bei eigengenutzten bebauten Grundstücken auf die Änderung der Ausnutzung als objektiven Maßstab ab; das Maß der Baunutzung ist in § 17 BauNVO (siehe Band I unter II 3) geregelt. Es ist tatsächliche Einschränkung der Nutzung erforderlich, eine zu erwartende Nutzungseinbuße genügt nicht.

§ 79

Gewerbesteuererlaß

Bei Gewerbebetrieben in Sanierungsgebieten oder Entwicklungsbereichen ist die Gewerbesteuer zu erlassen, soweit ihre Einziehung nach den wirtschaftlichen Verhältnissen des Gewerbebetriebs eine unbillige Härte darstellen würde.

In § 79 wird der Gewerbesteuererlaß geregelt. Hier ist § 131 AO — anders wie in § 78 — auf Gewerbebetriebe in Sanierungsgebieten und Entwicklungsbereichen projiziert. Die unbillige Härte stellt einen unbestimmten Rechtsbegriff dar, der im Zweifelsfall finanzgerichtlich nachprüfbar ist.

Die Bestimmung umfaßt die Gewerbesteuer (sowohl nach Ertrag als auch nach Kapital) sowie die Lohnsummensteuer. Es kann auch teilweiser Erlaß in Frage kommen.

Auch diese Vorschrift wurde auf Veranlassung des federführenden Ausschusses in das Gesetz eingefügt.

§ 80

Gesellschaftsteuerfreiheit

Von der Gesellschaftsteuer befreit sind Rechtsvorgänge, die unter das Kapitalverkehrsteuergesetz fallen, bei Kapitalgesellschaften, die nach Satzung und tatsächlicher Geschäftsführung ausschließlich der Vorbereitung oder Durchführung von Sanierungs- oder Entwicklungsmaßnahmen dienen. Fallen die Voraussetzungen für die Ausnahme von der Besteuerung fort, bevor die Sanierungs- oder Entwicklungsmaßnahmen abgeschlossen sind, so werden damit auch die Rechtsvorgänge steuerpflichtig, die sich innerhalb der letzten fünf Jahre vor dem Fortfall der Voraussetzungen ereignet haben und noch nicht versteuert sind.

§ 80 entspricht inhaltlich dem § 62 Abs. 5 des seinerzeitigen RegE und in Teilen dem § 55 Abs. 4 des E der Opposition. Kapitalgesellschaften werden von der Gesellschaftsteuer freigestellt, wenn sie ausschließlich zur Durchführung von Sanierungs- und Entwicklungsmaßnahmen gegründet werden und diese in der Satzung ausdrücklich festgelegt ist.

Nach § 5 des Kapitalverkehrsteuergesetzes (KVStG) kommen in Frage die Aktiengesellschaft, die Kommanditgesellschaft auf Aktien und die Gesellschaft mit beschränkter Haftung. Steuerlich umfaßt werden nach § 2 KVStG die Tatbestände der Gründung und Kapitalerhöhung. Ob die Gesellschaft als Sanierungsträger für eigene Rechnung tätig wird oder für Rechnung der Gemeinde Sanierungsmaßnahmen vorbereitet und durchführt, ist für die Anwendung des § 80 gleich.

Satz 2 kommt zur Anwendung, wenn die Gesellschaften auch andere Aufgaben wahrnehmen. Der Zeitraum von fünf Jahren erscheint hart, dient jedoch rein als Schutzvorschrift gegenüber Mißbrauch, insbesondere im Hinblick auf die erhebliche Entlastung, die § 80 angesichts des Steuersatzes (im allgemeinen 2,5 v. H.) gewährt.

Nicht erfaßt von § 80 sind die Fälle des § 34 Abs. 4 Satz 4 und § 55 Abs. 2 zweiter Halbsatz, in denen ein Widerruf der Bestätigung des Trägers erfolgen muß, weil die Voraussetzung des Gesetzes von ihm nicht mehr erfüllt wird.

§ 81

Steuerfreiheit für bestimmte Aufgabenträger

(1) Von der Körperschaftsteuer, Gewerbesteuer und Vermögensteuer sind befreit

1. Zusammenschlüsse im Sinne von § 13 Abs. 4, §§ 14 und 60, deren Tätigkeit sich auf die Durchführung von Sanierungs- oder Entwicklungsmaßnahmen beschränkt.

2. Unternehmen im Sinne des § 34 Abs. 1 Nr. 4 und 5 in der Rechtsform einer juristischen Person, deren Tätigkeit sich auf die Erfüllung der Aufgaben nach § 33 oder 55 beschränkt.

(2) § 102 des Bewertungsgesetzes findet auf Beteiligungen an Kapitalgesellschaften im Sinne des Absatzes 1 keine Anwendung.

Auch diese Vorschrift hat ihre Grundlage sowohl im RegE (§ 62 Abs. 4) als auch im E der CDU/CSU-Opposition (§ 55 Abs. 3).

a) Die Freistellung von der Körperschaftsteuer, von der Gewerbesteuer und von der Vermögensteuer erfolgt nur dann, wenn sich die Zusammenschlüsse nach § 13 Abs. 4 (Eigentümerzusammenschluß zu juristischer Person), § 14 (Sanierungsgemeinschaft) und § 60 (Entwicklungsgemeinschaft) ausschließlich auf die Durchführung von Sanierungs- oder Entwicklungsmaßnahmen beschränken **(Nr. 1).** Das gleiche gilt für freie Wohnungsunternehmen oder andere Unternehmen nach § 34 Abs. 1 Nr. 4 und 5. Als juristische Personen, wenn sie allein die in § 33 (bzw. 55) aufgezeigten Aufgaben für die Gemeinde wahrnehmen. Daß die Rechtsform der juristischen Person vorgeschrieben ist, dient nach Auffassung des Ausschusses (vgl. DB zu DS VI/2204, zu § 81) der Vermeidung von Mißbräuchen.

b) In § 102 BewG ist eine Vergünstigung für Schachtelgesellschaften vorgesehen, **Abs. 2** schaltet diese Vergünstigung für Beteiligungen an als Sanierungs- und Entwicklungsträger tätigen Kapitalgesellschaften und an Zusammenschlüssen der oben genannten Art ausdrücklich aus. Der Grund dürfte in dem Bestreben zu suchen sein, wirtschaftliche Abhängigkeit der Sanierungs- und Entwicklungsunternehmen von anderen Unternehmen zu vermeiden.

§ 82

Veräußerungsgewinne

Für Gewinne, die bei der Übertragung von Wirtschaftsgütern des Anlagevermögens im Sinne des § 6b Abs. 1 des Einkommensteuergesetzes zur Vorbereitung oder Durchführung von Sanierungs- oder Entwicklungsmaßnahmen auf eine Gebietskörperschaft, einen Gemeindeverband, einen Verband im Sinne des § 54

Abs. 4, einen Planungsverband nach § 4 des Bundesbaugesetzes (§§ 7 und 54 Abs. 5), einen Eigentümerzusammenschluß (§ 13 Abs. 4), eine Sanierungsgemeinschaft (§ 14), einen Sanierungsträger (§ 33), einen Entwicklungsträger (§ 55), eine Entwicklungsgemeinschaft (§ 60) oder auf einen Erwerber, der die Sanierung als Eigentümer selbst durchführt (§ 13 Abs. 1 und 2), entstanden sind, finden die §§ 6b und 6c des Einkommensteuergesetzes mit der folgenden Maßgabe Anwendung:

1. **Ist eine Rücklage nach § 6b Abs. 3 des Einkommensteuergesetzes gebildet worden, so kann der nach § 6b Abs. 3 Satz 2 des Einkommensteuergesetzes zulässige Abzug von den Anschaffungs- oder Herstellungskosten der in § 6b Abs. 1 Satz 2 Ziff. 1 bis 4 des Einkommensteuergesetzes bezeichneten Wirtschaftsgüter in den auf das Wirtschaftsjahr der Veräußerung folgenden sieben Wirtschaftsjahren vorgenommen werden; diese Frist verlängert sich im Fall des § 6b Abs. 3 Satz 3 des Einkommensteuergesetzes auf neun Wirtschaftsjahre, wenn mit der Herstellung des neuen Gebäudes vor dem Schluß des siebenten auf die Bildung der Rücklage folgenden Wirtschaftsjahres begonnen worden ist. Ist die Rücklage am Schluß des siebenten oder im Fall des Satzes 1 2. Halbsatz am Schluß des neunten auf ihre Bildung folgenden Wirtschaftsjahres noch vorhanden, so ist sie in diesem Zeitpunkt gewinnerhöhend aufzulösen.**
2. **An die Stelle der in § 6b Abs. 4 Nr. 2 des Einkommensteuergesetzes bezeichneten Frist von sechs Jahren tritt für die Zugehörigkeit des veräußerten Wirtschaftsguts zum Anlagevermögen des Veräußerers eine Frist von zwei Jahren.**

a) § 6b Abs. 1 EStG besagt, daß Steuerpflichtige, die Grund und Boden, Gebäude usw. veräußern, im Wirtschaftsjahr der Veräußerung von den Anschaffungs- oder Herstellungskosten der Ersatzanlagegüter, die im Wirtschaftsjahr der Veräußerung angeschafft oder hergestellt worden sind, einen Betrag bis zur Höhe des bei der Veräußerung entstandenen Gewinnes abziehen können. Nach Abs. 3 dieser Bestimmung können die Steuerpflichtigen, wenn sie den Abzug nicht vornehmen, eine den steuerlichen Gewinn mindernde Rücklage bilden. Bis zur Höhe dieser Rücklage können sie von den Anschaffungs- oder Herstellungskosten der Ersatzwirtschaftsgüter, die in den folgenden zwei Wirtschaftsjahren angeschafft oder hergestellt worden sind, im Wirtschaftsjahr ihrer Anschaffung oder Herstellung einen Betrag abziehen,. Für die Anwendung der Absätze 1 und 3 ist Voraussetzung (Abs. 4), daß die veräußerten Wirtschaftsgüter im Zeitpunkt der Veräußerung mindestens sechs Jahre ununterbrochen zum Anlagevermögen einer inlandsdeutschen Betriebsstätte gehört haben.

b) Durch die von der öffentlichen Hand veranlaßten Maßnahmen kann die Entstehung steuerpflichtiger Veräußerungsgewinne in Sanierungsgebieten und Entwicklungsbereichen bewirkt werden. Eine Übertragung der hierbei aufgedeckten stillen Reserven auf Ersatzwirtschaftsgüter ist im Rahmen von Sanierungs- oder Entwicklungsmaßnahmen oftmals erst nach Jahren möglich. Deshalb war eine Verlängerung der in § 6b EStG vorgesehenen Fristen für die Befreiung der Veräußerungsgewinne bei Ersatzerwerb erforderlich. Weiter erschien es dem seinerzeit (Erstfassung des StBauFG) federführenden Ausschuß, der die Vorlage der Regierung (§ 63 E) und der Opposition (§ 54) ausgebaut hat, gerechtfertigt, „wegen des behördlichen Eingriffs als auslösendes Moment der Veräußerung" für die Zugehörigkeit des veräußerten Wirtschaftsgutes zum Anlagevermögen des Veräußerers in Abweichung von § 6b Abs. 4 Nr. 2 EStG nur eine zweijährige Frist zu verlangen.

c) Im Ergebnis ist durch § 82 eine zeitliche Verschiebung der Steuerpflicht ausgesprochen, jedoch keine Steuerbefreiung für aufgelöste stille Reserven.

Im RegE (BT-DS VI/520 zu § 763) heißt es:

„Durch diese Vorschrift wird eine Verschiebung der Pflicht zur Versteuerung zugestanden; eine generelle Befreiung von der Versteuerungspflicht der Veräußerungsgewinne bei Sanierungs- oder Entwicklungsmaßnahmen wäre zu weitgehend und den übrigen Steuerpflichtigen gegenüber ungerecht, da die Gewinne als solche keine Folge der Sanierungs- und Entwicklungsmaßnahmen sind; lediglich der Zeitpunkt der Gewinnerzielung ist gewissermaßen erzwungen, so daß eine Verlagerung der Gewinne in spätere Zeit ausreicht."

§ 83

Bescheinigungsverfahren

(1) In den Fällen des § 76 sind die Voraussetzungen für die Gewährung der Vergünstigung anzuerkennen, wenn die nach Landesrecht zuständige Behörde bescheinigt, daß diese Voraussetzungen vorliegen.

(2) Die Vorschriften der §§ 78 bis 82 sind nur anzuwenden, wenn die nach Landesrecht zuständige Behörde anerkennt, daß in den Fällen des

a) § 78 die Minderung des Mietertrags oder die Minderung der Ausnutzung des eigenbetrieblich genutzten Grundstücks durch Sanierungs- oder Entwicklungsmaßnahmen verursacht worden ist,

b) § 79 der Gewerbebetrieb im Sanierungsgebiet oder Entwicklungsbereich liegt,

c) § 80 die Kapitalgesellschaft nach ihrer Satzung und tatsächlichen Geschäftsführung ausschließlich der Vorbereitung oder Durchführung von Sanierungs- oder Entwicklungsmaßnahmen dient,

d) § 82 die Übertragung der Wirtschaftsgüter zur Vorbereitung oder Durchführung der Sanierungs- oder Entwicklungsmaßnahmen an einen in § 82 bezeichneten Rechtsträger erfolgt ist.

a) Es handelt sich hier um eine Verfahrensvorschrift. Sie dient in erster Linie der Entlastung der Finanzämter. Die Bescheinigung nach **Abs.** 2 erfaßt alle in § 76 genannten Vorgänge. Bei Vorliegen der Bescheinigung ist die Abgabefreiheit zu gewähren.

Für die Gewährung des Erlasses an Grundsteuer, Gewerbesteuer, Gesellschaftsteuer und für die Gewährung der Vergünstigungen nach §§ 6b und 6c EStG ist nach Abs. 2 Voraussetzung, daß die zuständigen Landesbehörden die im einzelnen in den Buchstaben a) bis d) genannten Anerkennungen ausstellen. § 81 ist in den einzelnen Buchstaben des Abs. 2 nicht genannt. Da diese Vorschrift jedoch im einleitenden Satz nicht ausgeschlossen ist („§§ 78 bis 82“), ist die zuständige Landesbehörde berechtigt, auch eine Bescheinigung darüber auszustellen, daß es sich um einen Zusammenschluß bzw. ein Unternehmen im Sinne des § 81 handelt. Das Finanzamt kann auch ohne diese Bescheinigung die Abgabefreiheit gewähren.

b) Wenngleich das Finanzamt ohne die Bescheinigungen nach § 83 die Vergünstigungen nicht einräumen darf, so enthebt die Vorschrift das Finanzamt nicht der Verpflichtung, selbst zu prüfen, ob die Voraussetzungen vorliegen.

c) Die Bescheinigung für die Befreiung von der Grunderwerbsteuer ist in § 77 Abs. 2 gesondert geregelt.

§ 84

Änderung des Einkommensteuergesetzes

§ 51 Abs. 1 Nr. 2 des Einkommensteuergesetzes in der Fassung der Bekanntmachung vom 5. September 1974 (Bundesgesetzbl. I S. 2165), zuletzt geändert durch das Gesetz zur Änderung des Einkommensteuergesetzes vom 20. April 1976 (Bundesgesetzbl. I S. 1054), wird wie folgt gefaßt:

1. Buchstabe r erhält die folgende Fassung:

„r) nach denen Steuerpflichtige größere Aufwendungen

aa) für die Erhaltung von nicht zu einem Betriebsvermögen gehörenden Gebäuden, die überwiegend Wohnzwecken dienen, abweichend von § 11 Abs. 2,

bb) zur Erhaltung eines Gebäudes in einem förmlich festgelegten Sanierungsgebiet oder städtebaulichen Entwicklungsbereich, die für Maßnahmen im Sinne des § 39e des Bundesbaugesetzes und des § 43 Abs. 3 Satz 2 des Städtebauförderungsgesetzes aufgewendet worden sind,

auf zwei bis fünf Jahre gleichmäßig verteilen können.“

2. Es wird der folgende Buchstabe x angefügt:
„x) über erhöhte Absetzungen bei Herstellungskosten für Modernisierungs- und Instandsetzungsmaßnahmen im Sinne des § 39e des Bundesbaugesetzes und für Maßnahmen im Sinne des § 43 Abs. 3 Satz 2 des Städtebauförderungsgesetzes, die für Gebäude in einem förmlich festgelegten Sanierungsgebiet oder städtebaulichen Entwicklungsbereich aufgewendet worden sind. Die erhöhten Absetzungen dürfen jährlich 10 vom Hundert der Aufwendungen nicht übersteigen."

Aufgrund Vorschlags des seinerzeitigen Ausschusses für Städtebau und Wohnungswesen (BT-DS 6/2204 zu § 84) wurden in § 51 Abs. 1 Ziff. 2 EStG Ermächtigungen aufgenommen, die es dem Verordnungsgeber ermöglichen sollen,

a) Aufwendungen für Maßnahmen i. S. der §§ 39e BBauG — seinerzeit § 21 StBauFG — (Modernisierungsgebot) und 43 Abs. 3 Satz 2 (Erhaltung von Gebäuden geschichtlicher, künstlerischer oder städtebaulicher Bedeutung) auf zwei bis fünf Jahre gleichmäßig verteilen (vgl. § 82b EStDV),
b) Herstellungskosten für Modernisierungsmaßnahmen i. S. des § 39e BBauG (seinerzeit § 21 StBauFG) und Maßnahmen i. S. des § 43 Abs. 3 Satz 2 StBauFG in einem Zehnjahreszeitraum jährlich bis 10 v. H. erhöht abzusetzen (vgl. § 82a EStDV).

Diese Regelungen gehen über §§ 82a, 82b EStDV insofern hinaus, als sie nicht auf Wohngebäude des Privatvermögens beschränkt sind. Eine zeitliche Begrenzung ist in den Ermächtigungsvorschriften nicht vorgesehen.

Die Durchführungsverordnung zum EStG trägt in ihren neuen Fassungen diesen Erleichterungen Rechnung.

Auszug aus der **Einkommensteuer-Durchführungsverordnung** in der Fassung vom 5. Dezember 1977 (BGBl. I S. 2443), geändert am 12. Juli 1978 (BGBl. I S. 1027) und am 27. November 1978 (BGBl. I S. 1829):

§ 82g

(1) Der Steuerpflichtige kann von den durch Zuschüsse aus „Sanierungs- oder Entwicklungsförderungsmitteln nicht gedeckten Herstellungskosten, die für Modernisierungsmaßnahmen im Sinne des § 21 und für Maßnahmen im Sinne des § 43 Abs. 3 Satz 2 des Städtebauförderungsgesetzes aufgewendet worden sind, anstelle der nach § 7 Abs. 4 oder 5, § 7b oder § 54 des Gesetzes zu bemessenden Absetzungen für Abnutzung im Jahr der Herstellung und in den neun folgenden Jahren jeweils bis zu 10 vom Hundert absetzen. § 82a Abs. 1 Satz 2 gilt entsprechend. Satz 1 ist anzuwenden, wenn der Steuerpflichtige eine Bescheinigung der zuständigen Gemeindebehörde vorlegt, daß er Baumaßnahmen im Sinne des Satzes 1 durchgeführt hat; sind ihm Zuschüsse aus Sanierungs- oder Entwicklungsförderungsmitteln gewährt worden, so hat die Bescheinigung auch deren Höhe zu enthalten.

(2) Absatz 1 ist auf Herstellungskosten für Baumaßnahmen anzuwenden, die nach dem 31. Juli 1971 und vor dem 1. Januar 1980 durchgeführt werden."

§ 9a

Anschaffung, Herstellung

Jahr der Anschaffung ist das Jahr der Lieferung, Jahr der Herstellung ist das Jahr der Fertigstellung.

§ 15

Erhöhte Absetzungen für Einfamilienhäuser, Zweifamilienhäuser und Eigentumswohnungen

(1) Zu den Anschaffungskosten im Sinne des § 71 Abs. 1 des Gesetzes gehören nicht die Aufwendungen für den Grund und Boden.
(2) Ausbauten und Erweiterungen sind Baumaßnahmen im Sinne des § 17 Abs. 1 und 2, Kaufeigenheime sind Wohngebäude im Sinne des § 9 Abs. 2, Trägerkleinsiedlungen sind Kleinsiedlungen im Sinne des § 10 Abs. 3 und Kaufeigentumswohnungen sind Eigentumswohnungen im Sinne des § 12 Abs. 2 des Zweiten Wohnungsbaugesetzes (Wohnungsbau- und Familienheimgesetz).
(3) Bei Bemessung der erhöhten Absetzungen für Kaufeigenheime, Trägerkleinsiedlungen und Kaufeigentumswohnungen nach § 7 b Abs. 7 des Gesetzes bleiben Herstellungskosten, die bei einem Einfamilienhaus oder einer Eigentumswohnung die Grenze von 150 000 Deutsche Mark, bei einem Zweifamilienhaus die Grenze von 200 000 Deutsche Mark übersteigen, außer Ansatz.
(4) In den Fällen des § 7 b des Gesetzes in den vor Inkrafttreten des Gesetzes vom 11. Juli 1977 (BGBl. I S. 1213) geltenden Fassungen und des § 54 des Gesetzes sind die §§ 15, 16 und 83 a der Einkommensteuer-Durchführungsverordnung in der Fassung der Bekanntmachung vom 5. Dezember 1977 (BGBl. I S. 2443) weiter anzuwenden.

Fassung für vor dem **1. 7. 1978 fertiggestellte** Anlagen:

§ 82 a

Erhöhte Absetzungen von Herstellungskosten für Anlagen und Einrichtungen bei Wohngebäuden

(1) Der Steuerpflichtige kann neben den Absetzungen für Abnutzung für das Gebäude von den Herstellungskosten, die für den Einbau der in der Anlage 7 zu dieser Verordnung bezeichneten Anlagen und Einrichtungen bei einem nicht zu einem Betriebsvermögen gehörenden Gebäude aufgewendet worden sind, an Stelle der nach § 7 Abs. 4 oder 5, § 7 b oder § 54 des Gesetzes zu bemessenden Absetzungen für Abnutzung im Jahr der Herstellung und in den folgenden neun Jahren jeweils bis zu 10 vom Hundert absetzen. Nach Ablauf dieser zehn Jahre ist ein etwa noch vorhandener Restwert den Anschaffungs- oder Herstellungskosten des Gebäudes oder dem an deren Stelle tretenden Wert hinzuzurechnen; die weiteren Absetzungen für Abnutzung sind einheitlich für das gesamte Gebäude nach dem sich hiernach ergebenden Betrag und dem für das Gebäude maßgebenden Hundertsatz zu bemessen. Voraussetzung für die Inanspruchnahme der erhöhten Absetzungen ist, daß
1. **das Gebäude vor dem 1. Januar 1957 hergestellt worden ist und**
2. **die Grundfläche der Wohnzwecken dienenden Räume des Gebäudes mehr als die Hälfte der gesamten Nutzfläche beträgt.**

Die Voraussetzung der Nummer 1 entfällt bei Aufwendungen für die in der Anlage 7 Nr. 9 bezeichneten Anschlüsse, wenn durch eine Bescheinigung der zuständigen Gemeindebehörde nachgewiesen wird, daß diese Anschlüsse im Zusammenhang mit der Errichtung des Gebäudes noch nicht hergestellt werden konnten.

(2) Absatz 1 ist auf Herstellungskosten für den Einbau von Anlagen und Einrichtungen anzuwenden, die nach dem 31. Dezember 1957 und vor dem 1. Januar 1980 fertiggestellt werden.

Fassung für **nach** dem **30. 6. 1978** hergestellte Anlagen:

§ 82 a

Erhöhte Absetzungen von Herstellungskosten und Sonderbehandlung von Erhaltungsaufwand für bestimmte Anlagen und Einrichtungen bei Gebäuden

(1) Der Steuerpflichtige kann bei einem Gebäude von den Herstellungskosten
1. für den Einbau der in der Anlage 7 zu dieser Verordnung bezeichneten Anlagen und Einrichtungen,
2. für Maßnahmen, die ausschließlich zum Zweck des Wärme- oder Lärmschutzes vorgenommen werden, und für den Anschluß an die Fernwärmeversorgung, die überwiegend aus Anlagen der Kraft-Wärme-Kopplung, zur Verbrennung von Müll oder zur Verwertung von Abwärme gespeist wird,
3. für den Einbau von Wärmepumpenanlagen, Solaranlagen und Anlagen zur Rückgewinnung von Wärme einschließlich der Anbindung an das Heizsystem

an Stelle der nach § 7 Abs. 4 oder 5, § 7 b oder § 54 des Gesetzes zu bemessenden Absetzungen für Abnutzung im Jahr der Herstellung und in den folgenden neun Jahren jeweils bis zu 10 vom Hundert absetzen. Nach Ablauf dieser zehn Jahre ist ein etwa noch vorhandener Restwert den Anschaffungs- oder Herstellungskosten des Gebäudes oder dem an deren Stelle tretenden Wert hinzuzurechnen; die weiteren Absetzungen für Abnutzung sind einheitlich für das gesamte Gebäude nach dem sich hiernach ergebenden Betrag und dem für das Gebäude maßgebenden Hundertsatz zu bemessen. Voraussetzung für die Inanspruchnahme der erhöhten Absetzungen ist, daß das Gebäude
a) in den Fällen der Nummer 1 vor dem 1. Januar 1961,
b) in den Fällen der Nummer 2 vor dem 1. Januar 1978

hergestellt worden ist. Die Voraussetzung des Buchstaben a entfällt bei Aufwendungen für die in der Anlage 7 Nr. 9 bezeichneten Anschlüsse, wenn durch eine Bescheinigung der zuständigen Gemeindebehörde nachgewiesen wird, daß diese Anschlüsse im Zusammenhang mit der Errichtung des Gebäudes noch nicht hergestellt werden konnten.

(2) Die erhöhten Absetzungen können nicht vorgenommen werden, wenn für dieselbe Maßnahme eine Investitionszulage gewährt wird.

(3) Aufwendungen für die erstmalige Durchführung einer Maßnahme im Sinne des Absatzes 1, die Erhaltungsaufwand sind und die bei Einfamilienhäusern oder Eigentumswohnungen entstehen, deren Nutzungswert nach § 21 a des Gesetzes ermittelt wird und bei denen die Voraussetzungen des Absatzes 1 Satz 3 oder 4 vorliegen, können abweichend von § 21 a Abs. 3 des Gesetzes als Werbungskosten abgezogen werden; sie sind auf das Jahr, in dem die Arbeiten abgeschlossen worden sind, und die neun folgenden Jahre gleichmäßig zu verteilen. § 82 b Abs. 2 und 3 gilt entsprechend.

(4) Die Absätze 1 und 2 sind auf Herstellungskosten für den Einbau von Anlagen und Einrichtungen im Sinne von Absatz 1 Nr. 1 bis 3 anzuwenden, die nach dem 30. Juni 1978 und vor dem 1. Juli 1983 fertiggestellt werden. Absatz 3 ist auf Erhaltungsaufwand für Arbeiten anzuwenden, die nach dem 30. Juni 1978 und vor dem 1. Juli 1983 abgeschlossen werden.

SIEBENTER TEIL
Ergänzende Vorschriften

§ 85
Härteausgleich

(1) Im förmlich festgelegten Sanierungsgebiet oder im städtebaulichen Entwicklungsbereich soll zur Vermeidung oder zum Ausgleich wirtschaftlicher Nachteile, die für den Betroffenen in seinen persönlichen Lebensumständen, im wirtschaftlichen oder sozialen Bereich eine besondere Härte bedeuten und für die eine Ausgleichs- oder Entschädigungsleistung nicht zu gewähren ist und die auch nicht durch sonstige Maßnahmen ausgeglichen werden, auf Antrag von der Gemeinde ein Geldausgleich gewährt werden, soweit es der Billigkeit entspricht (Härteausgleich).

(2) Der Härteausgleich kann beantragt werden von

1. **einem Eigentümer, der ein Grundstück durch eine Maßnahme aufgrund dieses Gesetzes oder des Bundesbaugesetzes gegen Entschädigung oder gegen Entgelt verloren oder zur Vermeidung einer solchen Maßnahme gegen Entgelt an die Gemeinde oder einen Sanierungs- oder Entwicklungsträger übereignet hat;**
2. **einem Inhaber eines dinglichen Rechts, das zum Besitz oder zur Nutzung eines Grundstücks berechtigt, wenn sinngemäß die Voraussetzungen von Nummer 1 vorliegen;**
3. **einem Mieter oder Pächter, wenn das Miet- oder Pachtverhältnis mit Rücksicht auf die Durchführung der Sanierungs- oder Entwicklungsmaßnahme nach den Vorschriften dieses Gesetzes aufgehoben worden ist;**
4. **einer gekündigten Vertragspartei, wenn ein Gebäude oder eine sonstige bauliche Anlage ganz oder teilweise beseitigt, baulich verändert, modernisiert oder instandgesetzt werden muß, oder wenn nach den Festsetzungen des Bebauungsplans für ein unbebautes Grundstück eine andere Nutzung vorgesehen ist und wenn aus einem dieser Gründe das Miet- oder Pachtverhältnis durch Kündigung beendigt worden ist; Entsprechendes gilt, wenn ein Miet- oder Pachtverhältnis mit Rücksicht auf die Durchführung der Sanierungs- oder Entwicklungsmaßnahme durch Vereinbarung der Beteiligten vorzeitig beendigt wird und die Gemeinde bestätigt hat, daß die Beendigung des Rechtsverhältnisses im Hinblick auf die alsbaldige Durchführung der Sanierungs- oder Entwicklungsmaßnahme geboten ist;**
5. **einer Vertragspartei, wenn ohne die Beendigung des Rechtsverhältnisses die vermieteten oder verpachteten Räume ganz oder teilweise unbenutzbar sind und die Gemeinde bestätigt hat, daß die vorübergehende Unbenutzbarkeit durch die Sanierungs- oder Entwicklungsmaßnahme bedingt ist;**

6. einem Mieter oder Pächter für die Umzugskosten, die dadurch entstehen, daß er nach der Räumung seiner Wohnung vorübergehend anderweitig untergebracht worden ist und später ein neues Miet- oder Pachtverhältnis im Sanierungsgebiet oder Entwicklungsbereich begründet wird, sofern dies im Sozialplan vorgesehen ist.

(3) Absatz 2 Nr. 3 bis 6 gilt entsprechend für andere schuldrechtliche Vertragsverhältnisse, die zum Gebrauch oder zur Nutzung eines Grundstücks, Gebäudes oder Gebäudeteils oder einer sonstigen baulichen Einrichtung berechtigen.

(4) Ein Härteausgleich wird nicht gewährt, soweit der Antragsteller es unterlassen hat oder unterläßt, den wirtschaftlichen Nachteil durch zumutbare Maßnahmen, insbesondere unter Einsatz eigener oder fremder Mittel abzuwenden.

1. Allgemeines (Abs. 1)

a) Schon im RegE für die Erstfassung war der Härteausgleich vorgesehen, und zwar in ähnlicher Regelung, wie sie in der vom federführenden Ausschuß vorgeschlagenen und vom BT schließlich gebilligten Fassung Gesetz geworden ist. Durch den Härteausgleich müssen wirtschaftliche Nachteile ausgeglichen werden, die in Ausnahmefällen dadurch entstehen, daß die nach den gesetzlichen Bestimmungen zu zahlende Geldentschädigung für den Betroffenen wegen seiner persönlichen Lebensumstände nicht ausreicht, einen in etwa vergleichbaren angemessenen Lebensstandard aufrechtzuerhalten.

Der Ausschuß war der Auffassung, daß § 85 in engem Zusammenhang mit dem Sozialplan (§ 8 Abs. 2) zu sehen ist. Wesentliche Gesichtspunkte, die im Rahmen der Erörterung des Sozialplanes zu untersuchen sind, sollen daher auch Anknüpfungspunkte für die Gewährung eines Härteausgleichs sein. Weiterhin wurde Abs. 1 dahin eingeschränkt, daß ein Härteausgleich nicht zu gewähren ist, wenn die Nachteile durch sonstige Maßnahmen (wie durch den Sozialplan) ausgeglichen werden. Zudem hat der Ausschuß in Anlehnung an den Vorschlag in § 61 des CDU/CSU-Entwurfs Abs. 1 als eine Sollvorschrift gestaltet, in der Erwägung, daß die Sollvorschrift eine Rechtspflicht der Gemeinde begründet, einen Geldausgleich zu gewähren, wenn eine Härte im Sinne des § 85 vorliegt, es also nicht dem freien Ermessen der Gemeinde überlassen bleiben darf, zu bestimmen, ob ein Härteausgleich zu gewähren ist oder nicht. Im übrigen geht der Ausschuß davon aus, daß die von der Rechtsprechung entwickelten Grundsätze über die Entschädigung wegen enteignungsgleichen Eingriffs durch die Regelung des § 85 nicht berührt werden. Die Bestimmung des § 85 ist nicht als Ausgleich für Rechtsverluste im Sinne des § 95 BBauG oder für sonstige durch eine Enteignung entstehende Vermögensnachteile (§ 96 BBauG) anzusehen. Daher ist bei dem ganz auf die Verhältnisse des einzelnen abgestellten Tatbestand auch nach den Verhältnissen des Einzelfalls nach Billigkeit zu verfahren.

b) Der Vorschlag des BR (BR-DS 190/76) anläßlich der Anrufung des Vermittlungsausschusses im Rahmen der Beratungen zur Novelle 1976, die ausschließliche Aufzählung von Sachverhalten in Abs. 2 in eine beispielsweise Anführung („insbesondere“) umzuwandeln, setzte sich nicht durch.

2. Voraussetzungen für die Gewährung des Härteausgleichs (Abs. 2 und 3)

Weit über den RegE hinaus wurden bei der Beratung der Erstfassung vom (15.) Ausschuß für Städtebau und Wohnungswesen die Tatbestände, die zum Härteausgleich berechtigen, ausgedehnt.

In **Nr. 1** bedeutet die Erweiterung um die Worte „oder gegen Entgelt“, daß auch in Ausübung eines Grunderwerbsrechts Härteausgleich erfolgen kann.

In **Nr. 2** sind die Inhaber dinglicher Rechte, die zum Besitz oder zur Nutzung eines Grundstücks berechtigen, angesprochen.

Durch **Nr. 3** werden die nach §§ 27 bis 29 betroffenen Mieter und Pächter in die Regelung einbezogen.

Nr. 4 gehört zu den vom Ausschuß ergänzten Vorschriften.

In **Nr. 5** entstanden gemäß Vorschlag des Ausschusses berücksichtigte Fälle, in denen ohne Beendigung eines Miet- oder Pachtverhältnisses die vermieteten oder verpachteten Räume ganz oder teilweise unbenutzbar sind.

Schließlich ist in **Nr. 6** auch der Fall berücksichtigt, daß ein Mieter die zweiten Umzugskosten für die nach dem Sozialplan vorgesehene Rückkehr aus einer zwischenzeitlichen Unterkunft in das Sanierungsgebiet oder in den Entwicklungsbereich selbst tragen muß.

Die Nr. 3 bis 6 gelten nach **Abs. 3** entsprechend auch für andere schuldrechtliche Vertragsverhältnisse, die zum Gebrauch oder zur Nutzung eines Grundstücks, Gebäudes oder Gebäudeteiles einer sonstigen baulichen Einrichtung (z. B. Zapfsäule) berechtigen. Zu den hier genannten Verhältnissen gehören u. a. Verträge über Verwalter- oder Hausmeisterwohnungen, Kaufanwartschaftsverträge, unentgeltliche Überlassungen von Gebäuden oder Gebäudeteilen.

3. Ausschluß des Härteausgleichs (Abs. 4)

Da die Ausgaben durch den Härteausgleich zu den förderungsfähigen Kosten der Ordnungsmaßnahmen nach § 41 Abs. 2 Nr. 2 gehören, auch wenn sie — allerdings unter den Voraussetzungen des Abs. 1 — an an sich nicht antragsberechtigte Personen geleistet werden sollten, mußte der Gesetzgeber auch eine Schutzvorschrift, und zwar in Gestalt des Abs. 4 schaffen. Es muß dem Betroffenen zugemutet werden, unter Einsatz eigener oder sogar fremder Mittel (z. B. vertretbare Kreditaufnahme) den wirtschaftlichen Nachteil abzuwenden. Auch hier wird es im Streitfall Aufgabe der Gerichte (Baulandkammern, siehe § 86 Abs. 2) sein, festzustellen, ob eine Unterlassung i. S. dieser Bestimmung dem Antragsteller anzulasten ist.

4. Rechtsweg

Nach der ausdrücklichen Vorschrift des § 86 Abs. 2 sind die im Rahmen des § 85 ergehenden Verwaltungsakte nur durch Antrag auf gerichtliche Entscheidung, also nach § 157 BBauG vor den Kammern/Senaten für Baulandsachen, anfechtbar.

§ 86

Anwendung des Bundesbaugesetzes

(1) Soweit sich aus diesem Gesetz nichts anderes ergibt, gelten die Vorschriften des Bundesbaugesetzes. Der Achte Teil des Bundesbaugesetzes findet auch für die Aufgaben nach diesem Gesetz Anwendung. § 13a des Bundesbaugesetzes findet keine Anwendung.

(2) Verwaltungsakte nach den §§ 18 und 85 sowie nach § 57 hinsichtlich des gemeindlichen Grunderwerbsrechts können nur durch Antrag auf gerichtliche Entscheidung nach dem Neunten Teil des Bundesbaugesetzes angefochten werden. Das gleiche gilt für Verwaltungsakte aufgrund dieses Gesetzes, für die die Anwendung des Zweiten Abschnitts des Fünften Teils des Bundesbaugesetzes vorgeschrieben ist oder die in einem Verfahren nach dem Vierten oder Fünften Teil des Bundesbaugesetzes erlassen werden.

1. Allgemeines

Der RegE zur Erstfassung des StBauFG (§ 60 Abs. 2 E, BT-DS 6/510) sah eine sehr weitgehende Zuständigkeit der Baulandkammern, die bei den Landgerichten (in der Berufung Baulandsenate bei den Oberlandesgerichten) gebildet sind, vor. Nach gemeinsamer Auffassung des Rechtsausschusses des BT und des federführenden Ausschusses (vgl. BT-DS 6/2204 zu § 86) erschien es „jedoch nicht sachdienlich, den ordentlichen Gerichten Streitigkeiten zuzuweisen, die rein verwaltungsrechtlicher Natur sind, wie z. B. Klagen, die allein die Frage betreffen, ob ein Abbruchgebot oder die Aufhebung eines Mietverhältnisses zulässig war. Lediglich über die Höhe der Entschädigung sollen als ordentliches Gericht entsprechend Art. 14 Abs. 3 GG die Baulandkammern zuständig sein". Dem entsprach schließlich die Fassung des Abs. 2.

2. Anwendung des BBauG (Abs. 1)

Die grundsätzliche Anwendung des BBauG — abgedruckt und kommentiert in Band I —, die in Abs. 1 ausgesprochen ist, findet ihr Gegenstück im **Ausschluß** von Vorschriften dieses Gesetzes durch eine Reihe von Vorschriften des StBauFG, und zwar durch § 6 Abs. 2 und 7, § 16 Abs. 2 Satz 1, § 17 Abs. 2, § 22 Abs. 1 Satz 3, § 57 Abs. 2 BBauG. § 13a BBauG (Grundsätze für soziale Maßnahmen, Sozialplan) wird hier durch Satz 3 des Abs. 1 ausgeschlossen, und zwar wegen der unterschiedlichen städtebaulichen Sachverhalte. Nach § 57 Abs. 3 Satz 3 ist Anwendung der §§ 85 und 87 bis 89 BBauG im städtebaulichen Bereich ausgeschlossen.

Ungeachtet der Sondervorschrift des Abs. 2 **gelten** — teilweise modifiziert und ergänzt durch Einzelbestimmungen des StBauFG — folgende Vorschriften des **BBauG**:

§§ 1 bis 13 (Aufstellung von Flächennutzungs- und Bebauungsplänen) — nicht aber § 13a, siehe Abs. 1 Satz 3. Dabei wird § 4 BBauG durch § 7 StBauFG ergänzt und § 9 BBauG durch § 10 und § 11 Abs. 2 StBauFG abgewandelt;

über § 15 Abs. 6 StBauFG wird **§ 19 Abs. 3 Satz 3 bis 6 BBauG** eingeführt;

über § 17 Abs. 1 Satz 2 StBauFG die **§§ 24 Abs. 2 bis 5, 27 und 28 BBauG;**

§§ 29 bis 39 BBauG (Zulässigkeit von Vorhaben). Hierbei sind die §§ 15, 57 Abs. 1 Nr. 3 StBauFG zu beachten, die nach förmlicher Festlegung von Sanierungsgebieten und Entwicklungsbereichen die Genehmigung von Vorhaben nach den §§ 32, 34 und 35 im allgemeinen ausschließen; denn vor der Aufstellung von Bebauungsplänen ist im allgemeinen davon auszugehen, daß „Vorhaben" die Sanierung bzw. die Entwicklung im Sinn der §§ 15 Abs. 3, 57 Abs. 1 Nr. 3 wesentlich erschweren;

§§ 40 bis 44 BBauG;

§§ 45 bis 84 BBauG (Umlegung, Grenzregelung), wobei § 16 Abs. 2 StBauFG die Anwendung von § 58 BBauG ausschließt und §§ 57 Satz 2, 3 und 4, 59 Abs. 3 und 4 StBauFG den § 59 BBauG modifiziert; über § 15 Abs. 5 Satz 3 StBauFG wird **§ 51 Abs. 4 Satz 1 BBauG** (Auflagen, Bedingungen) eingeführt; über § 16 Abs. 2 Satz 3 StBauFG die **§§ 57 Satz 3 und 4, 59 Abs. 4 und 60 Satz 2 BBauG**;

§§ 86, 90 bis 92 BBauG (Zulässigkeit der Enteignung; § 22 StBauFG) in förmlich festgelegten Sanierungsgebieten sowie **§§ 86, 90 bis 92 BBauG** (§ 57 Abs. 3 StBauFG);

§§ 93 bis 103 BBauG (Enteignungsentschädigung), abgewandelt durch die §§ 23 Abs. 1 und 52 Abs. 6 StBauFG;

§§ 104 bis 122 BBauG (Enteignungsverfahren), abgewandelt durch § 22 Abs. 2;

§§ 123 bis 126 BBauG (Erschließung);

§§ 136 bis 144 BBauG (Wertermittlung), abgewandelt und ergänzt durch § 23 Abs. 2 bis 4; § 57 Abs. 4, § 91 Nr. 1 und 2 StBauFG;

§§ 144a bis 144f BBauG;

§§ 145 bis 156 BBauG (Verwaltungsverfahren), wobei § 147 Abs. 1 BBauG durch § 54 Abs. 4 abgewandelt ist;

§§ 157 bis 171 a BBauG (Verfahren vor den Baulandkammern bzw. Baulandsenaten) im Rahmen des § 86 Abs. 2 StBauFG (siehe folgende Erläuterung).

3. Anfechtung von Verwaltungsakten nach dem StBauFG (Abs. 2)

a) Abweichend vom allgemeinen Grundsatz des § 40 Abs. 1 VwGO, daß für alle öffentlich-rechtlichen Streitigkeiten nichtverfassungsrechtlicher Art der Verwaltungsrechtsweg und daß für alle Streitigkeiten um die Höhe einer Entschädigung der Rechtsweg vor den allgemeinen Zivilgerichten (Art. 14 Abs. 3 Satz 4 GG, vgl. § 157 Abs. 1 BBauG) gegeben ist, legt § 86 Abs. 2 die Zuständigkeit der **Baulandkammern (Baulandsenate)** auch für bestimmte Streitigkeiten des StBauFG fest, in denen es nicht oder nicht gänzlich um die Höhe der Entschädigung geht. Soweit die in § 157 Abs. 1 BBauG bezeichneten Verwaltungsakte in förmlich festgelegten Sanierungsgebieten und Entwicklungsbereichen in Betracht kommen, bleibt es bei der Zuständigkeit der Baulandgerichte (Satz 2). Gemeint sind hier Verwaltungsakte im Rahmen der Umlegung (§ 16 StBauFG) oder einer Enteignung (§ 57 Abs. 3 StBauFG).

Wegen des zwiefachen Rechtswegs bei § 30 siehe dort (Nr. 5).

Des weiteren weist Abs. 2 folgende Streitfälle aus dem StBauFG den Baulandgerichten zu:

Erklärung der Gemeinde, daß sie die Ausübung des Grunderwerbsrechts in Betracht zieht bzw. daß sie das Grundstück erwirbt (§ 18 Abs. 2 Satz 5 StBauFG). Dies gilt sowohl in Sanierungsgebieten als auch in Entwicklungsbereichen (§ 57 Abs. 1 Nr. 4 StBauFG);

Entschädigungsansprüche wegen Versagung einer Baugenehmigung nach förmlicher Festlegung entgegen einer noch bindenden Bodenverkehrsgenehmigung (§ 6 Abs. 3, § 57 Abs. 1 Nr. 1 StBauFG);

Entscheidung über einen Enteignungsantrag nach § 22 Abs. 1;

Entscheidung über die Bemessung von Ausgleichs- und Entschädigungsleistungen (§ 23 StBauFG);

Entziehung des Eigentums aufgrund eines Übernahmeanspruchs nach § 11 StBauFG (Ersatz- und Ergänzungsgebiet), § 15 Abs. 7, § 57 Abs. 3 StBauFG (Versagung der Genehmigung), § 56 StBauFG (Grundstück im Entwicklungsbereich).

Die Frage, welches Gericht für die Anfechtung der Entscheidung der Enteignungsbehörde nach § 89 Abs. 1 Satz 1 FlurbG, daß der Enteignete in Geld statt in Land zu entschädigen ist, zuständig ist, im Hinblick auf den Wortlaut des § 89 Abs. 1 Satz 2 FlurbG zugunsten der Baulandgerichte zu beantworten (§ 86 StBauFG i. V. mit § 157 BBauG).

Hier in § 86 nicht erwähnt, aber kraft ausdrücklicher Regelung des § 24 Abs. 2 Satz 3 StBauFG den Baulandgerichten zugewiesen sind Streitigkeiten über die Folgekostenerstattung.

Die Zuständigkeiten gelten nicht nur für Anfechtungs-, sondern auch für Untätigkeits- und Verpflichtungsklagen. Diese Klagearten fallen unter den Sammelbegriff „Antrag auf gerichtliche Entscheidung".

b) Für die Streitigkeiten darüber, ob Abbruchgebote, Baugebote, Modernisierungs- bzw. Instandsetzungsgebote oder die Aufhebung von Miet- oder Pachtverhältnissen zulässig waren, sind die allgemeinen Verwaltungsgerichte zuständig. Das gleiche gilt für Streitigkeiten über die Verteilung des Überschusses nach § 48 StBauFG oder über die Frage der Auskunftspflicht (§ 3 Abs. 4 StBauFG).

Andererseits gehört der Streit über einen Anspruch auf Rückübertragung eines Grundstücks nach § 52 StBauFG in die Zuständigkeit der allgemeinen Zivilgerichte.

§ 87

Verletzung der Auskunftspflicht

Verweigert ein nach § 3 Abs. 4 Auskunftspflichtiger die Auskunft über Tatsachen, deren Kenntnis zur Feststellung der Sanierungsbedürftigkeit eines Gebiets oder zur Vorbereitung oder Durchführung der Sanierung erforderlich ist, so gilt die Vorschrift des § 150 Abs. 2 Satz 2 bis 4 des Bundesbaugesetzes über die Androhung und Festsetzung eines Zwangsgeldes entsprechend. Der zur Erteilung einer Auskunft Verpflichtete kann die Auskunft auf solche Fragen verweigern, deren Beantwortung ihn selbst oder einen der in § 383 Abs. 1 Nr. 1 bis 3 der Zivilprozeßordnung bezeichneten Angehörigen der Gefahr strafgerichtlicher Verfolgung oder eines Verfahrens nach dem Gesetz über Ordnungswidrigkeiten aussetzen würde.

a) Der Personenkreis der Auskunftspflichtigen und der Umfang der Auskunftspflicht ist in § 3 Abs. 4 festgelegt (siehe Erläut. dort). Auskunftsverpflichtung gibt es nur im Rahmen von Sanierungsverfahren, nicht bei Festlegung eines Entwicklungsbereichs. Der Begriff „erforderlich" ist ein im Streitfall gerichtlich (durch die allgemeinen Verwaltungsgerichte) nachprüfbarer Rechtsbegriff. Die entsprechende Anwendung des § 150 Abs. 2 Satz 2 bis 4 BBauG (siehe Erläut. dort, Teil I) bedeutet, daß — auch wiederholt — ein Zwangsgeld bis zu 1000 DM angedroht und festgesetzt werden kann; bei juristischen Personen oder nicht rechtsfähigen Vereinigungen erfolgt die Androhung und Festlegung gegenüber dem Vertretungsberechtigten. Daneben gelten die Verwaltungsvollstreckungsgesetze der Länder. Voraussetzung für die Androhung ist ein für unaufschiebbar erklärter Verwaltungsakt (vgl. § 80 Abs. 2 VwGO).

b) Durch **Satz 2** ist dem Auskunftsverpflichteten ein Antwortverweigerungsrecht eingeräumt. Der hier genannte § 383 Abs. 1 Nr. 1 bis 3 ZPO nennt den Verlobten, den Ehegatten (auch nach Beendigung der Ehe), geradlinige Verwandte, Verschwägerte, Adoptiveltern bzw. -kinder, Verwandte und Verschwägerte (auch nach Auflösung der zugrundeliegenden Ehe) bis zum dritten Grad in der Seitenlinie.

§ 88)*

Verletzung der Geheimhaltungspflicht
(gestrichen)

§ 89

Deutscher Rat für Stadtentwicklung

(1) Bei der Bundesregierung wird ein Deutscher Rat für Stadtentwicklung gebildet. Dem Rat gehören an

1. die Bundesminister für Raumordnung, Bauwesen und Städtebau, für Ernährung, Landwirtschaft und Forsten, der Finanzen, für Wirtschaft, des Innern, für Verkehr sowie für Jugend, Familie und Gesundheit),**

2. je ein Vertreter eines jeden Landes,

3. vier Vertreter der Gemeinden und der Gemeindeverbände, die vom Bundesrat auf Vorschlag der kommunalen Spitzenverbände bestimmt werden,

4. neunzehn Wissenschaftler und andere anerkannte Persönlichkeiten, davon mindestens je ein Sachverständiger aus dem Bereich der Baudenkmal-, Bodendenkmal- und Landschaftspflege. Diese Mitglieder beruft der Bundespräsident. Acht Mitglieder werden von der Bundesregierung, elf gemeinsam von den Landesregierungen benannt. Die Berufung erfolgt auf die Dauer von vier Jahren. Wiederberufung ist zulässig.

(2) Der Deutsche Rat für Stadtentwicklung hat die Aufgabe,

1. Empfehlungen für die Zusammenarbeit von Bund, Ländern und Gemeinden bei der Erneuerung und Entwicklung der Städte und Dörfer zu geben,

2. wissenschaftliche Erkenntnisse auf dem Gebiet der Erneuerung und Entwicklung der Städte und Dörfer zu vermitteln,

---

*) Außer Kraft gemäß Art. 287 Nr. 13 EGStGB vom 2. 3. 1974 (BGBl. I S. 469).

**) Nr. 1 und Abs. 3 Satz 1 bereits vor Ergehen der Novelle 1976 geändert durch Art. 51 des Gesetzes zur Anpassung gesetzlich festgelegter Zuständigkeiten an die Neuabgrenzung der Geschäftsbereiche von Bundesministern (Zuständigkeitsanpassungs-Gesetz vom 18. 3. 1975 (BGBl. I S. 705).

3. Orientierungsdaten für die Erneuerung und Entwicklung der Städte und Dörfer zur Verfügung zu stellen,

4. Stellungnahmen, wirtschaftliche, finanzielle, soziale und technische Leitlinien und Empfehlungen zur Erneuerung und Entwicklung der Städte und Dörfer zu erarbeiten.

(3) Den Vorsitz führt der Bundesminister für Raumordnung, Bauwesen und Städtebau. Das Verfahren regelt eine Geschäftsordnung, die der Bundesminister für Raumordnung, Bauwesen und Städtebau erläßt. Die Geschäftsstelle des Deutschen Rates für Stadtentwicklung wird beim Bundesminister für Raumordnung, Bauwesen und Städtebau geführt.

a) Der federführende Ausschuß des BT hat den RegE mit der durch den BR vorgeschlagenen Ergänzung (Nr. 4 in Abs. 1) unverändert übernommen. Der RegE (BT-DS 6/510 zu § 66 S. 54) begründet die Einrichtung des Deutschen Rats für Stadtentwicklung u. a. wie folgt:

„In der Erneuerung und Entwicklung der Städte und Dörfer sind Bund, Länder und Gemeinden je nach ihrer Zuständigkeit beteiligt. Es fehlt bisher an einer koordinierten Institution, wie sie sich in anderen Sachbereichen bewährt hat. Eine Koordinierung ist darüber hinaus erforderlich zwischen dem staatlichen Bereich, der Wissenschaft, den gesellschaftlichen Kräften und den Praktikern außerhalb der staatlichen Verwaltung ... Es gibt eine Reihe von Gremien mit vergleichbarer Aufgabenstellung auf anderen Gebieten. Diese Institutionen (z. B. der Wissenschaftsrat, der Konjunkturrat und der Finanzplanungsrat) haben sich als wirksame Instrumente des kooperativen Föderalismus unter den Bedingungen des modernen Industriestaats erwiesen. Der Deutsche Rat für Stadtentwicklung soll eine Lücke schließen, die bisher noch im System der vergleichbaren Institutionen besteht ...“

b) Gehrmann (StBauFG S. 260) beklagt zutreffend, daß in diesem Gremium die Vertreter der praktischen Seite, vor allem die Planer und auch die Vertreter der betroffenen Bevölkerungskreise, nicht offiziell vertreten sind. Gerade im Hinblick auf die Fülle der Aufgaben (Abs. 2) sollte, um ein abgewogenes Bild der Meinungen zu erhalten, wenigstens über Nr. 4 an die Erfüllung dieser Forderung der Praxis gedacht werden.

Die Geschäftsordnung für den Deutschen Rat für Stadtentwicklung, in dem der Bundesminister für Raumordnung, Bauwesen und Städtebau den Vorsitz führt (Abs. 3), ist von diesem am 29. 3. 1973 erlassen worden (BBauBl. S. 336) — siehe unter Verwaltungsvorschriften des Bundes zum StBauFG (3.a).

§ 90

Gemeinnützige Wohnungs- und Siedlungsunternehmen und Organe der staatlichen Wohnungspolitik

(1) Die Tätigkeit als Beauftragter der Gemeinde bei der Vorbereitung oder Durchführung einer Sanierungs- oder Entwicklungsmaßnahme, insbesondere als

Sanierungsträger oder als Entwicklungsträger, sowie als Betreuer von Eigentümern bei der Durchführung von Sanierungs- oder Entwicklungsmaßnahmen gilt

1. **bei einem als gemeinnützig oder als Organ der staatlichen Wohnungspolitik nach dem Wohnungsgemeinnützigkeitsgesetz anerkannten Unternehmen als ausschließlich und unmittelbar gemeinnützigen Zwecken im Sinne des § 1 Abs. 2, § 6 Abs. 1 und § 28 Abs. 2 des Wohnungsgemeinnützigkeitsgesetzes dienend;**
2. **bei einem gemeinnützigen Siedlungsunternehmen im Sinne des § 1 des Reichssiedlungsgesetzes als gemeinnützigen Zwecken im Sinne des § 52 Abgabenordnung dienend.**

(2) Aufgabe eines Organs der staatlichen Wohnungspolitik kann es nach seiner Satzung auch sein, strukturverbessernde oder städtebauliche Maßnahmen zu fördern, vorzubereiten, zu betreuen, durchzuführen oder die Durchführung der Maßnahmen zu leiten.

a) Diese Bestimmung ist im Zusammenhang mit §§ 33, 34, 55 und mit §§ 2 bis 15 des Wohnungsgemeinnützigkeitsgesetzes (sowie der DVO hierzu) zu sehen. Die Anerkennung der Gemeinnützigkeit in den Bestimmungen des vorgenannten Gesetzes konnten noch nicht die Tätigkeit dieser Unternehmungen nach dem StBauFG enthalten. Aus diesem Grunde bedurfte es der Erweiterung durch § 90, insbesondere auch durch dessen **Abs. 2.** Das gleiche gilt für ein gemeinnütziges Sanierungsunternehmen im Sinne des § 1 Reichssiedlungsgesetz.

b) Mit Inkrafttreten der Abgabenordnung 1977 (AO 77) trat u. a. nach Art. 96 Nr. 5 EGAO 1977 v. 14. 12. 1976 (BGBl. I S. 3341) das Steueranpassungsgesetz vom 16. 10. 1934, zuletzt geändert durch Gesetz vom 8. 9. 1972, außer Kraft. Wegen der Aufhebung dieses Gesetzes mußte § 90 Abs. 1 Nr. 2 StBauFG, der auf § 17 des außer Kraft gesetzten Gesetzes Bezug nahm, der neuen Bestimmung angepaßt werden, die an die Stelle der aufgehobenen Vorschrift getreten ist, nämlich § 52 AO. Dies geschah durch Art. 46 EGAO 1977 mit Wirkung vom 1. Januar 1977 (Art. 102 EGAO 1977).

§ 91

Ermächtigungen

Die Bundesregierung wird ermächtigt, mit Zustimmung des Bundesrates durch Rechtsverordnung Vorschriften zu erlassen über

1. **die Anwendung gleicher Grundsätze bei der Ermittlung der nach § 23 Abs. 1 bis 3 und nach § 57 Abs. 4 maßgebenden Grundstücks- und Gebäudewerte,**
2. **die Anwendung gleicher Grundsätze bei der Ermittlung der Verkehrswerte nach § 25 Abs. 6 und § 59 Abs. 5 sowie der Erhöhung der Grundstückswerte nach § 41 Abs. 5,**

3. die in § 41 Abs. 2 bezeichneten Kosten der Ordnungsmaßnahmen und ihre Ermittlung,
4. die Erhebung der Ausgleichsbeträge und Vorauszahlungen nach § 41 Abs. 6, 8 und 10, die nach § 41 Abs. 6 a anzurechnenden Leistungen sowie den Fortfall des Ausgleichsbetrags und seine Nacherhebung nach § 41 Abs. 7 Nr. 1,
5. die Bedingungen der Tilgungsdarlehen nach § 25 Abs. 7 und § 41 Abs. 8, insbesondere die Zins- und Tilgungsverpflichtungen,
6. die Ermittlung des Vorurteils und die Erhebung der Ausgleichsbeträge nach § 42 Abs. 1 und 2,
7. das Förderungsverfahren nach § 71.

a) Die Rechtsverordnungen nach StBauFG bedürfen sämtlich der Zustimmung des BR. Sie bedeuten für das StBauFG das gleiche wie § 2 Abs. 10 BBauG. Ungeachtet ihrer Dringlichkeit in bezug auf die Praktikabilität des Gesetzes ist bislang noch keine dieser Verordnungen ergangen.

b) Diese Vorschrift war durch den seinerzeit zuständigen federführenden Ausschuß eingefügt worden, und zwar sollten aus systematischen Gründen die Ermächtigungen zum Erlaß von Rechtsverordnungen zusammengefaßt werden. Zusätzlich wird die BReg. ermächtigt, Vorschriften über die Anwendung gleicher Grundsätze bei der Ermittlung der maßgebenden Grundstückswerte zu erlassen, wenn land- und forstwirtschaftliche Flächen in Anspruch genommen und Grundstücke nach § 25 oder 59 veräußert werden. Die Ermächtigung der Nr. 3 bis 6 betreffen die Erhebung von Ausgleichsbeträgen. Über die Ermächtigungen des § 91 hinaus hatte bereits die in § 84 enthaltene Erweiterung des § 51 Abs. 1 Ziff. 2 durch die Änderung der Buchstaben r) und die Zufügung des Buchstaben x) der BReg. die Ermächtigung erteilt, mit Zustimmung des Bundesrats durch Rechtsverordnung auch Vorschriften zu erlassen, die es den Steuerpflichtigen ermöglichen, Aufwendungen für Modernisierungsmaßnahmen (§ 21) und Erhaltungsinvestitionen (§ 43 Abs. 3 Satz 2) auf zwei bis fünf Jahre gleichmäßig zu verteilen und Herstellungskosten für diese Maßnahmen in einem Zehnjahreszeitraum jährlich bis 10 v. H. erhöht abzusetzen (vgl. §§ 82a und b EStDV — siehe bei § 84).

Nr. 1 und **2** dienen der Wertermittlung und gehören deshalb in die Wertermittlungsverordnung (siehe deren Neufassung vom 15. 8. 1972, BGBl. I S. 1416, Band I des Bauplanungsrechts, II 1, §§ 21 ff). Die in **Nr. 3** angesprochene Verordnung erging am 20. 1. 1976 (siehe 2 a dieses Bandes). Am 6. 2. 1976 erging die in den **Nrn. 4** und **6** genannte Ausgleichsbetrag-Verordnung (siehe 2 b dieses Bandes). Zu **Nr. 7** erließ der Bund eine allgemeine Verwaltungsvorschrift über den Einsatz von Förderungsmitteln, die am 14. 3. 1979 eine neue Fassung erhielt (siehe 3 b dieses Bandes).

c) Nr. 4 wurde durch die Novelle 1979 den durch das gleiche Gesetz geänderten bzw. erweiterten Bestimmungen des § 41 angepaßt.

§ 92

Sonderregelung für einzelne Länder

(1) In den Ländern Berlin und Hamburg entfallen die in § 5 Abs. 2 Satz 1 und § 51 Abs. 3 Satz 2 vorgesehenen Genehmigungen; das Land Bremen kann bestimmen, daß diese Genehmigungen entfallen.
(2) Die Länder Berlin und Hamburg bestimmen, welche Form der Rechtssetzung an die Stelle der in diesem Gesetz vorgesehenen Satzungen tritt. Das Land Bremen kann eine solche Bestimmung treffen. Die Länder Berlin, Bremen und Hamburg können eine von § 5 Abs. 3 und § 51 Abs. 3 Satz 3 und 4 abweichende Regelung treffen.
(3) Das Land Hamburg kann bestimmen, daß eine Berichtigung nach § 6 Abs. 8 Satz 2, § 10 Abs. 2 und § 51 Abs. 4 Satz 2 sowie eine Kenntlichmachung nach § 10 Abs. 1 Satz 3 und 4 entfällt oder daß eine andere Maßnahme an ihre Stelle tritt.
(4) Die Senate der Länder Berlin, Bremen und Hamburg werden ermächtigt, die Vorschriften dieses Gesetzes über die Zuständigkeit von Behörden dem besonderen Verwaltungsaufbau ihrer Länder anzupassen.
(5) Im Land Nordrhein-Westfalen bleiben für das Gebiet des Siedlungsverbandes Ruhrkohlenbezirk die bestehenden Zuständigkeiten anderer als der in diesem Gesetz genannten Stellen bis zu einer anderen landesrechtlichen Regelung unberührt.
(6) Das Land Hamburg gilt für die Anwendung dieses Gesetzes auch als Gemeinde.
(7) Sind für ein Land oder Teile eines Landes Ziele der Raumordnung und Landesplanung noch nicht aufgestellt, ist bei der Anwendung von § 1 Abs. 3 und § 53 Abs. 1 auf künftige Ziele der Raumordnung und Landesplanung abzustellen, wenn diese in einem Entwurf eines Programms oder Plans enthalten sind, für dessen Aufstellung ein förmliches Verfahren eingeleitet ist.

1. Sonderregelung für die Länder Berlin, Bremen und Hamburg (Abs. 1, 2, 3, 4, 6)

Die Sonderregelung für die Stadtstaaten beruht auf einem Vorschlag des BR (siehe BR-DS VI/510 Nr. 79 S. 70). Zwar hätte § 188 Abs. 1 BBauG für entsprechend anwendbar erklärt werden können, der BR wollte aber eine eigene Regelung.

In Berlin und Hamburg bedürfen die Satzungen über förmliche Festlegung des Sanierungsgebiets und über die Aufhebung der förmlichen Festlegung keiner Genehmigung. Bremen **kann** eine solche Regelung einführen. Grund für die Sonderregelung ist der besondere Status der Stadtstaaten. Bezüglich Berlin siehe auch § 96. Die Länder Berlin und Hamburg können bestimmen, ob sie anstelle der Satzungen Gesetze oder Verordnungen treten lassen wollen. — Z. B. werden bereits nach dem BBauG die Erschließungskosten in Berlin aufgrund eines besonderen Gesetzes erhoben. Den Stadtstaaten ist ferner das Recht eingeräumt, von den Bekanntmachungsvorschriften der §§ 5 und 51 abzuweichen. In Hamburg kann die Berichtigung des FlNPl. (durch die Kenntlichmachung des Sanierungsgebiets), der bestehenden BebPl. (durch Kenntlichmachung des Sanierungsgebiets und der zu beseitigenden Bauanlagen), der FlNPl. und BebPl. durch Berichtigung nach Durchführung der Sanierung und eine Kenntlichmachung des Sanierungsgebiets und der zu beseitigenden Gebäude im neuen BebPl. entfallen (Abs. 3).

2. Sonderregelung für Nordrhein-Westfalen (Abs. 5)

Das Land Nordrhein-Westfalen hat am 25. 4. 1950 ein Gesetz für das Siedlungsverbandsgebiet Ruhrkohlenbezirk erlassen. Die Sonderstellung dieses Gebiets bedingt die Regelung des Abs. 5.

3. Sonderregelung für Länder ohne Raumordnung und Landesplanung (Abs. 7)

In der Begründung des vom BR vorgeschlagenen Abs. 7 ist ausgeführt (BT-DS 6/510, Nr. 79 S. 71), daß eine Übergangsregelung für diejenigen Länder notwendig sei, in denen Ziele der Raumordnung und Landesplanung nach § 5 des Raumordnungsgesetzes noch nicht oder noch nicht für alle Landesteile aufgestellt sind. Immerhin haben alle Länder (mit Ausnahme der Stadtstaaten) Landesplanungsgesetze erlassen (siehe Teil IV B 3 a).

Die Bestimmung betrifft nur § 1 Abs. 3 (Begriff der Entwicklungsmaßnahmen) und § 51 Abs. 1 (Festlegung des Entwicklungsbereichs durch Rechtsverordnung der Landesregierung).

ACHTER TEIL*) **)

Überleitungs- und Schlußvorschriften

Vorbemerkung

a) Aufgrund Vorschlags des bei der **Erstfassung** zuständigen Ausschusses für Städtebau und Wohnungswesen wurden die in den §§ 93 bis 95 enthaltenen Überleitungsvorschriften eingefügt. Sie behandeln die Fälle der förmlichen Festlegung von Sanierungsgebieten, die Erhebung des Ausgleichsbetrags und die Förderungsmittel.

---

*) Die Vorschriften des Achten Teils gelten für das StBauFG i. d. F. vom 27. 7. 1971.

**) Für die Änderung des StBauFG aufgrund des Art. 2 des Gesetzes zur Änderung des BBauG vom 18. 8. 1976 (BGBl. I S. 2221) gilt folgendes Überleitungsrecht (Art. 3 § 13 des Gesetzes zur Änderung des BBauG):

In § 93 sind Erleichterungen für die Anwendung des Gesetzes bei Sanierungen aufgeführt, die zum Zeitpunkt des Inkrafttretens des Gesetzes (1. 8. 1971) bereits in der Durchführung begriffen waren.

§ 94 gewährt Erleichterungen für Eigentümer in bezug auf die Erhebung von Ausgleichsbeträgen bei übergeleiteten Sanierungs- und Entwicklungsmaßnahmen.

In § 95 ist die befristete Förderung der Vorbereitung und Durchführung von Sanierungs- und Entwicklungsmaßnahmen vor deren Überleitung auf das Gesetz vorgesehen.

Im Hinblick auf die Schwierigkeit der Materie sah der Gesetzgeber bewußt von einer antizipierten Werterhöhung ab, d. h. für die Bewertung von Grundstücken (vgl. §§ 23 Abs. 2, 57 Abs. 4) wurde für die Fälle, in denen bei Inkrafttreten des Gesetzes im Hinblick auf Sanierungs- oder Entwicklungsmaßnahmen Werterhöhungen eingetreten sind, keine Übergangsregelung getroffen. Das ergibt sich bereits aus § 23, der nur in Ausnahmefällen (Abs. 2) Werterhöhungen zuläßt.

b) Überleitungsvorschriften der Novelle 1976

Art. 3 § 13 des ÄndG zum BBauG vom 18. 8. 1976 ließ § 11 Abs. 2 (Festsetzungen in Bebauungsplänen) und Abs. 3 (Entschädigungsanspruch) dann in der alten Fassung zur Anwendung kommen, wenn die Entwürfe der BebPläne bereits, also bis 31. 12. 1976, öffentlich ausgelegt und (§ 2 Abs. 6 a. F. BBauG) oder mit der Beteiligung der Träger öffentlicher Belange (§ 2 Abs. 5 a. F. BBauG) begonnen worden war.

Des weiteren finden bis 31. 12. 1976 die Abs. 4 und 5 von § 10 StBauFG (Bebauungspläne für das Sanierungsgebiet) keine Anwendung.

Für Abbruch-, Bau- oder Modernisierungsgebote, die vor dem 31. 12. 1976 erlassen worden sind, galten die ab 1. 1. 1977 außer Kraft gesetzten §§ 19, 20 und 21 StBauFG***). Hatte die Gemeinde vor dem 31. 12. 1976 ein Modernisierungsgebot nach § 21 StBauFG angeordnet oder hatte sich der Eigentümer bis dahin zur Durchführung selbst verpflichtet, so fanden die §§ 32 und 43 Abs. 2 Satz 2 in der alten Fassung Anwendung.

Für Zuständigkeitsübertragungen (§ 66 Abs. 4 StBauFG gilt jeweils das neue Recht.

§ 13

Überleitungsvorschriften für die Anpassung des Städtebauförderungsgesetzes an die Vorschriften dieses Gesetzes

(1) Liegen die Voraussetzungen des § 1 Abs. 3 (von Art. 3 ÄndG zum BBauG) vor, so finden die Vorschriften über die Festsetzungen in Bebauungsplänen (§ 11 Abs. 2 StBauFG) und über den Entschädigungsanspruch (§ 11 Abs. 3 StBauFG) in der bisher geltenden Fassung Anwendung; § 10 Abs. 4 und 5 (n. F.) StBauFG findet keine Anwendung.

(2) Hat die Gemeinde vor Inkrafttreten dieses Gesetzes ein Abbruchgebot, ein Baugebot oder ein Modernisierungsgebot angeordnet, so finden die Vorschriften der §§ 19 bis 21 StBauFG weiterhin Anwendung.

(3) Hat die Gemeinde vor Inkrafttreten dieses Gesetzes ein Modernisierungsgebot nach § 21 StBauFG angeordnet oder hat sich der Eigentümer vor Inkrafttreten dieses Gesetzes zur Durchführung einer entsprechenden Maßnahme gegenüber der Gemeinde verpflichtet, so gelten die Vorschriften der §§ 32 und 43 Abs. 2 Satz 2 StBauFG in der bisher geltenden Fassung.

(4) Nach § 66 Abs. 4 StBauFG ausgesprochene Zuständigkeitsübertragungen bleiben unberührt.

***) Vom Abdruck wurde in dieser Auflage, da im wesentlichen überholt, abgesehen.

§ 93

Überleitungsvorschriften für die förmliche Festlegung

(1) Hat der Bund oder das Land für die Durchführung einer Sanierung vor Inkrafttreten dieses Gesetzes einer Gemeinde Förderungsmittel bewilligt, so kann die Gemeinde innerhalb eines Jahres nach Inkrafttreten dieses Gesetzes ohne vorbereitende Untersuchungen oder Stellungnahmen im Sinne des § 4 das Gebiet förmlich als Sanierungsgebiet festlegen. Die nach Landesrecht zuständige Behörde kann verlangen, daß Untersuchungen oder Stellungnahmen im Sinne des § 4 nachgeholt werden.

(2) Für andere bei Inkrafttreten dieses Gesetzes in der Durchführung befindliche Sanierungen kann die nach Landesrecht zuständige Behörde zulassen, daß zu einer förmlichen Festlegung des Sanierungsgebiets innerhalb eines Jahres nach Inkrafttreten dieses Gesetzes auf vorbereitende Untersuchungen oder Stellungnahmen im Sinne des § 4 ganz oder teilweise verzichtet wird.

a) Diese Vorschrift gewährt Gemeinden, bei denen bereits vor Inkrafttreten des Gesetzes in der Erstfassung Sanierungsmaßnahmen in der Durchführung begriffen sind, Erleichterungen für die förmliche Festlegung des Sanierungsgebietes. Sofern der Bund oder das Land für die Durchführung der Sanierung bereits vor Inkrafttreten des Gesetzes einer Gemeinde Förderungsmittel bewilligt hat, braucht die Gemeinde, wenn sie innerhalb eines Jahres (also bis 31. 7. 1972) die förmliche Festlegung beschlossen hat, vorher keine der im Gesetz vorgesehenen Untersuchungen oder Stellungnahmen vorzunehmen und einzuholen. Diese Freistellung findet ihre Rechtfertigung darin, daß regelmäßig bereits vorher vorbereitende Untersuchungen stattgefunden hatten. Soweit diese nicht oder nicht gänzlich den Anforderungen des § 4 entsprechen, kann die zuständige Landesbehörde die Nachholung bestimmter Untersuchungen oder Stellungnahmen verlangen.

b) Für die Fälle, in denen durch Bund oder Länder für die Durchführung der Sanierung keine Mittel bewilligt worden waren, konnte nach Abs. 2 bei förmlicher Festlegung bis 31. 7. 1972 die zuständige Landesbehörde auf vorbereitende Untersuchungen oder Stellungnahmen ganz oder teilweise verzichten. Sie konnte in freier Ermessensentscheidung feststellen, ob und in welchem Umfang sie diese Maßnahmen für nicht mehr erforderlich hielt.

c) Wie bereits in der Vorbemerkung erwähnt, bezieht sich § 93 allein auf Sanierungsmaßnahmen. Weitere Voraussetzungen sind die Bewilligung der Mittel für die „Durchführung“ der Maßnahmen. Der Begriff „Durchführung“ ist in § 12 dargelegt.

Da die Anwendung der Überleitungsvorschrift ausgeschlossen ist, wenn nur für die Vorbereitung einer Sanierung oder für die Durchführung von Entwicklungsmaßnahmen öffentliche Mittel bewilligt worden sind, sind in diesen Fällen vorbereitende Untersuchungen und Stellungnahmen nach § 4 einzuholen.

§ 94

Überleitungsvorschriften für die Erhebung des Ausgleichsbetrags

(1) Ist mit der Durchführung einer Sanierung vor Inkrafttreten dieses Gesetzes begonnen worden und wird das Gebiet förmlich als Sanierungsgebiet festgelegt, so kann die Gemeinde im Einzelfall von der Erhebung des Ausgleichsbetrags nach § 41 ganz oder teilweise absehen, wenn dies zur Vermeidung unbilliger Härten geboten ist. Die Freistellung kann bereits vor der Erlassung des Anspruchs auf einen Ausgleichsbetrag von der Gemeinde ausgesprochen werden.
(2) Absatz 1 gilt entsprechend für die förmliche Festlegung eines städtebaulichen Entwicklungsbereichs und die förmliche Festlegung eines im Zusammenhang bebauten Gebiets nach § 62.

a) Der Ausschuß für Städtebau und Wohnungswesen begründet diese Vorschrift damit, daß auch bei einer Sanierung, mit deren Durchführung im Sinne des § 12 bereits vor Inkrafttreten des Gesetzes begonnen worden ist, sich in Einzelfällen für die Regelung des Ausgleichsbetrags nach § 41 unbillige Härten ergeben könnten, insbesondere dann, wenn ein Eigentümer mit der Gemeinde einen Vertrag über die Durchführung bestimmter Sanierung geschlossen und sich dabei zur Erbringung bestimmter Finanzierungsleistungen oder Durchführung bestimmter Maßnahmen verpflichtet hat. Auch kann ein Eigentümer für die bereits begonnene oder beendete, der Sanierung entsprechende neue Bebauung eine Finanzierung und eine sich daraus ergebende Miete gewählt haben, bei der die Leistung eines Ausgleichsbetrags nach § 41 nicht berücksichtigt ist. Eine Freistellung darf schon ausgesprochen werden, bevor der Anspruch auf einen Ausgleichsbetrag entstanden ist.
b) Nach **Abs. 2** gilt dieselbe Regelung im städtebaulichen Entwicklungsbereich, soweit nach den für diesen Bereich geltenden Vorschriften die Erhebung eines Ausgleichsbetrags in Betracht kommt (§ 54 Abs. 3 Satz 3, § 62).

§ 95

Überleitungsvorschriften für die Förderung

(1) Zur Förderung nach diesem Gesetz bestimmte Mittel dürfen innerhalb eines Jahres nach Inkrafttreten dieses Gesetzes für die Durchführung einer Sanierungs- oder Entwicklungsmaßnahme bewilligt oder gewährt werden, ohne daß das Sanierungsgebiet oder der Entwicklungsbereich förmlich festgelegt ist.
(2) Sanierungsförderungsmittel können auch für vorbereitende Untersuchungen oder für die Ausarbeitung von Bauleitplänen, die bei Inkrafttreten dieses Gesetzes bereits in Auftrag gegeben worden sind, bewilligt oder gewährt werden, sofern die vorbereitenden Untersuchungen nach den Vorschriften des § 4, die

Ausarbeitung der Bauleitpläne nach den Vorschriften des § 10 weitergeführt werden.

Der damals federführende 14. Ausschuß hat mit der Einfügung der Vorschrift des § 95 sicherstellen wollen, daß durch das Inkrafttreten des Gesetzes kein Hindernis für die Bewilligung von Förderungsmitteln eintritt. **Abs. 1** läßt es damit zu, daß derartige Mittel innerhalb eines Jahres nach Inkrafttreten des Gesetzes für die Durchführung einer Sanierungs- oder Entwicklungsmaßnahme bewilligt oder gewährt werden dürfen, ohne daß eine förmliche Festlegung des Gebiets erfolgt ist. In Fällen, in denen vorbereitende Untersuchungen oder Ausarbeitungen zu Bauleitplänen bei Inkrafttreten des Gesetzes bereits in Auftrag gegeben worden sind, können nach **Abs. 2** auch hierfür Förderungsmittel gewährt werden, wenn die Weiterführung dieser Maßnahmen nach § 4 (vorbereitende Untersuchungen) bzw. nach § 10 (Ausarbeitung der Bauleitpläne) gesichert sind.

§ 95a

Überleitungsvorschriften zum Änderungsgesetz vom 6. Juli 1979

(1) Auch wenn der Beschluß über die vorbereitenden Untersuchungen vor dem 1. August 1979 bekanntgemacht worden ist, kann die Gemeinde nach § 4 Abs. 1 bis 2a in der seit dem 1. August 1979 geltenden Fassung verfahren.
(2) Ist eine Umlegung nach Maßgabe des § 16 vor dem 1. August 1979 abgeschlossen worden, ist § 41 Abs. 7 Nr. 2 anzuwenden.

a) Die Novelle vom 6. 7. 1979 bedingte Überleitungsvorschriften, die im neueingefügten § 95a enthalten sind. Solche Überleitungsbestimmungen hat die Novelle 1979 auch für das BBauG in dessen §§ 183 bis 183g gebracht.

b) Abs. 1 stellt klar, daß auch in den Fällen, in denen vorbereitende Untersuchungen bereits vor Inkrafttreten dieses Gesetzes formell eingeleitet worden sind (§ 4 Abs. 3), von deren Fortsetzung abgesehen werden kann. Ebenfalls in den genannten Fällen können unter bestimmten Voraussetzungen Grundsätze für den Sozialplan auch nach der förmlichen Festlegung aufgestellt werden oder ganz entfallen.

c) Abs. 2 besagt, daß auch bei Änderung eines nach § 16 durchgeführten, vor Inkrafttreten dieses Gesetzes unanfechtbar gewordenen Umlegungsplans die Erhebung gesonderter Ausgleichsbeträge entfällt, wenn die Voraussetzungen des § 73 Nr. 1 BBauG erfüllt sind, d. h. wenn der BebPlan geändert wird.

§ 96

Berlin-Klausel

Dieses Gesetz gilt nach Maßgabe des § 12 Abs. 1 sowie des § 13 Abs. 1 des Dritten Überleitungsgesetzes vom 4. Januar 1952 (Bundesgesetzbl. I S. 1) auch im Land Berlin. Rechtsverordnungen, die aufgrund dieses Gesetzes erlassen werden, gelten im Land nach § 14 des Dritten Überleitungsgesetzes.

Das Land Berlin hat mit Gesetz vom 4. August 1971 (GVBl. S. 1389) das StBauFG übernommen.

§ 97

Inkrafttreten

Dieses Gesetz tritt am ersten Tage des auf die Verkündung folgenden Monats in Kraft.

Das StBauFG wurde in seiner Erstfassung im BGBl. I Nr. 72/1971 verkündet; ausgegeben wurde dieses am 30. 7. 1972. Damit ist das Gesetz am 1. 8. 1971 in Kraft getreten.

Die Neubekanntmachung des StBauFG vom 18. 8. 1976 gilt ab 1. 1. 1977; die im Gesetz vom 6. 7. 1979 enthaltene zweite Novelle zum StBauFG ist am 1. 8. 1979 in Kraft getreten.

2.

Durchführungsverordnungen des Bundes

2 a)

Verordnung über die Kosten der Ordnungsmaßnahmen nach § 41 Abs. 2 des Städtebauförderungsgesetzes (Ordnungsmaßnahmen V)

Vom 20. Januar 1976
(BGBl. I S. 174)

Aufgrund des § 91 Nr. 3 des Städtebauförderungsgesetzes vom 27. Juli 1971 (Bundesgesetzbl. I S. 1125), zuletzt geändert durch Artikel 51 des Zuständigkeitsanpassungs-Gesetzes vom 18. März 1975 (Bundesgesetzbl. I S. 705), verordnet die Bundesregierung mit Zustimmung des Bundesrates:

§ 1

Kosten der Ordnungsmaßnahmen und ihre Ermittlung

(1) Zu den Kosten der Ordnungsmaßnahmen (§ 41 Abs. 2 in Verbindung mit § 12 Abs. 1 Nr. 1 des Städtebauförderungsgesetzes) gehören nach Maßgabe der §§ 2 bis 6 alle Kosten, die die Gemeinde bei Durchführung der Bodenordnung, des Umzugs von Bewohnern und Betrieben, der Beseitigung baulicher Anlagen, der Erschließung und der sonstigen Maßnahmen, die notwendig sind, damit die Baumaßnahmen durchgeführt werden können (sonstige Ordnungsmaßnahmen), entstehen und erforderlich sind, um den sanierungsbedürftigen Zustand zu beseitigen und das Sanierungsgebiet neu zu gestalten.

(2) Zu den Kosten der Ordnungsmaßnahmen gehören nicht die persönlichen und sachlichen Kosten der Gemeindeverwaltung (§ 41 Abs. 3 Nr. 1 des Städtebauförderungsgesetzes).

(3) Die Kosten sind nach den tatsächlich entstandenen Aufwendungen zu ermitteln. Wäre die Ermittlung der tatsächlich entstandenen Aufwendungen mit einem unverhältnismäßig hohen Verwaltungsaufwand verbunden, kann eine sachgerechte pauschalierte Kostenermittlung erfolgen.

§ 2

Kosten der Bodenordnung

(1) Zu den Kosten der Bodenordnung gehören die Kosten der nach den Vorschriften des Städtebauförderungsgesetzes und des Bundesbaugesetzes zur rechtlichen oder tatsächlichen Neuordnung der Grundstücke entsprechend den Sanierungszielen durchgeführten Maßnahmen. Den Kosten der gesetzlichen Maßnahmen stehen die Kosten derjenigen Maßnahmen gleich, die von der Gemeinde mit gleichartiger Zielsetzung anstelle gesetzlicher Maßnahmen aufgrund vertraglicher Regelungen ergriffen werden.

(2) Zu den Kosten der Bodenordnung rechnen auch die Kosten des Erwerbs solcher Grundstücke, die unabhängig von Absatz 1 für die Durchführung von Ordnungsmaßnahmen erforderlich sind oder im Rahmen von Ordnungsmaßnahmen aufgrund gesetzlicher Vorschriften von der Gemeinde übernommen werden müssen. Dem Erwerb von Grundstücken steht die Verwendung von Grundstücken aus dem Vermögen der Gemeinde gleich. Die Grundstückswerte sind in entsprechender Anwendung des § 23 Abs. 2 des Städtebauförderungsgesetzes zu ermitteln.

§ 3

Kosten des Umzugs von Bewohnern und Betrieben

Zu den Kosten des Umzugs von Bewohnern und Betrieben gehören die umzugsbedingten Kosten, die der Gemeinde durch eine vertragliche oder gesetzliche Verpflichtung zur Entschädigung, insbesondere bei der Verwirklichung des Sozialplans (§ 8 Abs. 2 des Städtebauförderungsgesetzes) oder im Rahmen des Härteausgleichs (§ 85 des Städtebauförderungsgesetzes), entstehen. Hierzu zählen neben den notwendigen Kosten des Umzugs von Bewohnern und der Verlagerung von Betrieben auch die bei der Gemeinde verbleibenden Kosten der Unterbringung in Zwischenunterkünften sowie Entschädigungen für andere umzugsbedingte Vermögensnachteile, wenn und soweit diese Vermögensnachteile nicht bei der Bemessung der Entschädigung für einen Rechtsverlust berücksichtigt sind.

§ 4

Kosten der Beseitigung baulicher Anlagen

Zu den Kosten der Beseitigung baulicher Anlagen gehören die Abbruch- und Abräumkosten einschließlich Nebenkosten, die Kosten für Maßnahmen, die für die Verkehrssicherung und Zwischennutzung des Grundstücks erforderlich sind, und die durch die Beseitigung ausgelösten und von der Gemeinde zu tragenden Entschädigungen und Wertverluste für bauliche Anlagen.

§ 5

Kosten der Erschließung

(1) Zu den Kosten der Erschließung (§ 123 des Bundesbaugesetzes) gehören die von der Gemeinde zu tragenden Kosten für die Herstellung neuer oder die Änderung vorhandener Erschließungsanlagen, soweit die Erschließungsmaßnahmen erforderlich sind, um das Sanierungsziel zu erreichen (sanierungsbedingte Erschließung). Zu den Erschließungsanlagen gehören insbesondere die örtlichen öffentlichen Straßen, Wege, Plätze und Grünanlagen, öffentliche Spielplätze, öffentliche Parkflächen, Anlagen für Zwecke der Beleuchtung, zur Versorgung mit Elektrizität, Gas, Wasser oder Wärme, zur Ableitung, Behandlung und Beseitigung von Abwässern, zur Beseitigung fester Abfallstoffe sowie Anlagen und Vorkehrungen gegen Naturgewalten und schädliche Umwelteinwirkungen.

(2) Zu den Kosten der Erschließung gehören auch Kosten für nicht innerhalb des Sanierungsgebiets liegende Erschließungsanlagen, sofern die Voraussetzungen des Absatzes 1 Satz 1 erfüllt sind.

(3) Soweit eine Erschließungsanlage nicht nur der Erschließung des Sanierungsgebiets dient, gehört nur der durch die Sanierung bedingte Anteil zu den Kosten der Ordnungsmaßnahmen. Der Kostenanteil kann unter Zugrundelegung allgemein anerkannter Erfahrungssätze ermittelt werden. Die Kostenteilung soll unterbleiben, wenn die Ermittlung des nicht sanierungsbedingten Anteils einen höheren Verwaltungsaufwand verursachen würde, als dieser Anteil ausmacht.

(4) Grundstückskosten sind nur insoweit zu berücksichtigen, als sie nicht bereits nach § 2 erfaßt sind.

(5) Zu den Kosten der Ordnungsmaßnahmen gehören nicht die Erschließungskosten, die nach § 128 Abs. 3 des Bundesbaugesetzes nicht zum beitragsfähigen Erschließungsaufwand gehören (§ 41 Abs. 3 Nr. 2 des Städtebauförderungsgesetzes).

§ 6

Kosten der sonstigen Ordnungsmaßnahmen

Zu den Kosten der sonstigen Ordnungsmaßnahmen gehören

1. die von der Gemeinde nach § 24 des Städtebauförderungsgesetzes zu erstattenden Aufwendungen;

2. Entschädigungen, soweit durch sie kein bleibender Gegenwert erlangt worden ist oder erlangt wird, und sie nicht bereits nach den §§ 2 bis 4 zu berücksichtigen sind;

3. Ausgaben für den Härteausgleich, soweit sie nicht bereits nach den §§ 2 bis 4 zu berücksichtigen sind;

4. sonstige von der Gemeinde im Rahmen der Durchführung der Ordnungsmaßnahmen zu tragende Kosten der Verwirklichung des Sozialplans, soweit sie nicht bereits nach § 3 zu berücksichtigen sind;

5. Kosten, die von der Gemeinde einem Eigentümer aufgrund eines Vertrages nach § 13 Abs. 1 Sätze 2 und 3 des Städtebauförderungsgesetzes zu erstatten sind;

6. Vergütungen für Sanierungsträger und andere Beauftragte, soweit sie nicht bereits nach den §§ 2 bis 5 zu berücksichtigen sind;
7. sonstige Kosten, die bei der Durchführung von Ordnungsmaßnahmen entstehen können, wie zum Beispiel Gebäudewertminderungen infolge des Abbruchs benachbarter Gebäude; Bewirtschaftungsverluste;
8. der von der Gemeinde gewährte Erlaß der Grundsteuer (§ 78 des Städtebauförderungsgesetzes) oder der Gewerbesteuer (§ 79 des Städtebauförderungsgesetzes);
9. sonstige Kosten für weitere Maßnahmen, die erforderlich sind, damit die Baumaßnahmen durchgeführt werden können.

§ 7

Berlin-Klausel

Diese Verordnung gilt nach § 14 des Dritten Überleitungsgesetzes vom 4. Januar 1952 (Bundesgesetzbl. I S. 1) in Verbindung mit § 96 des Städtebauförderungsgesetzes auch im Land Berlin.

§ 8

Inkrafttreten

Diese Verordnung tritt am Tage nach der Verkündung in Kraft.

2 b)

Verordnung über die Erhebung von Ausgleichsbeträgen nach den §§ 41 und 42 des Städtebauförderungsgesetzes (AusgleichsbetragV)

Vom 6. Februar 1976
(BGBl. I S. 273)

Aufgrund des § 91 Nr. 2, 4 bis 6 des Städtebauförderungsgesetzes vom 27. Juli 1971 (Bundesgesetzbl. I S. 1125), zuletzt geändert durch Artikel 51 des Gesetzes zur Anpassung gesetzlich festgelegter Zuständigkeiten an die Neuabgrenzung der Geschäftsbereiche von Bundesministern vom 18. März 1975 (Bundesgesetzbl. I S. 705), verordnet die Bundesregierung mit Zustimmung des Bundesrates:

§ 1

Voraussetzung der Erhebung

(1) Ausgleichsbeträge sind zu erheben von den Eigentümern der im förmlich festgelegten Sanierungsgebiet gelegenen Grundstücke (§ 41 Abs. 4 des Städtebauförderungsgesetzes), soweit ihre Grundstücke durch die Sanierung eine Wertsteigerung erfahren (Ausgleichsbeträge für Grundstücke).

(2) Zu Ausgleichsbeträgen können Betriebe herangezogen werden, deren Einwirkungen städtebauliche Mißstände im Sinne des § 3 Abs. 3 Nr. 1 des Städtebauförderungsgesetzes herbeigeführt oder deren Einwirkungen nicht nur unwesentlich zum Entstehen von solchen Mißständen beigetragen haben (§ 42 Abs. 1 des Städtebauförderungsgesetzes). Voraussetzung für die Heranziehung ist, daß die Betriebe aus der Durchführung der Sanierung Vorteile gewinnen (Ausgleichsbeträge des Veranlassers).

§ 2

Bemessung der Ausgleichsbeträge für Grundstücke

(1) Bei der Bemessung der Ausgleichsbeträge für Grundstücke ist die Werterhöhung zugrundezulegen, die durch die Aussicht auf Sanierung, durch ihre Vorbereitung oder ihre Durchführung eingetreten ist. Die Werterhöhung besteht aus dem Unterschied zwischen dem Bodenwert, der sich für das Grundstück durch die rechtliche und tatsächliche Neuordnung des Gebietes ergibt (Endwert), und dem Bodenwert, der sich für das Grundstück ergeben würde, wenn er weder durch die Aussicht auf die Sanierung noch durch Maßnahmen zu ihrer Vorbereitung oder Durchführung beeinflußt worden wäre (Anfangswert). Der sich aus dem Unterschied zwischen Endwert und Anfangswert ergebende Betrag ist nach Maßgabe des § 5 zu mindern.

(2) Die nach Absatz 1 maßgebenden Anfangs- und Endwerte des Grundstücks sind auf denselben Zeitpunkt zu ermitteln. In den Fällen des § 51 des Städtebauförderungsgesetzes ist der Zeitpunkt des Inkrafttretens der Satzung, mit der die förmliche Festlegung des Sanierungsgebietes aufgehoben wird, in den Fällen des § 50 Abs. 1 und 2 des Städtebauförderungsgesetzes ist der Zeitpunkt der Abschlußerklärung maßgebend.

(3) Die Gemeinde trägt die Anfangs- und Endwerte in eine Karte des Erhebungsgebietes ein. Auf der Karte ist zu vermerken, daß nach Maßgabe des § 5 Anrechnungen auf die sich aus der Karte ergebenden Werterhöhungen erfolgen können. Die Gemeinde hat Personen, die zur Zahlung eines Ausgleichsbetrages für ein in dem Erhebungsgebiet gelegenes Grundstück verpflichtet sind oder ein sonstiges berechtigtes Interesse nachweisen, auf Verlangen Einsicht in die Karte zu gewähren. Von einer Eintragung der Anfangs- und Endwerte in eine Karte kann abgesehen werden, wenn der mit der Karte erfolgte Unterrichtungszweck auch auf andere Weise sichergestellt werden kann.

(4) Die Anfangswerte und die Endwerte sind für das einzelne Grundstück zu ermitteln. Dabei kann nach Maßgabe des § 3 von zonalen Grundwerten oder nach Maßgabe des § 4 von lagetypischen Grundwerten ausgegangen werden. Wird von Grundwerten ausgegangen, sind besondere Umstände, die den Wert des einzelnen Grundstückes beeinflussen, durch Zu- oder Abschläge zu berücksichtigen.

(5) Bei der Ermittlung der Werte im Rahmen dieser Verordnung ist die Wertermittlungsverordnung in der Fassung der Bekanntmachung vom 15. August 1972 (Bundesgesetzbl. I S. 1416) anzuwenden.

(6) Die in Absatz 3 und in den §§ 3 und 4 bezeichneten Karten und ihr Inhalt haben keine bindende Wirkung.

§ 3

Ermittlung der zonalen Grundwerte

(1) Zur Ermittlung der Anfangs- und Endwerte auf der Grundlage der zonalen Grundwerte sind Gebiete festzustellen, in denen die allgemeinen den Wert der Grundstücke beeinflussenden Umstände im wesentlichen übereinstimmen (Wertzonen). Die Wertzonen für die Ermittlung der Anfangswerte sowie die Wertzonen für die Ermittlung der Endwerte können räumlich getrennte Gebiete umfassen. Für die Grundwerte der Anfangswerte und die Grundwerte der Endwerte können jeweils gesonderte Wertzonen gebildet werden. Einzelne Grundstücke, für die wesentlich abweichende, den Wert beeinflussende Umstände maßgebend sind, sollen anderen Wertzonen zugeteilt oder einer gesonderten Wertermittlung vorbehalten werden,.

(2) Der zonale Grundwert ist der Bodenwert, der sich für die Grundstücke einer Wertzone nach den allgemeinen wertbildenden Umständen der Zone ergibt. Besondere Umstände, die den Wert einzelner Grundstücke beeinflussen, insbesondere Größe und

Gestalt des Einzelgrundstücks sowie eine vorhandene Bebauung, bleiben bei der Ermittlung dieses Wertes unberücksichtigt.

(3) Die Wertzonen werden für das Sanierungsgebiet oder Teile des Sanierungsgebietes gebildet. Die ermittelten Grundwerte sind in eine Karte einzutragen. Auf Antrag der Gemeinde hat der Gutachterausschuß die Wertzonen zu bilden und die Grundwerte zu ermitteln. Die Gemeinde soll dem Gutachterausschuß für die Bildung der Wertzonen Vorschläge machen. Der Gutachterausschuß übermittelt die in Satz 2 bezeichnete Karte der Gemeinde.

(4) In die Grundwertkarte hat die Gemeinde unter den in § 2 Abs. 3 bestimmten Voraussetzungen Einsicht zu gewähren. Die Möglichkeit der Einsichtnahme ist ortsüblich bekanntzumachen.

§ 4

Ermittlung von lagetypischen Grundwerten

(1) Zur Ermittlung der Anfangs- und Endwerte auf der Grundlage der lagetypischen Grundwerte ist von Grundstücken bestimmter Nutzungsart und eines bestimmten Maßes der baulichen Nutzung auszugehen, deren Bodenwert durch für das Sanierungsgebiet lagetypische wertbildende Umstände bestimmt wird. Als lagetypische wertbildende Umstände kommen insbesondere die besondere Eignung für Wohn- und Gewerbezwecke, die Anbindung an Einrichtungen und Anlagen zur Versorgung mit Gütern und Dienstleistungen des öffentlichen und des privaten Bereichs, die Verkehrslage und die Nutzung der Nachbargrundstücke in Betracht. Für die Ermittlung der Grundwerte der Anfangswerte und der Grundwerte der Endwerte können jeweils verschiedene Grundstücke bestimmt werden.

(2) Der lagetypische Grundwert ist der Bodenwert der nach Absatz 1 bestimmten Grundstücke.

(3) § 3 Abs. 3 ist mit der Maßgabe anzuwenden, daß anstelle der Wertzonen die nach Absatz 1 bestimmten Grundstücke mit ihren lagetypischen wertbildenden Umständen (Absatz 1 Satz 2), dem Maß ihrer baulichen Ausnutzbarkeit und den ermittelten Grundwerten sowie die Grundstücke, deren Wert danach bestimmt werden soll, in die Karte einzutragen sind. § 3 Abs. 4 gilt entsprechend.

§ 5

Anrechnungen auf den Ausgleichsbetrag

(1) Auf den Betrag nach § 2 sind anzurechnen

1. die durch die Sanierung entstandenen Vorteile oder Erhöhungen des Bodenwertes des Grundstücks, die bereits unter Anwendung des § 23 des Städtebauförderungsgesetzes bei einer Entschädigung in einem Enteignungsverfahren berücksichtigt worden sind;

2. die Erhöhung des Bodenwertes des Grundstücks, die der Eigentümer in zulässiger Weise durch eigene Aufwendungen bewirkt hat. Zu den Aufwendungen gehören auch zulässigerweise erbrachte Leistungen für Folgekosten sowie für Erschließungsanlagen nach § 127 Abs. 4 des Bundesbaugesetzes;

3. die dem Eigentümer entstandenen Kosten für Ordnungsmaßnahmen (§ 12 Abs. 1 Nr. 1 in Verbindung mit § 41 Abs. 2 des Städtebauförderungsgesetzes), deren Erstattung durch die Gemeinde er aufgrund einer Vereinbarung nach § 13 Abs. 1 des Städtebauförderungsgesetzes verlangen kann.

(2) Auf den Betrag nach § 2 ist ferner der Teil des Kaufpreises anzurechnen, der den Anfangswert übersteigt, wenn die Veräußerung nach § 15 des Städtebauförderungsgesetzes genehmigt worden ist und der Eigentümer den Kaufpreis hiernach in zulässiger Weise entrichtet hat.

(3) Haben nach Abschluß eines Umlegungsverfahrens, das unter Anwendung des § 16 des Städtebauförderungsgesetzes durchgeführt worden ist, die nach § 16 Abs. 2 Satz 3 des Städtebauförderungsgesetzes maßgebenden Umstände infolge der weiteren Durchführung der Sanierung Änderungen erfahren und sind hierdurch weitere Wertsteigerungen im Sinne des § 2 Abs. 1 eingetreten, so sind auf den Ausgleichsbetrag die bereits in der Umlegung berücksichtigten Werterhöhungen mit der Folge anzurechnen, daß dem Ausgleichsbetrag nur noch die weiteren Wertsteigerungen im Sinne des § 2 Abs. 1 unterliegen.

(4) Hat der Eigentümer beim Erwerb des Grundstücks vor Abschluß der Sanierung von der Gemeinde oder einem Sanierungsträger als Teil des Kaufpreises, der den Anfangswert übersteigt, bereits einen den Vorschriften des § 41 Abs. 4 bis 6 des Städtebauförderungsgesetzes entsprechenden Betrag gemäß § 25 Abs. 6 Satz 1 des Städtebauförderungsgesetzes zulässiger Weise entrichtet und haben die nach § 25 Abs. 6 Satz 1 maßgebenden Umstände infolge der weiteren Durchführung der Sanierung Änderungen erfahren und sind hierdurch weitere Wertsteigerungen im Sinne des § 2 Abs. 1 eingetreten, so ist auf den Ausgleichsbetrag der bereits beim Erwerb des Grundstücks geleistete Betrag mit der Folge anzurechnen, daß dem Ausgleichsbetrag nur noch die weiteren Wertsteigerungen im Sinne des § 2 Abs. 1 unterliegen. Ist die Gemeinde oder ein Sanierungsträger bei der Veräußerung eines Grundstückes, das nicht der Veräußerungspflicht unterliegt, nach § 25 Abs. 6 Satz 1 des Städtebauförderungsgesetzes verfahren, so findet Satz 1 Anwendung.

(5) Sind in den Fällen der Absätze 3 und 4 die nach § 2 Abs. 1 maßgebenden Endwerte im Zeitpunkt des Abschlusses der Umlegung oder der Veräußerung noch nicht vollständig zu ermitteln, so sind die bereits in der Umlegung oder bei Veräußerung berücksichtigten Werterhöhungen mit der Folge anzurechnen, daß dem Ausgleichsbetrag nur noch die weiteren Wertsteigerungen unterliegen. Auf die Erhebung des Ausgleichsbetrages ist der Ausgleichspflichtige bei Abschluß der Umlegung oder bei der Veräußerung hinzuweisen.

§ 6

Bemessung des Ausgleichsbetrages des Veranlassers

(1) Bei der Bemessung des Ausgleichsbetrages des Veranlassers ist der Vorteil zu ermitteln, den der Betrieb durch die Durchführung der Sanierung gewinnt. Bei der Ermittlung sind insbesondere die werterhöhenden Umstände (Absatz 2) sowie die Ersparnisse eigener Aufwendungen (Absatz 3) zu berücksichtigen.

(2) Als werterhöhende Umstände kommen insbesondere in Betracht: die Verbesserung von Möglichkeiten einer Erweiterung oder Modernisierung des Betriebes, der Wegfall von Produktionsbeschränkungen, die Beseitigung von Hemmnissen für den Betriebsablauf oder für die Durchführung von Rationalisierungsmaßnahmen und die Verbesserung der Verkehrsverhältnisse.

(3) Als Ersparnis eigener Aufwendungen ist insbesondere der Wegfall von Kosten zu berücksichtigen, die der Betrieb

a) für Maßnahmen zur Behebung oder Verminderung der von ihm ausgehenden Einwirkungen oder

b) als Entschädigung für Einwirkungen des Betriebes

hätte aufwenden müssen, wenn die Sanierung nicht durchgeführt worden wäre.

(4) Wenn und soweit sich werterhöhende Umstände zugleich als Ersparnis eigener Aufwendungen auswirken oder bisher gezahlte Entschädigungsleistungen bei Durchführung von Maßnahmen zur Behebung oder Verminderung von schädlichen Einflüssen entfallen wären, sind die hierfür angesetzten Beträge zur Vermeidung einer doppelten Erfassung der gleichen Vorteile entsprechend zu kürzen.

(5) Wirkt sich der Vorteil einer Sanierung lediglich auf den wirtschaftlich selbständigen Teil eines Betriebes aus, so ist der Vorteil des Teilbetriebs zugrundezulegen.

(6) Werden bei der Ermittlung des Vorteils nach den Absätzen 1 bis 5 Werterhöhungen der im Sanierungsgebiet gelegenen Grundstücke einbezogen, so ist der nach § 1 Abs. 1 zu erhebende Ausgleichsbetrag für diese Grundstücke von dem ermittelten Ausgleichsbetrag abzuziehen.

(7) Die Gemeinde kann unter Berücksichtigung der besonderen Umstände des Einzelfalles über den Ausgleichsbetrag mit dem Ausgleichspflichtigen eine Vereinbarung treffen.

§ 7

Ausgleichspflichtiger

(1) Ausgleichspflichtig nach § 1 Abs. 1 ist derjenige, der im Zeitpunkt des Abschlusses der Sanierung (§§ 50 und 51 des Städtebauförderungsgesetzes) Eigentümer des Grundstücks ist. Miteigentümer sind im Verhältnis ihrer Anteile an dem gemeinschaftlichen Eigentum heranzuziehen.

(2) Ausgleichspflichtig nach § 1 Abs. 2 ist derjenige, dem der Betrieb bei der Feststellung des Einheitswertes des Betriebsvermögens zuzurechnen ist. Dabei ist die Zurechnung im Zeitpunkt des Abschlusses der Sanierung (§§ 50 und 51) des Städtebauförderungsgesetzes) maßgebend. Bei einer Verpachtung des Betriebes ist grundsätzlich der Verpächter, unter den Voraussetzungen des Absatzes 3 der Pächter heranzuziehen. Ändern sich in der Zeit zwischen dem letzten Feststellungszeitpunkt und dem Zeitpunkt des Abschlusses der Sanierung die für die Zurechnung des Betriebes maßgebenden Verhältnisse, so hat die Gemeinde den Ausgleichspflichtigen nach den geänderten Grundlagen festzustellen.

(3) Anstelle des Ausgleichspflichtigen nach Absatz 2 ist der Nutzungsberechtigte heranzuziehen, wenn diesem nach der Gestaltung des Nutzungsverhältnisses der Vorteil aus der Werterhöhung des Betriebes zufließt und von dem Eintritt der Fälligkeit des Ausgleichsbetrages an für die Dauer von mindestens drei Jahren eine Änderung der vertraglichen Vereinbarungen ausgeschlossen oder nur mit beiderseitigem Einverständnis möglich ist.

(4) Von den Vorschriften der Absätze 2 und 3 abweichende Vereinbarungen zwischen dem Ausgleichspflichtigen nach Absatz 2 und dem Nutzungsberechtigten sind mit Zustimmung der Gemeinde zulässig.

§ 8

Fälligkeit und Zahlung des Ausgleichsbetrages

(1) Die Gemeinde fordert den Ausgleichsbetrag nach Abschluß der Sanierung (§§ 50 und 51 des Städtebauförderungsgesetzes) durch Bescheid nach § 41 Abs. 8 des Städtebauförderungsgesetzes an; er wird einen Monat nach der Zustellung des Bescheides fällig. Vor der Festsetzung des Ausgleichsbetrages ist dem Ausgleichspflichtigen (§ 7) Gelegenheit zur Stellungnahme innerhalb angemessener Frist zu geben; dabei ist darauf hinzuweisen, daß er innerhalb der Frist eine Erörterung der nach § 5 anrechenbaren Beträge sowie der für die Wertermittlung des Einzelgrundstücks maßgebenden besonderen Verhältnisse verlangen kann; auf das Recht zur Einsichtnahme in die nach § 2 Abs. 3 aufgestellte Karte ist er hinzuweisen.

(2) Der Bescheid über den Ausgleichsbetrag nach § 2 muß insbesondere enthalten

a) die Höhe des Ausgleichsbetrages und die für seine Bemessung maßgebenden Anfangs- und Endwerte sowie die sich daraus ergebende Werterhöhung,

b) die nach § 5 zu berücksichtigenden Beträge,

c) die Feststellung, daß der Ausgleichsbetrag einen Monat nach Zustellung des Bescheides zu zahlen ist,

d) den Hinweis, daß der Ausgleichspflichtige nach § 41 Abs. 8 Satz 2 des Städtebauförderungsgesetzes den Antrag stellen kann, den Ausgleichsbetrag in ein Tilgungsdarlehen umzuwandeln, sofern ihm nicht zugemutet werden kann, die Verpflichtung bei Fälligkeit mit eigenen oder fremden Mitteln zu erfüllen, und daß nach § 41 Abs. 8 Satz 3 des Städtebauförderungsgesetzes beantragt werden kann, den zur Finanzierung der Neubebauung oder Modernisierung erforderlichen Grundpfandrechten den Vorrang vor einem zur Sicherung des Tilgungsdarlehens bestellten Grundpfandrecht einzuräumen.

(3) Wird der Ausgleichsbetrag nach § 41 Abs. 8 oder der diesem entsprechende Teil des Kaufpreises nach § 25 Abs. 7 des Städtebauförderungsgesetzes auf Antrag des Ausgleichspflichtigen in ein Tilgungsdarlehen umgewandelt, so ist die Darlehensschuld mit höchstens 6 vom Hundert jährlich zu verzinsen und mit 5 vom Hundert zuzüglich der ersparten Zinsen jährlich zu tilgen.

(4) Der Tilgungssatz kann im Einzelfall bis auf 1 vom Hundert herabgesetzt werden und das Darlehen niedrig verzinslich oder zinsfrei gestellt werden, wenn dies im öffentlichen Interesse oder zur Vermeidung unbilliger Härten oder zur Vermeidung einer von dem Ausgleichspflichtigen nicht zu vertretenden Unwirtschaftlichkeit der Grundstücksnutzung geboten ist.

(5) Im übrigen finden die landesrechtlichen Vorschriften für kommunale Beiträge einschließlich der Bestimmungen über die Stundung und den Erlaß entsprechende Anwendung.

(6) Ist die Höhe des Ausgleichsbetrages vor Abschluß der Sanierung mit hinreichender Sicherheit zu ermitteln, so kann die Gemeinde den Ausgleichsbetrag festsetzen, wenn der Ausgleichspflichtige mit der vorzeitigen Festsetzung einverstanden ist; die Festsetzung tritt an die Stelle des Bescheides nach § 41 Abs. 8 des Städtebauförderungsgesetzes. Unter der Voraussetzung des Satzes 1 soll die Gemeinde auf Antrag des Ausgleichspflichtigen den Ausgleichsbetrag festsetzen, wenn der Ausgleichspflichtige an der Festsetzung vor Abschluß der Sanierung ein berechtigtes Interesse hat.

§ 9

Vorauszahlungen

Auf den nach § 2 zu entrichtenden Ausgleichsbetrag kann die Gemeinde von dem Eigentümer Vorauszahlungen verlangen, sobald das Grundstück entsprechend den Festsetzungen des Bebauungsplanes genutzt wird, wenn die beabsichtigten Sanierungsmaßnahmen auf dem Grundstück und sonstige Sanierungsmaßnahmen, die seine zweckentsprechende Nutzung beeinflussen, durchgeführt sind. § 8 ist sinngemäß anzuwenden.

§ 10

Erhebung von Ausgleichsbeträgen in Ersatz- und Ergänzungsgebieten, Anpassungsgebieten und Entwicklungsbereichen

(1) Die §§ 1 bis 9 sind auch in förmlich festgelegten Ersatz- und Ergänzungsgebieten (§ 11 des Städtebauförderungsgesetzes), Anpassungsgebieten (§ 62 des Städtebauförderungsgesetzes) und unter der Voraussetzung des § 54 Abs. 3 Satz 4 des Städtebauförderungsgesetzes in förmlich festgelegten Entwicklungsbereichen anzuwenden.

(2) Für die Bemessung der Ausgleichsbeträge in städtebaulichen Entwicklungsbereichen treten an die Stelle der durch die Sanierung bedingten Werterhöhungen die entwicklungsbedingten Werterhöhungen, an die Stelle des Zeitpunktes nach § 2 Abs. 2 tritt der Zeitpunkt der Aufhebung der Erklärung zum städtebaulichen Entwicklungsbereich (§ 63 des Städtebauförderungsgesetzes).

§ 11

Berlin-Klausel

Diese Verordnung gilt nach § 14 des Dritten Überleitungsgesetzes vom 4. Januar 1952 (Bundesgesetzbl. I S. 1) in Verbindung mit § 96 des Städtebauförderungsgesetzes auch im Land Berlin.

§ 12

Inkrafttreten

Diese Verordnung tritt am Tage nach der Verkündung in Kraft*).

3.

Verwaltungsvorschriften des Bundes zum StBauFG

Inhalt

a) Geschäftsordnung des Deutschen Rates für Stadtentwicklung bei der Bundesregierung vom 29. 3. 1973 (BBauBl. 1973, 336),

b) Allg. Verwaltungsvorschrift über den Einsatz von Förderungsmitteln nach dem Städtebauförderungsgesetz (StBauFVwV) in der Fassung vom 14. März 1979 (Beilage 12/79 zum BAnz. Nr. 57 a vom 22. 3. 1979)

c) Rundschreiben des Bundesministers für Raumordnung, Bauwesen und Städtebau betr. Städtebauförderung; hier: Verwaltungsvereinbarung zum Bundesprogramm nach dem StBauFG v. 23. 11. 1972 (BBauBl. S. 580)

3 a)

Geschäftsordnung des Deutschen Rates für Stadtentwicklung bei der Bundesregierung

Vom 29. März 1973
(BBauBl. S. 336)

Der Bundesminister für Raumordnung, Bauwesen und Städtebau erläßt gemäß § 89 Absatz 3 Satz 2 des Städtebauförderungsgesetzes (StBauFG) vom 27. Juli 1971 (BGBl. I S. 1125) nachfolgende Geschäftsordnung des Deutschen Rates für Stadtentwicklung bei der Bundesregierung.

---

*) In Kraft getreten am 14. 2. 1976.

§ 1

Aufgaben des Rates

Der Deutsche Rat für Stadtentwicklung bei der Bundesregierung hat gemäß § 89 Abs. 2 StBauFG die Aufgabe:

1. Empfehlungen für die Zusammenarbeit von Bund, Ländern und Gemeinden bei der Erneuerung und Entwicklung der Städte und Dörfer zu geben,

2. wissenschaftliche Erkenntnisse auf dem Gebiet der Erneuerung und Entwicklung der Städte und Dörfer zu vermitteln,

3. Orientierungsdaten für die Erneuerung und Entwicklung der Städte und Dörfer zur Verfügung zu stellen,

4. Stellungnahmen, wirtschaftliche, finanzielle, soziale und technische Leitlinien und Empfehlungen zur Erneuerung und Entwicklung der Städte und Dörfer zu erarbeiten.

§ 2

Die Mitglieder des Rates

1. Die Mitgliedschaft im Rat richtet sich nach § 9 Abs. 1 StBauFG.

2. Ist ein Mitglied nach § 89 Abs. 1 Nrn. 1 und 2 StBauFG verhindert, an einer Sitzung des Rates teilzunehmen, so werden vertreten:

2.1. Die Bundesminister durch ihre Vertreter nach § 3 der Gemeinsamen Geschäftsordnung der Bundesministerien — Allgemeiner Teil — oder durch einen von ihnen dem Vorsitzenden des Rates gegenüber benannten ständigen Vertreter;

2.2. die Vertreter der Länder nach den für sie maßgebenden Vorschriften.

3. Die Mitglieder gemäß § 89 Abs. 1 Nrn. 3 und 4 StBauFG können jederzeit durch schriftliche Erklärungen gegenüber dem Vorsitzenden des Rates ihr Ausscheiden aus dem Rat erklären. Für das ausgeschiedene Mitglied wird ein neues Mitglied nach § 89 Abs. 1 Nrn. 3 und 4 StBauFG bestimmt oder berufen.

§ 3

Vorsitzender, Stellvertreter

1. Den Vorsitz führt der Bundesminister für Raumordnung, Bauwesen und Städtebau (§ 89 Abs. 3 Satz 1 StBauFG). Der Rat wählt aus seiner Mitte drei Stellvertreter.

2. Der Vorsitzende leitet die Sitzungen des Rates. Im Falle seiner Verhinderung vertreten ihn seine Stellvertreter in der bei der Wahl festgelegten Reihenfolge.

§ 4

Bildung von Arbeitsgruppen

1. Der Rat kann im Benehmen mit dem Bundesminister für Raumordnung, Bauwesen und Städtebau Arbeitsgruppen bilden und ihnen abgegrenzte Aufgabenbereiche zuweisen. Die Arbeitsgruppen sollen ihre Ergebnisse dem Rat schriftlich vorlegen. Die Arbeitsgruppen können vom Rat jederzeit aufgelöst werden.

2. Einer Arbeitsgruppe sollen in der Regel nicht mehr als zwölf Mitglieder angehören. Mitglied einer Arbeitsgruppe kann auch sein, wer dem Rat nicht angehört. Mindestens die Hälfte der Mitglieder einer Arbeitsgruppe muß dem Rat angehören.

3. Die Mitglieder der Arbeitsgruppen werden vom Bundesminister für Raumordnung, Bauwesen und Städtebau mit Zustimmung des Rates auf Zeit berufen. § 2 Abs. 2 gilt entsprechend. Die Mitgliedschaft eines Mitgliedes des Rates in einer Arbeitsgruppe endet mit seinem Ausscheiden aus dem Rat.

4. Der Vorsitzende einer Arbeitsgruppe wird vom Rat gewählt. Er soll dem Rat angehören. Der stellvertretende Vorsitzende wird von der Arbeitsgruppe gewählt.

§ 5

Einberufung von Rat und Arbeitsgruppen

1. Der Rat wird zu seinen Sitzungen von dem Vorsitzenden einberufen. Der Vorsitzende bestimmt die Beratungsgegenstände. Der Rat kann weitere Beratungsgegenstände aufnehmen.

2. Eine Arbeitsgruppe wird zu ihren Sitzungen von ihrem jeweiligen Vorsitzenden einberufen. Solange eine Arbeitsgruppe keinen Vorsitzenden hat, beruft der Vorsitzende des Rates die Arbeitsgruppe ein.

3. Die Mitglieder des Rates und der Arbeitsgruppen werden mindestens zwei Wochen vor dem Tag der Sitzung schriftlich unter Mitteilung der Tagesordnung, der Zeit und des Ortes der Sitzung eingeladen. Sitzungsunterlagen sind den Mitgliedern des Rates und der Arbeitsgruppen rechtzeitig zuzuleiten.

4. Der Rat und die Arbeitsgruppen können zu ihren Sitzungen und deren Vorbereitung sachkundige Personen hinzuziehen, die nicht Mitglied des Rates oder einer Arbeitsgruppe sind. Sofern hierdurch Kosten für den Bund entstehen, ist die vorherige Zustimmung des Bundesministers für Raumordnung, Bauwesen und Städtebau erforderlich.

§ 6

Beschlüsse

1. Der Rat und die Arbeitsgruppen sind beschlußfähig, wenn mehr als die Hälfte der Mitglieder anwesend ist. Sie gelten als beschlußfähig, solange die Beschlußunfähigkeit nicht festgestellt worden ist.

2. Der Rat und die Arbeitsgruppen beschließen mit einfacher Stimmenmehrheit der anwesenden Mitglieder. Bei Stimmengleichheit entscheidet die Stimme des Vorsitzenden.

3. Kommt eine einheitliche Auffassung nicht zustande, so können die Mitglieder, die eine von einem Beschluß abweichende Auffassung vertreten, diese zur Niederschrift geben.

4. Ein Beschluß des Rates und der Arbeitsgruppen kann von dem jeweiligen Vorsitzenden auf schriftlichem Wege herbeigeführt werden, falls kein Mitglied innerhalb von zwei Wochen nach Erhalt der Vorlage schriftlich widerspricht.

§ 7

Sitzungen

1. Die Sitzungen des Rates sind in der Regel nicht öffentlich, die der Arbeitsgruppen stets nicht öffentlich.

2. An den Sitzungen der Arbeitsgruppen können mit beratenden Funktionen auch Mitglieder des Rates oder deren Vertreter gemäß § 2 Abs. 2 teilnehmen, die der Arbeitsgruppe nicht angehören.

§ 8

Niederschriften

1. Über das Ergebnis jeder Sitzung ist eine Niederschrift zu fertigen.

§ 9

Ehrenamtliche Tätigkeit

1. Die Tätigkeit im Rat und in den Arbeitsgruppen ist ehrenamtlich.

2. Mitglieder des Rates erhalten Reisekosten und Sitzungsvergütungen nach den jeweils geltenden Richtlinien über die Abfindung der Mitglieder von Beiräten, Ausschüssen, Kommissionen und dgl. in der Bundesverwaltung.

3. Für ein Mitglied einer Arbeitsgruppe, das nicht zugleich Mitglied des Rates ist, gilt Absatz 2 entsprechend.

§ 10

Geschäftsordnung

Die laufenden Geschäfte des Rates und der Arbeitsgruppen werden von der Geschäftsstelle wahrgenommen. Sie wird beim Bundesminister für Raumordnung, Bauwesen und Städtebau eingerichtet und vom Staatssekretär geleitet. Der Staatssekretär hat das Recht, an den Sitzungen des Rates und seiner Arbeitsgruppen teilzunehmen und das Wort zu ergreifen.

§ 11

Veröffentlichungen

Die vom Rat in seinen Beratungen erzielten Ergebnisse werden in geeigneter Form veröffentlicht oder den interessierten Stellen zugänglich gemacht.

3 b)

Allgemeine Verwaltungsvorschrift über den Einsatz von Förderungsmitteln nach dem Städtebauförderungsgesetz (StBauFVwV)

in der Fassung vom 14. März 1979
(BAnz. Nr. 57 a v. 22. 3. 1979 — Beilage 12/79)

Inhaltsübersicht

Nach Artikel 84 Abs. 2 des Grundgesetzes wird mit Zustimmung des Bundesrates folgende allgemeine Verwaltungsvorschrift über den Einsatz von Förderungsmitteln nach dem Städtebauförderungsgesetz in der Fassung der Bekanntmachung vom 18. August 1976 (BGBl. I S. 2318, 3617), zuletzt geändert durch Artikel 46 des Einführungsgesetzes zur Abgabenordnung vom 14. Dezember 1976 (BGBl. I S. 3341), — StBauFG — erlassen:

Allgemeine Förderungsgrundsätze

1. Diese Verwaltungsvorschrift dient der einheitlichen Handhabung des Städtebauförderungsgesetzes und regelt die näheren Voraussetzungen für den Einsatz von Sanierungsförderungsmitteln (§ 39 StBauFG) und Entwicklungsförderungsmitteln (§ 58 StBauFG), sofern das Land für die Sanierungs- oder Entwicklungsmaßnahme Finanzhilfen des Bundes erhält. Der Erlaß ergänzender Verwaltungsvorschriften der Länder bleibt unberührt.
Rechtsansprüche auf die Gewährung von Förderungsmitteln werden durch diese Verwaltungsvorschrift nicht begründet.

2. Förderungsgegenstand ist die Sanierungs- oder Entwicklungsmaßnahme als Einheit, wie sie im Förderungsverfahren abgegrenzt ist (Grundsatz der Einheit des Förderungsgegenstandes). Als Teile dieser Gesamtmaßnahme werden gefördert:
— städtebauliche Vorbereitungsmaßnahmen in Gebieten, in denen eine förmliche Festlegung als Sanierungsgebiet, Ersatzgebiet, Ergänzungsgebiet oder als städtebaulicher Entwicklungsbereich in Frage kommt (Untersuchungsgebiete), und
— städtebauliche Vorbereitungs- und Durchführungsmaßnahmen in förmlich festgelegten Sanierungsgebieten, Ersatzgebieten, Ergänzungsgebieten und städtebaulichen Entwicklungsbereichen.
Die Abgrenzung der Gebiete und Bereiche ist so zu wählen, daß eine zügige Durchführung der Sanierung oder Entwicklung gewährleistet ist. Soweit erforderlich, sind räumlich oder sachlich gegliederte Durchführungsabschnitte zu bilden. Die Förderung kann auch auf Vorbereitungs- oder Durchführungsmaßnahmen beschränkt werden.

3. Förderungsmittel dürfen durch die Bewilligungsstellen nur gewährleistet werden (Förderung), wenn

3.1 die Kosten anderweitig nicht gedeckt werden können,

3.2 die Finanzierung durch die Bewilligung der Mittel gesichert erscheint,

3.3 die Grundsätze der Wirtschaftlichkeit und Sparsamkeit beachtet sind,

3.4 der Einsatz anderer Mittel aus öffentlichen Haushalten, z. B. solcher für
— den Wohnungsbau,
— die Verbesserung der Verkehrsverhältnisse in den Gemeinden,
— die Verbesserung der regionalen Wirtschaftsstruktur,
— die Verbesserung der Agrarstruktur,
sachlich und zeitlich hinreichend abgestimmt ist (§§ 2, 38 Abs. 2, §§ 47, 58 StBauFG) und

3.5 die besonderen Voraussetzungen dieser Verwaltungsvorschrift in dem Zeitpunkt erfüllt sind, in dem die Kosten entstehen.
Kosten, die durch Inanspruchnahme von Leistungen Dritter begründet werden, entstehen mit Eingehung der vertraglichen Verpflichtung, soweit vom Land nichts anderes bestimmt wird.

4. Nicht förderungsfähig sind:

4.1 die persönlichen und sachlichen Kosten der Gemeindeverwaltung;

4.2 die bei einer Kreditaufnahme zur Beschaffung des gemeindlichen Eigenanteils und die bei einer Vor- oder Zwischenfinanzierung entstehenden Geldbeschaffungskosten und Zinsen, es sei denn, daß sie unvermeidbar notwendig sind, die zuständige Landesbehörde vorher schriftlich zugestimmt und sie zeitlich und kostenmäßig begrenzt hat;

4.3 die bei der Verwaltung der Förderungsmittel durch Einschaltung von Kreditinstituten entstehenden Kosten;

4.4 Kosten für Maßnahmen, die eine andere öffentliche Stelle als die Gemeinde auf anderer rechtlicher Grundlage zu tragen verpflichtet ist oder ohne rechtliche Verpflichtung tatsächlich oder üblicherweise trägt oder fördert. Ausgenommen ist die Gewährung von Förderungsmitteln zur Vor- und Zwischenfinanzierung von Kosten bestimmter durch die Sanierung oder Entwicklung bedingter oder mit ihnen zusammenhängender Maßnahmen, wenn und soweit die andere Stelle zugestimmt hat und die Ersetzung durch die endgültigen Finanzierungs- oder Förderungsmittel zu erwarten ist (§ 39 Abs. 4, § 58 StBauFG).

Förderung von Sanierungsmaßnahmen

5. Gegenstand der Förderung

5.1 Bei Sanierungsmaßnahmen (§ 1 Abs. 2, § 3 StBauFG) können als Bestandteil der Gesamtmaßnahme (Nummer 2) gefördert werden:
- vorbereitende Untersuchungen,
- weitere Vorbereitung der Sanierung,
- Erwerb von Grundstücken,
- Ordnungsmaßnahmen,
- Baumaßnahmen,
- sonstige Maßnahmen,
- Vergütungen für Sanierungsträger und andere Beauftragte.

5.2 Für Ersatz- und Ergänzungsgebiete (§ 11 StBauFG) gelten die Vorschriften über die Förderung von Sanierungsmaßnahmen entsprechend.

Vorbereitende Untersuchungen

6. Vorbereitende Untersuchungen (§ 4 StBauFG) dienen der Gewinnung von Beurteilungsunterlagen über
- die Notwendigkeit der Sanierung,
- die sozialen, strukturellen und städtebaulichen Verhältnisse und Zusammenhänge und
- die Möglichkeiten der Planung und Durchführung der Sanierung einschließlich der zweckmäßigen Abgrenzung des Sanierungsgebiets.

6.1 Zu den vorbereitenden Untersuchungen zählen insbesondere:

6.1.1 Analyse über die Funktionszusammenhänge des Untersuchungsgebiets mit dem Verflechtungsbereich und seine Funktionsfähigkeit;

6.1.2 Auswertung der raumordnerischen, landesplanerischen, regionalen und gemeindlichen Struktur- und Entwicklungsziele, bezogen auf die Sanierung;

6.1.3 Darstellung der städtebaulichen Mißstände und der Sanierungsbedürftigkeit auf Grund von Bestandsaufnahmen und Strukturanalysen sowie Erarbeitung von Prognosen;

6.1.4 Ermittlung der Einstellung und Mitwirkungsbereitschaft der durch die Sanierung Betroffenen;

6.1.5 Beteiligung der Träger öffentlicher Belange (§ 4 Abs. 4 StBauFG) und Auswertung ihrer Stellungnahmen;

6.1.6 Entwicklung der Neuordnungsziele und alternativer Sanierungskonzepte;

6.1.7 Erarbeitung eines überschlägigen Zeit- und Maßnahmeplans mit Kosten- und Finanzierungsüberlegungen unter Abschätzung realer Durchführungsmöglichkeiten;

6.1.8 Darstellung des unmittelbaren oder mittelbaren Zusammenhangs der Sanierung mit anderen Maßnahmen und der Möglichkeiten der sachlichen, zeitlichen und finanziellen Abstimmung;

6.1.9 Sondergutachten (z. B. über Probleme der Erwerbsstruktur, des Verkehrs, der Grünordnung, der Baudenkmal- und Stadtbildpflege), soweit sie als Beurteilungsunterlagen erforderlich sind;

6.1.10 Erarbeitung der Grundsätze für den Sozialplan.

6.2 Nicht förderungsfähig sind insbesondere Untersuchungen und Planungen auf dem Gebiete der Raumordnung und Landesplanung, allgemeine Stadtentwicklungsplanung und -gutachten, Aufstellung von Flächennutzungsplänen, Erstellung von Generalverkehrsplänen, allgemeine Vermessungen, Entwürfe für Hoch- und Tiefbaumaßnahmen.

Soweit solche allgemeine Untersuchungen, Planungen, Vermessungen und Gutachten in unmittelbarem Zusammenhang mit der Sanierung notwendig werden und Auswirkungen auf das Sanierungskonzept haben werden, ist eine anteilige Berücksichtigung der Kosten möglich, sofern eine andere Förderungsmöglichkeit nicht besteht.

7. Voraussetzung für die Förderung vorbereitender Untersuchungen ist, daß

7.1 nach den bisherigen Feststellungen der Gemeinde städtebauliche Mißstände erkennbar sind, die vorbereitende Untersuchungen im Hinblick auf die Sanierung rechtfertigen, und

7.2 die Gemeinde den Beginn vorbereitender Untersuchungen beschlossen und ortsüblich bekanntgemacht hat (§ 4 Abs. 3 StBauFG) und

7.3 sie ihrem Inhalt und Umfang nach zur Beurteilung einer Sanierungsmaßnahme (Nummer 6) erforderlich sind.

8. Förderungsfähig sind alle Kosten, die durch die vorbereitenden Untersuchungen unter Beachtung geltender preis- und haushaltsrechtlicher Bestimmungen und behördlicher Richtlinien entstehen. Dazu gehören auch die Kosten für Beauftragte (§ 33 StBauFG).

Weitere Vorbereitung der Sanierung

9. Zur weiteren Vorbereitung der Sanierung gehören insbesondere:

9.1 städtebauliche Gutachterverfahren und Wettbewerbe zur Vorbereitung und Durchführung der Sanierung;

9.2 Öffentlichkeitsarbeit zur Vorbereitung und Durchführung der Sanierung;

9.3 auf die Sanierung bezogene städtebauliche Planungen; sonstige Vorarbeiten für die förmliche Festlegung des Sanierungsgebiets;

9.4 Erarbeitung des endgültigen Sanierungskonzepts; Vorschläge zur Abgrenzung von Ersatz- und Ergänzungsgebieten;

9.5 Erörterung über die Neugestaltung des Sanierungsgebiets mit den Eigentümern, Mietern, Pächtern, anderen Nutzungsberechtigten und Arbeitnehmern der Betriebe im Sanierungsgebiet; Auswertung der Erörterung; Verhandlungen mit den Betroffenen und Beteiligten;

9.6 Ausarbeitung von Entwürfen für Bebauungspläne für das Sanierungsgebiet;

9.7 Aufstellung eines Zeit- und Maßnahmeplans und der Kosten- und Finanzierungsübersicht (§ 38 Abs. 1 StBauFG);

9.8 Erarbeitung und Fortschreibung des Sozialplans.

9.9 einzelne Ordnungs- oder Baumaßnahmen, die bereits vor förmlicher Festlegung des Sanierungsgebiets durchgeführt werden.

10. Voraussetzung für die Förderung der weiteren Vorbereitung ist, daß die Sanierung nach den bisher vorliegenden Ergebnissen der vorbereitenden Untersuchungen erforderlich ist, ihre einheitliche Vorbereitung und zügige Durchfüh-

rung im öffentlichen Interesse liegt und das Sanierungskonzept in seinen Grundzügen besteht.
Für die Voraussetzungen der Förderung von Maßnahmen nach Nummer 9.9 gelten die Voraussetzungen nach den Nummern 18 bis 27 a mit Ausnahme der Nummer 18.1 entsprechend.

11. Für den Umfang der förderungsfähigen Kosten gelten in den Fällen der Nummern 9.1 bis 9.8 die Nummer 8, in den Fällen der Nummer 9.9 die Nummern 18 a bis 27 a entsprechend.

Erwerb von Grundstücken

12. Zum Grunderwerb gehören:
12.1 der freihändige Erwerb;
12.2 der Erwerb nach den Vorschriften des Bundesbaugesetzes (BBauG) und des Städtebauförderungsgesetzes; hierzu gehören insbesondere:
- die Ausübung des gemeindlichen Vorkaufsrechts und des gemeindlichen Grunderwerbsrechts (§§ 24, 24 a, 25, 25 a BBauG; §§ 17, 18 StBauFG);
- die Übernahme von Grundstücken oder die Entziehung des Eigentums auf Verlangen des Eigentümers (z. B. § 39 b Abs. 2, § 39 c Abs. 3, § 39 d Abs. 3, § 39 h Abs. 6, § 40, § 44 Abs. 9, § 44 b Abs. 1 BBauG; § 10 Abs. 5, § 15 Abs. 7 StBauFG);
- die Enteignung (z. B. § 39 b Abs. 4, § 85 BBauG; § 85 BBauG in Verbindung mit §§ 22 und 86 Abs. 1 StBauFG);
- die Überführung von Grundstücken des Sanierungsträgers in das Treuhandvermögen (§ 36 Abs. 5 StBauFG);

12.3 der Erwerb nach anderen gesetzlichen Vorschriften, z. B. nach dem Zwangsversteigerungsgesetz oder — soweit die Sanierung im Zusammenhang mit Maßnahmen zur Verbesserung der Agrarstruktur durchgeführt wird — nach dem Flurbereinigungsgesetz.
12.4 Nicht zum Grunderwerb rechnet die Verwendung von Grundstücken aus dem Vermögen der Gemeinde für die Sanierung.
Nach Maßgabe von Bestimmungen des Landes bleiben Kosten für den Erwerb solcher gemeindeeigener Grundstücke förderungsfähig, die für die Sanierung verwendet werden und vor der Zusage der Bewilligungsstelle, die Sanierungsmaßnahme zu fördern, im Hinblick auf die Sanierung erworben worden sind.

13. Voraussetzung für die Förderung des Erwerbs von Grundstücken vor der förmlichen Festlegung des Sanierungsgebiets (vorbereitender Grunderwerb nach § 40 Abs. 3 StBauFG) ist, daß
13.1 der Beschluß über den Beginn vorbereitender Untersuchungen (§ 4 Abs. 3 StBauFG) bekanntgemacht ist,
13.2 nach den bisherigen Ergebnissen der vorbereitenden Untersuchungen die Durchführung der Sanierung erforderlich und in absehbarer Zeit zu erwarten ist,
13.3 der Erwerb der Sanierung dient,
13.4 das Grundstück in dem voraussichtlich festzulegenden Sanierungsgebiet liegt, als Austausch- oder Ersatzland benötigt wird oder von der Gemeinde nach den Vorschriften des BBauG übernommen werden muß und
13.5 bei räumlich umfangreichen Untersuchungsgebieten der Grunderwerb auf die Teilgebiete konzentriert wird, von denen zu erwarten ist, daß sie als erste Abschnitte durchgeführt werden.

14. Voraussetzung für die Förderung des Erwerbs von Grundstücken nach der förmlichen Festlegung des Sanierungsgebiets ist, daß
14.1 der Erwerb der Sanierung dient und

14.2 das Grundstück im förmlich festgelegten Sanierungsgebiet liegt oder

14.3 das Grundstück außerhalb des förmlich festgelegten Sanierungsgebiets liegt, soweit es

14.3.1 als Austausch- oder Ersatzland für Sanierungsbetroffene benötigt wird oder

14.3.2 für den Bau von Erschließungsanlagen, Gemeinbedarfs- und Folgeeinrichtungen oder Ersatzbauten und Ersatzanlagen verwendet werden soll und die übrigen Voraussetzungen für den Einsatz von Sanierungsförderungsmitteln zugunsten dieser Maßnahmen vorliegen oder

14.3.3 von der Gemeinde auf Verlangen des Eigentümers nach den Vorschriften des StBauFG oder BBauG übernommen werden muß.

15. Die förderungsfähigen Kosten beim Erwerb von Grundstücken umfassen auch die Kosten der Gebäude und sonstigen baulichen Anlagen sowie die Nebenkosten (z. B. Gerichts- und Notarkosten, Maklerprovisionen, Vermessungskosten, Gebühren für Wertberechnungen und amtliche Genehmigungen, Kosten der Bodenuntersuchungen zur Beurteilung des Grundstückswerts). Beim vorbereitenden Grunderwerb können neben Grundstücks- und Gebäudekosten auch solche Kosten gefördert werden, die im Falle einer Enteignung als Entschädigung zu leisten wären, soweit sie nach förmlicher Festlegung des Sanierungsgebiets förderungsfähigen Kosten der Ordnungsmaßnahmen zugerechnet werden könnten.

16. Auch beim vorbereitenden Grunderwerb sind die förderungsfähigen Kosten auf den Wert beschränkt, der sich aus der entsprechenden Anwendung von § 23 Abs. 2 StBauFG ergibt.

Ordnungsmaßnahmen

17. Ordnungsmaßnahmen (§ 12 Abs. 1 Nr. 1 StBauFG, OrdnungsmaßnahmenV) sind nach Maßgabe der Nummern 18 und 18a förderungsfähig. Hierzu gehören:

17.1 Bodenordnung,

17.2 Umzug von Bewohnern und Betrieben,

17.3 Beseitigung baulicher Anlagen,

17.4 Erschließung,

17.5 sonstige Ordnungsmaßnahmen.

17.6 Die Förderung des Grunderwerbs im Rahmen der Ordnungsmaßnahmen richtet sich nach Nummern 12, 14 bis 16.

18. Voraussetzung für die Förderung von Ordnungsmaßnahmen ist:

18.1 die förmliche Festlegung des Sanierungsgebiets,

18.2 das Vorliegen der Kosten- und Finanzierungsübersicht nach § 38 StBauFG und

18.3 das Vorliegen des rechtsverbindlichen Bebauungsplans.

18.4 Von den Voraussetzungen der Nummern 18.2 und 18.3 kann abgesehen werden, sofern mit hinreichender Sicherheit anzunehmen ist, daß die Ordnungsmaßnahmen den künftigen Festsetzungen des Bebauungsplans nicht entgegenstehen und Fehlinvestitionen nicht zu befürchten sind.

18a. Förderungsfähig sind:

18a.1 Bei der Bodenordnung (§ 2 OrdnungsmaßnahmenV):

18a.1.1 Kosten der Maßnahmen (ausgenommen Grunderwerb im Sinne der Nummer 12), die nach den Vorschriften des StBauFG und des BBauG zur rechtlichen oder tatsächlichen Neuordnung der Grundstücke entsprechend den Sanierungszielen durchgeführt werden. Den Kosten der gesetzlichen Maßnahmen stehen die Kosten derjenigen Maßnahmen gleich, die von der Gemeinde mit gleichartiger Zielsetzung an Stelle gesetzlicher Maßnahmen auf Grund vertraglicher Regelungen ergriffen werden.

18a.1.2 Kosten, die einer Gemeinde dadurch entstehen, daß sie infolge der Verwendung eigener Grundstücke oder der Inanspruchnahme ihr zustehender sonstiger Vermögensrechte einer nicht rechtsfähigen Stiftung oder einem Eigenbetrieb der Gemeinde Ersatz zu leisten hat. Im übrigen sind die Verwendung gemeindeeigener Grundstücke und die Inanspruchnahme sonstiger Vermögensrechte der Gemeinde nicht förderungsfähig. Nummer 12.4 Abs. 2 bleibt unberührt.

18a.2 Beim Umzug von Bewohnern und Betrieben (§ 3 OrdnungsmaßnahmenV): Umzugsbedingte Kosten, die der Gemeinde durch eine vertragliche oder gesetzliche Verpflichtung zur Entschädigung, insbesondere bei der Verwirklichung des Sozialplans (§ 8 Abs. 2 StBauFG) oder im Rahmen des Härteausgleichs (§ 85 StBauFG) entstehen. Hierzu zählen neben den notwendigen Kosten des Umzugs von Bewohnern und der Verlagerung von Betrieben auch die bei der Gemeinde verbleibenden Kosten der Unterbringung in Zwischenunterkünften sowie Entschädigungen für andere umzugsbedingte Vermögensnachteile, wenn und soweit diese Vermögensnachteile nicht bei der Bemessung der Entschädigung für einen Rechtsverlust berücksichtigt sind.

18a.3 Bei der Beseitigung baulicher Anlagen (§ 4 OrdnungsmaßnahmenV):
- Abbruch- und Abräumkosten einschließlich Nebenkosten,
- die Kosten für Maßnahmen, die für die Verkehrssicherung und Zwischennutzung des Grundstücks erforderlich sind, und
- die durch die Beseitigung baulicher Anlagen Dritter oder der Gemeinde ausgelösten und von der Gemeinde zu tragenden Entschädigungen oder Wertverluste. Wertverluste können nur insoweit berücksichtigt werden, als der Wert des Gebäudes nicht bereits im Rahmen der Förderung des Grunderwerbs nach Nummern 12 bis 16 berücksichtigt worden ist.

18a.4 Bei der Erschließung (§ 5 OrdnungsmaßnahmenV):

18a.4.1 Kosten für die Herstellung neuer oder die Änderung vorhandener Erschließungsanlagen, soweit die Erschließungsmaßnahmen erforderlich sind, um das Sanierungsziel zu erreichen (sanierungsbedingte Erschließung), und die Kosten von der Gemeinde zu tragen sind.

18a.4.2 Zu den Erschließungsanlagen gehören insbesondere die örtlichen öffentlichen Straßen, Wege, Plätze und Grünanlagen, öffentliche Spielplätze, öffentliche Parkflächen (Parkplätze, Parkhäuser, Tiefgaragen), Anlagen für Zwecke der Beleuchtung, zur Versorgung mit Elektrizität, Gas, Wasser oder Wärme, zur Ableitung, Behandlung und Beseitigung von Abwässern, zur Beseitigung fester Abfallstoffe sowie Anlagen und Vorkehrungen gegen Naturgewalten und schädliche Umwelteinwirkungen.

18a.4.3 Zu den förderungsfähigen Kosten der Erschließung gehören auch Kosten für nicht innerhalb des Sanierungsgebiets liegende Erschließungsanlagen, sofern es sich um eine sanierungsbedingte Erschließung handelt.

18a.4.4 Soweit eine Erschließungsanlage nicht nur der Erschließung des Sanierungsgebiets dient, gehört nur der durch die Sanierung bedingte Anteil zu den Kosten der Ordnungsmaßnahmen. Der Kostenanteil kann unter Zugrundelegung allgemein anerkannter Erfahrungssätze ermittelt werden. Die Kostenteilung soll unterbleiben, wenn die Ermittlung des nicht sanierungsbedingten Anteils voraussichtlich einen höheren Verwaltungsaufwand verursacht, als dieser Anteil ausmacht.

Wird eine Sanierung in mehreren Teilabschnitten durchgeführt, können zur Beurteilung der Sanierungsbedingtheit neben dem bereits in die Förderung einbezogenen Teilabschnitt weitere Teilabschnitte herangezogen werden, soweit sich die vorbereitenden Untersuchungen auch auf diese Bereiche erstreckt haben und weitere förmliche Festlegungen bereits beschlossen oder zu erwarten sind.

18a.4.5 Bei Anlagen, für die Beiträge, Gebühren oder sonstige Entgelte erhoben werden können (z. B. Parkhäuser, Ver- und Entsorgungsanlagen), ist die Förderung auf den Teil der Kosten beschränkt, der nicht durch Einnahmen oder angemessenen Einsatz von Eigenleistungen und Fremdmitteln unter Berücksichtigung nachhaltig erzielbarer Erträge gedeckt werden kann.

18a.5 Bei den sonstigen Ordnungsmaßnahmen (§ 6 OrdnungsmaßnahmenV):

18a.5.1 Aufwendungen, die von der Gemeinde nach § 24 StBauFG zu erstatten sind;

18a.5.2 Entschädigungen, soweit durch sie kein bleibender Gegenwert erlangt worden ist oder erlangt wird und sie nicht bereits nach Nummern 18a.1 bis 18a.3 zu berücksichtigen sind;

18a.5.3 Ausgaben für den Härteausgleich, soweit sie nicht bereits nach Nummern 18a.1 bis 18a.3 zu berücksichtigen sind;

18a.5.4 sonstige von der Gemeinde im Rahmen der Durchführung der Ordnungsmaßnahmen zu tragende Kosten der Verwirklichung des Sozialplans, soweit sie nicht bereits nach Nummer 18a.2 zu berücksichtigen sind;

18a.5.5 Kosten, die von der Gemeinde einem Eigentümer auf Grund eines Vertrages nach § 13 Abs. 1 Satz 2 und 3 StBauFG zu erstatten sind;

18a.5.6 sonstige Kosten, die bei der Durchführung von Ordnungsmaßnahmen entstehen können, wie z. B. Gebäudewertminderungen infolge des Abbruchs benachbarter Gebäude; Bewirtschaftungsverluste;

18a.5.7 sonstige Kosten für weitere Maßnahmen, die erforderlich sind, damit die Baumaßnahmen durchgeführt werden können.

18a.5.8 Die Förderungsfähigkeit der Vergütungen für Sanierungsträger und andere Beauftragte (§ 6 Nr. 6 OrdnungsmaßnahmenV) richtet sich nach Nummer 30. Steuerausfälle der Gemeinde (§ 6 Nr. 8 OrdnungsmaßnahmenV) sind nicht förderungsfähig.

18a.6 Ist eine sachgerechte pauschalierte Kostenermittlung erfolgt (§ 1 Abs. 3 OrdnungsmaßnahmenV), sind die so ermittelten Kosten förderungsfähig.

Baumaßnahmen

19. Von den Baumaßnahmen (§ 12 Abs. 1 Nr. 2 StBauFG) sind förderungsfähig:

19.1 der Neubau von Wohnungen im Sanierungsgebiet (§ 45 Abs. 2 StBauFG) und der Bau von Ersatzwohnungen (§ 45 Abs. 3 StBauFG);

19.2 die Modernisierung und Instandsetzung von Gebäuden (§ 43 StBauFG);

19.3 die Errichtung von Gemeinbedarfs- und Folgeeinrichtungen (§ 39 Abs. 1 Satz 2 StBauFG);

19.4 die Durchführung sonstiger Baumaßnahmen (§ 13 Abs. 3 StBauFG).

20. Wohnungsbau

20.1 Eine Förderung von Wohnungsbaumaßnahmen aus Sanierungsförderungsmitteln gemäß Nummer 19.1 ist in besonderen Fällen möglich. Gefördert werden kann:

20.1.1 der Neubau von Wohnungen im Sanierungsgebiet, insbesondere wenn eine begonnene Sanierung sonst nicht abgeschlossen werden könnte;

20.1.2 der Bau von Ersatzwohnungen innerhalb und außerhalb des Sanierungsgebiets, wenn die Behebung städtebaulicher Mißstände im Sanierungsgebiet, insbesondere ungesunder Wohnverhältnisse, dringend erforderlich ist.

20.2 Weitere Voraussetzung in beiden Fällen ist, daß

20.2.1 die Erfordernisse der Nummer 18 entsprechend, beim Bau von Ersatzwohnungen außerhalb des Sanierungsgebiets die Erfordernisse der §§ 30 ff. BBauG, erfüllt sind,

20.2.2 Mittel zur Förderung des sozialen Wohnungsbaus nicht zur Verfügung stehen, die für die Förderung der Baumaßnahmen eingesetzt werden könnten, und

20.2.3 die Gesamtkosten der Baumaßnahmen auch bei angemessenem Einsatz von erststelligen Finanzierungsmitteln, Eigenleistungen des Bauherrn und sonstigen Finanzierungsmitteln unter Berücksichtigung der nachhaltig erzielbaren Erträge nicht gedeckt werden können (Grundsatz der Spitzenfinanzierung).

20.3 Sanierungsförderungsmittel können zu öffentlichen Mitteln im Sinne des § 6 Abs. 1 des Zweiten Wohnungsbaugesetzes — II. WoBauG — bestimmt (§ 45 Abs. 4 StBauFG) oder als nicht öffentliche Mittel nach Maßgabe des § 45 Abs. 5 StBauFG eingesetzt werden. Soweit sie als öffentliche Mittel eingesetzt werden, gelten die allgemeinen Bestimmungen für den öffentlich geförderten sozialen Wohnungsbau.

20.4 Die Bewilligung von Wohnungsbau- oder Sanierungsförderungsmitteln kann davon abhängig gemacht werden, daß gewährte Entschädigungen als Eigenleistung für die Finanzierung eingesetzt werden (§ 49 Abs. 2 StBauFG).

20.5 Die Bewilligung von Wohnungsbau- oder Sanierungsförderungsmitteln kann mit der Auflage nach § 46 StBauFG verbunden werden, die geförderten Wohnungen nur Wohnungssuchenden zu überlassen, die von der Gemeinde, insbesondere zur Verwirklichung des Sozialplans, benannt werden.

20.6 Die für den Neubau und Ersatzbau von Wohnungen getroffenen Bestimmungen gelten für jeden neugeschaffenen Wohnraum im Sinne des § 2 II. WoBauG entsprechend.

21. Modernisierung und Instandsetzung

21.1 Modernisierungs- oder Instandsetzungsmaßnahmen im Sinne des StBauFG kommen für Gebäude in Betracht, die bei der Durchführung der Sanierung erhalten bleiben sollen und nach ihrer inneren oder äußeren Beschaffenheit Mißstände oder Mängel aufweisen, deren Beseitigung oder Behebung durch Modernisierung oder Instandsetzung möglich ist.

Die Modernisierung und Instandsetzung tragen im Rahmen der Sanierungsziele zur wesentlichen Verbesserung oder Umgestaltung des Sanierungsgebiets bei. Sie werden auf Grund eines Gebots oder einer vertraglichen Vereinbarung durchgeführt (§ 1 Abs. 2, § 43 StBauFG, § 39 e BBauG).

21.2 Modernisierung ist die Beseitigung von Mißständen durch bauliche Maßnahmen, die entsprechend den Sanierungszielen den Gebrauchswert von Gebäuden nachhaltig erhöhen, damit sie insbesondere den allgemeinen Anforderungen an gesunde Wohn- und Arbeitsverhältnisse entsprechen.

21.3 Instandsetzung ist die Behebung von baulichen Mängeln durch Maßnahmen, die entsprechend den Sanierungszielen die bestimmungsmäßige Nutzung oder den städtebaulich gebotenen Zustand von Gebäuden wiederherstellen.

21.4 Maßnahmen der Instandsetzung, die durch die Beseitigung von Mißständen verursacht werden, gelten als Modernisierung.

21.5 Modernisierungs- oder Instandsetzungsmaßnahmen können je für sich oder miteinander verbunden durchgeführt und gefördert werden.

22. Voraussetzung für die Förderung ist, daß

22.1 das Gebäude im förmlich festgelegten Sanierungsgebiet liegt,

22.2 ein Modernisierungs- oder Instandsetzungsgebot ergangen ist (§ 39 e BBauG) oder der Eigentümer sich vertraglich gegenüber der Gemeinde verpflichtet hat, bestimmte Modernisierungs- oder Instandsetzungsmaßnahmen durchzuführen (§ 43 Abs. 3 Satz 1 StBauFG),

22.3 die Kosten der Modernisierung oder Instandsetzung im Hinblick auf die Erhöhung des Gebrauchswerts und die Nutzungsdauer des Gebäudes, wie sie nach der Modernisierung oder Instandsetzung erwartet werden kann, vertretbar sind und voraussichtlich nicht mehr als die Kosten eines vergleichbaren Neubaus betragen,

22.4 dem Eigentümer Kosten entstehen, die er nach § 43 Abs. 1 Satz 1 StBauFG nicht zu tragen hat und

22.5 die Erfordernisse der Nummer 18 entsprechend erfüllt sind.

23. Der Umfang der Förderung aus Sanierungsförderungsmitteln ist abhängig von dem Kostenbetrag, der dem Eigentümer von der Gemeinde nach § 43 Abs. 1 StBauFG zu erstatten ist (Kostenerstattungsbetrag).
Die Ermittlung des Kostenerstattungsbetrags setzt eine Berechnung der Gemeinde voraus, in der durch Gegenüberstellung von Kosten und Finanzierung sowie von Erträgen und laufenden Aufwendungen festgestellt wird, welchen Kostenanteil der Eigentümer nicht durch eigene oder fremde Mittel dekken kann (§ 43 Abs. 1 Satz 1 StBauFG).
Die Berechnung kann auf der Grundlage der Mehrerträge (Mehrertragsberechnung nach Nummer 23.4) oder auf der Grundlage der Gesamterträge (Gesamtertragsberechnung nach Nummer 23.5) des Gebäudes nach der Modernisierung oder Instandsetzung vorgenommen werden. Bei Abschluß von Modernisierungs- und Instandsetzungsvereinbarungen nach § 43 Abs. 3 StBauFG kann unter Verzicht auf eine genaue Berechnung der Kostenerstattungsbetrag pauschaliert werden. Bei der Entscheidung über die Berechnungsart des Kostenerstattungsbetrags sind der Verwaltungsaufwand, der Grundsatz der wirtschaftlichen Verwendung öffentlicher Mittel, die Belange der Betroffenen und die Eignung zur Erreichung der Sanierungsziele gegeneinander abzuwägen.

23.1 Bei der Ermittlung der Kosten können alle baulichen Maßnahmen (Nummern 21.2 und 21.3) berücksichtigt werden, die im Hinblick auf die Sanierungsziele notwendig sind, den anerkannten Regeln der Baukunst entsprechen, ortsüblich sind und bei Wohnraum den Ausstattungsstandard des öffentlich geförderten Wohnungsbaus nicht übersteigen.
Bei der Ermittlung der Kosten sind nicht zu berücksichtigen:
- Kosten, soweit zu deren Deckung eine andere Stelle einen Zuschuß gewährt (§ 43 Abs. 1 Satz 2 letzter Halbsatz StBauFG),
- Kosten, die der Eigentümer auf Grund anderer gesetzlicher Vorschriften verpflichtet ist, selbst zu tragen (§ 43 Abs. 1 Satz 3 Alternative 1 StBauFG),
- Kosten für unterlassene Instandsetzungen, soweit der Eigentümer nicht nachweisen kann, daß ihre Vornahme wirtschaftlich unvertretbar oder ihm nicht zuzumuten war (§ 43 Abs. 1 Satz 3 Alternative 2 StBauFG).

23.2 Die nachhaltig erzielbaren Erträge (§ 43 Abs. 2 StBauFG) sind unter Berücksichtigung des Sanierungszwecks für die Zeit nach der Durchführung der Modernisierungs- oder Instandsetzungsmaßnahmen von der Gemeinde festzustellen.
Bei nicht preisgebundenem Wohnraum sind in der Regel die Erträge anzusetzen, die den ortsüblichen Entgelten für vergleichbaren Wohnraum entsprechen. Vorhandene Mietspiegel sind zugrundezulegen.
Bei preisgebundenem Wohnraum ist in der Regel von der Miete auszugehen, die die für die Wohnungsbauförderung zuständigen Bewilligungsstellen für vergleichbare Wohnungen im Rahmen der Förderung des sozialen Wohnungsbaus genehmigen (Bewilligungsmiete). Dabei sind Abschläge vorzunehmen, soweit die modernisierte Wohnung die Wohnqualität von Neubauwohnungen im sozialen Wohnungsbau nicht erreicht.
Setzt die Gemeinde nach § 43 Abs. 2 StBauFG zur Erreichung des Sanierungszwecks geringere Erträge als die ortsüblichen Entgelte für vergleichbaren Wohnraum oder als die Bewilligungsmiete an, ist durch vertragliche Regelun-

gen mit dem Eigentümer sicherzustellen, daß der Kostenerstattungsbetrag bei der Mietpreisgestaltung berücksichtigt wird.

23.3 Als modernisierungs- oder instandsetzungsbedingte laufende Aufwendungen werden die zusätzlich entstehenden Bewirtschaftungskosten und die zusätzlichen Kapitalkosten ermittelt (§ 43 Abs. 1 Satz 1 StBauFG).
Als zusätzliche Bewirtschaftungskosten können in der Regel nur Betriebskosten, Instandhaltungskosten und Abschreibung berücksichtigt werden. Bei der Abschreibung sind Instandsetzungskosten und der Teil der Modernisierungskosten nicht zu berücksichtigen, der durch den Kostenerstattungsbetrag gedeckt wird.
Bei der Berechnung der zusätzlichen Kapitalkosten werden Eigenkapitalkosten höchstens mit 4 v. H. der Eigenleistungen angesetzt. Der Anteil der gesamten Eigenleistungen soll in der Regel mindestens 15 v. H. der förderungsfähigen Modernisierungs- oder Instandsetzungskosten betragen. Nummer 20.4 gilt entsprechend.

23.4 Bei der Mehrertragsberechnung wird der Jahresmehrertrag durch Gegenüberstellung der Erträge vor und der nachhaltig erzielbaren Erträge nach Durchführung der Modernisierung oder Instandsetzung (Nummer 23.2) ermittelt. Dabei bleiben Erträge vor der Modernisierung oder Instandsetzung außer Ansatz, soweit sie offensichtlich überhöht sind oder auf einer Nutzung beruhen, die zu den städtebaulichen Mißständen wesentlich beitragen.
Der Jahresmehrertrag dient der Deckung der zusätzlichen Bewirtschaftungskosten und der zusätzlichen Eigen- und Fremdkapitalkosten (Nummer 23.3). Die aus dem Jahresmehrertrag verzinsbaren eigenen und fremden Mittel sind der vom Eigentümer zu tragende Anteil an der Finanzierung der berücksichtigungsfähigen Kosten. Die Differenz zwischen diesem Kostenanteil und den berücksichtigungsfähigen Kosten der Modernisierung oder Instandsetzung (Nummer 23.1) ist der förderungsfähige Kostenerstattungsbetrag.

23.5 Bei der Gesamtertragsberechnung werden dem Jahresertrag nach Durchführung der Modernisierung oder Instandsetzung sämtliche laufenden Aufwendungen gegenübergestellt.
Der Jahresertrag dient der Deckung der vor der Modernisierung oder Instandsetzung tatsächlich angefallenen sowie der durch die Modernisierung oder Instandsetzung bedingten zusätzlichen Bewirtschaftungs- und Kapitalkosten des Gebäudes. Die Werte des Grundstücks und der verwendeten Gebäudeteile können als durch Eigenkapital finanzierte Kosten berücksichtigt werden. Für die Berücksichtigung bisheriger Fremdkapitalkosten gilt § 13 Abs. 2 der Zweiten Berechnungsverordnung entsprechend.
Im übrigen gilt Nummer 23.4 Abs. 2 Satz 2 und 3 entsprechend.

23.6 Eine Förderung durch Zuschuß zur Deckung der Kosten kommt nur bis zur Höhe des Kostenerstattungsbetrags in Betracht (§ 43 Abs. 4 StBauFG).
Zur Verringerung oder Vermeidung des Kostenerstattungsbetrags können auf Grund entsprechender Vereinbarung eingesetzt werden
— andere Mittel, die in öffentlichen Haushalten oder bei Finanzierungsinstituten von Bund und Ländern, insbesondere für Modernisierungs- oder Instandsetzungsmaßnahmen, bereitstehen;
— Sanierungsförderungsmittel als Darlehen zur Deckung der Kosten sowie als Darlehen oder Zuschüsse zur Deckung der erhöhten laufenden Aufwendungen (§ 39 Abs. 3 StBauFG).

24. Modernisierung durch Ausbau

24.1 Wird durch eine Modernisierung zugleich ein Ausbau im Sinne des § 17 Abs. 1 II. WoBauG bewirkt, so sind die durch den Ausbau modernisierten Wohnungen neugeschaffener Wohnraum im Sinne des II. WoBauG. In diesen Fällen können Mittel des sozialen Wohnungsbaus zur Verringerung oder Vermeidung des Kostenerstattungsbetrags eingesetzt werden. Der Einsatz dieser Mittel ist vor dem Einsatz von Sanierungsförderungsmitteln anzustreben.

24.2 Werden Mittel des sozialen Wohnungsbaus eingesetzt, kommt ein zusätzlicher Einsatz von Sanierungsförderungsmitteln nur in Betracht, wenn die entstehenden Gesamtkosten ohne Berücksichtigung von Sanierungsförderungsmitteln aus den nachhaltig erzielbaren Erträgen (Nummer 23.2 Abs. 3 und 4) nicht finanziert werden können. An Stelle einer Berechnung nach Nummer 23 tritt die Wirtschaftlichkeitsberechnung nach der Zweiten Berechnungsverordnung. Bei der Abschreibung sind Instandsetzungskosten und der Teil der Modernisierungskosten nicht zu berücksichtigen, der durch den Kostenerstattungsbetrag gedeckt wird.

25. Modernisierung in Verbindung mit Maßnahmen nach § 43 Abs. 3 Satz 2 StBauFG

25.1 Für vertraglich gegenüber der Gemeinde übernommene Maßnahmen bei einem Gebäude von geschichtlicher, künstlerischer oder städtebaulicher Bedeutung, die neben der Modernisierung der Erhaltung, Erneuerung und funktionsgerechten Verwendung des Gebäudes dienen, gelten die Nummern 22 bis 24 entsprechend, soweit nicht nachstehend Abweichendes bestimmt ist.

25.2 Das Gebäude muß im Bebauungsplan als erhaltenswert kenntlich gemacht sein (§ 10 Abs. 1 StBauFG). Sofern noch kein rechtsverbindlicher Bebauungsplan vorliegt, muß unbeschadet der in Nummern 22.5/18.4 genannten Voraussetzungen das Gebäude in einer gutachtlichen Stellungnahme der zuständigen Landesbehörde als erhaltenswert bezeichnet sein.

Soweit im Land Hamburg eine Kenntlichmachung nach § 10 Abs. 1 Satz 3 und 4 StBauFG entfällt, ist auch beim Vorliegen eines Bebauungsplans die Stellungnahme nach Satz 2 erforderlich.

25.3 Neben den nach Nummer 23 berücksichtigungsfähigen Kosten der Modernisierungsmaßnahmen sind auch Kosten förderungsfähig, die unter Berücksichtigung landesrechtlicher Vorschriften, Verfügungen und Auflagen, insbesondere der Denkmalpflege, notwendig sind, um das Gebäude entsprechend seiner geschichtlichen, künstlerischen und städtebaulichen Bedeutung instand zu setzen und zu erhalten, in seinem gesamten Baubestand zu erneuern und einer den heutigen wirtschaftlichen Verhältnissen entsprechenden Verwendung auf Dauer zuzuführen. Die Gesamtkosten können die Kosten eines vergleichbaren Neubaus abweichend von Nummer 22.3 überschreiten.

25.4 Soweit Kosten über die Maßnahmen zur Erhaltung, Erneuerung und funktionsgerechten Verwendung des Gebäudes hinaus ausschließlich für Aufgaben der Denkmalpflege anfallen, kommt eine Förderung aus Bundesmitteln nicht in Betracht.

26. Modernisierung und Instandsetzung gemeindeeigener Gebäude

26.1 Zur Modernisierung und Instandsetzung gemeindeeigener Gebäude können Sanierungsförderungsmittel auch ohne ein Gebot oder eine entsprechende Vereinbarung eingesetzt werden, soweit dadurch die Förderung entsprechender Maßnahmen Dritter nicht beeinträchtigt wird. Dies kommt insbesondere in Betracht, wenn die Gemeinde das Gebäude im Hinblick auf die Sanierung erworben hat oder es als Gemeinbedarfs- und Folgeeinrichtung im Sinne der Nummer 27 nutzen will. Näheres wird durch Landesvorschriften bestimmt.

26.2 Für die Modernisierung oder Instandsetzung von Gebäuden im Treuhandvermögen eines Sanierungsträgers gilt Nummer 26.1 entsprechend.

27. Gemeinbedarfs- und Folgeeinrichtungen

27.1 Gemeinbedarfs- und Folgeeinrichtungen im Sinne des § 39 Abs. 1 StBauFG sind öffentlichen Zwecken dienende bauliche Anlagen und Einrichtungen, um

die soziale, kulturelle oder verwaltungsmäßige Betreuung der Bewohner zu gewährleisten. Dazu gehören z. B. Gemeinschaftsgebäude, Kindergärten, Sport- und Erholungsanlagen.
Förderungsfähige Gemeinbedarfs- und Folgeeinrichtungen können sowohl innerhalb als auch außerhalb des Sanierungsgebietes liegen.

27.2 Voraussetzung für die Förderung von Gemeinbedarfs- und Folgeeinrichtungen ist, daß

27.2.1 sie durch die Sanierung bedingt sind,

27.2.2 ohne die Schaffung der Einrichtung der Sanierungszweck nicht erreicht werden könnte,

27.2.3 die Erfordernisse der Nummer 18 entsprechend, bei Gemeinbedarfs- und Folgeeinrichtungen außerhalb des Sanierungsgebiets die Erfordernisse der §§ 30 ff. BBauG, erfüllt sind,

27.2.4 die Gemeinde oder ein Dritter an Stelle der Gemeinde Träger der Einrichtung ist und

27.2.5 die Gesamtkosten auch bei angemessenem Einsatz von Eigenleistungen und Fremdmitteln sowie sonstigen Finanzierungsmitteln unter Berücksichtigung nachhaltig erzielbarer Erträge nicht gedeckt werden können.
Nummer 20.4 gilt entsprechend.

27.3 Soweit die Schaffung der Gemeinbedarfs- und Folgeeinrichtung nicht nur der Erreichung des Sanierungszwecks dient, ist nur der durch die Sanierung bedingte Anteil förderungsfähig. Nummer 18a.4.4 gilt im übrigen entsprechend.

27a. Durchführung sonstiger Baumaßnahmen

27a.1 Baumaßnahmen, deren Durchführung und Finanzierung dem Eigentümer überlassen sind (§ 13 Abs. 2, § 45 Abs. 1 StBauFG), können gefördert werden, soweit ihre zügige und zweckmäßige Durchführung durch den Eigentümer nicht gewährleistet ist und die Gemeinde daher nach § 13 Abs. 3 StBauFG für die Durchführung der Maßnahmen sorgt oder sie selbst übernimmt. Nummern 20 und 26 bleiben unberührt.

27a.2 Voraussetzung für die Förderung ist, daß

27a.2.1 das Grunstück im förmlich festgelegten Sanierungsgebiet liegt,

27a.2.2 die Baumaßnahme durch die Sanierung bedingt ist,

27a.2.3 die Durchführung der Baumaßnahme vordringlich ist und ohne eine Förderung der Sanierungszweck nicht erreicht werden könnte und

27a.2.4 die Erfordernisse der Nummer 18 entsprechend erfüllt sind.

Sonstige Maßnahmen

28. Anderweitige Unterbringung oder Änderung baulicher Anlagen von Betrieben (§ 44 StBauFG)

28.1 Eine anderweitige Unterbringung der von der Sanierung betroffenen gewerblichen oder land- und forstwirtschaftlichen Betriebe kann gefördert werden. Das gleiche gilt, wenn ein solcher Betrieb durch die Sanierung derart beeinträchtigt wird, daß eine wesentliche Änderung baulicher Anlagen erforderlich wird.

28.2 Voraussetzung für die Förderung ist, daß

28.2.1 Entschädigungen und/oder Förderungen auf Grund anderer rechtlicher Grundlagen zur Finanzierung der anderweitigen Unterbringung oder der wesentlichen baulichen Änderung nicht ausreichen (Grundsatz der Spitzenfinanzierung) und

28.2.2 ein erhebliches städtebauliches Interesse die anderweitige Unterbringung oder wesentliche bauliche Änderung erforderlich macht und

28.2.3 die Spitzenfinanzierung notwendig ist, um eine besondere Härte von dem Betrieb abzuwenden, insbesondere eine ernsthafte Bedrohung der betrieblichen Existenz oder Gefährdung von Arbeitsplätzen zu vermeiden.

28.3 Eine Förderung auf Grund anderer rechtlicher Grundlagen (Nummer 28.2.1), die der Förderung nach dem StBauFG vorauszugehen hat, kommt z. B. nach folgenden Vorschriften in Betracht:
Gesetz über die Gemeinschaftsaufgabe „Verbesserung der regionalen Wirtschaftsstruktur", ERP-Richtlinien, Investitionszulagengesetz, Zonenrandförderungsgesetz, Berlinförderungsgesetz, Gesetz über die Gemeinschaftsaufgabe „Verbesserung der Agrarstruktur und des Küstenschutzes" sowie landesrechtliche Förderungsbestimmungen.

28.4 Gefördert werden können Aufwendungen, die vor der Vornahme der Investition als förderungsfähig anerkannt worden sind. Die Notwendigkeit einer Spitzenfinanzierung mit Sanierungsförderungsmitteln ist durch Vorlage entsprechender Gutachten nachzuweisen.
Nicht gefördert werden Kosten der betrieblichen Verbesserung oder Erweiterung.

29. Maßnahmen anderer Finanzierungsträger (§ 39 Abs. 4 StBauFG)

29.1 Soweit Maßnahmen von einer anderen Stelle als der Gemeinde durchgeführt werden oder die andere Stelle die Durchführung von Maßnahmen tatsächlich oder üblicherweise trägt oder fördert, können sie ausnahmsweise durch Vor- oder Zwischenfinanzierung aus Sanierungsförderungsmitteln gefördert werden.

29.2 Voraussetzung für die Förderung ist, daß

29.2.1 es sich um eine durch die Sanierung bedingte oder mit ihr zusammenhängende Maßnahme handelt,

29.2.2 die Durchführung der Maßnahme im Zusammenhang mit der Sanierung vordringlich ist,

29.2.3 für die Maßnahme die erforderlichen planungsrechtlichen, fachlichen und finanztechnischen Grundlagen überprüft sind und

29.2.4 die andere Stelle dem Einsatz der Sanierungsförderungsmittel schriftlich zugestimmt und angegeben hat, wann voraussichtlich die Ersetzung durch die endgültigen Finanzierungs- und Förderungsmittel zu erwarten ist.

Vergütungen für Sanierungsträger und andere Beauftragte

30. Vergütungen für Sanierungsträger und andere Beauftragte sind förderungsfähig, soweit sie

30.1 für Leistungen gewährt werden, die förderungsfähige Kosten betreffen und angemessen sind,

30.2 den vertraglichen Vereinbarungen entsprechen und

30.3 noch nicht durch Honorare für bestimmte Einzelleistungen, z. B. im Rahmen der vorbereitenden Untersuchungen oder der weiteren Vorbereitung, abgegolten sind.

Förderung von Entwicklungsmaßnahmen

31. Gegenstand der Förderung

31.1 Bei Entwicklungsmaßnahmen (§ 1 Abs. 3, § 53 StBauFG) können als Bestandteil der Gesamtmaßnahme (Nummer 2) gefördert werden:
- Untersuchungen,
- Vorbereitung der Entwicklung,
- Erwerb von Grundstücken,
- Ordnungsmaßnahmen,
- Baumaßnahmen,

— sonstige Maßnahmen,
— Vergütungen für Entwicklungsträger und andere Beauftragte.

31.2 Für Anpassungsgebiete (§ 62 StBauFG) gelten neben den Vorschriften für Entwicklungsmaßnahmen die Vorschriften über die Förderung von Sanierungsmaßnahmen entsprechend.

Untersuchungen

32. Untersuchungen dienen der Gewinnung von Beurteilungsunterlagen für die förmliche Festlegung des Entwicklungsbereichs durch die Landesregierung. Sie können vom Land und/oder von der Gemeinde veranlaßt werden, soweit sie die zuständige oberste Landesbehörde für erforderlich hält.

32.1 Zu den Untersuchungen können gehören:

32.1.1 Strukturanalysen hinsichtlich der beteiligten Gemeinde(n);

32.1.2 Prognosen über die Entwicklungstendenzen und Entwicklungsmöglichkeiten;

32.1.3 Erarbeitung der Entwicklungsziele und alternativer Entwicklungskonzepte auf der Grundlage der Ziele der Raumordnung und Landesplanung;

32.1.4 Erarbeitung eines überschlägigen Zeit- und Maßnahmeplans mit Kosten- und Finanzierungsüberlegungen unter Abschätzung realer Durchführungsmöglichkeiten;

32.1.5 Darstellung des unmittelbaren oder mittelbaren Zusammenhangs der Entwicklung mit anderen Maßnahmen und der Möglichkeiten der sachlichen, zeitlichen und finanziellen Abstimmung;

32.1.6 Sondergutachten (z. B. geologisches Gutachten), soweit sie als Beurteilungsunterlagen erforderlich sind.

32.2 Nicht förderungsfähig sind Untersuchungen und Planungen auf dem Gebiet der Raumordnung und Landesplanung.

33. Voraussetzung für die Förderung von Untersuchungen ist, daß nach den bisherigen Feststellungen des Landes eine einheitliche Vorbereitung, Planung und Durchführung der Maßnahme nach dem Städtebauförderungsgesetz der angestrebten Entwicklung des Landesgebietes und der Region entspricht.

34. Für den Umfang der förderungsfähigen Kosten gilt Nummer 8 entsprechend.

Vorbereitung der Entwicklung

35. Zur Vorbereitung der Entwicklungsmaßnahme gehören insbesondere:

35.1 städtebauliche Gutachterverfahren und Wettbewerbe zur Vorbereitung und Durchführung der Entwicklungsmaßnahme;

35.2 Öffentlichkeitsarbeit zur Vorbereitung und Durchführung der Entwicklungsmaßnahme;

35.3 auf die Entwicklungsmaßnahme bezogene städtebauliche Planungen;

35.4 Erarbeitung eines endgültigen Entwicklungskonzepts;

35.5 Ausarbeitung der Entwürfe für Bauleitpläne für den Entwicklungsbereich;

35.6 Aufstellung eines Zeit- und Maßnahmeplans und einer Kosten- und Finanzierungsübersicht in sinngemäßer Anwendung von § 38 StBauFG;

35.7 Erarbeitung der Grundsätze für den Sozialplan;

35.8 Erarbeitung und Fortschreibung des Sozialplans.

36. Allgemeine Untersuchungen und Planungen (z. B. Stadtentwicklungsplanung und -gutachten, Generalverkehrsplanung) können nur insoweit, gegebenenfalls anteilig, gefördert werden, als sie in unmittelbarem Zusammenhang mit der Entwicklungsmaßnahme notwendig werden, Auswirkungen auf das Entwicklungskonzept haben werden und eine andere Förderungsmöglichkeit nicht besteht.

37. Voraussetzung für die Förderung der Vorbereitung ist, daß der städtebauliche Entwicklungsbereich durch Rechtsverordnung der Landesregierung förmlich

festgelegt worden ist oder die förmliche Festlegung sicher erwartet werden kann.

38. Für den Umfang der förderungsfähigen Kosten gilt Nummer 8 entsprechend.

Erwerb von Grundstücken

39. Zum Grunderwerb gehören:

39.1 der freihändige Erwerb;

39.2 der Erwerb nach den Vorschriften des BBauG und des StBauFG; hierzu gehören insbesondere:
- die Ausübung des gemeindlichen Vorkaufsrechts und des gemeindlichen Grunderwerbsrechts (§§ 24, 24a, 25, 25a BBauG; § 57 Abs. 1 Nr. 4 in Verbindung mit §§ 17 und 18 StBauFG);
- die Übernahme von Grundstücken oder die Entziehung des Eigentums auf Verlangen des Eigentümers (z. B. § 39b Abs. 2, § 39c Abs. 3, § 39d Abs. 3, § 39h Abs. 6, § 40, § 44 Abs. 9, § 44b Abs. 1 BBauG; §§ 56 und 57 Abs. 1 Nr. 3 in Verbindung mit § 15 Abs. 7 StBauFG);
- die Enteignung (z. B. § 39b Abs. 4, § 85 BBauG; § 57 Abs. 3 in Verbindung mit § 57 Abs. 1 Nr. 5 und § 22 Abs. 3 StBauFG);
- die Überführung von Grundstücken des Entwicklungsträgers in das Treuhandvermögen nach § 55 Abs. 3 in Verbindung mit § 36 Abs. 5 StBauFG;

39.3 der Erwerb nach anderen gesetzlichen Vorschriften, z. B. nach dem Zwangsversteigerungsgesetz oder — soweit die Entwicklung im Zusammenhang mit Maßnahmen zur Verbesserung der Agrarstruktur durchgeführt wird — nach dem Flurbereinigungsgesetz.

39.4 Nicht zum Grunderwerb rechnet die Verwendung von Grundstücken aus dem Vermögen der Gemeinde für die Entwicklungsmaßnahme. Im übrigen gilt Nummer 12.4 entsprechend.

40. Voraussetzung für die Förderung des Erwerbs von Grundstücken vor der förmlichen Festlegung des Entwicklungsbereichs (vorbereitender Grunderwerb nach § 58 Satz 2 in Verbindung mit § 40 Abs. 3 StBauFG) ist, daß

40.1 nach den bisherigen Ergebnissen der Untersuchungen die Durchführung der Entwicklungsmaßnahme erforderlich und in absehbarer Zeit zu erwarten ist,

40.2 der Erwerb der Entwicklungsmaßnahme dient,

40.3 das Grundstück im voraussichtlich festzulegenden Entwicklungsbereich liegt, als Austausch- oder Ersatzland benötigt wird oder von der Gemeinde nach den Vorschriften des BBauG übernommen werden muß und

40.4 bei räumlich umfangreichen Gebieten der Grunderwerb auf die Teilgebiete konzentriert wird, von denen zu erwarten ist, daß sie als erste Abschnitte durchgeführt werden.

41. Voraussetzung für die Förderung des Erwerbs von Grundstücken nach der förmlichen Festlegung des Entwicklungsbereichs ist, daß das Grundstück

41.1 im förmlich festgelegten Entwicklungsbereich liegt oder

41.2 außerhalb des förmlich festgelegten Entwicklungsbereichs liegt, soweit es

41.2.1 als Austausch- oder Ersatzland benötigt wird oder

41.2.2 für den Bau von Erschließungsanlagen, Gemeinbedarfs- und Folgeeinrichtungen oder Ersatzbauten und Ersatzanlagen verwendet werden soll und die übrigen Voraussetzungen für den Einsatz von Entwicklungsförderungsmitteln zugunsten dieser Maßnahmen vorliegen oder

41.2.3 von der Gemeinde auf Verlangen des Eigentümers nach den Vorschriften des StBauFG oder BBauG übernommen werden muß.

42. Für den Umfang der förderungsfähigen Kosten gelten Nummern 15 und 16 entsprechend.

Ordnungsmaßnahmen

43. Für die Ordnungsmaßnahmen gelten § 12 Abs. 1 Nr. 1 StBauFG und die OrdnungsmaßnahmenV entsprechend. Ordnungsmaßnahmen sind nach Maßgabe der Nummern 44 und 44a förderungsfähig. Hierzu gehören:
43.1 Neuordnung des Entwicklungsbereichs,
43.2 Umzug von Bewohnern und Betrieben,
43.3 Beseitigung baulicher Anlagen,
43.4 Erschließung,
43.5 sonstige Ordnungsmaßnahmen.
43.6 Die Förderung des Grunderwerbs im Rahmen der Ordnungsmaßnahmen richtet sich nach Nummern 39, 41 und 42.
44. Voraussetzung für die Förderung von Ordnungsmaßnahmen ist:
44.1 die förmliche Festlegung des Entwicklungsbereichs,
44.2 das Vorliegen einer Kosten- und Finanzierungsübersicht in sinngemäßer Anwendung von § 38 StBauFG und
44.3 das Vorliegen des rechtsverbindlichen Bebauungsplans.
44.4 Von den Voraussetzungen der Nummern 44.2 und 44.3 kann abgesehen werden, sofern mit hinreichender Sicherheit anzunehmen ist, daß die Ordnungsmaßnahmen den künftigen Festsetzungen des Bebauungsplans nicht entgegenstehen und Fehlinvestitionen nicht zu befürchten sind.
44a. Für den Umfang der förderungsfähigen Kosten gilt Nummer 18a mit Ausnahme der Nummern 18a.4.4 Abs. 2 und 18a.5.1 entsprechend.

Baumaßnahmen

45. Zu den förderungsfähigen Baumaßnahmen gehören:
- der Neubau von Wohnungen im Entwicklungsbereich und der Bau von Ersatzwohnungen (§ 58 Satz 2 in Verbindung mit § 45 Abs. 2 und 3 StBauFG);
- die Modernisierung und Instandsetzung von Gebäuden (§ 58 Satz 2 in Verbindung mit § 43 StBauFG);
- die Errichtung von Gemeinbedarfs- und Folgeeinrichtungen (§ 58 Satz 1 StBauFG);
- die Durchführung sonstiger Baumaßnahmen (§ 58 Satz 1 in Verbindung mit § 54 Abs. 1 und 2 StBauFG).

Die Nummern 20 bis 27a mit Ausnahme der Nummer 27.2.2 gelten entsprechend. Bei den Nummern 20.2.1, 22.5, 27.2.3 und 27a.2.4 tritt an die Stelle des Zitats „Nummer 18" das Zitat „Nummer 44".

Sonstige Maßnahmen

46. Zu den sonstigen Maßnahmen gehören:
- anderweitige Unterbringung oder Änderung baulicher Anlagen von Betrieben (§ 58 Satz 2 in Verbindung mit § 44 StBauFG);
- Maßnahmen anderer Finanzierungsträger (§ 58 Satz 2 in Verbindung mit § 39 Abs. 4 StBauFG).

Die Nummern 28 und 29 gelten entsprechend.

Vergütungen für Entwicklungsträger und andere Beauftragte

47. Für die Förderung von Vergütungen für Entwicklungsträger und andere Beauftragte gilt Nummer 30 entsprechend.

Förderungsarten und Abrechnung

48. Die Mittel können unter den Voraussetzungen der Nummer 3 gemäß § 39 Abs. 3 und 5 und § 58 StBauFG eingesetzt werden als:

48.1 Darlehen oder Zuschüsse zur Deckung der Kosten;

48.2 Darlehen oder Zuschüsse zur Verbilligung von anderen Darlehen, die der Deckung der Kosten dienen;

48.3 Darlehen zur Vor- oder Zwischenfinanzierung;

48.4 Zuschüsse zur Verbilligung von anderen Vor- oder Zwischenfinanzierungsdarlehen;

48.5 Darlehen oder Zuschüsse zur Deckung der erhöhten laufenden Aufwendungen bei Modernisierungsmaßnahmen, Instandsetzungsmaßnahmen und Maßnahmen im Sinne des § 43 Abs. 3 Satz 2 StBauFG;

48.6 Vorauszahlungen unter Vorbehalt späterer Bestimmung, ob die Mittel als Darlehen oder Zuschüsse gewährt werden oder durch andere Finanzierungsmittel zu ersetzen oder zurückzuzahlen sind.

49. Zuschüsse zur Deckung der Kosten (Nummer 48.1) werden für solche Kosten gewährt, deren Deckung nicht aus Einnahmen (Erlösen, Ausgleichsbeträgen, Bewirtschaftungsüberschüssen, Zuschüssen anderer Stellen, sonstigen einmaligen Einnahmen) möglich ist und für die beim Einsatz anderer Finanzierungsmittel eine Verzinsung und Tilgung aus laufenden Erträgen nicht aufgebracht werden könnte (zuschußfähige Kosten).

50. Darlehen zur Deckung der Kosten (Nummer 48.1) werden für solche Kosten gewährt, deren Deckung nicht aus Einnahmen oder anderen Finanzierungsmitteln möglich ist und die mit Mitteln gedeckt werden können, für die eine Verzinsung und Tilgung aus laufenden Erträgen aufgebracht werden kann (darlehnsfähige Kosten).

51. Wenn nicht von vornherein übersehen werden kann, ob oder in welcher Höhe die Förderungsmittel als Zuschüsse oder Darlehen erforderlich und ob oder in welcher Höhe sie durch andere Finanzierungsmittel zu ersetzen oder zurückzuzahlen sind, werden die Förderungsmittel unter dem Vorbehalt einer späteren Bestimmung gemäß § 39 Abs. 5 und § 58 StBauFG zunächst als Vorauszahlungen gewährt.

51.1 Vorauszahlungen sind zins- und tilgungsfrei.

51.2 Die endgültige Bestimmung über die als Vorauszahlung gewährten Mittel ist in der Regel nur auf Grund einer Abrechnung möglich, die sich auf die Sanierungs- oder Entwicklungsmaßnahme bezieht (Gesamtmaßnahme nach Nummer 2 Satz 1).

51.3 Ist bereits vor der Abrechnung mit hinreichender Sicherheit zu übersehen, in welcher Höhe die Kosten zuschuß- oder darlehnsfähig sind, so kann die endgültige Bestimmung zu diesem Zeitpunkt getroffen werden.

51.4 Soweit die vorausgezahlten Mittel für zuschußfähige Kosten verwendet worden sind, werden sie in einen Zuschuß umgewandelt. Soweit sie für in diesem Zeitpunkt noch darlehnsfähige Kosten verwendet worden sind, werden sie in ein Darlehen umgewandelt. Soweit sie weder für zuschußfähige noch für darlehnsfähige Kosten verwendet worden sind, sind sie zurückzuziehen. Das gleiche gilt, wenn sie durch andere Finanzierungsmittel ersetzt werden.

51.5 Eine Umwandlung in ein Darlehen kommt auch in Betracht, wenn die Gemeinde ihrerseits einen entsprechenden Betrag gemäß § 41 Abs. 8, § 25 Abs. 7 oder § 54 Abs. 3 in Verbindung mit § 41 Abs. 8 StBauFG in ein Darlehen umgewandelt hat.

52. Förderungsmittel sind unverzüglich zurückzuziehen, wenn und soweit

52.1 sie nicht bestimmungsgemäß verwendet worden sind,

52.2 die Durchführung der geförderten Sanierungs- oder Entwicklungsmaßnahme aufgegeben wird und die Gemeinde oder der andere Empfänger der Förderungsmittel durch den Einsatz der gewährten Förderungsmittel einen bleibenden Gegenwert erlangt hat oder

52.3 sie für den weiteren Fortgang der Sanierungs- oder Entwicklungsmaßnahme voraussichtlich nicht mehr benötigt werden (Überfinanzierung).

53. Sanierungs- und Entwicklungsförderungsmittel des Bundes und des Landes werden durch die zuständigen Landesstellen bewilligt (Bewilligungsstellen). Die Mittel sind der Gemeinde zuzuweisen, soweit sie Maßnahmen selbst durchführt oder zur Kostentragung verpflichtet ist.
Soweit ein Dritter Maßnahmen selbst durchführt oder zur Kostentragung verpflichtet ist, können die Mittel entweder der Gemeinde zur Weiterbewilligung an den Dritten oder diesem unmittelbar bewilligt werden (z. B. Gewährung von Darlehen bei der Förderung von Wohnungsbau- und Modernisierungsmaßnahmen).

53a. Nach Abschluß der Sanierungs- oder Entwicklungsmaßnahme ist nach Maßgabe von Bestimmungen des Landes eine Abrechnung vorzunehmen. Sie bildet die Grundlage für abschließende Entscheidungen über die Förderung. Sie erfaßt alle hierfür erforderlichen Einnahmen, Ausgaben und Vermögenswerte, die bei Vorbereitung und Durchführung der Maßnahme entstanden sind.
Für Grundstücke, deren Erwerb mit Sanierungs- oder Entwicklungsförderungsmitteln gefördert worden ist und die in das Liegenschaftsvermögen der Gemeinde übernommen werden, kommt ein Wertausgleich zu Lasten der Gemeinde in Betracht. Soweit Grundstücke aus dem Vermögen der Gemeinde für die Sanierung oder Entwicklung bereitgestellt und verwendet wurden, für deren Erwerb keine Sanierungs-, Entwicklungs- oder sonstigen Förderungsmittel in Anspruch genommen worden sind, kann ein Wertausgleich zu Gunsten der Gemeinde vorgenommen werden.

Schlußbestimmungen

54. Die oberste Landesbehörde unterrichtet den Bundesminister für Raumordnung, Bauwesen und Städtebau über Weisungen, die für die Durchführung dieser Verwaltungsvorschrift von grundsätzlicher Bedeutung oder besonderer Tragweite sind.

54a. Die oberste Landesbehörde kann im Einzelfall oder für bestimmte Gruppen von Einzelfällen Ausnahmen von dieser Verwaltungsvorschrift zulassen.

55. Diese Verwaltungsvorschrift tritt mit Wirkung vom 1. Januar 1979 in Kraft*). Sie tritt am 31. Dezember 1981 außer Kraft.

*) Die StBauFVwV in der ursprünglichen Fassung vom 14. Februar 1975 ist in der Beilage zum BAnz. Nr. 39 vom 26. Februar 1975, berichtigt im BAnz. Nr. 48 vom 11. März 1975, veröffentlicht worden und nach Maßgabe der Nr. 55 in der bisher geltenden Fassung mit Wirkung vom 1. Januar 1975 in Kraft getreten.
Artikel 3 der Allgemeinen Verwaltungsvorschrift zur Änderung der StBauFVwV vom 14. März 1979 (Beilage zum BAnz. Nr. 57 vom 22. März 1979 S. 3) enthält für die mit Wirkung vom 1. Januar 1979 in Kraft getretenen Änderungen folgende Übergangsregelung: „Soweit vor dem 1. Januar 1979 Förderungsmittel nach dem Städtebauförderungsgesetz entsprechend den Regelungen dieser Verwaltungsvorschrift eingesetzt wurden, bleibt es dabei.“

3 c)

Rundschreiben des Bundesministers für Raumordnung, Bauwesen und Städtebau

betr.: Städtebauförderung
hier: **Verwaltungsvereinbarung zum Bundesprogramm nach dem Städtebauförderungsgesetz**
vom 30. 6./30. 10. 1977
vom 23. November 1977 (BBauBl. S. 580)
— RS III 7 — 70 20 72 — 1/2 —

An die
für das Bau-, Wohnungs- und Siedlungswesen
zuständigen Minister (Senatoren) der Länder
Bezug: Mein Schreiben vom 30. Juni 1977
Anlg.: — 1 —
Die Verwaltungsvereinbarung ist inzwischen von allen Ländern unterschrieben an mich zurückgesandt worden. Damit ist die Verwaltungsvereinbarung in Kraft getreten und kommt — wie vorgesehen — erstmals für die Anpassung und Fortführung des Bundesprogramms für das Programmjahr 1978 zur Anwendung. Ein Abdruck der Fassung, die im Bundesbaublatt veröffentlicht werden soll, ist in der Anlage beigefügt.
Ich schlage vor, die Verwaltungsvereinbarung mit dem Datum der Unterschrift des Bundes (30. Juni 1977) und der letzten Unterschrift von seiten der Länder (30. Oktober 1977) zu zitieren.

Verwaltungsvereinbarung zum Bundesprogramm nach dem Städtebauförderungsgesetz

Zur Förderung städtebaulicher Sanierungs- und Entwicklungsmaßnahmen nach dem Städtebauförderungsgesetz (StBauFG) in der Fassung vom 18. August 1976 (BGBl. I S. 2318) gewährt der Bund den Ländern gestützt auf Artikel 104 a Abs. 4 des Grundgesetzes und § 71 des Städteauförderungsgesetzes Finanzhilfen für Investitionen der Gemeinden. Für den Einsatz dieser Finanzhilfen stellt der Bund nach § 72 des Städtebauförderungsgesetzes ein Bundesprogramm auf.

Die Bundesrepublik Deutschland,
vertreten durch den Bundesminister für Raumordnung, Bauwesen und Städtebau
— nachstehend „Bund" genannt —,
und
das Land Baden-Württemberg,
vertreten durch das Innenministerium Baden-Württemberg

der Freistaat Bayern,
vertreten durch den Bayerischen Staatsminister des Innern

das Land Berlin,
vertreten durch den Senator für Bau- und Wohnungswesen
und den Senator für Finanzen

die Freie Hansestadt Bremen,
vertreten durch den Senator für das Bauwesen

die Freie und Hansestadt Hamburg,
vertreten durch den Senat der Freien und Hansestadt Hamburg,
dieser vertreten durch den Präses der Baubehörde

das Land Hessen,
vertreten durch den Hessischen Minister des Innern

das Land Niedersachsen,
vertreten durch den Ministerpräsidenten,
dieser vertreten durch den Niedersächsischen Sozialminister

das Land Nordrhein-Westfalen,
vertreten durch den Ministerpräsidenten,
dieser vertreten durch den Innenminister und den Finanzminister

das Land Rheinland-Pfalz,
vertreten durch den Minister der Finanzen

das Land Saarland,
vertreten durch den Minister für Umwelt, Raumordnung und Bauwesen

das Land Schleswig-Holstein,
vertreten durch den Innenminister

— nachstehend „Länder"/„Land" genannt —

schließen folgende Vereinbarung:

§ 1
Verfügungsrahmen des Bundes

(1) Die für das jeweilige Programmjahr zur Verfügung stehenden Finanzhilfen (Verfügungsrahmen des Bundes) ergeben sich aus dem Bundeshaushaltsplan des Jahres, das dem Programmjahr vorangeht. Die voraussichtlichen Finanzhilfen des Bundes für die Fortschreibungsjahre ergeben sich aus der mehrjährigen Finanzplanung des Bundes.
(2) Der Bund unterrichtet die Länder bis zum 1. Februar jeden Jahres, in welcher Höhe für das nächste Programmjahr Finanzhilfen des Bundes insgesamt zur Verfügung stehen. Ist das Bundeshaushaltsgesetz zu diesem Zeitpunkt noch nicht in Kraft getreten, teilt der Bund den voraussichtlichen Verfügungsrahmen mit. Entsprechendes gilt für die Höhe der voraussichtlichen Finanzhilfen für die Fortschreibungsjahre.

§ 2
Finanzierungsanteil des Bundes

Der Bund beteiligt sich an der Finanzierung der in das Bundesprogramm aufgenommenen städtebaulichen Sanierungs- und Entwicklungsmaßnahmen mit einem Drittel der förderungsfähigen Kosten.

§ 3
Landesprogramm

(1) Das Land stellt das Programm nach § 72 Abs. 2 StBauFG (Landesprogramm) nach räumlichen oder sachlichen Schwerpunkten (§ 71 Absatz 3 StBauFG) auf und stimmt die städtebaulichen Sanierungs- und Entwicklungsmaßnahmen mit anderen vom Bund oder dem Land geförderten oder durchgeführten Maßnahmen ab (§ 72 Abs. 2 Satz 2 StBauFG). Das Land wird den Bund unterrichten, wenn bei dieser Abstimmung mit anderen Förderungsmaßnahmen eine Klärung auf Bundesebene erforderlich ist. Das Landesprogramm wird vor Beginn eines jeden Jahres der Entwicklung angepaßt und fortgeführt (§ 72 Abs. 1 Satz 2 StBauFG).
(2) Das Landesprogramm enthält maßnahmebezogen Anmeldungen für das jeweilige Programmjahr und eine Vorausschau für drei Fortschreibungsjahre. Es umfaßt die zur weiteren Förderung im Bundesprogramm (Fortsetzungsmaßnahmen) und zur Neuaufnahme (Neue Maßnahmen) vorgesehenen städtebaulichen Sanierungs- und Entwicklungsmaßnahmen.
Im Landesprogramm werden auch die Maßnahmen aufgeführt, für die nur vorübergehend keine Finanzhilfebeträge beantragt werden. Maßnahmen, für die voraussichtlich keine Finanzhilfebeträge mehr in Betracht kommen, werden bis zu ihrem Abschluß

nachrichtlich dargestellt. Im übrigen ergeben sich Inhalt und Form des Landesprogramms aus dem dieser Verwaltungsvereinbarung beigefügten Muster (Anlage 1).[1])
(4) Das Landesprogramm für das folgende Programmjahr wird dem Bund bis zum 15. Oktober jeden Jahres übersandt.

§ 4
Bundesprogramm

(1) Das Bundesprogramm benennt die zu fördernden städtebaulichen Sanierungs- und Entwicklungsmaßnahmen, weist diesen für das Programmjahr bestimmte Finanzhilfebeträge zu und gibt eine Vorausschau, welche Finanzhilfebeträge für die Fortschreibungsjahre in Betracht kommen. Es wird vor Beginn eines jeden Jahres auf der Grundlage der Landesprogramme der Entwicklung angepaßt und fortgeführt (§ 72 Abs. 1 StBauFG). Städtebauliche Sanierungs- und Entwicklungsmaßnahmen, die nicht in den Landesprogrammen enthalten sind, können nicht in das Bundesprogramm aufgenommen werden. Die Möglichkeit des Austausches nach § 6 Abs. 2 bleibt unberührt.
(2) Der Bund ist berechtigt, einzelne Maßnahmen nicht in das Bundesprogramm zu übernehmen, soweit sie den im StBauFG festgelegten Zweckbindungen der Finanzhilfen des Bundes nicht entsprechen oder gänzlich ungeeignet sind, zur Verwirklichung der mit den Finanzhilfen angestrebten Ziele des Artikel 104 a Abs. 4 Satz 1 des Grundgesetzes beizutragen. Beabsichtigt der Bund, eine Maßnahme nicht in das Bundesprogramm zu übernehmen, legt er seine Bedenken rechtzeitig dar und erörtert sie mit dem Land. Hält der Bund an seiner Auffassung fest, wird er seine Entscheidung schriftlich begründen.
(3) Übersteigen die Anmeldungen der Länder den Verfügungsrahmen des Bundes für das Programmjahr (§ 1 Abs. 1 Satz 1), werden Bund und Länder versuchen, die notwendige Beschränkung einvernehmlich vorzunehmen. Der Bund wird hierbei eine von den Ländern übereinstimmend vorgeschlagene Verteilung akzeptieren.
Kommt eine Einigung nicht zustande, ist der Bund berechtigt, einen sachgerechten, notfalls groben, für alle Länder in gleicher Weise geltenden Maßstab offenzulegen und danach die notwendige Beschränkung auf den Verfügungsrahmen des Bundes vorzunehmen. Die auf die einzelnen Landesprogramme entfallenden Kürzungen werden von dem jeweiligen Land vor Abschluß der Anpassung und Fortführung (§ 72 Abs. 3 Satz 3 StBauFG) maßnahmebezogen vorgenommen.
(4) Übersteigen die Anmeldungen der Länder den vorgesehenen Verfügungsrahmen für die Fortschreibungsjahre (§ 1 Abs. 1 Satz 2), wird der Bund nach vorheriger Beratung mit den Ländern unter Darlegung seines Maßstabes in einer Übersicht darstellen, welche Finanzhilfebeträge für die einzelnen Länder voraussichtlich in den Fortschreibungsjahren in Betracht kommen werden. Diese Vorausschau ist für die Anpassung und Fortführung des Bundesprogramms nicht verbindlich.
(5) Im übrigen ergeben sich Inhalt und Form des Bundesprogramms aus dem dieser Verwaltungsvereinbarung beigefügten Muster (Anlage 3).[1]

§ 5
Zuteilung der Finanzhilfen des Bundes

(1) Der Bund teilt den Ländern Finanzhilfen nach Maßgabe des Bundesprogramms für die dort aufgeführten Maßnahmen zu. Die Finanzhilfen werden von den Ländern als Landesmittel für die einzelnen städtebaulichen Sanierungs- und Entwicklungsmaßnahmen bewilligt. Sie werden von den Ländern zu den gleichen Bedingungen eingesetzt wie die Förderungsmittel der Länder. Im Bewilligungsbescheid bringen die Länder zum Ausdruck, inwieweit die Förderung auf Finanzhilfen des Bundes beruht.

---
[1]) Hier nicht mit abgedruckt.

(2) Die Finanzhilfen des Bundes sind nur zur Finanzierung solcher Kosten bestimmt, die nach dem 1. Januar des jeweiligen Programmjahres entstehen.
Folgende vor dem 1. Januar des Programmjahres entstandene Kosten können für förderungsfähig erklärt werden:
a) Kosten, die bei Fortsetzungsmaßnahmen im vorangegangenen Jahr entstanden sind und aus den bisher im Bundesprogramm bereitgestellten Finanzhilfen nicht mehr gedeckt werden konnten;
b) Grundstückskosten gemäß Nrn. 12.4 Abs. 2 und 39.4 Satz 2 StBauFVwV, die bei Neuen Maßnahmen entstanden sind, wenn der Erwerbstatbestand nicht mehr als drei Jahre zurückliegt.

Voraussetzung ist, daß das Land die Förderung dieser Kosten für unabweisbar erklärt und die von diesen Erklärungen erfaßten Kosten innerhalb eines Haushaltsjahres insgesamt den Betrag von 15 v. H. der dem Land für das jeweils vorhergehende Programmjahr zugeteilten Finanzhilfen nicht überschreiten.
(3) Die Bewirtschaftung der Finanzhilfen, die Regelung der Geldversorgung (Betriebsmittel), die Rechnungslegung, die Errechnung und Abführung der dem Bund zustehenden Zins- und Tilgungsbeträge sowie die Führung der Bundesvermögensrechnung werden in einer besonderen Vereinbarung geregelt.
Bis zum Abschluß einer entsprechenden Verwaltungsvereinbarung werden die bisher geltenden Bestimmungen weiter angewandt. Für Darlehen im Verhältnis Bund/Land tritt anstelle des bisherigen Mindesttilgungssatzes von 3 v. H. ein solcher von 1 v. H.
Die Bundesmittel dürfen zeitlich anteilsmäßig nicht vor den Förderungsmitteln des Landes eingesetzt werden.
Beträge, die das Land von den Letztempfängern wegen nicht zweckentsprechender Verwendung zurückerhält, werden in Höhe des Bundesanteils an den Bund weitergeleitet, soweit eine erneute Bewilligung nicht mehr erfolgt; entsprechendes gilt für etwaige Zinsbeträge.

§ 6
Änderung des Bundesprogramms außerhalb der jährlichen Anpassung und Fortführung

(1) Die Länder sind berechtigt, im Bundesprogramm für eine Maßnahme bereitstehende Finanzhilfebeträge, die dort zur Zeit nicht oder nicht mehr benötigt werden, für eine andere Maßnahme des Bundesprogramms einzusetzen (Umschichtung).
(2) Wird eine Maßnahme des Bundesprogramms aufgegeben und sind die hierfür im Rahmen des Bundesprogramms dem Land zugewiesenen Finanzhilfen noch nicht oder bisher nur für vorbereitende Untersuchungen zum Einsatz gekommen, ist das Land berechtigt, eine Neue Maßnahme zu benennen und die freigewordene Finanzhilfe des Bundes hierfür zu verwenden (Austausch). Die ausgetauschte und Neue Maßnahme sollen sich in ihrer finanziellen Größenordnung entsprechen.
(3) Beabsichtigte Änderungen nach Absätzen 1 und 2 werden dem Bund angezeigt. Beim Austausch werden die für Neue Maßnahmen üblichen Unterlagen beigefügt.
Der Bund kann der Änderung nur widersprechen, wenn sie den Voraussetzungen und Zielen der Finanzhilfe des Bundes (§ 4 Abs. 2) zuwiderläuft. Der Widerspruch ist nur innerhalb einer Frist von 3 Wochen zulässig.
(4) Eine Änderung des Bundesprogramms nach Absätzen 1 und 2 hat keine Auswirkung auf die Gesamthöhe der dem Land bisher gewährten Finanzhilfen des Bundes.

§ 7
Verwendungsnachweis

(1) Die Länder weisen dem Bund jeweils bis zum 1. April für das vorausgegangene Programmjahr die zweckentsprechende Verwendung der Finanzhilfen nach dem dieser Verwaltungsvereinbarung beigefügten Muster (Anlage 4)[1]) nach.

[1]) hier nicht abgedruckt.

(2) Die Verwendung der den Ländern zugeteilten Finanzhilfen unterliegt der Prüfung durch die obersten Rechnungsprüfungsbehörden der Länder.

§ 8
Unterrichtung

(1) Der Bund wird die Länder über Entscheidungen oder Umstände aus seinem Aufgabenbereich unterrichten, die für die Vorbereitung und Durchführung städtebaulicher Sanierungs- und Entwicklungsmaßnahmen des Bundesprogramms von grundsätzlicher Bedeutung sind.
(2) Die Länder werden dem Bund aus berechtigtem Anlaß erbetene Informationen über die Durchführung städtebaulicher Sanierungs- und Entwicklungsmaßnahmen auch außerhalb der jährlichen Anpassung und Fortführung des Bundesprogramms geben.
(3) Die Länder unterrichten den Bund über den allgemeinen Umfang, in dem Finanzhilfen für den Neubau und Ersatzbau von Wohnungen (§ 45 StBauFG, Nr. 20 StBauFVwV) eingesetzt werden.
(4) Die Länder unterrichten den Bund im Zusammenhang mit der jährlichen Übersendung der Landesprogramme über neue Erfahrungen, die mit der Durchführung des StBauFG im Rahmen des Bundesprogramms gemacht wurden.
(5) Die Länder unterrichten den Bund bis zum 1. April jeden Jahres, in welchem Umfang im vorangegangenen Jahr Erklärungen nach § 5 Abs. 2 Satz 3 abgegeben wurden.
(6) Nach Abschluß einer Maßnahme oder bei vorzeitigem Abbruch der Förderung unterrichtet das Land den Bund in Form eines zusammenfassenden Berichts.

§ 9
Vorbehalt

Die Gewährung von Finanzhilfen des Bundes außerhalb des Bundesprogramms nach § 71 Abs. 2 Satz 4 StBauFG wird durch diese Verwaltungsvereinbarung nicht geregelt.

§ 10
Änderung der Anlagen

Die Anlagen 1 bis 4 können einvernehmlich zwischen dem Bundesminister für Raumordnung, Bauwesen und Städtebau und den für das Bau-, Wohnungs- und Siedlungswesen zuständigen Ministern (Senatoren) der Länder geändert werden.

§ 11
Revisionsklausel

(1) Bund und Länder werden für den Fall des Abschlusses einer Grundvereinbarung für die Gewährung von Finanzhilfen des Bundes an die Länder nach Artikel 104 a Abs. 4 des Grundgesetzes die vorstehend vereinbarten Regelungen überprüfen und erforderlichenfalls anpassen.
(2) Unabhängig davon wird die Verwaltungsvereinbarung alle 3 Jahre auf die Zweckmäßigkeit ihrer Regelungen überprüft und erforderlichenfalls angepaßt.
(3) Anpassungen werden nur aufgrund inhaltsreicher Übereinkünfte mit allen Ländern vorgenommen.

§ 12
Kündigung

Diese Verwaltungsvereinbarung kann zum Ende jeden Jahres zum Ablauf des übernächsten Jahres gekündigt werden. Die Kündigung kann erstmals zum 31. Dezember 1981 erfolgen.

§ 13
Inkrafttreten

Die Regelungen dieser Verwaltungsvereinbarung kommen erstmals für die Anpassung und Fortführung des Bundesprogramms für das Programmjahr 1978 zur Anwendung.

Bonn, den 30. Juni 1977
Für die Bundesrepublik Deutschland:
Der Bundesminister für Raumordnung,
Bauwesen und Städtebau
gez. Karl Ravens

Stuttgart, den 11. Juli 1977
Für das Land Baden-Württemberg
vertreten durch das Innenministerium Baden-Württemberg
gez. i. V. Dr. Palm

Müchen, den 4. Oktober 1977
Für den Freistaat Bayern
Der Bayerische Staatsminister des Innern
gez. Dr. Seidl

Berlin, den 18. August 1977
Für das Land Berlin
Der Senator für Bau- und Wohnungswesen
gez. Harry Ristock
Der Senator für Finanzen
gez. Dr. Riebschläger

Bremen, den 16. August 1977
Für das Land Bremen
Der Senator für Bauwesen
gez. Stefan Seifriz

Hamburg, den 3. August 1977
Für den Senat der Freien und Hansestadt Hamburg
Der Präses der Baubehörde
gez. Dr. Rolf Bialas

Wiesbaden, den 7. September 1977
Für das Land Hessen
Der Hessische Minister des Innern
gez. Gries

Hannover, den 22. August 1977
Für das Land Niedersachsen
Für den Niedersächsischen Ministerpräsidenten
der Niedersächsische Sozialminister
gez. Schnipkoweit

Düsseldorf, den 30. Oktober 1977
Für das Land Nordrhein-Westfalen
Für die Landesregierung
namens des Ministerpräsidenten
Der Innenminister
gez. Dr. Hirsch
Der Finanzminister
gez. Prof. Dr. Halstenberg

Mainz, den 25. Oktober 1977
Für das Land Rheinland-Pfalz

Der Minister der Finanzen
gez. Gaddum

Saarbrücken, den 29. Juli 1977
Für das Saarland
Der Minister für Umwelt, Raumordnung und Bauwesen
gez. Schacht

Kiel, den 15. August 1977
Für das Land Schleswig-Holstein
Der Innenminister
gez. i. V. Dr. Knack

Protokollnotiz zu § 4 Abs. 3

Die für das Bau-, Wohnungs- und Siedlungswesen zuständigen Minister (Senatoren) der Länder haben sich auf der Konferenz im Bundesministerium für Raumordnung, Bauwesen und Städtebau am 4. März 1977 zu § 4 Abs. 3 auf folgende Regelung geeinigt:

Die Finanzhilfen des Bundes sollen vorbehaltlich einer anderen allseitigen Einigung nach folgendem Verteilungsmaßstab verteilt werden:

Baden-Württemberg	13,6 %
Bayern	16,1 %
Berlin	6,0 %
Bremen	2,0 %
Hamburg	2,8 %
Hessen	9,0 %
Niedersachsen	11,6 %
Nordrhein-Westfalen	24,3 %
Rheinland-Pfalz	7,3 %
Saarland	1,8 %
Schleswig-Holstein	5,5 %

Vor dieser Verteilung erhält das Land Berlin vorab 2 v. H. des Verfügungsrahmens des Bundes.

Diese Regelung soll entsprechend § 11 Abs. 2 überprüft werden, frühestens für das Programmjahr 1981.

4.

Übersicht über die Ausführungsgesetze und Verordnungen der Länder zum StBauFG

Baden-Württemberg

Verordnung der Landesregierung über die zuständige Behörde nach § 25 Abs. 5 Nr. 2 Satz 1 StBauFG. Vom 6. 10. 1971 (GBl. S. 398)

Verordnung des Innenministeriums über Zuständigkeiten nach dem StBauFG. Vom 6. 12. 1971 (GBl. S. 517)

Bayern

Gesetz über Zuständigkeiten nach dem StBauFG vom 28. 1. 1972 (GVBl. S. 5)

Verordnung zur Durchführung des § 25 StBauFG vom 28. 1. 1972 (GVBl. S. 5)

Verordnung über die förmliche Festlegung des städtebaulichen Entwicklungsbereichs in der Stadt Bayreuth vom 21. 3. 1974 (GVBl. S. 126)

Zuständigkeitsverordnung zum BBauG und zum StBauFG (Delegationsverordnung — DelVBBauG/StBauFG) i. d. F. v. 4. 7. 1978 (GVBl. S. 432)

Berlin

1. Gesetz zur Übernahme von Gesetzen; hier Gesetz über städtebauliche Sanierungs- und Entwicklungsmaßnahmen in den Gemeinden (Städtebauförderungsgesetz) vom 27. 2. 1971 (BGBl. I S. 1125) vom 4. 8. 1971 (GVBl. S. 1389)

2. Gesetz zur Ausführung des StBauFG vom 9. 5. 1972 (GVBl. S. 884)

Bremen

Gesetz über den Wegfall von Genehmigungen nach dem StBauFG vom 26. 9. 1972 (GBl. S. 193)

Hamburg

Gesetz zur Ausführung des StBauFG vom 13. 6. 1972 (GVBl. S. 103)

Hessen

Verordnung zur Übertragung von Zuständigkeiten der höheren Verwaltungsbehörde nach dem StBauFG auf den Minister des Innern. Vom 8. 10. 1971 (GVBl. S. 249)

Erste Anordnung zur Bestimmung der Zuständigkeit von Landesbehörden nach dem StBauFG vom 13. 3. 1972 (GVBl. S. 74)

Erste Anordnung zur Übertragung der Befugnisse zur Umlegung auf die Flurbereinigungsbehörde nach dem StBauFG v. 9. 8. 1973 (GVBl. S. 330)

Zweite Anordnung zur Übertragung der Befugnisse zur Umlegung auf die Flurbereinigungsbehörde nach dem StBauFG v. 7. 9. 1973 (GVBl. S. 351)

Dritte Anordnung zur Übertragung der Befugnisse zur Umlegung auf die Flurbereinigungsbehörde nach dem StBauFG v. 8. 1. 1974 (GVBl. S. 37)

Vierte Anordnung zur Übertragung der Befugnisse zur Umlegung auf die Flurbereinigungsbehörde nach dem StBauFG v. 22. 2. 1974 (GVBl. S. 147)

Fünfte Anordnung zur Übertragung der Befugnisse zur Umlegung auf die Flurbereinigungsbehörde nach dem StBauFG v. 29. 3. 1974 (GVBl. S. 208)

Sechste Anordnung zur Übertragung der Befugnisse zur Umlegung auf die Flurbereinigungsbehörde nach dem StBauFG v. 20. 4. 1974 (GVBl. S. 213)

Siebente Anordnung zur Übertragung der Befugnisse zur Umlegung auf die Flurbereinigungsbehörde nach dem StBauFG v. 21. 6. 1974 (GVBl. S. 308)

Achte Anordnung zur Übertragung der Befugnisse zur Umlegung auf die Flurbereinigungsbehörde nach dem StBauFG. Vom 29. 11. 1974 (GVBl. S. 600)

Neunte Anordnung zur Übertragung der Befugnisse zur Umlegung auf die Flurbereinigungsbehörde nach dem StBauFG. Vom 10. 12. 1974 (GVBl. S. 601)

Zehnte Anordnung zur Übertragung der Befugnisse zur Umlegung auf die Flurbereinigungsbehörde nach dem StBauFG v. 9. 5. 1975 (GVBl. S. 97)

Elfte Anordnung zur Übertragung der Befugnisse zur Umlegung auf die Flurbereinigungsbehörde nach dem StBauFG v. 24. 11. 1975 (GVBl. S. 200)

Verordnungen über städtebauliche Entwicklungsbereiche Allendorf, Alsfeld, Baunatal, Friedrichsdorf und Kassel v. 27. 2. 1974 (GVBl. S. 143), 1. 4. 1974 (GVBl. S. 201), 31. 5. 1974 (GVBl. S. 255), 23. 9. 1974 (GVBl. S. 460) u. v. 29. 7. 1977 (GVBl. S. 351).

Verordnung zur Änderung der Zweiten Verordnung zur Durchführung des BBauG und der Verordnung zur Übertragung von Zuständigkeiten der höheren Verwaltungsbehörde nach dem StBauFG auf den Minister des Innern sowie Anordnung zur Änderung der Ersten Anordnung zur Bestimmung der Zuständigkeit von Landesbehörden nach dem StBauFG v. 9. 5. 1977 (GVBl. S. 182)

Niedersachsen

Gesetz über die Bindung der Rückflüsse aus Darlehen zur Förderung des Wohnungsbaus sowie von städtebaulichen Sanierungs- und Entwicklungsmaßnahmen v. 5. 6. 1975 (GVBl. S. 193)

Nordrhein-Westfalen

Verordnung über Zuständigkeiten nach dem StBauFG vom 24. 1. 1980 (GV-NW S. 88)

Verordnung über die Festlegung des städtebaulichen Entwicklungsbereichs Bonn — Parlaments- und Regierungsviertel vom 17. 12. 1974 (GV-NW S. 46)

Reinland-Pfalz

Landesgesetz über die Bestimmung der zuständigen Behörde nach § 93 StBauFG v. 6. 6. 1972 (GVBl. S. 202)
Landesgesetz zur Ausführung des StBauFG v. 13. 2. 1973 (GVBl. S. 30)

Saarland

Verordnung zur Regelung von Zuständigkeiten nach dem StBauFG v. 24. 4. 1972 (ABl. S. 253)

Verordnungen über die Festlegung der städtebaulichen Entwicklungsbereiche Völklingen-Sonnenhügel v. 11. 6. 1974 (ABl. S. 608) und Homburg, Berliner Straße, vom 10. 9. 1974 (ABl. S. 878)

Schleswig-Holstein

Landesverordnung zur Bestimmung der zuständigen Behörden nach dem StBauFG v. 14. 2. 1972 (GVOBl. S. 27)

II.
RAUMORDNUNG UND LANDESPLANUNG

1.
Raumordnungsgesetz

vom 8. April 1965 (BGBl. I S. 306), geändert durch Gesetze vom 10. August 1976 (BGBl. I S. 2127), vom 20. Dezember 1976 (BGBl. I S. 3573) und vom 1. Juni 1980 (BGBl. I S. 649)

Vorbemerkung

1. Allgemeines

a) Das Raumordnungsgesetz (RaumOG) des Bundes wurde am 12. 2. 1965 vom Bundestag (BT) und am 5. 3. 1965 vom Bundesrat (BR) gebilligt. Die jahrelangen Bemühungen um eine bundesrechtliche Regelung (siehe Vorbemerkungen vor § 1 BBauG, 3 a) ergaben eine Kompromißlösung, die sich in den dreizehn Paragraphen des Gesetzes niederschlägt. Der Begriff Raumordnung ist — wie einer der Schöpfer dieses Gesetzes, Staatssekr. Prof. Dr. Ernst, selbst zugeben muß (Das Bundesraumordnungsgesetz, BBauBl. 1965, 94) — undeutlich. Letzten Endes war er aber durch Art. 75 Nr. 4 GG vorgezeichnet; dort wird die Rahmengesetzgebung für die Raumordnung dem Bund zugewiesen. Verschiedene wesentliche Veränderungen im Hinblick auf die Verteilung der Wohn- und Arbeitsstätten, der Struktur der Erwerbsarten, im Bevölkerungsaufbau sowie in den Arbeits- und Lebensbedingungen der Menschen in der Bundesrepublik war der vornehmliche Anlaß für die Bundesregierung, über das Länderabkommen vom 16. 12. 1957 hinaus die Raumordnung in den Griff des Bundesgesetzgebers zu bringen. Ob dies mit diesem Gesetz gelingen wird, kann erst die Zukunft lehren. Jedenfalls ist nach § 2 Abs. 1 RaumOG Ziel des Gesetzes vor allem Förderung der Rückstandsgebiete, Schaffung und Erhaltung gesunder Lebens- und Arbeitsbedingungen in starken Verdichtungsgebieten, Förderung der Leistungskraft der Zonenrandgebiete. Die Länder sollen nach den geltenden Landesplanungsgesetzen zusammenfassende Programme und Pläne für ihr ganzes Land oder für Regionen aufstellen. „Der Bund erkennt auch dort, wo er Träger besonderer Hoheitsaufgaben und Planungsbefugnisse ist, die Landesentwicklungsprogramme für sich als verbindlich an, soweit ihm das nicht die Durchführung seiner Aufgaben unmöglich macht" (Ernst a. a. O.). Über die Grundsätze einer klaren Abgrenzung von Länder- und Bundeshoheit hinaus ist kein Bundesentwicklungsplan (= -programm) rechtens.

Die im RaumOG niedergelegten Grundsätze binden in erster Linie den Bund, aber auch die Länder, und zwar insoweit, als sie nach den im Gesetz niedergelegten Grundsätzen ihre Landes(Regional)-Entwicklungsprogramme und -Pläne aufstellen, die hinwiederum für die gemeindliche Bauleitplanung verbindlich sind. Die Koordinierung der einzelnen Maßnahmen der Bundesministerien und Bundesbehörden auf dem Gebiete der Raumordnung erfolgt in einem Kabinettsausschuß für Raumordnung.

b) Mit ÄndG vom 10. 8. 1976 (BGBl. I S. 2127) wurde § 11 geändert. Nunmehr sind die Raumordnungsberichte nur alle vier Jahre zu erstellen. Der nächste Bericht war dem Bundestag 1978 vorzulegen. Eine weitere Änderung erfolgte durch § 35 des Bundesnaturschutzgesetzes vom 20. 12. 1976 (BGBl. I S. 3574, ber. 1977 I S. 650). Sie betraf § 2 Nr. 7 Satz 1 und § 9 Abs. 2, durch die den Belangen des Naturschutzes auch im Bereich der Raumordnung eigens Rechnung getragen werden soll (siehe im einzelnen bei § 2 und 9). Schließlich wurde durch Gesetz vom 1. 6. 1980 (BGBl. I S. 649) im Rahmen der Berücksichtigung des Denkmalschutzes § 2 Abs. 1 Nr. 8 durch den Satz 2 erweitert: „Auf die Erhaltung von Kulturdenkmälern ist zu achten".

2. Besonderheiten der endgültigen Fassung gegenüber den Entwürfen

Das Gesetz ist in mehrfacher Hinsicht gegenüber den früheren Entwürfen von Bedeutung:

a) Der allgemeine, bisher gesetzlich nicht verankerte Grundsatz, daß sich die Ordnung der Einzelräume in die Ordnung des Gesamtraumes einfügt, andererseits aber auch die Ordnung des Gesamtraumes die Gegebenheiten und Erfordernisse seiner Einzelräume berücksichtigen soll, ist jetzt gesetzlich geregelt worden (§ 1 Abs. 4).

b) Die Grundsätze der Raumordnung erfassen im Gegensatz zu der Regierungsvorlage nicht mehr nur die in ihrer Struktur gefährdeten Gebiete, sondern erstrecken sich auf das ganze Bundesgebiet (§ 1 Abs. 1).

c) Es ist eine für alle Gebiete geltende Konzeption für den Verdichtungsprozeß gefunden worden (§ 2 Abs. 1 Nr. 2).
Die Forderung für den Ausbau zentraler Orte ist in den Grundsätzen gesetzlich festgelegt worden.

d) Die besondere Situation des Zonenrandgebiets ist deutlich hervorgehoben. Die Leistungskraft des Zonenrandgebietes ist bevorzugt mit dem Ziel zu stärken, daß in allen seinen Teilen Lebens- und Arbeitsbedingungen sowie eine Wirtschafts- und Sozialstruktur geschaffen werden, die denen im gesamten Bundesgebiet mindestens gleichwertig sind (§ 2 Abs. 1 Nr. 4).

e) Die Bindungswirkung der Grundsätze gegenüber den Ländern ist durch den zwischen Ministerpräsident Dr. Meyers und Bundesminister Lücke ausgehandelten Kompromiß zwar in ihrem Geltungsbereich eingeschränkt, dürfte aber vielleicht doch für eine gemeinsam von Bund und Ländern getragene Raumordnungspolitik ausreichen. Das Schwergewicht der Raumordnungspolitik ist auf die Länder übertragen worden. Sie haben im Rahmen der Grundsätze des Gesetzes in ihren Landesentwicklungsprogrammen und -plänen die Zielsetzung des Gesetzes zu verwirklichen. Erst durch sie tritt die Bindung des kommunalen Bereiches ein. Vgl. §§ 4, 5.

f) Die Mitwirkung der Gemeinden und Landkreise an der Aufstellung der Landesentwicklungsprogramme und -pläne und bei der Regionalplanung ist bundesrechtlich gewährleistet (§ 5 Abs. 2). Die Länder haben Rechtsgrundlagen für eine Regionalplanung zu schaffen, wenn diese für Teilräume des Landes geboten erscheint. Entsprechend § 7 BBauG sind auch die Fachplanungsträger des Bundes in die Festsetzung der Landes- und Regionalplanung einbezogen worden (§ 6).

g) Es sind eine Bund-Länder-Konferenz für Raumordnung (§ 8) und ein Beirat für Raumordnung (§ 9) geschaffen worden.

3. Schrifttum

Siehe Literaturverzeichnis.

4. Rechtsprechung

BayVGH U vom 29. 5. 1968 (Nr. 244 IV 67) DVBl. 1969, 277

Zur vorbeugenden Unterlassungsklage einer Gemeinde gegen die Durchführung eines Raumordnungsverfahrens mit dem Ziel der Durchsetzung einer qualifizierten Beteiligung an diesem Verfahren.

OVG Saarland U vom 30. 4. 1971 (II R 74/70) OVGE 1972, 140
Anpassung der Bauleitplanung an Raumordnungsprogramme, wenn sich diese auf Raumordnung und Landesplanung beschränken und konkret, klar und verständlich sind, z. B. zur Verhinderung der Zersiedlung oder Erhaltung des Waldes in Verdichtungsgebieten, siehe bei Landesplanungsgesetz Saarland.

VG München U vom 22. 11. 1971 (Nr. 3156/70) nicht veröff.
a) Aus dem Beteiligungsrecht am Raumordnungsverfahren ergibt sich zwar ein Recht auf Einsicht in die Unterlagen, nicht aber auf kostenlose Anfertigung von Abschriften der Stellungnahmen anderer Beteiligter.
b) Das BayLPlG gewährt betroffenen Gemeinden nur ein Recht auf Beteiligung an einem Raumordnungsverfahren, **nicht** jedoch einen Anspruch auf bestimmte Sachbehandlung (wie etwa auf Durchführung vergleichender Standortuntersuchungen).
c) Das Recht auf Anhörung im Raumordnungsverfahren erfordert keine zusätzliche mündliche Erörterung der Verfahrensunterlagen, soweit nicht besondere Umstände vorliegen.

VG München U vom 30. 7. 1979 (M 180 I 77)
Die Bekanntmachung nach Art. 26 BayLplG ist kein Verwaltungsakt. Eine Anfechtungsklage ist unzulässig. Als Rechtsschutzmöglichkeit kann eine Normenkontrolle (§ 47 VwGO i. V. m. Art. 5 BayAGVwGO) in Betracht kommen.

§ 1

Aufgaben und Ziele der Raumordnung

(1) Das Bundesgebiet ist in seiner allgemeinen räumlichen Struktur einer Entwicklung zuzuführen, die der freien Entfaltung der Persönlichkeit in der Gemeinschaft am besten dient. Dabei sind die natürlichen Gegebenheiten sowie die wirtschaftlichen, sozialen und kulturellen Erfordernisse zu beachten.
(2) Das Ziel der Wiedervereinigung des gesamten Deutschlands ist zu berücksichtigen und seine Verwirklichung zu fördern. Dabei ist der räumliche Zusammenhang der Gebiete zu beachten und zu verbessern.
(3) Die Raumordnung im Bundesgebiet hat die räumlichen Voraussetzungen für die Zusammenarbeit im europäischen Raum zu schaffen und sie zu fördern.
(4) Die Ordnung der Einzelräume soll sich in die Ordnungen des Gesamtraumes einfügen. Die Ordnung des Gesamtraumes soll die Gegebenheiten und Erfordernisse seiner Einzelräume berücksichtigen.

Zu § 1

Unter den „natürlichen Gegebenheiten“ (Abs. 1 Satz 2) sind entsprechend den Feststellungen des federführenden 24. BT-Ausschusses für Wohnungswesen, Städtebau und Raumordnung — **zu** Drucksache IV/3014 — auch die aus der Landschaft sich ergebenden natürlichen Lebensbedingungen, ihre Zusammenhänge und Abhängigkeiten zu verstehen, was auch die dabei gebotene Rücksichtnahme auf die vorhandenen Bodenschätze einschließt.

Abs. 4 Satz 2 stellt eine Schutzvorschrift für die Kreise und Gemeinden dar.

§ 2

Grundsätze der Raumordnung

(1) Grundsätze der Raumordnung sind:

1. Die räumliche Struktur der Gebiete mit gesunden Lebens- und Arbeitsbedingungen sowie ausgewogenen wirtschaftlichen, sozialen und kulturellen Verhältnissen soll gesichert und weiter entwickelt werden.
   In Gebieten, in denen eine solche Struktur nicht besteht, sollen Maßnahmen zur Strukturverbesserung ergriffen werden.
   Die verkehrs- und versorgungsmäßige Aufschließung, die Bedienung mit Verkehrs- und Versorgungsleistungen und die angestrebte Entwicklung sind miteinander in Einklang zu bringen.
2. Eine Verdichtung von Wohn- und Arbeitsstätten, die dazu beiträgt, räumliche Strukturen mit gesunden Lebens- und Arbeitsbedingungen sowie ausgewogenen wirtschaftlichen, sozialen und kulturellen Verhältnissen zu erhalten, zu verbessern oder zu schaffen, soll angestrebt werden.
3. In Gebieten, in denen die Lebensbedingungen in ihrer Gesamtheit im Verhältnis zum Bundesdurchschnitt wesentlich zurückgeblieben sind oder ein solches Zurückbleiben zu befürchten ist, sollen die allgemeinen wirtschaftlichen und sozialen Verhältnisse sowie die kulturellen Einrichtungen verbessert werden.
   In den Gemeinden dieser Gebiete sollen die Lebensbedingungen der Bevölkerung, insbesondere die Wohnverhältnisse sowie die Verkehrs- und Versorgungseinrichtungen allgemein verbessert werden. In einer für ihre Bewohner zumutbaren Entfernung sollen Gemeinden mit zentralörtlicher Bedeutung einschließlich der zugehörigen Bildungs-, Kultur- und Verwaltungseinrichtungen gefördert werden.
4. Die Leistungskraft des Zonenrandgebietes ist bevorzugt mit dem Ziel zu stärken, daß in allen seinen Teilen Lebens- und Arbeitsbedingungen sowie eine Wirtschafts- und Sozialstruktur geschaffen werden, die denen im gesamten Bundesgebiet mindestens gleichwertig sind. Die Bildungs-, Kultur-, Verkehrs-, Versorgungs- und Verwaltungseinrichtungen sind vordringlich zu schaffen.
5. Es sind die räumlichen Voraussetzungen dafür zu schaffen und zu sichern, daß die land- und forstwirtschaftliche Bodennutzung als wesentlicher Produktionszweig der Gesamtwirtschaft erhalten bleibt. Die Landeskultur soll gefördert werden.
   Für die landwirtschaftliche Nutzung gut geeignete Böden sind nur in dem unbedingt notwendigen Umfang für andere Nutzungsarten vorzusehen. Das gleiche gilt für forstwirtschaftlich genutzte Böden.

Für ländliche Gebiete sind eine ausreichende Bevölkerungsdichte und eine angemessene wirtschaftliche Leistungsfähigkeit sowie ausreichende Erwerbsmöglichkeiten, auch außerhalb der Land- und Forstwirtschaft, anzustreben. Nummer 3 Sätze 2 und 3 finden entsprechende Anwendung.

6. In Verdichtungsräumen mit gesunden räumlichen Lebens- und Arbeitsbedingungen sowie ausgewogener Wirtschafts- und Sozialstruktur sollen diese Bedingungen und Strukturen gesichert und, soweit nötig, verbessert werden. Der Verdichtung von Wohn- und Arbeitsstätte, die zu ungesunden räumlichen Lebens- und Arbeitsbedingungen sowie zu unausgewogenen Wirtschafts- und Sozialstrukturen führt, soll entgegengewirkt werden. Wo solche ungesunden Bedingungen und unausgewogene Strukturen bestehen, soll deren Gesundung gefördert werden.
Maßnahmen zur Erreichung dieser Ziele sind eine vorausschauende örtliche und regionale Planung, die Verbesserung der Verkehrsverhältnisse und der der Versorgung der Bevölkerung dienenden Einrichtungen sowie die Entwicklung von Gemeinden zu Entlastungsorten für die Aufnahme von Wohn- und Arbeitsstätten in angemessener Entfernung. Art und Umfang dieser Maßnahmen sollen die Verwirklichung der Grundsätze nach den Nummern 1 bis 5 in den anderen Gebieten nicht beeinträchtigen. Sie sollen auch der Erhaltung der den Verdichtungsräumen zugeordneten Landschaft dienen.
7. Für den Schutz, die Pflege und die Entwicklung von Natur und Landschaft einschließlich des Waldes sowie für die Sicherung und Gestaltung von Erholungsgebieten ist zu sorgen.
Für die Reinhaltung des Wassers, die Sicherung der Wasserversorgung und für die Reinhaltung der Luft sowie für den Schutz der Allgemeinheit vor Lärmbelästigungen ist ausreichend Sorge zu tragen.
8. Die landsmannschaftliche Verbundenheit sowie die geschichtlichen und kulturellen Zusammenhänge sollen berücksichtigt werden. Auf die Erhaltung von Kulturdenkmälern ist zu achten.
9. Die Erfordernisse der zivilen und militärischen Verteidigung sind zu beachten.

(2) Die Grundsätze sind von den in § 3 genannten Stellen im Rahmen des ihnen zustehenden Ermessens gegeneinander und untereinander nach Maßgabe des § 1 abzuwägen.

(3) Die Länder können weitere Grundsätze aufstellen, soweit diese dem Absatz 1 und dem § 1 nicht widersprechen.

Zu § 2

Unter „gesunden Lebens- und Arbeitsbedingungen“ (Abs. 1 Nr. 1) ist die Gesamtheit aller Lebensbedingungen, die sich aus der Nutzung des Raumes und seiner strukturellen Gestaltung ergeben, zu verstehen und nicht etwa nur klimatisch gesunde Bedingungen (vgl. 4. BT zu DS IV/3014 S. 3, 4).

Durch § 35 BNatSchG vom 20. 12. 1976 wurden „Schutz, Pflege und Entwicklung der Natur" ausdrücklich in das Gesetz (§ 2 Abs. 1 Nr. 7) aufgenommen.

Das Gebot der Erhaltung von Kulturdenkmälern wurde in Nr. 8 als Satz 2 durch das Bundesgesetz zur Berücksichtigung des Denkmalschutzes im Bundesrecht vom 1. 6. 1980 (Art. 1) aufgenommen. Landesrechtlich ist diese Pflichtaufgabe in den Landesplanungsgesetzen längst verankert, vor allem weil das Grundgesetz die Denkmalpflege mangels ausdrücklicher Aussage (trotz Art. 5 Abs. 3 GG) dem Landesrecht überlassen hat.

Abs. 3 macht deutlich, daß es sich um ein Rahmengesetz handelt.

§ 3

Geltung der Grundsätze

(1) Die Vorschriften des § 2 Abs. 1 und 2 sowie die auf Grund des § 2 Abs. 3 aufgestellten Grundsätze gelten unmittelbar für die Behörden des Bundes, die bundesunmittelbaren Planungsträger und im Rahmen der ihnen obliegenden Aufgaben für die bundesunmittelbaren Körperschaften, Anstalten und Stiftungen des öffentlichen Rechts bei Planungen und sonstigen Maßnahmen, durch die Grund und Boden in Anspruch genommen oder die räumliche Entwicklung eines Gebietes beeinflußt wird (raumbedeutsame Planungen und Maßnahmen).

(2) Die Grundsätze des § 2 gelten unmittelbar für die Landesplanung in den Ländern. In den Ländern Berlin, Bremen und Hamburg gelten die Grundsätze des § 2 Abs. 1 für die Flächennutzungspläne nach § 5 des Bundesbaugesetzes vom 23. Juni 1960 (Bundesgesetzbl. I S. 341). Aufgaben und Zuständigkeiten der Landesplanung bestimmen sich mit der Maßgabe nach Landesrecht, sich die Wirkung der Programme und Pläne nach § 5 Abs. 1 auch auf die raumwirksamen Investitionen erstreckt. Weitergehende landesrechtliche Vorschriften über die Geltung der Grundsätze, die Aufgaben und die Zuständigkeiten der Landesplanung bleiben unberührt.

(3) Die Grundsätze des § 2 Abs. 1 und 3 haben dem einzelnen gegenüber keine Rechtswirkung.

Zu § 3

Abs. 1 enthält die verbindliche Feststellung, daß die Grundsätze des § 2 Abs. 3 den Bund unmittelbar binden.

Aufgaben und Zuständigkeiten der Landesplanung richten sich nach der Landeswahl (siehe die nachfolgend abgedruckten Landesplanungsgesetze); die Programme und Pläne der Landesplanung bilden zudem den Rahmen für raumwirksame Investitionen. Mit Abs. 2 Satz 3 wurde den Ländern die Möglichkeit eröffnet, die Aufgaben und Zuständigkeiten der Landesplanung weiter zu erstrecken. Für die drei Stadtstaaten bedurfte es einer ihrer Eigenart entsprechenden Regelung bezüglich der Flächennutzungspläne (§ 5 BBauG).

Abs. 3 besagt, daß die Grundsätze des § 2 Abs. 1 und 3 weder den einzelnen Staatsbürgern gegenüber bindende Wirkung haben noch Rechtsansprüche bezüglich der Gestaltung der Raumordnungspläne, -programme und -maßnahmen noch hinsichtlich der Gewährung von Entschädigungen oder Förderungsmaßnahmen der öffentlichen Hand haben.

§ 4

Verwirklichung der Grundsätze

(1) Der für die Raumordnung zuständige Bundesminister wirkt unbeschadet der Aufgaben und Zuständigkeiten der Länder auf die Verwirklichung der Vorschriften des § 2 hin, insbesondere durch Abstimmung der raumbedeutsamen Planungen und Maßnahmen nach § 3 Abs. 1 einschließlich des Einsatzes der raumwirksamen Investitionen. Er stellt die langfristigen und großräumigen raumbedeutsamen Planungen und Maßnahmen nach § 3 Abs. 1 zusammenfassend dar.

(2) Die Bundesregierung hat darauf hinzuwirken, daß die juristischen Personen des Privatrechts, an denen der Bund beteiligt ist, im Rahmen der ihnen obliegenden Aufgaben die §§ 1 und 2 beachten.

(3) Die Länder sichern im Rahmen der Landesplanung (§ 3 Abs. 2) die Verwirklichung der Vorschriften des § 2 insbesondere durch die Aufstellung von Programmen und Plänen nach § 5.

(4) Die Länder haben bei raumbedeutsamen Maßnahmen darauf Rücksicht zu nehmen, daß die Verwirklichung der Grundsätze in benachbarten Bundesländern und im Bundesgebiet in seiner Gesamtheit nicht erschwert wird.

(5) Die Behörden des Bundes und der Länder, die Gemeinden und Gemeindeverbände, die öffentlichen Planungsträger sowie im Rahmen der ihnen obliegenden Aufgaben die bundesunmittelbaren und die der Aufsicht des Landes unterstehenden Körperschaften, Anstalten und Stiftungen des öffentlichen Rechts haben ihre Planungen und Maßnahmen aufeinander und untereinander abzustimmen. Das gilt vor allem für Maßnahmen zur Verbesserung der Agrarstruktur und die Bauleitplanung. Die Länder regeln die Mitwirkung der für die Raumordnung zuständigen Landesbehörden bei der Abstimmung.

Zu § 4

Die Mitwirkung des Bundesministers für Wohnungswesen, Städtebau und Raumordnung wurde vom federführenden Ausschuß gefordert; das gleiche gilt für Abs. 2.

Die in den Ländern in Abs. 3 auferlegte Verpflichtung entspricht im wesentlichen dem § 3 Abs. 2, diejenige des Abs. 4 war im Regierungsentwurf nicht enthalten.

Die in Abs. 5 festgelegte Koordinationspflicht entspricht einem Gebot der Praxis. Satz 3 trägt dem förderativen Grundatz Rechnung.

§ 5

Raumordnung in den Ländern

(1) Die Länder stellen für ihr Gebiet übergeordnete und zusammenfassende Programme oder Pläne auf. Die Aufstellung räumlicher und sachlicher Teilprogramme und Teilpläne ist zulässig. Die Länder bezeichnen die in § 2

Abs. 1 Nrn. 3, 4 und 6 Sätze 2 und 3 genannten Gebiete. Für diese Gebiete sollen vordringlich räumliche oder sachliche Teilprogramme und Teilpläne aufgestellt werden. In den Ländern Berlin, Bremen und Hamburg ersetzt ein Flächennutzungsplan nach § 5 des Bundesbaugesetzes die Programme und Pläne.

(2) Die Programme und Pläne nach Absatz 1 müssen unbeschadet weitergehender bundes- und landesrechtlicher Vorschriften diejenigen Ziele der Raumordnung und Landesplanung enthalten, die räumlich und sachlich zur Verwirklichung der Grundsätze nach § 2 erforderlich sind. Bei der Aufstellung von Zielen der Raumordnung und Landesplanung sind die Gemeinden und Gemeindeverbände, für die eine Anpassungspflicht begründet wird, oder deren Zusammenschlüsse zu beteiligen; das Nähere wird durch Landesrecht bestimmt.

(3) Die Länder schaffen Rechtsgrundlagen für eine Regionalplanung, wenn diese für die Teilräume des Landes geboten erscheint. Soweit die Regionalplanung nicht durch Zusammenschlüsse von Gemeinden und Gemeindeverbänden zu regionalen Planungsgemeinschaften erfolgt, sind die Gemeinden und Gemeindeverbände oder deren Zusammenschlüsse in einem förmlichen Verfahren zu beteiligen; das Nähere wird durch Landesrecht bestimmt. Ist eine Regionalplanung über die Grenzen eines Landes erforderlich, so treffen die beteiligten Länder die notwendigen Maßnahmen im gegenseitigen Einvernehmen.

(4) Ziele der Raumordnung und Landesplanung sind von den in § 4 Abs. 5 genannten Stellen bei Planungen und allen sonstigen Maßnahmen, durch die Grund und Boden in Anspruch genommen oder die räumliche Entwicklung eines Gebietes beeinflußt wird, zu beachten. § 3 Abs. 1 und 2 bleiben unberührt.

Zu § 5

§ 5 enthält die wichtigsten Rahmenvorschriften für die Länder. Die Pflicht zur Beteiligung der Gemeinden und Gemeindeverbände (Abs. 2 Satz 2 und Abs. 3 Satz 2) ist über die Regierungsvorlage hinaus neu eingefügt worden.

§ 6

Anpassung besonderer Bundesmaßnahmen

(1) Bei Vorhaben des Bundes oder bundesunmittelbarer Planungsträger,

a) deren besondere öffentliche Zweckbestimmung einen bestimmten Standort oder eine bestimmte Linienführung erfordert, oder

b) die auf Grundstücken durchgeführt werden soll, die nach dem Gesetz über die Landesbeschaffung für Aufgaben der Verteidigung vom 23. Februar 1957 (Bundesgesetzbl. I S. 134), zuletzt geändert durch das Gesetz vom 23. Dezember 1963 (Bundesgesetzbl. S. 1012), oder nach dem

Gesetz über die Beschränkung von Grundeigentum für die militärische Verteidigung vom 7. Dezember 1956 (Bundesgesetzbl. I S. 899) in Anspruch genommen sind, oder

c) über die in einem Verfahren nach dem Bundesfernstraßengesetz in der Fassung vom 6. August 1961 (Bundesgesetzbl. I S. 1741), dem Bundesbahngesetz vom 13. Dezember 1951 (Bundesgesetzbl. I S. 955), dem Telegraphenwege-Gesetz vom 18. Dezember 1899 (Reichsgesetzbl. S. 705), dem Luftverkehrsgesetz in der Fassung vom 10. Januar 1959 (Bundesgesetzbl. I S. 9), zuletzt geändert durch das Zweite Gesetz zur Sicherung des Straßenverkehrs vom 26. November 1964 (Bundesgesetzbl. I S. 921) oder dem Personenbeförderungsgesetz vom 21. März 1961 (Bundesgesetzbl. I S. 241) zu entscheiden ist,

gilt § 5 Abs. 4 nur, wenn die zuständige Behörde oder der bundesunmittelbare Planungsträger beteiligt worden ist und innerhalb angemessener Frist nicht widersprochen hat.

(2) Der Widerspruch ist zulässig, wenn die Ziele der Raumordnung und Landesplanung

1. mit den Grundsätzen des § 2 nicht übereinstimmen oder
2. mit der Zweckbestimmung des Vorhabens nicht in Einklang stehen und das Vorhaben nicht auf einer anderen geeigneten Fläche durchgeführt werden kann.

Macht eine Veränderung der Sachlage eine Abweichung erforderlich, so kann sich die zuständige Behörde oder der Bundesunmittelbare Planungsträger mit Zustimmung der nächsthöheren Behörde innerhalb angemessener Frist hierauf berufen.

Zu § 6

Der Widerspruch im Sinn des Abs. 1 und 2 ist nicht mit dem in § 7 Abs. 2 genannten Widerspruch nach der VwGO identisch. Es handelt sich um ein Sonderverfahren, das nicht zur Anfechtungsklage führen kann, da es sich um behördeninterne Vorgänge handelt.

§ 7

Untersagung raumordnungswidriger Planungen und Maßnahmen

(1) Ist die Aufstellung, Änderung, Ergänzung oder Aufhebung von Zielen der Raumordnung und Landesplanung eingeleitet, so kann die für die Raumordnung zuständige Landesbehörde raumbedeutsame Planungen und Maßnahmen, die Behörden oder sonstige Stellen im Sinne des § 4 Abs. 5 beabsichtigen, für eine bestimmte Zeit untersagen, wenn zu befürchten ist, daß die Durchführung der Ziele der Raumordnung und Landesplanung unmöglich gemacht oder wesentlich erschwert wird. Dies gilt nur für solche Planungen

und Maßnahmen, die von der Rechtswirkung der Ziele der Raumordnung und Landesplanung nach § 5 erfaßt würden.

(2) Widerspruch und Anfechtungsklage gegen eine Untersagung haben keine aufschiebende Wirkung.

(3) Das Nähere, auch die Entschädigung für die Folgen einer Untersagung, regeln die Länder; die Höchstdauer der Untersagung darf zwei Jahre nicht überschreiten.

Zu § 7

Abs. 1 entspricht den §§ 14 und 15 BBauG. Die nach § 80 Abs. 1 VwGO grundsätzlich eintretende aufschiebende Wirkung der genannten Rechtsbehelfe ist für die Untersagung nach Abs. 1 beseitigt. Die Wiederherstellung der aufschiebenden Wirkung kann nach den Vorschriften der VwGO (§ 80 Abs. 5) beantragt werden.

Widerspruch und Klage im Sinne des Abs. 2 können nur selbständige Rechtsträger (insbes. Gemeinden und Gemeindeverbände), nicht aber die dem Land zugehörigen landeseigenen Behörden erheben; ein solcher Insichprozeß wäre unzulässig.

Den Ländern obliegt nach Abs. 3 die Einzelregelung, die auch die Entschädigung umfaßt. Eine Verlängerung der Höchstdauer der Untersagung über zwei Jahre hinaus ist ausgeschlossen.

§ 8

Gemeinsame Beratung

(1) Grundsätzliche Fragen der Raumordnung und Landesplanung und Zweifelsfragen sollen von der Bundesregierung und den Landesregierungen gemeinsam beraten werden. Hierzu gehören insbesondere:

1. die Merkmale für die Bestimmung der Gebiete nach § 2 Abs. 1 Nrn. 3, 4 und 6 Sätze 2 und 3 sowie die Abgrenzung dieser Gebiete nach § 5 Abs. 1 Satz 3,
2. Zweifelsfragen bei der Anwendung der Grundsätze nach § 2 bei wesentlichen raumbedeutsamen Planungen und Maßnahmen des Bundes und der Länder,
3. Zweifelsfragen bei der Abstimmung von raumbedeutsamen Planungen und Maßnahmen (§ 4 Abs. 5) und über die Berechtigung des Widerspruchs einer Behörde des Bundes oder eines bundesunmittelbaren Planungsträgers gegen Programme oder Pläne der Raumordnung und Landesplanung in den Ländern (§ 6),
4. Zweifelsfragen über die Folgen der Verwirklichung der Grundsätze in benachbarten Bundesländern und im Bundesgebiet in seiner Gesamtheit (§ 4 Abs. 4).

(2) Eine gemeinsame Beratung nach Absatz 1 oder deren Möglichkeit steht der Einleitung und Durchführung gesetzlich geregelter Verfahren nicht entgegen. Soll die Berechtigung eines Widerspruchs nach § 6 beraten werden und hat das Land oder die Gemeinde eine andere Fläche für das Vorhaben bezeichnet, so darf mit der Verwirklichung erst begonnen werden, wenn die

Beratung stattgefunden hat; nach Ablauf von 3 Monaten seit Erhebung des Widerspruchs steht die Möglichkeit einer Beratung der Verwirklichung des Vorhabens nicht entgegen.

Zu § 8

Mit dieser Bestimmung wird eine Bund-Länder-Konferenz gebildet, deren Zusammentritt in den Fällen des Abs. 2 Satz 2 im Hinblick auf die Rechtsfolgen des letzten Halbsatzes notwendig ist.

Um die Arbeiten an den Plänen im Aufgabenbereich der Landesplanung zu erleichtern und ihre gegenseitige Abstimmung auch über Landesgrenzen hinweg zu vereinfachen, hat die von Bund und Ländern gebildete Konferenz für Raumordnung am 29. 9. 1964 ein „Muster zur Ausarbeitung von Plänen im Aufgabenbereich der Landesplanung" beschlossen. Die Veröffentlichung bringt nach einem kurzen Überblick über den Zweck der übergeordneten Planungen und den Arbeitsvorgang Hinweise über die Darstellungstechnik. Im Anhang befinden sich das Muster einer Gliederung für Raumordnungspläne sowie ein von der Landesplanungsstelle beim Innenministerium Baden-Württemberg zusammengestelltes Beispiel eines Unterlagenverzeichnisses. Dieses enthält bereits vorhandene Bestandsaufnahmen und die Stellen, bei denen diese zu erhalten oder einzusehen sind. Die Broschüre ist beim Innenministerium des Landes Baden-Württemberg erhältlich. — Die Konferenz für Raumordnung würde es — wie es in einer Bekanntmachung des Bundeswohnungsbauministeriums vom 24. 5. 1965 (GMBl. S. 184) heißt — begrüßen, wenn das Muster künftig bei der Ausarbeitung von Landes- und Regionalplänen zugrunde gelegt würde.

Vgl. auch das unter der folg. Nr. 2 abgedruckte Verwaltungsabkommen vom 31. 5. 1967 über die gemeinsamen Beratungen nach § 8 RaumOG.

§ 9

Beirat für Raumordnung

(1) Bei dem für die Raumordnung zuständigen Bundesminister ist ein Beirat zu bilden. Er hat die Aufgabe, den Bundesminister in Grundsatzfragen der Raumordnung zu beraten.

(2) Der Bundesminister beruft im Benehmen mit den zuständigen Spitzenverbänden in den Beirat neben Vertretern der kommunalen Selbstverwaltung Sachverständige insbesondere aus den Bereichen der Wissenschaft, der Landesplanung, des Städtebaues, der Wirtschaft, der Landwirtschaft, der Forstwirtschaft, des Naturschutzes und der Landschaftspflege, der Arbeitgeber und Arbeitnehmer.

Zu § 9

Der Beirat für Raumordnung hat rein beratende Funktion. Dieser Beirat hat sich nach einer Bek. des Bundesministers des Innern vom 24. 11. 1966 (GMBl. S. 646) am 14. 7. 1966 konstituiert. Er hat die Aufgabe, den für die Raumordnung zuständigen Bundesminister in Grundsatzfragen der Raumordnung zu beraten. Der Bundesminister des Innern hat, wie es auch § 9 Abs. 2 vorschreibt, in den Beirat im Benehmen mit den zuständigen Spitzenverbänden neben Vertretern der kommunalen Selbstverwaltung Sachverständige, insbesondere aus den Bereichen der Wissenschaft, der Landesplanung, des Städtebaues, der Wirtschaft, der Landwirtschaft, der Forstwirtschaft, der

Arbeitgeber und Arbeitnehmer berufen. Die Berufung der Mitglieder des Beirates für Raumordnung endet mit Ablauf der Legislaturperiode des Deutschen Bundestages. Der Ausschluß hat drei stellvertretende Vorsitzende. Die laufenden Geschäfte des Beirates für Raumordnung führt der Bundesminister des Innern. Vgl. die Bek. der Geschäftsordnung des Beirats für Raumordnung vom 29. 3. 1967 (BAnz. 1967 Nr. 68).

Nach der Änderung des Abs. 2 durch § 35 BNatSchG v. 20. 12. 1976 werden in den Beirat nun mehr auch Vertreter des Naturschutzes und der Landschaftspflege berufen.

§ 10

Mitteilungs- und Auskunftspflicht

(1) Die Behörden des Bundes, die bundesunmittelbaren Planungsträger und die bundesunmittelbaren Körperschaften, Anstalten und Stiftungen des öffentlichen Rechts sind verpflichtet, der Bundesregierung die erforderlichen Auskünfte zu geben. Der für die Raumordnung zuständige Bundesminister unterrichtet die für die Raumordnung zuständigen obersten Landesbehörden über Vorhaben des Bundes und der bundesunmittelbaren Planungsträger von wesentlicher Bedeutung. Die Unterrichtungspflicht gilt nicht, soweit andere bundesgesetzliche Vorschriften bereits eine Unterrichtung der für die Raumordnung zuständigen obersten Landesbehörden vorsehen.

(2) Die für die Raumordnung zuständigen obersten Landesbehörden informieren den für die Raumordnung zuständigen Bundesminister über

1. die in ihren Ländern aufzustellenden und aufgestellten Programme und Pläne,
2. die beabsichtigten oder getroffenen landesplanerischen Maßnahmen und Entscheidungen von wesentlicher Bedeutung.

(3) Die Länder regeln Inhalt und Umfang der Mitteilungs- und Auskunftspflicht über beabsichtigte Planungen und Maßnahmen, soweit diese für die Landesplanung Bedeutung haben oder erlangen können. Dies gilt unbeschadet anderweitiger bundesgesetzlicher Regelungen nicht für die in Absatz 1 Satz 2 genannten Vorhaben.

(4) Bund und Länder sind verpflichtet, sich gegenseitig alle Auskünfte zu erteilen, die zur Durchführung der Aufgaben der Raumordnung und Landesplanung notwendig sind. Weitergehende vertragliche Regelungen bleiben unberührt.

Zu § 10

Die gegenseitige Konsultationspflicht ist eine unerläßliche Grundlage für die notwendige Abstimmung von Raumordnungsmaßnahmen. — Die Verpflichtung der Länder nach Abs. 3 ist so gehalten, daß die Regelungen nicht nur im Verordnungswege zu ergehen brauchen; es genügen Verwaltungsvorschriften.

§ 11

Unterrichtung des Deutschen Bundestages

Die Bundesregierung erstattet in einem Abstand von vier Jahren, erstmalig im Jahre 1966, dem Bundestag einen Bericht über

1. die bei der räumlichen Entwicklung des Bundesgebietes zugrunde zu legenden Tatsachen (Bestandsaufnahme, Entwicklungstendenzen),
2. die auswirkungen zwischenstaatlicher Verträge auf die räumliche Entwicklung des Bundesgebietes, insonderheit dessen regionale Wirtschaftsstruktur,
3. die im Rahmen der angestrebten räumlichen Entwicklung durchgeführten und geplanten Maßnahmen.

Der nächste Bericht ist dem Bundestag im Jahre 1978 vorzulegen.

Zu § 11

Durch G vom 10. 8. 1976 (BGBl. I S. 2127) wurde der Abstand zwischen den Raumordnungsberichten von zwei auf vier Jahre erweitert; der nächste Bericht war laut dem angeführten Satz 2 für 1978 zu erstatten.

Der (erste) **Raumordnungsbericht 1966** (DS V/1155 vom 24. 11. 1966; vgl. DVBl. 1967, 517) behandelt die Raumordnung in der BRep. aus internationaler Sicht, die Raumordnung im geteilten Deutschland und die Raumordnung im europäischen, insbes. EWG-Raum. Er enthält zu einem großen Teil Bestandsaufnahmen, aus denen sich ergibt, daß sich die Verhältnisse und Entwicklungen seit dem vorangegangenen Bericht von 1963 nicht unerheblich verändert haben.

Der zweite **Raumordnungsbericht 1968** vom 12. 3. 1969 (DS V/3958) ist anders als der Raumordnungsbericht 1966, der der Analyse diente, vor allem auf die Prognose der Entwicklung abgestellt. Nach Hinweisen auf die Landflucht und die Verschlechterung der wirtschaftlichen Lage der Landwirtschaft in den letzten zwei Jahren stellt der Bericht fest, daß zur Zeit ein Zehntel der Gesamtfläche der BRep., d. s. 50 v. H. mehr als 1938, überbaut sind. Als für die Raumordnung günstig wird die abnehmende Standortbindung der Industrie und die zunehmende Bedeutung vieler kleiner Ballungskerne der Wirtschaft festgestellt; allerdings sei es schwierig, in industriearmen ländlichen Gebieten mit rückläufiger Industriebeschäftigung neue Arbeitsplätze zu schaffen. Der regional gezielte Ausbau der Infrastruktur sei für die Zukunft besonders vordringlich. Da in den zurückbleibenden Gebieten industriell-gewerbliche Arbeitsplätze nur noch bis etwa 1975 in nennenswertem Umfang geschaffen werden könnten, müßten die langfristig erforderlichen Entwicklungsmaßnahmen vorgezogen und in den nächsten Jahren massiert werden. Der Bericht behandelt im letzten Abschnitt die Raumordnung im europäischen und internationalen Bereich.

Der **Raumordnungsbericht 1970** (vgl. BBauBl. 1970, 167) knüpft an den Raumordnungsbericht 1968 an. Er bringt die darin enthaltenen Informationen auf den neuesten Stand, wobei allerdings neue Schwerpunkte gesetzt wurden. Die Darstellung der räumlichen Entwicklung des Bundesgebietes, die in den vorausgegangenen Berichten einen breiten Raum eingenommen hat, ist im neuen Bericht stärker in den Hintergrund getreten. Deutlicher tritt demgegenüber der politische Gehalt der Regierungsberichte hervor.

Ziel des Berichts 1970 ist es, die prognostischen Arbeiten, die im Raumordnungsbericht 1968 ihren Niederschlag gefunden haben, verstärkt fortzusetzen, ein umfassendes Entwicklungskonzept für die Landschaft erarbeiten, Voraussetzungen für den Ausbau einer verbesserten Regionalstatistik schaffen, ein Berufsbild des Raumplaners und gesicherte Grundlagen für die Ausbildung und Fortbildung in diesem Bereich erarbeiten und schließlich im Hinblick auf die immer mehr divergierende Verwaltungsstruktur in den Ländern die Notwendigkeit gemeinsamer Beratung mit den Länder deutlich machen. Die langfristigen Zielvorstellungen für die räumliche Entwicklung der Bundesrepublik sollen in einem beabsichtigten Bundesraumordnungsprogramm entwickelt werden. Darum vermittelt der Bericht vor allem einen Überblick über die kurz- und mittelfristigen Zielvorstellungen und stellt nur jene Schwerpunkte der Raumordnungspolitik dar, die bis zur Veröffentlichung des Bundesraumordnungsprogramms in Angriff genommen werden sollen (Ausbau der Regionalstatistik, Verdichtungsräume und Umweltschutz).

Der im Oktober 1972 von der Bundesregierung vorgelegte **Raumordnungsbericht 1972** (BT-DS VI/3793) kündigt ein Bundesraumordnungsprogramm an, das vor allem zur Verbesserung der Lebensverhältnisse im Zonenrandgebiet beitragen soll, insbesondere durch Ausbau der Infrastruktur in den Regionen nahe der DDR. In den dünn besiedelten Teilen des Zonenrandgebietes ist auch der Ausbau kleinerer Orte als Entwicklungsschwerpunkte vorgesehen. Folgende Entwicklungstendenzen werden im Raumordnungsbericht 1972 aufgezeigt: Weiteres Ausufern der Verdichtungsräume, zunehmende Abwanderung der Bevölkerung aus den Innenstädten; Anwachsen der Mittelstädte, auch außerhalb der Verdichtungsräume; zunehmende Umweltbelästigung auch in Verdichtungsräumen; Verringerung der landwirtschaftlichen Nutzflächen; Wachsen des Bedürfnisses nach Freizeit und Erholung. In 24 Verdichtungsräumen (= 7 v. H. der Fläche der Bundesrepublik) leben 45 v. H. der Bevölkerung. Nach den Prognosen der regionalen Entwicklungsaussichten bis 1985 können vor allem die Gebiete Köln und Frankfurt/Darmstadt mit der stärksten Zunahme der Erwerbstätigenzahl und damit auch der Bevölkerungszahl rechnen. Über dem Durchschnitt liegen die meisten Teile des Ruhrgebiets, die Verdichtungsräume Rhein/Main, Rhein/Neckar, Oberrhein, Hamburg, Berlin und München/Rosenheim. Negative Tendenzen werden für die Räume Osnabrück, Emsland, Trier und Nordostbayern (Bamberg/Hof, Regensburg/Weiden, Landshut/Passau) vorausgesagt.

Der **Raumordnungsbericht 1974,** BT-DS 7/3582, (vergl. Schriftenreihe Raumordnung des Bundesministers für Raumordnung, Bauwesen und Städtebau 1975) befaßt sich mit der Europäischen Raumordnungspolitik, der Raum- und Siedlungsstruktur im Bundesgebiet und den Instrumenten und Maßnahmen der Raumordnung im Bund und in den Ländern.

Folgende Entwicklungstendenzen zeichnen sich im EG-Raum ab: Der Unterschied zwischen den sehr dicht bevölkerten Räumen Südengland (London), Brüssel, Paris, Rhein-Ruhr, Rhein-Main, Rhein-Neckar, Mailand, Rom und den schwach besiedelten Gebieten wie Süditalien, Nordengland, Ostbayern und Irland wird sich sowohl in der Bevölkerungsdichte als auch im Bruttosozialprodukt (Wirtschaftskraft) weiter vergrößern.

Für die Raumordnungspolitik in der Bundesrepublik ergeben sich neu zu beachtende Rahmenbedingungen:

a) Geburtenrückgang und stagnierende, wahrscheinlich sogar rückläufige Bevölkerungsentwicklung,
b) zurückhaltende Anwerbepolitik für ausländische Arbeitnehmer,
c) zunehmende Bedeutung der Aufgabe, die natürlichen Ressourcen zu erhalten,
d) Verknappung von Rohstoffen insbesondere von Energie.

Als neues Instrumentarium der Raumordnung wurde am 14. 2. 1975 durch die Ministerkonferenz für Raumordnung das Bundesraumordnungsprogramm beschlossen. Es bietet Ansätze für eine konkrete Raumordnungspolitik im Bundesmaßstab, da es nach einheitlichen Kriterien das gesamte Bundesgebiet in 38 Gebietseinheiten festlegt, Angaben über die Verteilung raumwirksamer Bundesmittel in den Bereichen der

Infrastruktur und der Erwerbsstruktur enthält, und Räume aufweist, in denen durch geeignete raumbedeutsame Planungen und Maßnahmen einem Zuwanderungsdruck entgegengewirkt werden soll. Außerdem werden die Planungsinstrumente in den Ländern und im EG-Raum dargestellt.

Der sehr kurz gehaltene **Raumordnungsbericht 1978 der Bundesregierung 1978** (behandelt am 28. 6. 1979 im BT; vgl. BT-DS 8/2378; Plenarprotokoll v. 8. 6. 1979, 146/79; BBauBl. 1979, 499) befaßt sich mit den Problemen der Schaffung neuer Arbeitsplätze der Verhinderung von Abwanderung insbesondere von jungen Erwerbstätigen aus schwach strukturierten peripheren Zonen, der Verbesserung der infrastrukturellen Versorgung in den ländlichen Räumen, Verbesserung der Wohn- und Umweltverhältnisse. Statt der 38 Gebietseinheiten solle künftig auf die 75 Planungsregionen bzw. Oberbereiche der Länder abgestellt werden. Hinzu trete eine Aktualisierung der Datenbasis und Verbesserung der Indikatoren. Dabei komme der Koordinierung der Fachplanungen des Bundes wachsende Bedeutung zu. Das Bundesraumordnungsprogramm stelle hierfür den räumlichen Orientierungsrahmen dar.

Vgl. hierzu auch die sehr ausführlichen **Raumordnungsberichte** der **Bayerischen Staatsregierung,** herausgegeben vom Bay. Staatsmin. f. Landesentwicklung und Umweltfragen, zuletzt vom 13. 12. 1979.

Vgl. auch die entsprechenden Raumordnungs- oder Landesentwicklungsberichte der Länder Baden-Württemberg, Niedersachsen, Nordrhein-Westfalen, Rheinland-Pfalz und Schleswig-Holstein.

§ 12

Geltung im Land Berlin

Dieses Gesetz tritt nach Maßgabe des § 13 Abs. 1 des Dritten Überleitungsgesetzes vom 4. Januar 1952 (Bundesgesetzbl. I S. 1) auch im Land Berlin in Kraft.

§ 13

Inkrafttreten

Dieses Gesetz tritt am Tage nach seiner Verkündung in Kraft.

Zu § 13

Das Gesetz ist im Bundesgesetzblatt Nr. 16 vom 21. April 1965 verkündet worden und demnach am 22. April 1965 in Kraft getreten.

2.
Verwaltungsabkommen zwischen dem Bund und den Ländern über die gemeinsamen Beratungen nach § 8 des Raumordnungsgesetzes vom 31. Mai 1967

(GMBl. S. 221 = BAnz. 1967 Nr. 122)

§ 1

Ministerkonferenz für Raumordnung

(1) Für die Beratungen nach § 8 des Raumordnungsgesetzes wird eine Ministerkonferenz für Raumordnung gebildet.

(2) Mitglieder der Ministerkonferenz sind der für die Raumordnung zuständige Bundesminister und der für die Raumordnung und Landesplanung zuständige Minister (Senator, Ressortchef) eines jeden Landes. Ein Mitglied wird im Falle der Verhinderung durch seinen ständigen Vertreter vertreten.

(3) Die Ministerkonferenz wählt aus ihrer Mitte einen Vorsitzenden und dessen Stellvertreter auf die Dauer von zwei Jahren. Einmalige Wiederwahl ist zulässig.

§ 2

Hauptausschuß

(1) Zur Vorbereitung der Beratungen der Ministerkonferenz wird ein Hauptausschuß gebildet. Die Ministerkonferenz kann ihm weitere Aufgaben übertragen.

(2) Der Hauptausschuß besteht aus den für die Raumordnung und Landesplanung fachlich zuständigen leitenden Beamten (Abteilungsleiter) in dem für die Raumordnung zuständigen Bundesministerium und in den obersten Landesplanungsbehörden der Länder.

(3) Der Vorsitzende des Hauptausschusses und sein Stellvertreter werden von der Ministerkonferenz aus den Mitgliedern des Hauptausschusses auf die Dauer von zwei Jahren gewählt. Einmalige Wiederwahl ist zulässig.

§ 3

Verfahren

(1) Die Ministerkonferenz für Raumordnung soll ihre Beratungen mit einer Empfehlung abschließen.*)

*) Vgl. Bekanntmachung des Bundesministers des Innern vom 29. 12. 1971 betr. Veröffentlichung der Entschließung der Ministerkonferenz für Raumordnung vom 16. 6. 1971 (GMBl. 1972 S. 42).

(2) Jedes Mitglied der Konferenz kann verlangen, daß eine von ihm bezeichnete Angelegenheit nach § 8 des Raumordnungsgesetzes von der Konferenz behandelt wird. Im Falle des § 8 Absatz 2 Satz 2 Raumordnungsgesetz soll die Beratung möglichst innerhalb von drei Monaten nach Erhebung des Widerspruchs abgeschlossen sein.

(3) Erscheint die mündliche Beratung einer Angelegenheit nicht erforderlich, so kann die Meinungsbildung schriftlich herbeigeführt werden, es sei denn, daß ein Mitglied eine mündliche Beratung beantragt.

(4) Im übrigen beschließt die Ministerkonferenz eine Geschäftsordnung, in der das Verfahren, insbesondere die Beteiligung anderer Ressorts des Bundes und der Länder, sowie die Vorbereitung der Sitzungen der Ministerkonferenz und des Hauptausschusses geregelt werden.

§ 4

Inkrafttreten, Dauer

Das Verwaltungsabkommen tritt am 15. Juni 1967 in Kraft und wird auf die Dauer von zwei Jahren abgeschlossen. Seine Geltungsdauer verlängert sich jeweils um zwei Jahre, wenn nicht eine der Regierungen spätestens drei Monate vor Ablauf der Geltungsdauer eine Änderung oder Ergänzung des Abkommens beantragt hat.

3.

Landesplanungsrecht

(Gesetze und Hinweise auf Verordnungen)

Baden-Württemberg

Übersicht

1. Landesplanungsgesetz i. d. F. vom 25. 7. 1972 (GBl. S. 460); geändert mit Gesetzen vom 6. 5. 1975 (GBl. S. 257/260) und vom 11. 7. 1979 (GBl. S. 280)
2. Staatsvertrag zwischen dem Land Baden-Württemberg und dem Freistaat über die Zusammenarbeit bei der Landesentwicklung und über die Regionalplanung in der Region Donau-Iller v. 31. 3. 1973
3. Staatsvertrag zwischen den Ländern Baden-Württemberg und Rheinland-Pfalz über die Zusammenarbeit bei der Raumordnung in den Räumen Mittlerer Oberrhein und Südpfalz vom 8. 3. 1974

1.

Landesplanungsgesetz

in der Fassung vom 25. Juli 1972
(GBl. S. 460),
geändert durch Gesetze vom 6. Mai 1975 (GBl. S. 257)
und 11. Juli 1979 (GBl. S. 280)

Abschnitt I

Gegenstand und Aufgabe der Landesplanung

§ 1

(1) Die Landesplanung soll dazu beitragen, dem Menschen die freie Entfaltung seiner Persönlichkeit in der Gemeinschaft zu sichern.

(2) Gegenstand und Aufgabe der Landesplanung ist die übergeordnete, überörtliche und zusammenfassende Planung für eine den sozialen, kulturellen und wirtschaftlichen Erfordernissen entsprechende Raumordnung im Lande.

Abschnitt II

Organisation der Landesplanung

1. Landesplanungsbehörden

§ 2

Arten

(1) Oberste Landesplanungsbehörde ist das Innenministerium.

(2) Höhere Landesplanungsbehörden sind die Regierungspräsidenten.

(3) Untere Landesplanungsbehörden sind die Landratsämter als untere Verwaltungsbehörden.

§ 3

Aufgaben

(1) Die oberste Landesplanungsbehörde hat, soweit in diesem Gesetz nichts anderes bestimmt ist, die erforderlichen Entwicklungspläne (§ 25) zu erarbeiten und im Rahmen dieses Gesetzes für deren Beachtung zu sorgen. Sie hat die beteiligten Ministerien und den Landesplanungsrat (4) über die Planungen zu unterrichten, die für die Landesplanung von Bedeutung sein können. Können sich Maßnahmen der Landesplanung über den Bereich des Landes hinaus auswirken, so hat die oberste Landesplanungsbehörde die mit den Behörden anderer Länder und des Bundes erforderlichen Verhandlungen zu führen.

(2) Die nachgeordneten Landesplanungsbehörden haben die oberste Landesplanungsbehörde bei der Erarbeitung von Entwicklungsplänen zu beraten und im Rahmen dieses Gesetzes für deren Beachtung zu sorgen.

2. Landesplanungsrat

§ 4

Bildung und Aufgaben

(1) Bei der obersten Landesplanungsbehörde ist ein Landesplanungsrat zu bilden.

(2) Der Landesplanungsrat hat die Landesplanung und Gutachten, Anregungen und Empfehlungen zu fördern, die oberste Landesplanungsbehörde in grundsätzlichen Fragen zu beraten und insbesondere nach Maßgabe dieses Gesetzes bei der Aufstellung und Verbindlichkeitserklärung von Entwicklungsplänen mitzuwirken.

(3) Die Amtszeit des Landesplanungsrats beträgt vier Jahre. Sie schließt sich an das Ende der vorangegangenen Amtszeit an.

§ 5

Organisation

(1) Mitglieder des Landesplanungsrats sind

1. der Innenminister als Vorsitzender,
2. ein Vertreter jedes Regionalverbands,
3. drei Vertreter der kommunalen Landesverbände,
4. ein Vertreter der Architektenkammer Baden-Württemberg,
5. ein Vertreter der Arbeitsgemeinschaft der Industrie- und Handelskammern,
6. ein Vertreter des Landesverbandes der Badisch-Württembergischen Industrie,
7. ein Vertreter der Handwerkskammern,
8. ein Vertreter der Arbeitsgemeinschaft der Fremdenverkehrsverbände in Baden-Württemberg,
9. drei Vertreter der Baden-Württembergischen Bauernverbände,
10. ein Vertreter der Forstkammer Baden-Württemberg,
11. ein Vertreter der Landesvereinigung Bad.-Württ. Arbeitgeberverbände,
12. drei Vertreter der Arbeitnehmerverbände,
13. drei Vertreter der Kirchen und der sonstigen als Körperschaften des öffentlichen Rechts anerkannten Religions- und Weltanschauungsgemeinschaften,
14. ein Vertreter der Hochschulen,
15. drei Vertreter der in Baden-Württemberg tätigen Heimat-, Wander- und Naturschutzbünde,
16. ein Vertreter der Bundesarbeitsverwaltung,
17. ein Vertreter der Bundesverkehrsverwaltung.

Die in Nummern 2 bis 15 genannten Mitglieder und ihre Stellvertreter werden vom Ministerpräsidenten auf Vorschlag der Organisationen, die sie vertreten, für eine Amtszeit des Landesplanungsrats berufen. Sie sind ehrenamtlich tätig. Die Mitgliedschaft endet, wenn ein Mitglied aus der von ihm vertretenen Organisation oder Verwaltung ausscheidet.

(2) Die Mitglieder der Landesregierung und ihre Beauftragten, die Regierungspräsidenten und die Vertreter des Statistischen Landesamts haben zu den Sitzungen des Landesordnungsrats Zutritt und müssen jederzeit gehört werden.

(2a) Zutritt zu den Sitzungen des Landesplanungsrates haben auch Vertreter der Fraktionen des Landtags.

(3) Der Landesplanungsrat gibt sich eine Geschäftsordnung.

§ 6

Ausschüsse

(1) Der Landesplanungsrat kann beratende Ausschüsse bilden.

(2) Mitglieder können auch andere als die in § 5 Abs. 1 bezeichneten Personen sein.

(3) § 5 Abs. 2 gilt entsprechend.

3. Regionalverbände

§ 7

Errichtung

(1) Es werden errichtet

1. der Regionalverband Unterer Neckar mit Sitz in Mannheim für das Gebiet der Stadtkreise Heidelberg und Mannheim sowie folgender Landkreise: Odenwaldkreis und Rhein-Neckar-Kreis,
2. der Regionalverband Franken mit Sitz in Heilbronn für das Gebiet des Stadtkreises Heilbronn sowie folgender Landkreise: Heilbronn, Hohenlohekreis, Schwäbisch Hall und Tauberkreis,
3. der Regionalverband Ostwürttemberg mit Sitz in Schwäbisch Gmünd für das Gebiet folgender Landkreise: Heidenheim und Ostalbkreis,
4. der Regionalverband Mittlerer Neckar mit Sitz in Stuttgart für das Gebiet des Stadtkreises Stuttgart sowie folgender Landkreise: Böblingen, Esslingen, Göppingen, Ludwigsburg und Rems-Murr-Kreis,
5. der Regionalverband Mittlerer Oberrhein mit Sitz in Karlsruhe für das Gebiet der Stadtkreise Baden-Baden und Karlsruhe sowie folgender Landkreise: Karlsruhe und Rastatt,
6. der Regionalverband Nordschwarzwald mit Sitz in Pforzheim für das Gebiet des Stadtkreises Pforzheim sowie folgender Landkreise: Calw, Enzkreis und Freudenstadt,
7. der Regionalverband Südlicher Oberrhein mit Sitz in Freiburg für das Gebiet des Stadtkreises Freiburg sowie folgender Landkreise: Breisgau-Hochschwarzwald, Emmendingen und Ortenaukreis,
8. der Regionalverband Schwarzwald-Baar-Heuberg mit Sitz in Villingen-Schwenningen für das Gebiet folgender Landkreise: Rottweil, Schwarzwald-Baar-Kreis und Tuttlingen,
9. der Regionalverband Neckar-Alb mit Sitz in Tübingen für das Gebiet folgender Landkreise: Reutlingen, Tübingen und Zollernalbkreis,
10. der Regionalverband Bodensee-Oberschwaben mit Sitz in Ravensburg für das Gebiet folgender Landkreise: Bodenseekreis, Ravensburg und Sigmaringen,
11. der Regionalverband Hochrhein-Bodensee mit Sitz in Waldshut für das Gebiet folgender Landkreise: Konstanz, Lörrach und Waldshut.

(2) Die Regionalplanung für das Gebiet des Stadtkreises Ulm sowie des Alb-Donau-Kreises und des Landkreises Biberach wird durch besonderes Gesetz geregelt.

§ 8

Rechtsform

Die Regionalverbände sind Körperschaften des öffentlichen Rechts. Sie verwalten ihre Angelegenheiten im Rahmen der Gesetze unter eigener Verantwortung. Die Regionalverbände besitzen das Recht, Beamte zu haben.

§ 9

Aufgaben

(1) Die Regionalverbände sind Träger der Regionalplanung; sie wirken nach Maßgabe dieses Gesetzes bei der Landesplanung mit.

(2) Die Regionalverbände können mit den Landkreisen und den Stadtkreisen vereinbaren, daß sie von diesen weisungsfreie Aufgaben übernehmen, wenn dies für die Entwicklung oder Versorgung des Verbandsbereichs oder eines größeren Teils des Verbandsbereichs förderlich ist und die Aufgabe durch den Regionalverband wirtschaftli-

cher und zweckmäßiger erfüllt werden kann. Mit Zustimmung der oberen Schulaufsichtsbehörde können die Regionalverbände mit den Landkreisen und den Stadtkreisen unter den Voraussetzungen von Satz 1 auch vereinbaren, daß sie an Stelle des Landkreises oder Stadtkreises Schulträger werden. Die Vereinbarung muß mit der Mehrheit der Stimmen der Mitglieder der Verbandsversammlung beschlossen werden; sie bedarf der Genehmigung der Rechtsaufsichtsbehörde.

(3) Durch die Vereinbarung gehen das Recht und die Pflicht der Landkreise und Stadtkreise zur Erfüllung der Aufgaben auf den Regionalverband über. Die Vereinbarung, ihre Änderung und Aufhebung sind mit der Genehmigung von den Beteiligten öffentlich bekanntzumachen. Sie werden am Tage nach der letzten öffentlichen Bekanntmachung rechtswirksam, sofern von den Beteiligten kein späterer Zeitpunkt bestimmt ist.

§ 10

Satzungen

(1) Die Regionalverbände können die weisungsfreien Angelegenheiten durch Satzungen regeln, soweit die Gesetze keine Vorschriften enthalten. Satzungen sind der Rechtsaufsichtsbehörde vorzulegen, soweit gesetzlich nichts anderes bestimmt ist.

(2) Satzungen sind öffentlich bekanntzumachen. Sie treten am Tage nach der Bekanntmachung in Kraft, wenn kein anderer Zeitpunkt bestimmt ist.

(3) Öffentliche Bekanntmachungen sind, soweit keine sondergesetzlichen Bestimmungen bestehen, durch Einrücken in den Staatsanzeiger durchzuführen. Satzungen sind in ihrem vollen Wortlaut bekanntzumachen.

§ 11

Organe

Organe des Regionalverbands sind die Verbandsversammlung und der Verbandsvorsitzende.

§ 12

Verbandsversammlung

(1) Die Verbandsversammlung ist das Hauptorgan des Regionalverbands. Sie entscheidet über alle Angelegenheiten des Regionalverbands, soweit nicht der Verbandsvorsitzende kraft Gesetzes zuständig ist. Die Verbandsversammlung kann sich vom Verbandsvorsitzenden über alle Angelegenheiten des Regionalverbands unterrichten lassen.

(2) Die Mitglieder der Verbandsversammlung werden von den Kreisverordneten und den Landräten der Landkreise sowie von den Gemeinderäten und den Oberbürgermeistern der Stadtkreise auf die Dauer von fünf Jahren innerhalb von drei Monaten vor Ablauf der Amtszeit gewählt. Die Amtszeit beginnt für alle Mitglieder mit derm ersten Tag des Monats, der auf den Zeitraum folgt, in dem die Wahl der Mitglieder durchzuführen ist.

(3) Die Zahl der Mitglieder der Verbandsversammlung beträgt mindestens 40, in Regionalverbänden mit mehr als 400 000 Einwohnern der Landkreise und Stadtkreise erhöht sich diese Zahl für je weitere angefangene 30 000 Einwohner um zwei, höchstens jedoch auf 80, in Regionalverbänden mit mehr als 2 Millionen Einwohnern der Landkreise und Stadtkreise auf 100. Zur Feststellung der in den einzelnen Landkreisen und Stadtkreisen zu wählenden Mitglieder werden die Einwohnerzahlen der Landkreise und Stadtkreise der Reihe nach durch eins, zwei, drei, vier usw. geteilt; von den dabei gefundenen, der Größe nach zu ordnenden Zahlen werden so viele Höchstzahlen

ausgesondert, wie Mitglieder der Verbandsversammlung zu wählen sind. Die Zahl der danach insgesamt und in den einzelnen Landkreisen und Stadtkreisen zu wählenden Mitglieder wird jeweils rechtzeitig vor der Wahl vom Verbandsvorsitzenden festgestellt und öffentlich bekanntgemacht. Änderungen der maßgeblichen Einwohnerzahl sind erst bei der nächsten regelmäßigen Wahl zu berücksichtigen.

(4) § 21 Abs. 1 der Landkreisordnung gilt entsprechend. Tritt ein Gewähler nicht in die Verbandsversammlung ein oder scheidet er im Laufe der Amtszeit aus oder wird festgestellt, daß er nicht wählbar war, rückt der Bewerber nach, der bei der Feststellung des Wahlergebnisses als nächster Ersatzmann festgestellt worden ist.

(5) Wählbar in die Verbandsversammlung ist jeder, der am Wahltag in den Landtag wählbar ist, seit mindestens drei Monaten im Verbandsbereich wohnt und dort seinen Hauptwohnort hat. Landräte von Landkreisen im Verbandsbereich sowie Bürgermeister und Beigeordnete von Gemeinden im Verbandsbereich sind auch dann wählbar, wenn sie nicht im Verbandsbereich wohnen.

(6) Mitglieder der Verbandsversammlung können nicht sein

1. Beamte und Angestellte des Regionalverbands und
2. leitende Beamte und leitende Angestellte der Rechtsaufsichtsbehörde und der obersten Rechtsaufsichtsbehörde.

(7) Die Mitglieder der Verbandsversammlung sind ehrenamtlich tätig. Für ihre Rechtsverhältnisse gelten die Vorschriften über die Gemeinderäte mit Ausnahme des § 15 der Gemeindeordnung entsprechend. § 18 Abs. 1 Nr. 4 und Abs. 2 Nr. 1 und 4 der Gemeindeordnung findet keine Anwendung, wenn die Entscheidung einer Angelegenheit des Regionalverbands nach § 9 Abs. 1 oder Verpflichtungen der Landkreise und Stadtkreise betrifft, die sich aus ihrer Zugehörigkeit zum Regionalverband ergeben und für alle zum Verband gehörenden Landkreise und Stadtkreise nach gleichen Grundsätzen festgesetzt werden.

(8) Vorsitzender der Verbandsversammlung ist der Verbandsvorsitzende. Die Verbandsversammlung wählt aus ihrer Mitte für die Dauer ihrer Amtszeit als Mitglieder der Verbandsversammlung einen oder mehrere stellvertretende Vorsitzende, die den Verbandsvorsitzenden als Vorsitzenden der Verbandsversammlung im Verhinderungsfall vertreten. Die Reihenfolge der Vertretung bestimmt die Verbandsversammlung.

(9) Hat der Regionalverband einen Verbandsdirektor, nimmt dieser an den Sitzungen der Verbandsversammlung mit beratender Stimme teil. Die Landesplanungsbehörden und zu den Sitzungen der Verbandsversammlung einzuladen. Sie können Vertreter entsenden, denen auf Verlangen das Wort zu erteilen ist.

(10) Die Verbandsversammlung wird vom Vorsitzenden einberufen. § 24 der Landkreisordnung gilt entsprechend. Im übrigen gelten für die Verhandlungen der Verbandsversammlung die §§ 35 bis 38 der Gemeindeordnung entsprechend.

§ 13

Wahl der Mitglieder der Verbandsversammlung

(1) Die Mitglieder der Verbandsversammlung werden in den Landkreisen und in den Stadtkreisen auf Grund von Wahlvorschlägen der Wahlberechtigten (§ 12 Abs. 2 Satz 1) nach den Grundsätzen der Verhältniswahl unter Bindung an die Wahlvorschläge gewählt. Jeder Wahlberechtigte kann einen Wahlvorschlag einreichen. Die Wahlvorschläge können bis doppelt so viele Namen enthalten, wie Mitglieder zu wählen sind. In den Wahlvorschlägen soll die räumliche Gliederung des Landkreises angemessen berücksichtigt werden. Mit dem Wahlvorschlag ist eine unterschriftliche Erklärung jedes Bewerbers einzureichen, daß er der Aufnahme in den Wahlvorschlag zugestimmt hat. Ein Bewerber darf sich nicht in mehrere Wahlvorschläge aufnehmen lassen. Für die Verteilung der Sitze auf die Wahlvorschläge gelten bei Verhältniswahl die Bestimmungen für die Wahl des Gemeinderats entsprechend. Wird nur ein gültiger

oder kein Wahlvorschlag eingereicht, findet Mehrheitswahl ohne Bindung an die vorgeschlagenen Bewerber statt.

(2) Bei Verhältniswahl hat jeder Wahlberechtigte eine Stimme, bei Mehrheitswahl so viele Stimmen, wie Mitglieder zu wählen sind. Die Wahlberechtigten sind als Bewerber von der Teilnahme an der Wahl nicht ausgeschlossen. Für die Verteilung der Sitze auf die einzelnen Bewerber eines jeden Wahlvorschlags ist die Reihenfolge der Benennung im Wahlvorschlag maßgebend; die nichtgewählten Bewerber sind in der Reihenfolge der Benennung Ersatzleute für die Mitglieder ihres Wahlvorschlags. Bei Mehrheitswahl sind die Bewerber mit den höchsten Stimmenzahlen in der Reihenfolge dieser Zahlen gewählt; die nichtgewählten Bewerber sind in der Reihenfolge der von ihnen erreichten Stimmenzahl Ersatzleute. Bei Stimmengleichheit entscheidet das Los.

(3) Über die Zulassung der Wahlvorschläge entscheidet in den Landkreisen der Kreistag, in den Stadtkreisen der Gemeinderat; sie stellen auch das Wahlergebnis fest.

§ 14

Beschließende und beratende Ausschüsse der Verbandsversammlung

(1) Die Verbandsversammlung kann durch Satzung beschließende und durch Beschluß beratende Ausschüsse bilden.

(2) Beschließende Ausschüsse können von der Verbandsversammlung keine bestimmte Aufgabengebiete zur dauernden Erledigung übertragen werden. Auf beschließende Ausschüsse kann nicht übertragen werden die Beschlußfassung über

1. die Bestellung der Mitglieder von Ausschüssen der Verbandsversammlung, die Wahl des Verbandsvorsitzenden und die Wahl oder Bestellung seiner Stellvertreter sowie die Ernennung und Entlassung des Verbandsdirektors und die Bestellung seines Stellvertreters,
2. die Regionalpläne,
3. den Erlaß von Satzungen,
4. den Erlaß der Haushaltssatzung,
5. die Feststellung des Jahresergebnisses und die Entlastung des Verbandsvorsitzenden,
6. Maßnahmen, die sich erheblich auf den Haushalt des Verbands auswirken.

(3) die Mitglieder und Stellvertreter in gleicher Zahl bestellt die Verbandsversammlung aus ihrer Mitte.

(4) Vorsitzender der Ausschüsse ist der Verbandsvorsitzende. Im Verhinderungsfall wird der Verbandsvorsitzende durch seinen Stellvertreter nach § 12 Abs. 8 Satz 2 vertreten. Er kann einen seiner Stellvertreter nach § 12 Abs. 8 Satz 2 mit seiner Vertretung beauftragen. Hat der Regionalverband einen Verbandsdirektor, kann der Verbandsvorsitzende auch diesen mit seiner Vertretung im Vorsitz beauftragen.

(5) Im übrigen gelten für die Ausschüsse § 39 Abs. 3 bis 5 und § 41 Abs. 3 der Gemeindeordnung entsprechend.

§ 15

Planungsausschuß

(1) Zur Vorbereitung ihrer Verhandlungen über die Aufstellung der Regionalpläne bestellt die Verbandsversammlung einen Planungsausschuß.

(2) Vorsitzender des Planungsausschusses ist der Verbandsvorsitzende. Im Verhinderungsfall wird er durch seinen Stellvertreter nach § 12 Abs. 8 Satz 2 vertreten. Er kann einen seiner Stellvertreter nach § 12 Abs. 8 Satz 2 mit seiner Vertretung beauftragen. Hat der Regionalverband einen Verbandsdirektor, kann der Verbandsvorsitzende auch diesen mit seiner Vertretung im Vorsitz beauftragen. In den Planungsausschuß

können widerruflich als beratende Mitglieder auch Personen berufen werden, die Organisationen angehören, die an der Regionalplanung Anteil haben. Der Verbandsdirektor nimmt an den Sitzungen des Planungsausschusses mit beratender Stimme teil. Die Landesplanungsbehörden sind zu den Sitzungen des Planungsausschusses einzuladen. Sie können Vertreter entsenden, denen auf Verlangen das Wort zu erteilen ist.

(3) Im übrigen gilt für den Planungsausschuß § 14 Abs. 3; § 41 Abs. 3 Satz 1 und 2 der Gemeindeordnung gilt entsprechend.

§ 16

Verbandsvorsitzender

(1) Die Verbandsversammlung bestellt einen ehrenamtlich tätigen oder hauptamtlichen Verbandsvorsitzenden.

(2) Der ehrenamtlich tätige Verbandsvorsitzende wird von der Verbandsversammlung aus ihrer Mitte für die Dauer seiner Amtszeit als Mitglied der Verbandsversammlung gewählt. Für seine Rechtsverhältnisse gelten die für Gemeinderäte maßgebenden Vorschriften sowie § 12 Abs. 7 Satz 3 entsprechend.

(3) Der hauptamtliche Verbandsvorsitzende ist Beamter auf Zeit; seine Amtszeit beträgt acht Jahre, bei unmittelbarer Wiederwahl nach Ablauf der Amtszeit zwölf Jahre. Seine Amtszeit beginnt mit dem Amtsantritt; im Falle der Wiederwahl schließt sich die neue Amtszeit an das Ende der vorangegangenen an. Im übrigen gelten § 193 des Landesbeamtengesetzes sowie § 17 Abs. 1 bis 3 und § 18 der Gemeindeordnung entsprechend. Wählbar zum hauptamtlichen Verbandsvorsitzenden sind Deutsche im Sinne von Artikel 116 des Grundgesetzes, die am Wahltag das 25. Lebensjahr vollendet haben; im übrigen gilt § 28 Abs. 2 der Gemeindeordnung entsprechend. Der hauptamtliche Verbandsvorsitzende wird von der Verbandsversammlung gewählt; § 34 Abs. 1 und 5 der Landkreisordnung gilt entsprechend. Ein Beamter oder Angestellter des Verbands ist für den Verhinderungsfall zum Stellvertreter des hauptamtlichen Verbandsvorsitzenden zu bestellen.

(4) Der Verbandsvorsitzende ist Vorsitzender der Verbandsversammlung. Er vertritt den Verband, leitet die Verbandsverwaltung und erledigt die Geschäfte der laufenden Verwaltung. Er bereitet die Sitzungen der Verbandsversammlung und ihrer Ausschüsse vor und vollzieht deren Beschlüsse.

(5) Der Verbandsvorsitzende ist Vorgesetzter, Dienstvorgesetzter und oberste Dienstbehörde der Bediensteten des Regionalverbands.

§ 17

Verbandsdirektor

(1) Hat der Regionalverband einen ehrenamtlich tätigen Verbandsvorsitzenden, bestellt die Verbandsversammlung einen Verbandsdirektor. Er ist Beamter auf Zeit; seine Amtszeit beträgt acht Jahre, bei unmittelbarer Wiederbestellung nach Ablauf der Amtszeit zwölf Jahre.

(2) Der Verbandsdirektor vertritt den Verbandsvorsitzenden ständig bei der Erfüllung der in § 16 Abs. 4 Satz 2 und 3 und Abs. 5 genannten Aufgaben.

(3) Ein Beamter oder Angestellter des Verbands ist für den Verhinderungsfall zum Stellvertreter des Verbandsdirektoren zu bestellen.

§ 18

Bedienstete

Der Regionalverband ist verpflichtet, die zur Erfüllung seiner Aufgaben erforderlichen Bediensteten einzustellen. Im übrigen gilt § 67 der Gemeindeordnung entsprechend.

§ 19

Wirtschaftsführung

Auf die Wirtschaftsführung des Regionalverbands finden die Vorschriften über die Gemeindewirtschaft entsprechend Anwendung; ausgenommen sind die Vorschriften über die Auflegung des Entwurfs der Haushaltssatzung und des Haushaltsplans sowie der Jahresrechnung, über das Rechnungsprüfungsamt und den Fachbeamten für das Finanzwesen.

§ 20

Deckung des Finanzbedarfs

(1) Die Regionalverbände erhalten für ihre Aufgaben nach § 9 Abs. 1 vom Land jährlich einen Zuschuß in Höhe von 0,30 DM je Einwohner und 50 DM je Quadratkilometer. Maßgebend ist die Einwohnerzahl und die Fläche der Gemeinden im Verbandsbereich. Die Fläche bestimmt sich nach dem Stand zu Beginn eines jeden Jahres.

(2) Der Regionalverband kann, soweit seine sonstigen Einnahmen zur Deckung seines Finanzbedarfs nicht ausreichen, von den zu ihm gehörenden Landkreisen und Stadtkreisen eine Umlage erheben. Die Höhe der Umlage ist in der Haushaltssatzung für jedes Rechnungsjahr festzusetzen. Die Umlage wird nach dem Verhältnis der jeweiligen Steuerkraftsummen aufgeteilt. Zur Deckung des Finanzbedarfs für die Erfüllung von Aufgaben nach § 9 Abs. 2 kann ein anderer Umlagemaßstab bestimmt werden, sofern für die Kostentragung keine andere Regelung vereinbart worden ist.

§ 21

Aufsicht

(1) Die Regionalverbände unterliegen in weisungsfreien Angelegenheiten der Rechtsaufsicht, soweit Weisungen erteilt werden können, auch der Fachaufsicht.

(2) Rechtsaufsichtsbehörde und obere Rechtsaufsichtsbehörde ist das Regierungspräsidium; oberste Rechtsaufsichtsbehörde ist das Innenministerium.

(3) §§ 118, 120 bis 127 und 129 der Gemeindeordnung gelten entsprechend.

Abschnitt III

Mittel der Landesplanung

1. Allgemeines

§ 22

Vorbereitung

Zur Vorbereitung von Maßnahmen der Landesplanung haben alle Planungsträger den Landesplanungsbehörden und den Regionalverbänden Auskunft über die von ihnen beabsichtigten Planungen zu erteilen, soweit diese für die Landesplanung von Bedeutung sein können.

§ 22 a

Raumordnungskataster

Die höchsten Landesplanungsbehörden führen ein Raumordnungskataster, das alle raumbedeutsamen Planungen und Maßnahmen enthalten soll. Alle Planungsträger können in das Raumordnungskataster Einsicht nehmen. Sie sind verpflichtet, ihre raumbedeutsamen Planungen und Maßnahmen der höheren Landesplanungsbehörde unaufgefordert mitzuteilen.

§ 23

Arten

Mittel der Landesplanung sind
1. Beratung von Planungsträgern (§ 24),
2. Entwicklungspläne (§§ 25 bis 27),
3. Regionalpläne (§§ 28 bis 31),
3.a. Raumordnungsverfahren (§§ 31 a und 31 b),
4. Untersagung raumordnungswidriger Planungen und Maßnahmen (§ 32).

2. Beratung von Planungsträgern

§ 24

(1) Die oberste Landesplanungsbehörde hat die übrigen Ministerien bei Planungen, die für die Landesplanung von Bedeutung sein können, zu beraten. Sie hat darauf hinzuwirken, daß die Planungen der Ministerien miteinander in Einklang stehen und den in Betracht kommenden landesplanerischen Gesichtspunkten entsprechen. Die Ministerien haben die oberste Landesplanungsbehörde über Maßnahmen oder Planungen, die für die Landesplanung von Bedeutung sein können, rechtzeitig zu unterrichten.

(2) Die oberste und die höheren Landesplanungsbehörden beraten die Regionalverbände und unterrichten sie über die in Betracht kommenden landesplanerischen Gesichtspunkte. Für die Träger der Bauleitplanung und die sonstigen Planungsträger wird diese Aufgabe von den Landesplanungsbehörden und den Regionalverbänden wahrgenommen.

3. Entwicklungspläne

§ 25

Arten

(1) Entwicklungspläne sind
1. der Landesentwicklungsplan,
2. fachliche Entwicklungspläne.

(2) Der Landesentwicklungsplan ist für das ganze Land aufzustellen.

(3) Fachliche Entwicklungspläne können für einen Fachbereich oder mehrere Fachbereiche sowie für das ganze Land oder Teile des Landes aufgestellt werden.

§ 25 a

Landesentwicklungsbericht

(1) Die Landesregierung erstattet dem Landtag in jeder Wahlperiode einen Landesentwicklungsbericht, in dem insbesondere darzustellen ist:
1. die räumliche Entwicklung im Lande (Bestandsaufnahme, Entwicklungstendenzen),
2. der Stand der Landesplanung einschließlich der Regionalplanung sowie der raumbedeutsamen Fachplanungen,
3. die Planungsalternativen sowie die entsprechenden Planungen des Bundes, der benachbarten Bundesländer, der Nachbarstaaten und der Europäischen Gemeinschaften und die notwendige Abstimmung mit diesen Plänen,

4. die Verwirklichung der Ziele der Raumordnung und Landesplanung sowie der unter Nummer 2 genannten Planungen unter Angabe der dafür verwendeten öffentlichen Mittel,
5. die vorgesehenen Änderungen der Entwicklungspolitik und der raumbedeutsamen Fachplanungen,
6. die Auswirkungen der unter Nr. 2 genannten Planungen auf die Haushalts- und Finanzwirtschaft des Bundes, der Länder und der Gemeinden (Gemeindeverbände) sowie die voraussehbaren Nebenwirkungen.

(2) Die Landesregierung legt dem Landtag alle Fachgutachten vor, die sie für die Aufstellung von Entwicklungsplänen in Auftrag gegeben hat.

(3) Die Landesentwicklungsberichte bilden eine Grundlage für die Aufstellung und Fortschreibung von Entwicklungsplänen und raumbedeutsamen Fachplanungen.

§ 26

Aufstellung, Mitwirkung des Landtags

(1) Der Landesentwicklungsplan wird von der obersten Landesplanungsbehörde im Einvernehmen mit den beteiligten Ministerien ausgearbeitet. Fachliche Entwicklungspläne werden von dem zuständigen Ministerium im Einvernehmen mit der obersten Landesplanungsbehörde ausgearbeitet.

(2) Bei der Ausarbeitung sind, soweit sie berührt sein können, zu beteiligen
1. die Gemeinden, die übrigen Träger der Bauleitplanung und die Landkreise,
2. die Regionalverbände,
3. die sonstigen in § 4 Abs. 5 des Raumordnungsgesetzes vom 8. April 1965 (BGBl. I S. 306) — ROG — genannten Stellen des Bundes und des Landes.

(3) Nach der Ausarbeitung sind die Entwicklungspläne dem Landesplanungsrat zur Stellungnahme zuzuleiten. Der Landesplanungsrat soll innerhalb von zwei Monaten Stellung nehmen. Die Entwicklungspläne sind mit der Stellungnahme des Landesplanungsrats der Landesregierung vorzulegen.

(4) Die Landesregierung legt dem Landtag die Entwicklungspläne zur Beratung vor, um ihm Gelegenheit zur Stellungnahme zu geben.

(5) Die Entwicklungspläne werden von der Landesregierung beschlossen.

§ 27

Verbindlichkeitserklärung

(1) Der Landesentwicklungsplan wird durch Gesetz für verbindlich erklärt, fachliche Entwicklungspläne können durch Rechtsverordnung der Landesregierung für verbindlich erklärt werden. Verbindliche Entwicklungspläne sind bei den Landesplanungsbehörden zur Einsichtnahme für jedermann niederzulegen.

(2) Zielsetzungen in einem für verbindlich erklärten Entwicklungsplan sind Ziele der Raumordnung und Landesplanung (§ 5 Abs. 4 ROG). Die oberste Landesplanungsbehörde kann im Einvernehmen mit den beteiligten Ministerien nach Anhörung der berührten Stellen im Einzelfall Abweichungen von den Zielen zulassen, wenn diese wegen Änderungen der ihnen zugrunde liegenden Sachlage oder Erkenntnisse erforderlich sind.

(3) Entwicklungspläne sind entsprechend der weiteren Entwicklung fortzuschreiben. Für Fortschreibungen und sonstige Änderungen gelten § 26 und die Absätze 1 und 2 entsprechend. Fortschreibungen und sonstige Änderungen des Landesentwicklungsplans, die die Grundzüge der Planung nicht berühren, werden abweichend von Absatz 1 Satz 1 durch Rechtsverordnung der Landesregierung für verbindlich erklärt.

4. Regionalpläne

§ 28

Aufstellung

(1) Die Regionalverbände sind verpflichtet, für ihren Verbandsbereich einen Regionalplan aufzustellen. Die oberste und die höheren Landesplanungsbehörden können Weisungen erteilen über den Planungszeitraum, die Form der Regionalpläne und, soweit dies zur Ausformung des Landesentwicklungsplans erforderlich ist, die Grundzüge der Planung.

(2) Die Regionalverbände können fachliche oder räumliche Abschnitte des Regionalplans gesondert aufstellen, soweit wichtige Gründe dies erfordern und nach dem Stand der Arbeiten am Regionalplan gewährleistet bleibt, daß dieser Teil sich in die Grundzüge des Regionalplans nach § 29 Abs. 2 einfügt.

(3) Die Regionalpläne sind durch Satzung festzustellen und der obersten Landesplanungsbehörde zur Verbindlichkeitserklärung vorzulegen.

(4) Regionalpläne sind entsprechend der weiteren Entwicklung fortzuschreiben. Für Fortschreibungen und sonstige Änderungen gelten die Absätze 1 bis 2 und §§ 29 bis 31 entsprechend.

§ 29

Form und Inhalt

(1) Die Regionalpläne enthalten die Zielsetzungen für die Entwicklung des Planungsraums in beschreibender und zeichnerischer Darstellung. Sie müssen mit den Grundsätzen der Raumordnung nach § 2 ROG und den Grundsätzen und Zielen der Raumordnung und Landesplanung in den Entwicklungsplänen in Einklang stehen; sie formen diese Grundsätze und Ziele räumlich aus.

(2) Der Regionalplan muß mindestens enthalten

1. die im Landesentwicklungsplan ausgewiesenen Zentralen, Orte und die Verflechtungsbereiche der Mittelzentren,
2. die Ausweisung der Kleinzentren und die Darstellung der Nahbereiche,
3. die Aufgliederung der im Landesentwicklungsplan ausgewiesenen Entwicklungsachsen in Bereiche und die diesen Bereichen zukommenden vorrangigen Entwicklungsaufgaben,
4. sonstige Bereiche, denen bestimmte Entwicklungsaufgaben zukommen sollen,
5. die langfristig anzustrebende Entwicklung und Verteilung der Wohn- und Arbeitsstätten nach Nahbereichen,
6. die für die bestehende und künftige Siedlungsstruktur anzustrebende Entwicklung des Planungsraums durch Einrichtungen der Versorgung und Entsorgung, der Bildung des Verkehrs und der Erholung,
7. die zur Erhaltung und Verbesserung der natürlichen Lebensgrundlagen erforderlichen Zielsetzungen.

(3) Fachliche Zielsetzungen in Regionalplänen sind den Fachplanungen des Landes, an deren Aufstellung die Regionalverbände beteiligt waren, anzupassen. Soweit Fachplanungen des Landes nicht bestehen, bedürfen fachliche Zielsetzungen in Regionalplänen des Einvernehmens mit den zuständigen obersten Landesbehörden.

(4) Den Regionalplänen ist eine Begründung beizufügen. Die Begründung enthält das Ergebnis der Struktur- und Entwicklungsanalysen, erläutert die Zielsetzungen des Plans und gibt die überschlägig geschätzten Kosten für die Verwirklichung vordringlicher Zielsetzungen an.

§ 30

Beteiligung anderer Planungsträger

(1) Bei der Ausarbeitung der Regionalpläne sind zu beteiligen

1. die Landesplanungsbehörden,
2. die Gemeinden, die übrigen Träger der Bauleitplanung und die Landkreise,
3. die sonstigen in § 4 Abs. 5 ROG genannten Stellen des Bundes und des Landes, soweit sie berührt sein können.

Die Regionalverbände unterrichten die Landesplanungsbehörden über den Fortgang der Planungen.

(2) Die Regionalpläne benachbarter Regionalverbände sind aufeinander abzustimmen. Kommt eine Abstimmung nicht zustande, entscheidet die oberste Landesplanungsbehörde.

(3) Nach der Ausarbeitung leiten die Regionalverbände die Regionalpläne den nach Absatz 1 Satz 1 Beteiligten zu. Der Regionalverband prüft die Anregungen und Bedenken der Beteiligten, erörtert sie mit ihnen und teilt ihnen das Ergebnis mit. Bei der Vorlage der Regionalpläne zur Verbindlichkeitserklärung sind die nicht berücksichtigten Anregungen und Bedenken mit einer Stellungnahme des Regionalverbands beizufügen.

§ 31

Verbindlichkeitserklärung

(1) Die Regionalpläne werden nach Beratung durch die Landesregierung von der obersten Landesplanungsbehörde durch Genehmigung für verbindlich erklärt, soweit die Regionalpläne nach diesem Gesetz aufgestellt sind, sonstigen Rechtsvorschriften nicht widersprechen und sich die vorgesehene räumliche Entwicklung des Teilraumes in die angestrebte räumliche Entwicklung des Landes einfügt. Fachliche Zielsetzungen können von der Verbindlichkeitserklärung ausgenommen werden, soweit Änderungen der ihnen zugrunde liegenden Sachlage oder Erkenntnisse vor der nächsten Fortschreibung des Regionalplans zu erwarten sind. Die oberste Landesplanungsbehörde hat die Genehmigung des Regionalplans im Staatsanzeiger öffentlich bekanntzumachen. Die Genehmigung, die Satzung nach § 28 Abs. 3 und der Regionalplan sind unverzüglich bei den örtlich zuständigen Landesplanungsbehörden und beim Regionalverband zur Einsichtnahme für jedermann niederzulegen. Einen Monat nach der öffentlichen Bekanntmachung der Genehmigung wird der Regionalplan verbindlich.

(2) Zielsetzungen in einem Regionalplan sind, soweit sie für verbindlich erklärt werden, Ziele der Raumordnung und Landesplanung (§ 5 Abs. 4 ROG). Die oberste Landesplanungsbehörde kann im Einvernehmen mit den beteiligten Ministerien nach Anhörung des Regionalverbands und der berührten Stellen im Einzelfall Abweichungen von den Zielen zulassen, soweit diese wegen Änderungen der ihnen zugrunde liegenden Sachlage oder Erkenntnisse erforderlich sind.

4a) Raumordnungsverfahren

§ 31 a

Beurteilungsverfahren

(1) Die höheren Landesplanungsbehörden können, soweit erforderlich, von Amts wegen oder auf Antrag eines öffentlichen oder sonstigen Planungsträgers ein Raumordnungsverfahren durchführen, um in einer landesplanerischen Beurteilung

1. vorzuschlagen, wie raumbedeutsame Planungen oder Maßnahmen öffentlicher und sonstiger Planungsträger unter raumordnerischen Gesichtspunkten aufeinander abgestimmt werden können,

2. festzustellen, ob raumbedeutsame Planungen oder Maßnahmen mit den Zielen der Raumordnung und Landesplanung übereinstimmen und die Grundsätze der Raumordnung sachgemäß gegeneinander und untereinander abgewogen sind.

(2) Berührt die Planung oder Maßnahme die Bezirke mehrerer höherer Landesplanungsbehörden, so wird die örtlich zuständige höhere Landesplanungsbehörde von der obersten Landesplanungsbehörde bestimmt. Anstelle der höheren Landesplanungsbehörde kann die oberste Landesplanungsbehörde ein Raumordnungsverfahren durchführen, wenn es Planungen oder Maßnahmen zum Gegenstand hat, die für die räumliche Entwicklung des Landes von besonderer Bedeutung sind.

(3) Der Träger der beabsichtigten Planung oder Maßnahme hat der zuständigen Landesplanungsbehörde diejenigen Unterlagen vorzulegen, die für die Beurteilung des Vorhabens unter raumordnerischen Gesichtspunkten erforderlich sind. Sie kann zu Einzelfragen die Vorlage von Gutachten verlangen oder auf Kosten des Trägers der Planung oder Maßnahme Gutachten selbst einholen.

(4) Im Raumordnungsverfahren sollen alle von den raumbedeutsamen Planungen und Maßnahmen berührten Behörden und Planungsträger beteiligt werden.

(5) Rechtsvorschriften über die Zulassung raumbedeutsamer Maßnahmen bleiben unberührt. Danach erforderliche behördliche Entscheidungen, insbesondere öffentlich-rechtliche Genehmigungen, Verleihungen, Erlaubnisse, Bewilligungen, Zustimmungen und Planfeststellungen werden durch das Raumordnungsverfahren nicht ersetzt.

(6) Ein Vorhaben soll, sobald über seine Zulassung ein Verwaltungsverfahren eingeleitet ist, nur dann Gegenstand eines Raumordnungsverfahrens sein, wenn die raumordnerische Bedeutung des Vorhabens die Durchführung des Raumordnungsverfahrens rechtfertigt. Ein Raumordnungsverfahren findet nicht mehr statt, wenn über das Vorhaben in einem Verwaltungsverfahren bereits entschieden worden ist.

§ 31 b

Genehmigungsverfahren

(1) Die Errichtung von Freileitungen mit mehr als 30 000 Volt Nennspannung oder die wesentliche Änderung ihrer Linienführung bedarf der Genehmigung, die auf Grund eines Raumordnungsverfahrens nach § 31 a erteilt wird. Die Genehmigung ist zu erteilen, wenn das Vorhaben mit den raumbedeutsamen Planungen und Maßnahmen anderer Planungsträger unter raumordnerischen Gesichtspunkten abgestimmt ist, den Erfordernissen der Raumordnung und Landesplanung nach § 31 a Abs. 1 Nr. 2 entspricht und sonstige öffentlich-rechtliche Vorschriften nicht entgegenstehen. Die Genehmigung ist für das antragstellende Energieversorgungsunternehmen und für die an dem Verfahren beteiligten öffentlichen Planungsträger verbindlich.

(2) Für die Durchführung des Raumordnungsverfahrens und die Erteilung der Genehmigung ist die höhere Landesplanungsbehörde zuständig. Diese kann ihre Zuständigkeit auf die untere Landesplanungsbehörde übertragen, wenn das Vorhaben das Gebiet nur eines Landkreises berührt. Berührt das Vorhaben die Bezirke mehrerer höherer Landesplanungsbehörden, so wird die örtlich zuständige höhere Landesplanungsbehörde von der obersten Landesplanungsbehörde bestimmt.

(3) Sobald nach dem Stand des Raumordnungsverfahrens die unter raumordnerischen Gesichtspunkten günstigste Linienführung abzusehen ist, veranlaßt die zuständige Landesplanungsbehörde, daß die entsprechenden Unterlagen in den betroffenen Gemeinden einen Monat zur Einsicht ausgelegt werden. Zeit und Ort der Auslegung sind von den Gemeinden auf Kosten des Antragstellers öffentlich bekanntzumachen. Bedenken und Anregungen sollen innerhalb von zwei Wochen nach Beendigung der Auslegung bei der Gemeinde oder bei der zuständigen Landesplanungsbehörde schriftlich oder zur Niederschrift erhoben werden; darauf ist in der Bekanntmachung hinzu-

weisen. Die Landesplanungsbehörde prüft die fristgemäß vorgebrachten Bedenken und Anregungen und teilt das Ergebnis mit.

(4) Im übrigen gilt für das Verfahren § 31 a Abs. 3 und 4.

(5) Die Genehmigung wird unbeschadet privater Rechte Dritter erteilt. Sie erlischt, wenn innerhalb von fünf Jahren nach Erteilung der Genehmigung mit der Ausführung des Vorhabens nicht begonnen oder wenn die Ausführung fünf Jahre unterbrochen worden ist. Die Frist nach Satz 2 kann auf schriftlichen Antrag jeweils bis zu fünf Jahren verlängert werden.

5. Untersagung raumordnungswidriger Planungen und Maßnahmen

§ 32

(1) Die oberste Landesplanungsbehörde kann im Einvernehmen mit den beteiligten Ministerien raumordnungswidrige Planungen und Maßnahmen nach § 7 ROG untersagen. Der Träger der Planung oder Maßnahme ist zu hören.

(2) Die Untersagung ist auf höchstens zwei Jahre zu befristen.

(3) Die Untersagung wird in dem Zeitpunkt unwirksam, zu dem der Entwicklungsplan oder Regionalplan, in dem die zu sichernden Zielsetzungen erhalten sind, verbindlich wird.

(4) Ist die Untersagung eine Enteignung, ist angemessene Entschädigung in Geld zu leisten. Im übrigen gelten die Vorschriften über die Entschädigung im Zweiten Abschnitt des Fünften Teils des Bundesbaugesetzes entsprechend. Entschädigungspflichtig ist das Land. Richtet sich der Entschädigungsanspruch auf Grund anderer Rechtsvorschriften gegen eine Gemeinde oder sonstige juristische Person des öffentlichen Rechts, erstattet das Land dieser die aus der Erfüllung des Entschädigungsanspruchs entstehenden notwendigen Aufwendungen.

Abschnitt IV

Entwicklungsprogramme der Landkreise

§ 33

(Aufgehoben durch Änderungsverordnung v. 11. 7. 1979)

Abschnitt V

Ersatzleistung

§ 34

(1) Mußte eine Gemeinde einen Dritten nach den §§ 40 bis 44 des Bundesbaugesetzes entschädigen, weil sie einen Bebauungsplan auf Grund eines für verbindlich erklärten Entwicklungsplans oder Regionalplans geändert oder aufgehoben hat, erstattet das Land der Gemeinde die aus der Erfüllung des Entschädigungsanspruchs entstehenden notwendigen Aufwendungen, sofern die Gemeinde der höheren Landesplanungsbehörde vor der Verbindlichkeitserklärung des Entwicklungsplans oder Regionalplans von der erforderlichen Änderung oder Aufhebung Kenntnis gegeben hat.

(2) Absatz 1 gilt nicht, wenn die Gemeinde von einem Begünstigten Ersatz verlangen kann.

(3) Absatz 1 gilt entsprechend, wenn der Gemeinde selbst an ihrem Eigentum ein Schaden entstanden ist.

Abschnitt VI

Übergangs- und Schlußvorschriften

§ 35

Bedienstete der regionalen Planungsgemeinschaften

Das Land ist verpflichtet, die Bediensteten der anerkannten regionalen Planungsgemeinschaften auf Grund einzelvertraglicher Regelungen frühestens vom 1. Juli 1972 bis längstens 31. Dezember 1973 zu beschäftigen.

§ 36

Mitwirkung bei der Bildung der Regionalverbände

(1) Den höheren Landesplanungsbehörden obliegt

1. für die erstmalige Wahl der Mitglieder der Verbandsversammlung
   a) die Zahl der insgesamt und in den einzelnen Landkreisen und Stadtkreisen zu wählenden Mitglieder festzustellen und den Landkreisen und Stadtkreisen bekanntzugeben,
   b) den Zeitraum festzustellen, innerhalb dessen die Wahl durchzuführen ist,
2. die erste Sitzung der Verbandsversammlung nach der erstmaligen Wahl ihrer Mitglieder einzuberufen,
3. bis zum Amtsantritt des hauptamtlichen Verbandsvorsitzenden oder des Verbandsdirektors die vorläufige Geschäftsführung für die Regionalverbände wahrzunehmen oder hierzu einen geeigneten Beauftragten zu bestellen, solange die Verbandsversammlung die vorläufige Geschäftsführung nicht selbst regelt.

(2) Die erste Sitzung der Verbandsversammlung wird bis zur Wahl ihres Vorsitzenden vom ältesten Mitglied geleitet.

§ 37

Landeszuschuß

Für die Jahre 1973 und 1974 wird, soweit der Aufbau der Verbandsverwaltung noch nicht abgeschlossen ist, nur der Anteil des Zuschusses nach § 20 Abs. 1 gewährt, der den tatsächlichen Aufwendungen des Regionalverbands entspricht.

§ 38

Grenzüberschreitende Regionalplanung

Für die Regionalplanung in den Teilen des Landes, die an andere Bundesländer angrenzen, kann die oberste Landesplanungsbehörde durch Rechtsverordnung Form und Inhalt der Regionalpläne, die Zuständigkeit für die Ausarbeitung, das Verfahren und die Kostenerstattung abweichend von den Vorschriften dieses Gesetzes regeln, soweit eine grenzüberschreitende Regionalplanung dies erfordert.

§ 39

Regionalpläne und Fachplanungen des Landes

Abweichend von § 29 Abs. 3 Satz 1 sind fachliche Zielsetzungen in Regionalplänen auch solchen Fachplanungen des Landes anzupassen, die ohne Beteiligung der Regionalverbände bis zum 31. Dezember 1973 aufgestellt worden sind.

§ 40

Für unbedenklich erklärte Regionalpläne

Für Regionalpläne, die bis zum 31. Dezember 1972 für unbedenklich erklärt worden sind, gilt weiterhin § 19 Abs. 1 und 2 in der bisherigen Fassung so lange und so weit weiter bis für den Planungsraum dieser Regionalpläne ein Regionalplan nach § 31 für verbindlich erklärt wird.

§ 41

Landesplanungsrat

Die erste Amtszeit des Landesplanungsrates nach Inkrafttreten des Regionalverbandsgesetzes beginnt am 1. Januar 1974. Abweichend von § 5 Abs. 1 Satz 2 der bisherigen Fassung dieses Gesetzes endet die Amtszeit der bisherigen Mitglieder des Landesplanungsrats mit diesem Zeitpunkt.

§ 42

Durchführungsvorschriften

(1) Das Innenministerium regelt im Einvernehmen mit dem Finanzministerium durch Rechtsverordnung die Aufwandsentschädigung sowie den Reisekostenersatz für die ehrenamtlichen Mitglieder des Landesplanungsrats (§ 5 Abs. 1 Satz 2 und 3) und seiner Ausschüsse (§ 6 Abs. 2).

(2) Das Innenministerium erläßt im Einvernehmen mit den beteiligten Ministerien die zur Durchführung dieses Gesetzes erforderlichen Verwaltungsvorschriften.

(3) Das Innenministerium regelt durch Rechtsverordnung die Anwendung der Bestimmungen zur Durchführung des Gemeindewirtschaftsrechts auf die Regionalverbände.

§ 43

Inkrafttreten

Dieses Gesetz tritt mit seiner Verkündung in Kraft.*

2.

Staatsvertrag
zwischen dem Land Baden-Württemberg und dem Freistaat Bayern über die Zusammenarbeit bei der Landesentwicklung und über die Regionalplanung in der Region Donau-Iller

Vom 31. März 1973

Inhaltsübersicht

Erster Teil

Allgemeines

---

*) Diese Vorschrift betrifft das Inkrafttreten des Gesetzes in der ursprünglichen Fassung vom 19. Dezember 1962 (Ges.Bl 1963 S. 1). Das Inkrafttreten des Regionalverbandsgesetzes vom 26. Juli 1971 (Ges.Bl. S. 336) ergibt sich aus dessen Artikel 4.

Das Land Baden-Württemberg und der Freistaat Bayern schließen folgenden Staatsvertrag:

Erster Teil

Allgemeines

Art. 1

Zusammenarbeit bei der Landesentwicklung

Die vertragschließenden Länder arbeiten bei der Landesentwicklung in den benachbarten Räumen zusammen.

Art. 2

Formen der Zusammenarbeit

(1) Die vertragschließenden Länder erarbeiten ihre Planungen, soweit diese die Entwicklung von benachbarten Räumen beeinflussen können, in engem Zusammenwirken.

(2) Die obersten Landesplanungsbehörden treten zusammen, so oft es erforderlich ist. Sie ziehen dabei die fachlich berührten Stellen hinzu.

(3) Die Landesplanungsbehörden beteiligen an allen Verfahren, die der Abstimmung raumbedeutsamer Planungen und Maßnahmen dienen, soweit sich diese im Gebiet des anderen Landes auswirken können, die jeweils zuständigen Landesplanungsbehörden im anderen Land. Diese hören die berührten Stellen, insbesondere die Träger der Regionalplanung.

(4) Die obersten Landesplanungsbehörden wirken darauf hin, daß die mit fachlichen Planungen oder Maßnahmen befaßten Stellen grenzüberschreitend zusammenarbeiten. Dazu sollen, soweit erforderlich, ergänzende Absprachen getroffen werden.

Art. 3

Zusammenarbeit bei der Regionalplanung

(1) Die Träger der Regionalplanung in den benachbarten Räumen der vertragschließenden Länder arbeiten bei der Regionalplanung zusammen, soweit diese die Entwicklung in benachbarten Räumen des anderen Landes beeinflussen kann.

(2) Die Träger der Regionalplanung in den benachbarten Räumen der vertragschließenden Länder sollen hierzu insbesondere

1. den Träger der Regionalplanung im anderen Land regelmäßig über den jeweiligen Stand ihrer Regionalplanung unterrichten;
2. Planungsgrundlagen für die Regionalplanung und Regionalpläne ganz oder zum Teil gemeinsam erarbeiten, soweit dies erforderlich ist.

(3) Die Regionalpläne für benachbarte Räume der vertragschließenden Länder sind aufeinander abzustimmen. Kommt eine Abstimmung nicht zustande, so entscheidet die jeweils zuständige oberste Landesplanungsbehörde im Benehmen mit der obersten Landesplanungsbehörde des anderen Landes.

Zweiter Teil

Regionalverband Donau-Iller

Abschnitt I
Errichtung und Aufgaben

Art. 4

Errichtung

(1) Für die grenzüberschreitende Region Donau-Iller wird der Regionalverband Donau-Iller als Körperschaft des öffentlichen Rechts errichtet.

(2) Verbandsmitglieder sind
1. in Baden-Württemberg der Stadtkreis Ulm, der Alb-Donau-Kreis und der Landkreis Biberach;
2. in Bayern die kreisfreie Stadt Memmingen und die Landkreise Günzkreis, Illerkreis und Mindelheim.

Die jeweiligen Gebiete der Verbandsmitglieder bilden den Verbandsbereich (Region).

(3) Der Regionalverband hat seinen Sitz in Ulm; er richtet seine Geschäftsstelle in Neu-Ulm ein.

(4) Für den Regionalverband gilt das Zweckverbandsrecht von Baden-Württemberg entsprechend, soweit dieser Vertrag keine Bestimmungen enthält. Auf die Bediensteten des Verbands findet das in Baden-Württemberg geltende Dienstrecht Anwendung. Der Verband erfüllt seine Aufgaben auch im übrigen nach Maßgabe des baden-württembergischen Rechts.

Art. 5

Planungsaufgaben

Der Regionalverband ist Träger der Regionalplanung in seinem Verbandsbereich; er wirkt bei der Landesplanung der vertragschließenden Länder mit.

Art. 6

Förderung kommunaler Zusammenarbeit

Bilden Verbandsmitglieder nach dem Staatsvertrag zweischen dem Land Baden-Württemberg und dem Freistaat Bayern über Zweckverbände und öffentlich-rechtlich Vereinbarungen vom 28. September/7. Oktober 1965 (Gesetzblatt für Baden-Württemberg S. 302; Bayerisches Gesetz- und Verordnungsblatt S. 345) oder nach dem jeweiligen Landesrecht einen Zweckverband, kann dieser mit dem Regionalverband vereinbaren, daß der Regionalverband die Geschäftsführung für den Zweckverband übernimmt. Die Vereinbarung bedarf der Genehmigung der Aufsichtsbehörde, die im Einvernehmen mit den Bayerischen Staatsministerien des Innern und für Landesentwicklung und Umweltfragen entscheidet.

Abschnitt II

Verfassung und Verwaltung

Art. 7

Verbandssatzung

(1) Die Verfassung und Verwaltung des Regionalverbands werden nach Maßgabe von Art. 4 Abs. 4 in der Verbandssatzung geregelt, soweit dieser Abschnitt keine Bestimmungen enthält.

(2) Die Verbandssatzung, ihre Änderung und Aufhebung muß mit der Mehrheit von zwei Dritteln der Stimmen der Mitglieder der Verbandsversammlung beschlossen werden; sie bedarf der Genehmigung der Aufsichtsbehörde. Die Verbandssatzung wird ganz oder teilweise von der Aufsichtsbehörde erlassen, soweit innerhalb einer von dieser gesetzten angemessenen Frist keine Verbandssatzung beschlossen wird oder eine beschlossene Verbandssatzung nicht genehmigt werden kann. Den Verbandsmitgliedern ist vorher Gelegenheit zu geben, ihre Auffasssung zum Inhalt der Verbandssatzung darzulegen. Die Aufsichtsbehörde entscheidet im Einvernehmen mit den Bayerischen Staatsministerien für Landesentwicklung und Umweltfragen und des Innern.

Art. 8

Organe

Organe des Regionalverbands sind die Verbandsversammlung und der Verbandsvorsitzende.

Art. 9

Verbandsversammlung

(1) Die Verbandsversammlung besteht aus den Landräten und den Oberbürgermeistern der Stadtkreise/kreisfreien Städte und der Großen Kreisstädte im Verbandsbereich sowie aus weiteren Vertretern. Die Landräte und Oberbürgermeister werden im Falle der Verhinderung durch ihren allgemeinen Stellvertreter vertreten; für jeden weiteren Vertreter ist mindestens ein Stellvertreter zu bestellen. Jeder Vertreter hat eine Stimme.

(2) Jedes Verbandsmitglied entsendet für je angefangene 10 000 Einwohner einen Vertreter in die Verbandsversammlung. Auf die Zahl der Vertreter eines Landkreises werden der Landrat und die Oberbürgermeister der Großen Kreisstädte, auf die Zahl der Vertreter eines Stadtkreises/einer kreisfreien Stadt wird der Oberbürgermeister angerechnet.

(3) Die weiteren Vertreter und ihre Stellvertreter werden von den Kreistagen und den Gemeinderäten/Stadträten der Verbandsmitglieder (Wahlorgane) auf die Dauer von sechs Jahren innerhalb von drei Monaten vor Ablauf der Amtszeit gewählt. Ihre Amtszeit beginnt mit dem ersten Tag des Monats, der auf den Zeitraum folgt, in dem die Wahl durchzuführen ist. Die Zahl der zu wählenden weiteren Vertreter eines jeden Verbandsmitglieds wird jeweils rechtzeitig vor der Wahl vom Verbandsdirektor festgestellt und den Verbandsmitgliedern mitgeteilt.

(4) Wählbar in der Verbandsversammlung ist, wer die Wählbarkeit in die Wahlorgane besitzt. Die weiteren Vertreter brauchen diesen Organen nicht anzugehören.

(5) Weitere Vertreter können nicht sein:

1. Beamte und Angestellte des Regionalverbands
   und
2. leitende Beamte und leitende Angestellte der in Art. 17 genannten Behörden.

(6) Aus der Verbandsversammlung scheiden die weiteren Vertreter aus, die die Wählbarkeit verlieren oder bei denen im Laufe der Amtszeit ein Hinderungsgrund entsteht. Die Bestimmungen über das Ausscheiden aus einem wichtigen Grunde bleiben unberührt. Die Verbandsversammlung stellt fest, ob eine dieser Voraussetzungen gegeben ist. Ergibt sich nachträglich, daß ein in die Verbandsversammlung Gewählter im Zeitpunkt der Wahl nicht wählbar war, ist dies von der Verbandsversammlung festzustellen.

(7) Tritt ein Gewählter nicht in die Verbandsversammlung ein oder scheidet er im Laufe der Amtszeit aus oder wird festgestellt, daß er nicht wählbar war, rückt der Bewerber nach, der bei der Feststellung des Wahlergebnisses als nächster Ersatzmann festgestellt worden ist.

(8) Die weiteren Vertreter und die Oberbürgermeister der Großen Kreisstädte sind an Aufträge und Weisungen nicht gebunden.

(9) Zu den Sitzungen der Verbandsversammlung sind die zuständigen höheren und die obersten Landesplanungsbehörden der vertragschließenden Länder einzuladen. Ihren Vertretern ist auf Verlangen das Wort zu erteilen.

Art. 10

Wahl der weiteren Vertreter

(1) Die weiteren Vertreter in der Verbandsversammlung werden in den Stadtkreisen/kreisfreien Städten auf Grund von Wahlvorschlägen der Stadträte, in den Landkreisen

1. im baden-württembergischen Teil des Verbandsbereichs auf Grund von Wahlvorschlägen der Kreisverordneten;
2. im bayerischen Teil des Verbandsbereichs zur Hälfte, bei ungerader Zahl nach unten abgerundet, auf Grund von Wahlvorschlägen der Kreisräte, im übrigen auf Grund eines Wahlvorschlages, der von den Bürgermeistern der kreisangehörigen Gemeinden eingereicht wird, gewählt.

(2) Jeder Stadtrat und jeder Kreisverordnete/Kreisrat kann einen Wahlvorschlag einreichen. Der Wahlvorschlag der Bürgermeister wird in einer Bürgermeisterversammlung aufgestellt, die vom Landrat einberufen und geleitet wird. Die Wahlvorschläge können, der Wahlvorschlag der Bürgermeister muß, doppelt so viele Namen enthalten, wie weitere Vertreter hieraus gewählt werden können. In den Wahlvorschlägen soll die räumliche Gliederung des Landkreises angemessen berücksichtigt werden. Mit dem Wahlvorschlag ist eine unterschriftliche Erklärung jedes Bewerbers einzureichen, daß er der Aufnahme in den Wahlvorschlag zugestimmt hat. Ein Bewerber darf sich nicht in mehrere Wahlvorschläge aufnehmen lassen.

(3) Über die Zulassung der Wahlvorschläge entscheidet in den Landkreisen der Kreistag, in den Stadtkreisen/kreisfreien Städten der Gemeinderat/Stadtrat; sie stellen auch das Wahlergebnis fest.

(4) Die auf Grund der Wahlvorschläge der Stadträte und Kreisverordneten/Kreisräte zu wählenden weiteren Vertreter werden nach den Grundsätzen der Verhältniswahl unter Bindung an die Wahlvorschläge gewählt. Die Sitze werden auf die Wahlvorschläge nach dem d'Hondt'schen System verteilt. Wird von den Stadträten oder Kreisverordneten/Kreisräten nur ein gültiger oder kein Wahlvorschlag eingereicht, findet Mehrheitswahl ohne Bindung an die vorgeschlagenen Bewerber statt. Die auf Grund des Wahlvorschlags der Bürgermeister zu wählenden weiteren Vertreter werden nach den Grundsätzen der Mehrheitswahl unter Bindung an die vorgeschlagenen Bewerber gewählt.

(5) Bei Verhältniswahl hat jedes stimmberechtigte Mitglied des Gemeinderats/Stadtrats und des Kreistags eine Stimme, bei Mehrheitswahl so viele Stimmen, wie Mitglieder zu wählen sind. Für die Verteilung der Sitze auf die einzelnen Bewerber eines jeden Wahlvorschlags ist die Reihenfolge der Benennung im Wahlvorschlag maßgebend; die nicht gewählten Bewerber sind in der Reihenfolge der Benennung Ersatzleute für die weiteren Vertreter ihres Wahlvorschlags. Bei Mehrheitswahl sind die Bewerber mit den höchsten Stimmenzahlen in der Reihenfolge dieser Zahlen gewählt; die nicht gewählten Bewerber sind in der Reihenfolge der von ihnen errreichten Stimmenzahl Ersatzleute. Bei Stimmengleichheit entscheidet das Los.

Art. 11

Ausschüsse

(1) Die Verbandsversammlung bestellt einen Planungsausschuß. Der Planungsausschuß hat über die Aufstellung und Fortschreibung des Regionalplans zu beraten und insoweit die Sitzungen der Verbandsversammlung vorzubereiten. Art. 9 Abs. 9 gilt entsprechend.

(2) Die Verbandsversammlung kann durch die Verbandssatzung beschließende und durch Beschluß beratende Ausschüsse bilden.

(3) Beschließenden Ausschüssen können von der Verbandsversammlung bestimmte Aufgaben zur dauernden Erledigung übertragen werden. Auf beschließende Ausschüsse kann nicht übertragen werden die Beschlußfassung über

1. die Bildung von Ausschüssen der Verbandsversammlung und die Bestellung ihrer Mitglieder, die Wahl des Verbandsvorsitzenden und seiner Stellvertreter sowie die Ernennung und Entlassung des Verbandsdirektors und die Bestellung seines Stellvertreters;
2. die Aufstellung und Änderung des Regionalplans;
3. die Beschlußfassung über den Abschluß einer Vereinbarung nach Art. 6;
4. den Erlaß, die Änderung und die Aufhebung von Satzungen;
5. den Erlaß, die Änderung und die Aufhebung der Geschäftsordnung;
6. die Feststellung des Jahresergebnisses und die Entlastung des Verbandsvorsitzenden;
7. Maßnahmen, die sich erheblich auf den Haushalt des Verbands auswirken.

Art. 12

Verbandsvorsitzender

(1) Der Verbandsvorsitzende wird von der Verbandsversammlung jeweils abwechselnd aus der Mitte der baden-württembergischen und der bayerischen Vertreter für die Dauer einer halben Amtszeit der weiteren Vertreter gewählt. Der erste Stellvertreter des Verbandsvorsitzenden wird für dieselbe Dauer aus der Mitte der Vertreter der jeweils zum anderen Land gehörenden Verbandsmitglieder gewählt.

(2) Scheidet der Verbandsvorsitzende oder sein erster Stellvertreter vor dem Ablauf ihrer Amtszeit aus, so wird für den Rest der Amtszeit ein Nachfolger aus der Mitte derjenigen Vertreter gewählt, aus deren Mitte der Ausgeschiedene gewählt worden war.

Art. 13

Verwaltung

(1) Der Regionalverband bestellt einen Verbandsdirektor, der den Verbandsvorsitzenden, ausgenommen im Vorsitz der Verbandsversammlung und ihrer Ausschüsse, ständig vertritt. Der Verbandsdirektor ist Beamter auf Zeit; seine Amtszeit wird in der Verbandssatzung bestimmt.

(2) Ein Beamter oder Angestellter des Verbands ist für den Verhinderungsfall zum Stellvertreter des Verbandsdirektors zu bestellen.

(3) Der Regionalverband unterhält eine Planungsstelle als Teil der Geschäftsstelle.

Art. 14

Planungsbeirat

(1) Beim Regionalverband ist ein Planungsbeirat zu bilden.

(2) Der Planungsbeirat soll den Regionalverband durch Gutachten, Anregungen und Empfehlungen unterstützen. Er ist an der Ausarbeitung, Aufstellung und Fortschreibung des Regionalplans rechtzeitig zu beteiligen.

(3) Als Mitglieder des Planungsbeirats sind Vertreter von Organisationen des wirtschaftlichen, sozialen, kulturellen und kirchlichen Lebens, die durch raumbedeutsame Planungen und Maßnahmen im Verbandsbereich berührt werden können, zu berufen. Die Organisationen, die zur Benennung von Vertretern berechtigt sind, sowie das Nähere über die Zusammensetzung des Planungsbeirats werden in der Verbandssatzung bestimmt. Vorsitzender des Planungsbeirats ist der Verbandsvorsitzende. Die Mitglieder werden durch den Verbandsvorsitzenden berufen. Dabei soll eine gemeinsame

Vertretung der im Planungsbeirat vertretenen Organisationen für den baden-württembergischen und bayerischen Teil des Verbandsbereichs angestrebt werden.

(4) Der Verbandsdirektor nimmt an den Sitzungen mit beratender Stimme teil.

Art. 15

Öffentliche Bekanntmachungen

Öffentliche Bekanntmachungen sind, soweit keine sondergesetzlichen Bestimmungen bestehen, durch Einrücken in den Staatsanzeiger für Baden-Württemberg und in den Bayerischen Staatsanzeiger durchzuführen. Satzungen treten am Tage nach der letzten Bekanntmachung in Kraft.

Art. 16

Deckung des Finanzbedarfs

(1) Der Regionalverband erhält für die Regionalplanung von jedem der vertragschließenden Länder jährlich einen Zuschuß. Der Zuschuß wird von den beiden Ländern anteilig für ihren Landesteil gewährt. Die Höhe bestimmt sich nach den badenwürttembergischen Bestimmungen über den Staatszuschuß an die Regionalverbände in der jeweils geltenden Fassung.

(2) Der Regionalverband kann, soweit seine sonstigen Einnahmen zur Deckung seines Finanzbedarfs nicht ausreichen, von den Verbandsmitgliedern eine Umlage erheben. Die Höhe der Umlage ist in der Haushaltssatzung für jedes Rechnungsjahr festzusetzen. Die Umlage wird in dem Verhältnis der jeweiligen Einwohnerzahlen aufgeteilt. Maßgebend ist das auf den 30. Juni des vorangegangenen Jahres fortgeschriebene Ergebnis der jeweils letzten allgemeinen Zählung der Bevölkerung.

Art.

Aufsicht

Die Aufsicht über den Verband führt das Innenministerium Baden-Württemberg (Aufsichtsbehörde) im Einvernehmen mit dem Bayerischen Staatsministerium für Landesentwicklung und Umweltfragen. Art. 18 Abs. 2 bleibt unberührt.

Abschnitt III

Regionalplan

Art. 18

Aufstellung

(1) Der Regionalverband hat einen Regionalplan aufzustellen. Der Regionalverband kann sachliche oder räumliche Abschnitte des Regionalplans gesondert aufstellen, soweit wichtige Gründe dies erfordern und nach dem Stand der Arbeiten am Regionalplan gewährleistet bleibt, daß dieser Teil sich in die Grundzüge des Regionalplans nach Art. 19 Abs. 2 einfügt.

(2) Die obersten Landesplanungsbehörden können im gegenseitigen Einvernehmen Weisungen erteilen, soweit dies zur Ausformung des Landesentwicklungsplans Baden-Württemberg und des bayerischen Landesentwicklungsprogramms erforderlich ist, sowie über den Planungszeitraum und die Form des Regionalplans.

(3) Der Regionalplan wird von der Verbandsversammlung beschlossen und den obersten Landesplanungsbehörden der vertragschließenden Länder zur Verbindlichkeitserklärung vorgelegt.

(4) Der Regionalplan ist entsprechend der weiteren Entwicklung fortzuschreiben. Für Fortschreibungen und sonstige Änderungen gelten die Absätze 1 bis 3 und Art. 19 bis 21 entsprechend.

Art. 19

Form und Inhalt

(1) Der Regionalplan legt die anzustrebende räumliche Ordnung und Entwicklung der Region in beschreibender und zeichnerischer Darstellung als Ziele der Raumordnung und Landesplanung fest. Er muß mit den Grundsätzen der Raumordnung im Sinne von § 2 Abs. 1 und 3 des Raumordnungsgesetzes vom 8. April 1965 (BGBl. I S. 306) — ROG — und den Zielen der Raumordnung und Landesplanung in den Programmen und Plänen der vertragschließenden Länder in Einklang stehen; er formt diese Grundsätze und Ziele räumlich aus.

(2) Der Regionalplan muß mindestens enthalten:

1. die Ausweisung von zentralen Orten der untersten Stufe (Kleinzentren) und Richtlinien für ihren Ausbau sowie die Darstellung ihrer Nahbereiche, nachrichtlich die im baden-württembergischen Landesentwicklungsplan und im bayerischen Landesentwicklungsprogramm ausgewiesenen zentralen Orte;
2. Richtzahlen für die anzustrebende Entwicklung und Verteilung der Bevölkerung und der Arbeitsstätten in Teilbereichen der Region;
3. die Aufgliederung der im baden-württembergischen Landesentwicklungsplan und im bayerischen Landesentwicklungsprogramm ausgewiesenen Entwicklungsachsen in Bereiche und die diesen Bereichen zukommenden vorrangigen Entwicklungsaufgaben;
4. die anzustrebende wirtschaftliche Struktur der Region und die Aufgabe der Gemeinden auf Grund dieser Struktur;
5. die für die bestehende und künftige Siedlungsstruktur anzustrebende Erschließung und Entwicklung der Region durch Einrichtungen des Verkehrs, der Versorgung und Entsorgung, der Bildung und der Erholung sowie der sonstigen überörtlichen Daseinsvorsorge;
6. Planungen und Maßnahmen zur Erhaltung und Gestaltung der Landschaft, insbesondere soweit sie für Erholungsgebiete oder zur Behebung oder Abwehr von Landschaftsschäden erforderlich sind.

Bei einer Änderung der Vorschriften über den Mindestinhalt von Regionalplänen in den Landesplanungsgesetzen der beiden Länder können die obersten Landesplanungsbehörden im gegenseitigen Einvernehmen durch Rechtsverordnungen den Mindestinhalt des Regionalplans den geänderten Vorschriften anpassen.

(3) Fachliche Zielsetzungen im Regionalplan sind den Fachplanungen der vertragschließenden Länder, an deren Aufstellung der Regionalverband beteiligt war, anzupassen. Soweit Fachplanungen der vertragschließenden Länder nicht bestehen, bedürfen fachliche Zielsetzungen im Regionalplan des Einvernehmens mit den zuständigen obersten Landesbehörden der vertragschließenden Länder.

(4) Dem Regionalplan ist eine Begründung beizufügen. Die Begründung enthält das Ergebnis der Struktur- und Entwicklungsanalysen, erläutert die Zielsetzungen des Plans und gibt die überschlägig geschätzten Kosten für die Verwirklichung vordringlicher Zielsetzungen an.

Art. 20

Beteiligung anderer Planungsträger

(1) Bei der Ausarbeitung des Regionalplans sind zu beteilgen

1. die zuständigen höheren Landesplanungsbehörden der vertragschließenden Länder;

2. die Gemeinden und die übrigen Träger der Bauleitplanung, die Landkreise im Verbandsbereich undd der Bezirk Schwaben;
3. die sonstigen in § 4 Abs. 5 ROG genannten Stellen des Bundes und der vertragschließenden Länder, soweit sie berührt sein können.

Der Regionalverband unterrichtet die zuständigen höheren Landesplanungsbehörden der vertragschließenden Länder über den Fortgang der Planungen.

(2) Nach der Ausarbeitung leitet der Regionalverband den Regionalplan den nach Absatz 1 Satz 1 Beteiligten zu. Der Regionalverband prüft die Anregungen und Bedenken der Beteiligten, erörtert sie mit ihnen und teilt ihnen das Ergebnis mit. Bei der Vorlage des Regionalplans zur Verbindlichkeitserklärung sind die nicht berücksichtigten Anregungen und Bedenken mit einer Stellungnahme des Regionalverbands beizufügen.

Art. 21

Verbindlichkeitserklärung

(1) Der Regionalplan wird von den obersten Landesplanungsbehörden beider Länder im gegenseitigen Einvernehmen für verbindlich erklärt, soweit der Regionalplan nach diesem Vertrag aufgestellt ist, sonstigen Rechtsvorschriften nicht widerspricht und sich die vorgesehene Entwicklung des Verbandsbereichs in die angestrebte räumliche Entwicklung der vertragschließenden Länder einfügt. Die oberste Landesplanungsbehörde von Baden-Württemberg entscheidet dabei nach Beratung durch die Landesregierung; die bayerische oberste Landesplanungsbehörde entscheidet im Einvernehmen mit den übrigen Staatsministerien. Einzelne Zielsetzungen können von der Verbindlichkeitserklärung ausgenommen werden, soweit Änderungen der ihnen zugrunde liegenden Sachlage oder Erkenntnisse vor der nächsten Fortschreibung des Regionalplans zu erwarten sind.

(2) Die obersten Landesplanungsbehörden der vertragschließenden Länder machen den Regionalplan mit der Verbindlichkeitserklärung im Staatsanzeiger für Baden-Württemberg und im Bayerischen Staatsanzeiger öffentlich bekannt. Der Regionalplan wird am Tage nach der letzten Bekanntmachung verbindlich. Er ist bei den obersten und den zuständigen höheren Landesplanungsbehörden der vertragschließenden Länder sowie beim Regionalverband zur Einsichtnahme für jedermann niederzulegen.

(3) Zielsetzungen im Regionalplan sind, soweit sie für verbindlich erklärt werden, Ziele der Raumordnung und Landesplanung (§ 5 Abs. 4 ROG). Die obersten Landesplanungsbehörden können im gegenseitigen Einvernehmen und im Einvernehmen mit den beteiligten Ministerien der vertragschließenden Länder nach Anhörung des Regionalverbands und der berührten Stellen im Einzelfall Abweichungen von den Zielen zulassen, soweit diese wegen Änderungen der ihnen zugrunde liegenden Sachlage oder Erkenntnisse erforderlich sind.

Dritter Teil

Übergangs- und Schlußbestimmungen

Art. 22

Mitwirkung bei der Bildung des Regionalverbands

(1) Der Aufsichtsbehörde obliegt es, im Einvernehmen mit der bayerischen obersten Landesplanungsbehörde
1. für die erstmalige Wahl der weiteren Vertreter in der Verbandsversammlung
   a) die Zahl der insgesamt und in den einzelnen Landkreisen und Stadtkreisen/kreisfreien Städten zu wählenden weiteren Vertreter festzustellen und den Landkreisen und Stadtkreisen/kreisfreien Städten bekanntzugeben,

b) den Zeitraum zu bestimmen, innerhalb dessen die Wahl durchzuführen ist;
2. die erste Sitzung der Verbandsversammlung nach der erstmaligen Wahl der weiteren Vertreter einzuberufen;
3. bis zum Amtsantritt des Verbandsdirektors die vorläufige Geschäftsführung für den Regionalverband wahrzunehmen oder hierzu einen geeigneten Beauftragten zu bestellen, solange die Verbandsversammlung die vorläufige Geschäftsführung nicht selbst regelt.

(2) Die erste Sitzung der Verbandsversammlung wird bis zur Wahl ihres Vorsitzenden vom ältesten Mitglied geleitet.

Art. 23

Fachplanungen der Länder

Abweichend von Art. 19 Abs. 3 sind fachliche Zielsetzungen im Regionalplan auch solchen Fachplanungen der Länder anzupassen, die ohne Beteiligung des Regionalverbands bis zum 31. Dezember 1973 aufgestellt worden sind.

Art. 24

Vertragsdauer

Dieser Staatsvertrag gilt für die Dauer der Amtszeit der nach Errichtung des Regionalverbands erstmals gewählten weiteren Vertreter in der Verbandsversammlung und verlängert sich jeweils um die Dauer der folgenden Amtszeit. Er kann unter Einhaltung einer Frist von einem Jahr vor Ablauf einer Amtszeit gekündigt werden. Er kann darüber hinaus mit einer Frist von zwei Jahren gekündigt werden, wenn im Verwaltungsaufbau der vertragschließenden Länder grundlegende Änderungen eintreten, die die Verbandsaufgaben berühren.

Art. 25

Inkrafttreten

Dieser Staatsvertrag tritt nach Zustimmung der verfassungsmäßig zuständigen Organe der vertragschließenden Länder an dem Tag, der auf den Austausch der Ratifikationsurkunden folgt, in Kraft.

Auf der Reisensburg, am 31. März 1973

Für das Land Baden-Württemberg — Dr. Filbinger

Für den Freistaat Bayern — Dr. h. c. Goppel

3.

Staatsvertrag

zwischen den Ländern Baden-Württemberg und Rheinland-Pfalz über die Zusammenarbeit bei der Raumordnung in den Räumen Mittlerer Oberrhein und Südpfalz

Vom 8. März 1974

Erster Teil

Zweck des Staatsvertrags

Artikel 1

(1) In den Räumen Mittlerer Oberrhein und Südpfalz sollen alle Aufgaben der Raumordnung und Landesplanung einschließlich der Regionalplanung, die über das

Gebiet eines der vertragschließenden Länder unmittelbar oder mittelbar auf das Gebiet des anderen vertragschließenden Landes hinauswirken, in ständiger Zusammenarbeit wahrgenommen werden.

(2) Der Raum Mittlerer Oberrhein besteht aus dem jeweiligen Verbandsbereich des Regionalverbands Mittlerer Oberrhein nach dem Landesplanungsgesetz von Baden-Württemberg.

(3) Der Raum Südpfalz besteht aus dem jeweiligen Gebiet der Region Südpfalz nach dem Regionengesetz von Rheinland-Pfalz.

Zweiter Teil

Zusammenarbeit der Länder

Artikel 2

Zusammenarbeit der Landesbehörden

(1) Die obersten Landesplanungsbehörden treten bei Bedarf, mindestens jedoch einmal jährlich zusammen. Sie ziehen dabei die fachlich berührten Stellen hinzu.

(2) Die Landesplanungsbehörden beteiligen bei der Abstimmung raumbedeutsamer Planungen und Maßnahmen, soweit sich diese im Gebiet des anderen Landes auswirken können, die jeweils zuständige Landesplanungsbehörde im anderen Land. Diese hören die berührten Stellen, insbesondere die Träger der Regionalplanung.

(3) Die obersten Landesplanungsbehörden wirken darauf hin, daß die mit raumbedeutsamen fachlichen Planungen oder Maßnahmen befaßten Stellen grenzüberschreitend zusammenarbeiten.

Artikel 3

Verbindlichkeitserklärung und Genehmigung von Regionalplänen/Regionalen Raumordnungsplänen

Die vertragschließenden Länder verpflichten sich, Regionalpläne/Regionale Raumordnungspläne für die Räume Mittlerer Oberrhein und Südpfalz nur nach gegenseitiger Abstimmung für verbindlich zu erklären oder zu genehmigen, nachdem sich zuvor die Träger der Regionalplanung untereinander gemäß Artikeln 4 und 6 abgestimmt haben.

Dritter Teil

Zusammenarbeit der Träger der Regionalplanung

Artikel 4

Grundsatzvorschrift

(1) Die für die Räume Mittlerer Oberrhein und Südpfalz zuständigen Träger der Regionalplanung arbeiten bei der Regionalplanung zusammen, soweit diese die Entwicklung im benachbarten Raum des anderen Landes beeinflussen kann.

(2) Hierzu sollen die Träger der Regionalplanung

1. sich regelmäßig über den jeweiligen Stand ihrer Regionalplanung unterrichten,
2. zur Erarbeitung gemeinsamer Planungsgrundlagen und Abstimmung der Regionalplanung nach Maßgabe der folgenden Artikel zusammenwirken.

Artikel 5

Bildung einer Arbeitsgemeinschaft

(1) Die beinden Träger der Regionalplanung bilden zur grenzüberschreitenden Zusammenarbeit eine Arbeitsgemeinschaft.

(2) Mitglieder der Arbeitsgemeinschaft sind in je gleicher Zahl:

1. Vertreter des für den Raum Mittlerer Oberrhein zuständigen Trägers der Regionalplanung,
2. Vertreter des zuständigen Trägers der Regionalplanung aus dem Raum Südpfalz, darunter die Landräte und Oberbürgermeister in diesem Raum.

(3) Die Bildung der Arbeitsgemeinschaft ist den obersten Landesplanungsbehörden der vertragschließenden Länder anzuzeigen.

Artikel 6

Aufgaben der Arbeitsgemeinschaft

(1) Die Arbeitsgemeinschaft hat über die Aufstellung und Fortschreibung der Regionalpläne/Regionalen Raumordnungspläne für die Räume Mittlerer Oberrhein und Südpfalz zu beraten. Hierzu sind insbesondere

1. die wesentlichen Daten und Prognosen aufeinander abzustimmen,
2. gemeinsame planerische Grundvorstellungen zu entwickeln.

(2) Die Behörden der vertragschließenden Länder beteiligen die Arbeitsgemeinschaft bei ihrer Zusammenarbeit nach Artikel 2.

Artikel 7

Geschäftsordnung der Arbeitsgemeinschaft

(1) Die Arbeitsgemeinschaft gibt sich eine Geschäftsordnung, die der Zustimmung der obersten Landesplanungsbehörden der vertragschließenden Länder bedarf.

(2) Die Geschäftsordnung und deren Änderung sind mit der Mehrheit von zwei Dritteln der Stimmen der Mitglieder der Arbeitsgemeinschaft zu beschließen. Für die Beschlußfassung über die erste Geschäftsordnung besteht die Arbeitsgemeinschaft aus je fünf Mitgliedern nach Artikel 5 Abs. 2.

(3) Zu den Sitzungen der Arbeitsgemeinschaft sind die zuständigen Landesplanungsbehörden unter Mitteilung der Tagesordnung einzuladen; sie können Vertreter mit beratender Stimme entsenden.

Vierter Teil

Schlußbestimmungen

Artikel 8

Vertragsdauer

Dieser Staatsvertrag gilt für die Dauer von fünf Jahren und verlängert sich jeweils um weitere fünf Jahre, wenn er nicht unter Einhaltung einer Frist von einem Jahr vor seinem Ablauf gekündigt wird.

Artikel 9

Inkrafttreten

Dieser Staatsvertrag tritt nach Zustimmung der verfasungsmäßig zuständigen Organe der vertragschließenden Länder an dem Tag, der auf den Austausch der Ratifikationsurkunden folgt, in Kraft.

Landau, den 8. März 1974

für das Land Baden-Württemberg:	*für das Land Rheinland-Pfalz:*
Schiess	Hilf

Bayern

Übersicht

1. Bayerisches Landesplanungsgesetz (BayLplG) vom 6. 2. 1970 (GVBl. S.9); geändert durch Gesetz vom 31. 7. 1970 (BayGVBl. S. 345), vom 19. 2. 1971 (GVBl. S. 65) und vom 24. 7. 1974 (GVBl. S. 354).
2. Verordnung über die Zusammensetzung des Landesplanungsbeirats und der Bezirksplanungsbeiräte vom 6. 7. 1970 (GVBl. S. 281) mit Änderung durch Verordnungen vom 24. 11. 1970 (GVBl. S. 541) und vom 5. 2. 1976 (GVBl. S. 19)*)
3. Verordnung über die Entschädigung der als Sachverständige berufenen Bayer. Mitglieder des Landesplanungsbeirats und der Bezirksplanungsbeiräte vom 16. 3. 1971 (GVBl. S. 109).*)
4. Verordnung über das Landesentwicklungsprogramm Bayern vom 10. 3. 1976 (GVBl. S. 123).*)

1.

Bayerisches Landesplanungsgesetz (BayLplG)

Vom 6. Februar 1970 (GVBl. S. 9), geändert durch § 61 Gesetz vom 31. Juli 1970 (GVBl. S. 345), Art. 1 Gesetz über die Zuständigkeiten in der Landesentwicklung und in den Umweltfragen vom 19. Februar 1971 (GVBl. S. 65), Art. 292 Abs. 2 Nr. 11 Einführungsgesetz zum Strafgesetzbuch vom 2. März 1974 (BGBl. I S. 469) und § 28 Gesetz vom 24. Juli 1974 (GVBl. S. 354)

Der Landtag des Freistaates Bayern hat das folgende Gesetz beschlossen, das nach Anhörung des Senats hiermit bekanntgemacht wird:

Inhaltsübersicht

1. Abschnitt

Aufgabe, Grundsätze und Ziele der Raumordnung und Landesplanung

---

*) Vom Abdruck wurde abgesehen.

1. Abschnitt
Aufgabe, Grundsätze und Ziele der Raumordnung und Landesplanung

Art. 1
Aufgabe der Landesplanung

(1) Aufgabe der Landesplanung ist es, nach Maßgabe des Raumordnungsgesetzes und dieses Gesetzes

1. übergeordnete, überörtliche zusammenfassende und überörtliche fachliche Programme und Pläne aufzustellen, fortwährend zu überprüfen und der weiteren Entwicklung anzupassen;
2. raumbedeutsame Planungen und Maßnahmen der Behörden des Bundes und des Freistaates Bayern, bundes- oder landesunmittelbarer Planungsträger sowie der unter Aufsicht des Bundes oder des Freistaates Bayern stehenden Körperschaften, Anstalten und Stiftungen des öffentlichen Rechts (öffentliche Planungsträger) und sonstiger Planungsträger mit den Erfordernissen der Raumordnung abzustimmen.

(2) Landesplanung ist Aufgabe des Staates.

Art. 2

Grundsätze der Raumordnung

Für die Landesplanung sind neben den Grundsätzen der Raumordnung gemäß § 2 Abs. 1 des Raumordnungsgesetzes folgende Grundsätze zu beachten

1. Der geographischen Lage Bayerns im Bundesgebiet und im europäischen Raum ist Rechnung zu tragen; dabei sind die Interessen und natürlichen Gegebenheiten aller Landesteile zu berücksichtigen.
2. Gebiete, zwischen denen ausgewogene Lebens- und Wirtschaftsbeziehungen bestehen oder entwickelt werden sollen, die den Erfordernissen der Raumordnung entsprechen, werden zu Regionen zusammengefaßt. Eine Region soll sich regelmäßig auf das zusammenhängende Gebiet mehrerer Landkreise unter Einbeziehung kreisfreier Städte erstrecken. Das Gebiet einzelner Gemeinden darf nicht geteilt werden.
3. Gemeinden, die sich als Mittelpunkt des wirtschaftlichen, sozialen und kulturellen Lebens eines bestimmten Einzugsbereichs eignen, können durch das Landesentwicklungsprogramm und die Regionalpläne als zentrale Orte bestimmt werden. Sie sollen nach der Eigenart und Bedeutung der angestrebten Mittelpunktsaufgaben eingestuft werden und so über das ganze Staatsgebiet verteilt sein, daß möglichst gleichwertige Lebensbedingungen erreicht werden können. Zentrale Orte sind nach Maßgabe ihrer Aufgaben besonders zu fördern.
4. Die Ausbildung leistungsfähiger Entwicklungsachsen ist zu fördern. In Entwicklungsachsen sind zentrale Orte und andere Siedlungsschwerpunkte an einer leistungsfähigen Verkehrsader aneinandergereiht. Aufgabe von Entwicklungsachsen ist die Verbesserung der Standortbedingungen durch Zusammenfassung überörtlicher Infrastruktureinrichtungen. Entwicklungsachsen sollen zur Förderung entwicklungsbedürftiger Gebiete und zur Ordnung von Verdichtungsräumen beitragen.
5. Überörtliche Einrichtungen der Daseinsvorsorge und der Kultur, insbesondere der Bildung und des Sports, ferner der Verwaltung und Rechtspflege sollen der Bevölkerung in angemessener Entfernung und möglichst in geeigneten zentralen Orten oder in deren Nähe zugänglich sein. Die Erfordernisse einer zweckmäßigen und wirtschaftlichen Verwaltungsorganisation sind zu beachten.
6. Auf eine sinnvolle überörtliche Zuordnung von Arbeits- und Wohnstätten ist hinzuwirken. Außerhalb von Verdichtungsräumen sollen gewerbliche Arbeitsstätten bevorzugt in zentralen Orten oder in deren Nähe geschaffen werden.
7. Verkehrsanlagen und Verkehrsbedienung sollen so geplant werden, daß sie leistungsfähige Verbindungen gewährleisten. Ein volkswirtschaftlich zweckmäßiges, den Erfordernissen einer raschen, preisgünstigen und sicheren Verkehrsbedienung entsprechendes Zusammenwirken der Verkehrsträger ist anzustreben. Zentrale Orte und Erholungsgebiete im Nahbereich von Verdichtungsräumen sollen ihren Aufgaben gemäß leicht erreichbar sein. Die durch die ungünstige Lage zu Produktionszentren und Märkten sowie die Unterbrechung wirtschaftlicher Beziehungen zu benachbarten Räumen außerhalb des Bundesgebiets verursachten Nachteile sollen ausgeglichen werden; dies gilt insbesondere für das Zonenrandgebiet.
8. Bei raumbedeutsamen Planungen und Maßnahmen ist darauf hinzuwirken, daß
   a) die Versorgung der Bevölkerung und der Wirtschaft mit Energie sichergestellt wird,
   b) die Erfordernisse der Wasserwirtschaft und die Belange eines geordneten Wasserhaushalts in der Landschaft berücksichtigt werden; dazu gehören insbesondere die Versorgung der Bevölkerung und der Wirtschaft mit Wasser in ausreichender Menge und Güte, die Reinhaltung des Grundwassers und der oberirdischen Gewässer sowie der Hochwasserschutz,
   c) die Erfordernisse der überörtlichen Müll- und Abfallbeseitigung beachtet werden.

9. In Gebieten, in denen aufgrund einer einseitigen Wirtschaftsstruktur unausgewogene wirtschaftliche oder soziale Verhältnisse bestehen oder zu befürchten sind, sollen geeignete zusätzliche Erwerbszweige und Arbeitsstätten sowie ein fachlich breit gestreutes Angebot an Arbeitsplätzen angestrebt werden. Satz 1 gilt entsprechend für ländliche und solche Gebiete, in denen die Lebensbedingungen in ihrer Gesamtheit im Verhältnis zum Bundesdurchschnitt wesentlich zurückgeblieben sind oder ein Zurückbleiben zu befürchten ist. Der Grundsatz Nr. 6 Satz 2 bleibt unberührt.
10. Die natürlichen Ertragsbedingungen der Land- und Forstwirtschaft sind zu verbessern. Vorhaben, die der Strukturverbesserung in der Landwirtschaft dienen, sind besonders zu berücksichtigen. Es ist darauf hinzuwirken, daß der land- und forstwirtschaftlich genutzte Boden auch künftig als Kulturlandschaft erhalten bleibt.
11. Der Standort von Anlagen, die Luftverunreinigung, Lärm, Erschütterung oder schädliche Strahlung verursachen oder die natürliche Beschaffenheit des Grundwassers oder der oberirdischen Gewässer nachteilig beeinflussen können, soll so gewählt werden, daß Gefahren, Nachteile und Belästigungen vermieden werden. Dies gilt insbesondere für Wohn-, Erholungs- und Fremdenverkehrsgebiete sowie andere besonders schützenswerte Räume und für Flächen, die gegenwärtig oder voraussichtlich künftig der Wasserversorgung dienen. Geplante Anlagen sollen nach Möglichkeit in geeigneten Gebieten zusammengefaßt werden. Auf die durch bestehende Anlagen verursachten Einwirkungen soll bei Maßnahmen des Siedlungswesens Rücksicht genommen werden.
12. Die Landschaft und das Gleichgewicht des Naturhaushalts sollen nicht nachteilig verändert werden. Unvermeidbare wesentliche Beeinträchtigungen sind durch landschaftspflegerische Maßnahmen möglichst auszugleichen. Wälder sollen nach Lage, Ausdehnung und Art so erhalten werden, daß sie Klima und Wasserhaushalt günstig beeinflussen, die natürlichen Schutzaufgaben des Waldes erfüllen und der Bevölkerung in ausreichendem Maße als Erholungsgebiete zur Verfügung stehen. Gebiete von besonderer Schönheit oder Eigenart und Naturdenkmale sind möglichst unberührt zu erhalten und zu schützen. Der Zugang zu Bergen, Seen, Flüssen und sonstigen landschaftlichen Schönheiten ist der Allgemeinheit freizuhalten und erforderlichenfalls zu eröffnen. Die Zersiedlung der Landschaft soll verhindert werden.
13. Geeignete Gebiete, insbesondere in Verdichtungsräumen oder in deren Nahbereich, sollen als Erholungsgebiete erhalten, geschaffen und ausgestaltet werden.
14. Auf eine ausreichende überörtliche Gliederung von Siedlungsgebieten durch Grün- und sonstige Freiflächen soll hingewirkt werden.
15. Denkmäler der Kunst und der Geschichte sowie kennzeichnende Ortsbilder sollen erhalten werden.

Art. 3

Geltung der Grundsätze

Die Grundsätze der Raumordnung gelten für die Behörden des Freistaates Bayern, die landesunmittelbaren Planungsträger und die der Aufsicht des Freistaates Bayern unterstehenden Körperschaften, Anstalten und Stiftungen des öffentlichen Rechts. Sie sind bei raumbedeutsamen Planungen und Maßnahmen im Rahmen des ihnen zustehenden Ermessens nach Maßgabe von § 1 des Raumordnungsgesetzes gegeneinander und untereinander abzuwägen.

Art. 4

Darstellung der Ziele der Raumordnung und Landesplanung

(1) Die Ziele der Raumordnung und Landesplanung im Sinne des Raumordnungsgesetzes werden im Landesentwicklungsprogramm gemäß Art. 13, in fachlichen Pro-

grammen und Plänen gemäß Art. 15, in Regionalplänen gemäß Art. 17 sowie nach Maßgabe von Art. 26 in beschreibender oder zeichnerischer Form dargestellt.

(2) Die in Absatz 1 genannten Programme und Pläne sowie die einzelnen Ziele der Raumordnung und Landesplanung sind zu begründen. In der Begründung sollen die Ziele der Raumordnung und Landesplanung nach der voraussichtlichen Dringlichkeit ihrer Verwirklichung eingestuft werden. Ferner sollen die überschlägig ermittelten Kosten der Verwirklichung besonders vordringlicher Ziele der Raumordnung und Landesplanung angegeben und in angemessenen Abständen fortgeschrieben werden. Sonstige Angaben, Hinweise und Planungen zur Erläuterung oder Ergänzung von Zielen der Raumordnung und Landesplanung sind zulässig.

2. Abschnitt
Organisation der Landesplanung

Art. 5
Landesplanungsbehörden

(1) Landesplanungsbehörden sind das Staatsministerium für Landesentwicklung und Umweltfragen als oberste Landesplanungsbehörde, die Regierungen als höhere Landesplanungsbehörden und die Kreisverwaltungsbehörden als untere Landesplanungsbehörden.

(2) Bei den höheren Landesplanungsbehörden sind Bezirksplanungsstellen einzurichten. Sie haben die Aufgabe, Regionalpläne für regionale Planungsverbände nach Maßgabe ihrer Beschlüsse auszuarbeiten sowie an der fortwährenden Überprüfung und der Änderung solcher Pläne mitzuwirken. Ferner erstatten sie Gutachten für die Landesplanungsbehörden und die regionalen Planungsverbände. Die Bezirksplanungsstellen können bei der Ausarbeitung der Regionalpläne bestehende Planungseinrichtungen zur Mitarbeit heranziehen, soweit diese über die organisatorischen, personellen und technischen Voraussetzungen hierfür verfügen.

Art. 6
Regionale Planungsverbände

(1) Regionale Planungsverbände sind Zusammenschlüsse der Gemeinden und Landkreise einer Region.

(2) Die regionalen Planungsverbände beschließen über Regionalpläne sowie deren Änderungen und stimmen dabei die Interessen der Verbandsmitglieder im Rahmen der Landesplanung ab; sie erfüllen diese Aufgaben im übertragenen Wirkungskreis.

(3) Die regionalen Planungsverbände bedienen sich zur Ausarbeitung, fortwährenden Überprüfung und Änderung der Regionalpläne der bei der zuständigen höheren Landesplanungsbehörde eingerichteten Bezirksplanungsstelle.

(4) Unbeschadet der besonderen Bestimmungen dieses Gesetzes sind auf regionale Planungsverbände die für Zweckverbände geltenden Vorschriften anzuwenden. Soweit darin auf die für Gemeinden, Landkreise oder Bezirke geltenden Regelungen verwiesen wird, sind die für Landkreise vorgesehenen Bestimmungen anzuwenden. Wenn diese Bestimmungen Rechtsverordnungen sind, gelten sie sinngemäß, sofern nicht die oberste Landesplanungsbehörde anstelle der zum Erlaß der Rechtsverordnungen zuständigen Behörden eine besondere Regelung für regionale Planungsverbände durch Rechtsverordnung trifft. Im übrigen werden die in den anzuwendenden Vorschriften begründeten Zuständigkeiten staatlicher Verwaltungsbehörden durch die Landesplanungsbehörden der entsprechenden Verwaltungsstufe wahrgenommen.

(5) Wenn ein regionaler Planungsverband besteht, tritt er an die Stelle der Verbandsmitglieder, soweit sie nach diesem Gesetz an der Ausarbeitung und Aufstellung von Zielen der Raumordnung und Landesplanung zu beteiligen sind.

Art. 7

Entstehung regionaler Planungsverbände

Regionale Planungsverbände entstehen in allen Regionen mit dem Inkrafttreten der Einteilung des Staatsgebietes in Regionen gemäß Art. 13 Abs. 2 Nr. 1.

Art. 8

Organisation regionaler Planungsverbände

(1) Die Rechtsverhältnisse regionaler Planungsverbände werden durch die Verbandssatzung geregelt.

(2) Die Verbandssatzung wird von den Verbandsmitgliedern nach Maßgabe von Absatz 8 Satz 2 bis 7 beschlossen. Die konstituierende Sitzung wird durch die höhere Landesplanungsbehörde einberufen, zu deren Verwaltungsbezirk die Region gehört. Wenn eine Region Gebiete aus dem Zuständigkeitsbereich mehrerer höherer Landesplanungsbehörden einschließt, wird die zuständige höhere Landesplanungsbehörde durch die oberste Landesplanungsbehörde bestimmt. Die Verbandssatzung bedarf der rechtsaufsichtlichen Genehmigung der obersten Landesplanungsbehörde.

(3) Die Verbandssatzung wird von der obersten Landesplanungsbehörde erlassen, wenn innerhalb einer von ihr gesetzten angemessenen Frist keine Verbandssatzung beschlossen wird oder eine beschlossene Verbandssatzung nicht genehmigt werden kann. Den Gemeinden und Landkreisen der Region ist vorher Gelegenheit zu geben, ihre Auffassung zum Inhalt der Verbandssatzung darzulegen.

(4) Die Verbandssatzung kann durch Beschluß der Verbandsversammlung mit rechtsaufsichticher Genehmigung der obersten Landesplanungsbehörde geändert werden. Die Genehmigung erfolgt auf Antrag der regionalen Planungsverbände. Der Antrag ist bei der für den Sitz der regionalen Planungsverbände zuständigen höheren Landesplanungsbehörde einzureichen.

(5) Die Verbandssatzung muß die fachgerechte Wahrnehmung der Verbandsaufgaben und die angemessene Vertretung unterschiedlicher Interessen der Verbandsmitglieder sicherstellen. An der Ausarbeitung von Zielen der Raumordnung und Landesplanung durch den regionalen Planungsverband und vor Stellungnahmen des regionalen Planungsverbands zu den von Staatsbehörden aufzustellenden Zielen der Raumordnung und Landesplanung sind Verbandsmitglieder zu beteiligen, für die voraussichtlich eine Anpassungspflicht begründet wird.

(6) Mitglied eines regionalen Planungsverbands sind alle Gemeinden, deren Gebiet in der Region liegt, sowie die Landkreise, deren Gebiet ganz oder teilweise zur Region gehört. Weitere juristische Personen sowie natürliche Personen können nicht Mitglieder regionaler Planungsverbände sein.

(7) Notwendige Organe regionaler Planungsverbände sind die Verbandsversammlung, der Planungsausschuß, der regionale Planungsbeirat und der Verbandsvorsitzende. Die Verbandssatzung kann weitere Organe vorsehen.

(8) In der Verbandsversammlung sind nur die von den Verbandsmitgliedern entsandten Verbandsräte oder deren Stellvertreter stimmberechtigt. Jedes Verbandsmitglied entsendet einen Verbandsrat. Abstimmungen erfolgen nach der Einwohnerzahl der zur Region gehörenden Gebiete der Verbandsmitglieder. Dabei ist der zum Jahresschluß fortgeschriebene Bevölkerungsstand (Wohnbevölkerung) mit Wirkung zum 1. Juli des folgenden Jahres für die Dauer von 2 Jahren zugrundezulegen. Die Einwohner kreisangehöriger Gemeinden werden der Gemeinde und dem Landkreis jeweils einmal zugerechnet. Die Einwohner kreisfreier Städte und gemeindefreier Gebiete zählen doppelt. Kein Verbandsmitglied erhält mehr als 40 v. H. der Stimmen. Stimmrechte, die gemäß Satz 7 nicht ausgeübt werden können, fallen den übrigen Verbandsmitglie-

dern anteilmäßig zu. Beschlüsse über Regionalpläne und ihre Änderung sind der Verbandsversammlung vorbehalten.

(9) Dem Planungsausschuß gehören außer dem Verbandsvorsitzenden mindestens 10, höchstens 30 Vertreter der Verbandsmitglieder an. Er setzt sich aus Vertretern der kreisangehörigen Gemeinden, der kreisfreien Städte und der Landkreise entsprechend den Stimmanteilen dieser Gruppen in der Verbandsversammlung zusammen. Die Vertreter der kreisangehörigen Gemeinden werden durch die von den kreisangehörigen Gemeinden entsandten Verbandsräte auf der Grundlage ihrer Stimmanteile in der Verbandsversammlung gewählt. Satz 3 gilt entsprechend für die Vertreter der kreisfreien Städte und der Landkreise. Der Planungsausschuß hat regelmäßig über den Stand und den Fortgang der Ausarbeitung und der Überprüfung des Regionalplans zu beraten; er kann Beschlüsse gemäß Art. 5 Abs. 2 Satz 2 fassen, soweit nicht die Verbandsversammlung zuständig ist. Das Nähere wird durch die Verbandssatzung bestimmt.

(10) Die Verbandssatzung muß die Beteiligung des regionalen Planungsbeirats an der Ausarbeitung und fortwährenden Überprüfung des Regionalplans gewährleisten. Entsprechend dem Fortgang der Planungsarbeiten sind gemeinsame Sitzungen des regionalen Planungsbeirats und des Planungsausschusses vorzusehen.

Art. 9

Aufsicht über regionale Planungsverbände

(1) Regionale Planungsverbände unterliegen der Aufsicht der für ihren Sitz zuständigen höheren Landesplanungsbehörde.

(2) Die oberste und die für die Aufsicht zuständige höhere Landesplanungsbehörde soweit die bei ihr eingerichtete Bezirksplanungsstelle können unbeschadet weitergehender Befugnissse die Einladung zu Sitzungen beratender und beschließender Organe regionaler Planungsverbände verlangen; ihre Vertreter können an den Sitzungen beratend teilnehmen.

Art. 10

Kostenerstattung an regionale Planungsverbände

Der Freistaat Bayern ersetzt den regionalen Planungsverbänden den notwendigen Aufwand für die Ausarbeitung und fortwährende Überprüfung von Regionalplänen. Das Nähere wird durch Rechtsverordnung der Staatsregierung bestimmt.

Art. 11

Planungsbeiräte

(1) Bei der obersten Landesplanungsbehörde besteht ein Landesplanungsbeirat. Bei den höheren Landesplanungsbehörden bestehen Bezirksplanungsbeiräte. Bei den regionalen Planungsverbänden sind regionale Planungsbeiräte zu bilden.

(2) Die Planungsbeiräte sollen die Landesplanungsbehörden und die regionalen Planungsverbände durch Gutachten, Anregungen und Empfehlungen unterstützen.

(3) Die Planungsbeiräte sind von den Landesplanungsbehörden und den regionalen Planungsverbänden nach Maßgabe dieses Gesetzes an der Ausarbeitung und Aufstellung von Zielen der Raumordnung und Landesplanung zu beteiligen und zu grundsätzlichen Fragen der Raumordnung und Landesplanung zu hören.

Art. 12

Organisation der Planungsbeiräte

(1) Als Mitglieder der Planungsbeiräte sind Vertreter von Organisationen des wirtschaftlichen, sozialen, kulturellen und kirchlichen Lebens, deren Aufgaben durch

raumbedeutsame Planungen und Maßnahmen berührt werden als Mitglieder des Landesplanungsbeirats und der Bezirksplanungsbeiräte außerdem Vertreter der kommunalen Spitzenverbände Bayerns, zu berufen. Die Organisationen, die zur Benennung von Vertretern berechtigt sind, werden durch Verordnung der Staatsregierung bestimmt.

(2) Die Berufung erfolgt auf Vorschlag der Organisationen durch den Staatsminister für Landesentwicklung und Umweltfragen für den Landesplanungsbeirat, durch die Regierungspräsidenten für die Bezirksplanungsbeiräte und durch die Vorsitzenden der regionalen Planungsverbände für die regionalen Planungsbeiräte.

(3) Der Staatsminister für Landesentwicklung und Umweltfragen kann nach Anhörung des Landesplanungsbeirats Sachverständige als weitere Mitglieder in den Landesplanungsbeirat berufen. Für die Regierungspräsidenten und die Vorsitzenden der regionalen Planungsverbände gilt Satz 1 entsprechend.

(4) Die Mitglieder der Planungsbeiräte werden für 6 Jahre berufen. Die Wiederberufung ist zulässig.

(5) Für die gemäß Absatz 2 berufenen Mitglieder der Planungsbeiräte sind Stellvertreter zu berufen. Die Absätze 1, 2 und 4 gelten entsprechend.

(6) Die gemäß Absatz 2 berufenen Mitglieder der Planungsbeiräte und ihre Stellvertreter sind durch den Vorsitzenden auf Verlangen der Organisationen, von denen sie vorgeschlagen wurden, vorzeitig abzuberufen. Die gemäß Absatz 3 berufenen Mitglieder der Planungsbeiräte können aus wichtigem Grund vozeitig abberufen werden.

(7) Vorsitzender des Landesplanungsbeirats ist der Staatsminister für Landesentwicklung und Umweltfragen. Vorsitzende der Bezirksplanungsbeiräte sind die Regierungspräsidenten. Vorsitzende der regionalen Planungsbeiräte sind die Vorsitzenden der regionalen Planungsverbände.

(8) Die Planungsbeiräte können für die Behandlung bestimmter allgemeiner oder einzelner Fragen Ausschüsse aus ihrer Mitte bilden. Die Beteiligung an Ausschüssen steht allen Mitgliedern der Planungsbeiräte offen. Absatz 7 gilt entsprechend.

(9) Die Vorsitzenden der Planungsbeiräte und ihrer Ausschüsse können nach Anhörung der Beiräte und der Ausschüsse neben den gemäß Absatz 2 bestellten Mitgliedern der Planungsbeiräte und ihren Stellvertretern oder an deren Stelle weitere Beauftragte der nach Absatz 1 bestimmten Organisationen zur Teilnahme an Sitzungen der Planungsbeiräte und ihrer Ausschüsse mit beratender Stimme zulassen.

(10) Die zu Mitgliedern der Planungsbeiräte berufenen Vertreter von Organisationen, ihre Stellvertreter sowie die gemäß Absatz 9 zugelassenen Personen haben gegenüber dem Freistaat Bayern oder einem regionalen Planungsverband keinen Anspruch auf Entschädigung. Die Entschädigung der zu Mitgliedern des Landesplanungsbeirats und der Bezirksplanungsbeiräte berufenen Sachverständigen wird durch die oberste Landesplanungsbehörde geregelt.

(11) Art. 14 Abs. 2 und 3 der Landkreisordnung für den Freistaat Bayern gilt für die Mitglieder der Planungsbeiräte, ihre Stellvertreter und die gemäß Absatz 9 zugelassenen Personen entsprechend; an die Stelle des Kreistags tritt die Landesplanungsbehörde und die Verbandsversammlung des regionalen Planungsverbands, denen der Planungsbeirat jeweils zugeordnet ist.

(12) Die Planungsbeiräte sind nach Bedarf, mindestens aber zweimal im Jahr einzuberufen. Sie sind auch einzuberufen, wenn mindestens ein Viertel der Mitglieder es verlangt.

(13) Vertreter der Staatsministerien können an den Sitzungen des Landesplanungsbeirats und seiner Ausschüsse teilnehmen. Die oberste und die zuständige höhere Landesplanungsbehörde können Vertreter zu den Sitzungen der Planungsbeiräte entsenden und die Beiziehung von Vertretern anderer Behörden verlangen. Behörden, deren Vertreter an Sitzungen der Planungsbeiräte teilnehmen können, sind zu den Sitzungen einzuladen. Behördenvertreter sind auf Antrag zu hören.

(14) Die Planungsbeiräte geben sich eine Geschäftsordnung.

3. Abschnitt

Programme und Pläne der Landesplanung

Art. 13

Landesentwicklungsprogramm

(1) Das Landesentwicklungsprogramm legt die Grundzüge der anzustrebenden räumlichen Ordnung und Entwicklung des Staatsgebiets als Ziele der Raumordnung und Landesplanung fest. Insoweit können für überregionale Teilräume besondere Regelungen getroffen werden. Einzelne Planungen und Maßnahmen sind in das Landesentwicklungsprogramm aufzunehmen, wenn sie für das ganze Staatsgebiet oder größere Teile desselben raumbedeutsam sind.

(2) Im Landesentwicklungsprogramm sind unbeschadet weitergehender Ziele der Raumordnung und Landesplanung gemäß Absatz 1 zu bestimmen:

1. die Einteilung des Staatsgebiets in Regionen,
2. die Regionen, für die zusammen mit Gebieten eines benachbarten Landes der Bundesrepublik Deutschland eine einheitliche Regionalplanung erforderlich oder zweckmäßig ist,
3. die zentralen Orte sowie Grundsätze für ihren weiteren Ausbau nach der Eigenart und Bedeutung der angestrebten Mittelpunktsaufgaben; zentrale Orte der untersten Stufe (Kleinzentren) werden in den Regionalplänen nach den im Landesentwicklungsprogramm festzulegenden Grundsätzen bestimmt,
4. Richtzahlen für die durch raumbedeutsame Planungen und Maßnahmen anzustrebende Entwicklung der Bevölkerung und der Arbeitsplätze in den Regionen,
5. Entwicklungsachsen von überregionaler Bedeutung,
6. die Gebiete, deren Lebens- und Wirtschaftsbedingungen zu ihrer Erhaltung oder Verbesserung besonderer Maßnahmen bedürfen; solche Gebiete sind insbesondere
   a) Gebiete, in denen die Lebensbedingungen in ihrer Gesamtheit im Verhältnis zum Bundesdurchschnitt wesentlich zurückgeblieben sind oder ein solches Zurückbleiben zu befürchten ist,
   b) das Zonenrandgebiet,
   c) Verdichtungsräume, deren Gesundung gefördert oder in denen einer ungesunden Verdichtung von Wohn- und Arbeitsstätten entgegengewirkt werden soll;

   gleichzeitig sind die zur Erhaltung und Verbesserung der Lebens- und Wirtschaftsbedingungen erforderlichen Planungen und Maßnahmen vorzusehen,
7. die Bereiche, für die Ziele der Raumordnung und Landesplanung in fachlichen Programmen oder Plänen auf der Grundlage des Landesentwicklungsprogramms aufgestellt werden können und die zu ihrer Ausarbeitung und Aufstellung zuständigen Behörden,
8. sonstige zur Verwirklichung der Grundsätze der Raumordnung erforderliche Planungen oder Maßnahmen.

Art. 14

Aufstellung des Landesentwicklungsprogramms

(1) Das Landesentwicklungsprogramm wird von der obersten Landesplanungsbehörde im Benehmen mit den übrigen Staatsministerien ausgearbeitet. Der Landesplanungsbeirat ist zu hören.

(2) Das Landesentwicklungsprogramm ist vor seiner Aufstellung den kommunalen Spitzenverbänden Bayerns und den Gemeinden, Landkreisen und Bezirken (Gebietskörperschaften), für die eine unmittelbare Anpassungspflicht begründet wird, zur Stellungnahme in einer gleichzeitig zu bestimmenden angemessenen Frist bekanntzugeben, innerhalb derer sie auch eigene Vorschläge unterbreiten können. Die Bekanntgabe

kann durch Veröffentlichung im Amtsblatt der obersten Landesplanungsbehörde erfolgen, auf die im Bayerischen Staatsanzeiger hinzuweisen ist. Soweit die im Landesentwicklungsprogramm enthaltenen Ziele der Raumordnung und Landesplanung in zeichnerischer Form dargestellt sind, kann die Bekanntgabe durch die Aufforderung ersetzt werden, bei einer unteren Landesplanungsbehörde Einsicht zu nehmen. Art. 6 Abs. 5 bleibt unberührt.

(3) Die Staatsregierung beschließt das Landesentwicklungsprogramm als Rechtsverordnung.

(4) Das Landesentwicklungsprogramm kann in räumlichen und sachlichen Teilabschnitten aufgestellt werden, soweit wichtige Gründe dies erfordern.

(5) Das Landesentwicklungsprogramm ist fortwährend zu überprüfen und der weiteren Entwicklung anzupassen.

(6) Für die Änderung und Ergänzung des Landesentwicklungsprogramms gelten die Absätze 1 bis 4 entsprechend.

Art. 15

Fachliche Programme und Pläne

Für die nach Art. 13 Abs. 2 Nr. 7 bestimmten Bereiche können fachliche Programme oder Pläne auf der Grundlage des Landesentwicklungsprogramms aufgestellt werden. Die Programme und Pläne können sich auf das ganze Staatsgebiet oder größere Teile des Staatsgebietes erstrecken.

Art. 16

Aufstellung fachlicher Programme und Pläne

(1) Fachliche Programme und Pläne im Sinne dieses Gesetzes werden von den gemäß Art. 13 Abs. 2 Nr.7 zuständigen Staatsbehörden im Einvernehmen mit den Landesplanungsbehörden der entsprechenden Verwaltungsstufe ausgearbeitet. Der diesen Landesplanungsbehörden zugeordnete Planungsbeirat ist zu hören.

(2) Die kommunalen Spitzenverbände Bayerns oder die Gebietskörperschaften, für die voraussichtlich eine Anpassungspflicht begründet wird, sind von den für die Ausarbeitung zuständigen Behörden unter entsprechender Anwendung des in Art. 14 Abs. 2 vorgesehenen Verfahrens zu beteiligen. Gebietskörperschaften, für die voraussichtlich eine unmittelbare Anpassungspflicht begründet wird, sind stets zu beteiligen. Art. 6 Abs. 5 bleibt unberührt.

(3) Die fachlichen Programme und Pläne sind im Rahmen des Landesentwicklungsprogramms aufeinander abzustimmen. Sie werden von den gemäß Art. 13 Abs. 2 Nr. 7 zuständigen Behörden im Einvernehmen mit den Landesplanungsbehörden der entsprechenden Verwaltungsstufe aufgestellt.

(4) Die für die Aufstellung fachlicher Programme und Pläne zuständigen Behörden haben die in den Programmen und Plänen enthaltenen Ziele der Raumordnung und Landesplanung in ihrem räumlichen Geltungsbereich bei den unteren Landesplanungsbehörden zur Einsicht für jedermann auszulegen. Soweit die Geheimhaltung bestimmter Ziele der Raumordnung und Landesplanung aus Gründen der Verteidigung erforderlich ist, können sie anordnen, daß die Einsichtnahme nur öffentlichen Planungsträgern gestattet werden darf. Die zuständigen Staatsministerien machen die Aufstellung im Gesetz- und Verordnungsblatt bekannt. In der Bekanntmachung ist der räumliche und fachliche Geltungsbereich der Programme und Pläne zu bezeichnen sowie auf die öffentliche Auslegung hinzuweisen. Wenn in den Programmen und Plänen kein späterer Zeitpunkt bestimmt wird, treten die darin enthaltenen Ziele der Raumordnung und Landesplanung am Tag nach der Bekanntmachung im Gesetz- und

Verordnungsblatt in Kraft. Für die Form der Bekanntmachung gilt Art. 59 Abs. 3 des Landesstraf- und Verordnungsgesetzes entsprechend.

(5) Art. 14 Abs. 5 gilt entsprechend.

(6) Für die Änderung, Ergänzung und Aufhebung fachlicher Programme und Pläne gelten die Absätze 1 bis 4 entsprechend.

Art. 17

Regionalpläne

(1) Regionalpläne legen die anzustrebende räumliche Ordnung und Entwicklung einer Region als Ziele der Raumordnung und Landesplanung fest.

(2) In Regionalplänen sind insbesondere zu bestimmen:

1. zentrale Orte der untersten Stufe (Kleinzentren) und Richtlinien für ihren Ausbau nach Maßgabe des Landesentwicklungsprogramms,
2. Richtzahlen für die durch raumbedeutsame Planungen und Maßnahmen anzustrebende Entwicklung der Bevölkerung und der Arbeitsplätze in Teilbereichen der Region oder einzelnen Gemeinden,
3. Entwicklungsachsen von regionaler Bedeutung,
4. die wirtschaftliche Struktur der Region und die Aufgabe der Gemeinden aufgrund dieser Struktur,
5. die Erschließung und Entwicklung der Region durch Einrichtungen des Verkehrs und der Versorgung, der Bildung und der Erholung sowie der sonstigen überörtlichen Daseinsvorsorge,
6. Planungen und Maßnahmen zur Erhaltung und Gestaltung der Landschaft, insbesondere soweit sie für Erholungsgebiete oder zur Behebung oder Abwehr von Landschaftsschäden erforderlich sind,
7. sonstige zur Verwirklichung der Grundsätze sowie übergeordneter Ziele der Raumordnung und Landesplanung erforderliche Planungen und Maßnahmen.

(3) Bei der Ausarbeitung von Regionalplänen sind die vom Staat gesetzten Planungsziele zu beachten.

(4) Regionalpläne benachbarter Regionen sind aufeinander abzustimmen. Im übrigen sind die Interessen benachbarter Gebiete sowie raumbedeutsame Planungen und Maßnahmen außerhalb der Region in den Regionalplänen angemessen zu berücksichtigen. Die Abstimmung mit den Interessen sowie raumbedeutsamen Planungen und Maßnahmen benachbarter Gebiete außerhalb der Bundesrepublik Deutschland bleibt der Regelung durch zwischenstaatliche Vereinbarungen vorbehalten.

Art. 18

Ausarbeitung und Verbindlicherklärung von Regionalplänen

(1) Regionalpläne werden von dem zuständigen regionalen Planungsverband unter Beteiligung des regionalen Planungsbeirats im Benehmen mit den öffentlichen Planungsträgern, deren Aufgaben berührt werden, ausgearbeitet und beschlossen. Die regionalen Planungsverbände bedienen sich zur Ausarbeitung der bei der zuständigen höheren Landesplanungsbehörde eingerichteten Bezirksplanungsstelle.

(2) Die Bezirke, für die voraussichtlich eine Anpassungspflicht begründet wird, sind gemäß Art. 14 Abs. 2 zu beteiligen.

(3) Regionalpläne werden auf Antrag des regionalen Planungsverbands durch die oberste Landesplanungsbehörde im Einvernehmen mit den übrigen Staatsministerien für verbindlich erklärt. Art. 95 Abs. 2 der Landkreisordnung gilt entsprechend. Der Antrag ist bei der zuständigen höheren Landesplanungsbehörde einzureichen. Sie hat den Bezirksplanungsbeirat zu hören.

(4) Änderungen eines beschlossenen Regionalplans obliegen dem regionalen Planungsverband. Die oberste Landesplanungsbehörde kann geringfügige oder dringende Änderungen selbst vornehmen, soweit die Voraussetzungen für die Ablehnung eines nach Absatz 3 gestellten Antrags vorliegen. Soweit die Änderung durch die oberste Landesplanungsbehörde erfolgt, sind Gebietskörperschaften, für die voraussichtlich eine Anpassungspflicht begründet wird, gemäß Art. 14 Abs. 2 zu beteiligen. Art. 6 Abs. 5 bleibt unberührt.

(5) Regionalpläne können in räumlichen und sachlichen Teilabschnitten ausgearbeitet, beschlossen und für verbindlich erklärt werden, soweit wichtige Gründe dies erfordern.

(6) Für die öffentliche Auslegung, Bekanntmachung und das Inkrafttreten von Regionalplänen gilt Art. 16 Abs. 4 entsprechend. An die Stelle der danach zuständigen Behörden tritt die oberste Landesplanungsbehörde.

(7) Art. 14 Abs. 5 gilt sinngemäß. Die fortwährende Überprüfung der Regionalpläne obliegt dem regionalen Planungsverband.

(8) Für die Änderung und Ergänzung von Regionalplänen gelten die Absätze 1 bis 6 entsprechend.

(9) Verbindliche Regionalpläne können von der obersten Landesplanungsbehörde im Einvernehmen mit den übrigen Staatsministerien in dringenden Fällen oder in Fällen von geringer Bedeutung von Amts wegen geändert werden. Absatz 4 Satz 3 und 4 sowie die Absätze 5 bis 7 gelten entsprechend.

4. Abschnitt

Sicherung der Raumordnung

Art. 19

Unterrichtung des Landtags und des Senats

Die Staatsregierung berichtet dem Landtag und dem Senat alle zwei Jahre, erstmals im Jahre 1971, über den Stand der Raumordnung in Bayern, den Vollzug des Landesentwicklungsprogramms und über neue Planungsvorhaben von allgemeiner Bedeutung.

Art. 20

Mitteilungs- und Auskunftspflicht

(1) Die Staatsministerien teilen die von ihnen beabsichtigten oder im Rahmen ihrer Zuständigkeit zu ihrer Kenntnis gelangenden raumbedeutsamen Planungen und Maßnahmen der obersten Landesplanungsbehörde unverzüglich mit, so daß die Wahrnehmung ihrer Aufgaben möglich ist. Die den Staatsministerien nachgeordneten Behörden und die übrigen in Art. 3 genannten Planungsträger mit Ausnahme kreisangehöriger Gemeinden sind zu entsprechender Mitteilung gegenüber den höheren Landesplanungsbehörden verpflichtet. Kreisangehörige Gemeinden unterrichten die zuständige untere Landesplanungsbehörde.

(2) Private Planungsträger sind verpflichtet, den Landesplanungsbehörden auf Verlangen Auskunft über raumbedeutsame Planungen und Maßnahmen zu erteilen.

(3) Die Landesplanungsbehörden unterrichten die öffentlichen und sonstigen Planungsträger über die Erfordernisse der Raumordnung. Die höheren Landesplanungsbehörden teilen den regionalen Planungsverbänden die raumbedeutsamen Planungen und Maßnahmen in der Region mit.

Art. 21

Raumbeobachtung

Die Landesplanungsbehörden erfassen und verwerten fortwährend die raumbedeutsamen Tatbestände und Entwicklungen.

Art. 22

Allgemeine Einwirkungspflicht

Die Landesplanungsbehörden haben darauf hinzuwirken, daß die Erfordernisse der Raumordnung beachtet werden.

Art. 23

Raumordnungsverfahren

(1) Die Landesplanungsbehörden haben in einem förmlichen Verfahren (Raumordnungsverfahren)
a) vorzuschlagen, wie raumbedeutsame Planungen und Maßnahmen öffentlicher und sonstiger Planungsträger unter Gesichtspunkten der Raumordnung aufeinander abgestimmt werden können,
b) festzustellen, ob raumbedeutsame Planungen und Maßnahmen mit den Erfordernissen der Raumordnung übereinstimmen.

(2) Das Raumordnungsverfahren kann von Amts wegen oder auf Antrag eines Planungsträgers eingeleitet werden.

(3) Für die Einleitung und Durchführung des Raumordnungsverfahrens sind zuständig:
a) die oberste Landesplanungsbehörde bei Planungen und Maßnahmen des Bundes und des Freistaates Bayern, die für die Entwicklung des Staatsgebiets oder größerer Teile desselben raumbedeutsam sind,
b) im übrigen die höheren Landesplanungsbehörden.

Die oberste Landesplanungsbehörde kann, soweit sie nach Buchst. a) zuständig ist, die Durchführung einzelner Verfahrensabschnitte einer höheren Landesplanungsbehörde oder der bei ihr eingerichteten Bezirksplanungsstelle übertragen. Sie kann in Fällen, in denen zwei oder mehrere höhere Landesplanungsbehörden betroffen werden, eine von ihnen für zuständig erklären; diese handelt im Benehmen mit den betroffenen höheren Landesplanungsbehörden. Die höheren Landesplanungsbehörden können, soweit sie nach Buchst. b) zuständig sind, die Durchführung einzelner Verfahrensabschnitte der bei ihr eingerichteten Bezirksplanungsstelle oder einer unteren Landesplanungsbehörde übertragen.

(4) Im Raumordnungsverfahren sollen alle von den raumbedeutsamen Planungen und Maßnahmen berührten öffentlichen Planungsträger beteiligt werden.

Art. 24

Untersagung raumordnungswidriger Planungen und Maßnahmen

(1) Die Untersagung raumordnungswidriger Planungen und Maßnahmen gemäß § 7 des Raumordnungsgesetzes obliegt der obersten Landesplanungsbehörde im Einvernehmen mit den beteiligten Staatsministerien. Die in Satz 1 begründeten Zuständigkeiten können durch Rechtsverordnung der Staatsregierung ganz oder teilweise auf nachgeordnete Behörden übertragen werden.

(2) Die Untersagung ist für eine bestimmte Zeitdauer auszusprechen. Sie kann wiederholt werden. Die Gesamtdauer der Untersagung darf zwei Jahre nicht überschreiten.

(3) Die Untersagung erfolgt von Amts wegen oder auf Antrag eines öffentlichen Planungsträgers, dessen Aufgaben durch die zu untersagende Planung oder Maßnahme berührt werden.

(4) Der Träger der zu untersagenden Planung oder Maßnahmen ist zu hören.

(5) Muß der Träger der untersagten Planung oder Maßnahme aufgrund der Untersagung einen Dritten entschädigen, so ersetzt ihm der Freistaat Bayern die hierdurch entstehenden notwendigen Aufwendungen. Die Ersatzleistung ist ausgeschlossen, wenn die Untersagung von dem Planungsträger verschuldet ist oder aus Anlaß der Untersagung aus anderen Rechtsgründen Entschädigungsansprüche bestehen.

Art. 25

Einwirkung auf juristische Personen des Privatrechts

Der Freistaat Bayern und die Körperschaften, Anstalten und Stiftungen des öffentlichen Rechts haben darauf hinzuwirken, daß die juristischen Personen des Privatrechts, an denen sie beteiligt sind, die Erfordernisse der Raumordnung beachten.

5. Abschnitt

Sonstige Bestimmungen

Art. 26

Einzelne Ziele der Raumordnung und Landesplanung

(1) Bis zur Verbindlicherklärung von Regionalplänen können einzelne Ziele der Raumordnung und Landesplanung, die Inhalt eines Regionalplans sein können, verbindlich festgesetzt werden, soweit wichtige Gründe dies erfordern. Art. 17 Abs. 3 und 4 gelten entsprechend.

(2) Diese Ziele werden von der höheren Landesplanungsbehörde im Benehmen mit den öffentlichen Planungsträgern ausgearbeitet, deren Aufgaben berührt werden. Soweit sie voraussichtlich Anpassungspflichten im Zuständigkeitsbereich mehrerer höherer Landesplanungsbehörden begründen, bestimmt die oberste Landesplanungsbehörde die zuständige höhere Landesplanungsbehörde. Diese beteiligt die übrigen höheren Landesplanungsbehörden. Der Bezirksplanungsbeirat der zur Ausarbeitung zuständigen und der beteiligten höheren Landesplanungsbehörden ist zu hören.

(3) Gebietskörperschaften, für die voraussichtlich eine Anpassungspflicht begründet wird, sind an der Ausarbeitung gemäß Art. 14 Abs. 2 zu beteiligen. Art. 6 Abs. 5 bleibt unberührt.

(4) Die Aufstellung einzelner Ziele der Raumordnung und Landesplanung obliegt der obersten Landesplanungsbehörde im Einvernehmen mit den übrigen Staatsministerien.

(5) Für die öffentliche Auslegung, Bekanntmachung und das Inkrafttreten gilt Art. 16 Abs. 4 entsprechend. An die Stelle der danach zuständigen Behörden tritt die oberste Landesplanungsbehörde.

(6) Art. 14 Abs. 5 gilt sinngemäß.

(7) Für die Änderung, Ergänzung und Aufhebung einzelner Ziele der Raumordnung und Landesplanung gelten die Absätze 2 bis 5 sinngemäß. Sie treten mit der Verbindlicherklärung eines Regionalplans außer Kraft.

Art. 27

Regionalplanung mit Nachbarländern

Für die Regionalplanung der nach Art. 13 Abs. 2 Nr. 2 bestimmten Teile des Staatsgebiets kann die oberste Landesplanungsbehörde den Inhalt des Regionalplans, die

Zuständigkeit für die Ausarbeitung und das Verfahren sowie die Kostenerstattung abweichend von den Vorschriften dieses Gesetzes regeln. Die Beteiligung der betroffenen Gebietskörperschaften oder ihrer Zusammenschlüsse in einem förmlichen Verfahren ist sicherzustellen. Die Verbindlicherklärung der Regionalpläne für diese Gebiete ist der obersten Landesplanungsbehörde im Einvernehmen mit den übrigen Staatsministerien vorzubehalten.

Art. 28
(aufgehoben)

Art. 29
Ersatzleistung an die Gemeinden

(1) Muß eine Gemeinde einen Dritten gemäß §§ 40 bis 44 des Bundesbaugesetzes entschädigen, weil sie einen in Kraft getretenen Bebauungsplan auf Grund der Ziele der Raumordnung und Landesplanung gemäß Art. 4 geändert oder aufgehoben hat, so ist ihr vom Freistaat Bayern Ersatz zu leisten.

(2) Ein Anspruch auf Ersatzleistung ist ausgeschlossen, wenn die Gemeinde den regionalen Planungsverband und die höhere Landesplanungsbehörde nicht rechtzeitig von der beabsichtigten Aufstellung oder Änderung des Bebauungsplans unterrichtet hat oder soweit diese von einem durch die Maßnahme Begünstigten Ersatz erlangen kann.

Art. 30
Verwaltungskosten

Für Amtshandlungen auf Grund dieses Gesetzes werden keine Verwaltungskosten erhoben.

Art. 31
Inkrafttreten

Das Gesetz tritt am 1. Februar 1970 in Kraft. Gleichzeitig tritt das Gesetz über die Landesplanung vom 21. Dezember 1957 (GVBl. S. 323) außer Kraft.

Hessen

Übersicht

1. Hessisches Landesplanungsgesetz in der Fassung vom 1. 6. 1970 (GVBl. S. 360); geändert durch Gesetze vom 28. 1. 1975 (GVBl. S. 19) und vom 24. 6. 1978 (GVBl. S. 396).
2. Gesetz über die Feststellung des Hessischen Landesraumverordnungsprogramms und zur Änderung des Hessischen Landesplanungsgesetzes (Hessisches Feststellungsgesetz) vom 18. 3. 1970 (GVBl. S. 265)*)
3. Gesetz über den Umlandverband Frankfurt vom 11. 9. 1974 (GVBl. S. 427).
4. Erste Verordnung zur Durchführung des Hess. Landesplanungsgesetzes (Landesplanungsbeirat und regionale Planungsbeiräte) vom 22. Mai 1963 (GVBl. S. 72)*).

*) Vom Abdruck wurde abgesehen.

5. Zweite Verordnung zur Durchführung des Hess. Landesplanungsgesetzes (Abgeltung der Kosten für die erstmalige Aufstellung der regionalen Raumordnungspläne) vom 2. 7. 1973 (GVBl. S. 207)*).
6. Kostenabgeltungsverordnungen bei Änderung regionaler Raumordnungspläne und für die sonstige Mitwirkung bei der Landesplanung in den Haushaltjahren 1976 (16. 12. 1976, GVBl. S. 500), 1977 (25. 3. 1977, GVBl. S. 137) 1978 (18. 4. 1978, GVBl. S. 247), 1979*).

1.

Hessisches Landesplanungsgesetz
in der Fassung vom 1. Juni 1970

(GVBl. S. 360), geändert durch Gesetz vom 28. Januar 1975 (GVBl. S. 19) und vom 24. Juni 1978 (GVBl. S. 396)

Übersicht

§ 1

Aufgabe der Landesplanung

(1) Die Planung für eine den sozialen, kulturellen und wirtschaftlichen Erfordernissen entsprechende Raumordnung des Landes Hessen ist Aufgabe des Landes und der regionalen Planungsgemeinschaften nach Maßgabe dieses Gesetzes.

(2) Der Erfüllung dieser Aufgabe dienen
1. das Landesraumordnungsprogramm,
2. der Landesentwicklungsplan,
3. die regionalen Raumordnungspläne.

§ 2

Landesraumordnungsprogramm

(1) Das Landesraumordnungsprogramm wird durch Gesetz festgestellt.

(2) Es enthält
1. die raumpolitischen Grundsätze, die bei allen die Gesamtentwicklung des Landes beeinflussenden Maßnahmen zu beachten sind;
2. die Bestimmungen, die für die Aufstellung der regionalen Raumordnungspläne gelten.

§ 3

Landesentwicklungsplan

(1) Der Landesentwicklungsplan wird durch Beschluß der Landesregierung festgestellt und dem Landtag zugeleitet.

(2) Er enthält

1. eine Darstellung der vorhandenen und der anzustrebenden Raumstruktur des Landes;
2. die staatlichen Fach- und Investitionsplanungen, die der Verbesserung der Raumstruktur des Landes dienen sollen.

§ 4[1])

Träger der Regionalplanung

(1) Den regionalen Planungsgemeinschaften obliegt die Aufstellung und Fortschreibung der regionalen Raumordnungspläne als Aufgaben zur Erfüllung nach Weisung. Mitglieder einer regionalen Planungsgemeinschaft sind die kreisfreien Städte und Landkreise, die ganz oder teilweise zum Gebiet einer Planungsregion gehören.

(2) Für die regionalen Planungsgemeinschaften gelten die Vorschriften über den Zweckverband des Gesetzes über kommunale Gemeinschaftsarbeit vom 16. Dezember 1969 (GVBl. I S. 307) mit der Maßgabe, daß an die Stelle des Ministers des Innern die oberste Landesplanungsbehörde tritt.

§ 5[2])

Regionale Raumordnungspläne

Die regionalen Raumordnungspläne dienen der sozialen, kulturellen und wirtschaftlichen Entwicklung des Planungsraumes. Die Fachplanungen sollen in die regionalen Raumordnungspläne aufgenommen werden. Die Träger der Regionalplanung haben die kreisangehörigen Gemeinden zu hören und ihre Belange zu berücksichtigen.

§ 6[3])

Aufstellung der regionalen Raumordnungspläne

(1) Die Träger der Regionalplanung haben die regionalen Raumordnungspläne bis zum 27. Oktober 1975 aufzustellen.

(2) Wird der regionale Raumordnungsplan nicht fristgerecht vorgelegt, stellt ihn die obere Landesplanungsbehörde auf. Liegt der Planungsraum in verschiedenen Regierungsbezirken, stellt ihn die oberste Landesplanungsbehörde auf. Die beteiligten kreisfreien Städte und Landkreise sind zu hören.

§ 7

Feststellung der regionalen Raumordnungspläne

(1) Die oberste Landesplanungsbehörde kann den vom Träger der Regionalplanung vorgelegten Plan beanstanden und ihn mit Vorschlägen zur Änderung oder Ergänzung zurückgeben.

---

[1]) § 4 der Fassung vom 4. Juli 1962 siehe jetzt § 5; jetziger § 4 geändert durch Gesetz vom 24. 6. 1978

[2]) § 5 der Fassung vom 4. Juli 1962 siehe jetzt § 6; § 6 Abs. 1 neugefaßt durch Gesetz vom 28. 9. 1975

[3]) § 6 der Fassung vom 4. Juli 1962 siehe jetzt § 7

(2) Lehnt es der Träger der Regionalplanung ab, den Plan zu ändern oder zu ergänzen, oder faßt er über die Beanstandung binnen sechs Monaten nach Zustellung der Beanstandung keinen Beschluß, entscheidet die oberste Landesplanungsbehörde.
(3) Die oberste Landesplanungsbehörde legt den regionalen Raumordnungsplan der Landesregierung zur Feststellung vor.
(4) Die oberste Landesplanungsbehörde macht die regionalen Raumordnungspläne nach Feststellung im Staats-Anzeiger für das Land Hessen bekannt. In der Bekanntmachung kann auf öffentlich ausgelegte Texte, Zeichnungen und sonstige Bestandteile des Plans verwiesen werden.

§ 8

Wirkungen der Ziele der Raumordnung und Landesplanung

(1) Das Landesraumordnungsprogramm und der Landesentwicklungsplan sind für die Träger der Regionalplanung verbindlich.
(2) Alle Behörden des Landes, die Gemeinden, Gemeindeverbände, die sonstigen öffentlichen Planungsträger, die Körperschaften, Anstalten und Stiftungen des öffentlichen Rechts sowie juristische Personen des privaten Rechts, deren Kapital sich ganz oder überwiegend in öffentlicher Hand befindet, haben die Bestimmungen der regionalen Raumordnungspläne bei allen Planungen und sonstigen Maßnahmen, durch die Grund und Boden in Anspruch genommen oder die räumliche Entwicklung eines Gebietes beeinflußt wird (raumbedeutsame Maßnahmen), einschließlich des Einsatzes raumbedeutsamer Investitionen zu beachten.
(3) Will einer der in Abs. 2 Genannten von den regionalen Raumordnungsplänen abweichen, so hat er unverzüglich die oberste Landesplanungsbehörde oder die von ihr bestimmte Stelle zu unterrichten. Diese kann nach Anhörung des zuständigen Trägers der Regionalplanung aus wichtigen Gründen die Abweichung im Einvernehmen mit dem Fachminister zulassen. Wird die Zulassung versagt, entscheidet auf Antrag die Landesregierung.
(4) Das Landesraumordnungsprogramm, der Landesentwicklungsplan und die regionalen Raumordnungspläne haben dem einzelnen gegenüber keine Rechtswirkung. Abs. 1 und 2 bleiben unberührt. Auf Aufstellung, Änderung, Ergänzung und Aufhebung des Landesraumordnungsprogramms, des Landesentwicklungsplans und der regionalen Raumordnungspläne besteht kein Anspruch.

§ 9[4])

Grenzüberschreitende Regionalplanung

Die Aufstellung regionaler Raumordnungspläne sowie andere Planungen und sonstige Maßnahmen der Raumordnung und Landesplanung in Planungsräumen, die sich über die Grenzen des Landes erstrecken (grenzüberschreitende Regionalplanung), können durch Vereinbarung zwischen der obersten Landesplanungsbehörde und den beteiligten Ländern besonders geregelt werden; das gilt auch für die Ausübung der staatlichen Aufsicht über Planungszusammenschlüsse mit Rechtspersönlichkeit. Die Mitgliedschaft von Gemeinden und Gemeindeverbänden außerhalb des Landes Hessen und sonstiger Körperschaften, Anstalten und Stiftungen des öffentlichen Rechts, die nicht der Aufsicht des Landes Hessen unterstehen, in einer regionalen Planungsgemeinschaft bedarf der Genehmigung der obersten Landesplanungsbehörde. Das gleiche gilt für die Mitgliedschaft einer Gemeinde, eines Gemeindeverbandes oder einer sonstigen der Aufsicht des Landes Hessen unterstehenden Körperschaft, Anstalt oder

---

[4]) § 9 der Fassung vom 4. Juli 1962 siehe jetzt § 14

Stiftung des öffentlichen Rechts in einem Planungszusammenschluß mit Rechtspersönlichkeit, der seinen Sitz außerhalb des Landes hat.

§ 10

Mitteilungs- und Unterstützungspflicht

(1) Die in § 8 Abs. 2 genannten Stellen haben wesentliche raumbedeutsame Planungen und Maßnahmen aus ihrem Zuständigkeitsbereich, einschließlich des Einsatzes raumwirksamer Investitionen, der obersten Landesplanungsbehörde oder der von ihr bestimmten Stelle rechtzeitig mitzuteilen. Auf Verlangen der obersten Landesplanungsbehörde oder der von ihr bestimmten Stelle sind Mitteilungen nach Satz 1 auch von natürlichen Personen und anderen als den in § 8 Abs. 2 genannten juristischen Personen des Privatrechts zu machen; über die Mitteilungen ist auf Verlangen des Mitteilungspflichtigen Verschwiegenheit zu wahren. Das Nähere wird durch Rechtsverordnung bestimmt.

(2) Die in § 8 Abs. 2 genannten Stellen haben die oberste Landesplanungsbehörde, die von ihr bestimmten Stellen und die Träger der Regionalplanung (§ 4) bei der Erfüllung ihrer Aufgaben zu beraten und zu unterstützen.

(3) Die oberste Landesplanungsbehörde und die Fachminister unterrichten die Träger der Regionalplanung über Planungen und Maßnahmen, die für den Planungsraum Bedeutung haben oder erlangen können; sie haben die Träger der Regionalplanung bei der Erfüllung ihrer Aufgaben zu beraten und zu unterstützen.

§ 11

Raumordnungsverfahren

(1) Zur Abstimmung raumbedeutsamer Planungen und sonstiger Maßnahmen der in § 8 Abs. 2 genannten Stellen und anderer Planungsträger aufeinander und untereinander sowie zur Feststellung ihrer Vereinbarkeit mit den Belangen der Landesplanung führt die oberste Landesplanungsbehörde oder die von ihr bestimmte Stelle, soweit erforderlich, ein Raumordnungsverfahren durch. Die jeweils zuständigen Träger der Regionalplanung sind, soweit sie nicht unmittelbar Beteiligte sind, zu dem Verfahren beizuladen. Die oberste Landesplanungsbehörde oder die von ihr bestimmte Stelle kann Planungen und Maßnahmen vorläufig untersagen; § 12 gilt entsprechend. Das Nähere wird durch Rechtsverordnung bestimmt.

(2) Sonstige Rechtsvorschriften über das Verfahren bei der Abstimmung von raumbedeutsamen Planungen und Maßnahmen bleiben unberührt. Die nach diesen Vorschriften erforderlichen Erlaubnisse, Genehmigungen, Bewilligungen oder sonstigen Entscheidungen werden durch das Raumordnungsverfahren nicht ersetzt.

§ 12[5])

Untersagung raumordnungswidriger Planungen und Maßnahmen

(1) Ist die Aufstellung, Änderung, Ergänzung oder Aufhebung von regionalen Raumordnungsplänen eingeleitet, so kann die oberste Landesplanungsbehörde oder die von ihr bestimmte Stelle raumbedeutsame Planungen und sonstige Maßnahmen, welche die in § 8 Abs. 2 genannten Stellen beabsichtigen, nach Anhörung des zuständigen Trägers der Regionalplanung im Benehmen mit dem zuständigen Fachminister oder der von ihm bestimmten Stelle für höchstens zwei Jahre untersagen, wenn zu befürchten ist, daß dadurch die Durchführung der Ziele der Raumordnung und Landesplanung unmöglich gemacht oder wesentlich erschwert wird.

---

[5]) § 12 der Fassung vom 4. Juli 1962 siehe jetzt § 16

(2) Die Untersagung ist vor dem Ablauf ihrer Geltungsdauer nach Anhörung des zuständigen Trägers der Regionalplanung ganz oder teilweise aufzuheben, wenn ihre Voraussetzungen weggefallen sind.

(3) Widerspruch und Anfechtungsklage gegen die Untersagung haben keine aufschiebende Wirkung.

(4) Übersteigt die Dauer der Untersagung zusammen mit einer Veränderungssperre nach § 14 Bundesbaugesetz oder einer Zurückstellung von Baugesuchen nach § 15 Bundesbaugesetz oder einer entsprechenden Untersagung auf Grund anderer Rechtsvorschriften den Zeitraum von vier Jahren, so ist den Betroffenen für dadurch entstandene Vermögensnachteile eine angemessene Entschädigung in Geld zu leisten. Die Vorschriften über die Entschädigung im Zweiten Abschnitte des Fünften Teiles des Bundesbaugesetzes gelten entsprechend. Entschädigunsberechtigt nach Satz 1 sind nicht Gemeinden, Gemeindeverbände, sonstige öffentliche Planungsträger und Körperschaften, Anstalten und Stiftungen des öffentlichen Rechts.

(5) Zur Entschädigung ist das Land verpflichtet. Richtet sich der Entschädigungsanspruch im Falle des Abs. 4 Satz 1 auf Grund anderer Rechtsvorschriften gegen eine Gemeinde oder sonstige juristische Person des öffentlichen Rechts, so erstattet das Land dieser die aus der Erfüllung der Entschädigungsansprüche entstehenden notwendigen Aufwendungen.

(6) Dient die Untersagung, die Veränderungssperre oder die Zurückstellung von Baugesuchen vorwiegend dem Interesse eines bestimmten Begünstigten, kann das Land vorweg verlangen, daß der Begünstigte die sich aus Abs. 4 für das Land ergebenden Entschädigungs- oder Erstattungsverpflichtungen übernimmt.

§ 13

Landesplanungsbeirat

(1) Bei der obersten Landesplanungsbehörde wird ein Landesplanungsbeirat gebildet. Er wirkt bei der Vorbereitung des Landesraumordnungsprogramms und des Landesentwicklungsplans beratend mit.

(2) Dem Landesplanungsbeirat gehören insbesondere Vertreter der kommunalen Spitzenverbände, Vertreter der öffentlich-rechtlichen Körperschaften der Wirtschaft und der Landwirtschaft sowie Vertreter der Arbeitnehmer und der Arbeitgeber an.

§ 14

Regionaler Planungsbeirat

(1) Bei den Planungsträgern in den Planungsregionen sind regionale Planungsbeiräte zu bilden. Sie wirken bei der Aufstellung der regionalen Raumordnungspläne beratend mit.

(2) Den regionalen Planungsbeiräten sollen insbesondere Vertreter der kreisangehörigen Gemeinden, der öffentlichrechtlichen Körperschaften der Wirtschaft, der Land- und Forstwirtschaft sowie der Arbeitnehmer und Arbeitgeber angehören; die Träger der Regionalplanung der angrenzenden Planungsräume sollen zu den Beratungen der Planungsbeiräte zugezogen werden.

§ 15

Kosten

(1) Zur teilweisen Abgeltung der Kosten für die erstmalige Aufstellung der regionalen Raumordnungspläne zahlt das Land den Trägern der Regionalplanung (§ 4)

---

[6]) § 14 Abs. 1 geändert durch Gesetz vom 24. 6. 1978

Pauschbeträge. Die Pauschbeträge werden auf Grund von Durchschnittssätzen berechnet, die von der Landesregierung gestaffelt nach Einwohnerzahl und Gesamtfläche des regionalen Planungsgebietes festgesetzt werden. Als Pauschbetrag erhalten die Träger der Regionalplanung 50 vom Hundert der Durchschnittssätze nach Satz 2 in zwei gleichen Jahresraten nach dem Inkrafttreten des Landesentwicklungsplans.

(2) Wird der regionale Raumordnungsplan nicht fristgerecht aufgestellt, kann der Pauschbetrag ganz oder teilweise aberkannt oder zurückverlangt werden. Darüber hinaus kann der Träger der Regionalplanung verpflichtet werden, dem Land für die Aufstellung des regionalen Raumordnungsplans einen Betrag bis zu 50 vom Hundert des Durchschnittssatzes nach Abs. 1 zu zahlen. Die Entscheidung trifft die Landesregierung.

(3) Die Kosten der Träger der Regionalplanung für die Änderung regionaler Raumordnungspläne und für die sonstige Mitwirkung bei der Landesplanung werden im Rahmen des Finanzausgleichs zusätzlich abgegolten.

§ 16

Entschädigung

(1) Muß infolge von Maßnahmen der Landesplanung nach § 2 oder § 7 Abs. 4 ein Bauleitplan geändert, ergänzt oder neu aufgestellt werden, sind der Gemeinde die dadurch entstandenen Kosten vom Land zu ersetzen, soweit sie 500 Deutsche Mark übersteigen.

(2) Aufwendungen für Entschädigungen, die Gemeinden oder anderen Planungsträgern zur Erfüllung von Rechtsansprüchen Dritter unmittelbar dadurch entstehen, daß sie ihre rechtsverbindlichen Planungen den festgestellten Raumordnungsplänen anpassen müssen, hat das Land zu erstatten; dies gilt nicht, soweit die Gemeinden oder andere Planungsträger gegen begünstigte Dritte Rückgriff nehmen können und von diesen Ersatz erhalten.

(3) Dient eine Maßnahme der Landesplanung in erster Linie dem Interesse eines bestimmten Begünstigten, kann das Land vorweg verlangen, daß der Begünstigte die sich aus Abs. 1 und 2 für das Land ergebenden Entschädigungsverpflichtungen übernimmt.

§ 17

Übergangsvorschriften

Bis zur Feststellung der regionalen Raumordnungspläne kann die oberste Landesplanungsbehörde over die von ihr bestimmte Stelle im Benehmen mit den zuständigen Trägern der Regionalplanung für bestimmte Gebiete Ziele der Raumordnung und Landesplanung aus dem Landesraumordnungsprogramm und dem Landesentwicklungsplan ableiten und aufstellen. § 5 Satz 3, § 7 Abs. 4 und § 14 Abs. 1 Satz 2 gelten entsprechend.

§ 18

Ausführungsvorschriften

Die Landesregierung erläßt die zur Ausführung dieses Gesetzes erforderlichen Rechtsvorschriften.

§ 19[7])

Inkrafttreten

Dieses Gesetz tritt am Tage nach seiner Verkündung in Kraft.

---

[7]) Die Vorschrift betrifft das Inkrafttreten des Gesetzes in der ursprünglichen Fassung vom 4. Juli 1962.

2.

Gesetz über den Umlandverband Frankfurt

Vom 11. September 1974

(GVBl. S. 427)

§ 1

Bildung und Rechtsform

(1) Zur Förderung und Sicherung einer geordneten Entwicklung des Verbandsgebiets wird ein „Umlandverband Frankfurt" (Verband) gebildet.

(2) Der Verband ist eine Körperschaft des öffentlichen Rechts mit Sitz Frankfurt (Main). Er regelt seine Angelegenheiten im Rahmen der gesetzlichen Bestimmungen unter eigener Verantwortung durch Satzung. Der Verband hat das Recht, Beamte zu ernennen.

(3) Der Verband führt den Namen „Umlandverband Frankfurt"; er führt ein Dienstsiegel.

§ 2

Verbandsmitglieder, Verbandsgebiet

(1) Mitglieder des Verbandes sind die kreisfreien Städte Frankfurt (Main) und Offenbach (Main) sowie die Städte und Gemeinden Dietzenbach, Dreieich, Egelsbach, Eppstein, Eschborn, Friedrichsdorf, Glashütten, Grävenwiesbach, Hainburg, Hattersheim, Hausen, Heusenstamm, Hofheim (Taunus), Bad Homburg v. d. H., Kelkheim, Kelsterbach, Königstein (Taunus), Kriftel, Kronberg, Langen, Liederbach, Mainhausen, Maintal, Mühlheim (Main), Neu-Anspach, Neu-Isenburg, Oberursel (Taunus), Rodgau, Rödermark, Schmitten, Schwalbach (Taunus), Seligenstadt, Bad Soden (Taunus), Steinbach (Taunus), Sulzbach (Taunus), Usingen, Bad Vilbel, Wehrheim, Weilrod und die Landkreise Groß-Gerau, Hochtaunuskreis, Main-Kinzig-Kreis, Main-Taunus-Kreis, Offenbach und Wetteraukreis für das Gebiet der dem Verband angehörenden Städte und Gemeinden.

(2) Das Gebiet des Verbandes umfaßt das Gebiet der dem Verband angehörenden Städte und Gemeinden.

§ 3

Aufgaben des Verbandes

(1) Der Verband soll die geordnete Entwicklung des Verbandsgebiets koordinieren und fördern; er hat insbesondere folgende Aufgaben:

1. die Aufstellung, Änderung und Aufhebung des Flächennutzungsplanes nach § 5 Bundesbaugesetz für das Gebiet der dem Verband angehörenden Städte und Gemeinden; der Verband hat die Befugnisse eines Planungsverbandes nach § 4 Bundesbaugesetz;
2. Bodenbevorratung, insbesondere die Vorhaltung und Sicherung von Grundstükken;
3. die Aufstellung eines Generalverkehrsplanes und die Mitwirkung bei der Gesamtverkehrsplanung, soweit sie das Verbandsgebiet betrifft; der Generalverkehrsplan kann auch in räumlichen Teilplänen aufgestellt werden;
4. die Mitwirkung bei der Planung des öffentlichen Nahverkehrs und die Abstimmung der Interessen der Verkehrsträger;

5. die Abstimmung der energiewirtschaftlichen Interessen der Verbandsmitglieder;
6. die Beschaffung von Trink- und Brauchwasser für die Verbandsmitglieder, die überörtliche Abwasserbeseitigung sowie die Errichtung, Unterhaltung und der Betrieb von Abfallbeseitigungsanlagen;
7. die Abstimmung der überörtlichen Aufgaben des Umweltschutzes, die Aufstellung von Landschaftsplänen nach Maßgabe des § 3 Abs. 5 Satz 1 Hessisches Landschaftspflegegesetz vom 4. April 1973 (GVBl. I S. 126);
8. die Standortberatung und die Standortwerbung auf dem Gebiet der Wirtschaftsförderung;
9. die Errichtung, der Betrieb und die Unterhaltung überörtlicher Sportanlagen, Freizeit- und Erholungszentren;
10. die Abstimmung der Interessen der kommunalen Krankenhausträger zur Sicherung und Verbesserung der Krankenhausversorgung; die Aufgaben des Landeswohlfahrtsverbandes Hessen bleiben unberührt;
11. die Errichtung, der Betrieb und die Unterhaltung von Schlachthöfen.

(2) Die Verbandsmitglieder können dem Verband weitere Aufgaben übertragen, soweit sie für die Verwirklichung des Verbandszwecks förderlich sind. Die Übertragung ist von dem Verbandstag mit der Mehrheit der gesetzlichen Zahl der Verbandsabgeordneten zu beschließen; sie bedarf der Genehmigung der Aufsichtsbehörde.

(3) Die Verbandsmitglieder sind verpflichtet, alle zur Durchführung der Aufgaben vorhandenen Einrichtungen einschließlich der mit diesen verbundenen Grundstücke, Rechte und Pflichten in den Verband einzubringen. Die Bedingungen werden von den Beteiligten vereinbart. Kommt eine Vereinbarung nicht zustande, werden die Bedingungen von der Aufsichtsbehörde festgesetzt. Für die erforderlichen Rechtshandlungen werden vom Land Hessen und den Gemeinden keine Steuern, Abgaben oder Gerichtskosten erhoben. Die Aufgaben nach Abs. 1 Nr. 6, 9 und 11 haben die bisher dazu Verpflichteten weiter zu erfüllen, bis der Verband sie übernimmt. Sie sind binnen vier Jahren nach Inkrafttreten dieses Gesetzes vom Verband zu übernehmen.

(4) Die Aufgaben der regionalen Planungsgemeinschaften bleiben zunächst unberührt. Der Verband hat die Bestimmungen der regionalen Raumordnungspläne bei allen Planungen und sonstigen Maßnahmen, durch die Grund und Boden in Anspruch genommen oder die räumliche Entwicklung eines Gebietes beeinflußt wird (raumbedeutsame Maßnahmen), einschließlich des Einsatzes raumbedeutsamer Investitionen zu beachten. § 1 Abs. 3 Bundesbaugesetz bleibt unberührt.

(5) Soweit für die Wahrnehmung der Verbandsaufgaben bereits Zweckverbände, Planungsverbände nach dem Bundesbaugesetz oder Wasser- und Bodenverbände bestehen oder öffentlich-rechtliche Vereinbarungen gelten, tritt der Verband in die Rechtsstellung seiner daran beteiligten Verbandsmitglieder ein. Bei Beteiligungen an Unternehmen und sonstigen Vereinigungen sind die Verbandsmitglieder zu den hierzu notwendigen Rechtsgeschäften und Verwaltungsmaßnahmen verpflichtet.

§ 4

Zusammenarbeit mit Verbandsmitgliedern

(1) Der Verband hat die Verbandsmitglieder bei allen Maßnahmen, die seinen Aufgabenbereich berühren, zu beraten.

(2) Die Verbandsmitglieder haben den Verband über alle Vorhaben und Maßnahmen in ihrem Gebiet, die die Aufgaben des Verbandes berühren, zu unterrichten, ihm jederzeit Auskunft zu erteilen sowie Akten und sonstige Unterlagen zur Einsicht zur Verfügung zu stellen.

(3) Auf Verlangen des Verbandes haben die verbandsangehörigen Städte und Gemeinden das ihnen gemäß §§ 24, 25 und 26 Bundesbaugesetz zustehende Vorkaufsrecht zugunsten des Verbandes nach Maßgabe des § 27 Bundesbaugesetz auszuüben.

§ 5

Organe

Organe des Verbandes sind der Verbandstag, der Verbandsausschuß und die Gemeindekammer.

§ 6

Verbandstag

(1) Die Mitglieder des Verbandstags werden in allgemeiner, freier, gleicher, geheimer und unmittelbarer Wahl für vier Jahre gewählt. Die Wahlzeit beginnt jeweils am 1. April.

(2) Für die Wahl des Verbandstags bilden je einen Wahlkreis
1. die Stadt Frankfurt (Main) und die Stadt Bad Vilbel,
2. die Stadt Offenbach (Main),
3. der Hochtaunuskreis,
4. der Main-Taunus-Kreis — mit Ausnahme der Städte Flörsheim und Hochheim (Main) — und die Stadt Kelsterbach,
5. der Landkreis Offenbach und die Stadt Maintal.

(3) Der Verbandstag besteht aus 105 Verbandsabgeordneten. Das Nähere des Wahlverfahrens regelt das Hessische Kommunalwahlgesetz; die Bestimmungen der §§ 30 bis 33 der Hessischen Gemeindeordnung gelten entsprechend.

(4) Die Bestimmung des § 37 der Hessischen Gemeindeordnung gilt entsprechend.

§ 7

Aufgaben des Verbandstags

(1) Der Verbandstag trifft alle wichtigen Entscheidungen und überwacht die gesamte Verwaltung, soweit nicht die Gemeindekammer zuständig ist. Zu diesem Zweck kann er vom Verbandsausschuß Einsicht in die Akten durch einen von ihm bestimmten Ausschuß oder durch einzelne von ihm beauftragte Verbandsabgeordnete verlangen.

(2) Er kann die Beschlußfassung über bestimmte Angelegenheiten oder bestimmte Arten von Angelegenheiten widerruflich auf Ausschüsse oder auf den Verbandsausschuß übertragen.

(3) Die Entscheidung über folgende Angelegenheiten kann er nicht übertragen:
1. Erlaß, Änderung und Aufhebung von Satzungen,
2. Übernahme neuer Aufgaben gemäß § 3 Abs. 2,
3. die von dem Verbandstag vorzunehmenden Wahlen,
4. Aufstellung von Grundsätzen, nach denen die Verwaltung geführt werden soll,
5. Erlaß der Haushaltssatzung, Festsetzung des Investitionsprogramms und Festsetzung der Verbandsumlage,
6. haushalts- und vermögensrechtliche Entscheidungen im Sinne des § 51 Nr. 5, 8, 9, 10, 11, 15, 17 und 18 der Hessischen Gemeindeordnung,
7. Genehmigung von Verträgen des Verbandes mit seinen Mitgliedern soweit es sich nicht um Geschäfte der laufenden Verwaltung handelt.

§ 8

Verfahren und Vorsitz im Verbandstag

(1) Der Verbandstag tritt zum ersten Mal binnen zwei Monaten nach den allgemeinen Kommunalwahlen, im übrigen so oft zusammen, wie es die Geschäfte erfordern, jedoch mindestens zweimal im Jahr. Er muß unverzüglich einberufen werden, wenn es

ein Viertel der Verbandsabgeordneten oder der Verbandsausschuß unter Angabe der zur Verhandlung stehenden Gegenstände verlangt.

(2) Der Verbandstag wählt in der ersten Sitzung nach der Wahl aus seiner Mitte einen Vorsitzenden und vier Stellvertreter. Bis zur Wahl des Vorsitzenden führt der an Jahren älteste Verbandsabgeordnete den Vorsitz.

(3) Für das Verfahren, insbesondere für die Beschlußfähigkeit, für Abstimmung und Wahlen, für die Aufgaben des Vorsitzenden, für die Teilnahme des Verbandsausschusses an den Sitzungen des Verbandstags, für die Aufrechterhaltung der Sitzungsordnung und für die Niederschrift gelten die Vorschriften der §§ 52 bis 55, 56 Abs. 2, 57 Abs. 2, 58 bis 61 der Hessischen Gemeindeordnung entsprechend mit der Maßgabe, daß die Ladungsfrist jedoch zwei Wochen beträgt; der Vorsitzende kann sie in eiligen Fällen bis auf drei Tage abkürzen.

(4) Hält mindestens ein Fünftel der Verbandsabgeordneten das Wohl eines Verbandsmitgliedes durch einen Beschluß des Verbandstags für gefährdet, so kann innerhalb von zwei Wochen gegen den Beschluß Einspruch eingelegt werden; der Einspruch hat aufschiebende Wirkung. Über die Angelegenheit hat der Verbandstag nochmals zu beschließen. Ein gleichlautender neuer Beschluß bedarf der Mehrheit der gesetzlichen Zahl der Verbandsabgeordneten.

(5) Der Verbandstag kann Ausschüsse bilden. § 62 der Hessischen Gemeindeordnung gilt entsprechend. Der Verbandstag und die Ausschüsse können Sachverständige und Berater zuziehen.

§ 9

Verbandsausschuß

(1) Der Verbandausschuß wird von dem Verbandstag gewählt. Er besteht aus dem hauptamtlichen Verbandsdirektor als Vorsitzendem, dem Ersten und weiteren ehrenamtlichen Beigeordneten. Die Hauptsatzung kann jedoch bestimmen, daß die Stellen des Ersten und eines weiteren Beigeordneten hauptamtlich zu verwalten sind. Im übrigen gelten die Vorschriften der §§ 39 bis 42, 43 Abs. 1 und Abs. 2 Satz 1 bis 3, 44 Satz 4 zweiter Halbsatz, 46 und 47, 65 Abs. 2 der Hessischen Gemeindeordnung entsprechend.

(2) Der Verbandsdirektor beruft den Verbandsausschuß so oft ein, wie es die Geschäfte erfordern. Im übrigen gelten die Vorschriften der §§ 67, 68 und 69 Abs. 2 der Hessischen Gemeindeordnung sowie § 8 Abs. 5 Satz 3 entsprechend.

§ 10

Aufgaben des Verbandsausschusses

Der Verbandsausschuß ist die Verwaltungsbehörde des Verbandes. Er besorgt nach den Beschlüssen des Verbandstags und der Gemeindekammer im Rahmen der bereitgestellten Mittel die laufende Verwaltung des Verbandes. Im übrigen gelten die Bestimmungen der §§ 50 Abs. 2 Satz 3, 63, 66 Abs. 1 Satz 3 und Abs. 2, 71 bis 73 der Hessischen Gemeindeordnung entsprechend.

§ 11

Aufgaben des Verbandsdirektors

(1) Der Verbandsdirektor bereitet die Beschlüsse des Verbandsausschusses vor und führt sie aus, soweit nicht Beigeordnete mit der Ausführung beauftragt sind. Er leitet und beaufsichtigt den Geschäftsgang der gesamten Verwaltung und sorgt für den geregelten Ablauf der Verwaltungsgeschäfte. Er verteilt die Geschäfte unter die Mitglieder

des Verbandsausschusses, ausgenommen sind die Arbeitsgebiete, für welche hauptamtliche Beigeordnete vom Verbandstag besonders gewählt sind.

(2) Soweit nicht auf Grund gesetzlicher Vorschriften oder Weisung des Verbandsdirektors oder wegen der Bedeutung der Sache der Verbandsausschuß im ganzen zur Entscheidung berufen ist, werden die laufenden Verwaltungsgeschäfte von dem Verbandsdirektor und den zuständigen Beigeordneten erledigt.

(3) Der Verbandsdirektor kann in dringenden Fällen, wenn die vorherige Entscheidung des Verbandsausschusses nicht eingholt werden kann, die erforderlichen Maßnahmen von sich aus anordnen. Er hat unverzüglich dem Verbandsausschuß hierüber zu berichten.

(4) Die Bestimmung des § 74 der Hessischen Gemeindeordnung gilt entsprechend.

§ 12

Gemeindekammer

(1) Die Gemeindekammer trifft die Entscheidungen gemäß § 3 Abs. 1 Nr. 1.

(2) Die verbandsangehörigen Städte und Gemeinden entsenden je einen Vertreter mit einer Stimme in die Gemeindekammer.

(3) Die Vertreter werden von den Vertretungskörperschaften der verbandsangehörigen Städte und Gemeinden gewählt; wählbar sind Mitglieder ihrer Organe. Für jeden Vertreter ist ein Stellvertreter zu wählen.

(4) Die Wahl erfolgt für die Dauer der Wahlzeit der Vertretungskörperschaften der verbandsangehörigen Städte und Gemeinden. Nach Ablauf der Wahlzeit üben die bisherigen Vertreter ihre Tätigkeit bis zur Wahl neuer Vertreter weiter aus.

(5) Wegen des Verfahrens und des Vorsitzes in der Gemeindekammer gilt § 8 Abs. 1 bis 3 und Abs. 5 Satz 3 entsprechend mit der Maßgabe, daß die Ladung zur ersten Sitzung der Gemeindekammer nach der Wahl durch den Verbandsdirektor erfolgt.

(6) Die Mitglieder des Verbandsausschusses dürfen nicht gleichzeitig der Gemeindekammer angehören. Die Bestimmung des § 37 der Hessischen Gemeindeordnung gilt entsprechend.

(7) Die Tätigkeit als Vertreter endet:

1. Mit dem Ausscheiden aus einem Organ des entsendenden Verbandsmitgliedes,
2. durch schriftlichen Verzicht gegenüber dem Vorsitzenden der entsendenden Vertretungskörperschaft.

§ 13

Geschäftsstelle

Der Verband richtet zur Erfüllung seiner Aufgaben an seinem Sitz eine Geschäftsstelle ein.

§ 14

Gebühren und Beiträge

Der Verband kann Gebühren und Beiträge nach Maßgabe des Gesetzes über kommunale Abgaben in der jeweils geltenden Fassung erheben.

§ 15

Verbandsumlage

Der Verband erhebt, soweit seine sonstigen Einnahmen zur Deckung seines Finanzbedarfs nicht ausreichen, von den verbandsangehörigen Städten und Gemeinden eine Umlage (Verbandsumlage). Die Verbandsumlage ist für jedes Rechnungsjahr festzusetzen. Die Umlagegrundlagen regelt das Finanzausgleichsgesetz.

§ 16

Wirtschaftsführung

(1) Für die Wirtschaftsführung des Verbandes gelten die Bestimmungen des Sechsten Teiles der Hessischen Gemeindeordnung mit Ausnahme der §§ 93 Abs. 2 Nr. 2, 119 und 129 und die dazu ergangenen Durchführungsbestimmungen (§ 154 Abs. 2 bis 4 der Hessischen Gemeindeordnung) entsprechend.

(2) Die Rechnungsprüfung erfolgt durch das Rechnungsprüfungsamt eines Verbandsmitgliedes.

§ 17

Öffentliche Bekanntmachungen

(1) Öffentliche Bekanntmachungen erfolgen im Staatsanzeiger für das Land Hessen. Dies gilt nicht für die öffentliche Bekanntmachung gemäß § 58 Abs. 6 der Hessischen Gemeindeordnung. Diese erfolgt nach den jeweiligen Bekanntmachungsregelungen in den Hauptsatzungen der Verbandsmitglieder.

(2) Bekanntmachungen nach Abs. 1 Satz 1 sind vollendet mit Ablauf des Erscheinungstages der die Veröffentlichung enthaltenden Ausgabe des Staatsanzeigers.

(3) Satzungen und sonstige Bestimmungen des Verbandes treten am Tage nach Vollendung der Bekanntmachung in Kraft, sofern sie selbst keinen anderen Zeitpunkt bestimmen.

(4) Sofern eine Veröffentlichung nach Abs. 1 Satz 1 nicht durchführbar ist oder eine Auslegung gesetzlich vorgeschrieben ist, erfolgt die Veröffentlichung durch Auslegung während der Dienststunden in der Geschäftsstelle des Verbandes. Vor Beginn der Auslegung sind Ort, Tageszeit und Dauer der Auslegung sowie für den Auslegungsgegenstand erteilte Genehmigungen nach Abs. 1 Satz 1 bekanntzumachen.

§ 18

Aufsicht

Die Aufsicht über den Verband führt der Hessische Minister des Innern nach den für die Kommunalaufsicht geltenden Vorschriften.

§ 19

Rechtsanwendung

Soweit dieses Gesetz nicht etwas anderes bestimmt, finden die Vorschriften der Hessischen Gemeindeordnung in der jeweils geltenden Fassung entsprechende Anwendung.

§ 20

Überleitungsvorschriften

(1) Bis zum Wirksamwerden der gesetzlich geregelten Neugliederungsmaßnahmen im Verbandsgebiet sind Verbandsmitglieder neben den oder anstelle der in § 2 Abs. 1 genannten Gebietskörperschaften die durch die Neugliederungsmaßnahmen untergehenden Städte und Gemeinden sowie der Landkreis Dieburg für das Gebiet der Gemeinden Nieder-Roden, Ober-Roden und Urberach.

(2) Bis zum 31. März 1977 besteht der Verbandstag aus Vertretern der Verbandsmitglieder. Die Stadt Frankfurt (Main) entsendet zwölf, die Stadt Offenbach (Main) sieben, die übrigen Verbandsmitglieder entsenden je einen Vertreter. Die Vertreter werden von den Vertretungskörperschaften der Verbandsmitglieder gewählt; wählbar sind

Mitglieder ihrer Organe. Für jeden Vertreter ist ein Stellvertreter zu wählen. Die Vertreter sind binnen zwei Monaten nach Inkrafttreten dieses Gesetzes zu wählen und unverzüglich dem Oberbürgermeister der Stadt Frankfurt (Main) zu benennen; sie werden binnen eines weiteren Monats vom Oberbürgermeister der Stadt Frankfurt (Main) unter Mitteilung der Tagesordnung zur ersten Sitzung einberufen; die Tagesordnung ist im Einvernehmen mit der Aufsichtsbehörde aufzustellen. Die Tätigkeit der Vertreter endet mit dem Ausscheiden aus einem Organ des entsendenden Verbandsmitglieds oder durch schriftlichen Verzicht gegenüber dem Vorsitzenden der entsendenden Vertretungskörperschaft. Die Vertreter der Städte Frankfurt (Main) und Offenbach (Main) haben je zwei Stimmen, die Vertreter der übrigen Verbandsmitglieder je eine Stimme. Bis zum 31. März 1977 werden die Aufgaben der Gemeindekammer vom Verbandstag wahrgenommen; bei Beschlüssen über Flächennutzungspläne wirken die Vertreter der beteiligten Landkreise mit beratender Stimme mit.

(3) Der erste unmittelbar gewählte Verbandstag wird vom bisherigen Verbandsvorsitzenden binnen zwei Monaten nach der Wahl unter Mitteilung der Tagesordnung einberufen.

(4) Die Mitglieder der Gemeindekammer sind binnen zwei Monaten nach den allgemeinen Kommunalwahlen zu wählen und unverzüglich dem bisherigen Verbandsvorsitzenden zu benennen; dieser hat binnen eines weiteren Monats die erste Gemeindekammer unter Mitteilung der Tagesordnung einzuberufen.

(5) Bis zum 31. März 1977 kann von der Wahl des hauptamtlichen Verbandsdirektors und des Ersten hauptamtlichen Beigeordneten abgesehen werden, mindestens ist jedoch die Stelle eines weiteren Beigeordneten (§ 9 Abs. 1 Satz 3) hauptamtlich zu verwalten.

(6) Flächennutzungspläne der verbandsangehörigen Städte und Gemeinden gelten bis zur Aufstellung eines Flächennutzungsplans gemäß § 3 Abs. 1 Nr. 1 fort. Verfahren zur Aufstellung, Änderung und Aufhebung von Flächennutzungsplänen werden von den verbandsangehörigen Städten und Gemeinden bis zu ihrem Abschluß fortgeführt, soweit die Gemeindekammer nichts anderes beschließt.

§ 21

Änderung von Rechtsvorschriften

(1) Das Hessische Kommunalwahlgesetz vom 6. Juni 1972 (GVBl. I S. 141), geändert durch Gesetz vom 15. Mai 1974 (GVBl. I S. 241), wird wie folgt geändert:

1. Nach dem Sechsten Abschnitt wird folgender neuer Siebenter Abschnitt eingefügt:

„Siebenter Abschnitt

Wahlen zum Umlandverband Frankfurt

§ 35 a

Geltungsbereich

Soweit in den §§ 35 b bis 35 d nichts anderes bestimmt ist, gelten die Vorschriften dieses Gesetzes für die Wahl des Verbandstags entsprechend.

§ 35 b

Wahlgebiet

(1) Das Wahlgebiet für die Wahl zum Verbandstag ist das Gebiet des Umlandverbands Frankfurt.

(2) Die Wahlbezirke für die Wahl der Gemeindevertretung sind zugleich die Wahlbezirke für die Wahl zum Verbandstag.

§ 35 c

Wahlorgane

(1) Umlandverbandswahlleiter ist der Verbandsdirektor; stellvertretender Umlandverbandswahlleiter ist sein Vertreter im Amt. Ein besonderer Wahlleiter und ein besonderer Stellvertreter werden vom Verbandsausschuß gewählt.

(2) Der Umlandverbandswahlleiter beruft auf Vorschlag der Leitungen der im Wahlgebiet vertretenen Parteien und Wählergruppen einen Umlandverbandswahlausschuß.

(3) Bei Umlandverbandswahlen nehmen der Gemeindevorstand, der Gemeindewahlleiter, der Gemeindewahlausschuß und die Wahlvorstände die ihnen obliegenden Aufgaben entsprechend den Vorschriften dieses Gesetzes und der Kommunalwahlordnung mit wahr.

§ 35 d

Feststellung des Wahlergebnisses, Sitzverteilung

(1) Der Umlandverbandswahlausschuß stellt für das Wahlgebiet fest, wieviel Stimmen insgesamt, wieviel gültige und ungültige Stimmen und wieviel gültige Stimmen für jede Partei oder Wählergruppe abgegeben worden sind. Mehrere Kreiswahlvorschläge derselben Partei oder Wählergruppe gelten als verbundene Liste; sie gelten bei der Sitzverteilung im Verhältnis zu den übrigen Listen als eine Liste. Die Sitze werden auf die Parteien und Wählergruppen im Verhältnis ihrer Stimmenzahl nach dem Höchstzahlverfahren d'Hondt verteilt. Über die Zuteilung des letzten Sitzes entscheidet bei gleichen Höchstzahlen das vom Umlandverbandswahlleiter zu ziehende Los.

(2) Die auf eine Listenverbindung entfallenden Sitze werden auf die beteiligten Kreiswahlvorschläge im Verhältnis ihrer Stimmenzahl nach dem Höchstzahlverfahren d' Hondt verteilt.

(3) Bei der Verteilung der Sitze werden nur Parteien und Wählergruppen berücksichtigt, die im Wahlgebiet mindestens fünf vom Hundert der insgesamt abgegebenen gültigen Stimmen erhalten haben."

2. Der Siebente Abschnitt wird Achter Abschnitt.

(2) Das Finanzausgleichsgesetz in der Fassung vom 2. Januar 1974 (GVBl. I S. 2), geändert durch Gesetz vom 12. März 1974 (GVBl. I S. 149)[2], wird wie folgt geändert:

Es wird folgender § 35 a eingefügt:

„§ 35 a

Umlage des Umlandverbandes Frankfurt

(1) Umlagegrundlagen für die Verbandsumlage gemäß § 15 des Gesetzes über den Umlandverband Frankfurt sind:

1. die für die Berechnung des Hauptansatzes gemäß § 9 Abs. 2 Nr. 1 maßgebenden Einwohnerzahlen,
2. für die kreisfreien Städte die Umlagegrundlagen gemäß § 35 und für die kreisangehörigen Gemeinden die Umlagegrundlagen gemäß § 36.

(2) Die Verbandsumlage ist zu 50 vom Hundert im Verhältnis der Umlagegrundlagen gemäß Abs. 1 Nr. 1 und zu 50 vom Hundert im Verhältnis der Umlagegrundlagen gemäß Abs. 1 Nr. 2 aufzubringen. Die Festsetzung der Umlagesätze bedarf der Genehmigung des Ministers des Innern und des Ministers der Finanzen."

(3) Die Hessische Landkreisordnung in der Fassung vom 1. Juli 1960 (GVBl. S. 131), zuletzt geändert durch Gesetz vom 19. November 1973 (GVBl. I S. 423), wird wie folgt geändert:

In § 53 Abs. 3 Satz 1 werden nach den Worten „zugute kommen“ die Worte „oder ein Zusammenschluß von kommunalen Gebietskörperschaften Aufgaben des Kreises für den Bereich einzelner kreisangehöriger Gemeinden übernimmt“ eingefügt.

(4) Die Besoldungsordnung B des Hessischen Besoldungsgesetzes in der Fassung vom 6. Juni 1972 (GVBl. I S. 164), zuletzt geändert duch Gesetz vom 26. Juni 1974 (GVBl. I S. 321), wird wie folgt geändert:

(vom Abdruck wurde abgesehen)

§ 22

Ausführungsvorschriften

Der Minister des Innern erläßt die zur Ausführung dieses Gesetzes erfrderlichen Rechtsverordnungen und Verwaltungsvorschriften.

§ 23

Inkrafttreten

Dieses Gesetz tritt unbeschadet der Vorschriften des § 20 am 1. Januar 1975 in Kraft.

Niedersachsen

Übersicht

1. Gesetz über den Verband Großraum Hannover (Großraumgesetz Hannover-GrRG-H) i. d. F. vom 2. 11.1977 (GVBl. S. 570).
2. Gesetz über die Errichtung eines Verbands Großraum Braunschweig (Großraumgesetz Braunschweig — GRRG-B) i. d. F. vom 2. 11. 1977 (GVBl. S. 579).
3. Verordnung über die Ausbildung und Prüfung für die Laufbahnen des mittleren Landesplanungsdienstes im Lande Niedersachsen (AVPO — mittlerer LplD) vom 25. 9. 1975 (GVBl. S. 315).*)
4. Niedersächsisches Gesetz über Raumordnung und Landesplanung i. d. F. vom 2. 1. 1978 (GVBl. S. 1).
5. Verordnung über das Verfahren zur Aufstellung und Abstimmung sowie über die Art der Darstellung der Regionalen Raumordnungsprogramme vom 26. 1. 1979 (GVBl. S. 15)*).

1.

Gesetz
über den Verband Großraum Hannover (Großraumgesetz Hannover — GrRG-H)

in der Fassung vom 2. November 1977
(GVBl. S. 570)

---

*) Vom Abdruck wurde abgesehen

Inhaltsübersicht

I. Teil
Aufbau und Aufgaben
1. Abschnitt
Grundlagen der Verbandsverfassung

§ 1
Rechtsnatur und Sitz des Verbandes

(1) Der Verband „Großraum Hannover" ist eine öffentlich-rechtliche Körperschaft mit dem Recht der Selbstverwaltung; er ist Kommunalverband und besitzt Dienstherrnfähigkeit. Seine Organe sind die Verbandsversammlung, der Verbandsausschuß und der Verbandsdirektor.

(2) Der Verband hat seinen Sitz in Hannover. Er führt seinen Schriftverkehr ausschließlich unter seinem Namen mit dem Zusatz „öffentlich-rechtliche Körperschaft"; er führt ein Dienstsiegel.

§ 2
Verbandsglieder, Verbandsbereich

Verbandsglieder sind die Landeshaupstadt Hannover, der Landkreis Hannover und die diesem angehörenden Gemeinden. Ihr Gebiet bildet den Verbandsbereich.

§ 3
Abgaben und Umlagen

Der Verband kann Gebühren, Beiträge und Umlagen im Rahmen der Gesetze erheben.

§ 4
Satzungsgewalt

(1) Der Verband kann im Rahmen der Gesetze seine eigenen Angelegenheiten durch Satzung regeln. Zur Erfüllung von Aufgaben, die er von den Verbandsgliedern übernommen hat (§ 12), hat er die Satzungsgewalt, soweit diese zum Erlaß von Satzungen ermächtigt sind. Satzungen können Rechte und Pflichten für Dritte begründen; Satzungen nach § 6 wirken nur für und gegen den Verband, die Verbandsglieder und gegen Zusammenschlüsse, an denen Verbandsglieder beteiligt sind. Im übertragenen Wirkungskreis können Satzungen auf Grund besonderer Ermächtigung erlassen werden.

(2) Ordnungswidrig handelt, wer vorsätzlich oder fahrlässig einem Gebot oder Verbot einer Satzung zuwiderhandelt, soweit die Satzung für einen bestimmten Tatbestand auf diese Bußgeldvorschrift verweist. Die Ordnungswidrigkeit kann mit einer Geldbuße bis zu 5000 Deutsche Mark geahndet werden. Verwaltungsbehörde im Sinne des § 36 Abs. 1 Nr. 1 des Gesetzes über Ordnungswidrigkeiten ist der Verband.

(3) Satzungen bedürfen der aufsichtsbehördlichen Genehmigung, soweit dies gesetzlich vorgeschrieben ist oder einer Satzung rückwirkende Kraft beigelegt werden soll.

(4) Satzungen sind von dem Vorsitzenden der Verbandsversammlung und dem Verbandsdirektor zu unterzeichnen. Sie sind im amtlichen Verkündungsblatt des Regierungspräsidenten in Hannover öffentlich bekanntzumachen. Für die Form der öffentlichen Bekanntmachung von Satzungen einschließlich der Ersatzbekanntmachung von Plänen, Karten und sonstigen Anlagen sowie die Form der öffentlichen Auslegung von

Satzungen und Satzungsentwürfen gelten die vom Minister des Innern gemäß § 7 Abs. 4 der Niedersächsischen Landkreisordnung erlassenen Vorschriften.

(5) Satzungen treten, wenn kein anderer Zeitpunkt bestimmt ist, mit dem Tage nach der Bekanntmachung in Kraft.

(6) Jedermann hat das Recht, Satzungen einschließlich aller Anlagen und Pläne innerhalb der öffentlichen Sprechzeiten einzusehen und sich gegen Erstattung der dadurch entstehenden Kosten Abschriften geben zu lassen.

2. Abschnitt

Aufgaben des Verbandes

§ 5

Grundsätze

Der Verband hat zur sinnvollen Gestaltung seines Bereichs durch einheitliche Planung die Entwicklung der Verbandsglieder zu fördern. Er soll die Verbandsglieder bei der Erfüllung ihrer Aufgaben im Sinne der Ziele der Raumordnung unterstützen, sie entlasten und im Rahmen seiner Aufgaben auf eine Abstimmung der Interessen hinwirken; § 2 der Niedersächsischen Landkreisordnung bleibt unberührt.

§ 6

Regionales Raumordnungsprogramm

Der Verband ist Träger der Regionalplanung.

§ 7

Regionale Fachpläne

(1) Der Verband stellt Regionale Fachpläne auf. Die Pläne stellen für bestimmte Sachbereiche die anzustrebende Ausstattung mit bedeutsamen öffentlichen Einrichtungen dar. Sie müssen den Standort und die Größe (Einzugsbereich, Kapazität) der Einrichtung, den Finanzbedarf für Bau und Unterhaltung und, im Verhältnis zu anderen Einrichtungen desselben Sachbereichs, die Rangfolge ihrer Verwirklichung ersehen lassen.

(2) Bei der Aufstellung der Regionalen Fachpläne ist der Verband im Rahmen der Gesetze an die Fachplanungen des Bundes und des Landes gebunden. Die Pläne sind mit den benachbarten Landkreisen abzustimmen.

(3) Der Verband leitet das Aufstellungsverfahren für einen Regionalen Fachplan ein, indem er seine allgemeinen Planungsabsichten öffentlich bekanntmacht. An der Erarbeitung sollen alle Behörden und sonstigen öffentlichen Planungsträger beteiligt werden, soweit sie von den Planungen berührt werden. Die Verbandsglieder sind dadurch zu beteiligen, daß ihnen der Entwurf zur Stellungnahme zugeleitet wird; vor der Feststellung des Regionalen Fachplanes sind die Anregungen und Bedenken mit ihnen zu erörtern. Der Regionale Fachplan wird durch Beschluß der Verbandsversammlung festgestellt. Auf Verlangen des Verbandes hat die Aufsichtsbehörde zu erklären, ob sie dem Plan zustimmt. Er wird mit der Bekanntmachung im amtlichen Verkündungsblatt des Regierungspräsidenten in Hannover wirksam und tritt fünf Jahre nach seiner Bekanntmachung außer Kraft, sofern nicht vorher ein Regionaler Fachplan neu festgestellt ist.

(4) Regionale Fachpläne sollen für die folgenden Sachbereiche aufgestellt werden:

a) Krankenhäuser,
b) Erwachsenenbildung,

c) Erholungseinrichtungen,
d) Wasser- und Energieversorgung,
e) Abfall- und Abwasserbeseitigung ,
f) Verkehrswege und dazugehörige Anlagen.

§ 8

Wirkung der Regionalen Fachpläne

(1) Die Regionalen Fachpläne bilden die Grundlage für Entscheidungen des Verbandes über eigene Maßnahmen und über die Förderung von Maßnahmen anderer Träger (Dritter).

(2) Die Verbandsglieder und die kommunalen Zusammenschlüsse, an denen Verbandsglieder beteiligt sind, haben ihre Planungen und Maßnahmen den Regionalen Fachplänen anzupassen.

(3) Hat die Aufsichtsbehörde des Verbandes einem Regionalen Fachplan zugestimmt (§ 7 Abs. 3 Satz 5), sollen die Landesbehörden ihn bei ihren Planungen, Zuwendungen und anderen Maßnahmen berücksichtigen.

§ 9

Rahmenplan für die Schulentwicklung

Der Verband stellt einen Rahmenplan für die Schulentwicklung auf. Der Plan stellt die anzustrebende Ausstattung mit regional bedeutsamen schulischen Einrichtungen unter Angabe von Standort und Größe (Einzugsbereich) dar. § 8 Abs. 2 ist entsprechend anzuwenden. Auf den Rahmenplan finden im übrigen die Vorschriften über die Schulentwicklungsplanung entsprechende Anwendung. Er bedarf der Genehmigung der Schulbehörde.

§ 10

Ausschließliche Aufgaben des eigenen Wirkungskreises

Der Verband ist im Verhältnis zu seinen Verbandsgliedern im eigenen Wirkungskreis ausschließlich zuständig für
a) den öffentlichen Nahverkehr,
b) die Sicherstellung des Rettungsdienstes und des Krankentransports.

§ 11

Weitere Aufgaben des eigenen Wirkungskreises

Der Verband kann neben den Verbandsgliedern Maßnahmen, die für die Entwicklung des Verbandsbereichs bedeutsam sind, in folgenden Sachbereichen durchführen:
a) Erhaltung größerer von der Bebauung freizuhaltender Flächen, vor allem Wälder, Grünflächen, Wasserflächen und Parks,
b) Vorhaltung von Baugelände und Bauaustauschgelände,
c) Wirtschaftsförderung,
d) Ausbau und Unterhaltung bedeutsamer Erholungseinrichtungen,
e) Wasser- und Energieversorgung,
f) Abfall- und Abwasserbeseitigung,
g) Verwaltungsautomation,
h) Häfen,
i) Messen,
k) Förderung der Erwachsenenbildung,
l) Wohnungsbauförderung,

m) Städtebau, soweit die Zuständigkeit für diese Aufgabe nicht durch Bundesgesetze anderweitig geregelt ist.

§ 12

Übernahme von Aufgaben und Einrichtungen des eigenen Wirkungskreises der Verbandsglieder

(1) Der Verband kann, wenn es die Verbandsziele fördert und die Verbandsglieder diese Aufgaben nicht zweckmäßig oder wirtschaftlich erfüllen können, Aufgaben aller oder einzelner Verbandsglieder auf dem Gebiet
a) des Ausbaues, und der Unterhaltung bedeutsamer Erholungseinrichtungen,
b) der Wasserversorgung,
c) der Abwasserbeseitigung,
d) der Abfallbeseitigung
übernehmen.

(2) Ferner kann der Verband, sofern nicht gesetzliche Bestimmungen entgegenstehen,
a) Aufgaben übernehmen, die ihm von der Landeshauptstadt Hannover und dem Landkreis Hannover für den gesamten Verbandsbereich übertragen werden;
b) auf Antrag eines Verbandsgliedes, bei kreisangehörigen Gemeinden mit Zustimmung des Landkreises Hannover, von diesem einzelne Aufgaben übernehmen, wenn dies für die Erfüllung der Verbandsaufgaben förderlich ist.

(3) Mit den Aufgaben gehen auch die ihnen dienenden Einrichtungen auf den Verband über. Die Bedingungen der Übernahme werden von den Beteiligten vereinbart oder, wenn eine Vereinbarung nicht zustande kommt, von der Aufsichtsbehörde des Verbandes festgesetzt. Mit der Übernahme der Aufgaben und Einrichtungen hat der Verband insoweit die Rechte und Pflichten des Verbandsgliedes.

§ 13

Aufgaben des übertragenen Wirkungskreises

(1) Dem Verband obliegen
a) die Aufgaben, die durch das Reichsnaturschutzgesetz den unteren Naturschutzbehörden zugewiesen sind,
b) die Aufgaben, die durch das Bodenabbaugesetz den Landespflegebehörden zugewiesen sind.
c) die Aufgaben, die durch das Landeswaldgesetz den Landkreisen und kreisfreien Städten zugewiesen sind, mit Ausnahme der Befugnisse und Aufgaben nach § 21,
sowie die entsprechenden Aufgaben auf Grund von Rechtsvorschriften, die an die Stelle der unter Buchstaben a bis c genannten Vorschriften treten. Für die Bekanntmachung der auf diese Vorschriften gestützten Verordnungen gilt § 4 Abs. 4 entsprechend.

(2) Dem Verband kann die Verfügungsbefugnis über staatliche Wohnungsbauförderungsmittel eingeräumt werden. Ihm können weitere staatliche Aufgaben durch Verordnung des Landesministeriums zugewiesen werden, soweit dies für die Erfüllung der Verbandsaufgaben förderlich ist.

(3) Der Verband ist zuständig für Maßnahmen nach dem Gesetz über die öffentliche Sicherheit und Ordnung, soweit sie sich auf dem Verband gemäß Absatz 2 zugewiesene staatliche Aufgaben beziehen.

(4) — aufgehoben —

(5) Der Verband stellt die Dienstkräfte und Einrichtungen zur Verfügung, die zur Erfüllung der Aufgaben des übertragenen Wirkungskreises erforderlich sind. Die mit den Aufgaben verbundenen Einnahmen fließen ihm zu.

(6) Der Verband ist zur Geheimhaltung aller Angelegenheiten verpflichtet, deren Geheimhaltung allgemein vorgeschrieben oder im Einzelfall von der dazu befugten staatlichen Behörde angeordnet ist. Verwaltungsvorschriften, die dazu dienen, die Geheimhaltung sicherzustellen, gelten nach näherer Bestimmung des Ministers des Innern auch für den Verband.

§ 14

Zusammenarbeit mit Verbandsgliedern

(1) Der Verband hat die Verbandsglieder bei allen Maßnahmen, die seinen Aufgabenbereich berühren, zu beraten.

(2) Die Verbandsglieder haben den Verband über alle Vorhaben und Maßnahmen in ihrem Gebiet, die die Aufgaben des Verbandes berühren, zu unterrichten, ihm jederzeit Auskunft zu erteilen und Akten und sonstige Unterlagen zur Einsicht zur Verfügung zu stellen.

II. Teil

Innere Verbandsverfassung

1. Abschnitt

Verbandsversammlung

§ 15

Zusammensetzung

(1) Die Verbandsversammlung hat 75 Mitglieder.

(2) Die Mitglieder werden von den wahlberechtigten Einwohnern der Landeshauptstadt Hannover und des Landkreises Hannover nach den Vorschriften über die Wahl des Kreistages gewählt.

§ 16

Mitgliedschaft in der Verbandsversammlung

(1) Die Vorschriften der Niedersächsischen Landkreisordnung über das Ruhen der Mitgliedschaft im Kreistag finden entsprechende Anwendung.

(2) Mitglied der Verbandsversammlung darf nicht sein

1. der Hauptverwaltungsbeamte, dessen allgemeiner Vertreter und ein Beamter auf Zeit eines Verbandsgliedes,
2. ein Beamter, der im Dienste des Verbandes steht,
3. ein Beamter, der unmittelbar Aufgaben der Kommunal- oder Fachaufsicht über den Verband wahrnimmt,

wenn er Beamter mit Dienstbezügen ist. § 30 a Abs. 2 und 3 der Niedersächsischen Landkreisordnung findet entsprechende Anwendung.

§ 17

Rechtsstellung der Mitglieder der Verbandsversammlung

(1) Die Mitglieder der Verbandsversammlung üben ihre Tätigkeit im Rahmen der Gesetze nach ihrer freien, nur durch die Rücksicht auf das Gemeinwohl geleiteten Überzeugung aus. Sie sind an Verpflichtungen, durch welche die Freiheit ihrer Entschließungen beschränkt wird, nicht gebunden.

(2) Die Vorschriften der Niedersächsischen Landkreisordnung über die Amtsverschwiegenheit, das Mitwirkungsverbot, das Vertretungsverbot und die Pflichtenbelehrung sowie über die Verpflichtung der Kreistagsabgordneten sind auf die Mitglieder der Verbandsversammlung sinngemäß anzuwenden.

(3) Handelt ein Mitglied der Verbandsversammlung seinen Pflichten vorsätzlich oder grob fahrlässig zuwider, verstößt es insbesondere gegen die Verpflichtungen nach Absatz 2, so hat es dem Verband den daraus entstehenden Schaden zu ersetzen.

(4) Die Mitglieder der Verbandsversammlung haben Anspruch auf Ersatz ihrer Auslagen und ihres Verdienstausfalls; durch Satzung sind diese Ansprüche auf Höchstbeträge zu begrenzen.

(5) Die Mitglieder der Verbandsversammlung können eine angemessene Aufwandsentschädigung erhalten, die ganz oder teilweise als Sitzungsgeld für die Teilnahme an Sitzungen der Verbandsversammlung, ihrer Ausschüsse und der Fraktionen gezahlt werden kann. Die Aufwandsentschädigung tritt neben den Ersatz des Verdienstausfalls; sie umfaßt den Ersatz der notwendigen Auslagen mit Ausnahme der Kosten für Fahrten innerhalb des Verbandsbereichs; durch Satzung können für die Fahrkosten Durchschnittssätze festgesetzt werden.

(6) Der Vorsitzende der Verbandsversammlung und seine Vertreter, die Fraktionsvorsitzenden und die der Verbandsversammlung angehörenden Mitglieder des Verbandsausschusses können neben den Entschädigungen nach den Absätzen 4 und 5 eine angemessene Aufwandsentschädigung erhalten.

(7) Die Höhe der Entschädigungen nach den Absätzen 5 und 6 ist durch Satzung zu regeln.

(8) Die Ansprüche auf die Bezüge nach den Absätzen 4 bis 6 sind nicht übertragbar.

§ 17 a

Antragsrecht

Jedes Mitglied der Verbandsversammlung hat das Recht, in der Verbandsversammlung und in den Ausschüssen, denen es angehört, Anträge zu stellen, ohne der Unterstützung durch andere Mitglieder der Verbandsversammlung zu bedürfen.

§ 17 b

Fraktionen und Gruppen

Mindestens zwei Mitglieder der Verbandsversammlung können sich zu einer Fraktion oder zu einer Gruppe zusammenschließen. Nähere Einzelheiten über die Bildung der Fraktionen und Gruppen sowie über ihre Rechte und ihre Pflichten regelt die Geschäftsordnung.

§ 18

Zuständigkeit der Verbandsversammlung

(1) Die Verbandsversammlung beschließt über

1. den Erlaß, die Änderung und die Aufhebung von Satzungen;
2. die Übernahme von Aufgaben und Einrichtungen (§ 12);
3. die Festsetzung öffentlicher Abgaben (Gebühren, Beiträge), Umlagen und allgemeiner privatrechtlicher Entgelte;
4. die Errichtung, Übernahme, wesentliche Erweiterung, Vereinigung und Aufhebung öffentlicher Einrichtungen und wirtschaftlicher Unternehmen sowie die Beteiligung an diesen;
5. den Erlaß der Haushaltssatzung, die Zustimmung zu über- und außerplanmäßigen Ausgaben sowie die Festsetzung des Investitionsprogramms;

6. die Entgegennahme der Jahresrechung und die Entscheidung über die Entlastung;
7. die Aufstellung von Richtlinien, nach denen die Verwaltung geführt werden soll;
8. die Bestimmung des Dienstsiegels des Verbandes;
9. die Verfügung über Vermögen des Verbandes, insbesondere Schenkungen und Darlehenshingaben, die Veräußerung oder Belastung von Grundstücken und die Veräußerung von Anteilen an einem Unternehmen mit eigener Rechtspersönlichkeit; ausgenommen sind Rechtsgeschäfte, deren Vermögenswert eine von einer Satzung bestimmte Höhe nicht übersteigt;
10. den Abschluß von Pacht- oder Betriebsführungsverträgen über Einrichtungen und wirtschaftliche Unternehmen des Verbandes (Eigenbetriebe und Eigengesellschaften) und wirtschaftliche Unternehmen, an denen der Verband beteiligt ist, sowie die Umwandlung der Rechtsform solcher Unternehmen;
11. die Aufnahme von Krediten, die Übernahme von Bürgschaften, den Abschluß von Gewährverträgen und die Bestellung von Sicherheiten für Dritte sowie wirtschaftlich gleichzuachtende Rechtsgeschäfte; ausgenommen sind Rechtsgeschäfte, deren Vermögenswert eine von einer Satzung bestimmte Höhe nicht übersteigt;
12. die Mitgliedschaft in Zweckverbänden;
13. die Umwandlung des Zwecks, die Zusammenlegung und die Aufhebung von Stiftungen sowie die Verwendung des Stiftungsvermögens;
14. Verträge des Verbandes mit Mitgliedern der Verbandsversammlung oder mit dem Verbandsdirektor, sofern der Vermögenswert des Vertrages 5000 Deutsche Mark übersteigt;
15. die Verhängung von Geldbußen im Sinne des Gesetzes über Ordnungswidrigkeiten wegen Verletzung der Pflicht zur Amtsverschwiegenheit;
16. Angelegenheiten, für die ihre Zuständigkeit gesetzlich vorgeschrieben ist.

(2) Die Verbandsversammlung beschließt ferner über die Angelegenheiten des Verbandes, bei denen sie sich im Einzelfall die Beschlußfassung vorbehält.

(3) Die Verbandsversammlung kann von dem Verbandsausschuß und von dem Verbandsdirektor Auskünfte über die Führung der Verwaltung verlangen und zu diesem Zweck durch einen von ihr bestimmten Ausschuß oder einzelne von ihr jeweils beauftragte Mitglieder Einsicht in die Akten nehmen; dies gilt nicht, wenn es sich um Angelegenheiten handelt, deren Geheimhaltung allgemein vorgeschrieben oder im Einzelfall von der dazu befugten Staatsbehörde angeordnet ist.

(4) Beschlüsse der Verbandsversammlung, die die Geltendmachung von Ansprüchen gegen Mitglieder der Verbandsversammlung wegen Verletzung ihrer Pflichten sowie die Amtsführung des Verbandsausschusses oder des Verbandsdirektors betreffen, werden von einem oder mehreren Beauftragten ausgeführt, die die Verbandsversammlung aus ihrer Mitte zu bestellen hat.

§ 19

Einberufung der Verbandsversammlung

(1) Die Verbandsversammlung wird von ihrem Vorsitzenden unter Mitteilung der Tagesordnung einberufen; zu ihrer ersten Sitzung ist sie binnen eines Monats nach Beginn der Wahlperiode von ihrem bisherigen Vorsitzenden einzuberufen.

(2) Die Verbandsversammlung tritt mindestens viermal im Jahr zu einer ordentlichen Sitzung zusammen. Der Vorsitzende hat die Verbandsversammlung einzuberufen, wenn es die Geschäftslage erfordert oder wenn ein Drittel der Mitglieder der Verbandsversammlung, der Verbandsausschuß oder der Verbandsdirektor es unter Angabe der Beratungsgegenstände verlangt.

(3) Der Vorsitzende stellt im Benehmen mit dem Verbandsdirektor die Tagesordnung auf; der Verbandsdirektor kann verlangen, daß ein bestimmter Beratungsgegenstand auf die Tagesordnung gesetzt wird.

(4) Zeit und Ort der Sitzungen sowie die Tagesordnung sind öffentlich bekanntzumachen, sofern die Verbandsversammlung nicht zu einer nichtöffentlichen Sitzung einberufen wird.

§ 20

Wahl und Abberufung des Vorsitzenden

(1) Nach der Verpflichtung der Mitglieder der Verbandsversammlung wählt diese in ihrer ersten Sitzung unter Leitung des ältesten anwesenden, hierzu bereiten Mitglieds aus ihrer Mitte den Vorsitzenden für die Dauer der Wahlperiode. Vorschlagsberechtigt für die Wahl ist nur eine Fraktion oder Gruppe, die Anspruch auf mindestens einen Sitz im Verbandsausschuß hat. Vor der Wahl haben die zur Wahl Vorgeschlagenen zu erklären, ob und gegebenenfalls welcher Fraktion oder Gruppe der Verbandsversammlung sie angehören.

(2) Der Vorsitzende kann abberufen werden, wenn es die Verbandsversammlung mit einer Mehrheit von zwei Dritteln ihrer Mitglieder beschließt. Der Beschluß kann nur gefaßt werden, wenn ein Antrag auf Abberufung auf der in der Einberufung der Verbandsversammlung mitgeteilten Tagesordnung gestanden hat. Die Verbandsversammlung wird in diesem Fall von dem Vertreter des Vorsitzenden einberufen.

(3) Nach Ablauf der Wahlperiode führt der Vorsitzende seine Tätigkeit bis zur Neuwahl des Vorsitzenden fort. Das gleiche gilt bei Auflösung der Verbandsversammlung.

(4) Scheidet der Vorsitzende aus, so nimmt sein Vertreter die Geschäfte bis zur Neuwahl des Vorsitzenden wahr.

§ 21

Verfahren der Verbandsversammlung

(1) Die Vorschriften der Niedersächsischen Landkreisordnung über die Öffentlichkeit der Kreistagssitzungen, die Beschlußfähigkeit, die Abstimmung, die Wahlen, die Ordnung in den Sitzungen und die Niederschrift sind auf das Verfahren der Verbandsversammlung sinngemäß anzuwenden.

(2) Die Verbandsversammlung gibt sich eine Geschäftsordnung; in ihr sind insbesondere das Verfahren, die Ladungsfrist und die Form der Einberufung zu regeln.

§ 22

Ausschüsse

(1) Die Verbandsversammlung kann zur Vorbereitung ihrer Beschlüsse aus ihrer Mitte Ausschüsse bilden.

(2) Die Ausschüsse werden in der Weise gebildet, daß die von der Verbandsversammlung festgelegten Sitze auf die Vorschläge der Fraktionen und Gruppen der Verbandsversammlung entsprechend dem Verhältnis der Mitgliederzahl der einzelnen Fraktionen oder Gruppen zur Mitgliederzahl aller Fraktionen und Gruppen verteilt werden. Dabei erhält jede Fraktion oder Gruppe zunächst so viele Sitze, wie sich für sie ganze Zahlen ergeben. Sind danach noch Sitze zu vergeben, so sind sie in der Reihenfolge der höchsten Zahlenbruchteile, die sich bei der Berechnung nach Satz 1 ergeben, auf die Fraktionen und Gruppen zu verteilen. Bei gleichen Zahlenbruchteilen entscheidet das Los, das der Vorsitzende der Verbandsversammlung zu ziehen hat.

(3) Erhält bei der Verteilung der Sitze nach Absatz 2 eine Fraktion oder Gruppe, der mehr als die Hälfte aller Mitglieder der Verbandsversammlung angehört, nicht mehr als die Hälfte der insgesamt zu vergebenden Sitze, so sind die nach Zahlenbruchteilen zu vergebenden Sitze abweichend von Absatz 2 Satz 3 und 4 zu verteilen. In diesem Fall wird zunächst der in Satz 1 genannten Fraktion oder Gruppe ein weiterer Sitz

zugeteilt; für die danach noch zu vergebenden Sitze ist wieder Absatz 2 Satz 3 und 4 anzuwenden.

(4) Fraktionen und Gruppen, auf die bei der Sitzverteilung nach den Absätzen 2 und 3 in einem Ausschuß kein Sitz entfallen ist, sind berechtigt, ein zusätzliches Mitglied mit beratender Stimme in den Ausschuß zu entsenden.

(5) Die sich nach den Absätzen 2 bis 4 ergebende Sitzverteilung und die Ausschußbesetzung stellt die Verbandsversammlung durch Beschluß fest.

(6) Hat die Verbandsversammlung in anderen Fällen mehrere unbesoldete Stellen gleicher Art zu besetzen, so sind die Absätze 2 und 5 entsprechend anzuwenden.

(7) Die Verbandsversammlung kann neben ihren Mitgliedern andere Personen, jedoch nicht Bedienstete des Verbandes, zu Mitgliedern ihrer Ausschüsse berufen; die Absätze 2, 5 und 12 sind entsprechend anzuwenden. Mindestens zwei Drittel der Ausschußmitglieder sollen Mitglieder der Verbandsversammlung sein. Die nicht der Verbandsversammlung angehörenden Ausschußmitglieder haben kein Stimmrecht. Im übrigen findet auf sie § 17 Anwendung, jedoch mit der Maßgabe, daß eine Aufwandsentschädigung nur als Sitzungsgeld gezahlt werden kann.

(8) Die Ausschußvorsitze werden den Fraktionen und Gruppen in der Reihenfolge der Höchstzahlen zugeteilt, die sich durch Teilung der Mitgliederzahlen der Fraktionen und Gruppen durch 1, 2, 3 usw. ergeben. Bei gleichen Höchstzahlen entscheidet das Los, das der Vorsitzende der Verbandsversammlung zu ziehen hat. Die Fraktionen und Gruppen benennen die Ausschüsse, deren Vorsitz sie beanspruchen, in der Reihenfolge der Höchstzahlen und bestimmen die Vorsitzenden aus der Mitte der den Ausschüssen angehörenden Mitglieder der Verbandsversammlung.

(9) Für die Sitzungen der Ausschüsse gilt § 41 Abs. 1 der Niedersächsischen Landkreisordnung entsprechend. Jedes Mitglied der Verbandsversammlung ist berechtigt, an allen Sitzungen der Ausschüsse als Zuhörer teilzunehmen.

(10) Ausschüsse können jederseit von der Verbandsversammlung aufgelöst oder unter Beachtung der Absätze 2 bis 5 und 12 ganz oder teilweise neu besetzt werden. Die Neubesetzung hat zu erfolgen, wenn die Zusammensetzung eines Ausschusses nicht mehr dem Verhältnis der Stärke der Fraktionen und Gruppen der Verbandsversammlung entspricht und ein Antrag auf Neubesetzung gestellt wird; für die Besetzung der in Absatz 6 genannten Stellen gilt das entsprechend. Das Verfahren der Ausschüsse und ihre Zusammenarbeit mit der Verbandsversammlung und dem Verbandsausschuß sind in der von der Verbandsversammlung zu erlassenden Geschäftsordnung zu regeln. Soweit keine Regelung getroffen wird, gelten die Vorschriften für das Verfahren der Verbandsversammlung sinngemäß.

(11) Die Ausschüsse werden vom Verbandsdirektor im Einvernehmen mit dem Ausschußvorsitzenden einberufen, sooft es die Geschäftslage erfordert. Der Verbandsdirektor hat den Ausschuß einzuberufen, wenn es ein Drittel der Ausschußmitglieder unter Angabe des Beratungsgegenstandes verlangt. Der Verbandsdirektor stellt im Benehmen mit dem Ausschußvorsitzenden die Tagesordnung auf; der Ausschußvorsitzende kann verlangen, daß ein bestimmter Beratungsgegenstand auf die Tagesordnung gesetzt wird.

(12) Die Verbandsversammlung kann einstimmig ein von den Regelungen der Absätze 2 bis 4, 6 und 8 abweichendes Verfahren beschließen.

§ 23

Auflösung der Verbandsversammlung

(1) Ist mehr als die Hälfte der Sitze unbesetzt, so ist die Verbandsversammlung aufgelöst. Die Aufsichtsbehörde stellt die Auflösung fest.

(2) Das Landesministerium kann die Verbandsversammlung auflösen, wenn sie dauernd beschlußunfähig ist, obwohl mehr als die Hälfte der Sitze besetzt ist, oder

wenn eine ordnungsgemäße Erledigung der Verbandsaufgaben auf andere Weise nicht gesichert werden kann.

(3) Die Wahlperiode der neuen Verbandsversammlung beginnt mit dem Tage der Neuwahl und endet mit dem Ablauf der allgemeinen Wahlperiode (§ 28 der Niedersächsischen Landkreisordnung). Findet die Neuwahl innerhalb von zwölf Monaten vor Ablauf der allgemeinen Wahlperiode statt, so endet die Wahlperiode mit dem Ende der nächsten allgemeinen Wahlperiode.

2. Abschnitt

Verbandsausschuß

§ 24

Zusammensetzung und Bildung des Verbandsausschusses

(1) Der Verbandsausschuß besteht aus dem Vorsitzenden, zwölf weiteren stimmberechtigten Mitgliedern der Verbandsversammlung, den Mitgliedern nach § 22 Abs. 4, dem Verbandsdirektor und den Beigeordneten sowie den Hauptverwaltungsbeamten der Landeshauptstadt Hannover und des Landkreises Hannover. Den Vorsitz führt der Vorsitzende der Verbandsversammlung. Der Verbandsdirektor, die Beigeordneten und die Hauptverwaltungsbeamten haben im Verbandsausschuß beratende Stimme.

(2) Die weiteren Mitglieder des Verbandsausschusses werden in der ersten Sitzung der Verbandsversammlung aus ihrer Mitte für die Dauer ihres Bestehens in entsprechender Anwendung des § 22 Abs. 2 bis 5 und 12 bestimmt. Bei der Ermittlung der Zahl der Sitze, die auf die einzelnen Fraktionen und Gruppen entfallen, ist der Vorsitzende der Verbandsversammlung der Fraktion oder Gruppe anzurechnen, der er angehört; gehört er keiner Fraktion oder Gruppe an, so ist er der Fraktion oder Gruppe anzurechnen, die ihn zum Vorsitzenden vorgeschlagen hat.

(3) Für jedes der Verbandsversammlung angehörende Mitglied des Verbandsausschusses ist ein Vertreter zu bestimmen; die Fraktionen oder Gruppen können bestimmen, daß sich Vertreter untereinander vertreten; ist eine Fraktion oder Gruppe nur durch ein Mitglied im Verbandsausschuß vertreten, so kann von ihr ein zweiter Vertreter bestimmt werden. § 17 a sowie § 22 Abs. 10 Satz 2 gelten entsprechend.

(4) Die Hauptverwaltungsbeamten der in Absatz 1 genannten Verbandsglieder werden bei Verhinderung durch ihre allgemeinen Vertreter im Verbandsausschuß vertreten.

(5) Die Mitglieder des Verbandsausschusses dürfen nicht bis zum zweiten Grad verwandt oder im ersten Grad verschwägert oder durch Adoption oder Ehe verbunden sein. Entsteht ein solches Verhältnis im Laufe der Amtszeit, so beruft die Verbandsversammlung einen der Beteiligten ab; für diesen ist ein Ersatzmann zu bestimmen.

(6) Die Verbandsversammlung wählt aus den stimmberechtigten Mitgliedern des Verbandsausschusses bis zu zwei Vertreter des Vorsitzenden; diese vertreten den Vorsitzenden auch als Vorsitzenden des Verbandsausschusses.

(7) Nach Ablauf der Wahlperiode führt der Verbandsausschuß seine Tätigkeit bis zur ersten Sitzung des neugebildeten Verbandsausschusses fort. Das gleiche gilt bei Auflösung der Verbandsversammlung.

§ 25

Weitere Vorschriften über den Verbandsausschuß und seine Mitglieder

(1) Die Vorschriften der Niedersächsischen Landkreisordnung über die Zuständigkeit des Kreisausschusses, sonstige Rechte des Kreisausschusses und die Sitzungen des

Kreisausschusses sind auf den Verbandsausschuß und seine Mitglieder sinngemäß anzuwenden, soweit im folgenden nichts anderes bestimmt ist.

(2) Hält der Verbandsausschuß das Wohl des Verbandes durch einen Beschluß der Verbandsversammlung für gefährdet, so kann er gegen den Beschluß innerhalb einer Woche Einspruch einlegen. Der Einspruch hat aufschiebende Wirkung. Über die Angelegenheit ist in einer neuen Sitzung der Verbandsversammlung, die frühestens drei Tage nach der ersten stattfinden darf, nochmals zu beschließen.

(3) Ein Viertel der Mitglieder des Verbandsausschusses kann die Einberufung einer Sitzung verlangen.

3. Abschnitt

Verbandsdirektor

§ 26

Wahl und Vertretung

(1) Der Verbandsdirektor wird von der Verbandsversammlung für eine Amtszeit von zwölf Jahren gewählt; die erstmalige Wahl eines Bewerbers ist auch für eine Amtszeit von sechs Jahren zulässig. Er ist in das Beamtenverhältnis auf Zeit zu berufen. Die Verbandsversammlung kann beschließen, daß der Verbandsdirektor vor Beginn der Amtszeit zur Ableistung einer Probezeit für längstens ein Jahr zum Beamten auf Probe zu ernennen ist. Die Wahl darf nicht früher als ein Jahr vor Ablauf der Amtszeit des Stelleninhabers erfolgen. Die Stelle ist öffentlich auszuschreiben; die Verbandsversammlung kann jedoch mit der Mehrheit ihrer Mitglieder beschließen, von der Ausschreibung abzusehen, wenn sie beabsichtigt, den bisherigen Stelleninhaber oder seinen allgemeinen Vertreter zu wählen. Die Aufsichtsbehörde kann zulassen, daß von der Ausschreibung auch in sonstigen Fällen abgesehen wird oder daß die Wahl für eine kürzere Amtszeit erfolgt.

(2) Außer dem Verbandsdirektor können höchstens drei leitende Beamte in das Beamtenverhältnis auf Zeit berufen werden; sie führen die Bezeichung Beigeordneter. Absatz 1 gilt sinngemäß.

(3) Die Beamten auf Zeit sollen das 30. Lebensjahr vollendet haben und müssen für ihre Ämter persönlich und fachlich geeignet sein. Einer der Beamten auf Zeit muß die durch Prüfung erworbene Befähigung zum höheren Verwaltungsdienst oder zum Richteramt besitzen, ein anderer die Befähigung zum höheren Landesplanungsdienst oder die Befähigung zum höheren technischen Verwaltungsdienst der Fachrichtungen Hochbau und Städtebau, Landespflege oder Bauingenieurwesen besitzen.

(4) Die Beamten auf Zeit sind verpflichtet, ihr Amt für eine weitere Amtszeit zu übernehmen, wenn sie spätestens sechs Monate vor Ablauf der vorangehenden Amtszeit wiedergewählt werden und bei Ablauf der Amtszeit das 60. Lebensjahr noch nicht vollendet haben.

(5) Die Verbandsversammlung beauftragt einen der Beigeordneten mit der allgemeinen Vertretung des Verbandsdirektors.

(6) Ist das Amt des Verbandsdirektors unbesetzt, so nimmt sein allgemeiner Vertreter die Geschäfte des Verbandsdirektors wahr. Die Wahl eines neuen Verbandsdirektors muß innerhalb von sechs Monaten nach dem Ausscheiden des Stelleninhabers stattfinden.

§ 27

Zuständigkeit des Verbandsdirektors

(1) Der Verbandsdirektor hat

1. die Beschlüsse des Verbandsausschusses vorzubereiten; dabei soll er in Angelegenheiten des eigenen Wirkungskreises die Ausschüsse der Verbandsversammlung beteiligen.
2. die Beschlüsse der Verbandsversammlung und des Verbandsausschusses auszuführen und die ihm vom Verbandsausschuß im Rahmen seiner Befugnisse übertragenen Aufgaben zu erfüllen.
3. Aufgaben, die der Geheimhaltung unterliegen (§ 13 Abs. 6), zu erfüllen,
4. die Weisungen der Aufsichtsbehörden auszuführen, soweit dabei kein Ermessensspielraum gegeben ist,
5. die Geschäfte der laufenden Verwaltung zu führen.

(2) Der Verbandsdirektor ist Leiter der Verbandsverwaltung; er regelt die Geschäftsverteilung im Rahmen der Gesetze und der Richtlinien der Verbandsversammlung. Er ist Dienststellenleiter im Sinne der Geheimhaltungsvorschriften und wird im Sinne dieser Vorschriften durch die Aufsichtsbehörde ermächtigt.

(3) Der Verbandsdirektor hat die Verbandsversammlung und den Verbandsausschuß über wichtige Angelegenheiten zu unterrichten. Er hat auch der Aufsichtsbehörde über Vorgänge zu berichten, die für sie von Bedeutung sind; zu diesem Zweck kann er sich bei den staatlichen Sonderbehörden der unteren Verwaltungsstufe, deren Geschäftsbereich sich auf den Verbandsbereich erstreckt, in geeigneter Weise unterrichten.

(4) Über wichtige Angelegenheiten, die der Geheimhaltung unterliegen (§ 13 Abs. 6 Satz 1), ist nur der Vorsitzende der Verbandsversammlung zu unterrichten. Seine Unterrichtung ist jedoch nur zulässig, wenn er zuvor unter Beachtung der dafür geltenden Bestimmungen (§ 13 Abs. 6 Satz 2) von der Aufsichtsbehörde auf die Geheimhaltung förmlich verpflichtet ist; die Verpflichtung ist aktenkundig zu machen.

§ 28

Rechts- und Verwaltungsgeschäfte

(1) Nach außen vertritt der Verbandsdirektor den Verband in Rechts- und Verwaltungsgeschäften sowie im gerichtlichen Verfahren.

(2) Erklärungen, durch die der Verband verpflichtet werden soll, kann der Verbandsdirektor nur gemeinsam mit dem Vorsitzenden der Verbandsversammlung abgeben. Sie sind, sofern sie nicht gerichtlich oder notariell beurkundet werden, nur rechtsverbindlich, wenn sie handschriftlich unterzeichnet und mit dem Dienstsiegel versehen sind.

(3) Wird für ein Geschäft oder für einen Kreis von Geschäften ein Bevollmächtigter bestellt, so gelten für die Bevollmächtigung die Vorschriften für Verpflichtungserklärungen entsprechend. Die im Rahmen dieser Vollmachten abgegebenen Erklärungen bedürfen, sofern sie nicht gerichtlich oder notariell beurkundet werden, der Schriftform.

(4) Die Absätze 2 und 3 gelten nicht für Geschäfte der laufenden Verwaltung.

(5) In Angelegenheiten, die den Verbandsdirektor persönlich betreffen, wird der Verband durch den Vorsitzenden der Verbandsversammlung vertreten.

§ 29

Teilnahme an Sitzungen

(1) Der Verbandsdirektor nimmt an den Sitzungen der Verbandsversammlung teil; die anderen Beamten auf Zeit können daran teilnehmen. Der Verbandsdirektor und die anderen Beamten auf Zeit sind verpflichtet, der Verbandsversammlung auf Verlangen Auskunft zu erteilen; sie sind auf ihr Verlangen zum Gegenstand der Verhandlung

zu hören. Satz 2 gilt auch für die Sitzungen des Verbandsausschusses; er gilt nicht für Angelegenheiten, die der Geheimhaltung unterliegen (§ 13 Abs. 6 Satz 1).

(2) Für die Sitzungen der Ausschüsse der Verbandsversammlung gilt Absatz 1 entsprechend. Der Verbandsdirektor kann sich durch einen von ihm bestimmten Beamten oder Angestellten vertreten lassen. Er hat persönlich teilzunehmen, wenn es ein Drittel der Ausschußmitglieder verlangt. Unter den gleichen Voraussetzungen sind die anderen Beamten auf Zeit zur Teilnahme verpflichtet.

(3) Für die Teilnahme von Beamten und Angestellten an den Sitzungen der Verbandsversammlung, des Verbandsausschusses und der Ausschüsse der Verbandsversammlung gilt § 21 der Niedersächsischen Landkreisordnung entsprechend.

§ 30

Einspruchspflicht

(1) Hält der Verbandsdirektor einen Beschluß der Verbandsversammlung für gesetzwidrig, so hat er dagegen Einspruch einzulegen; der Einspruch hat aufschiebende Wirkung. Über die Angelegenheit ist von der Verbandsversammlung in einer Sitzung, die frühestens drei Tage nach der ersten Beschlußfassung stattfinden darf, nochmals zu beschließen. Hält der Verbandsdirektor auch den neuen Beschluß für gesetzwidrig, so hat er erneut Einspruch einzulegen; der Einspruch hat aufschiebende Wirkung. Der Vorsitzende der Verbandsversammlung und der Verbandsdirektor berichten unverzüglich gemeinsam der Aufsichtsbehörde über den Sachverhalt und den beiderseitigen Standpunkt. Die Aufsichtsbehörde entscheidet.

(2) Absatz 1 gilt entsprechend für gesetzwidrige Beschlüsse des Verbandsausschusses. Die Verbandsversammlung ist bei ihrer nächsten Sitzung zu unterrichten.

(3) Unterläßt der Verbandsdirektor den Einspruch vorsätzlich oder grob fahrlässig, so hat er dem Verband den daraus entstehenden Schaden zu ersetzen. Der Ersatzanspruch wird von der Aufsichtsbehörde namens des Verbandes geltend gemacht.

§ 31

Eilentscheidungen

In dringenden Fällen, in denen die vorherige Entscheidung der Verbandsversammlung oder des Verbandsausschusses nicht eingeholt werden kann, ordnet der Verbandsdirektor im Einvernehmen mit dem Vorsitzenden der Verbandsversammlung die notwendigen Maßnahmen an. Er hat die Verbandsversammlung oder den Verbandsausschuß unverzüglich hiervon zu unterrichten. § 18 Abs. 1 bleibt unberührt.

4. Abschnitt

Verbandsbedienstete

§ 32

Verbandsbedienstete

Die Vorschriften der Niedersächsischen Landkreisordnung über die Rechtsverhältnisse der Kreisbediensteten gelten sinngemäß für die Bediensteten des Verbandes.

III. Teil

Verbandswirtschaft

§ 33

Gebühren und Beiträge

Die Erhebung der Gebühren und Beiträge richtet sich nach den für Landkreise geltenden Bestimmungen.

§ 34

Verbandsumlage

(1) Der Verband erhebt, soweit die sonstigen Einnahmen seinen Finanzbedarf nicht decken, von den ihm angehörenden Gemeinden eine Umlage (Verbandsumlage). Die Vorschriften des Gesetzes über den Finanzausgleich über die Kreisumlage sind entsprechend anzuwenden.

(2) Mit Genehmigung der Aufsichtsbehörde können die der Ermittlung der Steuerkraftzahlen zur Berechnung der Umlage zugrunde zu legenden Hundertsätze in der Haushaltssatzung den Verhältnissen im Verbandsbereich entsprechend abweichend von den §§ 6 und 11 des Gesetzes über den Finanzausgleich festgesetzt werden.

(3) Vor der Festsetzung der Umlage sind der Landkreis Hannover und die Landeshauptstadt Hannover zu hören.

§ 35

Zuweisungen des Landes

(1) Der Verband erhält zur Erfüllung der ihm übertragenen staatlichen Aufgaben (§ 13), soweit sie außerhalb des Verbandsbereichs von staatlichen Behörden oder anderen Körperschaften als Gemeinden und Landkreisen erfüllt werden, einen jährlichen Zuschuß, dessen Höhe im Landeshaushaltsplan festgesetzt wird (laufende Zuweisung). Dieser Betrag ändert sich im jeweiligen Haushaltsjahr um den Hundertsatz, der sich aus dem Vergleich des Ist-Aufkommens des Steuerverbundes (§ 1 des Gesetzes über den Finanzausgleich) des vergangenen zu dem des vorvergangenen Haushaltsjahres ergibt.

(2) Daneben können dem Verband zum Ausgleich einer außergewöhnlichen Belastung oder für besondere Aufgaben Beihilfen aus Landesmitteln gewährt werden. Über die Bewilligung solcher Bedarfsbeihilfen entscheidet der Minister des Innern.

§ 36

Rechtsanwendung

Soweit dieses Gesetz nichts Abweichendes bestimmt, sind einschließlich des § 80 der Niedersächsischen Landkreisordnung die für die Landkreise geltenden Rechtsvorschriften über

1. die Haushaltswirtschaft,
2. das Sondervermögen und Treuhandvermögen,
3. die wirtschaftliche Betätigung,
4. das Prüfungswesen,
5. die Zwangsvollstreckung, den Konkurs und das gerichtliche Vergleichsverfahren

auf den Verband sinngemäß anzuwenden. Der Minister des Innern bestimmt die zuständige Prüfungsbehörde.

IV. Teil

Aufsicht

§ 37

Aufsichtsbehörden

(1) Die Kommunalaufsicht über den Verband führen der Regierungspräsident in Hannover als Kommunalaufsichtsbehörde und der Minister des Innern als obere und oberste Kommunalaufsichtsbehörde. Der Minister des Innern kann für bestimmte Fälle oder für bestimmte Arten von Fällen Aufsichtsbefugnisse auf die Kommunalaufsichtsbehörde übertragen.

(2) Die Aufgaben der Fachaufsicht werden durch die zuständigen Behörden ausgeübt.

§ 38

Ausübung der Aufsicht

Für die Ausübung der Aufsicht gelten die Bestimmungen der Niedersächsischen Landkreisordnung sinngemäß.

§ 39

Genehmigungen

(1) Satzungen, Beschlüsse und andere Maßnahmen des Verbandes, die der Genehmigung bedürfen, werden erst mit der Genehmigung wirksam. Gegen die Versagung der Genehmigung kann der Verband unmittelbar die verwaltungsgerichtliche Klage erheben.

(2) Absatz 1 gilt auch für die Geschäfte des bürgerlichen Rechtsverkehrs, die der Genehmigung der Aufsichtsbehörde bedürfen. Fordert der andere Teil den Verband zur Mitteilung über die Genehmigung auf, so ist er, falls er nicht binnen drei Monaten eine solche Mitteilung erhält, zum Rücktritt berechtigt. Das gleiche gilt, wenn die Aufsichtsbehörde die Genehmigung versagt hat und die Versagung noch nicht unanfechtbar ist.

(3) Rechtsgeschäfte, die gegen die Verbote des § 92 Abs. 7 und des § 116 der Niedersächsischen Gemeindeordnung verstoßen, sind nichtig.

(4) Der Minister des Innern kann durch Verordnung Maßnahmen des Verbandes, die der Genehmigung bedürfen, von der Genehmigung allgemein oder unter bestimmten Voraussetzungen freistellen oder statt dessen die vorherige Anzeige an die Aufsichtsbehörde vorschreiben.

V. Teil

Anwendung der Niedersächsischen Landkreisordnung

§ 40

Rechtsanwendungsschlüssel

Soweit in diesem Gesetz die sinngemäße Anwendung der Niedersächsischen Landkreisordnung vorgeschrieben ist, entsprechen

a) der Verband dem Landkreis,
b) die Verbandsversammlung dem Kreistag,
c) der Vorsitzende der Verbandsversammlung dem Landrat,
d) die Mitglieder der Verbandsversammlung den Kreistagsabgeordneten,

e) der Verbandsausschuß dem Kreisausschuß,
f) die Mitglieder des Verbandsausschusses den Kreisausschußmitgliedern,
g) der Verbandsdirektor dem Oberkreisdirektor,
h) der Verbandsbereich dem Kreisgebiet,
i) die Verbandsbediensteten den Kreisbediensteten.

§ 41

Ehrenamtliche Tätigkeit

Auf die ehrenamtliche Tätigkeit für den Verband finden die §§ 18 bis 25 der Niedersächsischen Landkreisordnung sinngemäß Anwendung.

2.

Gesetz
über die Errichtung eines Verbandes Großraum Braunschweig
(Großraumgesetz Braunschweig — GrRG-B)

in der Fassung vom 2. November 1977
(GVBl. S. 579)

Inhaltsübersicht

I. Teil
Aufbau und Aufgaben
1. Abschnitt
Grundlagen der Verbandsverfassung

§ 1
Errichtung eines Verbandes

(1) Es wird ein „Verband Großraum Braunschweig“ mit dem Sitz in Braunschweig errichtet.

(2) Der Verband ist eine öffentlich-rechtliche Körperschaft mit dem Recht der Selbstverwaltung; er ist Kommunalverband und besitzt Dienstherrnfähigkeit. Seine Organe sind die Verbandsversammlung, der Verbandsausschuß und der Verbandsdirektor.

(3) Der Verband führt seinen Schriftverkehr ausschließlich unter dem Namen „Verband Großraum Braunschweig“ mit dem Zusatz „öffentlich-rechtliche Körperschaft“; er führt ein Dienstsiegel.

§ 2
Verbandsglieder, Verbandsbereich

Verbandsglieder sind die im Verbandsbereich liegenden Gemeinden und Landkreise. Der Verbandsbereich umfaßt das Gebiet

der Stadt Braunschweig,
der Stadt Salzgitter,
der Stadt Wolfsburg,
des Landkreises Helmstedt,
des Landkreises Gifhorn,
des Landkreises Peine und
des Landkreises Wolfenbüttel.

§ 3

Abgaben und Umlagen

Der Verband kann Gebühren, Beiträge und Umlagen im Rahmen der Gesetze erheben.

§ 4

Satzungsgewalt

(1) Der Verband kann im Rahmen der Gesetze seine eigenen Angelegenheiten durch Satzung regeln. Zur Erfüllung von Aufgaben, die er von den Verbandsgliedern übernommen hat (§ 8), hat er die Satzungsgewalt, soweit diese zum Erlaß von Satzungen ermächtigt sind. Satzungen können Rechte und Pflichten für Dritte begründen; Satzungen nach § 6 wirken nur für und gegen den Verband, die Verbandsglieder und gegen Zusammenschlüsse, an denen Verbandsglieder beteiligt sind. Im übertragenen Wirkungskreis können Satzungen auf Grund besonderer Ermächtigung erlassen werden.

(2) Ordnungswidrig handelt, wer vorsätzlich oder fahrlässig einem Gebot oder Verbot einer Satzung zuwiderhandelt, soweit die Satzung für einen bestimmten Tatbestand auf diese Bußgeldvorschrift verweist. Die Ordnungswidrigkeit kann mit einer Geldbuße bis zu 5000 Deutsche Mark geahndet werden. Verwaltungsbehörde im Sinne des § 36 Abs. 1 Nr. 1 des Gesetzes über Ordnungswidrigkeiten ist der Verband.

(3) Satzungen bedürfen der aufsichtsbehördlichen Genehmigung, soweit dies gesetzlich vorgeschrieben ist oder einer Satzung rückwirkende Kraft beigelegt werden soll.

(4) Satzungen sind von dem Vorsitzenden der Verbandsversammlung und dem Verbandsdirektor zu unterzeichen. Sie sind im amtlichen Verkündungsblatt des Präsidenten des Verwaltungsbezirks Braunschweig öffentlich bekanntzumachen. Für die Form der öffentlichen Bekanntmachung von Satzungen einschließlich der Ersatzbekanntmachung von Plänen. Karten und sonstigen Anlgen sowie die Form der öffentlichen Auslegung von Satzungen und Satzungsentwürfen gelten die vom Minister des Innern gemäß § 7 Abs. 4 der Niedersächsischen Landkreisordnung erlassenen Vorschriften.

(5) Satzungen treten, wenn kein anderer Zeitpunkt bestimmt ist, mit dem Tage nach der Bekanntmachung in Kraft.

(6) Jedermann hat das Recht, Satzungen einschließlich aller Anlagen und Pläne innerhalb der öffentlichen Sprechzeiten einzusehen und sich gegen Erstattung der dadurch entstehenden Kosten Abschriften geben zu lassen.

2. Abschnitt

Aufgaben des Verbandes

§ 5

Grundsätze

Der Verband hat zur sinnvollen Gestaltung seines Bereichs durch einheitliche Planung die Entwicklung der Verbandsglieder zu fördern. Er soll die Verbandsglieder bei der Erfüllung ihrer Aufgaben im Sinne der Ziele der Raumordnung unterstützen, sie entlasten und im Rahmen seiner Aufgaben auf eine Abstimmung der Interessen hinwirken; § 2 der Niedersächsischen Landkreisordnung bleibt unberührt.

§ 6

Regionales Raumordnungsprogramm

Der Verband ist Träger der Regionalplanung.

§ 7

Weitere Aufgaben des eigenen Wirkungskreises

Der Verband kann neben den Verbandsgliedern Maßnahmen, die für die Entwicklung des Verbandsbereichs bedeutsam sind, in folgenden Sachbereichen durchführen:
a) Erhaltung größerer von der Bebauung freizuhaltender Flächen, vor allem Wälder, Grünflächen, Wasserflächen und Parks,
b) Vorhaltung von Baugelände und Bauaustauschgelände,
c) Ausbau und Unterhaltung bedeutsamer Erholungseinrichtungen,
d) öffentlicher Nahverkehr,
e) Wasser- und Energieversorgung,
f) Abfall- und Abwasserbeseitigung.

§ 8

Übernahme von Aufgaben und Einrichtungen des eigenen Wirkungskreises der Verbandsglieder

(1) Der Verband kann, wenn es die Verbandsziele fördert und die Verbandsglieder diese Aufgaben nicht zweckmäßig oder wirtschaftlich erfüllen können, Aufgaben aller oder einzelner Verbandsglieder auf dem Gebiet
a) des Ausbaues und der Unterhaltung bedeutsamer Erholungseinrichtungen,
b) des öffentlichen Nahverkehrs,
c) der Wasserversorgung,
d) der Abwasserbeseitigung

übernehmen.

(2) Ferner kann der Verband, sofern nicht gesetzliche Bestimmungen entgegenstehen,
a) Aufgaben übernehmen, die ihm von allen Verbandsgliedern, die Vertreter in die Verbandsversammlung entsenden, für den gesamten Verbandsbereich übertragen werden;
b) auf Antrag eines Verbandsgliedes von diesem einzelne Aufgaben übernehmen, wenn dies für die Erfüllung der Verbandsaufgaben förderlich ist; die Übernahme bedarf der Zustimmung aller Verbandsglieder, die Vertreter in die Verbandsversammlung entsenden.

(3) Mit den Aufgaben gehen auch die ihnen diendenden Einrichtungen auf den Verband über. Die Bedingungen der Übernahme werden von den Beteiligten vereinbart oder, wenn eine Vereinbarung nicht zustande kommt, von der Aufsichtsbehörde des Verbandes festgesetzt. Mit der Übernahme der Aufgaben und Einrichtungen hat der Verband insoweit die Rechte und Pflichten des Verbandsgliedes.

§ 9

Aufgaben des übertragenen Wirkungskreises

(1) Dem Verband obliegen

a) die Aufgaben, die durch das Reichsnaturschutzgesetz den unteren Naturschutzbehörden zugewiesen sind,
b) die Aufgaben, die durch das Bodenabbaugesetz den Landespflegebehörden zugewiesen sind,
c) die Aufgaben, die durch das Landeswaldgesetz den Landkreisen und kreisfreien Städten zugewiesen sind, mit Ausnahme der Befugnisse und Aufgaben nach § 21,

sowie die entsprechenden Aufgaben auf Grund von Rechtsvorschriften, die an die Stelle der unter Buchstaben a bis c genannten Vorschriften treten. Für die Bekanntmachung der auf diese Vorschriften gestützten Verordnungen gilt § 4 Abs. 4 entsprechend.

(2) Dem Verband können weitere staatliche Aufgaben durch Verordnung des Landesministeriums zugewiesen werden, soweit dies für die Erfüllung der Verbandsaufgaben förderlich ist.

(3) Der Verband ist zuständig für Maßnahmen nach dem Gesetz über die öffentliche Sicherheit und Ordnung, soweit sie sich auf dem Verband gemäß Absatz 2 zugewiesene staatliche Aufgaben beziehen.

(4) — aufgehoben —

(5) Der Verband stellt die Dienstkräfte und Einrichtungen zur Verfügung, die zur Erfüllung der Aufgaben des übertragenen Wirkungskreises erforderlich sind. Die mit den Aufgaben verbundenen Einnahmen fließen ihm zu.

(6) Der Verband ist zur Geheimhaltung aller Angelegenheiten verpflichtet, deren Geheimhaltung allgemein vorgeschrieben oder im Einzelfall von der dazu befugten staatlichen Behörde angeordnet ist. Verwaltungsvorschriften, die dazu dienen, die Geheimhaltung sicherzustellen, gelten nach näherer Bestimmung des Ministers des Innern auch für den Verband.

§ 10

Zusammenarbeit mit Verbandsgliedern

(1) Der Verband hat die Verbandsglieder bei allen Maßnahmen, die seinen Aufgabenbereich berühren, zu beraten.

(2) Die Verbandsglieder haben den Verband über alle Vorhaben und Maßnahmen in ihrem Gebiet, die die Aufgaben des Verbandes berühren, zu unterrichten, ihm jederzeit Auskunft zu erteilen und Akten und sonstige Unterlagen zur Einsicht zur Verfügung zu stellen.

II. Teil

Innere Verbandsverfassung

1. Abschnitt

Verbandsversammlung

§ 11

Bildung der Verbandsversammlung

(1) Die Verbandsversammlung wird für die Dauer der Wahlperiode der Kreistage gebildet. Sie besteht aus den von den Räten der kreisfreien Städte und den Kreistagen (Vertretungen) bestimmten Mitgliedern. Die Landkreise sollen bei der Bestimmung der Mitglieder auf die Interessen der Zentralen Orte entsprechend ihrer unterschiedlichen Bedeutung besondere Rücksicht nehmen.

(2) Auf jeden Landkreis und jede kreisfreie Stadt entfällt für je 20 000 Einwohner und für eine Resteinwohnerzahl von mehr als 10 000 ein Mitglied. Zugrunde zu legen sind die Einwohnerzahlen, die für die jeweils letzten Gemeinde- und Kreiswahlen maßgebend waren.

(3) Die Vertretung verteilt die von ihr zu bestimmenden Mitglieder der Verbandsversammlung auf die Vorschläge der Fraktionen und Gruppen der Vertretung entsprechend dem Verhältnis der Mitgliederzahl der einzelnen Fraktionen oder Gruppen zur Mitgliederzahl aller Fraktionen und Gruppen. Dabei erhält jede Fraktion oder Gruppe zunächst so viele Sitze, wie sich für sie ganze Zahlen ergeben. Sind danach noch Sitze zu vergeben, so sind sie in der Reihenfolge der höchsten Zahlenbruchteile, die sich bei der Berechnung nach Satz 1 ergeben, auf die Fraktionen und Gruppen zu verteilen. Bei gleichen Zahlenbruchteilen entscheidet das Los, das der Vorsitzende der Vertretung zu ziehen hat.

(4) Erhält bei der Verteilung der Mitglieder der Verbandsversammlung nach Absatz 3 eine Fraktion oder Gruppe, der mehr als die Hälfte aller Mitglieder der Vertretung angehört, nicht mehr als die Hälfte der insgesamt zu vergebenden Sitze, so sind die nach Zahlenbruchteilen zu vergebenden Sitze abweichend von Absatz 3 Satz 3 und 4 zu verteilen. In diesem Fall wird zunächst der in Saz 1 genannten Fraktion oder Gruppe ein weiterer Sitz zugeteilt; für die danach noch zu vergebenden Sitze ist wieder Absatz 3 Satz 3 und 4 anzuwenden.

(5) Die Mitglieder der Verbandsversammlung sind binnen zwei Monaten nach den Gemeinde- und Kreiswahlen dem Verbandsdirektor zu benennen.

(6) Entsprechen die von dem Verbandsglied bestimmten Mitglieder der Verbandsversammlung in ihrer Zusammensetzung nicht mehr dem Verhältnis der Stärke der Fraktionen und Gruppen seiner Vertretung, so kann es eine Neubestimmung vornehmen; einem entsprechenden Antrag aus der Mitte der Vertretung muß entsprochen werden.

§ 12

Mitgliedschaft in der Verbandsversammlung

(1) Auf die Mitglieder der Verbandsversammlung sind die Vorschriften der Niedersächsischen Landkreisordnung über die Wählbarkeit, den Sitzerwerb, den Sitzverlust und das Ruhen der Mitgliedschaft im Kreistag sinngemäß anzuwenden, soweit nicht im folgenden etwas anderes bestimmt ist.

(2) Ist ein Mitglied der Verbandsversammlung zugleich Mitgliled der Vertretung eines Verbandsgliedes, so verliert es seine Mitgliedschaft in der Verbandsversammlung mit dem Verlust seines Sitzes in der Vertretung. Wird die Vertretung eines Verbandsgliedes aufgelöst, so verlieren deren Mitglieder ihre Mitgliedschaft in der Verbandsversammlung.

(3) Scheidet ein Beamter oder Angestellter eines Verbandsgliedes, der durch Bestimmung der Vertretung Mitglied der Verbandsversammlung ist, aus dem Dienstverhältnis zum Verbandsglied aus, so verliert er seine Mitgliedschaft in der Verbandsversammlung.

(4) Freie Sitze sind nach den Regeln des § 11 Abs. 1, 3 und 4 unverzüglich wieder zu besetzen.

§ 13

Rechtsstellung der Mitglieder der Verbandsversammlung

(1) Die Mitglieder der Verbandsversammlung üben ihre Tätigkeit im Rahmen der Gesetze nach ihrer freien, nur durch die Rücksicht auf das Gemeinwohl geleiteten Überzeugung aus. Sie sind an Verpflichtungen, durch welche die Freiheit ihrer Entschließungen beschränkt wird, nicht gebunden.

(2) Die Vorschriften der Niedersächsischen Landkreisordnung über die Amtsverschwiegenheit, das Mitwirkungsverbot, das Vertretungsverbot und die Pflichtenbeleh-

rung sowie über die Verpflichtung der Kreistagsabgeordneten sind auf die Mitglieder der Verbandsversammlung singemäß anzuwenden.

(3) Handelt ein Mitglied der Verbandsversammlung seinen Pflichten vorsätzlich oder grob fahrlässig zuwider, verstößt es insbesondere gegen die Verpflichtungen nach Absatz 2, so hat es dem Verband den daraus entstehenden Schaden zu ersetzen.

(4) Die Mitglieder der Verbandsversammlung haben Anspruch auf Ersatz ihrer Auslagen und ihres Verdienstausfalls; durch Satzung sind diese Ansprüche auf Höchstbeträge zu begrenzen.

(5) Die Mitglieder der Verbandsversammlung können eine angemessene Aufwandsentschädigung erhalten, die ganz oder teilweise als Sitzungsgeld für die Teilnahme an Sitzungen der Verbandsversammlung, ihrer Ausschüsse und der Fraktionen gezahlt werden kann. Die Aufwandsentschädigung tritt neben den Ersatz des Verdienstausfalls; sie umfaßt den Ersatz der notwendigen Auslagen mit Ausnahme der Kosten für Fahrten innerhalb des Verbandsbereichs; durch Satzung können für die Fahrkosten Durchschnittssätze festgesetzt werden.

(6) Der Vorsitzende der Verbandsversammlung und seine Vertreter, die Fraktionsvorsitzenden und die der Verbandsversammlung angehörenden Mitglieder des Verbandsausschusses können neben den Entschädigungen nach den Absätzen 4 und 5 eine angemessene Aufwandsentschädigung erhalten.

(7) Die Höhe der Entschädigungen nach den Absätzen 5 und 6 ist durch Satzung zu regeln.

(8) Die Ansprüche auf die Bezüge nach den Absätze 4 bis 6 sind nicht übertragbar.

§ 13 a

Antragsrecht

Jedes Mitglied der Verbandsversammlung hat das Recht, in der Verbandsversammlung und in den Ausschüssen, denen es angehört, Anträge zu stellen, ohne der Unterstützung durch andere Mitglieder der Verbandsversammlung zu bedürfen.

§ 13 b

Fraktionen und Gruppen

Mindestens zwei Mitglieder der Verbandsversammlung können sich zu einer Fraktion oder zu einer Gruppe zusammenschließen. Nähere Einzelheiten über die Bildung der Fraktionen und Gruppen sowie über ihre Rechte und ihre Pflichten regelt die Geschäftsordnung.

§ 14

Zuständigkeit der Verbandsversammlung

(1) Die Verbandsversammlung beschließt über

1. den Erlaß, die Änderung und die Aufhebung von Satzungen;
2. die Übernahme von Aufgaben und Einrichtungen (§ 8);
3. die Festsetzung öffentlicher Abgaben (Gebühren, Beiträge), Umlagen und allgemeiner privatrechtlicher Entgelte;
4. die Errichtung, Übernahme, wesentliche Erweiterung, Vereinigung und Aufhebung öffentlicher Einrichtungen und wirtschaftlicher Unternehmen sowie die Beteiligung an diesen;
5. den Erlaß der Haushaltssatzung, die Zustimmung zu über- und außerplanmäßigen Ausgaben sowie die Festsetzung des Investitionsprogramms;
6. die Entgegennahme der Jahresrechnung und die Entscheidung über die Entlastung;

7. die Aufstellung von Richtlinien, nach denen die Verwaltung geführt werden soll;
8. die Bestimmung des Dienstsiegels des Verbandes;
9. die Verfügung über Vermögen des Verbandes, insbesondere Schenkungen und Darlehenshingaben, die Veräußerung oder Belastung von Grundstücken und die Veräußerung von Anteilen an einem Unternehmen mit eigener Rechtspersönlichkeit; ausgenommen sind Rechtsgeschäfte, deren Vermögenswert eine von einer Satzung bestimmte Höhe nicht übersteigt;
10. den Abschluß von Pacht- oder Betriebsführungsverträgen über Einrichtungen und wirtschaftliche Unternehmen des Verbandes (Eigenbetriebe und Eigengesellschaften) und wirtschaftliche Unternehmen, an denen der Verband beteiligt ist, sowie die Umwandlung der Rechtsform solcher Unternehmen;
11. die Aufnahme von Krediten, die Übernahme von Bürgschaften, den Abschluß von Gewährverträgen und die Bestellung von Sicherheiten für Dritte sowie wirtschaftlich gleichzuachtende Rechtsgeschäfte; ausgenommen sind Rechtsgeschäfte, deren Vermögenswert eine von einer Satzung bestimmte Höhe nicht übersteigt;
12. die Mitgliedschaft in Zweckverbänden;
13. Verträge des Verbandes mit Mitgliedern der Verbandsversammlung oder mit dem Verbandsdirektor, sofern der Vermögenswert des Vertrages 5000 Deutsche Mark übersteigt;
14. die Verhängung von Geldbußen im Sinne des Gesetzes über Ordnungswidrigkeiten wegen Verletzung der Pflicht zur Amtsverschwiegenheit;
15. Angelegenheiten, für die ihre Zuständigkeit gesetzlich vorgeschrieben ist.

(2) Die Verbandsversammlung beschließt ferner über die Angelegenheiten des Verbandes, bei denen sie sich im Einzelfall die Beschlußfassung vorbehält.

(3) Die Verbandsversammlung kann von dem Verbandsausschuß und von dem Verbandsdirektor Auskünfte über die Führung der Verwaltung verlangen und zu diesem Zweck durch einen von ihr bestimmten Ausschuß oder einzelne von ihr jeweils beauftragte Mitglieder Einsicht in die Akten nehmen; dies gilt nicht, wenn es sich um Angelegenheiten handelt, deren Geheimhaltung allgemein vorgeschrieben oder im Einzelfall von der dazu befugten Staatsbehörde angeordnet ist.

(4) Beschlüsse der Verbandsversammlung, die die Geltendmachung von Ansprüchen gegen Mitglieder der Verbandsversammlung wegen Verletzung ihrer Pflichten sowie die Amtsführung des Verbandsausschusses oder des Verbandsdirektors betreffen, werden von einem oder mehreren Beauftragten ausgeführt, die die Verbandsversammlung aus ihrer Mitte zu bestellen hat.

§ 15

Einberufung der Verbandsversammlung

(1) Die Verbandsversammlung wird von ihrem Vorsitzenden unter Mitteilung der Tagesordnung einberufen; zu ihrer ersten Sitzung ist sie binnen drei Monaten nach den Gemeinde- und Kreiswahlen von ihrem bisherigen Vorsitzenden einzuberufen.

(2) Die Verbandsversammlung tritt mindestens viermal im Jahr zu einer ordentlichen Sitzung zusammen. Der Vorsitzende hat die Verbandsversammlung einzuberufen, wenn es die Geschäftslage erfordert oder wenn ein Fünftel der Mitglieder der Verbandsversammlung, der Verbandsausschuß oder der Verbandsdirektor es unter Angabe der Beratungsgegenstände verlangt.

(3) Der Vorsitzende stellt im Benehmen mit dem Verbandsdirektor die Tagesordnung auf; der Verbandsdirektor kann verlangen, daß ein bestimmter Beratungsgegenstand auf die Tagesordnung gesetzt wird.

(4) Zeit und Ort der Sitzungen sowie die Tagesordnung sind öffentlich bekanntzumachen, sofern die Verbandsversammlung nicht zu einer nichtöffentlichen Sitzung einberufen wird.

§ 16

Wahl und Abberufung des Vorsitzenden

(1) Nach der Verpflichtung der Mitglieder der Verbandsversammlung wählt diese in ihrer ersten Sitzung unter Leitung des ältesten anwesenden, hierzu bereiten Mitglieds aus ihrer Mitte den Vorsitzenden für die Dauer der Wahlperiode. Vorschlagsberechtigt für die Wahl ist nur eine Fraktion oder Gruppe, die Anspruch auf mindestens einen Sitz im Verbandsausschuß hat. Vor der Wahl haben die zur Wahl Vorgeschlagenen zu erklären, ob und gegebenenfalls welcher Fraktion oder Gruppe der Verbandsversammlung sie angehören.

(2) Der Vorsitzende kann abberufen werden, wenn es die Verbandsversammlung mit einer Mehrheit von zwei Dritteln ihrer Mitglieder beschließt. Der Beschluß kann nur gefaßt werden, wenn ein Antrag auf Abberufung auf der in der Einberufung der Verbandsversammlung mitgeteilten Tagesordnung gestanden hat. Die Verbandsversammlung wird in diesem Fall von dem Vertreter des Vorsitzenden einberufen.

(3) Nach Ablauf der Wahlperiode führt der Vorsitzende seine Tätigkeit bis zur Neuwahl des Vorsitzenden fort. Das gleiche gilt bei Auflösung der Verbandsversammlung.

(4) Scheidet der Vorsitzende aus, so nimmt sein Vertreter die Geschäfte bis zur Neuwahl des Vorsitzenden wahr.

§ 17

Verfahren der Verbandsversammlung

(1) Die Vorschriften der Niedersächsischen Landkreisordnung über die Öffentlichkeit der Kreistagssitzungen, die Beschlußfähigkeit, die Abstimmung, die Wahlen, die Ordnung in den Sitzungen und die Niederschrift sind auf das Verfahren der Verbandsversammlung sinngemäß anzuwenden, soweit im folgenden nichts anderes bestimmt ist.

(2) Halten die von einem Verbandsglied entsandten Mitglieder der Verbandsversammlung übereinstimmend das Wohl dieses Verbandsgliedes durch einen Beschluß der Verbandsversammlung für gefährdet, so können sie gegen den Beschluß bis zum Ende der Sitzung Einspruch einlegen; der Einspruch hat aufschiebende Wirkung. Über die Angelegenheit ist von der Verbandsversammlung in der nächsten Sitzung nochmals zu beschließen. Ein gleichlautender neuer Beschluß bedarf der Mehrheit der Mitglieder.

(3) Beschlüsse nach § 14 Abs. 1 Nrn. 2 und 4 bedürfen der Mehrheit der Mitglieder.

(4) Die Verbandsversammlung gibt sich eine Geschäftsordnung; in ihr sind insbesondere das Verfahren, die Ladungsfrist und die Form der Einberufung zu regeln.

§ 18

Ausschüsse

(1) Die Verbandsversammlung kann zur Vorbereitung ihrer Beschlüsse aus ihrer Mitte Ausschüsse bilden.

(2) Die Ausschüsse werden in der Weise gebildet, daß die von der Verbandsversammlung festgelegten Sitze auf die Vorschläge der Fraktionen und Gruppen der Verbandsversammlung entsprechend dem Verhältnis der Mitgliederzahl der einzelnen Fraktionen oder Gruppen zur Mitgliederzahl aller Fraktionen und Gruppen verteilt werden. Dabei erhält jede Fraktion oder Gruppe zunächst so viele Sitze, wie sich für sie ganze Zahlen ergeben. Sind danach noch Sitze zu vergeben, so sind sie in der Reihenfolge der höchsten Zahlenbruchteile, die sich bei der Berechnung nach Satz 1 ergeben, auf die Fraktionen und Gruppen zu verteilen. Bei gleichen Zahlenbruchteilen entscheidet das Los, das der Vorsitzende der Verbandsversammlung zu ziehen hat.

(3) Erhält bei der Verteilung der Sitze nach Absatz 2 eine Fraktion oder Gruppe, der mehr als die Hälfte aller Mitglieder der Verbandsversammlung angehört, nicht mehr als die Hälfte der insgesamt zu vergebenden Sitze, so sind die nach Zahlenbruchteilen zu vergebenden Sitze abweichend von Absatz 2 Satz 3 und 4 zu verteilen. In diesem Fall wird zunächst der in Satz 1 genannten Fraktion oder Gruppe ein weiterer Sitz zugeteilt; für die danach noch zu vergebenden Sitze ist wieder Absatz 2 Satz 3 und 4 anzuwenden.

(4) Fraktionen und Gruppen, auf die bei der Sitzverteilung nach den Absätzen 2 und 3 in einem Ausschuß kein Sitz entfallen ist, sind berechtigt, ein zusätzliches Mitglied mit beratender Stimme in den Ausschuß zu entsenden.

(5) Die sich nach den Absätzen 2 bis 4 ergebende Sitzverteilung und die Ausschußbesetzung stellt die Verbandsversammlung durch Beschluß fest.

(6) Hat die Verbandsversammlung in anderen Fällen mehrere unbesoldete Stellen gleicher Art zu besetzen, so sind die Absätze 2 und 5 entsprechend anzuwenden.

(7) Die Verbandsversammlung kann neben ihren Mitgliedern andere Personen, jedoch nicht Bedienstete des Verbandes, zu Mitgliedern ihrer Ausschüsse berufen; die Absätze 2, 5 und 12 sind entsprechend anzuwenden. Mindestens zwei Drittel der Ausschußmitglieder sollen Mitglieder der Verbandsversammlung sein. Die nicht der Verbandsversammlung angehörenden Ausschußmitglieder werden von dem Vorsitzenden des Ausschusses zur gewissenhaften Erfüllung ihrer Aufgaben förmlich verpflichtet; sie haben kein Stimmrecht. Im übrigen findet auf sie § 13 Anwendung, jedoch mit der Maßgabe, daß eine Aufwandsentschädigung nur als Sitzungsgeld gezahlt werden kann.

(8) Die Ausschußvorsitze werden den Fraktionen und Gruppen in der Reihenfolge der Höchstzahlen zugeteilt, die sich durch Teilung der Mitgliederzahlen der Fraktionen und Gruppen durch 1, 2, 3 usw. ergeben. Bei gleichen Höchstzahlen entscheidet das Los, das der Vorsitzende der Verbandsversammlung zu ziehen hat. Die Fraktionen und Gruppen benennen die Ausschüsse, deren Vorsitz sie beanspruchen, in der Reihenfolge der Höchstzahlen und bestimmen die Vorsitzenden aus der Mitte der den Ausschüssen angehörenden Mitglieder der Verbandsversammlung.

(9) Für die Sitzungen der Ausschüsse gilt § 41 Abs. 1 der Niedersächsischen Landkreisordnung entsprechend. Jedes Mitglied der Verbandsversammlung ist berechtigt, an allen Sitzungen der Ausschüsse als Zuhörer teilzunehmen.

(10) Ausschüsse können jederzeit von der Verbandsversammlung aufgelöst oder unter Beachtung der Absätze 2 bis 5 und 12 ganz oder teilweise neu besetzt werden. Die Neubesetzung hat zu erfolgen, wenn die Zusammensetzung eines Ausschusses nicht mehr dem Verhältnis der Stärke der Fraktionen und Gruppen der Verbandsversammlung entspricht und ein Antrag auf Neubesetzung gestellt wird; für die Besetzung der in Absatz 6 genannten Stellen gilt das entsprechend. Das Verfahren der Ausschüsse und ihre Zusammenarbeit mit der Verbandsversammlung und dem Verbandsausschuß sind in der von der Verbandsversammlung zu erlassenden Geschäftsordnung zu regeln. Soweit keine Regelung getroffen wird, gelten die Vorschriften für das Verfahren der Verbandsversammlung sinngemäß.

(11) Die Ausschüsse werden vom Verbandsdirektor im Einvernehmen mit dem Ausschußvorsitzenden einberufen, sooft es die Geschäftslage erfordert.Der Verbandsdirektor hat den Ausschuß einzuberufen, wenn es ein Drittel der Ausschußmitglieder unter Angabe des Beratungsgegenstandes verlangt. Der Verbandsdirektor stellt im Benehmen mit dem Ausschußvorsitzenden die Tagesordnung auf; der Ausschußvorsitzende kann verlangen, daß ein bestimmter Beratungsgegenstand auf die Tagesordnung gesetzt wird.

(12) Die Verbandsversammlung kann einstimmig ein von den Regelungen der Absätze 2 bis 4, 6 und 8 abweichendes Verfahren beschließen.

§ 19

Auflösung der Verbandsversammlung

(1) Ist mehr als die Hälfte der Sitze unbesetzt, so ist die Verbandsversammlung aufgelöst. Die Aufsichtsbehörde stellt die Auflösung fest.

(2) Das Landesministerium kann die Verbandsversammlung auflösen, wenn sie dauernd beschlußunfähig ist, obwohl mehr als die Hälfte der Sitze besetzt ist, oder wenn eine ordnungsgemäße Erledigung der Verbandsaufgaben auf andere Weise nicht gesichert werden kann.

(3) Ist die Verbandsversammlung aufgelöst, so ist sie binnen zwei Monaten gemäß § 11 für die Zeit bis zum Ende der Wahlperiode der Kreistage neu zu bilden.

2. Abschnitt

Verbandsausschuß

§ 20

Zusammensetzung und Bildung des Verbandsausschusses

(1) Der Verbandsausschuß besteht aus dem Vorsitzenden, zwölf weiteren stimmberechtigten Mitgliedern der Verbandsversammlung, den Mitgliedern nach § 18 Abs. 4, dem Verbandsdirektor und den Beigeordneten sowie den Hauptverwaltungsbeamten der Verbandsglieder, die Vertreter in die Verbandsversammlung entsenden. Den Vorsitz führt der Vorsitzende der Verbandsversammlung. Der Verbandsdirektor, die Beigeordneten und die Hauptverwaltungsbeamten haben im Verbandsausschuß beratende Stimme.

(2) Die weiteren Mitglieder des Verbandsausschusses werden in der ersten Sitzung der Verbandsversammlung aus ihrer Mitte für die Dauer ihres Bestehens in entsprechender Anwendung des § 18 Abs. 2 bis 5 und 12 bestimmt. Bei der Ermittlung der Zahl der Sitze, die auf die einzelnen Fraktionen und Gruppen entfallen, ist der Vorsitzende der Verbandsversammlung der Fraktion oder Gruppe anzurechnen, der er angehört; gehört er keiner Fraktion oder Gruppe an, so ist er der Fraktion oder Gruppe anzurechnen, die ihn zum Vorsitzenden vorgeschlagen hat.

(3) Für jedes der Verbandsversammlung angehörende Mitglied des Verbandsausschusses ist ein Vertreter zu bestimmen; die Fraktionen oder Gruppen können bestimmen, daß sich Vertreter untereinander vertreten; ist eine Fraktion oder Gruppe nur durch ein Mitglied im Verbandsausschuß vertreten, so kann von ihr ein zweiter Vertreter bestimmt werden. § 13 a sowie § 18 Abs. 10 Abs. 10 Satz 2 gelten entsprechend.

(4) Die Hauptverwaltungsbeamten der in Absatz 1 genannten Verbandsglieder werden bei Verhinderung durch ihre allgemeinen Vertreter im Verbandsausschuß vertreten.

(5) Die Mitglieder des Verbandsausschusses dürfen nicht bis zum zweiten Grad verwandt oder im ersten Grad verschwägert oder durch Adoption oder Ehe verbunden sein. Entsteht ein solches Verhältnis im Laufe der Amtszeit, so beruft die Verbandsversammlung einen der Beteiligten ab, für diesen ist ein Ersatzmann zu bestimmen.

(6) Die Verbandsversammlung wählt aus den stimmberechtigten Mitgliedern des Verbandsausschusses bis zu zwei Vertreter des Vorsitzenden; diese vertreten den Vorsitzenden auch als Vorsitzenden des Verbandsausschusses.

(7) Nach Ablauf der Wahlperiode führt der Verbandsausschuß seine Tätigkeit bis zur ersten Sitzung des neugebildeten Verbandsausschusses fort. Das gleiche gilt bei Auflösung der Verbandsversammlung.

§ 21

Weitere Vorschriften über den Verbandsausschuß und seine Mitglieder

(1) Die Vorschriften der Niedersächsischen Landkreisordnung über die Zuständigkeit des Kreisausschusses, sonstige Rechte des Kreisausschusses und die Sitzungen des Kreisausschusses sind auf den Verbandsausschuß und seine Mitglieder sinngemäß anzuwenden, soweit im folgenden nichts anderes bestimmt ist.

(2) Hält der Verbandsausschuß das Wohl des Verbandes durch einen Beschluß der Verbandsversammlung für gefährdet, so kann er gegen den Beschluß innerhalb einer Woche Einspruch einlegen. Der Einspruch hat aufschiebende Wirkung. Über die Angelegenheit ist in einer neuen Sitzung der Verbandsversammlung, die frühestens drei Tage nach der ersten stattfinden darf, nochmals zu beschließen.

(3) Ein Viertel der Mitglieder des Verbandsausschusses kann die Einberufung einer Sitzung verlangen.

3. Abschnitt

Verbandsdirektor

§ 22

Wahl und Vertretung

(1) Der Verbandsdirektor wird von der Verbandsversammlung für eine Amtszeit von zwölf Jahren gewählt; die erstmalige Wahl eines Bewerbers ist auch für eine Amtszeit von sechs Jahren zulässig. Er ist in das Beamtenverhältnis auf Zeit zu berufen. Die Verbandsversammlung kann beschließen, daß der Verbandsdirektor vor Beginn der Amtszeit zur Ableistung einer Probezeit für längstens ein Jahr zum Beamten auf Probe zu ernennen ist. Die Wahl darf nicht früher als ein Jahr vor Ablauf der Amtszeit des Stelleninhabers erfolgen. Die Stelle ist öffentlich auszuschreiben; die Verbandsversammlung kann jedoch mit der Mehrheit ihrer Mitglieder beschließen, von der Ausschreibung abzusehen, wenn sie beabsichtigt, den bisherigen Stelleninhaber oder seinen allgemeinen Vertreter zu wählen. Die Aufsichtsbehörde kann zulassen, daß von der Ausschreibung auch in sonstigen Fällen abgesehen wird oder daß die Wahl für eine kürzere Amtszeit erfolgt.

(2) Außer dem Verbandsdirektor können höchstens zwei leitende Beamte in das Beamtenverhältnis auf Zeit berufen werden; sie führen die Bezeichung Beigeordneter. Absatz 1 gilt sinngemäß.

(3) Die Beamten auf Zeit sollen das 30. Lebensjahr vollendet haben und müssen für ihre Ämter persönlich und fachlich geeignet sein. Einer der Beamten auf Zeit muß die durch Prüfung erworbene Befähigung zum höheren Verwaltungsdienst oder zum Richteramt besitzen, ein anderer die Befähigung zum höheren Landesplanungsdienst oder die Befähigung zum höheren technischen Verwaltungsdienst der Fachrichtungen Hochbau und Städtebau, Landespflege oder Bauingenieurwesen besitzen.

(4) Die Beamten auf Zeit sind verpflichtet, ihr Amt für eine weitere Amtszeit zu übernehmen, wenn sie spätestens sechs Monate vor Ablauf der vorangehenden Amtszeit wiedergewählt werden und bei Ablauf der Amtszeit das 60. Lebensjahr noch nicht vollendet haben.

(5) Die Verbandsversammlung beauftragt einen der Beigeordneten mit der allgemeinen Vertretung des Verbandsdirektors.

(6) Ist das Amt des Verbandsdirektors unbesetzt, so nimmt sein allgemeiner Vertreter die Geschäfte des Verbandsdirektors wahr. Die Wahl eines neuen Verbandsdirektors muß innerhalb von sechs Monaten nach dem Ausscheiden des Stelleninhabers stattfinden.

§ 23

Zuständigkeit des Verbandsdirektors

(1) Der Verbandsdirektor hat

1. die Beschlüsse des Verbandsausschusses vorzubereiten; dabei soll er in Angelegenheiten des eigenen Wirkungskreises die Ausschüsse der Verbandsversammlung beteiligen.
2. die Beschlüsse der Verbandsversammlung und des Verbandsausschusses auszuführen und die ihm vom Verbandsausschuß im Rahmen seiner Befugnisse übertragenen Aufgaben zu erfüllen,
3. Aufgaben, die der Geheimhaltung unterliegen (§ 9 Abs. 6), zu erfüllen,
4. die Weisungen der Aufsichtsbehörden auszuführen, soweit dabei kein Ermessensspielraum gegeben ist,
5. die Geschäfte der laufenden Verwaltung zu führen.

(2) Der Verbandsdirektor ist Leiter der Verbandsverwaltung; er regelt die Geschäftsverteilung im Rahmen der Gesetze und der Richtlinien der Verbandsversammlung. Er ist Dienststellenleiter im Sinne der Geheimhaltungsvorschriften und wird im Sinne dieser Vorschriften durch die Aufsichtsbehörde ermächtigt.

(3) Der Verbandsdirektor hat die Verbandsversammlung und den Verbandsausschuß über wichtige Angelegenheiten zu unterrichten. Er hat auch der Aufsichtsbehörde über Vorgänge zu berichten, die für sie von Bedeutung sind; zu diesem Zweck kann er sich bei den staatlichen Sonderbehörden der unteren Verwaltungsstufe, deren Geschäftsbereich sich auf den Verbandsbereich erstreckt, in geeigneter Weise unterrichten.

(4) Über wichtige Angelegenheiten, die der Geheimhaltung unterliegen (§ 9 Abs. 6 Satz 1), ist nur der Vorsitzende der Verbandsversammlung zu unterrichten. Seine Unterrichtung ist jedoch nur zulässig, wenn er zuvor unter Beachtung der dafür geltenden Bestimmungen (§ 9 Abs. 6 Satz 2) von der Aufsichtsbehörde auf die Geheimhaltung förmlich verpflichtet ist; die Verpflichtung ist aktenkundig zu machen.

§ 24

Rechts- und Verwaltungsgeschäfte

(1) Nach außen vertritt der Verbandsdirektor den Verband in Rechts- und Verwaltungsgeschäften sowie im gerichtlichen Verfahren.

(2) Erklärungen, durch die der Verband verpflichtet werden soll, kann der Verbandsdirektor nur gemeinsam mit dem Vorsitzenden der Verbandsversammlung abgeben. Sie sind, sofern sie nicht gerichtlich oder notariell beurkundet werden, nur rechtsverbindlich, wenn sie handschriftlich unterzeichnet und mit dem Dienstsiegel versehen sind.

(3) Wird für ein Geschäft oder für einen Kreis von Geschäften ein Bevollmächtigter bestellt, so gelten für die Bevollmächtigung die Vorschriften für Verpflichtungserklärungen entsprechend. Die im Rahmen dieser Vollmachten abgegebenen Erklärungen bedürfen, sofern sie nicht gerichtlich oder notariell beurkundet werden, der Schriftform.

(4) Die Absätze 2 und 3 gelten nicht für Geschäfte der laufenden Verwaltung.

(5) In Angelegenheiten, die den Verbandsdirektor persönlich betreffen, wird der Verband durch den Vorsitzenden der Verbandsversammlung vertreten.

§ 25

Teilnahme an Sitzungen

(1) Der Verbandsdirektor nimmt an den Sitzungen der Verbandsversammlung teil; die anderen Beamten auf Zeit können daran teilnehmen. Der Verbandsdirektor und

die anderen Beamten auf Zeit sind verpflichtet, der Verbandsversammlung auf Verlangen Auskunft zu erteilen; sie sind auf ihr Verlangen zum Gegenstand der Verhandlung zu hören. Satz 2 gilt auch für die Sitzungen des Verbandsausschusses; er gilt nicht für Angelegenheiten, die der Geheimhaltung unterliegen (§ 9 Abs. 6 Satz 1).

(2) Für die Sitzungen der Ausschüsse der Verbandsversammlung gilt Absatz 1 entsprechend. Der Verbandsdirektor kann sich durch einen von ihm bestimmten Beamten oder Angestellten vertreten lassen. Er hat persönlich teilzunehmen, wenn es ein Drittel der Ausschußmitglieder verlangt. Unter den gleichen Voraussetzungen sind die anderen Beamten auf Zeit zur Teilnahme verpflichtet.

(3) Für die Teilnahme von Beamten und Angestellten an den Sitzungen der Verbandsversammlung, des Verbandsausschusses und der Ausschüsse der Verbandsversammlung gilt § 21 der Niedersächsischen Landkreisordnung entsprechend.

§ 26

Einspruchspflicht

(1) Hält der Verbandsdirektor einen Beschluß der Verbandsversammlung für gesetzwidrig, so hat er dagegen Einspruch einzulegen; der Einspruch hat aufschiebende Wirkung. Über die Angelegenheit ist von der Verbandsversammlung in einer Sitzung, die frühestens drei Tage nach der ersten Beschlußfassung stattfinden darf, nochmals zu beschließen. Hält der Verbandsdirektor auch den neuen Beschluß für gesetzwidrig, so hat er erneut Einspruch einzulegen; der Einspruch hat aufschiebende Wirkung. Der Vorsitzende der Verbandsversammlung und der Verbandsdirektor berichten unverzüglich gemeinsam der Aufsichtsbehörde über den Sachverhalt und den beiderseitigen Standpunkt. Die Aufsichtsbehörde entscheidet.

(2) Absatz 1 gilt entsprechend für gesetzwidrige Beschlüsse des Verbandsausschusses. Die Verbandsversammlung ist bei ihrer nächsten Sitzung zu unterrichten.

(3) Unterläßt der Verbandsdirektor den Einspruch vorsätzlich oder grob fahrlässig, so hat er dem Verband den daraus entstehenden Schaden zu ersetzen. Der Ersatzanspruch wird von der Aufsichtsbehörde namens des Verbandes geltend gemacht.

§ 27

Eilentscheidungen

In dringenden Fällen, in denen die vorherige Entscheidung der Verbandsversammlung oder des Verbandsausschusses nicht eingeholt werden kann, ordnet der Verbandsdirektor im Einvernehmen mit dem Vorsitzenden der Verbandsversammlung die notwendigen Maßnahmen an. Er hat die Verbandversammlung oder den Verbandsausschuß unverzüglich hiervon zu unterrichten. § 14 Abs. 1 bleibt unberührt.

4. Abschnitt

Verbandsbedienstete

§ 28

Verbandsbedienstete

Die Vorschriften der Niedersächsischen Landkreisordnung über die Rechtsverhältnisse der Kreisbediensteten gelten sinngemäß für die Bediensteten des Verbandes.

III. Teil
Verbandswirtschaft

§ 29
Gebühren und Beiträge

Die Erhebung der Gebühren und Beiträge richtet sich nach den für Landkreise geltenden Bestimmungen.

§ 30
Verbandsumlage

(1) Der Verband erhebt, soweit die sonstigen Einnahmen seinen Finanzbedarf nicht decken, von den Verbandsgliedern, die Vertreter in die Verbandsversammlung entsenden, eine Umlage (Verbandsumlage).

(2) Die Verbandsumlage wird bemessen je zur Hälfte nach der Einwohnerzahl der umlagepflichtigen Verbandsglieder und einem einheitlichen Hundertsatz
a) der Summe der Steuerkraftzahlen und Schlüsselzuweisungen bei kreisfreien Städten,
b) der Umlagegrundlagen für die Kreisumlage bei Landkreisen.

Soweit das Gebiet eines Verbandsgliedes außerhalb des Verbandsbereichs liegt, sind die Einwohnerzahl und die Umlagegrundlagen für die Kreisumlage nicht zu berücksichtigen.

(3) Die Verbandsumlage ist in der Haushaltssatzung für jedes Haushaltsjahr (Umlagejahr) neu festzusetzen. Der Umlagesatz kann im Laufe des Umlagejahres einmal geändert werden. Die Nachtragshaushaltssatzung über die Änderung des Umlagesatzes muß vor dem 15. August beschlossen und die Änderung den Umlagepflichtigen unverzüglich mitgeteilt werden. Die Änderung der Umlagesätze wirkt auf den Beginn des Umlagejahres zurück.

(4) Der Umlagebeschluß bedarf der Genehmigung der Aufsichtsbehörde.

§ 31
Zuweisungen des Landes

(1) Der Verband erhält zur Erfüllung der ihm übertragenen staatlichen Aufgaben (§ 9), soweit sie außerhalb des Verbandsbereichs von staatlichen Behörden oder anderen Körperschaften als Gemeinden und Landkreisen erfüllt werden, einen jährlichen Zuschuß, dessen Höhe im Landeshaushaltsplan festgesetzt wird (laufende Zuweisung). Dieser Betrag ändert sich im jeweiligen Haushaltsjahr um den Hundertsatz, der sich aus dem Vergleich des Ist-Aufkommens des Steuerverbundes (§ 1 des Gesetzes über den Finanzausgleich) des vergangenen zu dem des vorvergangenen Haushaltsjahres ergibt.

(2) Daneben können dem Verband zum Ausgleich einer außergewöhnlichen Belastung oder für besondere Aufgaben Beihilfen aus Landesmitteln gewährt werden. Über die Bewilligung solcher Bedarfsbeihilfen entscheidet der Minister des Innern.

§ 32
Rechtsanwendung

Soweit dieses Gesetz nichts Abweichendes bestimmt, sind einschließlich des § 80 der Niedersächsischen Landkreisordnung die für die Landkreise geltenden Rechtsvorschriften über
1. die Haushaltswirtschaft,

2. das Sondervermögen und Treuhandvermögen,
3. die wirtschaftliche Betätigung,
4. das Prüfungswesen,
5. die Zwangsvollstreckung, den Konkurs und das gerichtliche Vergleichsverfahren auf den Verband sinngemäß anzuwenden. Der Minister des Innern bestimmt die zuständige Prüfungsbehörde.

IV. Teil
Aufsicht

§ 33
Aufsichtsbehörden

(1) Die Kommunalaufsicht über den Verband führen der Präsident des Verwaltungsbezirks Braunschweig als Kommunalaufsichtsbehörde und der Minister des Innern als obere und oberste Kommunalaufsichtsbehörde. Der Minister des Innern kann für bestimmte Fälle oder für bestimmte Arten von Fällen Aufsichtsbefugnisse auf die Kommunalaufsichtsbehörde übertragen.

(2) Die Aufgaben der Fachaufsicht werden durch die zuständigen Behörden ausgeübt.

§ 34
Ausübung der Aufsicht

Für die Ausübung der Aufsicht gelten die Bestimmungen der Niedersächsischen Landkreisordnung sinngemäß.

§ 35
Genehmigungen

(1) Satzungen, Beschlüsse und andere Maßnahmen des Verbandes, die der Genehmigung bedürfen, werden erst mit der Genehmigung wirksam. Gegen die Versagung der Genehmigung kann der Verband unmittelbar die verwaltungsgerichtliche Klage erheben.

(2) Absatz 1 gilt auch für die Geschäfte des bürgerlichen Rechtsverkehrs, die der Genehmigung der Aufsichtsbehörde bedürfen. Fordert der andere Teil den Verband zur Mitteilung über die Genehmigung auf, so ist er, falls er nicht binnen drei Monaten eine solche Mitteilung erhält, zum Rücktritt berechtigt. Das gleiche gilt, wenn die Aufsichtsbehörde die Genehmigung versagt hat und die Versagung noch nicht unanfechtbar ist.

(3) Rechtsgeschäfte, die gegen die Verbote des § 92 Abs. 7 und des § 116 der Niedersächsischen Gemeindeordnung verstoßen, sind nichtig.

(4) Der Minister des Innern kann durch Verordnung Maßnahmen des Verbandes, die der Genehmigung bedürfen, von der Genehmigung allgemein oder unter bestimmten Voraussetzungen freistellen oder statt dessen die vorherige Anzeige an die Aufsichtsbehörde vorschreiben.

V. Teil

Anwendung der Niedersächsischen Landkreisordnung

§ 36

Rechtsanwendungsschlüssel

Soweit in diesem Gesetz die sinngemäße Anwendung der Niedersächsischen Landkreisordnung vorgeschrieben ist, entsprechen
a) der Verband dem Landkreis,
b) die Verbandsversammlung dem Kreistag,
c) der Vorsitzende der Verbandsversammlung dem Landrat,
d) die Mitglieder der Verbandsversammlung den Kreistagsabgeordneten,
e) der Verbandsausschuß dem Kreisausschuß,
f) die Mitglieder des Verbandsausschusses den Kreisausschußmitgliedern,
g) der Verbandsdirektor dem Oberkreisdirektor,
h) der Verbandsbereich dem Kreisgebiet,
i) die Verbandsbediensteten den Kreisbediensteten.

§ 36 a

Ehrenamtliche Tätigkeit

Auf die ehrenamtliche Tätigkeit für den Verband finden die §§ 18 bis 25 der Niedersächsischen Landkreisordnung sinngemäß Anwendung.

VI. Teil

Übergangs- und Schlußvorschriften

§ 37

Fortgeltung planungsrechtlicher Regelungen

(1) Die Raumordnungsprogramme für die Bezirke gelten, soweit sie den Verbandsbereich betreffen, bis zum Wirksamwerden eines neu aufzustellenden Regionalen Raumordnungsprogramms fort. Der Verband hat das Regionale Raumordnungsprogramm bis zum 1. Oktober 1977 aufzustellen.

(2) Die Aufgaben nach den §§ 14 bis 16 des Niedersächsischen Gesetzes über Raumordnung und Landesplanung werden bis zum Inkrafttreten des vom Verband aufzustellenden Regionalen Raumordnungsprogramms von den höheren Landesplanungsbehörden wahrgenommen.

§ 38

Bildung der ersten Verbandsversammlung

(1) Die erste Verbandsversammlung ist für die Zeit bis zum Ablauf der beim Inkrafttreten dieses Gesetzes laufenden Wahlperiode der Kreistage zu bilden. Ihre Mitglieder sind binnen einem Monat nach dem Inkrafttreten dieses Gesetzes zu bestimmen. Sie sind unverzüglich dem Oberstadtdirektor der Stadt Braunschweig zu benennen.

(2) Die erste Verbandsversammlung wird von dem Oberstadtdirektor der Stadt Braunschweig binnen zwei Monaten nach dem Inkrafttreten dieses Gesetzes unter Mitteilung der Tagesordnung einberufen. Die Tagesordnung ist im Einvernehmen mit der Aufsichtsbehörde aufzustellen.

(3) Den Vorsitz in der ersten Verbandsversammlung führt bis zur Wahl des Vorsitzenden das älteste anwesende, hierzu bereite Mitglied.

(4) Bis zum Erlaß einer Geschäftsordnung gilt die Geschäftsordnung der Stadt Braunschweig sinngemäß.

§ 39

Vorläufige Geschäftsführung

(1) Der Oberstadtdirektor der Stadt Braunschweig führt die Geschäfte des Verbandsausschusses vom Inkrafttreten dieses Gesetzes bis zur ersten Sitzung des Verbandsausschusses.

(2) Der Oberstadtdirektor der Stadt Braunschweig führt die Geschäfte des Verbandsdirektors bis zum Amtsantritt des gewählten Verbandsdirektors.

§ 40

Inkrafttreten

Dieses Gesetz tritt am 1. November 1973 in Kraft.[1])

4.

Niedersächsisches Gesetz über Raumordnung und Landesplanung (NROG)

in der Fassung vom 2. Januar 1978 (GVBl. S. 1)

Inhaltsübersicht

I. Teil

Raumordnung und Landesplanung

II. Teil

Organisation der Landesplanung

III. Teil

Sicherung der Raumordnung

---

[1]) Die Vorschrift betrifft das Inkrafttreten des Gesetzes in der ursprünglichen Fassung vom 16. 10. 1973 (Nieders. GVBl. S. 363). Der Zeitpunkt des Inkrafttretens der späteren Änderungen ergibt sich aus den in der vorangestellten Bekanntmachung näher bezeichneten Gesetzen.

I. Teil
Raumordnung und Landesplanung

§ 1
Raumordnung

Die Raumordnung soll die Entwicklung des Landes und seiner Teile unter Beachtung der natürlichen Gegebenheiten und unter Berücksichtigung der sozialen, kulturellen und wirtschaftlichen Erfordernisse in einer Weise fördern, die der Gesamtheit und dem einzelnen am besten dient.

§ 2
Landesplanung

(1) Die Landesplanung dient der Vorbereitung und Sicherung von Raumordnungsentscheidungen. Sie erarbeitet vorausschauende, zusammenfassende Planungen und stimmt alle raumbedeutsamen Planungen und Maßnahmen aufeinander ab (koordinierende Vorsorge).

(2) Die Landesplanung hat die Entwicklung des Landes entsprechend dem Landes-Raumordnungsprogramm zu beeinflussen. Bei der Abstimmung von Planungen hat sie die Entwicklungsmöglichkeiten der einzelnen Räume sowie die Interessen der verschiedenen Bevölkerungsgruppen gegeneinander abzuwägen und miteinander in Einklang zu bringen. Dabei ist für eine sparsame Verwendung von Grund und Boden sowie für den Schutz der Landschaft Sorge zu tragen.

§ 3
Raumordnungsprogramme

(1) Die Grundsätze und Ziele der Raumordnung werden in Raumordnungsprogrammen in beschreibender und zeichnerischer Darstellung festgelegt.

(2) Die Raumordnungsprogramme sind bei Bedarf zu ändern oder zu ergänzen.

(3) Die Raumordnungsprogramme können bei den Landesplanungsbehörden, für deren Bereich sie gelten, von jedermann eingesehen werden.

§ 4
Landes-Raumordnungsprogramm

(1) Im Landes-Raumordnungsprogramm ist die angestrebte räumliche und strukturelle Entwicklung in den Grundzügen darzulegen. Es besteht aus zwei Teilen.

(2) In Teil I des Landes-Raumordnungsprogramms werden festgelegt:

a) die Grundsätze der Raumordnung, aus denen die Ziele der Raumordnung zu entwickeln sind,
b) die Räume, in denen Schwerpunkte für die vorrangige Sicherung und Entwicklung von Arbeits- und Wohnstätten zu bestimmen sind.

c) Zentrale Orte (Standorte zentraler Einrichtungen zur Verbesserung der Daseinsvorsorge), soweit sie von übergeordneter Bedeutung sind.

(3) In Teil II des Landes-Raumordnungsprogramms sind als Ziele der Raumordnung insbesondere festzulegen:

a) Schwerpunkte für die vorrangige Sicherung und Entwicklung von Arbeits- und Wohnstätten,
b) Zentrale Orte von übergeordneter Bedeutung, soweit diese in Teil I nicht abschließend bestimmt sind,
c) großräumige Erholungsgebiete,
d) raumbeanspruchende und raumbeeinflussende Fachplanungen der einzelnen Fachbehörden, der Gemeinden und Landkreise sowie der sonstigen Körperschaften, Anstalten und Stiftungen des öffentlichen Rechts, die der Aufsicht des Landes unterstehen, soweit diese Planungen für die Entwicklung des Landes oder von Teilräumen des Landes von Bedeutung sind.

§ 5

Aufstellung des Landes-Raumordnungsprogramms

(1) Das Landes-Raumordnungsprogramm (Teil I und Teil II) wird von der obersten Landesplanungsbehörde entworfen.

(2) Die oberste Landesplanungsbehörde leitet das Aufstellungsverfahren ein, indem sie ihre allgemeinen Planungsabsichten im Niedersächsischen Ministerialblatt bekanntmacht.

(3) An der Erarbeitung des Landes-Raumordnungsprogramms sollen öffentliche Planungsträger, soweit sie von den Planungen berührt werden, sowie Körperschaften, Verbände und Vereinigungen beteiligt werden, deren Aufgabenbereich für die Landesentwicklung von Bedeutung ist. Die Träger der Regionalplanung und die kommunalen Spitzenverbände Niedersachsens sind dadurch zu beteiligen, daß ihnen der Entwurf des Landes-Raumordnungsprogramms zur Stellungnahme zugeleitet wird; Anregungen und Bedenken sind mit ihnen zu erörtern.

(4) Teil I des Landes-Raumordnungsprogramms wird durch Gesetz festgestellt.

(5) Teil II des Landes-Raumordnungsprogramms wird vom Landesministerium durch Beschluß festgestellt. Vor dem Beschluß ist dem Landtag Gelegenheit zur Stellungnahme zu geben. Teil II des Landes-Raumordnungsprogramms wird mit der Bekanntmachung im Niedersächsischen Ministerialblatt wirksam.

(6) Für Änderungen und Ergänzungen des Landes-Raumordnungsprogramms gelten die Vorschriften über die Aufstellung des Programms entsprechend.

§ 6

Regionale Raumordnungsprogramme

(1) In Regionalen Raumordnungsprogrammen sind die Ziele der Raumordnung für Teile des Landes näher festzulegen.

(2) Die Regionalen Raumordnungsprogramme sind aus dem Landes-Raumordnungsprogramm zu entwickeln. Sie sollen insbesondere, soweit nicht schon im Landes-Raumordnungsprogramm bestimmt, festlegen:

a) die Entwicklungsaufgaben der Gemeinden,
b) die Zentralen Orte,
c) die Bereiche für die Sicherung und Entwicklung von Arbeits- und Wohnstätten,
d) Erholungsgebiete,
e) raumbeanspruchende und raumbeeinflussende Fachplanungen der einzelnen Fachbehörden, der Gemeinden und Landkreise sowie der sonstigen Körperschaften, Anstalten und Stiftungen des öffentlichen Rechts, die der Aufsicht des Landes

unterstehen, soweit diese Planungen für die Entwicklung des Planungsraumes von Bedeutung sind.

(3) Die Regionalen Raumordnungsprogramme sind untereinander abzustimmen. Sie sind Änderungen und Ergänzungen des Landes-Raumordnungsprogramms anzupassen.

§ 7

Träger der Regionalplanung

Träger der Regionalplanung sind die Landkreise und kreisfreien Städte für ihr Gebiet, soweit nicht durch Gesetz eine andere kommunale Körperschaft zum Träger der Regionalplanung bestimmt ist. Die Träger der Regionalplanung nehmen die Aufgabe der Regionalplanung als Angelegenheit des eigenen Wirkungskreises wahr.

§ 8

Aufstellung der Regionalen Raumordnungsprogramme

(1) Der Träger der Regionalplanung hat für seinen Bereich ein Regionales Raumordnungsprogramm zu entwerfen; für die kreisfreien Städte ersetzt der Flächennutzungsplan das Regionale Raumordnungsprogramm.

(2) Der Träger der Regionalplanung leitet das Aufstellungsverfahren ein, indem er seine allgemeinen Planungsabsichten öffentlich bekanntmacht.

(3) An der Erarbeitung des Regionalen Raumordnungsprogramms sollen öffentliche Planungsträger, soweit sie von den Planungen berührt werden, sowie Körperschaften, Verbände und Vereinigungen beteiligt werden, deren Aufgabenbereich für die Landesentwicklung von Bedeutung ist. Die Gemeinden und Landkreise, soweit diese nicht selbst Träger der Regionalplanung sind, sind dadurch zu beteiligen, daß ihnen der Entwurf des Regionalen Raumordnungsprogramms zur Stellungnahme zugeleitet wird; Anregungen und Bedenken sind mit ihnen zu erörtern.

(4) Das Regionale Raumordnungsprogramm ist vom Träger der Regionalplanung durch Satzung festzustellen; es bedarf der Genehmigung der Aufsichtsbehörde, die die Rechtmäßigkeit und die Vereinbarkeit mit den Zielen der Raumordnung überprüft. Sie kann räumliche oder sachliche Teile des Regionalen Raumordnungsprogramms vorweg genehmigen.

(5) Das Regionale Raumordnungsprogramm ist im amtlichen Verkündungsblatt der Bezirksregierung bekanntzumachen; es wird mit der Bekanntmachung wirksam. Es tritt mit der neuen Feststellung eines Regionalen Raumordnungsprogramms außer Kraft, spätestens jedoch fünf Jahre nach seinem Wirksamwerden.

(6) Für Änderungen und Ergänzungen des Regionalen Raumordnungsprogramms gelten die Vorschriften über die Aufstellung des Programms entsprechend.

(7) Für die kreisfreien Städte als Träger der Regionalplanung finden die Absätze 2 bis 6 keine Anwendung.

(8) Der für Raumordnung und Landesplanung zuständige Minister wird ermächtigt, durch Verordnung das Verfahren zur Aufstellung und Abstimmung der Regionalen Raumordnungsprogramme sowie der Art der beschreibenden und zeichnerischen Darstellung, insbesondere die zu verwendenden Begriffe, Maßstäbe und Planzeichen, zu bestimmen.

§ 9

Bindungswirkung der Raumordnungsprogramme

Die Behörden des Landes, die Gemeinden und Landkreise sowie die der Aufsicht des Landes unterstehenden sonstigen Körperschaften, Anstalten und Stiftungen des öffentlichen Rechts haben ihre raumbeanspruchenden und raumbeeinflussenden Planungen und Maßnahmen den Zielen der Raumordnung anzupassen; ihre Zuständigkeiten bleiben unberührt.

§ 10

Raumordnungsbericht

Die Landesregierung erstattet in einem Abstand von zwei Jahren, erstmalig zum 1. April 1968, dem Landtag Bericht über

1. die räumliche Entwicklung im Lande (Bestandsaufnahme, Entwicklungstendenzen),
2. die im Rahmen der angestrebten Entwicklung durchgeführten und geplanten Maßnahmen,
3. die Abstimmung von Raumordnungsmaßnahmen und die gemeinsame Landesplanungsarbeit mit Nachbarländern.

II. Teil

Organisation der Landesplanung

§ 11

Landesplanungsbehörden

(1) Oberste Landesplanungsbehörde ist der für Raumordnung und Landesplanung zuständige Minister, obere Landesplanungsbehörden sind die Bezirksregierungen. Die Landkreise und kreisfreien Städte nehmen die Aufgaben der unteren Landesplanungsbehörden wahr.

(2) Die Landkreise und kreisfreien Städte werden bei der Erfüllung der ihnen nach diesem Gesetz zugewiesenen Aufgaben im übertragenen Wirkungskreise (§ 4 NLO, § 5 NGO) tätig; § 7 Satz 2 bleibt unberührt. Die Verwaltungskosten werden im Rahmen des Finanzausgleichs gedeckt.

(3) Ist eine andere kommunale Körperschaft zum Träger der Regionalplanung bestimmt, so nimmt sie für ihren Bereich die Aufgaben der unteren Landesplanungsbehörde wahr; Absatz 2 gilt entsprechend.

III. Teil

Sicherung der Raumordnung

§ 12

Raumordnungskataster

(1) Die obere Landesplanungsbehörde führt ein Raumordnungskataster; es soll alle raumbeanspruchenden und raumbeeinflussenden Planungen und Maßnahmen enthalten, die für die Entscheidungen der Landesplanungsbehörden von Bedeutung sind. Die unteren Landesplanungsbehörden wirken bei der Führung des Raumordnungskatasters mit.

(2) Wie das Raumordnungskataster einzurichten und zu führen ist, bestimmt die oberste Landesplanungsbehörde.

§ 13

Mitteilungs- und Auskunftspflicht

(1) Die Behörden des Landes, die Gemeinden und Landkreise sowie der Aufsicht des Landes unterstehende sonstige Köperschaften, Anstalten und Stiftungen des öffentlichen Rechts sind verpflichtet, den Landesplanungsbehörden die raumbeanspruchenden oder raumbeeinflussenden Planungen, Maßnahmen und Einzelvorhaben aus ihrem Zuständigkeitsbereich mitzuteilen.

(2) Der obersten Landesplanungsbehörde ist auf Verlangen über Planungen und Vorhaben, die für die Raumordnung Bedeutung haben können, Auskunft zu erteilen.

§ 14

Raumordnungsverfahren

(1) Die unteren Landesplanungsbehörden können ein Raumordnungsverfahren durchführen, um raumbeanspruchende oder raumbeeinflussende Planungen oder Maßnahmen von überörtlicher Auswirkung aufeinander abzustimmen und festzustellen, ob sie mit den Grundsätzen und Zielen der Raumordnung vereinbar sind. Berührt ein Vorhaben in seiner Auswirkung den Bereich mehrerer unterer Landesplanungsbehörden, so ist die gemeinsame obere Landesplanungsbehörde zuständig; sie kann die Durchführung einzelner Verfahrensabschnitte einer unteren Landesplanungsbehörde übertragen. Wird der Bereich mehrerer oberer Landesplanungsbehörden berührt, so bestimmt die oberste Landesplanungsbehörde die für das Verfahren zuständige Behörde. Die oberste Landesplanungsbehörde kann in besonderen Fällen ein Raumordnungsverfahren an sich ziehen.

(2) Im Raumordnungsverfahren sind alle von den raumbedeutsamen Planungen und Maßnahmen berührten Behörden und Planungsträger zu beteiligen. Die Landesplanungsbehörden können nach Bedarf Sachverständige hinzuziehen.

§ 15

Untersagung raumordnungswidriger Planungen und Maßnahmen

(1) Ist ein Verfahren zur Aufstellung, Änderung oder Ergänzung von Zielen der Raumordnung und Landesplanung eingeleitet worden, so gilt § 7 des Raumordnungsgesetzes vom 8. April 1965 (Bundesgesetzbl. I S. 306). In dem dort gezogenen Rahmen können die Landesplanungsbehörden raumbeanspruchende oder raumbeeinflussende Planungen und Maßnahmen untersagen. Solche Planungen und Maßnahmen können auch dann untersagt werden, wenn zu befürchten ist, daß dadurch die Einhaltung geltender Raumordnungsprogramme unmöglich gemacht oder wesentlich erschwert wird.

(2) Die Untersagung ist für eine bestimmte Zeit auszusprechen. Sie kann wiederholt werden. Die Gesamtdauer darf zwei Jahre nicht überschreiten. Die Untersagung ist ganz oder teilweise aufzuheben, soweit ihre Voraussetzungen weggefallen sind.

(3) Während der Dauer der Untersagung ist die Durchführung der beanstandeten Planung oder Maßnahme auszusetzen. Das gleiche gilt für Entscheidungen über das Vorhaben.

(4) Muß der Träger der untersagten Planung oder Maßnahme auf Grund der Untersagung einen Dritten entschädigen, so hat das Land ihm die hierdurch entstehenden notwendigen Aufwendungen zu erstatten. Die Erstattung ist ausgeschlossen, wenn die Untersagung durch den Planungsträger zu vertreten ist oder aus anderen Rechtsgründen Entschädigungsansprüche bestehen. Dient die Untersagung in erster Linie dem Interesse eines bestimmten Begünstigten, so kann das Land vorweg verlangen, daß der Begünstigte die sich für das Land ergebenden Entschädigungsverpflichtungen übernimmt.

§ 16

Landesplanerisches Rahmenprogramm

(1) Die untere Landesplanungsbehörde hat dem Träger der Bauleitplanung die Ziele der Raumordnung und Landesplanung im Sinne des § 1 Abs. 4 des Bundesbaugesetzes in Form eines Landesplanerischen Rahmenprogramms bekanntzugeben; dabei sind die in Raumordnungsprogrammen festgelegten Ziele, insbesondere die anzustrebende Entwicklung der Gemeinde, näher darzulegen.

(2) Der Träger der Bauleitplanung hat vor Aufstellung oder Änderung des Flächennutzungsplanes unter Angabe der allgemeinen Planungsabsichten die Bekanntgabe des Landesplanerischen Rahmenprogramms zu beantragen. Das Landesplanerische Rahmenprogramm ist von Amts wegen bekanntzugeben, wenn dies zur Sicherung der Ziele der Raumordnung erforderlich ist. Der Träger der Bauleitplanung kann verlangen, daß zur Erarbeitung des Landesplanerischen Rahmenprogramms ein Raumordnungsverfahren durchgeführt wird.

(3) Ist nach § 2 Abs. 2 des Bundesbaugesetzes die Aufstellung eines Flächennutzungsplanes nicht erforderlich, so gilt Absatz 2 für die Aufstellung und Änderung des Bebauungsplanes entsprechend.

(4) Für die kreisfreien Städte als Träger der Regionalplanung finden die Absätze 1 bis 3 keine Anwendung.

§ 17

Anpassungspflicht der Gemeinden

Die obere Landesplanungsbehörde kann verlangen, daß die Träger der Bauleitplanung ihre Bebauungspläne den Zielen der Raumordnung anpassen.

§ 18

Entschädigung

(1) Werden rechtsverbindliche Bebauungspläne infolge Anpassung an die Ziele der Raumordnung auf Verlangen nach § 17 aufgehoben oder geändert, so hat das Land die Gemeinde von der Entschädigungspflicht nach den §§ 39 j, 44 und 44 a des Bundesbaugesetzes freizustellen, soweit der Betrag fünfhundert Deutsche Mark übersteigt und im Falle des § 44 a Abs. 1 Satz 3 des Bundesbaugesetzes die Gemeinde Ersatz nicht erlangt.

(2) Dient die Aufhebung oder Änderung überwiegend dem Interesse eines bestimmten Begünstigten, so kann das Land vorweg verlangen, daß der Begünstigte die sich aus Absatz 1 für das Land ergebenden Entschädigungsverpflichtungen übernimmt.

IV. Teil

Übergangs- und Schlußbestimmungen

§ 19

Nichtanwendung von Vorschriften

Das Gesetz über die Regelung des Landbedarfs der öffentlichen Hand vom 29. März 1935 (Nieders. GVBl. Sb.II S. 417) ist nicht mehr anzuwenden.

§ 20

Weitergeltung und Änderung von Raumordnungsprogrammen

(1) Das auf Grund früherer Vorschriften aufgestellte Landes-Raumordnungsprogramm gilt fort,

a) soweit es Festlegungen im Sinne des § 4 Abs. 2 enthält, bis zum Inkrafttreten des in § 5 Abs. 4 vorgesehenen Gesetzes,
b) soweit es Festlegungen im Sinne des § 4 Abs. 3 enthält, bis zur Bekanntmachung des Teiles II des Landes-Raumordnungsprogramms.

Bis zu diesem Zeitpunkt kann es erforderlichenfalls vom Landesministerium durch Beschluß geändert oder ergänzt werden. Vor dem Beschluß ist dem Landtag Gelegenheit zur Stellungnahme zu geben.

(2) Abweichend von § 8 Abs. 5 Satz 2 gelten die Raumordnungsprogramme für die Bezirke fort, solange und soweit sie nicht durch ein Regionales Raumordnungsprogramm einer kommunalen Körperschaft ersetzt werden.

§ 21

Aufgabenübergang

Die Aufgaben gemäß §§ 14 bis 16 werden bis zum Inkrafttreten des vom Träger der Regionalplanung aufzustellenden Regionalen Raumordnungsprogramms von der oberen Landesplanungsbehörde wahrgenommen.

§ 22

Dieses Gesetz tritt am 1. April 1966 in Kraft*)

Nordrhein-Westfalen

Übersicht

1. Gesetz über die Gesamtplanung im Rheinischen Braunkohlengebiet vom 25. 4. 1950 (GV-NW S. 71).**)
2. Gesetz zur Landesentwicklung (Landesentwicklungsprogramm) vom 19. 3. 1974 (GV-NW S. 96).
3. Verordnung über das Verfahren zur Bildung und Einberufung der ersten Bezirksplanungsräte vom 13. 1. 1976 (GVBl. S. 6)**)
4. Landesplanungsgesetz i. d. F. vom 28. 11. 1979 (GV-NW S. 878).
5. Verordnung über das Verfahren zur Bildung und Einberufung der Bezirksplanungsräte und des Braunkohlenausschusses (1. DVO zum Landesplanungsgesetz) v. 5. 2. 1980 (GV NW S. 146).

---

*) Diese Vorschrift betrifft das Inkrafttreten des Gesetzes in der ursprünglichen Fassung vom 30. März 1966 (Nieders. GVBl. S. 69). Der Zeitpunkt des Inkrafttretens der späteren Änderungen ergibt sich aus den in der Bekanntmachung vom 24. Januar 1974 (Nieders. GVBl. S. 49) und in der vorangestellten Bekanntmachung näher bezeichneten Gesetzen.

**) Vom Abdruck wurde abgesehen.

6. Verordnung über die Abgrenzung des Kreises der Beteiligten und das Verfahren der Beteiligung bei der Erarbeitung der Gebietsentwicklungspläne und der Braunkohlenpläne (2. DVO zum Landesplanungsgesetz) v. 5. 2. 1980 (GV-NW S. 147).
7. Verordnung über Form und Inhalt des Planungsinhalts der Landesentwicklungspläne der Gebietsentwicklungspläne und der Braunkohlenpläne (3. DVO zum Landesplanungsgesetz) v. 5. 2. 1980 (GV-NW S. 149).
8. Verordnung über die Entschädigung der Mitglieder der Bezirksplanungsräte und des Braunkohlenausschusses (5.[4.] DVO zum Landesplanungsgesetz v. 5. 2. 1980 (GV-NW S. 150).
9. Geschäftsordnung für den Landesplanungsbeirat vom 9. Juli 1964 (MBl. S. 1113) i. d. F. vom 15. September 1967 (MBl. S. 1697).*)

2.

Gesetz zur Landesentwicklung (Landesentwicklungsprogramm)

Vom 19. März 1974

(GV-NW S. 96)

Der Landtag hat das folgende Gesetz beschlossen, das hiermit verkündet wird:

Abschnitt I

Grundsätze der Raumordnung und Landesplanung

§ 1

Die räumliche Struktur des Landes ist unter Beachtung der natürlichen Gegebenheiten, der Erfordernisse des Umweltschutzes sowie der infrastrukturellen, wirtschaftlichen, sozialen und kulturellen Erfordernisse so zu entwickeln, daß sie der freien Entfaltung der Persönlichkeit in der Gemeinschaft am besten dient.

§ 2

Die natürlichen Lebensgrundlagen (Luft, Wasser, Boden, Pflanzen-, und Tierwelt) sind zu schützen. Die nachhaltige Leistungsfähigkeit und das Gleichgewicht des Naturhaushalts sollen erhalten bleiben oder wiederhergestellt werden. Bei allen Planungen und Maßnahmen ist eine wesentliche Beeinträchtigung der Lebensverhältnisse oder eine Gefährdung der langfristigen Sicherung der Lebensgrundlagen der Bevölkerung zu verhindern.

§ 3

Die angestrebte räumliche Struktur des Landes soll sich in die Raumordnung des Bundesgebietes einfügen und die europäische Zusammenarbeit entsprechend der verkehrsgünstigen Lage, der Bedeutung der Bevölkerungskonzentration und der zunehmenden wirtschaftlichen Verflechtungen Nordrhein-Westfalens insbesondere im nordwesteuropäischen Raum fördern.

§ 4

Alle Teile des Landes sollen im Rahmen der für das Land angestrebten räumlichen Struktur bestmöglich entwickelt werden. In allen Teilen des Landes sollen dementsprechend Voraussetzungen für gleichwertige Lebensbedingungen geschaffen werden.

§ 5

Bei der räumlichen Abgrenzung von Bereichen der öffentlichen Verwaltung, vor allem der staatlichen und kommunalen Verwaltungseinheiten, sowie von Gerichtsbezirken ist die angestrebte Entwicklung der räumlichen Struktur insbesondere hinsichtlich zentralörtlicher, wirtschaftlicher und verkehrlicher Verflechtungen zu berücksichtigen.

§ 6

Unbeschadet der Planungshoheit der Gemeinden ist die Entwicklung der Siedlungsstruktur auf Gemeinden mit zentralörtlicher Bedeutung und innerhalb dieser Gemeinden auf solche Standorte auszurichten, die sich für ein räumlich gebündeltes Angebot von öffentlichen und privaten Einrichtungen der Versorgung, der Bildung und Kultur, der sozialen und medizinischen Betreuung, der Freizeitgestaltung sowie der Verwaltung eignen (Siedlungsschwerpunkte). Dabei ist zu berücksichtigen, daß diese Einrichtungen für die Bevölkerung in angemessener Zeit erreichbar sein sollen.

§ 7

Im Rahmen der zentralörtlichen Gliederung soll eine Verdichtung durch Konzentration von Wohnungen und Arbeitsstätten in Verbindung mit zentralörtlichen Einrichtungen angestrebt werden, sofern sie dazu beiträgt, die Voraussetzungen für gesunde Lebens- und Arbeitsbedingungen, ausgewogene infrastrukturelle, wirtschaftliche, soziale und kulturelle Verhältnisse sowie eine bedarfsgerechte Versorgung der Bevölkerung zu erhalten, zu verbessern oder zu schaffen. Eine solche Konzentration ist unter Berücksichtigung der Verkehrsbedingungen vorrangig in den Siedlungsschwerpunkten zu fördern.

§ 8

Die räumliche Struktur von Verdichtungsgebieten, die die Bedingungen des § 7 erfüllt, soll gesichert und weiterentwickelt werden. In Verdichtungsgebieten, deren räumliche Struktur diese Bedingungen nicht erfüllt, sollen geeignete Maßnahmen zur Strukturverbesserung ergriffen werden.

§ 9

Außerhalb von Verdichtungsgebieten soll eine Verdichtung durch Konzentration gemäß § 7 bevorzugt in den Gemeinden mit zentralörtlicher Bedeutung gefördert werden, die dafür aufgrund der Tragfähigkeit ihrer Versorgungsbereiche und ihrer sonstigen Standortbedingungen als Entwicklungsschwerpunkte in Betracht kommen.

§ 10

Im Rahmen der angestrebten Siedlungsstruktur sollen die Standortvoraussetzungen für eine möglichst ausgewogene und das wirtschaftliche Wachstum fördernde Entwicklung der Erwerbsgrundlagen erhalten, verbessert oder geschaffen werden.

§ 11

Die Ausstattung eines Gebietes mit Verkehrsanlagen und Versorgungseinrichtungen einschließlich der Freihaltung hierfür erforderlichen Flächen und die Bedienung mit Verkehrs- und Versorgungsleistungen sind auf die für dieses Gebiet angestrebte Entwicklung auszurichten und miteinander in Einklang zu bringen.

§ 12

Die Verkehrsplanung soll die Nutzung der günstigen großräumigen Lage des Landes weiter fördern. Dabei ist unter Berücksichtigung der wechselseitigen Abhängigkeit zwischen den einzelnen Verkehrsmitteln ein Zusammenwirken aller Verkehrsträger anzustreben.

§ 13

Die für den regionalen, überregionalen und großräumigen Leistungsaustausch bedeutsamen Verkehrswege sind so zu planen, daß sie als Grundelemente von Entwicklungsachsen alle Teile des Landes unter Berücksichtigung der die Landesgrenzen überschreitenden Verflechtungen bedarfsgerecht verbinden.

§ 14

Es ist anzustreben, daß die Erfordernisse der zivilen und militärischen Verteidigung mit der angestrebten räumlichen Struktur des Landes in Einklang gebracht werden. In Verdichtungsgebieten sollen möglichst nur Anlagen der zivilen und militärischen Verteidigung mit geringem Raumbedarf untergebracht werden.

§ 15

Es ist darauf hinzuwirken, daß die Bevölkerung vor unzumutbaren Auswirkungen von Einrichtungen und Maßnahmen insbesondere der Wirtschaft, des Verkehrs und der Versorgung geschützt wird.

§ 16

Für die Freizeit- und Erholungsbedürfnisse der Bevölkerung sollen in allen Teilen des Landes geeignete Räume gesichert, ausgestaltet und günstig an das Verkehrsnetz angebunden werden.

§ 17

Landwirtschaftliche und forstwirtschaftliche Flächen sollen unter Berücksichtigung der gesamtwirtschaftlichen und siedlungsstrukturellen Erfordernisse möglichst erhalten bleiben. Ihre Nutzung soll auch dazu beitragen, die natürlichen Lebensgrundlagen zu schützen und die Kulturlandschaft zu erhalten und zu gestalten.

§ 18

Werden durch raumbedeutsame Planungen und Maßnahmen Flächen betroffen, unter denen sich nutzbare Lagerstätten befinden, so sind unter Berücksichtigung der Standortgebundenheit der Mineralgewinnung die wirtschaftlichen, sozialen und kulturellen Erfordernisse untereinander sowie insbesondere mit den Erfordernissen des Städtebaus, des Verkehrs, der Wasserwirtschaft, der Landschaftsentwicklung, der Erholung und des Umweltschutzes abzuwägen.

Abschnitt II

Allgemeine Ziele der Raumordnung und Landesplanung für die räumliche Struktur des Landes

§ 19

Siedlungsräumliche Grundstruktur

(1) Bei der Entwicklung der räumlichen Struktur des Landes ist von der unterschiedlichen Art und Dichte der Besiedlung und den sich daraus ergebenden Planungsaufgaben auszugehen. Danach ist das Landesgebiet in Ballungskerne und Ballungsrandzonen (Verdichtungsgebiete) sowie in Ländliche Zonen einzuteilen, in denen aufgrund unterschiedlicher bevölkerungs-, siedlungs-, und wirtschaftsstruktureller Voraussetzungen und Entwicklungstendenzen unterschiedliche Planungsaufgaben im Vordergrund stehen.

(2) Bei der Abgrenzung dieser drei Zonen sind folgende Merkmale zugrunde zu legen:

a) Ballungskerne sind Verdichtungsgebiete, deren durchschnittliche Bevölkerungsdichte 2000 Einwohner je qkm übersteigt oder in absehbarer Zeit übersteigen wird und deren Flächengröße mindestens 50 qkm beträgt.
Ballungsrandzonen sind an Ballungskerne angrenzende Verdichtungsgebiete, die eine durchschnittliche Bevölkerungsdichte von 1000 bis 2000 Einwohnern je qkm aufweisen oder in absehbarer Zeit aufweisen werden.
Ländliche Zonen sind Gebiete mit aufgelockerter Siedlungsstruktur, die eine durchschnittliche Bevölkerungsdichte von weniger als 1000 Einwohner je qkm aufweisen.

b) Als zusätzliches Merkmal kann die Arbeitsplatzdichte (Beschäftigte in nicht landwirtschaftlichen Arbeitsstätten je qkm) zugrunde gelegt werden.

(3) Zur Verwirklichung der Grundsätze der Raumordnung und Landesplanung gemäß Abschnitt I sind in den einzelnen Zonen insbesondere folgende Ziele anzustreben:

a) In den Ballungskernen sind vorrangig die Voraussetzungen für die Erhaltung und Verbesserung ihrer Leistungsfähigkeit als Bevölkerungs-, Wirtschafts- und Dienstleistungszentren zu schaffen. Dabei sollen im einzelnen insbesondere die nachstehenden Ziele verfolgt werden:
Verbesserung der Umweltbedingungen durch Beseitigung gegenseitiger Störungen von Industrie- und Wohnbebauung, städtebauliche Sanierung und Verbesserung der Verkehrsverhältnisse,
Förderung der städtebaulichen Entwicklung, insbesondere durch den Ausbau von Siedlungsschwerpunkten (§ 24 Abs. 1) an Haltepunkten leistungsfähiger Linien des öffentlichen Personennahverkehrs auf der Grundlage besonderer Standortprogramme,
Sicherung des Flächenbedarfs für Grün-, Freizeit- und Erholungsanlagen, Verkehrsanlagen, Anlagen des Nachrichtenwesens und der Verteidigung sowie andere öffentliche Einrichtungen,
Berücksichtigung des Flächenbedarfs für die Erweiterung, Umsiedlung und Ansiedlung standortgebundener oder strukturverbessernder Betriebe und Einrichtungen.

b) In den Ballungsrandzonen sind vorrangig die Voraussetzungen für eine geordnete Entwicklung der Siedlungsstruktur unter Berücksichtigung der Entlastungs- und Ergänzungsaufgaben gegenüber den jeweils angrenzenden Ballungskernen zu schaffen. Dabei sollen im einzelnen insbesondere die nachstehenden Ziele verfolgt werden:

Förderung der städtebaulichen Entwicklung, insbesondere durch den Ausbau von Siedllungsschwerpunkten (§ 24 Abs. 1) an Haltepunkten leistungsfähiger Linien des öffentlichen Personennahverkehrs auf der Grundlage besonderer Standortprogramme,
städtebauliche Neuordnung sanierungsbedürftiger Siedlungsbereiche in Ausrichtung auf die anzustrebende Siedlungsstruktur,
Berücksichtigung des Flächenbedarfs für die Erweiterung und Ansiedlung strukturverbessernder gewerblicher Betriebe,
Freihaltung, Erschließung und Ausgestaltung geeigneter Gebiete für Tages- und Wochenenderholung.

c) In den Ländlichen Zonen sind vorrangig die Voraussetzungen für eine wachstumsorientierte und koordinierte Förderung ihrer Entwicklung zu schaffen, wobei alle Gemeinden durch eine entsprechende Grundausstattung funktionsgerecht zu fördern sind. Dabei sollen im einzelnen insbesondere die nachstehenden Ziele verfolgt werden:
Ausrichtung der Siedlungsstruktur in den Gemeinden auf Siedlungsschwerpunkte (§ 24 Abs. 1),
aufgaben- und bedarfsgerechter Ausbau der Gemeinden mit zentralörtlicher Bedeutung entsprechend der Tragfähigkeit ihrer Versorgungsbereiche,
Förderung einer ausgewogenen Konzentration von Wohnungen und Arbeitsstätten insbesondere in Entwicklungsschwerpunkten,
Verbesserung der Verkehrserschließung und -bedienung in Ausrichtung auf die zentralörtliche Gliederung,
Berücksichtigung des Flächenbedarfs für die Erweiterung und Ansiedlung strukturverbessernder gewerblicher Betriebe vor allem in Entwicklungsschwerpunkten, wobei in Gebieten mit besonderer Bedeutung für Freiraumfunktionen die Einschränkungen, die sich aus der Erfüllung dieser Funktionen ergeben, besonders zu beachten sind,
Abgrenzung, Sicherung und Erschließung von Gebieten mit besonderer Bedeutung für Freiraumfunktionen,
Verbesserung der Produktions- und Betriebsstruktur der Landwirtschaft und Forstwirtschaft unter Berücksichtigung ihrer Wohlfahrtswirkungen, insbesondere durch Flurbereinigung und wasserwirtschaftliche Maßnahmen,
Entwicklung des Fremdenverkehrs vor allem in Gebieten mit besonderer Bedeutung für die Erholung.

§ 20

Zentralörtliche Gliederung

(1) Für die Entwicklung der Siedlungsstruktur ist die zentralörtliche Gliederung für das gesamte Landesgebiet als System sich funktional ergänzender zentralörtlicher Stufen zugrunde zu legen. Dadurch sollen im Interesse der bestmöglichen Versorgung der Bevölkerung in allen Teilen des Landes die Voraussetzungen für eine Bündelung öffentlicher Mittel zum weiteren Ausbau der Infrastruktur entsprechend der angestrebten zentralörtlichen Gliederung geschaffen werden.

(2) Bei der zentralörtlichen Gliederung ist von einer Stufung in Oberzentren, Mittelzentren und Unterzentren auszugehen. Dabei sind als Versorgungsbereiche dieser Zentren zu unterscheiden:
Nahbereiche um jedes Zentrum zur Deckung der Grundversorgung,
Mittelbereiche um jedes Mittel- und Oberzentrum zur Deckung des gehobenen Bedarfs,
Oberbereiche um jedes Oberzentrum zur Deckung des spezialisierten, höheren Bedarfs.

(3) Diese Stufenfolge der zentralörtlichen Gliederung kann entsprechend der unterschiedlichen Siedlungsstruktur und der Verkehrserschließung der Ländlichen Zonen, der Ballungsrandzonen und der Ballungskerne weiter differenziert werden.

§ 21

Entwicklungsschwerpunkte und Entwicklungsachsen

(1) Ausgehend von der zentralörtlichen Gliederung ist die Gesamtentwicklung des Landes auf ein System von Entwicklungsschwerpunkten und Entwicklungsachsen auszurichten.

(2) Als Entwicklungsschwerpunkte sind alle Räume in Betracht zu ziehen, in denen die Standortvoraussetzungen für eine bevorzugte Förderung der Konzentration von Wohnungen und Arbeitsstätten in Verbindung mit zentralörtlichen Einrichtungen gegeben sind. Der zentralörtlichen Gliederung des Landes entsprechend ist dabei von der Tragfähigkeit von Versorgungsbereichen mit mindestens 20 000 Einwohnern auszugehen. Es sind jedoch auch solche Räume zu berücksichtigen, die nach ihrer Entwicklungstendenz, Ausbaufähigkeit und besonderen Lagegunst im Zuge von Entwicklungsachsen die Voraussetzungen dafür bieten, diese Tragfähigkeit durch gezielte Förderung in absehbarer Zeit zu erreichen.

(3) Die unterschiedliche Standortgunst der Entwicklungsschwerpunkte ist durch eine mit der zentralörtlichen Gliederung abgestimmte Stufenbildung kenntlich zu machen, soweit dies als Grundlage des sachlichen Rahmens ihrer Förderungswürdigkeit erforderlich ist.

(4) Die Entwicklungsachsen stellen das Grundgefüge der räumlichen Verflechtungen dar, nach dem sich Art, Leistungsfähigkeit und räumliche Bündelung der Verkehrswege und Versorgungsleitungen richten sollen. Durch die Entwicklungsachsen ist in den Grundzügen aufzuzeigen, wie die Entwicklungsschwerpunkte auch unter Berücksichtigung der die Landesgrenzen überschreitenden Verflechtungen bedarfsgerecht miteinander zu verbinden sind und wie bestmögliche Voraussetzungen für den durch räumlich-funktionale Arbeitsteilung bedingten regionalen und überregionalen Lestungsaustausch gewährleistet werden können.

(5) Die unterschiedliche funktionale Bedeutung der Entwicklungsachsen ist durch eine Stufenbildung kenntlich zu machen, die der Stufenbildung der Entwicklungsschwerpunkte entspricht. Als Merkmal für die Bestimmung der Mindestausstattung der Entwicklungsachsen sind die Straßen und Schienenwege zugrunde zu legen, die für den regionalen, überregionalen und großräumigen Leistungsaustausch bedeutsam sind.

§ 22

Gebiete mit besonderer Bedeutung für Freiraumfunktionen

(1) Im Rahmen der räumlich funktionalen Arbeitsteilung innerhalb des Landes sind Gebiete mit besonderer Bedeutung für Freiraumfunktionen festzulegen. Dabei sind insbesondere in Betracht zu ziehen:

a) Grundwasserreservegebiete, Gebiete mit besonderer Grundwassergefährdung aufgrund ihrer geologischen Struktur, Einzugsgebiete für die Speicherung von Oberflächenwasser, Uferzonen für die Wassergewinnung, vor schädlichen Einflüssen zu schützende Talauen von Flüssen, soweit deren wasserwirtschaftliche Nutzung dies erfordert,
b) Waldgebiete,
c) Naturparke und für die Ferienerholung geeignete Gebiete; regional bedeutsame Gebiete und Erholungs- und Freizeitanlagen für die Tages- und Wochenenderholung.

(2) In Gebieten mit besonderer Bedeutung für Freiraumfunktionen sind die Voraussetzungen für eine die Erfüllung dieser Funktionen gewährleistende Gesamtentwicklung zu schaffen.

§ 23

Bevölkerungsentwicklung

Im Rahmen der angestrebten Gesamtentwicklung des Landes ist bis zum Jahre 1985 von einer im wesentlichen unveränderten Einwohnerzahl auszugehen.

Abschnitt III

Allgemeine Ziele der Raumordnung und Landesplanung für Sachbereiche

§ 24

Städtebau und Wohnungswesen

(1) Die Gemeinden richten ihre Siedlungsstruktur auf Siedlungsschwerpunkte (§ 6) entsprechend der angestrebten Entwicklung der räumlichen Struktur des Landes (§§ 19 bis 22) aus.

(2) Bei der Abgrenzung der Siedlungsbereiche in den Gebietsentwicklungsplänen ist in Ausrichtung auf das System der Entwicklungsschwerpunkte und Entwicklungsachsen ein ausgewogenes Verhältnis zwischen Wohnsiedlungsbereichen, Gewerbe- und Industrieansiedlungsbereichen und Freizonen sicherzustellen.

(3) Es ist darauf hinzuwirken, daß in den Verdichtungsgebieten und den Entwicklungsschwerpunkten außerhalb der Verdichtungsgebiete ein ihrer jeweiligen Aufgabenstellung entsprechendes Maß baulicher Nutzung möglich ist. Das gilt vor allem für Siedlungsschwerpunkte, die an Haltepunkten leistungsfähiger Linien des öffentlichen Personennahverkehrs liegen.

(4) Bandartige bauliche Entwicklungen entlang von Verkehrswegen außerhalb von Siedlungsbereichen sind zu vermeiden. Streusiedlungen sind zu verhindern. Flächen für Campingplätze, Wochenendhäuser, Ferienheime und Ferienwohnungen sollen vorrangig vorhandenen Ortslagen oder geeigneten Freizeit- und Erholungsschwerpunkten zugeordnet werden.

(5) Sondergebiete für Einkaufszentren und Verbrauchermärkte sollen nur dort ausgewiesen werden, wo diese Einrichtungen nach Umfang und Zweckbestimmung der angestrebten zentralörtlichen Gliederung und der in diesem Rahmen zu sichernden Versorgung der Bevölkerung entsprechen und wenn sie an städtebaulich integrierten Standorten vorgesehen sind.

(6) Bildungs- und Kultureinrichtungen sollen ihrer jeweiligen Aufgabenstellung entsprechend an städtebaulich integrierten Standorten vorgesehen werden.

(7) Bei der Standortplanung für gewerbliche und andere Anlagen, deren Betrieb mit erheblichen Emissionen verbunden ist, sind zur Vermeidung oder Verminderung von Immissionen ausreichende Abstände oder geeignete Schutzvorkehrungen zwischen diesen Anlagen und Wohnsiedlungsbereichen vorzusehen. Entsprechendes gilt für die Planung von Wohnsiedlungsbereichen zur Vermeidung oder Verminderung von Immissionen durch vorhandene insbesondere standortgebundene gewerbliche oder andere Anlagen, von denen erhebliche Emissionen ausgehen. Satz 1 und Satz 2 gelten sinngemäß auch für die Zuordnung von Verkehrswegen und Wohnsiedlungsbereichen zueinander.

(8) Der Wohnungsbau ist im Rahmen der angestrebten Siedlungsstruktur mit dem Ziel zu fördern, eine den unterschiedlichen Wohnbedürfnissen der Bevölkerung entsprechende Versorgung mit Wohnraum sicherzustellen.

(9) Eine städtebauliche Erneuerung ist vorrangig dort anzustreben, wo schwerwiegende wohnungs- und städtebauliche Mißstände bestehen oder wo die Funktionsfähigkeit von Siedlungsschwerpunkten in Verdichtungsgebieten, von Entwicklungsschwerpunkten und anderen Gemeinden mit zentralörtlicher Bedeutung außerhalb der Verdichtungsgebiete erheblich behindert wird.

(10) Bedeutsame Kultur- und Naturdenkmale sowie geschichtlich und städtebaulich wertvolle Ortsbilder sind möglichst zu erhalten und zu schützen.

§ 25

Gewerbliche Wirtschaft

(1) Die gewerbliche Wirtschaft ist in ihrer regionalen und sektoralen Struktur so zu fördern, daß die Wirtschaftskraft des Landes durch Erhöhung der Produktivität und durch Erweiterung der wachstumsstarken Bereiche der Wirtschaft gefestigt wird, die Erwerbsgrundlagen und die Versorgung der Bevölkerung gesichert werden sowie ein angemessenes und ausgewogenes Wirtschaftswachstum erreicht wird.

(2) Im Rahmen der regionalen Wirtschaftsförderung des Landes soll die Errichtung, Erweiterung und Umstellung oder die grundlegende Rationalisierung von Gewerbebetrieben insbesondere in solchen Gebieten gefördert werden, deren Wirtschaftskraft erheblich unter dem Landesdurchschnitt liegt oder erheblich darunter abzusinken droht oder in denen Wirtschaftszweige vorherrschen, die vom Strukturwandel in einer Weise betroffen oder bedroht sind, daß negative Rückwirkungen auf das Gebiet in erheblichem Umfang eingetreten oder absehbar sind. Dabei ist ein möglichst vielseitiges Angebot an Arbeitsplätzen anzustreben. Soweit es sich hierbei um Gebiete mit besonderer Bedeutung für Freiraumfunktionen gemäß § 22 handelt, sind die Einschränkungen zu beachten, die sich aus der Erfüllung ihrer Funktionen ergeben.

(3) Der angestrebten räumlichen Struktur des Landes entsprechend ist die Schaffung gewerblicher Arbeitsplätze vorrangig in Entwicklungsschwerpunkten zu fördern.

(4) Im Interesse einer ausreichenden Versorgung der gewerblichen Wirtschaft und der Energiewirtschaft mit mineralischen Rohstoffen ist bei raumbedeutsamen Planungen und Maßnahmen die Standortgebundenheit der Mineralgewinnung zu berücksichtigen.

§ 26

Energiewirtschaft

(1) In allen Teilen des Landes sind die Voraussetzungen für eine ausreichende, sichere und möglichst preisgünstige Energieversorgung zu schaffen. Hierzu bedarf es unter Berücksichtigung der zu erwartenden technologischen Entwicklung und Einbeziehung der notwendigen Forschungsprogramme einer langfristigen Planung, in der die Standorte und die Auslegung von Erzeugungsanlagen und Leitungstrassen der großräumigen Verbundnetze festzulegen sind.

(2) Oberirdische Leitungen sollen, soweit möglich, räumlich gebündelt und so geplant werden, daß eine Beeinträchtigung von bebauten oder zur Bebauung vorgesehenen Gebieten vermieden wird.

(3) Rohrleitungen zum Transport wassergefährdender Stoffe sowie dafür notwendige Tanklager sind außerhalb der Schutzgebiete von Wasserversorgungsanlagen zu planen.

(4) Rohrfernleitungen sollen nach Möglichkeit im Verlauf von Entwicklungsachsen trassiert werden. Es ist anzustreben, daß hierbei für gleichartige Transportgüter eine gemeinsame Leitung betrieben wird.

(5) Bei der Parallelverlegung von Leitungen ist darauf hinzuwirken, daß sich die Schutzstreifen, soweit sicherheitstechnisch vertretbar, überlappen.

§ 27

Land- und Forstwirtschaft

(1) Landwirtschaft

a) Zur Verbesserung der landwirtschaftlichen Lebens-, Einkommens- und Arbeitsbedingungen sowie zur Stärkung der Wettbewerbsfähigkeit der Landwirtschaft ist die Schaffung solcher Betriebseinheiten zu fördern, die langfristig rentabel bewirtschaftet werden können.

b) Die landwirtschaftliche Bodennutzung soll auch dazu beitragen, die Wohlfahrtswirkungen landwirtschaftlicher Flächen insbesondere für die natürlichen Lebensgrundlagen und den Erholungswert der Kulturlandschaft zu gewährleisten.

c) In den Ländlichen Zonen gemäß § 19 Abs. 2 sollen neue Arbeitsplätze für Arbeitskräfte, die aus der Landwirtschaft ausscheiden, möglichst in den in der Nähe der bisherigen Wohnsitze gelegenen Entwicklungsschwerpunkten oder Gemeinden mit zentralörtlicher Bedeutung geschaffen werden.

d) Die Flurbereinigung hat der angestrebten Entwicklung der räumlichen Struktur unter besonderer Berücksichtigung der Dorferneuerung, der Verkehrserschließung und der Landschaftsentwicklung Rechnung zu tragen.

(2) Forstwirtschaft

a) Die Wälder sind so zu erhalten, daß sie auch ihre Wohlfahrtswirkungen unter Berücksichtigung ihres volkswirtschaftlichen Nutzens bestmöglich erfüllen können. Eingriffe in den Bestand an Waldflächen sind, insbesondere in Verdichtungsgebieten, auf das notwendige Maß zu beschränken.

b) Bei Pflege und Erschließung der Wälder sind auch die Erfordernisse der Landschaftsentwicklung und der Erholung zu berücksichtigen; dies gilt auch für die Aufforstung von Brachflächen, Ödland und aus der landwirtschaftlichen Nutzung ausscheidenden Flächen.

§ 28

Verkehr

(1) Schienenfernverkehr

a) Ein leistungsfähiges und bedarfsgerechtes Eisenbahnnetz muß erhalten und, soweit erforderlich, weiter ausgebaut werden. Insbesondere ist auf die Errichtung neuer Fernverbindungen mit hohen Reisegeschwindigkeiten unter Berücksichtigung der Verdichtungsgebiete hinzuwirken.

b) Bei Streckenstillegungen und anderen Betriebseinschränkungen ist neben eigenwirtschaftlichen und gemeinwirtschaftlichen Gesichtspunkten die für die jeweils betroffenen Räume angestrebte Entwicklung zu berücksichtigen. Wichtige Netzzusammenhänge müssen gewahrt bleiben. Ein ausreichender Ersatzverkehr auf der Straße muß sichergestellt sein.

c) Eine Verlagerung vom Massen- und Schwerguttransporten von Straßen auf Schienenwege oder Wasserstraßen ist zu fördern. Die Standortplanung für Container-Umschlagplätze soll auf das System der Entwicklungsschwerpunkte und Entwicklungsachsen ausgerichtet werden. In den Gebietsentwicklungsplänen soll soweit möglich und erforderlich ein Anschluß der Gewerbe- und Industrieansiedlungsbereiche an das Schienennetz angestrebt werden.

(2) Straßenverkehr

a) Die Straßenplanung hat von der funktionalen Einheit des gesamten Straßennetzes auszugehen. Es muß den Bedürfnissen des großräumigen, überregionalen, regionalen, zwischenörtlichen und innerörtlichen Verkehrs genügen.

b) Das Grundnetz soll aus leistungsfähigen Straßen bestehen, das entsprechend dem System der Entwicklungsschwerpunkte und Entwicklungsachsen gemäß § 21 auszubauen und durch Straßen für den zwischenörtlichen Verkehr zu ergänzen ist.

c) In den Verdichtungsgebieten sollen das Straßennetz so gestaltet und Straßen so angelegt werden, daß gesunde Lebens- und Arbeitsbedingungen, ausgewogene wirtschaftliche, soziale und kulturelle Verhältnisse sowie eine bedarfsgerechte Versorgung der Bevölkerung erhalten oder erreicht werden.
d) In Gebieten, in denen die Lebensbedingungen im Verhältnis zum Landesdurchschnitt wesentlich zurückgeblieben sind oder in denen ein solches Zurückbleiben zu befürchten ist, sollen Ausbau und Linienführung der Staßen dazu beitragen, die Wirtschaftskraft zu steigern und die Entwicklung der Gemeinden mit zentralörtlicher Bedeutung, insbesondere der Entwicklungsschwerpunkte zu fördern.
e) Bei der Planung des Straßennetzes ist sicherzustellen, daß die Gebiete mit besonderer Bedeutung für die Erholung mit den Verdichtungsgebieten durch leistungsfähige Straßen verbunden werden.

(3) Luftverkehr

a) Der wachsenden Bedeutung des Luftverkehrs ist Rechnung zu tragen. Das dazu notwendige System von Flugplätzen soll aus folgenden sich ergänzenden Teilen bestehen:
Große Verkehrsflughäfen in den Aufkommensschwerpunkten des Landes sollen vornehmlich dem innereuropäischen und interkontinentalen Verkehr dienen und bei entsprechenden Verkehrsaufkommen an ein schienengebundenes Nahverkehrsmittel angeschlossen werden.
Regionalflughäfen sollen unter Berücksichtigung ihrer Zubringerfunktion zu den großen Flughäfen dem Luftverkehr zwischen den regionalen Aufkommensschwerpunkten dienen.
Bei der Anlage und dem Ausbau von Verkehrslandeplätzen für die Allgemeine Luftfahrt ist im Interesse einer Verminderung der Raumbeanspruchung und der Sicherheit des Luftverkehrs eine räumliche Schwerpunktbildung anzustreben.
b) Der Raumbedarf bestehender und geplanter Flugplätze, die sich aus der Sicherheit des Luftverkehrs ergebenden Baubeschränkungen und die bauliche Entwicklung in der Umgebung von Flugplätzen sind so aufeinander abzustimmen, daß sowohl die Sicherheit des Luftverkehrs als auch ein ausreichender Schutz der Bevölkerung gegen die Auswirkungen des Flugbetriebes gewährleistet ist. In der Umgebung von Flughäfen sind daher Gebiete festzulegen, in denen Planungsbeschränkungen zum Schutz der Bevölkerung vor Fluglärm erforderlich sind.
c) Bei der Gestaltung von Luftverkehrsverbindungen ist darauf hinzuwirken, daß ein bedarfsgerechter Anschluß an den innerdeutschen, innereuropäischen und interkontinentalen Luftverkehr sichergestellt wird.

(4) Binnenwasserstraßenverkehr

a) Durch den Ausbau der Wasserstraßen soll der Binnenschiffsverkehr rationalisiert werden. Dabei sollen insbesondere für von Massengütern abhängige Industrien günstigere Standortbedingungen geschaffen werden.
b) Es ist anzustreben, die Leistungsfähigkeit der Binnenhäfen in Anpassung an die Erfordernisse der Binnenschiffahrt zu steigern.
c) Die Verbindung von verkehrlichen, wasserwirtschaftlichen, energiewirtschaftlichen und landeskulturellen Funktionen der Wasserstraßen ist zu berücksichtigen und nutzbar zu machen.

(5) Öffentlicher Personennahverkehr

a) In den Verdichtungsgebieten ist ein schienengebundenes, von höhengleichen Kreuzungen freies Netz des öffentlichen Personennahverkehrs mit Haltepunkten an den vorhandenen oder geplanten Schwerpunkten des Verkehrsaufkommens vorzusehen, das mit einem linienmäßig abgestimmten Omnibusnetz und, soweit erforderlich, mit anderen Schienenbahnen auf besonderem Bahnkörper verbunden ist. Die funktionelle Gestaltung der Haltestellen ist den strukturellen und städtebaulichen Planungen für die betreffenden Siedlungsschwerpunkte und sonstigen Standorte anzupassen. An Haltepunkten, die sich für das Umsteigen aus Kraftfahrzeugen und Omnibussen auf die Verkehrsmittel des schienengebundenen Personennahverkehrs besonders eignen, sind Parkeinrichtungen und Umsteigeanlagen in ausreichendem Maße zu schaffen.

b) In den Ländlichen Zonen ist ein Omnibusnetz erforderlich, das auch die Haltepunkte der Schienenbahnen bedienen muß. Linienführung und Verkehrsbedienung des öffentlichen Personennahverkehrs müssen auf eine enge Verknüpfung der Gemeinden mit zentralörtlicher Bedeutung untereinander und mit ihren Verflechtungsbereichen abgestellt sein.

c) Eine Zusammenarbeit von Verkehrsträgern und Verkehrsunternehmen, die die Bildung von zusammenhängenden Verkehrsnetzen mit abgestimmten Fahrplänen bei durchgehenden Tarifen zum Inhalt hat, ist anzustreben.

§ 29

Erholung, Fremdenverkehr, Sportanlagen

(1) In allen Teilen des Landes sollen der für sie angestrebten räumlichen Struktur entprechend Gebiete für die Tages-, Wochenend- und Ferienerholung gesichert und erschlossen werden. Je nach Eignung sollen sie mit einem vielfältigen, nach Möglichkeit alle Freizeitbedürfnisse der Bevölkerung befriedigenden Angebot an Freizeit- und Erholungseinrichtungen schwerpunktmäßig ausgestattet werden. Gebiete mit Wasserflächen, die sich für die Erholung eignen, sollen hierbei besonders berücksichtigt werden. Für ein angemessenes Angebot an Freizeit- und Erholungseinrichtungen für die Tageserholung innerhalb der Siedlungsbereiche ist Sorge zu tragen.

(2) Insbesondere in den Verdichtungsgebieten sind schnell erreichbare verkehrsgünstig gelegene Schwerpunkte vor allem für die Tageserholung vorzusehen und auszubauen.

(3) Die für die Wochenend- und Fereienerholung besonders geeigneten Fremdenverkehrsgebiete der Ländlichen Zonen sind weiter zu entwickeln. Es ist anzustreben, die Zahl und Aufenthaltsdauer der Feriengäste in diesen Gebieten zu erhöhen. Zur Verbesserung der wirtschaftlichen Grundlage des Fremdenverkehrs ist hierbei eine Verlängerung der Saison anzustreben.

(4) In allen Teilen des Landes ist eine ausreichende Ausstattung mit Sport- und Spielanlagen anzustreben, die für den Schulsport, den Breiten- und Leistungssport sowie für die Freizeitgestaltung möglichst vielfältig zu nutzen sind. Die räumliche Verteilung dieser Einrichtungen ist entsprechend ihrer jeweiligen Aufgabenstellung und der für ihre Auslastung erforderlichen Tragfähigkeit ihrer Einzugsbereiche auf die im Rahmen der zentralörtlichen Gliederung angestrebte Entwicklung der Siedlungsstruktur auszurichten.

§ 30

Bildungswesen

(1) Die Bildungseinrichtungen sind in ihrer fachlichen Gliederung und räumlichen Verteilung so auszubauen, daß in allen Teilen des Landes die Voraussetzungen dafür verbessert werden, daß jeder Einwohner die seinen Fähigkeiten und Neigungen entsprechenden Bildungsmöglichkeiten verwirklichen kann. Dabei ist neben dem anzustrebenden Abbau regionaler und sozialer Unterschiede in den Bildungschancen auch der durch die Entwicklung der Wirtschafts- und Sozialstruktur bedingte wachsende Bedarf an Einrichtungen für die Weiterbildung und die außerschulische Jugendbildung, für die berufliche Aus- und Fortbildung und die Umschulung zu berücksichtigen.

(2) Die räumliche Verteilung der Bildungs- und Kultureinrichtungen ist auf die zentralörtliche Gliederung des Landes auszurichten. Das gilt insbesondere für Schulzen-

tren, Hochschulen und vergleichbare kulturelle Einrichtungen entsprechend ihrer Aufgabenstellung und der für ihre Auslastung erforderlichen Tragfähigkeit ihrer Einzugsbereiche.

§ 31

Gesundheitswesen, Sozialhilfe, Jugendhilfe

(1) Die je nach Bedarf erforderlichen Einrichtungen des öffentlichen Gesundheitswesens, der Sozialhilfe und der Jugendhilfe sind in allen Teilen des Landes entsprechend der zentralörtlichen Gliederung so auszubauen, daß sie der Bevölkerung in zumutbarer Entfernung zur Verfügung stehen.

(2) Die stationäre Krankenhausversorgnung ist durch ein nach Aufgaben und Einzugsbereichen abgestuftes System medizinisch leistungsfähiger und in betriebswirtschaftlicher Hinsicht ausreichend großer Krankenhäuser sicherzustellen. Die Standorte der Krankenhäuser sind ihrer jeweiligen Versorgungsstufe entsprechend auf die zentralörtliche Gliederung auszurichten.

(3) In allen Teilen des Landes ist in Ausrichtung auf die angestrebte Siedlungsstruktur unter besonderer Berücksichtigung der zentralörtlichen Gliederung eine ausreichende ambulante ärztliche Versorgung der Bevölkerung durch Allgemein- und Fachärzte aller Fachrichtungen nach dem jeweiligen Stand der medizinischen Wissenschaft anzustreben.

§ 32

Landschaftsentwicklung (Landschaftspflege, Grünordnung, Naturschutz)

(1) Die Landschaftsentwicklung soll dazu beitragen, zwischen den Anforderungen von Gesellschaft, Wirtschaft und Technik an den Naturhaushalt und dessen Leistungsfähigkeit einen Ausgleich herbeizuführen. Daher soll der Belastbarkeit des Naturhaushalts durch entsprechende Planungen und Maßnahmen Rechnung getragen werden.

(2) Die künftige Zweckbestimmung von aus der landwirtschaftlichen Nutzung ausscheidenden Flächen soll mit der angestrebten Entwicklung der räumlichen Struktur unter besonderer Berücksichtigung der Erfordernisse der Landschaftsentwicklung abgestimmt werden. Dabei ist auf die Erhaltung und Wiederherstellung der Leistungsfähigkeit des Naturhaushalts und auf eine standortgerechte Ausstattung mit Landschaftsbelebenden und landschaftsgliedernden Elementen unter besonderer Berücksichtigung der Erfordernisse der Erholung hinzuwirken.

(3) Die nachhaltige Leistungsfähigkeit des Bodens ist durch eine dem Standort entsprechende Nutzung zu sichern. Wind- und Wassererosionen ist durch geeignete Maßnahmen entgegenzuwirken.

(4) Die Uferbereiche stehender und fließender Gewässer sind möglichst so zu gestalten, daß sie zu einem belebenden und gliedernden Bestandteil der Landschaft werden und zur Selbstreinigung des Wassers beitragen. Die Zugänglichkeit der Uferbereiche für die Öffentlichkeit ist anzustreben.

(5) Anlagen für den Verkehr sowie ober- und unterirdische Leitungen sind so zu planen und zu gestalten, daß sie den Naturhaushalt und das Landschaftsbild möglichst wenig beeinträchtigen.

(6) Die Durchschneidung von Waldgebieten durch Straßen, Schienenwege und Leitungen ist unter Berücksichtigung der Wohlfahrtswirkungen der Waldgebiete auf das notwendige Maß zu beschränken.

(7) Abgrabungen oder sonstige oberirdische Erdaufschlüsse sollen unter Berücksichtigung der Beschaffenheit der Lagerstätten und der späteren Zweckbestimmung des in Anspruch genommenen Geländes räumlich zusammengefaßt werden.

(8) Bei allen Abgrabungen oder sonstigen oberirdischen Erdaufschlüssen zur Gewinnung von Bodenschätzen sind während und nach Abschluß der Abgrabung im Bereich des Abbau- und Betriebsgeländes keine Maßnahmen zulässig, die das Wirkungsgefüge der Landschaft durch Eingriffe in die Tier- und Pflanzenwelt, in die Grundwasserverhältnisse, in das Klima und den Boden nachhaltig schädigen, die Landschaft auf Dauer verunstalten oder Landschaftsteile von besonderem Wert zerstören. Die Herrichtung des Abbau- und Betriebsgeländes ist vor Durchführung des Abbauvorhabens verbindlich festzulegen.

(9) Soweit sich nach der Abgrabung Wasserflächen ergeben, sind diese, falls wasserwirtschaftliche Erfordernisse dem nicht entgegenstehen, einschließlich ihrer von Bebauung freizuhaltenden Uferbereiche vorrangig als Erholungsanlagen zu nutzen.

(10) Aufschüttungen sind durch entsprechende Formgebung, Sicherung der Hangflächen und Begründungsmaßnahmen in die Landschaft einzugliedern.

§ 33

Wasserwirtschaft

(1) Die wasserwirtschaftlichen Planungen und die angestrebte Entwicklung der räumlichen Struktur des Landes sind miteinander in Einklang zu bringen. Dabei sind neben den nutzbaren Wasservorräten, den Erfordernissen des Hochwasserschutzes und der Reinhaltung der Gewässer insbesondere auch der zukünftige Wasserbedarf und die Belastbarkeit der Gewässer zu berücksichtigen.

(2) Gebiete, die sich für die Wassergewinnung besonders eignen, sollen durch Nutzungsbeschränkungen vor störender anderweitiger Inanspruchnahme geschützt werden. Dies gilt auch für Talauen im Sinne von § 22 Abs. 1a. Es ist sicherzustellen, daß die notwendigen Freiflächen für den Wasserabfluß, den Hochwasserschutz, den Ausbau von Gewässern, für die Grundwasseranreicherung und für Abwasseranlagen erhalten bleiben. Bereiche für geplante Talsperren sind von weiterer Besiedlung freizuhalten.

(3) Abwässer dürfen nur in einer für den Wasserhaushalt unschädlichen Form in die Gewässer eingeleitet werden. Das gilt auch für die Erwärmung von Gewässern durch Kühlsysteme.

§ 34

Abfallbeseitigung

(1) Bei der Beseitigung von Abfällen und bei der Wiedernutzbarmachung von Flächen, die für die Abfallbeseitigung nicht mehr benötigt werden, ist die angestrebte Entwicklung der räumlichen Struktur des Landes zu beachten.

(2) Bei der Aufstellung eines überörtlichen Abfallbeseitigungsplanes ist eine das gesamte Land umfassende Rahmenkonzeption zur Festlegung geeigneter Standorte für Abfallbeseitigungsanlagen zugrunde zu legen.

Abschnitt IV

Besondere Regelungen und Schlußvorschriften

§ 35

Entfaltung des Landesentwicklungsprogramms in Landesentwicklungsplänen

Das Landesentwicklungsprogramm wird nach Maßgabe des Landesplanungsgesetzes in Landesentwicklungsplänen entfaltet. Dabei sind insbesondere folgende Ziele der Raumordnung und Landesplanung im einzelnen festzulegen:

a) Abgrenzung der Ballungskerne, Ballungsrandzonen (Verdichtungsgebiete) und Ländlichen Zonen (§ 19),
b) Darstellung der zentralörtlichen Gliederung für das gesamte Landesgebiet (§ 20),
c) Darstellung des Systems der Entwicklungsschwerpunkte und Entwicklungsachsen (§ 21),
d) Festlegung von Gebieten für flächenintensive Großvorhaben (einschließlich Standorte für die Energieerzeugung), die für die Wirtschaftsstruktur des Landes von besonderer Bedeutung sind (§§ 25 und 26),
e) Festlegung von Gebieten mit besonderer Bedeutung für Freiraumfunktionen (§ 22),
f) Festlegung von Gebieten in der Umgebung von Flughäfen und sonstigen Flugplätzen mit vergleichbaren Auswirkungen, in denen Planungsbeschränkungen zum Schutz der Bevölkerung vor Fluglärm erforderlich sind (§ 28 Abs. 3),
g) Festlegung von Gebieten für den Abbau von Lagerstätten (§§ 25 Abs. 4, 32 Abs. 7 und 8).

§ 36

Weitere Landesentwicklungspläne

Es ist anzustreben, daß alle raumwirksamen Planungen, die für die Gesamtentwicklung des Landes Bedeutung haben, in Landesentwicklungsplänen festgelegt werden, soweit hierfür besondere gesetzliche Regelungen nicht gegeben sind.

§ 37

Rechtswirkung der Grundsätze und allgemeinen Ziele der Raumordnung und Landesplanung

(1) Die Grundsätze der Raumordnung nach § 2 Abs. 1 des Raumordnungsgesetzes vom 8. April 1965 (BGBl. I S. 306) und die in Abschnitt I enthaltenen Grundsätze der Raumordnung und Landesplanung gelten unmittelbar für die Behörden des Bundes und des Landes, die Gemeinden und Gemeindeverbände, die öffentlichen Planungsträger sowie im Rahmen der ihnen obliegenden Aufgaben für die bundesunmittelbaren und die der Aufsicht des Landes unterstehenden Körperschaften, Anstalten und Stiftungen des öffentlichen Rechts bei raumbedeutsamen Planungen und Maßnahmen. Die Grundsätze sind von den vorgenannten Stellen im Rahmen des ihnen zustehenden Ermessens gegeneinander und untereinander abzuwägen. Sie haben dem einzelnen gegenüber keine Rechtswirkung.

(2) Die in den Abschnitten II und III enthaltenen allgemeinen Ziele der Raumordnung und Landesplanung sind von den in Absatz 1 genannten Stellen bei raumbedeutsamen Planungen und Maßnahmen zu beachten.

§ 38

Im Rahmen der zweijährigen Berichterstattung nach den Vorschriften des Landesplanungsgesetzes legt die Landesregierung zugleich dar, welche Folgerungen sie für die künftige Raumordnungspolitik und für die Anpassung der Grundsätze und Ziele der Landesplanung ziehen will, damit der Landtag rechtzeitig das Landesentwicklungsprogramm entsprechend den neuen Erkenntnissen und Entwicklungen fortschreiben kann.

§ 39

Inkrafttreten

Dieses Gesetz tritt am 1. Mai 1974 in Kraft.

4.

Landesplanungsgesetz (LPlG)
in der Fassung der Bekanntmachung
vom 28. November 1979
(GV-NW S. 878)

Inhaltsverzeichnis

Abschnitt I

Aufgabe und Organisation der Landesplanung

§ 1

Allgemeine Aufgabe der Landesplanung

(1) Aufgabe der Landesplanung ist die übergeordnete, überörtliche und zusammenfassende Planung für eine den Grundsätzen der Raumordnung entsprechende Landesentwicklung.

(2) Die Landesplanung soll die Landesentwicklung in der Weise beeinflussen, daß unerwünschte Entwicklungen verhindert und erwünschte Entwicklungen ermöglicht und gefördert werden.

(3) Die Landesplanung im Lande und im Regierungsbezirk ist nach näherer Bestimmung dieses Gesetzes eine gemeinschaftliche Aufgabe von Staat und Selbstverwaltung.

§ 2

Landesplanungsbehörde

Die für die Raumordnung und Landesplanung zuständige oberste Landesbehörde (Landesplanungsbehörde) hat

1. das Landesentwicklungsprogramm und die Landesentwicklungspläne nach Maßgabe dieses Gesetzes zu erarbeiten;
2. darauf hinzuwirken, daß bei allen raumbedeutsamen Planungen und Maßnahmen von überörtlicher Bedeutung, einschließlich des Einsatzes raumwirksamer Investitionen, die Grundsätze und Ziele der Raumordnung und Landesplanung beachtet werden;
3. auf eine Abstimmung der raumbedeutsamen Planungen und Maßnahmen angrenzender Länder und Staaten, soweit sie sich auf die Raumordnung im Lande Nordrhein-Westfalen auswirken können, hinzuwirken;
4. bei der Erarbeitung von Gebietsentwicklungsplänen über Meinungsverschiedenheiten zwischen den Bezirksplanungsräten sowie zwischen den Bezirksplanungsräten, den Bezirksplanungsbehörden und den von ihnen zu beteiligenden Stellen im Einvernehmen mit den fachlich zuständigen Landesministern zu entscheiden;
5. bei der Erarbeitung der Braunkohlenpläne über Meinungsverschiedenheiten zwischen dem Braunkohlenausschuß, den Bezirksplanungsräten, den Bezirksplanungsbehörden und den von ihnen zu beteiligenden Stellen im Einvernehmen mit den fachlich zuständigen Landesministern zu entscheiden.

§ 3

Bezirksplanungsbehörde

(1) Zuständige Behörde für die Landesplanung im Regierungsbezirk (Bezirksplanungsbehörde) ist der Regierungspräsident.

(2) Die Bezirksplanungsbehörde hat nach Maßgabe dieses Gesetzes bei der Erarbeitung und Aufstellung der Gebietsentwicklungspläne mitzuwirken. Sie hat dafür zu sorgen, daß die Ziele der Raumordnung und Landesplanung bei behördlichen Maßnahmen und bei solchen Planungen und Vorhaben, die für die räumliche Gestaltung des Bezirks von Bedeutung sind, beachtet werden.

§ 4

Planungsaufsicht im Kreis

Der Oberkreisdirektor als untere staatliche Verwaltungsbehörde hat dafür zu sorgen, daß die Ziele der Raumordnung und Landesplanung bei behördlichen Maßnahmen, bei Planungen und Vorhaben im Kreise beachtet werden.

§ 5

Bezirksplanungsrat

(1) Bei den Regierungspräsidenten werden Bezirksplanungsräte errichtet.

(2) Die Mitglieder der Bezirksplanungsräte werden durch die Vertretungen der kreisfreien Städte und Kreise gewählt (Absätze 3 und 4) und aus Reservelisten (Absatz 7) berufen. Der Berechnung der Sitzverteilung in den Bezirksplanungsräten werden die Gemeindewahlergebnisse in den kreisfreien Städten und in den kreisangehörigen Gemeinden zugrunde gelegt.

(3) Es wählen:

1. die kreisfreien Städte mit einer Bevölkerungszahl
   bis zu 250 000 je 1 Mitglied,
   über 250 000 bis 500 000 je 2 Mitglieder,
   über 500 000 bis 750 000 je 3 Mitglieder,
   über 750 000 je 4 Mitglieder
   des Bezirksplanungsrates;
2. die Kreise für die kreisangehörigen Gemeinden des Kreises insgesamt soviel Mitglieder des Bezirksplanungsrates, wie sich nach der Berechnung nach Nummer 1 für kreisfreie Städte ergeben würden.

Ist für die kreisangehörigen Gemeinden eines Kreises mehr als ein Mitglied des Bezirksplanungsrates zu wählen, so muß mindestens ein Mitglied der Gruppe der Gemeinden bis zu 25 000 Einwohnern und ein Mitglied der Gruppe der Gemeinden über 25 000 Einwohner angehören. Sind für eine kreisfreie Stadt oder für die kreisangehörigen Gemeinden eines Kreises mehrere Mitglieder des Bezirksplanungsrates zu wählen, so gelten dafür die Grundsätze der Verhältniswahl.

(4) In den Bezirksplanungsrat können nur Mitglieder der Vertretungen der Gemeinden des Regierungsbezirks gewählt oder berufen werden. Jedes gewählte Mitglied des Bezirksplanungsrates ist derjenigen Partei oder Wählergruppe anzurechnen, die es zur Wahl vorgeschlagen hat. Bei verbundenen Wahlvorschlägen ist bei jedem Bewerber anzugeben, welcher Partei oder Wählergruppe er im Falle seiner Wahl anzurechnen ist.

(5) Die Sitzzahl der Bezirksplanungsräte wird vom Regierungspräsidenten errechnet. Sie ist die Zahl der durch die Vertretungen der kreisfreien Städte und Kreise zu wählenden Mitglieder des Bezirksplanungsrates, erweitert um ein Viertel dieser Zahl. Bei der Berechung des einen Viertels sind Bruchteile auf ganze Zahlen aufzurunden.

(6) Wird ein Mitglied des Bezirksplanungsrates aufgrund eines Vorschlages einer Partei oder Wählergruppe gewählt, die nicht an der Sitzverteilung nach Absatz 7 teilnehmen, so verringert sich die zu verteilende Sitzzahl entsprechend.

(7) Die Sitze nach den Absätzen 5 und 6 werden vom Regierungspräsidenten auf die Parteien und Wählergruppen, die in den Gemeindevertretungen des Regierungsbezirks vertreten sind, verteilt. Hierzu werden die von den einzelnen Parteien und Wählergruppen bei den Gemeindewahlen im Regierungsbezirk erzielten gültigen Stimmen zusammengezählt. Es wird sodann nach dem d'Hondt'schen Höchstzahlenverfahren errechnet, wie viele Sitze auf jede Partei und Wählergruppe entfallen. Die den Parteien und Wählergruppen noch zustehenden Sitze werden aus Reservelisten zugeteilt, die der Bestätigung durch die Landesplanungsbehörde bedürfen. Die Reihenfolge der Sitzzuteilung für die einzelne Partei oder Wählergruppe bestimmt sich nach der von ihr eingereichten Reserveliste. Über die Zuteilung des letzten Sitzes bei gleicher Höchstzahl entscheidet das vom Regierungspräsidenten zu ziehende Los. Hat eine Partei oder Wählergruppe bei der Wahl nach Absatz 3 mehr Mitglieder des Bezirksplanungsrates

erhalten als ihr nach der Sitzverteilung zustehen, entscheidet der Regierungspräsident auf Vorschlag der Leitung der Partei oder Wählergruppe, wer aus dem Bezirksplanungsrat ausscheidet; macht die Leitung der Partei oder Wählergruppe keinen Vorschlag, so entscheidet das vom Regierungspräsidenten zu ziehende Los.

(8) Bei der Berechnung der Sitzverteilung und des Stimmenanteils bleiben solche Parteien und Wählergruppen außer Betracht, die bei den Gemeindewahlen nicht mindestens fünf vom Hundert der im Regierungsbezirk abgegebenen gültigen Stimmen erreicht haben. Sie nehmen an der Sitzverteilung (Absatz 7) nicht teil.

(9) Die Reserveliste ist von der für den Regierungsbezirk zuständigen Leitung der Partei oder Wählergruppe bis spätestens sechs Wochen nach den Gemeindewahlen dem Regierungspräsidenten einzureichen. Der Regierungspräsident hat innerhalb von zwei weiteren Wochen die nach Absatz 7 Satz 4 erforderliche Bestätigung der Landesplanungsbehörde einzuholen; äußert sich die Landesplanungsbehörde innerhalb dieser Frist nicht, so gilt die Reserveliste als bestätigt. Die Reserveliste kann im Laufe der allgemeinen Wahlzeit ergänzt werden; die Ergänzung bedarf der Bestätigung durch die Landesplanungsbehörde.

(10) Die Mitglieder des Bezirksplanungsrates sind innerhalb von zehn Wochen nach der Neuwahl der Vertretungskörperschaften zu wählen. Der Bezirksplanungsrat tritt spätestens innerhalb von weiteren sechs Wochen zusammen. Diese Sitzung wird einberufen von dem bisherigen Vorsitzenden des Bezirksplanungsrates.

(11) Die Mitglieder des Bezirksplanungsrates werden für die Dauer der allgemeinen Wahlzeit der Vertretungen der Gemeinden gewählt oder berufen. Die Mitglieder üben ihr Amt nach Ablauf der Zeit, für die sie gewählt oder berufen sind, bis zum Amtsantritt der neu gewählten oder berufenen Mitglieder weiter aus. Die Mitgliedschaft im Bezirksplanungsrat erlischt, wenn die Voraussetzungen für die Wahl oder Berufung des Mitglieds wegfallen; dies gilt ebenfalls, wenn die Vertretung des Kreises, von dem das Mitglied gewählt worden ist, oder innerhalb dieses Kreises die Vertretung einer Gemeinde neu zu wählen ist oder für diese Vertretungen eine Wiederholungswahl im gesamten Wahlgebiet stattfindet.

(12) Scheidet ein gewähltes Mitglied aus dem Bezirksplanungsrat aus oder ist seine Wahl rechtsunwirksam, so findet insoweit unverzüglich eine Ersatzwahl statt. Die Fehlerhaftigkeit der Wahl einzelner Mitglieder berührt nicht die Wirksamkeit der Wahl der übrigen Mitglieder. Liegt der Grund des Ausscheidens in der Person des Mitglieds, so steht das Vorschlagsrecht der Partei oder Wählergruppe zu, der der Ausgeschiedene oder nicht rechtswirksam Gewählte zugerechnet worden ist. Beim Ausscheiden eines berufenen Mitglieds rückt auf Vorschlag der betroffenen Partei oder Wählergruppe ein Listenbewerber aus der Reserveliste nach; der Vorschlag bedarf der Bestätigung durch die Landesplanungsbehörde. Absatz 7 findet entsprechende Anwendung.

(13) Finden in den Gemeinden oder Kreisen eines Regierungsbezirks Wiederholungswahlen statt oder werden im Laufe der Wahlzeit einzelne Vertretungen der Gemeinden oder Kreise neu gewählt, so sind die Sitze nach Absatz 7 unter Berücksichtigung der bei der Wiederholungswahl oder bei der Neuwahl erzielten gültigen Stimmen neu zu verteilen. Werden die Grenzen eines Regierungsbezirks geändert, so hat der Regierungspräsident die Sitzzahl und die Sitzverteilung nach den Absätzen 5 und 7 neu zu bestimmen. Soweit Sitze neu zu verteilen sind, verlieren die bisherigen Mitglieder ihren Sitz spätestens im Zeitpunkt der Neuverteilung nach Absatz 7.

§ 6

Beratende Mitglieder des Bezirksplanungsrates

(1) Die nach § 5 gewählten und berufenen Mitglieder des Bezirksplanungsrates (stimmberechtigte Mitglieder) wählen für die Dauer ihrer Amtszeit sechs Mitglieder mit beratender Befugnis (beratende Mitglieder) zum Bezirksplanungsrat aus den im

Regierungsbezirk zuständigen Industrie- und Handelskammern, Handwerkskammern und Landwirtschaftskammern sowie den im Regierungsbezirk tätigen Gewerkschaften und Arbeitgeberverbänden hinzu. Die genannten Organisationen können dem Bezirksplanungsrat Vorschläge für die Wahl einreichen. Die Einzelheiten des Wahlverfahrens sind vom Bezirksplanungsrat in der Geschäftsordnung zu regeln.

(2) Die beratenden Mitglieder müssen im Regierungsbezirk ansässig sein. Von ihnen soll die Hälfte auf Arbeitgeber, die Hälfte auf Arbeitnehmer entfallen. Wer bei der Wahl in die Vertretung eines Kreises und einer Gemeinde Beschränkungen nach § 13 Abs. 1 und 6 des Kommunalwahlgesetzes in der Fassung der Bekanntmachung vom 8. Januar 1979 (GV.NW. S. 2) unterliegt, kann nicht zum beratenden Mitglied des Bezirksplanungsrates gewählt werden.

(3) An den Sitzungen der Bezirksplanungsräte bei den Regierungspräsidenten Arnsberg, Düsseldorf und Münster nimmt außerdem je ein stimmberechtigtes Mitglied der Verbandsversammlung des Kommunalverbandes Ruhrgebiet mit beratender Befugnis teil, wenn Beratungsgegenstände im Zusammenhang mit den Aufgaben und Tätigkeiten des Kommunalverbandes stehen. Die beratenden Mitglieder bestellt die Verbandsversammlung für die Dauer ihrer Wahlzeit aus ihrer Mitte durch Beschluß. § 6 Abs. 2 Satz 1 findet entsprechende Anwendung.

(4) Je ein Vertreter der Landschaftsverbände, die Oberstadtdirektoren der kreisfreien Städte und die Oberkreisdirektoren der Kreise des Regierungsbezirks nehmen mit beratender Befugnis an den Sitzungen des Bezirksplanungsrates teil.

(5) § 5 Abs. 11 findet entsprechende Anwendung.

§ 7

Aufgaben des Bezirksplanungsrates

(1) Der Bezirksplanungsrat trifft die sachlichen und verfahrensmäßigen Entscheidungen zur Erarbeitung des Gebietsentwicklungsplanes und beschließt die Aufstellung. Das Erarbeitungsverfahren wird von der Bezirksplanungsbehörde durchgeführt; sie ist an die Weisungen des Bezirksplanungsrates gebunden. Die Mitglieder des Bezirksplanungsrates können jederzeit von der Bezirksplanungsbehörde über den Stand des Erarbeitungsverfahrens mündliche Auskunft verlangen. Der Bezirksplanungsrat kann einzelne seiner Mitglieder mit der Einsichtnahme in die Planungsunterlagen beauftragen; er hat dem Antrag eines Fünftels seiner stimmberechtigten Mitglieder auf Einsichtnahme stattzugeben.

(2) Der Regierungspräsident unterrichtet den Bezirksplanungsrat und berät mit ihm über die Vorbereitung und Festlegung von raumbedeutsamen und strukturwirksamen Planungen und Förderungsprogrammen von regionaler Bedeutung auf folgenden Gebieten:

1. Städtebau,
2. Wohnungsbau,
3. Schul- und Sportstättenbau,
4. Krankenhausbau,
5. Verkehr,
6. Freizeit- und Erholungswesen,
7. Landschaftspflege,
8. Wasserwirtschaft,
9. Abfallbeseitigung.

Der Bezirksplanungsrat kann jederzeit vom Regierungspräsidenten Auskunft über Stand und Vorbereitung dieser Planungen und Programme verlangen; er hat dem Antrag eines Fünftels seiner stimmberechtigten Mitglieder auf Auskunft stattzugeben.

(3) Der Bezirksplanungsrat berät die Landesplanungsbehörde und wirkt durch Beratung der Gemeinden und Gemeindeverbände seines Regierungsbezirks darauf hin, daß die Ziele der Raumordnung und Landesplanung beachtet werden.

§ 8

Sitzungen des Bezirksplanungsrates

(1) Der Bezirksplanungsrat wählt für die Dauer seiner Wahlzeit aus der Mitte der stimmberechtigten Mitglieder unter Leitung des lebensältesten stimmberechtigten Mitgliedes des Bezirksplanungsrates ohne Aussprache seinen Vorsitzenden und dessen Stellvertreter. Er kann mehrere Stellvertreter wählen.

(2) Der Bezirksplanungsrat tritt mindestens viermal jährlich zusammen. Er wird vom Vorsitzenden unter Bekanntgabe der Tagesordnung einberufen, Der Bezirksplanungsrat ist unverzüglich einzuberufen, wenn ein Fünftel seiner stimmberechtigten Mitglieder es verlangt.

(3) Die Sitzungen des Bezirksplanungsrates sind öffentlich. Die Öffentlichkeit kann für einzelne Angelegenheiten durch Beschluß des Bezirksplanungsrates ausgeschlossen werden.

(4) Der Bezirksplanungsrat gibt sich eine Geschäftsordnung.

§ 9

Geschäftsführung und Bezirksplaner

(1) Die Geschäfte des Bezirksplanungsrates werden von der Bezirksplanungsbehörde wahrgenommen.

(2) Der beim Regierungspräsidenten für die Landesplanung zuständige Beamte (Bezirksplaner) wird im Benehmen mit dem Bezirksplanungsrat bestellt.

§ 10

Rechte und Pflichten der Mitglieder des Bezirksplanungsrates

(1) Die Mitglieder des Bezirksplanungsrates sind verpflichtet, in ihrer Tätigkeit ausschließlich nach dem Gesetz und ihrer freien, nur durch Rücksicht auf das öffentliche Wohl bestimmten Überzeugung zu handeln; sie sind an Aufträge nicht gebunden.

(2) Die Tätigkeit als Mitglied des Bezirksplanungsrates gilt als ehrenamtliche Tätigkeit. Eine Verpflichtung zur Übernahme dieser ehrenamtlichen Tätigkeit besteht nicht. Die Vorschriften des § 22 der Gemeindeordnung gelten mit der Maßgabe entsprechend, daß über die Genehmigung für eine Aussage oder Erklärung über Angelegenheiten nach § 7 Abs. 1 der Bezirksplanungsrat entscheidet. Im übrigen entscheidet der Bezirksplanungsrat im Einvernehmen mit dem Regierungspräsidenten. In Eilfällen kann an Stelle des Bezirksplanungsrates der Vorsitzende entscheiden.

Abschnitt II

Grundsätze und Ziele der Raumordnung und Landesplanung

§ 11

Darstellung der Grundsätze und Ziele

Die Grundsätze und Ziele der Raumordnung und Landesplanung werden im Landesentwicklungsprogramm, in Landesentwicklungsplänen und in Gebietsentwicklungsplänen dargestellt.

§ 12

Landesentwicklungsprogramm

Das Landesentwicklungsprogramm wird als Gesetz beschlossen. Es enthält Grundsätze und allgemeine Ziele der Raumordnung und Landesplanung für die Gesamtentwicklung des Landes und für alle raumbedeutsamen Planungen und Maßnahmen einschließlich der raumwirksamen Investitionen. Die Landesplanungsbehörde hat im Erarbeitungsverfahren die Gemeinden und Gemeindeverbände, für die eine Anpassungspflicht begründet werden soll, oder deren Zusammenschlüsse zu beteiligen.

§ 13

Landesentwicklungspöäne

(1) Die Landesentwicklungspläne legen auf der Grundlage des Landesentwicklungsprogramms die Ziele der Raumordnung und Landesplanung für die Gesamtentwicklung des Landes fest.

(2) Die Landesplanungsbehörde erarbeitet unter Beteiligung der Bezirksplanungsräte die Landesentwicklungspläne; § 12 Satz 3 findet entsprechende Anwendung. Nach Durchführung des Earbeitungsverfahrens leitet die Landesregierung die Planentwürfe dem Landtag mit einem Bericht über das Erarbeitungsverfahren zu. Die Landesentwicklungspläne werden von der Landesplanungsbehörde im Benehmen mit dem für die Landesplanung zuständigen Ausschuß des Landtags und im Einvernehmen mit den fachlich zuständigen Landesministern aufgestellt.

(3) Die Landesentwicklungspläne bestehen aus zeichnerischen und, soweit erforderlich, textlichen Darstellungen. Sie können in sachlichen und räumlichen Teilabschnitten aufgestellt werden. Dem Landesentwicklungsplan ist ein Erläuterungsbericht beizufügen.

(4) Die Landesentwicklungspläne werden im Ministerialblatt für das Land Nordrhein-Westfalen bekanntgemacht. Der in der Bekanntmachung bezeichnete Plan wird bei der Landesplanungsbehörde und den Bezirksplanungsbehörden sowie bei den Kreisen und Gemeinden, auf deren Bereich sich die Planung erstreckt, zur Einsicht für jedermann niedergelegt; in der Bekanntamachung wird darauf hingewiesen.

(5) Die Landesentwicklungspläne können in dem Verfahren, das für ihre Aufstellung gilt, geändert oder ergänzt werden; sie sollen spätestens zehn Jahre nach ihrer Aufstellung überprüft und erforderlichenfalls geändert werden.

(6) Die Landesentwicklungspläne werden mit ihrer Bekanntmachung Ziele der Raumordnung und Landesplanung. Sie sind von den Behörden des Bundes und des Landes, den Gemeinden und Gemeindeverbänden, von den öffentlichen Planungsträgern sowie im Rahmen der ihnen obliegenden Aufgaben von den bundesunmittelbaren und den der Aufsicht des Landes unterstehenden Körperschaften, Anstalten und Stiftungen des öffentlichen Rechts bei raumbedeutsamen Planungen und Maßnahmen zu beachten.

§ 14

Gebietsentwicklungspläne

(1) Die Gebietsentwicklungspläne legen auf der Grundlage des Landesentwicklungsprogramms und der Landesentwicklungspläne die regionalen Ziele der Raumordnung und Landesplanung für die Entwicklung der Regierungsbezirke und für alle raumbedeutsamen Planungen und Maßnahmen im Planungsgebiet fest.

(2) Die Gebietsentwicklungspläne bestehen aus textlichen und zeichnerischen Darstellungen. Sie können in sachlichen und räumlichen Teilabschnitten aufgestellt werden. Sachliche Teilabschnitte sollen den gesamten Regierungsbezirk umfassen. Dem Gebietsentwicklungsplan ist ein Erläuterungsbericht beizufügen.

§ 15

Erarbeitung und Aufstellung

(1) Hat der Bezirksplanungsrat die Erarbeitung des Gebietsentwicklungsplanes beschlossen, so sind die Beteiligten von der Bezirksplanungsbehörde schriftlich zur Mitwirkung aufzufordern. Ihnen ist eine Frist zu setzen, innerhalb der sie Bedenken und Anregungen gegen den Entwurf des Gebietsentwicklungsplanes vorbringen können. Die Frist muß mindestens drei Monate betragen.

(2) Nach Ablauf der Frist sind die fristgemäß vorgebrachten Bedenken und Anregungen mit den betroffenen Beteilgten zu erörtern. Dabei ist ein Ausgleich der Meinungen anzustreben. Über das Ergebnis der Erörterung hat die Bezirksplanungsbehörde dem Bezirksplanungsrat zu berichten. Aus ihrem Bericht muß ersichtlich sein, über welche Bedenken und Anregungen unter den Beteilgten Einigkeit erzielt worden ist und über welche Bedenken und Anregungen abweichende Meinungen bestehen.

(3) Der Gebietsentwicklungsplan wird nach Abschluß des Erarbeitungsverfahrens von dem Bezirksplanungsrat aufgestellt und der Landesplanungsbehörde von der Bezirksplanungsbehörde mit einem Bericht darüber vorgelegt, ob über den Gebietsentwicklungsplan Einigkeit erzielt worden ist oder welche abweichenden Meinungen von den Beteiligten und aus der Mitte des Bezirksplanungsrates vorgebracht worden sind. Die Bezirksplanungsbehörde hat darüber hinaus darzulegen, ob sie Bedenken gegenüber dem vom Bezirksplanungsrat aufgestellten Gebietsentwicklungsplan hat; dem Bezirksplanungsrat ist Gelegenheit zur Stellungsnahme zu geben.

(4) Der Gebietsentwicklungsplan kann jederzeit in dem Verfahren, das für seine Aufstellung gilt, geändert oder ergänzt werden; die Regelungen des § 14 Abs. 2 Sätze 1 und 3 finden keine Anwendung. Der Gebietsentwicklungsplan soll spätestens zehn Jahre nach seiner Genehmigung überprüft und erforderlichenfalls geändert werden.

§ 16

Genehmigung und Bekanntmachung

(1) Die Gebietsentwicklungspläne bedürfen der Genehmigung der Landesplanungsbehörde; diese entscheidet im Einvernehmen mit den fachlich zuständigen Landesministern. Teile des Gebietsentwicklungsplanes können vorweg genehmigt werden.

(2) Die Genehmigung von Gebietsentwicklungsplänen wird im Ministerialblatt für das Land Nordrhein-Westfalen bekanntgemacht. Der in der Bekanntmachung bezeichnete Plan wird bei der Landesplanungsbehörde sowie bei der Bezirksplanungsbehörde und den Kreisen und Gemeinden, auf deren Bereich sich die Planung erstreckt, zur Einsicht für jedermann niedergelegt; in der Bekanntmachung wird darauf hingewiesen.

(3) Die Gebietsentwicklungspläne werden mit der Bekanntmachung der Genehmigung Ziele der Raumordnung und Landesplanung. Sie sind von den Behörden des Bundes und des Landes, den Gemeinden und Gemeindeverbänden, von den öffentlichen Planungsträgern sowie im Rahmen der ihnen obliegenden Aufgaben von den bundesunmittelbaren und den der Aufsicht des Landes unterstehenden Körperschaften, Anstalten und Stiftungen des öffentlichen Rechts bei raumbedeutsamen Planungen und Maßnahmen zu beachten.

§ 17

Verletzung von Verfahrens- und Formvorschriften

Eine Verletzung von Verfahrens- und Formvorschriften dieses Gesetzes und der aufgrund dieses Gesetzes erlassenen Rechtsvorschriften bei der Erarbeitung und Aufstellung des Gebietsentwicklungsplanes ist unbeachtlich, wenn sie nicht schriftlich unter Bezeichung der Verletzung innerhalb eines Jahres nach Bekanntmachung der

Genehmigung des Gebietsentwicklungsplanes bei der Bezirksplanungsbehörde geltend gemacht worden ist. Dies gilt nicht, wenn die Vorschriften über die Genehmigung des Gebietsentwicklungsplanes oder deren Bekanntmachung verletzt worden sind. Bei der Bekanntmachung der Genehmigung ist auf die Rechtsfolgen nach den Sätzen 1 und 2 hinzuweisen.

§ 18

Abstimmung bezirksüberschreitender Planungen

Die Gebietsentwicklungspläne für benachbarte Regierungsbezirke sind untereinander abzustimmen. Kommt eine Einigung nicht zustande, entscheidet die Landesplanungsbehörde im Einvernehmen mit den fachlich zuständigen Landesministern.

§ 19

Planungspflichten

(1) Die Landesplanungsbehörde kann festestellen, daß der Bezirksplanungsrat verpflichtet ist, den Gebietsentwicklungsplan oder einen Gebietsentwicklungsplan für bestimmte räumiche oder sachliche Teilabschnitte innerhalb einer angemessenen Frist aufzustellen oder zu ändern und zur Genehmigung vorzulegen. Kommt der Bezirksplanungsrat dieser Planungspflicht nicht fristgerecht nach, so kann die Landesplanungsbehörde die Planung ganz oder teilweise selbst durchführen oder die Durchfürung der Bezirksplanungsbehörde übertragen.

(2) Hat die Landesplanungsbehörde die Genehmigung eines Gebietsentwicklungsplanes mit der Begründung abgelehnt, daß er dem Landesentwicklungsprogramm oder einem Landesentwicklungsplan widerspreche, so ist sie befugt, bei der erneuten Vorlage einen solchen Plan im Einvernehmen mit den fachlich zuständigen Landesministern zum Zwecke der Anpassung zu ändern und in der geänderten Form zu genehmigen.

§ 20

Anpassung der Bauleitplanung

(1) Um die Bauleitplanung den Zielen der Raumordnung und Landesplanung anzupassen, hat die Gemeinde bei Beginn ihrer Arbeiten zur Aufstellung oder Änderung eine Bauleitplanes unter allgemeiner Angabe ihrer Planungsabsichten bei der Bezirksplanungsbehörde anzufragen, welche Ziele für den Planungsbereich bestehen.

(2) Äußert sich die Bezirksplanungsbehörde nicht innerhalb von drei Monaten auf die Anfrage der Gemeinde, so kann die Gemeinde davon ausgehen, daß landesplanerische Bedenken nicht erhoben werden.

(3) Wenn die Bezirksplanungsbehörde es für geboten hält, sind die Planungsabsichten der Gemeinde mit ihr zu erörtern. Kommt in einem wiederholten Erörterungstermin eine Einigung nicht zustande, so befindet die Bezirksplanungsbehörde im Einvernehmen mit dem Bezirksplanungsrat über die nicht ausgeräumten Bedenken. Sie kann hierbei die Feststellung treffen, daß die Planungsabsichten den Zielen der Raumordnung und Landesplanung nicht angepaßt sind; dabei sind die Abweichungen im einzelnen zu bezeichnen.

(4) Trifft die Bezirksplanungsbehörde eine solche Feststellung so hat sie der Landesplanungsbehörde über den Sachverhalt zu berichten; der Gemeinde ist Gelegenheit zu geben, zu dem Bericht Stellung zu nehmen. Entsprechendes gilt, wenn der Bezirksplanungsrat sein Einvernehmen zur Entscheidung der Bezirksplanungsbehörde nach Absatz 3 Satz 2 nicht erteilt hat; dem Bezirksplanungsrat ist Gelegenheit zu geben, zu dem Bericht der Bezirksplanungsbehörde Stellung zu nehmen.

(5) Die Landesplanungsbehörde entscheidet über die nicht ausgeräumten Bedenken im Einvernehmen mit den fachlich zuständigen Landesministern. Sie teilt ihre Entscheidung den Betroffenen mit.

(6) Die Gemeinde hat vor Beginn des Verfahrens nach § 2 Abs. 6 Bundesbaugesetz der Bezirksplanungsbehörde eine Ausfertigung des Entwurfs des Bauleitplanes zuzuleiten. Die Fortführung des Verfahrens zur Aufstellung des Bauleitplanes wird hierdurch nicht gehemmt. Äußert sich die Bezirksplanungsbehörde nicht innerhalb der Auslegungsfrist nach § 2 a Abs. 6 Bundesbaugesetz, so kann die Gemeinde davon ausgehen, daß gegenüber dem Entwurf des Bauleitplanes landesplanerische Bedenken nicht erhoben werden. Im übrigen gelten die Absätze 3 bis 5 entsprechend.

(7) Ist die Bezirksplanungsbehörde bei der Aufstellung eines vorbereitenden Bauleitplanes beteiligt worden, so bedarf es bei der Aufstellung eines daraus entwickelten verbindlichen Bauleitplanes ihrer erneuten Beteiligung nicht.

§ 21

Anpassungspflicht der Gemeinden und Planungsgebot

(1) Die Landesregierung kann verlangen, daß die Gemeinden ihre genehmigten Bauleitpläne den Zielen der Raumordnung und Landesplanung anpassen.

(2) Die Landesregierung kann verlangen, daß die Gemeinden Bauleitpläne entsprechend den Zielen der Raumordnung und Landesplanung aufstellen, wenn dies zur Verwirklichung von Planungen mit hervorragender Bedeutung für die überörtliche Wirtschaftsstruktur oder allgemeine Landesentwicklung erforderlich ist; die betroffenen Flächen müssen auf der Grundlage eines Landesentwicklungsplanes in Gebietsentwicklungsplänen dargestellt sein. Vor der Entscheidung der Landesregierung ist den betroffenen Bezirksplanungsräten und Gemeinden Gelegenheit zur Stellungnahme zu geben.

§ 22

Untersagung raumordnungswidriger Planungen und Maßnahmen

(1) Die Landesplanungsbehörde kann im Einvernehmen mit den fachlich zuständigen Landesministern und nach Anhörung des Bezirksplanungsrates raumbedeutsame Planungen und Maßnahmen, die von Behörden oder sonstigen Planungsträgern im Sinne des § 4 Abs. 5 des Raumordnungsgesetzes vom 8. April 1965 (BGBl. I S. 306) beabsichtigt sind, für eine bestimmte Zeit untersagen, wenn zu befürchten ist, daß die Einhaltung der Ziele der Raumordnung und Landesplanung oder ihre bereits eingeleitete Aufstellung, Änderung oder Ergänzung unmöglich gemacht oder wesentlich erschwert werden.

(2) Die Untersagung kann verlängert werden; dabei darf eine Untersagung zur Sicherung noch nicht aufgestellter Ziele der Raumordnung und Landesplanung die Gesamtdauer von zwei Jahren nicht überschreiten.

(3) Die Untersagung wird nach Anhörung des Betroffenen von Amts wegen oder auf Antrag eines öffentlichen Planungsträgers, dessen Aufgaben durch die beabsichtigte Planung oder Maßnahme berührt werden, ausgesprochen.

(4) Die Untersagung ist vor Fristablauf ganz oder teilweise aufzuheben, soweit ihre Voraussetzungen weggefallen sind.

§ 23

Zurückstellung von Baugesuchen

Die Regierungspräsidenten können unter den Voraussetzungen des § 22 Abs. 1 die Baugenehmigungsbehörde anweisen, die Entscheidung über die Zulässigkeit baulicher Anlagen im Einzelfall für einen Zeitraum bis zu zwölf Monaten auszusetzen.

Abschnitt III

Sondervorschriften für das Rheinische Braunkohlenplangebiet

§ 24

Braunkohlenpläne

(1) Die Braunkohlenpläne legen auf der Grundlage des Landesentwicklungsprogramms und der Landesentwicklungspläne und in Abstimmung mit den Gebietsentwicklungsplänen im Braunkohlenplangebiet Ziele der Raumordnung und Landesplanung fest, soweit es für eine geordnete Braunkohlenplanung erforderlich ist.

(2) Die Braunkohlenpläne bestehen aus textlichen und zeichnerischen Darstellungen. Die textlichen Darstellungen müssen insbesondere Angaben enthalten über die Grundzüge der Oberflächengestaltung und Wiedernutzbarmachung in Abbau- und Aufschüttungsgebieten einschließlich der im Rahmen der Rekultivierung angestrebten Landschaftsentwicklung sowie über sachliche, räumliche und zeitliche Abhängigkeiten. Die zeichnerischen Darstellungen des Braunkohlenplanes müssen insbondere Festlegungen treffen über die Abbaugrenzen und die Sicherheitslinien des Abbaus, die Haldenflächen und deren Sicherheitslinien, die Umsiedlungsflächen und die Festlegung der Räume, in denen Verkehrswege, Bahnen aller Art, Energie- und Wasserleitungen angelegt oder verlegt werden können. Der Maßstab der zeichnerischen Darstellungen des Braunkohlenplanes beträgt 1:5000 oder 1:10000. Die Braunkohlenpläne können in sachlichen und räumlichen Teilabschnitten aufgestellt werden. Ihnen ist ein Erläuterungsbericht beizufügen.

(3) Die an der Erarbeitung des Braunkohlenplanes beteiligten Gemeinden legen den Entwurf des Planes mit Erläuterungsbericht innerhalb der ihnen zur Verfügung stehenden Beteiligungsfrist zur Einsichtnahme öffentlich aus. Die Auslegungsfrist beträgt drei Monate. Der Braunkohlenausschuß kann eine abweichende Auslegungsfrist beschließen, die die Dauer von sechs Wochen nicht unterschreiten darf. Ort und Dauer der Auslegung sind mindestens eine Woche vorher ortsüblich mit dem Hinweis bekanntzumachen, daß Bedenken und Anregungen während der Auslegungsfrist bei der Bezirksplanungsbehörde Köln vorgebracht werden können. Der Braunkohlenausschuß prüft die fristgemäß vorgebrachten Bedenken und Anregungen. Über das Ergebnis sind die Einwender zu unterrichten. Die Unterrichtung kann durch Niederlegung des genehmigten Planes in den beteiligten Gemeinden erfolgen. Die Gemeinden haben in diesem Falle ortsüblich bekanntzumachen, bei welcher Stelle der genehmigte Plan während der Dienststunden eingesehen werden kann.

(4) Die Genehmigung der Braunkohlenpläne ist nur zu erteilien, wenn sie die Erfordernisse einer langfristigen Energieversorgung und die Erfordernisse des Umweltschutzes angemessen berücksichtigen. Vor der Genehmigung ist dem jeweils betroffenen Bezirksplanungsrat Gelegenheit zu geben, zur Vereinbarkeit mit dem Gebietsentwicklungsplan Stellung zu nehmen.

(5) Die Braunkohlenpläne sollen vor Beginn eines Abbauvorhabens im Braunkohlenplangebiet aufgestellt und genehmigt sein. Die Betriebspläne der im Braunkohlenplangebiet gelegenen bergbaulichen Betriebe sind mit den Braunkohlenplänen in Einklang zu bringen.

§ 25

Braunkohlenplangebiet

(1) Das Braunkohlenplangebiet umfaßt ganz oder zum Teil das Gebiet der Kreise Aachen, Düren, Euskirchen, Erftkreis, Heinsberg, Neuss, Rhein-Sieg-Kreis sowie der kreisfreien Stadt Mönchengladbach.

(2) Die Abgrenzung des Braunkohlenplangebietes im einzelnen sowie spätere Änderungen erfolgen durch Rechtsverordnung.

§ 26

Braunkohlenausschuß

(1) Als Sonderausschuß des Bezirksplanungsrates beim Regierungspräsidenten Köln wird der Braunkohlenausschuß errichtet.

(2) Die Vertretungen der Kreise und kreisfreien Städte des Braunkohlenplangebietes wählen nach Maßgabe des Absatzes 5 Mitglieder des Braunkohlenausschusses aus den Vertretungen der ganz oder zum Teil im Braunkohlenplangebiet liegenden Gemeinden.

(3) Der Bezirksplanungsrat beim Regierungspräsidenten Köln beruft aus den Reihen seiner stimmberechtigten Mitglieder und der stimmberechtigten Mitglieder des Bezirksplanungsrates beim Regierungspräsidenten Düsseldorf nach Maßgabe des Absatzes 8 zehn Mitglieder des Braunkohlenausschusses; sie sollen nicht im Braunkohlenplangebiet ansässig sein. Zwei dieser Mitglieder müssen dem Bezirksplanungsrat Düsseldorf angehören.

(4) Der Bezirksplanungsrat beim Regierungspräsidenten Köln beruft außerdem als Mitglieder des Braunkohlenausschusses

1. einen Vertreter der für das Braunkohlenplangebiet zuständigen Industrie- und Handelskammern,
2. einen Vertreter der für das Braunkohlenplangebiet zuständigen Handwerkskammern,
3. einen Vertreter der für das Braunkohlenplangebiet zuständigen Landwirtschaftskammer,
4. einen Vertreter der im Braunkohlenplangebiet tätigen Arbeitgeberverbände,
5. drei Vertreter der im Braunkohlenplangebiet tätigen Gewerkschaften und
6. einen Vertreter der Landwirtschaft.

Die genannten Organisationen können dem Bezirksplanungsrat beim Regierungspräsidenten Köln Vorschläge für die Berufung einreichen. Die vorgeschlagenen Mitglieder werden durch Bestätigung des Bezirksplanungsrates Köln berufen, die auch durch schriftliche Zustimmung aller stimmberechtigten Mitglieder des Bezirksplanungsrates Köln erfolgen kann. Die Sitze nach Ziffer 5 werden den im Braunkohlenplangebiet tätigen Gewerkschaften nach den Grundsätzen der Verhältniswahl zugeteilt; dabei sind die Zahlen der Gewerkschaftsmitglieder zugrunde zu legen, die bei den Bergbautreibenden im Braunkohlenplangebiet beschäftigt sind.

(5) Die Anzahl der nach Absatz 2 zu wählenden Mitglieder bestimmt sich bei den Kreisen nach der Einwohnerzahl der kreisangehörigen Gemeinden, die ganz oder zum Teil im Braunkohlenplangebiet liegen, und bei den kreisfreien Städten nach der Einwohnerzahl der ganz oder zum Teil im Braunkohlenplangebiet liegenden Stadtbezirke (betroffene Bevölkerung). Es wählen innerhalb von zehn Wochen nach der Neuwahl der Vertretungskörperschaften die Kreise und kreisfreien Städte mit einer betroffenen Bevölkerung

bis 150 000 Einwohner je ein Mitglied,
über 150 000 Einwohner je zwei Mitglieder

des Braunkohlenausschusses. Sind für einen Kreis oder eine kreisfreie Stadt zwei Mitglieder des Braunkohlenauschusses zu wählen, so gelten dafür die Grundsätze der Verhältniswahl.

(6) Die Zusammensetzung der in Absatz 2 und 3 genannten Mitglieder des Braunkohlenausschusses nach Parteien und Wählergruppen muß insgesamt dem Ergebnis der Gemeindewahlen im Regierungsbezirk Köln entsprechen.

(7) Zum Mitglied des Braunkohlenausschusses kann nicht gewählt oder berufen werden,

1. wer bei einer natürlichen Person, einer juristischen Person oder einer Vereinigung,

der die Braunkohlenplanung einen unmittelbaren Vorteil oder Nachteil bringen kann, gegen Entgelt beschäftigt ist,

2. wer Mitglied des Vorstandes, des Aufsichtsrates oder eines gleichartigen Organs einer juristischen Person oder einer Vereinigung ist, der die Braunkohlenplanung einen unmittelbaren Vorteil oder Nachteil bringen kann.

(8) Nach Abschluß der Wahlen gemäß Absatz 5 Satz 2 stellt der Regierungspräsident Köln nach dem d'Hondt'schen Höchstzahlenverfahren in entsprechender Anwendung des § 5 Abs. 7 fest, wie viele Sitze auf die im Bezirksplanungsrat beim Regierungspräsidenten Köln vertretenen Parteien und Wählergruppen entfallen. Die ihnen noch zustehenden Sitze werden aus Listen zugeteilt, die von den Vertretern der Parteien und Wählergruppen im Bezirksplanungsrat Köln aufzustellen sind. Diese Listen bestimmen zugleich die Reihenfolge der Sitzzuteilung für die einzelnen Parteien und Wählergruppen. Sie sind innerhalb eines Monats nach Feststellung der Sitzverteilung dem Regierungspräsidenten Köln einzureichen und innerhalb eines weiteren Monats vom Bezirksplanungsrat Köln zu bestätigen. Die Bestätigung kann durch schriftliche Zustimmung aller stimmberechtigten Mitglieder des Bezirksplanungsrates Köln erfolgen.

(9) Scheidet ein Mitglied aus dem Braunkohlenausschuß aus oder ist seine Wahl oder Berufung rechtsunwirksam, so findet insoweit unverzüglich eine Ersatzwahl oder Ersatzberufung statt. Die Fehlerhaftigkeit der Wahl oder Berufung einzelner Mitglieder berührt nicht die Wirksamkeit der Wahl oder Berufung der übrigen Mitglieder.

(10) Zur Vorbereitung der Beschlußfassung des Braunkohlenausschusses wird für das Nordrevier, das Südrevier, das Westrevier und das Revier Hambach des Braunkohlenplangebietes je ein Unterausschuß gebildet. Dem Unterausschuß gehören je zwei Vertreter der jeweils betroffenen Gemeinden, ein Vertreter des zuständigen Landwirtschaftsverbandes, ein Vertreter des Bergbautreibenden und ein Vertreter der im Braunkohlenplangebiet tätigen Gewerkschaften an. Außerdem nimmt je ein Vertreter der betroffenen Kreise ohne Stimmrecht an den Sitzungen des Unterausschusses teil. Die Vertreter der Gemeinden werden von den Vertretungen der Gemeinden entsandt; mindestens einer der in Satz 2 genannten Gemeindevertreter muß der Vertretung der Gemeinde angehören. Absatz 5 Satz 3 findet mit der Maßgabe entsprechende Anwendung, daß ein in den Unterausschuß entsandtes Mitglied derjenigen Partei oder Wählergruppe anzurechnen ist, die es vorgeschlagen hat.

(11) Beabsichtigt der Braunkohlenausschuß, von den Empfehlungen des Unterausschusses abzuweichen, so ist dem Unterausschuß Gelegenheit zur Stellungnahme zu geben.

(12) Je ein Vertreter des Landesoberbergamtes, des Geologischen Landesamtes, des Landesamtes für Agrarordnung, des Großen Erftverbandes sowie je ein Mitglied der Unterausschüsse nehmen mit beratender Befugnis an den Sitzungen des Braunkohlenausschusses teil. Die Oberstadtdirektoren der kreisfreien Städte und die Oberkreisdirektoren der Kreise des Braunkohlenplangebietes nehmen mit beratender Befugnis an den Sitzungen des Braunkohlenausschusses teil, wenn Beratungsgegenstände in Zusammenhang mit den Aufgaben und Tätigkeiten der jeweiligen Gebietskörperschaft stehen.

(13) Die Bergbehörde unterrichtet den Braunkohlenausschuß und den jeweils zuständigen Unterausschuß über die Zulassung von Betriebsplänen, die die Braunkohlenplanung berühren.

§ 27

Vorsitz, Sitzungen und Geschäftsführung des Braunkohlenausschusses

(1) Der Vorsitzende des Braunkohlenausschusses muß dem Bezirksplanungsrat beim Regierungspräsidenten Köln angehören.

(2) Der Braunkohlenausschuß gibt sich eine Geschäftsordnung, in der auch Regelungen für die Unterausschüsse zu treffen sind.

(3) Der Vorsitzende beruft mindestens zweimal jährlich eine Sitzung des Braunkohlenausschusses ein.

(4) Die Sitzungen des Braunkohlenausschusses sind öffentlich. Die Öffentlichkeit kann für einzelne Angelegenheiten durch Beschluß des Braunkohlenausschusses ausgeschlossen werden. Entsprechendes gilt für die Sitzungen der Unterausschüsse. Durch die Geschäftsordnung kann die Öffentlichkeit der Sitzungen der Unterausschüsse auch für Angelegenheiten einer bestimmten Art ausgeschlossen werden.

(5) Die Geschäfte des Braunkohlenausschusses werden von der Bezirksplanungsbehörde Köln wahrgenommen.

§ 28

Aufgaben des Braunkohlenausschusses

(1) Der Braunkohlenausschuß trifft die sachlichen und verfahrensmäßigen Entscheidungen zur Erarbeitung der Braunkohlenpläne und beschließt deren Aufstellung. Das Erarbeitungsverfahren wird von der Bezirksplanungsbehörde Köln durchgeführt; sie ist dabei an die Weisungen des Braunkohlenausschusses gebunden.

(2) Der Braunkohlenausschuß hat sich laufend von der ordnungsgemäßen Einhaltung der Braunkohlenpläne zu überzeugen und festgestellte Mängel unverzüglich den zuständigen Stellen mitzuteilen.

(3) Die im Braunkohlenplangebiet ansässigen Personen und tätigen Betriebe sind verpflichtet, dem Braunkohlenausschuß oder einem von ihm beauftragten Ausschußmitglied die für die Aufstellung, Änderung und Überprüfung der Einhaltung des Planes erforderlichen Auskünfte zu erteilen und Unterlagen zugänglich zu machen, soweit die Informationen nicht von Behörden und öffentlichen Planungsträgern gegeben werden können. Unbeschadet anderweitiger Vorschriften kann der zuständige Regierungspräsident auf Antrag des Braunkohlenausschusses ein Zwangsgeld bis zur Höhe von fünfzigtausend Deutsche Mark und im Wiederholungsfalle bis zur Höhe von einhunderttausend Deutsche Mark gegen denjenigen festlegen, der der Verpflichtung nach Satz 1 nicht nachkommt.

(4) Soweit die im Absatz 3 genannten Unterlagen Geschäfts- oder Betriebsgeheimnisse enthalten, sind die Unterlagen zu kennzeichnen und getrennt vorzulegen.

§ 29

Anpassung der Braunkohlenplanung

Bestehen Zweifel an der Vereinbarkeit der Planungsabsichten des Braunkohlenausschusses mit den Zielen der Raumordnung und Landesplanung und kommt zwischen der Bezirksplanungsbehörde, dem zuständigen Bezirksplanungsrat und dem zuständigen Braunkohlenausschuß kein Ausgleich der Meinungen zustande, so hat die Bezirksplanungsbehörde den Sachverhalt der Landesplanungsbehörde zur Entscheidung im Einvernehmen mit den fachlich zuständigen Landesministern vorzulegen. Dem Bezirksplanungsrat und dem Braunkohlenausschuß ist Gelegenheit zur Stellungnahme zu geben. Die Entscheidung ist den Betroffenen mitzuteilen.

§ 30

Landbeschaffung

(1) Auf die infolge der Braunkohlenplanung notwendigen Enteignungen von Grundeigentum finden die geltenden gesetzliche Bestimmungen Anwendung.

(2) Bei der bergrechtlichen Grundabtretung nach §§ 135 ff. des Allgemeinen Berggesetzes vom 24. Juni 1865 (PrGS. NW. S. 164), zuletzt geändert durch Gesetz vom 3.

Dezember 1974 (GV.NW.S. 1504), und bei den Enteignungen nach dem Gesetz über die Enteignung von Grundeigentum vom 11. Juni 1874(PrGS. NW. S. 47), zuletzt geändert durch Gesetz vom 28. November 1961 (GV. NW. S. 305), ist auf Antrag des Entschädigungsberechtigten für die Entziehung des Grundeigentums an Stelle der Geldentschädigung die Bereitstellung von Ersatzland anzustreben.

§ 31

Ergänzende Vorschriften

Soweit dieser Abschnitt keine abweichenden Bestimmungen enthält, gelten die Vorschriften der Abschnitte I und II, mit Ausnahme der §§ 6 und 7, für die Aufgaben, die Organisation und das Verfahren der Braunkohlenplanung entsprechend.

Abschnitt IV

Besondere Regelungen

§ 32

Unterrichtung des Landtags

Die Landesregierung berichtet dem Landtag im Abstand von zwei Jahren über
1. ihre Absichten auf dem Gebiet der Landesentwicklung,
2. die im Rahmen der angestrebten Landesentwicklung durchgeführten und geplanten Maßnahmen.

Der nächste Bericht ist dem Landtag im Jahre 1973 vorzulegen.

§ 33

Entschädigung

(1) Übersteigt die Dauer einer Untersagung nach § 22 oder einer Zurückstellung nach § 23 allein, zusammen oder verbunden mit einer Veränderungssperre nach § 14 Bundesbaugesetz, einer Zurückstellung von Baugesuchen nach § 15 Bundesbaugesetz oder einer entsprechenden Untersagung aufgrund anderer Rechtsvorschriften den Zeitraum von insgesamt vier Jahren, so hat das Land den Betroffenen für dadurch entstandene Vermögensnachteile eine angemessene Entschädigung in Geld zu leisten. Die Vorschriften über die Entschädigung im Zweiten Abschnitt des Fünften Teiles des Bundesbaugesetzes gelten sinngemäß.

(2) Muß der Träger einer nach § 22 untersagten Planung oder Maßnahme einen Dritten entschädigen, so erstattet ihm das Land die aus der Erfüllung der Entschädigungsansprüche entstehenden notwendigen Aufwendungen. Die Ersatzleistung ist ausgeschlossen, wenn die Untersagung von dem Planungsträger verschuldet ist oder ihm aus Anlaß der Untersagung aus anderen Rechtsgründen Entschädigungsansprüche zustehen.

(3) Dient die Untersagung nach § 22 ausschließlich oder vorwiegend dem Interesse eines Begünstigten, so kann das Land von ihm die Übernahme der sich aus dieser Vorschrift ergebenden Entschädigungspflichten verlangen, wenn er der Untersagung zugestimmt hat.

(4) Ist aufgrund einer Zurückstellung nach § 23 einem Dritten Entschädigung zu gewähren, so gelten die Regelungen der Absätze 2 und 3 entsprechend.

§ 34

Ersatzleistung und Entschädigung an die Gemeinden

(1) Muß eine Gemeinde einen Dritten gemäß §§ 39 j bis 44 c Bundesbaugesetz entschädigen, weil sie einen rechtswirksamen Bebauungsplan aufgrund rechtsverbindlich aufgestellter Ziele der Raumordnung und Landesplanung auf Verlangen nach § 21 Abs. 1 geändert oder aufgehoben hat, so ist ihr vom Land Ersatz zu leisten.

(2) Ist eine Gemeinde Eigentümerin eines Grundstücks, so kann sie im Falle des § 21 Abs. 1 vom Land eine angemessene Entschädigung in Geld verlangen, soweit durch die Anpassung eines rechtswirksamen Bebauungsplanes Aufwendungen für Vorbereitungen zur Nutzung des Grundstücks an Wert verlieren, die im Vertrauen auf den Bestand der bisherigen Planung gemacht wurden. Ihr sind außerdem die Aufwendungen für Erschließungsanlagen zu ersetzen, soweit sie infolge der Anpassung nicht mehr erforderlich sind. Verwaltungskosten sind nicht zu erstatten.

(3) Eine Gemeinde, die die Anpassung eines rechtswirksamen Bebauungsplanes für erforderlich hält, ist berechtigt, eine förmliche Entscheidung der Landesregierung nach § 21 Abs. 1 zu beantragen.

(4) Eine Gemeinde kann eine Ersatzleistung oder Entschädigung nicht beanspruchen, wenn sie die Bezirksplanungsbehörde nicht gemäß § 20 Abs. 1 rechtzeitig von ihrer Planungsabsicht unterrichtet hat oder soweit sie von einem durch die Änderung der Bauleitplanung Begünstigten Ersatz verlangen kann.

(5) Die Absätze 1 bis 4 finden entsprechende Anwendung in den Fällen des § 21 Abs. 2.

(6) § 33 Abs. 3 findet entsprechende Anwendung.

§ 35

Mitteilungs- und Unterrichtungspflicht

(1) Die obersten Landesbehörden haben alle von ihnen beabsichtigten oder zu ihrer Kenntnis gelangten Maßnahmen und Vorhaben, die für die Raumordnung und Landesplanung Bedeutung haben können, der Landesplanungsbehörde so frühzeitig mitzuteilen, daß ihr die Wahrnehmung der Belange der Landesplanung noch möglich ist.

(2) Zu entsprechenden Mitteilungen sind die nachgeordneten Landesbehörden, die Gemeinden, Gemeindeverbände und die sonstigen Körperschaften, Anstalten und Stiftungen des öffentlichen Rechts gegenüber der Bezirksplanungsbehörde, die kreisangehörigen Gemeinden auch gegenüber dem Oberkreisdirektor als unterer staatlicher Verwaltungsbehörde, verpflichtet.

(3) Die Landesplanungsbehörde unterrichtet durch die Bezirksplanungsbehörde die Bezirksplanungsräte über wichtige Gesetzgebungs- und Planungsvorhaben.

(4) Maßnahmen und Vorhaben, die eine Mitteilungs- oder Unterrichtungspflicht begründen, sind insbesondere beabsichtigte Neugründungen, Errichtung von Zweigbetrieben, Standortverlegungen, Betriebserweiterung und Betriebsstillegung größerer Wirtschaftsunternehmen sowie eine beabsichtigte Zweckentfremdung größerer landwirtschaftlicher Flächen.

§ 36

Auskunftspflicht

Der Landesplanungsbehörde, der Bezirksplanungsbehörde und dem Oberkreisdirektor als unterer staatlicher Verwaltungsbehörde ist auf Verlangen über Planungen Auskunft zu erteilen, die für die Raumordnung und Landesplanung Bedeutung haben können.

§ 37

Erlaß von Rechtsverordnungen und Verwaltungsvorschriften

(1) Die Landesregierung wird ermächtigt, zur Durchführung dieses Gesetzes durch Rechtsverordnung zu regeln:
1. das Verfahren zur Bildung und Einberufung der Bezirksplanungsräte und des Braunkohlenausschusses,
2. die Abgrenzung des Kreises der Beteiligten und das Verfahren der Beteiligung bei der Erarbeitung der Gebietsentwicklungspläne und der Braunkohlenpläne. Die Landesregierung hat hierbei neben den öffentlichen Planungsträgern auch die sonstigen Träger öffentlicher Belange angemessen zu berücksichtigen, deren Aufgabenbereich durch die Gebietsentwicklungspläne sowie durch die Braunkohlenpläne betroffen wird,
3. Form und Art des Planungsinhalts der Landesentwicklungspläne, der Gebietsentwicklungspläne und der Braunkohlenpläne einschließlich der zu verwendenden Planzeichen und ihrer Bedeutung,
4. die räumliche Abgrenzung und Änderung des Braunkohlenplangebietes,
5. die Entschädigung der Mitglieder der Bezirksplanungsräte und des Braunkohlenausschusses.

Die Verordnungen zu Ziffern 2 und 4 werden im Einvernehmen mit dem für die Landesplanung zuständigen Ausschuß des Landtags, die Verordnungen zu Ziffern 1, 3 und 5 nach Anhörung des für die Landesplanung zuständigen Ausschusses des Landtags erlassen.

(2) Die zur Durchführung dieses Gesetzes erforderlichen Verwaltungsvorschriften erläßt die Landesplanungsbehörde im Einvernehmen mit den fachlich zuständigen Landesministern.

V. Schlußvorschrift

§ 38

Inkrafttreten

Das Gesetz tritt am 1. Juli 1962 in Kraft.*)

5.

Verordnung über das Verfahren zur Bildung und Einberufung der Bezirksplanungsräte und des Braunkohlenausschusses

(1. DVO zum Landesplanungsgesetz)

Vom 5. Februar 1980 (GV-NW S. 146)

Aufgrund des § 37 Abs. 1 Nr. 1 des Landesplanungsgesetzes (LPlG) in der Fassung der Bekanntmachung vom 28. November 1979 (GV-NW S. 878) wird nach Anhörung des Ausschusses für Landesplanung und Verwaltungsreform des Landtags verordnet:

*) Die Vorschrift betrifft das Inkrafttreten des Gesetzes in der Fassung vom 1. Juli 1962. Die vorstehende Neubekanntmachung gilt ab 24. November 1979. Die von 1962 bis zu diesem Zeitpunkt eingetretenen Änderungen ergeben sich aus der vorangestellten Bekanntmachung.

I.

Bildung und Einberufung der Bezirksplanungsräte

§ 1

Maßgebende Bevölkerungszahl

(1) Der Regierungspräsident gibt den kreisfreien Städten und Kreisen unverzüglich nach den Gemeindewahlen die Zahl der von ihnen gemäß § 5 Abs. 3 LPlG zu wählenden Mitglieder des Bezirksplanungsrates bekannt.

(2) Für die Ermittlung dieser Zahl ist jeweils vom 1. Januar eines Jahres an die Einwohnerzahl maßgebend, die das Landesamt für Datenverarbeitung und Statistik auf den 30. Juni des vorausgehenden Jahres fortgeschrieben und veröffentlicht hat (§ 2 der Verordnung zur Bestimmung der maßgebenden Einwohnerzahl nach § 28 Abs. 1 des Ersten Vereinfachungsgesetzes).

§ 2

Wahl der Mitglieder

(1) Die Mitglieder des Bezirksplanungsrates sind innerhalb von zehn Wochen nach den Gemeindewahlen zu wählen (§ 5 Abs. 10 S. 1 LPlG).

(2) Das Ergebnis der Wahlen (Familienname, Vorname, Beruf oder Stand, Geburtsdatum, Geburtsort, Straße und Wohnort, Partei- oder Gruppenzugehörigkeit, wählende Körperschaft, Zugehörigkeit zur kommunalen Vertretungskörperschaft der Gewählten) ist mit einer Niederschrift über die Sitzung der Vertretung dem Regierungspräsidenten spätestens eine Woche nach Ablauf der in Absatz 1 genannten Frist mitzuteilen.

§ 3

Einreichen der Reservelisten

(1) Die Reserveliste ist von der für den Regierungsbezirk zuständigen Leitung der Partei oder Wählergruppe bis spätestens sechs Wochen nach den Gemeindewahlen dem Regierungspräsidenten einzureichen (§ 5 Abs. 9 S. 1 LPlG). Nicht rechtzeitig eingehende Reservelisten können bei der Sitzverteilung nicht berücksichtigt werden.

(2) Die Reserveliste kann nicht vor Bekanntgabe der Zusammensetzung des Bezirksplanungsrates ergänzt werden.

(3) Zuständige Parteileitung im Sinne von § 5 Abs. 9 Satz 1 LPlG ist die Leitung desjenigen Parteiverbandes, der mit dem jeweiligen Regierungsbezirk gebietlich dekkungsgleich ist. Soweit solche Parteiverbände nicht bestehen, ist der nächsthöhere Parteiverband zuständig. Für die Leitung von Wählergruppen gelten die Vorschriften der Sätze 1 und 2 entsprechend.

(4) Die Reservelisten dürfen nur Bewerber enthalten, die Mitglied der Vertretung einer Gemeinde des Regierungsbezirks sind.

(5) Die Reservelisten müssen folgende Angaben enthalten:

1. Bezeichnung der einreichenden Partei oder Wählergruppe,
2. Familiennamen, Vorname, Beruf oder Stand, Geburtsdatum, Geburtsort, Straße und Wohnort der Bewerber,
3. Bezeichnung der kommunalen Vertretungskörperschaften, denen der Bewerber angehört.

Die Reservelisten müssen von der zuständigen Leitung der Partei oder Wählergruppe unterzeichnet sein.

(6) Eine Verbindung der Reservelisten von Parteien oder Wählergruppen ist nicht zulässig.

(7) Je eine Ausfertigung der Reservelisten ist der Landesplanungsbehörde spätestens nach Ablauf der in § 5 Abs. 9 Satz 1 LPlG vorgesehenen Frist zum Zwecke der Bestätigung vorzulegen.

§ 4

Vorschläge für die beratenden Mitglieder

(1) Die Vorschläge für die Wahl der beratenden Mitglieder sind von den im Regierungsbezirk zuständigen Industrie- und Handelskammern, Handwerkskammern und Landwirtschaftskammern sowie den im Regierungsbezirk tätigen Gewerkschaften und Arbeitgeberverbänden zwei Wochen vor Ablauf der in § 5 Abs. 10 Satz 1 LPlG vorgesehenen Frist dem Regierungspräsidenten getrennt nach Arbeitgebern und Arbeitnehmern einzureichen.

(2) Innerhalb einer Woche nach Ablauf dieser Frist stellt der Regierungspräsident die Vorschläge in zwei Listen, getrennt nach Arbeitgebern und Arbeitnehmern, zusammen und leitet sie dem bisherigen Vorsitzenden des Bezirksplanungsrates zu. In die Listen sind die Bewerber in alphabetischer Reihenfolge unter Angabe von Familienname, Vorname, Wohnsitz, Berufsbezeichnung und Beschäftigungsstelle aus den Wahlvorschlägen zu übernehmen; weitere Angaben dürfen die Listen nicht enthalten. Der Vorsitzende des Bezirksplanungsrates übersendet die Listen bei der Einberufung des neuen Bezirksplanungsrates dessen Mitgliedern.

§ 5

Konstituierende Sitzung

(1) Zur ersten Sitzung des Bezirksplanungsrates sind auch die beratenden Mitglieder gemäß § 6 Abs. 3 und Abs. 4 LPlG zu laden.

(2) Der Bezirksplanungsrat wählt zu Beginn seiner ersten Sitzung nach der Neuwahl aus seiner Mitte unter Leitung des lebensältesten Mitgliedes ohne Aussprache seinen Vorsitzenden und dessen Stellvertreter. Gewählt ist derjenige Bewerber, für den in geheimer Abstimmung mehr als die Hälfte der gültigen Stimmen abgegeben worden ist. Wird diese Mehrheit nicht erreicht, so findet in der gleichen Sitzung unverzüglich und in gleicher Weise ein zweiter Wahlgang statt. In diesem Wahlgang ist derjenige gewählt, der die meisten Stimmen auf sich vereinigt hat; bei Stimmengleichheit entscheidet das Los.

(3) Anschließend wird unter Leitung des Vorsitzenden die Wahl der beratenden Mitglieder nach § 6 Abs. 1 LPlG durchgeführt.

§ 6

Wahl der beratenden Mitglieder

(1) Die Wahl der beratenden Mitglieder wird für die Arbeitgeber und Arbeitnehmer in geheimen und getrennten Wahlgängen ohne Aussprache nach den Grundsätzen der Mehrheitswahl (Personenwahl) durchgeführt.

(2) Jedes wahlberechtigte Mitglied des Bezirksplanungsrates hat in beiden Wahlgängen je drei Stimmen; es kann jeweils nur eine Stimme für einen Bewerber abgeben. Gewählt sind die drei Bewerber, die die meisten gültigen Stimmen erhalten haben. Bei Stimmengleichheit entscheidet das Los. Scheidet ein beratendes Mitglied aus dem Bezirksplanungsrat aus oder ist seine Wahl rechtsunwirksam, so findet insoweit unverzüglich eine Ersatzwahl statt. Die Fehlerhaftigkeit der Wahl einzelner Mitglieder berührt nicht die Wirksamkeit der Wahl der übrigen Mitglieder.

§ 7

Vertreter der Landschaftsverbände und des Kommunalverbandes Ruhrgebiet

Die Landschaftsverbände und der Kommunalverband Ruhrgebiet haben ihre Vertreter spätestens bis zum Ablauf der in § 5 Abs. 10 Satz 1 LPlG genannten Frist zu benennen.

§ 8

Bekanntgabe des Wahlergebnisses und der Zusammensetzung des Bezirksplanungsrates

Der Regierungspräsident stellt das Ergebnis der Wahlen fest und macht das Wahlergebnis und die Zusammensetzung des Bezirksplanungsrates in seinem Amtsblatt bekannt.

II.

Bildung und Einberufung des Braunkohlenausschusses

§ 9

Maßgebende Bevölkerungszahl

(1) Der Regierungspräsident Köln gibt den kreisfreien Städten und den Kreisen des Braunkohlenplangebietes unverzüglich nach den Gemeindewahlen die Anzahl der von ihnen gemäß § 26 Abs. 5 LPlG zu wählenden Mitglieder des Braunkohlenausschusses bekannt.

(2) Für die Ermittlung dieser Zahl ist jeweils vom 1. Januar eines Jahres an die Einwohnerzahl maßgebend, die das Landesamt für Datenverarbeitung und Statistik auf den 30. Juni des vorausgehenden Jahres fortgeschrieben und veröffentlicht hat (§ 2 der Verordnung zur Bestimmung der maßgebenden Einwohnerzahl nach § 28 Abs. 1 des Ersten Vereinfachungsgesetzes).

§ 10

Wahl der Mitglieder des Braunkohlenausschusses durch die kreisfreien Städte und Kreise

(1) Die Mitglieder des Braunkohlenausschusses nach § 26 Abs. 5 LPlG sind innerhalb von zehn Wochen nach den Gemeindewahlen zu wählen.

(2) Das Ergebnis der Wahlen (Familienname, Vorname, Beruf oder Stand, Geburtsdatum, Geburtsort, Straße und Wohnort, Partei- oder Gruppenzugehörigkeit, wählende Körperschaft, Zugehörigkeit zur kommunalen Vertretungskörperschaft der Gewählten) ist mit einer Niederschrift über die Sitzung der Vertretung dem Regierungspräsidenten Köln spätestens eine Woche nach Ablauf der in Absatz 1 genannten Frist mitzuteilen.

§ 11

Berufung der Mitglieder des Braunkohlenausschusses nach § 26 Abs. 3 LPlG

(1) Nach Durchführung der Wahlen gemäß § 26 Abs. 5 LPlG errechnet der Regierungspräsident Köln nach Maßgabe des § 26 Abs. 8 LPlG die Anzahl der von den Parteien und Wählergruppen, die im Bezirksplanungsrat Köln vertreten sind, gemäß § 26 Abs. 3 LPlG zu berufenden Mitglieder und teilt das Ergebnis den im Bezirksplanungsrat Köln vertretenen Parteien und Wählergruppen unverzüglich mit.

(2) Die im Bezirksplanungsrat Köln vertretenen Parteien und Wählergruppen haben spätestens einen Monat nach Zugang der Mitteilung nach Absatz 1 dem Regierungspräsidenten Köln ihre Listen, aus denen die ihnen noch zustehenden Sitze zugeteilt werden, einzureichen. Dieser leitet die Listen dem Bezirksplanungsrat unverzüglich zur Bestätigung zu.

§ 12

Berufung der Mitglieder des Braunkohlenausschusses nach § 26 Abs. 4 LPlG

(1) Die für das Braunkohlenplangebiet zuständigen Industrie- und Handelskammern, Handwerkskammern und die zuständige Landwirtschaftskammer sowie die im Braunkohlenplangebiet tätigen Arbeitgeberverbände und Gewerkschaften reichen dem Regierungspräsidenten Köln innerhalb von zehn Wochen nach der Neuwahl der Vertretungskörperschaften ihre Vorschläge für die vom Bezirksplanungsrat zu berufenden Mitglieder ein. Die Berufung des Vertreters der Landwirtschaft erfolgt auf Vorschlag des Rheinischen Landwirtschaftsverbandes e. V., Bonn. Die Vorschläge müssen folgende Angaben enthalten: Familienname, Vorname, Beruf oder Stand, Geburtsdatum, Geburtsort und Wohnort. Die im Braunkohlenplangebiet tätigen Gewerkschaften haben zusätzlich anzugeben, wieviele Mitglieder bei den Bergbautreibenden im Braunkohlenplangebiet beschäftigt sind. Die Richtigkeit dieser Angabe ist zu versichern.

(2) Der Regierungspräsident Köln leitet die Vorschläge nach Absatz 1 dem Bezirksplanungsrat unverzüglich zu.

§ 13

Abschluß des Berufungsverfahrens nach § 26 Abs. 4 LPlG

Der Vorsitzende des Bezirksplanungsrates leitet dem Regierungspräsidenten Köln spätestens einen Monat nach Bestätigung die bestätigten Listen der Parteien und Wählergruppen zu und teilt gleichzeitig mit, welche der nach § 26 Abs. 4 LPlG vorgeschlagenen Mitglieder vom Bezirksplanungsrat berufen worden sind.

§ 14

Bekanntgabe der Zusammensetzung des Braunkohlenausschusses

Die Regierungspräsidenten Köln und Düsseldorf machen die Zusammensetzung des Braunkohlenausschusses in ihrem jeweiligen Amtsblatt bekannt.

§ 15

Einberufung des Braunkohlenausschusses, Wahl des Vorsitzenden und des Stellvertreters

(1) Der Braunkohlenausschuß wird zu seiner konstituierenden Sitzung vom bisherigen Vorsitzenden nach Bestätigung der Listen gemäß § 26 Abs. 8 LPlG und nach Berufung der Mitglieder gemäß § 26 Abs. 4 LPlG einberufen.

(2) Zur ersten Sitzung des Braunkohlenausschusses sind auch die beratenden Mitglieder gemäß § 26 Abs. 12 LPlG zu laden.

(3) Der Braunkohlenausschuß wählt zu Beginn seiner ersten Sitzung nach der Neuwahl aus der Mitte der gemäß § 26 Abs. 3 LPlG berufenen Mitglieder unter Leitung des lebensältesten Mitgliedes ohne Aussprache seinen Vorsitzenden und dessen Stellvertreter. Gewählt ist derjenige Bewerber, für den in geheimer Abstimmung mehr als die Hälfte der gültigen Stimmen abgegeben worden ist. Wird diese Mehrheit nicht erreicht, so findet in der gleichen Sitzung unverzüglich und in gleicher Weise ein zweiter Wahl-

gang statt. In diesem Wahlgang ist derjenige gewählt, der die meisten Stimmen auf sich vereinigt hat; bei Stimmengleichheit entscheidet das Los.

§ 16

Inkrafttreten

Diese Verordnung tritt am Tage nach der Verkündung in Kraft.

6.

Verordnung über die Abgrenzung des Kreises der Beteiligten und das Verfahren der Beteiligung bei der Erarbeitung der Gebietsentwicklungspläne und der Braunkohlenpläne

(2. DVO zum Landesplanungsgesetz)

Vom 5. Februar 1980 (GV-NW S. 147)

Aufgrund des § 37 Abs. 1 Nr. 1 des Landesplanungsgesetzes (LPlG) in der Fassung der Bekanntmachung vom 28. November 1979 (GV-NW S. 878) wird im Einvernehmen mit dem Ausschuß für Landesplanung und Verwaltungsreform des Landtags verordnet:

I. Abschnitt

Erarbeitung der Gebietsentwicklungspläne

§ 1

Beteiligte

(1) Bei der Erarbeitung des Gebietsentwicklungsplanes (§ 15 Abs. 1 LPlG) sind Beteiligte, wenn sich ihr Bezirk ganz oder teilweise auf das Planungsgebiet erstreckt:

1. die Bundesbahndirektionen,
2. das Landesarbeitsamt,
3. die Oberpostdirektionen,
4. die Wasser- und Schiffahrtsdirektionen,
5. die Wehrbereichsverwaltungen,
6. das Landesamt für Agrarordnung,
7. das Landesamt für Wasser und Abfall,
8. die Direktoren der Landwirtschaftskammern als Landesbeauftragte,
9. die höheren Forstbehörden,
10. das Geologische Landesamt,
11. das Landesoberbergamt,
12. die Oberfinanzdirektionen,
13. die Landschaftsverbände,
14. der Kommunalverband Ruhrgebiet,
15. die Kreise und Gemeinden,
16. Planungsverbände nach dem Bundesbaugesetz sowie Zweckverbände, denen die Aufstellung von Bauleitplänen obliegt,
17. die Industrie- und Handelskammern,
18. die Handwerkskammern,
19. die Landwirtschaftskammern,
20. die Archtitektenkammer,

21. die Landesanstalt für Ökologie, Landschaftsentwicklung und Forstplanung,
22. Zusammenschlüsse der auf Landesebene bestehenden Verbände und Vereinigungen der Arbeitgeber,
23. Zusammenschlüsse der auf Landesebene bestehenden Verbände und Vertretungen der Arbeitnehmer und der Beamten,
24. die wasserwirtschaftlichen Verbände, deren Verbandsgebiet über das Gebiet einer Gemeinde hinausreicht.

(2) Die Bezirksplanungsräte haben weitere Behörden und Stellen, auch benachbarte Bezirksplanungsräte, als Beteiligte zuzulassen, wenn deren Mitwirkung zweckmäßig erscheint und soweit deren Aufgabenbereich durch die Gebietsentwicklungspläne betroffen wird; das gilt nicht für solche Behörden und Stellen, die den in Absatz 1 genannten Behörden und Stellen nachgeordnet sind.

(3) Die Absätze 1 und 2 gelten für die Erarbeitung eines räumlichen oder sachlichen Teilabschnitts eines Gebietsentwicklungsplanes entsprechend.

§ 2

Verfahren

(1) Bei Beginn der Erarbeitung des Gebietsentwicklungsplanes hat die Bezirksplanungsbehörde die Beteiligten schriftlich zur Mitwirkung aufzufordern.

(2) Mit der Aufforderung nach Absatz 1 ist jedem Beteiligten ein Entwurf des Gebietsentwicklungsplanes zu übersenden.

(3) Den Beteiligten ist eine Frist zu setzen, innerhalb der sie Bedenken und Anregungen zum Entwurf des Gebietsentwicklungsplanes vorbringen können. Die Frist muß mindestens drei Monate betragen.

II. Abschnitt

Erarbeitung der Braunkohlenpläne

§ 3

Beteiligte

(1) Bei der Erarbeitung der Braunkohlenpläne sind Beteiligte, wenn sich ihr Bezirk ganz oder teilweise auf das Planungsgebiet erstreckt:

1. die Bundesbahndirektion Köln,
2. das Landesarbeitsamt,
3. die Oberpostdirektionen Düsseldorf und Köln,
4. die Wasser- und Schiffahrtsdirektion West,
5. die Wehrbereichsverwaltung III,
6. das Landesamt für Agrarordnung,
7. das Landesamt für Wasser und Abfall,
8. der Direktor der Landwirtschaftskammer Rheinland als Landesbeauftragter,
9. die höhere Forstbehörde,
10. das Geologische Landesamt,
11. das Landesoberbergamt,
12. die Oberfinanzdirektionen Düsseldorf und Köln,
13. der Landschaftsverband Rheinland,
14. der Große Erftverband,
15. die Kreise und Gemeinden,
16. Planungsverbände nach dem Bundesbaugesetz sowie Zweckverbände, denen die Aufstellung von Bauleitplänen obliegt,
17. die Industrie- und Handelskammern Aachen, Bonn, Köln und Mittlerer Niederrhein Krefeld/Mönchengladbach/Neuss,

18. die Handwerkskammern Aachen, Düsseldorf und Köln,
19. die Landwirtschaftskammer Rheinland,
20. die Architektenkammer,
21. die Landesanstalt für Ökologie, Landschaftsentwicklung und Forstplanung,
22. Zusammenschlüsse der im Braunkohlenplangebiet tätigen Verbände und Vereinigungen der Arbeitgeber,
23. Zusammenschlüsse der im Braunkohlenplangebiet tätigen Verbände und Vertretungen der Arbeitnehmer und der Beamten,
24. die wasserwirtschaftlichen Verbände, deren Verbandsgebiet über das Gebiet einer Gemeinde hinausreicht,
25. die im Braunkohlenplangebiet tätigen Bergbautreibenden.

(2) Die Absätze 2 und 3 des § 1 gelten entsprechend.

§ 4

Verfahren

§ 2 findet bei der Erarbeitung der Braunkohlenpläne entsprechende Anwendung.

III. Abschnitt

Schlußbestimmungen

§ 5

Inkrafttreten

Diese Verordnung tritt am Tage nach der Verkündung in Kraft. Die Zweite Durchführungsverordnung zum Landesplanungsgesetz vom 4. Mai 1976 (GV-NW S. 225) tritt gleichzeitig außer Kraft.

7.

Verordnung über Form und Art des Planungsinhalts der Landesentwicklungspläne, der Gebietsentwicklungspläne und der Braunkohlenpläne

(3. DVO zum Landesplanungsgesetz)

Vom 5. Februar 1980 (GV-NW S. 149)

Aufgrund des § 37 Abs. 1 Nr. 1 des Landesplanungsgesetzes (LPlG) in der Fassung der Bekanntmachung vom 28. November 1979 (GV-NW S. 878) wird nach Anhörung des Ausschusses für Landesplanung und Verwaltungsreform des Landtags verordnet:

§ 1

Landesentwicklungspläne

Die zeichnerischen Darstellungen der Landesentwicklungspläne sollen im Maßstab nicht größer als 1:200 000 sein. Die verwendeten Planzeichen sind in einer Legende zu erklären.

§ 2

Gebietsentwicklungspläne

(1) Die textlichen Darstellungen der Gebietsentwicklungspläne müssen Orientierungswerte enthalten für

1. die angestrebte Struktur des Planungsgebietes,
2. die Entwicklung der Bevölkerung und ihre angestrebte Verteilung im Planungsgebiet und in seinen Teilräumen,
3. die angestrebte durchschnittliche Siedlungsdichte in den Wohnsiedlungsbereichen,
4. sachliche, räumliche und zeitliche Abhängigkeiten.

(2) Die zeichnerischen Darstellungen der Gebietsentwicklungspläne müssen nach Inhalt und Gliederung dem als Anlage 1*) dieser Verordnung beigefügten Planzeichenverzeichnis entsprechen. Wohnplätze mit einer Aufnahmefähigkeit von weniger als 2 000 Einwohnern sind nicht als Wohnsiedlungsbereiche darzustellen.

(3) Der Maßstab der zeichnerischen Darstellungen beträgt 1:50 000. Soweit Darstellungen erforderlich sind, für die im Planzeichenverzeichnis keine Planzeichen enthalten sind, können sie sinngemäß aus den angegebenen Planzeichen entwickelt werden. Die verwendeten Planzeichen sind in einer Legende zu erklären.

(4) Planungen und sonstige Nutzungsregelungen, die nach anderen gesetzlichen Vorschriften für das Planungsgebiet bestehen, können nachrichtlich in die zeichnerischen Darstellungen des Gebietsentwicklungsplanes übernommen werden.

(5) Der Erläuterungsbericht zum Gebietsentwicklungsplan soll auch Hinweise zur zeitlichen Durchführung der im Gebietsentwicklungsplan dargestellten Ziele enthalten; ihm können ergänzende Karten beigefügt werden.

§ 3

Braunkohlenpläne

(1) Die zeichnerischen Darstellungen des Braunkohlenplanes müssen nach Inhalt und Gliederung dem als Anlage 2*) dieser Verordnung beigefügten Planzeichenverzeichnis entsprechen. Im übrigen findet § 2 Abs. 2 sinngemäß Anwendung; insbesondere sind die durch die Braunkohlengewinnung verursachten raumbedeutsamen Veränderungen und Ersatzplanungen darzustellen. Der Maßstab der zeichnerischen Darstellungen des Braunkohlenplanes beträgt 1:5 000 oder 1:10 000 auf der Grundlage der verkleinerten Deutschen Grundkarte. Soweit Darstellungen erforderlich sind, für die in den Planzeichenverzeichnissen der Anlagen 1 und 2 keine Planzeichen enthalten sind, können sie sinngemäß aus den angegebenen Planzeichen entwickelt werden. § 2 Abs. 4 gilt entsprechend.

(2) Die textlichen Darstellungen des Braunkohlenplanes müssen auch Angaben über die sachlichen, räumlichen und zeitlichen Abhängigkeiten enthalten.

(3) Im Erläuterungsbericht ist auch auf die Entwicklung der Planung bis zum Abschluß der bergbaulichen Maßnahmen einzugehen. Ferner sind die Auswirkungen des Braunkohlenabbaus auf die Erwerbs- und Berufsverhältnisse, Wohnbedürfnisse, sozialen Verflechtungen sowie die örtlichen Bindungen der Betroffenen aufzuzeigen und Lösungsvorschläge zu entwickeln. Im übrigen gilt § 2 Abs. 5 entsprechend.

§ 4

Ausnahmen

Die Landesplanungsbehörde kann im Einzelfall Ausnahmen von den Vorschriften der §§ 2 und 3 zulassen.

---

*) Vom Abdruck der Anlagen wurde abgesehen.

§ 5

Inkrafttreten

Diese Verordnung tritt am Tage nach der Verkündung in Kraft. Die dritte Durchführungsverordnung zum Landesplanungsgesetz vom 4. Mai 1976 (GV-NW S. 227) tritt gleichzeitig außer Kraft.

8.

Verordnung über die Entschädigung der Mitglieder der Bezirksplanungsräte und des Braunkohlenausschusses

(5.*) DVO zum Landesplanungsgesetz)

Vom 5. Februar 1980 (GV-NW S. 150)

Aufgrund des § 37 Abs. 1 Nr. 1 des Landesplanungsgesetzes (LPlG) in der Fassung der Bekanntmachung vom 28. November 1979 (GV-NW S. 878) wird nach Anhörung des Ausschusses für Landesplanung und Verwaltungsreform des Landtags verordnet:

§ 1

Arten der Entschädigung

Die Mitglieder der Bezirksplanungsräte nach § 5 und § 6 LPlG erhalten — soweit sie nicht nach § 6 Abs. 4 LPlG die Mitgliedschaft als Teil eines Hauptamtes wahrnehmen — nach näherer Bestimmung der §§ 2 bis 6 dieser Verordnung

1. Aufwandsentschädigung,
2. Ersatz für Verdienstausfall,
3. Fahrkostenerstattung aus Anlaß von Sitzungen,
4. Übernachtungsgelder aus Anlaß von Sitzungen und
5. Reisekostenvergütung aus Anlaß von Dienstreisen.

§ 2

Aufwandsentschädigung

(1) Die Mitglieder der Bezirksplanungsräte erhalten als Aufwandsentschädigung einen Pauschalbetrag von monatlich 93,50 DM sowie für die Teilnahme an den Sitzungen der Bezirksplanungsräte und den zu ihrer Vorbereitung erforderlichen Sitzungen der dort vorhandenen Gruppierungen der Parteien und Wählergruppen ein Sitzungsgeld von je 46,75 DM. Die Teilnahme an den Sitzungen ist durch eine Anwesenheitsliste nachzuweisen.

(2) Der in Absatz 1 genannte Betrag für das Sitzungsgeld gilt für eine Sitzung. Wird eine Sitzungsdauer von insgesamt sechs Stunden überschritten, kann höchstens ein weiteres Sitzungsgeld gewährt werden. Bei mehreren Sitzungen an einem Tag dürfen nicht mehr als zwei Sitzungsgelder gewährt werden.

§ 3

Ersatz für Verdienstausfall

Mitglieder, die einen Verdienstausfall nachweisen oder glaubhaft machen, erhalten eine Entschädigung in Höhe dieses Ausfalls, höchstens jedoch in Höhe des in § 2 Abs. 2 des Gesetzes über die Entschädigung von Zeugen und Sachverständigen in der jeweils geltenden Fassung festgesetzten Betrages. Die letzte Stunde wird voll gerechnet.

---

*) Offensichtlich Redaktionsversehen; soll wohl „4." heißen.

§ 4

Fahrkostenerstattung

(1) Mitglieder der Bezirksplanungsräte werden die Fahrkosten nach Maßgabe des Landesreisekostengesetzes erstattet, die ihnen durch Fahrten zum Sitzungsort und zurück entstehen, höchstens jedoch in Höhe der Kosten der Fahrten von der Wohnung zum Sitzungsort und zurück.

(2) Zugrunde zu legen ist die höchste Entschädigungsstufe nach § 5 Abs. 1 des Landesreisekostengesetzes.

(3) Für die Benutzung privateigener Fahrzeuge im Sinne des § 6 Abs. 1 des Landesreisekostengesetzes darf höchstens eine Wegstreckenentschädigung in Höhe der Sätze nach § 6 Abs. 1 Satz 2 des Landesreisekostengesetzes gewährt werden.

§ 5

Übernachtungsgeld

Den Mitgliedern der Bezirksplanungsräte wird ein Übernachtungsgeld nach der Reisekostenstufe C des Landesreisekostengesetzes gewährt, wenn die An- oder Abreise am Sitzungstag nicht möglich oder nicht zumutbar war.

§ 6

Reisekostenvergütung

(1) Für Dienstreisen erhalten die Mitglieder der Bezirksplanungsräte Reisekostenvergütung nach Maßgabe des Landesreisekostengesetzes unter Zugrundelegung der Reisekostenstufe C. Die Genehmigung erteilt der Vorsitzende des Bezirksplanungsrates im Einvernehmen mit dem Regierungspräsidenten; die Prüfung des Regierungspräsidenten beschränkt sich auf die haushaltsrechtliche Vertretbarkeit.

(2) Neben Reisekostenvergütung dürfen Sitzungsgelder nicht gewährt werden.

§ 7

Besondere Entschädigung für den Vorsitzenden des Bezirksplanungsrates, dessen Stellvertreter und die Sprecher der im Bezirksplanungsrat vertretenen Parteien und Wählergruppen

Der Vorsitzende des Bezirksplanungsrates, dessen Stellvertreter und die Sprecher der im Bezirksplanungsrat vertretenen Parteien und Wählergruppen erhalten neben den Entschädigungen, die den Mitgliedern der Bezirksplanungsräte nach §§ 2 bis 6 dieser Verordnung zustehen, eine besondere Aufwandsentschädigung. Diese beträgt für den Vorsitzenden 187,— DM, für dessen Stellvertreter (höchstens zwei Stellvertreter) und für die Sprecher der Parteien und Wählergruppen je 93,50 DM monatlich. Die Sprecher der Parteien und Wählergruppen erhalten keine besondere Aufwandsentschädigung, wenn sie gleichzeitig Vorsitzender oder stellvertretender Vorsitzender des Bezirksplanungsrates sind und als solche bereits eine besondere Aufwandsentschädigung erhalten.

§ 8

Entschädigung der Mitglieder des Braunkohlenausschusses und seiner Unterausschüsse

(1) Die Mitglieder des Braunkohlenausschusses erhalten — soweit sie nicht nach § 26 Abs. 12 LPlG die Mitgliedschaft als Teil eines Hauptamtes wahrnehmen — in entsprechender Anwendung der §§ 2 bis 6 dieser Verordnung

1. Aufwandsentschädigung,
2. Ersatz für Verdienstausfall,
3. Fahrkostenerstattung aus Anlaß von Sitzungen,
4. Übernachtungsgelder aus Anlaß von Sitzungen und
5. Reisekostenvergütung aus Anlaß von Dienstreisen.

(2) Die Mitglieder der Unterausschüsse des Braunkohlenausschusses erhalten — soweit sie nicht nach § 26 Abs. 10 LPlG die Mitgliedschaft als Teil eines Hauptamtes wahrnehmen — für die Teilnahme an den Sitzungen der Unterausschüsse als Aufwandsentschädigung ein Sitzungsgeld von je 46,75 DM. Im übrigen gelten für die Entschädigung der Mitglieder der Unterausschüsse des Braunkohlenausschusses die Vorschriften des Absatzes 1 entsprechend.

§ 9

Besondere Entschädigung für den Vorsitzenden des Braunkohlenausschusses und dessen Stellvertreters

Der Vorsitzende des Braunkohlenausschusses und dessen Stellvertreter erhalten neben den Entschädigungen, die den Mitgliedern des Braunkohlenausschusses nach § 8 zustehen, eine besondere Aufwandsentschädigung. Diese beträgt für den Vorsitzenden 187,— DM und für dessen Stellvertreter (höchstens zwei Stellvertreter) je 93,50 DM monatlich.

§ 10

Inkrafttreten

Diese Verordnung tritt mit Wirkung vom 1. Januar 1980 in Kraft. Die Verordnung über die Entschädigung der Mitglieder der Bezirksplanungsräte vom 15. Juli 1976 (GV-NW S. 290), geändert durch Verordnung vom 24. März 1977 (GV-NW S. 162) tritt gleichzeitig außer Kraft.

Rheinland-Pfalz

Übersicht

1. Verwaltungsabkommen über Maßnahmen der Raumordnung und Landesplanung im Grenzbereich der Länder Hessen und Rheinland-Pfalz vom 18. 5. 1965 (MinBl. Sp. 669).*)
2. Landesgesetz für Raumordnung und Landesplanung (Landesplanungsgesetz — LPlG —) in der Fassung vom 8. 2. 1977 (GVBl. S. 6).
3. Landesgesetz zur Änderung des Regionengesetzes v. 18. 11. 1976 (GVBl. S. 257)
4. Erste Landesverordnung zur Durchführung des Landesplanungsgesetzes (1. DVO-LPlG zuständige Behörde nach § 21) vom 19. 4. 1967 (GVBl. S. 136).*)
5. Zweite Landesverordnung zur Durchführung des Landesplanungsgesetzes (2. DVO-LPlG Planungsgemeinschaften) vom 19. 4. 1967 (GVBl. S. 136 i. Verb. m. S. 152).*)

*) Vom Abdruck wurde abgesehen.

2.

Landesgesetz für Raumordnung und Landesplanung (Landesplanungsgesetz — LPlG —)

in der Fassung vom 8. Februar 1977 (GVBl. S. 6)

Inhaltsübersicht

I. Abschnitt

Raumordnung

§ 1

Aufgaben und Ziele der Raumordnung

(1) Das Land und seine Teile sind in ihrer räumlichen Struktur einer Entwicklung zuzuführen, die der freien Entfaltung der Persönlichkeit in der Gemeinschaft am besten dient. Dabei sind die natürlichen Gegebenheiten sowie die wirtschaftlichen, sozialen und kulturellen Erfordernisse zu beachten.

(2) Die räumlichen Voraussetzungen für die Zusammenarbeit im europäischen Raum sind unter besonderer Berücksichtigung der zentralen Lage des Landes zu schaffen und zu fördern.

§ 2

Grundsätze der Raumordnung

Grundsätze der Raumordnung sind:

1. Die räumliche Struktur der Gebiete mit gesunden Lebens- und Arbeitsbedingungen sowie ausgewogenen wirtschaftlichen, sozialen und kulturellen Verhältnissen soll gesichert und weiterentwickelt werden. In Gebieten, in denen eine solche Struktur nicht besteht, sollen Maßnahmen zur Strukturverbesserung ergriffen werden.
2. Eine Verdichtung von Wohn- und Arbeitsstätten soll angestrebt werden, sofern sie dazu beiträgt, räumliche Strukturen mit gesunden Lebens- und Arbeitsbedingungen sowie ausgewogenen wirtschaftlichen, sozialen und kulturellen Verhältnissen zu erhalten, zu verbessern oder zu schaffen. Einer Verdichtung von Wohn- und Arbeitsstätten, die zu unausgewogenen wirtschaftlichen und sozialen Verhältnissen führen würde, soll entgegengewirkt werden.
3. In Gebieten, in denen die Lebensbedingungen in ihrer Gesamtheit im Verhältnis zum Bundesdurchschnitt wesentlich zurückgeblieben sind oder ein solches Zurückbleiben zu befürchten ist, sollen die allgemeinen wirtschaftlichen und sozialen Verhältnisse sowie die kulturellen Einrichtungen verbessert werden. Eine Verbesserung der Wirtschaftsstruktur soll in den Gebieten angestrebt werden, in denen als Folge der bestehenden einseitigen Wirtschaftsstruktur unausgewogene wirtschaftliche und soziale Verhältnisse zu befürchten sind.
4. Es sind die räumlichen Voraussetzungen dafür zu schaffen und zu sichern, daß die land- und forstwirtschaftliche Bodennutzung als wesentlicher Produktionszweig der Gesamtwirtschaft erhalten bleibt. Als Grundlage einer gesunden Agrarstruktur sollen vorrangig lebensfähige land- und forstwirtschaftliche Betriebe erhalten und geschaffen werden.
   Für die landwirtschaftliche Nutzung gut geeignete Böden sind nur in dem unbedingt notwendigen Umfang für andere Nutzungsarten vorzusehen; das gleiche gilt für forstwirtschaftlich genutzte Böden. Für ländliche Gebiete sind eine ausreichende Bevölkerungsdichte und eine angemessene wirtschaftliche Leistungsfähigkeit sowie ausreichende Erwerbsmöglichkeiten, auch außerhalb der Land- und Forstwirtschaft, anzustreben.
5. In Verdichtungsräumen mit gesunden räumlichen Lebens- und Arbeitsbedingungen sowie ausgewogener Wirtschafts- und Sozialstruktur sollen diese Verhältnisse gesichert und, soweit nötig, verbessert werden. Wo solche Verhältnisse nicht bestehen, sollen sie angestrebt werden, insbesondere durch eine Anpassung des Siedlungsgefüges an die wirtschaftlichen, sozialen und kulturellen Bedürfnisse und durch Beseitigung der die Lebens- und Arbeitsbedingungen beeinträchtigenden

Verdichtungsfolgen. Dabei ist auf die Erhaltung der den Verdichtungsräumen zugeordneten Landschaft Bedacht zu nehmen. Soweit die Verwirklichung der Grundsätze nach den Nummern 3 und 4 dadurch nicht beeinträchtigt wird, sollen — soweit erforderlich — in angemessener Entfernung zu den Verdichtungsräumen Gemeinden zu Entlastungsorten für die Aufnahme von Wohn- und Arbeitsstätten entwickelt werden.

6. Die Gemeinden, die sich als zentren der sozialen Betreuung, der Wirtschaft, Kultur, Versorgung und Verwaltung besonders eignen (Gemeinden mit zentralörtlicher Bedeutung), sollen vor allem in den unter den Nummern 3 und 4 genannten Gebieten erhalten und entwickelt werden; der Bevölkerung sollen in zumutbarer Entfernung zentralörtliche Einrichtungen zugänglich sein, die in Umfang und Ausstattung unter Berücksichtigung der zu betreuenden Bevölkerung städtischen Verhältnissen entsprechen.
7. Angemessene Wohnverhältnisse sollen, insbesondere in den Gemeinden der unter den Nummern 3, 4 und 5 Satz 2 genannten Gebiete, angestrebt werden. Dabei ist auf eine sinnvolle Zuordnung von Wohnungen und Arbeitsstätten Bedacht zu nehmen.
8. Die verkehrsmäßige Aufschließung und die Bedienung mit Verkehrsleistungen sollen einen möglichst reibungslosen Verkehrsfluß gewährleisten und zur Strukturverbesserung, vor allem in den unter den Nummern 3 und 4 genannten Gebieten, sowie zur verkehrsgünstigen Erreichbarkeit der Gemeinden mit zentralörtlicher Bedeutung beitragen.
9. Die versorgungsmäßige Aufschließung und die Bedienung mit Versorgungsleitungen sollen den Bedarf der Bevölkerung und Wirtschaft, insbesondere in den unter den Nummern 3 und 4 genannten Gebieten, sicherstellen. Versorgungsanlagen und -leitungen sollen so errichtet und geführt werden, daß landschaftlich schöne Gebiete und Bebauungsgebiete nicht wesentlich beeinträchtigt werden und eine Gefahr für die Bevölkerung möglichst ausgeschlossen ist. Linienführung und Ausmaß der Versorgungsleitungen sollen auf die Möglichkeiten eines Leitungsverbundes Rücksicht nehmen.
10. Auf eine dem Wohl der Bevölkerung dienende Ordnung der Landschaft ist Bedacht zu nehmen.
    a) Die Landschaft soll so erhalten und gestaltet werden, daß ihre nachhaltige Leistungsfähigkeit und ihr Wert für das körperliche und seelische Wohl der Bevölkerung gesichert und möglichst verbessert werden. Der Landschaftshaushalt und die Gestalt der Landschaft sollen möglichst nicht nachteilig verändert werden. Wesentliche Beeinträchtigungen sollen durch landschaftspflegerische Maßnahmen ausgeglichen werden.
    b) Eine Zersiedlung der Landschaft soll verhindert werden.
    c) Waldungen sollen nach Lage, Ausdehnung und Art so erhalten und geschaffen werden, daß eine bestmögliche Einwirkung auf Klima und Wasserhaushalt zu erwarten ist und der Bevölkerung in zumutbarer Entfernung vom Wohnort ausreichend große Erholungsgebiete zugänglich sind; auf die Wirtschaftlichkeit forstlicher Nutzung soll dabei angemessen Rücksicht genommen werden. Waldungen in der Nähe größerer Bebauungsgebiete sind besonders schutzwürdig. Ein Wald soll bei wesentlicher Bedeutung für Klima und Wasserhaushalt oder als Erholungsgebiet nur dann und insoweit vermindert werden, als es zur Verwirklichung von Planungen unvermeidlich ist, die besonders wichtigen Belangen der Allgemeinheit dienen.
11. Für die Reinhaltung des Wassers und der Luft, die Sicherung der Warmwasserversorgung sowie für den Schutz der Allgemeinheit vor Lärmbelästigungen, Strahlungen und Erschütterungen ist ausreichend Sorge zu tragen.
    a) Einrichtungen und Anlagen, die die natürliche Beschaffenheit des Grundwas-

sers oder der Oberflächengewässer ungünstig beeinflussen können, sollen — soweit zumutbar — in Gebieten angelegt werden, in denen Einwirkungen auf das Wasser ausgeschlossen, zumindest weitgehend eingeschränkt sind. Auf den Schutz der für die Wasserversorgung auf absehbare Zeit benötigten Gebiete ist Bedacht zu nehmen.

b) Einrichtungen und Anlagen, die die natürliche Beschaffenheit der Luft ungünstig beeinflussen oder belästigenden Lärm, Strahlungen oder Erschütterungen verursachen, sollen — soweit zumutbar — in Gebieten angelegt werden, in denen Einwirkungen auf die Bevölkerung, insbesondere in den Wohnsiedlungsgebieten, ausgeschlossen, zumindest weitgehend beschränkt sind.

c) Gebiete, in denen größere Teile der Bevölkerung Wohnung oder Arbeitsstätte finden, sollen durch Grünflächen aufgelockert werden; je stärker die durch Luftverunreinigung und Lärmbelästigung zu erwartenden Einwirkungen sind, um so umfangreicher sollen Grünflächen und Pflanzungen von Bäumen und Sträuchern angelegt werden.

12. Gebiete von besonderer Schönheit oder Eigenart sollten nach Maßgabe der einschlägigen Vorschriften unter Natur- oder Landschaftsschutz gestellt werden. Gebiete, die sich besonders zur Erholung für größere Bevölkerungsteile eignen und hierfür benötigt werden, sollen als Landschaftsschutzgebiete zu Naturparks erklärt und zu Erholungsgebieten ausgestaltet werden; dabei sollen abseits der Ortschaften gelegene, überwiegend bewaldete Gebiete eine Erholung in der Stille ermöglichen (Kernzonen des Naturparks). Als Naherholungsgebiete sollen Gebiete vorgesehen werden, die sich nach ihrer landschaftlichen Beschaffenheit und Lage zur Erholung der nahe wohnenden Bevölkerung besonders eignen und hierfür benötigt werden. Die in Satz 1 bis 3 genannten Gebiete sollen der Allgemeinheit zugänglich sein, soweit nicht für einzelne Teilflächen ein Bedürfnis nach allgemeiner Zugänglichkeit ausscheidet. In Naturparks und Naherholungsgebieten soll auf die Erhaltung und Fortentwicklung der wirtschaftlichen Lebensbedingungen der ansässigen Bevölkerung Rücksicht genommen werden.

13. Die landsmannschaftliche Verbundenheit sowie die geschichtlichen und kulturellen Zusammenhänge sollen berücksichtigt werden. Kulturdenkmale von besonderer Bedeutung sollen möglichst erhalten werden.

14. Die Erfordernisse der zivilen und militärischen Verteidigung sind zu beachten.

§ 3

Geltung der Grundsätze

(1) Die Grundsätze des § 2 gelten unmittelbar für alle Behörden und Planungsträger sowie für alle Körperschaften, Anstalten und Stiftungen des öffentlichen Rechts bei raumbeanspruchenden und raumbeeinflussenden Vorhaben, Fach- und Einzelplanungen (raumbedeutsame Maßnahmen) im Gebiete des Landes; diese Stellen haben im Rahmen des ihnen zustehenden Ermessens die Grundsätze gegeneinander und untereinander nach Maßgabe des § 1 abzuwägen. Bei der Erteilung von Genehmigungen ist die Verwirklichung der Grundsätze, soweit das geltende Recht nicht entgegensteht, durch Auflagen sicherzustellen.

(2) Die Grundsätze des § 2 regeln nicht unmittelbar die Nutzung des Grund und Bodens. Sie haben dem einzelnen gegenüber keine Rechtswirkung. Sie begründen keine Rechtsansprüche auf Maßnahmen der Raumordnung oder Ortsplanung, auf öffentliche Förderungsmaßnahmen oder Gewährung von Entschädigungen.

II. Abschnitt

Aufgaben und Organisation der Landesplanung

§ 4

Aufgaben der Landesplanung

Die Landesplanung hat die Verwirklichung der Raumordnung anzustreben. Zu diesem Zweck hat sie nach Maßgabe dieses Gesetzes

1. überörtliche, überfachliche und zusammenfassende Planungen zu erarbeiten und
2. raumbedeutsame Maßnahmen der Behörden und Planungsträger sowie der Körperschaften, Anstalten und Stiftungen des öffentlichen Rechts unter raumordnerischen Gesichtspunkten aufeinander abzustimmen.

§ 5

Landesplanungsbehörden

Behörden der Landesplanung sind der Ministerpräsident als oberste Landesplanungsbehörde, die Bezirksregierungen als obere Landesplanungsbehörden und die Kreisverwaltungen als untere Landesplanungsbehörden.

§ 6

Zuständigkeit der Landesplanungsbehörden

(1) Vorbehaltlich weiterer Regelungen durch dieses Gesetz und auf Grund dieses Gesetzes sind die Landesplanungsbehörden im Verhältnis zueinander wie folgt zuständig:

1. Der obersten Landesplanungsbehörde obliegt,
   a) das Landesentwicklungsprogramm zu erarbeiten (§§ 10 und 11);
   b) auf eine Abstimmung der Planungen anderer Länder und der angrenzenden Staaten, soweit sie sich auf die Raumordnung im Lande auswirken können, hinzuwirken;
   c) die Planungen des Bundes und die raumbedeutsamen Maßnahmen im Gebiet des Landes, soweit sie für einen größeren Raum Bedeutung haben, sowie die Planungen der regionalen Planungsgemeinschaften aufeinander abzustimmen;
   d) die regionalen Raumordnungspläne zu genehmigen (§ 13 Abs. 3);
   e) Regelungen über das Verwaltungsverfahren in der Regionalplanung und die Arbeitsweise bei der Aufstellung der Pläne nach § 12 zu erlassen (§ 14 Abs. 3).
2. Den oberen Landesplanungsbehörden obliegt,
   a) die raumbedeutsamen Maßnahmen in ihrem Bereich, soweit sie nicht unter Nummer 1 Buchst. c und Nummer 3 Buchst. a fallen, aufeinander abzustimmen;
   b) die Aufsicht über die Planungsgemeinschaften auszuüben (§ 16 Abs. 8);
   c) den Gemeinden die Ziele der Raumordnung und Landesplanung gemäß § 20 bekanntzugeben, soweit nicht nach Nummer 3 Buchst. b die unteren Landesplanungsbehörden zuständig sind.
3. Den unteren Landesplanungsbehörden obliegt,
   a) die raumbedeutsamen Maßnahmen, soweit sie nicht über ihren Bereich hinaus mittelbar oder unmittelbar Bedeutung haben, aufeinander abzustimmen;
   b) den kreisangehörigen Gemeinden die Ziele der Raumordnung und Landesplanung gemäß § 20 bekanntzugeben, soweit ihnen diese Aufgabe durch Anordnung der obersten Landesplanungsbehörde übertragen wird.

(2) Die Landesplanungsbehörden wirken darauf hin, daß die Ziele der Raumordnung und Landesplanung (§ 9) in ihrem Bereich beachtet werden. Sie sollen die Behörden und Planungsträger, die Körperschaften, Anstalten und Stiftungen des öffentlichen Rechts sowie Verbände und Wirtschaftsunternehmen auf Antrag über die Ziele der Landesplanung, soweit sie deren Planungsbereich betreffen, unterrichten und sie bei ihren raumbedeutsamen Maßnahmen beraten. Die oberen Landesplanungsbehörden beraten die Planungsgemeinschaften unter Beteiligung der berührten Fachbehörden.

§ 7

Landesplanungsbeirat

(1) Bei der obersten Landesplanungsbehörde ist ein Landesplanungsbeirat zu bilden. Die Gesamtzahl seiner Mitgleider soll 37 nicht übersteigen.

(2) Mitglieder des Landesplanungsbeirats sind:

1. der Chef der Staatskanzlei als Vorsitzender,
2. je zwei Vertreter der politischen Parteien, die durch eine Fraktion im Landtag vertreten sind,
3. je ein Vertreter der Ministerien des Landes,
4. sechs Vertreter der regionalen Planungsgemeinschaften, darunter mindestens je ein Vertreter der Landkreise, der kreisfreien Städte und der kreisangehörigen Gemeinden,
5. je ein Vertreter des Städteverbandes, des Landkreistages und des Gemeindetages Rheinland-Pfalz,
6. je ein Vertreter der Industrie- und Handelskammern, der Landwirtschaftskammern und der Handwerkskammern,
7. zwei Vertreter der Gewerkschaften und je ein Vertreter der Arbeitgeberverbände und der Bauernverbände,
8. ein Vertreter der Hochschulen,
9. ein Vertreter der Trägerorganisationen der Naturparks,
10. ein Vertreter des für die Raumordnung zuständigen Bundesministers.

Die in Nummern 2 genannten Mitglieder und je ein Stellvertreter werden auf Vorschlag der politischen Parteien, die in Nummer 3 bis 10 genannten Mitglieder und je ein Stellvertreter werden auf Vorschlag der Behörden, Körperschaften oder Verbände, die sie vertreten, vom Ministerpräsidenten berufen. Der Vorsitzende wird von dem Leiter der obersten Landesplanungsbehörde vertreten.

(3) Der Ministerpräsident kann weitere Mitglieder in den Landesplanungsbeirat berufen.

(4) Die Berufung erfolgt auf vier Jahre. Die Mitgliedschaft ist ehrenamtlich. Sie endet, wenn ein Mitglied aus der von ihm vertretenen Behörde, Körperschaft oder dem Verband ausscheidet.

(5) Die Mitglieder der Landesregierung oder ihre Stellvertreter können an den Sitzungen des Landesplanungsbeirats teilnehmen und sind jederzeit zu hören.

(6) Zur Beratung des regionalen Raumordnungsplanes sowie von Teilplänen einer Planungsgemeinschaft (§ 12) soll ein Vertreter dieser Planungsgemeinschaft hinzugezogen werden; das gleiche gilt für Einzelplanungen, die die Interessen einer Planungsgemeinschaft in besonderem Maße unmittelbar berühren.

(7) Der Landesplanungsbeirat kann für die Behandlung von Fragen der regionalen oder der fachlichen Planungen Ausschüsse bilden. Absatz 5 findet Anwendung.

(8) Der Landesplanungsbeirat gibt sich eine Geschäftsordnung.

(9) Der Landesplanungsbeirat soll in der Regel halbjährlich zusammentreten. Er kann von dem Vorsitzenden jederzeit einberufen werden; er ist einzuberufen, wenn ein Drittel seiner Mitglieder es beantragt.

§ 8

Aufgaben des Landesplanungsbeirats

Der Landesplanungsbeirat hat die Raumordnung durch Gutachten, Anregungen und Empfehlungen zu fördern, die oberste Landesplanungsbehörde in grundsätzlichen Fragen der Raumordnung und Landesplanung zu beraten und nach Maßgabe dieses Gesetzes bei der Aufstellung des Landesentwicklungsprogramms sowie bei der Regionalplanung mitzuwirken.

III. Abschnitt

Durchführung der Raumordnung

1. Unterabschnitt

Raumordnungspläne

§ 9

Ziele der Landesplanung

(1) Die Ziele der Landesplanung, die räumlich und sachlich zur Verwirklichung der Grundsätze des § 2 erforderlich sind, werden im Landesentwicklungsprogramm und in den regionalen Raumordnungsplänen dargestellt.

(2) Bis zur Verbindlichkeit dieser Raumordnungspläne (§ 11 Abs. 1 und § 13 Abs. 3) können die Ziele der Landesplanung in landesplanerischen Gutachten angegeben werden, die für ein bestimmtes Gebiet in Anwendung der Grundsätze des § 2 und unter Koordinierung der Fach- und Einzelplanungen die erforderlichen überörtlichen Maßnahmen zur Raumgestaltung aufzeigen.

(3) § 3 Abs. 2 gilt entsprechend für die Raumordnungspläne.

§ 10

Landesentwicklungsprogramm

(1) Das Landesentwicklungsprogramm soll in beschreibender und zeichnerischer Darstellung im wesentlichen angeben:

1. die Einteilung des Landes in Regionen;
2. die voraussichtliche Bevölkerungsentwicklung;
3. die das ganze Land oder seine Gebiete berührenden raumbedeutsamen Maßnahmen der Planungsträger des Bundes und des Landes sowie der Körperschaften, Anstalten und Stiftungen des öffentlichen Rechts, die der Aufsicht des Bundes oder des Landes unterstehen, möglichst nach ihrer Abstimmung untereinander;
4. die Gebiete, die besonderer Förderung bedürfen, insbesondere die in § 2 Nr. 3 und Nr. 5 Satz 2 genannten Gebiete, sowie Hinweise auf Maßnahmen zur Strukturverbesserung in diesen Gebieten;
5. die für die künftige Entwicklung vorzusehenden Gemeinden mit zentralörtlicher Bedeutung (§ 2 Nr. 6) für Ober- und Mittelbereiche (Ober- und Mittelzentren).

(2) Bereits vorhandene regionale Raumordnungspläne sollen bei der Erarbeitung des Landesentwicklungsprogramms berücksichtigt werden, soweit es die Belange des größeren Raumes zulassen.

§ 11

Aufstellung und Wirkung des Landesentwicklungsprogramms

(1) Das Landesentwicklungsprogramm wird von der obersten Landesentwicklungsbehörde unter Beteiligung der Ministerien des Landes und der davon berührten Behörden und Planungsträger des Bundes sowie nach Anhörung des Landesplanungsbeirats erarbeitet. Die Einteilung des Landes in Regionen (§ 10 Abs. 1 Nr. 1) wird durch Gesetz, das Landesentwicklungsprogramm im übrigen wird durch die Landesregierung beschlossen. Bei der Erarbeitung des Entwurfs für das Landesentwicklungsprogramm und dessen Fortschreibung hält die oberste Landesplanungsbehörde den Innenausschuß des Landtags über den Stand der Arbeiten auf dem laufenden und gibt ihm Gelegenheit zur Stellungnahme. Vor ihrem Beschluß über das Landesentwicklungsprogramm und dessen Fortschreibung hält die oberste Landesplanungsbehörde den Innenausschuß des Landtags über den Stand der Arbeiten auf dem laufenden und gibt ihm die Gelegenheit zur Stellungnahme. Vor ihrem Beschluß über das Landesentwicklungsprogramm stellt die Landesregierung das Benehmen mit dem Innenausschuß her. Das Landesentwicklungsprogramm wird, soweit es durch Gesetz beschlossen wird, mit dessen Inkrafttreten, im übrigen mit der Veröffentlichung des Beschlusses der Landesregierung im Staatsanzeiger für Rheinland-Pfalz und im Bundesanzeiger verbindlich.

(2) Das verbindliche Landesentwicklungsprogramm ist von den Behörden und Planungsträgern sowie den Körperschaften, Anstalten und Stiftungen des öffentlichen Rechts bei allen raumbedeutsamen Maßnahmen im Gebiet des Landes zugrunde zu legen. Die behördlichen Zuständigkeiten bleiben unberührt.

(3) Das verbindliche Landesentwicklungsprogramm kann bei den Landesplanungsbehörden von jedermann eingesehen werden.

(4) Das verbindliche Landesentwicklungsprogramm kann jederzeit in dem Verfahren, das für die Aufstellung gilt, geändert oder ergänzt werden. Es soll spätestens nach zehn Jahren erneut aufgestellt werden. Im übrigen kann die oberste Landesplanungsbehörde im Einvernehmen mit den jeweils berührten obersten Landesbehörden Abweichungen von dem verbindlichen Landesentwicklungsprogramm zulassen, wenn diese auf Grund veränderter Tatsachen oder Erkenntnisse nach raumordnerischen Gesichtspunkten geboten sind und das Landesentwicklungsprogramm in seinen Grundzügen nicht berührt wird; dies gilt nicht für die Einteilung des Landes in Regionen.

(5) Will ein Planungsträger von dem verbindlichen Landesentwicklungsprogramm abweichen, so ist alsbald die oberste Landesplanungsbehörde unter Angabe der Gründe für die Abweichung zu unterrichten. Soweit Fachplanungen der Landesbehörden für ein großflächiges Gebiet im Landesentwicklungsprogramm nicht enthalten sind, werden sie im Einvernehmen mit der obersten Landesplanungsbehörde aufgestellt.

(6) Die landesplanerischen Gutachten nach § 9 Abs. 2 werden nach Anhörung des Landesplanungsbeirats von der Landesregierung beschlossen; der Beschluß wird im Staatsanzeiger für Rheinland-Pfalz bekanntgemacht. Absatz 2, 4 und 5 findet Anwendung.

§ 12

Regionale Raumordnungspläne

(1) Die regionalen Raumordnungspläne sollen das Landesentwicklungsprogramm für den Bereich von Regionen (§ 14) vertiefen. Sie sollen in beschreibender und zeichnerischer Darstellung im wesentlichen angeben:

1. die voraussichtliche Bevölkerungsstruktur der Region,
2. die raumbedeutsamen Fach- und Einzelplanungen für die Region entsprechend § 10 Abs. 1 Nr. 3,

3. die Zweckbestimmung der Region und ihrer Teile,
4. die zur Verwirklichung der Raumordnung geeignet erscheinenden Maßnahmen,
5. die für die künftige Entwicklung in der Region vorzusehenden Gemeinden mit zentralörtlicher Bedeutung (§ 2 Nr. 6) für Unterbereiche (Unterzentren) und die Kleinzentren für Nahbereiche sowie etwaige Entlastungsorte (§ 2 Nr. 5 Satz 4).

(2) Verbindliche Bauleitpläne der Gemeinden sollen berücksichtigt werden, soweit es die Belange des größeren Raumes zulassen.

(3) Für die Erarbeitung regionaler Raumordnungspläne gewährt die oberste Landesplanungsbehörde angemessene Zuschüsse nach Maßgabe der bereitstehenden Haushaltsmittel.

(4) Zur Vertiefung der regionalen Raumordnungspläne können fachlich oder räumlich begrenzte Teilpläne aufgestellt werden. Die räumlichen Teilpläne sollen sich auf Nahbereiche oder solche Gebiete der Region erstrecken, die eine im wesentlichen gleiche Struktur aufweisen oder der gleichen Zweckbestimmung zugeführt werden sollen; sie kommen insbesondere für den Nahbereich eines Oberzentrums in Betracht.

(5) Zur Vertiefung der regionalen Raumordnungspläne sollen vor allem für Landschaftsteile, in denen größere Landschaftsschäden vorhanden oder zu befürchten sind, oder die als Erholungsgebiete vorgesehen sind, Landschaftspläne aufgestellt werden, die die Maßnahmen zur Erhaltung und Gestaltung der Landschaft näher aufzeigen.

§ 13

Aufstellung und Wirkung der regionalen Raumordnungspläne

(1) Die regionalen Raumordnungspläne (§ 12 Abs. 1) werden von den Planungsgemeinschaften für ihre Region unter Beteiligung der durch die Planung berührten Behörden des Bundes und des Landes aufgestellt.

(2) Kreisfreien Städten, Landkreisen, verbandsfreien Gemeinden und Verbandsgemeinden im Gebiet einer Region ist Gelegenheit zu geben,
1. vor Aufstellung des regionalen Raumordnungsplans ihre Planungsvorstellungen für ihr Gebiet der Planungsgemeinschaft mitzuteilen,
2. nach Fertigstellung des Planentwurfs zu den sie berührenden Zielaussagen Stellung zu nehmen.

Nummer 2 gilt auch bei Fortschreibung des regionalen Raumordnungsplans. Trägt die Regionalvertretung einer Stellungnahme nach Nummer 2 bei der Beschlußfassung über den regionalen Raumordnungsplan nicht Rechnung, so ist dies in dem Beschluß zu begründen.

(3) Die regionalen Raumordnungspläne bedürfen der Genehmigung der obersten Landesplanungsbehörde, die diese im Einvernehmen mit den jeweils berührten obersten Landesbehörden und nach Anhörung des Landesplanungsbeirats erteilt. Die Genehmigung ist zu versagen, wenn die Planaufstellung Mängel aufweist, insbesondere wenn die Grundsätze nach den §§ 2 und 3 unrichtig oder nicht zweckmäßig angewendet oder abgewogen, die übergeordneten Ziele der Landesplanung (§ 9), die Satzung oder die Regelungen nach § 14 Abs. 3 nicht beachtet sind. Der Genehmigungsbescheid ist im Staatsanzeiger für Rheinland-Pfalz bekanntzumachen; damit wird der regionale Raumordnungsplan verbindlich. § 11 Abs. 2, 4 und 5 gilt entsprechend.

(4) Verbindliche regionale Raumordnungspläne können bei den oberen und unteren Landesplanungsbehörden von jedermann eingesehen werden.

(5) Die Teilpläne und Landschaftspläne gemäß § 12 Abs. 4 und 5 können von den Planungsgemeinschaften oder mit deren Zustimmung von den beteiligten Landkreisen und kreisfreien Städten unter Beteiligung der durch die Planung berührten Behörden des Bundes und des Landes aufgestellt werden. Sie sind den oberen Landesplanungsbehörden mitzuteilen.

2. Unterabschnitt

Regionalplanung

§ 14

Region, Regionalplanung

(1) Eine Region erstreckt sich auf das Gebiet eines großflächigen, weitgehend miteinander verflochtenen Lebens- und Wirtschaftsraumes. Eine Region kann sich auf Teile einer benachbarten Region erstrecken.

(2) Bei der überörtlichen, überfachlichen und zusammenfassenden Landesplanung im Gebiet einer Region (Regionalplanung) wirken Land, Gemeindeverbände und Gemeinden nach Maßgabe dieses Gesetzes zusammen.

(3) Die oberste Landesplanungsbehörde trifft nähere Regelungen über das Verwaltungsverfahren in der Regionalplanung und die Arbeitsweisen bei der Aufstellung der Pläne nach § 12.

§ 15

Planungsgemeinschaften

(1) Die kreisfreien Städte und Landkreise im Gebiet einer Region sind mit der Einteilung des Landes in Regionen (§ 10 Abs. 1 Nr. 1) zu einer Planungsgemeinschaft zusammengeschlossen; sie sind Mitglieder der Planungsgemeinschaft.

(2) Der Planungsgemeinschaft obliegt als Pflichtaufgabe der kommunalen Selbstverwaltung die Aufstellung und Fortführung des regionalen Raumordnungsplanes nach § 12 Abs. 1; sie kann auch die Pläne nach § 12 Abs. 4 und 5 aufstellen sowie Vorschläge für die Abstimmung von Fach- und Einzelplanungen im Gebiet der Region erarbeiten. Mit Zustimmung der obersten Landesplanungsbehörde kann die Planungsgemeinschaft weitere Aufgaben im Zusammenhang mit der Regionalplanung übernehmen. Die örtlich zuständige obere Landesplanungsbehörde (§ 16 Abs. 8) nimmt die Verwaltungsaufgaben der Planungsgemeinschaft unentgeltlich wahr, insbesondere erarbeitet sie nach Weisung der Planungsgemeinschaft die Entwürfe für die regionalen Raumordnungspläne sowie deren Fortschreibung und führt die laufenden Geschäfte. Bei den Bezirksregierungen werden leitende Planer für die Regionen bestellt; die Bestellung und Abberufung als leitender Planer für die Region erfolgt im Einvernehmen mit dem Regionalvorstand der Planungsgemeinschaft.

(3) Auf ihren Antrag können
1. große kreisangehörige Städte,
2. Industrie- und Handelskammern, Handwerkskammern und Landwirtschaftskammern

als Mitglieder in die Planungsgemeinschaft aufgenommen werden.

(4) Für jede Planungsgemeinschaft wird ein regionaler Planungsbeirat gebildet. Auf ihren Antrag können in den Planungsbeirat berufen werden:
1. die in Absatz 3 Nr. 2 genannten Körperschaften, soweit sie der Planungsgemeinschaft nicht als Mitglied angehören, sowie die Architektenkammer,
2. Bundesbahn und Bundespost,
3. Gewerkschaften und Arbeitgeberverbände,
4. größere und für die Region bedeutsame
   a) gemeinnützige Wohnungs- und Siedlungsunternehmen,
   b) Verbände der Landwirtschaft, Forstwirtschaft, Wasserwirtschaft, des Verkehrs und Fremdenverkehrs,
   c) Verbände und Unternehmen der Industrie und Energiewirtschaft,
   d) Kirchen und anerkannte Religionsgemeinschaften,

5. Trägerorganisationen der Naturparks.

(5) Mehrere Planungsgemeinschaften können zu einer vertieften überregionalen Zusammenarbeit mit Zustimmung der obersten Landesplanungsbehörde öffentlich-rechtliche Arbeitsgemeinschaften bilden.

(6) Planungsgemeinschaften oder einer Planungsgemeinschaft angehörende kreisfreie Städte oder Landkreise können mit Zustimmung der obersten Landesplanungsbehörde zur Regionalplanung über die Landesgrenzen hinaus mit den dortigen Trägern dieser Planung zusammenarbeiten. Für die Zusammenarbeit in der Form einer öffentlich-rechtlichen Körperschaft, die sich auf Gebiete beiderseits der Landesgrenze erstreckt, wird der Ministerpräsident ermächtigt, durch Rechtsverordnung im Rahmen des beiderseitigen Zweckverbands- oder Landesplanungsrechts Näheres über die Errichtung und Zusammensetzung dieser Körperschaft sowie über die Aufgaben, die Geschäftsführung und das Verfahren der Zusammenarbeit zu regeln.

§ 16

Rechtsform der Planungsgemeinschaften

(1) Die Planungsgemeinschaften sind Körperschaften des öffentlichen Rechts; die Vorschriften des Zweckverbandsgesetzes über Zweckverbände sind entsprechend anzuwenden, soweit dieses Gesetz oder Rechtsvorschriften auf Grund dieses Gesetzes keine Regelung treffen.

(2) Organe der Planungsgemeinschaft sind die Regionalvertretung und der Regionalvorstand.

(3) Die Regionalvertretung besteht aus:
1. den Oberbürgermeistern und Landräten der Mitglieder nach § 15 Abs. 1,
2. mindestens zwei, höchstens zehn weiteren Vertretern eines jeden Mitglieds, das Gebietskörperschaft ist, je nach der Einwohnerzahl seines zur Region gehörenden Gebiets, Diese Vertreter und ihre Stellvertreter werden von den Stadträten und Kreistagen in entsprechender Anwendung des § 45 der Gemeindeordnung und des § 39 der Landkreisordnung gewählt. Der Kreistag wählt mindestens die Hälfte der zu entsendenden Vertreter und ihrer Stellvertreter aus Vorschlägen der Vertretungsorgane der Verbandsgemeinden und verbandsfreien Gemeinden,
3. je einem Vertreter der Mitglieder nach § 15 Abs. 3.

(4) Der Regionalvorstand wird durch die Regionalvertretung aus ihrer Mitte gewählt. Er besteht mindestens zu einem Drittel aus Vertretern nach Absatz 3 Nr. 2.

(5) Die Satzung der Planungsgemeinschaft wird durch die Mitglieder nach § 15 Abs. 1 beschlossen; sie bedarf der Genehmigung der obersten Landesplanungsbehörde. Die Genehmigung ist zu erteilen, wenn die Satzung einer Mustersatzung angepaßt ist, die die oberste Landesplanungsbehörde im Einvernehmen mit dem Ministerium des Innern nach Anhörung des Landesplanungsbeirats aufgestellt hat.

(6) Planungsgemeinschaften können für fachlich oder räumlich begrenzte Planungsaufgaben Ausschüsse bilden.

(7) Die Planungsgemeinschaften können von ihren Mitgliedern Umlagen, von den Mitgliedern, die nicht Gebietskörperschaften sind, Beiträge erheben.

(8) Die oberen Landesplanungsbehörden üben die Aufsicht über die Planungsgemeinschaften, auch hinsichtlich der Anwendung und Abwägung der Grundsätze nach den §§ 2 und 3 sowie der Einhaltung des Landesentwicklungsprogramms und der Regelungen nach § 14 Abs. 3, aus. Erstreckt sich eine Planungsgemeinschaft auf das Gebiet mehrerer Regierungsbezirke, so wird die zuständige obere Landesplanungsbehörde von der obersten Landesplanungsbehörde bestimmt. Oberste Aufsichtsbehörde ist die oberste Landesplanungsbehörde, hinsichtlich der Verpflichtungen der Planungsgemeinschaften aus dem Zweckverbandsgesetz der Minister des Innern.

IV. Abschnitt

Sicherung der Raumordnung

§ 17

Unterrichtung des Landtags

Die Landesregierung erstattet in einem Abstand von zwei Jahren, erstmalig im Jahre 1967, den Landtag einen Bericht über

1. die auf die räumliche Entwicklung des Landes einwirkenden Tatsachen und Entwicklungstendenzen,
2. die zur räumlichen Entwicklung durchgeführten Maßnahmen.

§ 18

Raumplanerisches Verfahren

(1) Das raumplanerische Verfahren kann von Amts wegen bei Einzelplanungen und Maßnahmen, deren Bedeutung sich über größere Gebiete erstreckt, im übrigen auf Antrag durchgeführt werden.

(2) Im raumplanerischen Verfahren sollen von der Landesplanungsbehörde

1. Fach- und Einzelplanungen von überörtlicher Bedeutung untereinander abgestimmt oder
2. die Übereinstimmung der Fach- und Einzelplanungen von überörtlicher Bedeutung mit den Zielen der Landesplanung (§ 9) bestätigt oder herbeigeführt werden.

(3) Im raumplanerischen Verfahren sind alle von dem Vorhaben berührten Behörden und Planungsträger, alle Körperschaften, Anstalten und Stiftungen des öffentlichen Rechts, ferner natürliche und juristische Personen, von denen Auskünfte für das Vorhaben (§ 22 Abs. 2) verlangt werden, zu beteiligen.

(4) Kommt eine Einigung nicht zustande, so entscheiden die zuständigen obersten Landesbehörden im Einvernehmen mit der obersten Landesplanungsbehörde. Kommt ein Einvernehmen nicht zustande, so entscheidet, vorbehaltlich der Regelung in Artikel 104 Satz 1 der Landesverfassung, die Landesregierung.

(5) Wird zu einem Vorhaben, das Gegenstand eines raumplanerischen Verfahrens war, nach § 1 Abs. 1 des Landesverwaltungsverfahrensgesetzes in Verbindung mit § 73 des Verwaltungsverfahrensgesetzes ein Anhörungsverfahren durchgeführt und liegt das Ergebnis des raumplanerischen Verfahrens dem der Anhörungsbehörde eingereichten Plan zugrunde, so findet § 73 Abs. 2 des Verwaltungsverfahrensgesetzes keine Anwendung.

(6) Die zuständige Landesplanungsbehörde kann mit Zustimmung der Anhörungsbehörde in einem raumplanerischen Verfahren auch das Anhörungsverfahren durchführen.

§ 19

Landesplanerischer Einspruch

(1) Die oberste Landesplanungsbehörde und die oberen Landesplanungsbehörden können gegen raumbedeutsame Maßnahmen von Behörden und Planungsträgern sowie von Körperschaften, Anstalten und Stiftungen des öffentlichen Rechts nach Anhörung der fachlich zuständigen obersten Landesbehörden den landesplanerischen Einspruch einlegen, wenn zu befürchten ist, daß die Durchführung der Ziele der Landesplanung (§ 9) oder ihre eingeleitete Aufstellung, Änderung oder Ergänzung unmöglich gemacht oder wesentlich erschwert wird.

(2) Die Einlegung des landesplanerischen Einspruchs gilt als Einleitung des raumplanerischen Verfahrens (§ 18).

(3) Die oberste Landesplanungsbehörde kann mit oder nach Einlegung des landesplanerischen Einspruchs die beanstandete raumbedeutsame Maßnahme bis zur Höchstdauer von zwölf Monaten untersagen. Wenn besondere Umstände es erfordern, kann diese Frist um weitere zwölf Monate verlängert werden. Raumbedeutsame Maßnahmen des Bundes oder bundesunmittelbarer Planungsträger können nur unter den Voraussetzungen des § 7 Abs. 1 des Raumordnungsgesetzes vom 8. April 1965 (BGBl. I S. 306) untersagt werden. Ob und in welcher Höhe eine Entschädigung für die Untersagung zu gewähren ist, richtet sich nach dem allgemeinen Recht.

§ 20

Landesplanung und Bauleitplanung

(1) Die Träger der Bauleitplanung teilen der nach § 6 Abs. 1 zuständigen Landesplanungsbehörde die vorgesehene Aufstellung oder Änderung eines Flächennutzungsplanes unter allgemeiner Angabe ihrer Planungsabsichten mit. Die zuständige Landesplanungsbehörde gibt alsbald den Trägern der Bauleitplanung in einer landesplanerischen Stellungnahme die bei der Aufstellung der Flächennutzungspläne zu beachtenden Ziele der Raumordnung und Landesplanung bekannt (§ 1 Abs. 4 Bundesbaugesetz). Diese sind unter Angabe der Zweckbestimmung der Gemeinde in der Region und ihrer Zuordnung zu den Gemeinden mit zentralörtlicher Bedeutung näher darzulegen.
(2) Ist die Aufstellung eines Flächennutzungsplanes nicht erforderlich, so gilt Absatz 1 entsprechend für die Aufstellung und Änderung des Bebauungsplanes.

§ 21

(aufgehoben)

§ 22

Mitteilungs- und Auskunftspflicht

(1) Die Behörden des Landes und die der Aufsicht des Landes unterstehenden Körperschaften, Anstalten und Stiftungen des öffentlichen Rechts haben die von ihnen beabsichtigten oder im Rahmen ihrer Zuständigkeit zu ihrer Kenntnis gelangenden Maßnahmen, die raumbedeutsam sein können, den Landesplanungsbehörden mitzuteilen, wenn dies wegen der Bedeutung der Maßnahme angezeigt erscheint. Die Mitteilung hat so frühzeitig zu erfolgen, daß diesen die Wahrnehmung ihrer Aufgaben möglich ist, bei Gemeinden und Gemeindeverbänden rechtzeitig vor der Beschlußfassung der Vertretungskörperschaften.
(2) Der obersten Landesplanungsbehörde ist auf Verlangen Auskunft über raumbedeutsame Maßnahmen zu erteilen.

§ 23

Auskunftspflicht der Landesplanungsbehörden

(1) Die Landesplanungsbehörden teilen raumbedeutsame Maßnahmen den davon berührten Behörden und Planungsträgern mit, wenn die die Maßnahme beabsichtigende Behörde dies beantragt oder die Mitteilung wegen der Bedeutung der Maßnahme angezeigt erscheint.
(2) Die Landesplanungsbehörden machen von der Bildung von Planungsgemeinschaften und der bevorstehenden Erarbeitung regionaler Raumordnungspläne den Behörden der staatlichen Verwaltung Mitteilung.
(3) Die oberste Landesplanungsbehörde setzt den für die Raumordnung zuständigen Bundesminister in Kenntnis
1. von den aufzustellenden und aufgestellten Raumordnungsplänen (§ 9),
2. von den beabsichtigten oder getroffenen sonstigen landesplanerischen Maßnahmen von wesentlicher Bedeutung.

Die obersten Landesplanungsbehörden der angrenzenden Länder sollen entsprechend in Kenntnis gesetzt werden.

§ 24

Ersatzleistungen an die Gemeinden

(1) Entstehen einer Gemeinde gegenüber Dritten Entschädigungspflichten gemäß § 44 Abs. 1 und 2 des Bundesbaugesetzes, weil sie einen in Kraft getretenen Bebauungsplan auf Grund der Ziele der Landesplanung (§ 9) geändert oder aufgehoben hat, so stellt das Land die Gemeinde von den Entschädigungspflichten frei, sofern diese fünfhundert Deutsche Mark, bei Gemeinden mit weniger als 2000 Einwohnern zweihundert Deutsche Mark, übersteigen. Dient eine Änderung in erster Linie dem Interesse eines bestimmten Begünstigten, so kann das Land verlangen, daß der Begünstigte die sich für das Land ergebenden Entschädigungspflichten übernimmt.

(2) Absatz 1 gilt entsprechend, wenn der Gemeinde selbst Schaden nach § 44 Abs. 2 des Bundesbaugesetzes entsteht.

(3) Ein Anspruch auf Freistellung besteht nur dann, wenn die Gemeinde rechtzeitig die obere Landesplanungsbehörde von der beabsichtigten Aufhebung oder Änderung des Bebauungsplanes unterrichtet und nicht von einem Begünstigten Ersatz verlangen kann.

V. Abschnitt

Straf- und Bußgeldbestimmungen

§§ 25 und 26

(aufgehoben)

VI. Abschnitt

Schlußvorschriften

§ 27

Durchführungs- und Verwaltungsvorschriften

(1) Die Landesregierung wird ermächtigt, die zur Durchführung dieses Gesetzes erforderlichen Rechtsvorschriften zu erlassen.

(2) Der Ministerpräsident erläßt im Einvernehmen mit den jeweils beteiligten obersten Landesbehörden die zur Durchführung dieses Gesetzes erforderlichen Verwaltungsvorschriften.

§ 28*)

Inkrafttreten

Dieses Gesetz tritt am 1. Juli 1966 in Kraft.

3.

Landesgesetz
zur Änderung des Regionengesetzes
und des Landesplanungsgesetzes

Vom 18. November 1976

(GVBl. S. 257)

Der Landtag Rheinland-Pfalz hat das folgende Gesetz beschlossen:

---

*) Die Bestimmung betrifft das Inkrafttreten des Gesetzes in der ursprünglichen Fassung vom 14. Juni 1966. Das Gesetz in der Fassung vom 8. Februar 1977 gilt ab 1. Januar 1977.

Artikel 1

Das Landesgesetz über die Einteilung des Landes in Regionen (Regionengesetz – LRegG –) vom 16. März 1967 (GVBL. S. 68), zuletzt geändert durch die Zweite Landesverordnung über die Anpassung der Regionen (2. LVO-LRegG) vom 6. Juni 1972 (GVBl. S. 205), BS 230-2*), wird wie folgt geändert:

1. § 1 erhält folgende Fassung:

„§ 1
Bezeichnung und Abgrenzung der Regionen

(1) Für die Regionalplanung nach dem Landesgesetz für Raumordnung und Landesplanung (Landesplanungsgesetz – LPlG –) vom 14. Juni 1966 (GVBl. S. 177), zuletzt geändert durch Artikel 28 des Dritten Landesgesetzes zur Änderung strafrechtlicher Vorschriften (3. LStrafÄndG) vom 5. November 1974 (GVBl. S. 469), BS 230-1, wird das Land in die Regionen Mittelrhein-Westerwald, Trier, Rheinhessen-Nahe, Rheinpfalz und Westpfalz eingeteilt.

(2) Zu diesen Regionen gehören folgende Gebiete:

1. Zur Region Mittelrhein-Westerwald
die kreisfreie Stadt Koblenz
sowie die Landkreise Ahrweiler, Altenkirchen (Westerwald), Cochem-Zell, Mayen-Koblenz, Neuwied, Rhein-Hunsrück-Kreis, Rhein-Lahn-Kreis und Westerwaldkreis;
2. zur Region Trier
die kreisfreie Stadt Trier
sowie die Landkreise Bernkastel-Wittlich, Biburg-Prüm, Daun und Trier-Saarburg;
3. zur Region Rheinhessen-Nahe
die kreisfreien Städte Mainz und Worms
sowie die Landkreise Alzey-Worms, Bad Kreuznach, Birkenfeld und Mainz-Bingen;
4. zur Region Rheinpfalz
die kreisfreien Städte Frankenthal (Pfalz), Landau in der Pfalz, Ludwigshafen am Rhein, Neustadt an der Weinstraße, Speyer und Worms
sowie die Landkreise Bad Dürkheim, Germersheim, Landau-Bad Bergzabern und Ludwigshafen am Rhein;
5. zur Region Westpfalz
die kreisfreien Städte Kaiserslautern, Pirmasens und Zweibrücken
sowie der Donnersbergkreis und die Landkreise Kaiserslautern, Kusel und Pirmasens."

2. In § 2 wird das Wort „Hauptausschusses" durch das Wort „Innenausschusses" ersetzt.

3. § 3 Satz 2 erhält folgende Fassung:
„Für einen in eine grenzüberschreitende Zusammenarbeit einbezogenen Gebietsteil richtet sich, vorbehaltlich anderer Regelungen durch Staatsvertrag, die Verbindlichkeit von gemeinsam aufgestellten oder fortgeschriebenen Raumordnungsplänen nach § 13 Landesplanungsgesetz; die oberste Landesplanungsbehörde kann für

---

*) Vom Abdruck dieser beiden Rechtsvorschriften wurde abgesehen, da diese im wesentlichen nur vorhergehende Änderungen des im ÄndG enthaltenen neugefaßten § 1 betreffen.

diese Gebietsteile durch Verwaltungsvorschriften Ausnahmen von § 15 Abs. 2 Satz 3 Landesplanungsgesetz zulassen."

4. § 4 erhält folgende Fassung:

„§ 4
Überführung in die neuen Planungsgemeinschaften

Bis zur Genehmigung der Satzung für eine neugebildete Planungsgemeinschaft nehmen die Mitglieder der Vorstände der aufgelösten Planungsgemeinschaften im Gebiet der neuen Region die laufenden Geschäfte in Angelegenheiten der Regionalplanung wahr. Die oberste Landesplanungsbehörde erläßt die erforderlichen Verwaltungsvorschriften zur Überleitung der aufgelösten in die neugebildeten Planungsgemeinschaften."

Artikel 2

(1) Mit Inkrafttreten dieses Gesetzes sind die Planungsgemeinschaften Westerwald, Mittelrhein, Westeifel, Mosel-Saar, Nahe, Rheinhessen, Vorderpfalz und Südpfalz aufgelöst.

(2) Rechtsnachfolger der aufgelösten Planungsgemeinschaften sind:

1. die Planungsgemeinschaft Mittelrhein-Westerwald für die Planungsgemeinschaften Westerwald und Mittelrhein;
2. die Planungsgemeinschaft Trier für die Planungsgemeinschaften Mosel-Saar und Westeifel;
3. die Planungsgemeinschaft Rheinhessen-Nahe für die Planungsgemeinschaften Nahe und Rheinhessen;
4. die Planungsgemeinschaft Rheinpfalz für die Planungsgemeinschaften Vorderpfalz und Südpfalz.

(3) Region Vorderpfalz im Sinne des Artikels 1 des Staatsvertrages zwischen den Ländern Baden-Württemberg, Hessen und Rheinland-Pfalz über die Zusammenarbeit bei der Raumordnung im Rhein-Neckar-Gebiet vom 3. März 1969 (GVBl. S. 139, BS Anhang I 33), ist das Gebiet der kreisfreien Städte Frankenthal (Pfalz), Ludwigshafen am Rhein, Neustadt an der Weinstraße, Speyer und Worms sowie der Landkreise Bad Dürkheim und Ludwigshafen am Rhein.

(4) Raum Südpfalz im Sinne des Artikels 1 des Staatsvertrages zwischen den Ländern Baden-Württemberg und Rheinland-Pfalz über die Zusammenarbeit bei der Raumordnung in den Räumen Mittlerer Oberrhein und Südpfalz vom 8. März 1974 (GVBl. S. 291, BS Anhang I 59), ist das Gebiet der kreisfreien Stadt Landau in der Pfalz sowie der Landkreise Germersheim und Landau-Bad Bergzabern.

Artikel 3

Das Landesgesetz für Raumordnung und Landesplanung (Landesplanungsgesetz — LPlG —) vom 14. Juni 1966 (GVBl. S. 177), zuletzt geändert durch Artikel 28 des Dritten Landesgesetzes zur Änderung strafrechtlicher Vorschriften (3. LStrafÄndG) vom 5. November 1974 (GVBl. S. 469), BS 230-1, wird wie folgt geändert:*)

*) Ist in der abgedruckten Neufassung vom 8. 2. 1977 (siehe Art. 4) berücksichtigt.

Saarland

Gesetz Nr. 1076
„Saarländisches Landesplanungsgesetz (SLPG)"

Vom 17. Mai 1978 (ABl. S. 588)

Der Landtag des Saarlandes hat folgendes Gesetz beschlossen, das hiermit verkündet wird:

§ 1
Aufgaben der Landesplanung

(1) Das Landesgebiet ist einer Entwicklung zuzuführen, die den sozialen, gesundheitlichen, wirtschaftlichen, kulturellen und natürlichen Erfordernissen im Sinne des Gemeinwohles Rechnung trägt und der freien Entfaltung der Persönlichkeit in der Gemeinschaft am besten dient.

(2) Der Verwirklichung dieses Zieles dient die Landesplanung als vorausschauende, übergeordnete, überörtliche und zusammenfassende Planung.

(3) Die Landesplanung soll die Landesentwicklung in der Weise beeinflussen, daß erwünschte Entwicklungen ermöglicht und gefördert und unerwünschte Entwicklungen verhindert werden.

(4) Im Rahmen der Landesplanung ist nach Maßgabe des Raumordnungsgesetzes und dieses Gesetzes

a) eine Abstimmung der Planungen der einzelnen Geschäftsbereiche der Landesregierung sowie der Planungen der Gemeinden, der Gemeindeverbände und der anderen Planungsträger herbeizuführen,

b) darauf hinzuwirken, daß
die Voraussetzungen für die grenzüberschreitende Zusammenarbeit mit den Nachbarländern geschaffen und gefördert werden,
bei der Raumordnung und den Fachplanungen des Bundes und der Nachbarländer die Belange des Saarlandes gewahrt bleiben.

§ 2
Grundsätze der Raumordnung

Grundsätze der Raumordnung sind:

1. Die räumliche Struktur der Gebiete mit gesunden Lebens- und Arbeitsbedingungen sowie ausgewogenen wirtschaftlichen, sozialen, kulturellen und landschafts-ökologischen Verhältnissen sollen gesichert und weiterentwickelt werden. In Gebieten, in denen eine solche Struktur nicht besteht, sollen Maßnahmen zur Strukturverbesserung ergriffen werden.
2. In Gebieten, in denen die Lebensbedingungen in ihrer Gesamtheit im Verhältnis zum Bundesdurchschnitt wesentlich zurückgeblieben sind, soll die allgemeinen wirtschaftlichen, ökologischen und sozialen Verhältnisse sowie die kulturellen Einrichtungen verbessert werden. Es sollen hierbei geeignete zusätzliche Erwerbszweige und Arbeitsstätten sowie ein fachlich breit gestreutes Angebot an Arbeitsplätzen angestrebt werden.
3. Bei raumbedeutsamen Planungen und Maßnahmen sollen die Belange der Betriebe und Erwerbsstätten auf Bestands- und Zukunftssicherung berücksichtigt werden.
4. Eine Verdichtung von Wohn- und Arbeitsstätten soll dort angestrebt werden, wo sie dazu beiträgt, räumliche Strukturen mit gesunden Lebens- und Arbeitsbedingungen sowie ausgewogenen wirtschaftlichen, sozialen, kulturellen und ökologischen Verhältnissen zu erhalten, zu verbessern oder zu schaffen. Einer solchen Verdichtung ist jedoch entgegenzuwirken, wenn sie zu unausgewogenen wirtschaftlichen, sozialen, gesundheitlichen und ökologischen Verhältnissen führen würde. Die Verdich-

tung soll insbesondere dazu beitragen, räumlich konzentrierte Einrichtungen der Infrastruktur und Arbeitsplätze der Bevölkerung unter geringem Zeitaufwand zugänglich zu machen. Wohnstätten und Arbeitsstätten im Dienstleistungsbereich sollen vorrangig in Versorgungsorten (zentrale Orte, Selbstversorgungsorte), industrielle Arbeitsstätten in Schwerpunkträumen der Industrie geplant werden.

5. Es sind die räumlichen Voraussetzungen dafür zu schaffen und zu sichern, daß die land- und forstwirtschaftliche Bodennutzung als wesentlicher Produktionszweig der Gesamtwirtschaft erhalten bleibt. Die sozialen und ökologischen Wohlfahrtswirkungen einer ordnungsgemäßen Land- und Forstwirtschaft sind dabei besonders zu beachten.
6. Versorgungsorte sind Mittelpunkte des wirtschaftlichen, sozialen und kulturellen Lebens. Sie sollen so über das gesamte Landesgebiet verteilt werden, daß möglichst gleichwertige Lebensbedingungen erreicht werden können. Zentrale Orte sind nach Maßgabe ihrer Aufgaben besonders zu fördern.
Überörtliche Einrichtungen der Daseinsvorsorge sollen der Bevölkerung in angemessener Entfernung und möglichst in Versorgungsorten zugänglich sein.
7. Die Landschaft und das Gleichgewicht des Naturhaushaltes sollen gemäß den ökologischen Wirkungszusammenhängen in einem optimalen Zustand erhalten oder wiederhergestellt und nicht nachteilig verändert werden. Unvermeidbare wesentliche Beeinträchtigungen sind durch landschaftspflegerische Maßnahmen auszugleichen. Wälder sollen nach Lage, Ausdehnung und Art so erhalten werden, daß sie Klima und Wasserhaushalt günstig beeinflussen, die natürlichen Schutzaufgaben des Waldes erfüllen und der Bevölkerung in ausreichendem Maße als Erholungsgebiet zur Verfügung stehen. Gebiete von besonderer Schönheit oder Eigenart und Naturdenkmale sind möglichst unberührt zu erhalten und zu schützen. Der Zugang zu Bergen, Seen, Flüssen und sonstigen landschaftlichen Schönheiten ist der Allgemeinheit freizuhalten und soweit nicht gegeben zu eröffnen. Die Zersiedlung der Landschaft ist zu verhindern.
8. Die Ausbildung leistungsfähiger Entwicklungsachsen ist zu fördern. In Entwicklungsachsen sind zentrale Orte und andere Siedlungsschwerpunkte an einer leistungsfähigen Verkehrsader aneinandergereiht. Sie sollen insbesondere zur Förderung entwicklungsbedürftiger Gebiete und zur Ordnung von Verdichtungsräumen beitragen.
9. Verkehrsanlagen und Verkehrsbedienung sollen so geplant werden, daß sie leistungsfähige Verbindungen und einen möglichst reibungslosen Verkehrsfluß gewährleisten sowie zur Strukturverbesserung beitragen. Dabei ist insbesondere in den Entwicklungsachsen und Verdichtungsräumen den Belangen des öffentlichen Personennahverkehrs Rechnung zu tragen.
10. Standort, Umfang und Einzugsbereich von Anlagen. die Luftverunreinigungen, Lärm, Erschütterungen oder schädliche Strahlen verursachen oder Tier- und Pflanzenwelt, Klima, Boden sowie Grund- und Oberflächenwasser nachteilig beeinflussen können, sollen so gewählt werden, daß Gefahren, Nachteile und Belästigungen insbesondere für Wohn-, Naherholungs- und Fremdenverkehrsgebiete sowie andere besonders schützenswerte Räume vermieden werden.
11. Die Belange der Wasserwirtschaft und die Erfordernisse eines geordneten Wasserhaushalts sind vorrangig zu berücksichtigen, dazu gehören insbesondere die Versorgung der Bevölkerung und der Wirtschaft mit Wasser in ausreichender Menge und Güte, die Reinhaltung des Grundwassers und der oberirdischen Gewässer zur Erhaltung oder Wiederherstellung ihrer Funktion im Raum und ihrer Benutzungsmöglichkeit.
12. Werden durch raumbedeutsame Planungen und Maßnahmen Flächen betroffen, unter denen sich nutzbare Lagerstätten befinden, so sind unter Berücksichtigung der Standortgebundenheit der Mineralgewinnung die wirtschaftlichen, sozialen

und kulturellen Erfordernisse untereinander sowie insbesondere mit den Erfordernissen des Städtebaues, des Verkehrs, der Wasserwirtschaft, der Landschaftsentwicklung, der Erholung und des Umweltschutzes abzuwägen.

13. Die Erfordernisse der überörtlichen Abfall- und Abwasserbeseitigung sind zu beachten.
14. In der Nähe größerer Wohnsiedlungen sollen — soweit erforderlich — geeignete Gebiete für die Kurzzeiterholung (Naherholung) erhalten, geschaffen und ausgestattet werden. Unabhängig davon sind innerörtliche Grünzüge grundsätzlich weiterzuentwickeln und anzulegen. Im nördlichen Saarland ist vordringlich ein Naturpark auszuweisen, in dem in geeigneten Teilgebieten Schwerpunkträume der Erholung, insbesondere für den Langzeittourismus (Fremdenverkehr) erhalten, geschaffen und ausgestaltet werden.
15. Die Versorgung der Bevölkerung und der Wirtschaft mit Wasser, Energie und Produkten sowie die Entsorgung sollen durch Leitungen sichergestellt werden. Die erforderlichen Anlagen und Leitungen sollen so errichtet und geführt werden, daß Erholungsgebiete und Bebauungsgebiete nicht beeinträchtigt werden und eine Gefahr für die Bevölkerung ausgeschlossen ist. Linienführung und Ausmaß der Versorgungsleitungen sollen auf Trassenbündelung und Leitungsverbund ausgerichtet sein. Soweit technisch möglich und wirtschaftlich vertretbar, sind Erdleitungen zu verwenden.
16. Die Erfordernisse der zivilen und militärischen Verteidigung sind zu beachten.

§ 3
Geltung der Grundsätze

(1) Die Grundsätze des § 2 gelten unmittelbar für alle Behörden und Planungsträger sowie für alle Körperschaften, Anstalten und Stiftungen des öffentlichen Rechts bei raumbedeutsamen Planungen, Maßnahmen und Vorhaben. Sie sind nach Maßgabe des § 1 des Raumordnungsgesetzes untereinander und gegeneinander abzuwägen.

(2) Die Grundsätze des § 2 regeln nicht unmittelbar die Nutzung des Grund und Bodens. Sie begründen dem einzelnen gegenüber keine Rechtswirkung.

§ 4
Landesentwicklungsprogramm und Landesentwicklungspläne

(1) Die Grundsätze für die Entwicklung des Landes sowie die Ziele der Raumordnung und Landesplanung werden im Landesentwicklungsprogramm und den Landesentwicklungsplänen dargestellt.

(2) Das Landesentwicklungsprogramm ist für das gesamte Landesgebiet aufzustellen. Es kann auch in Teilprogrammen aufgestellt werden.

(3) Die Landesentwicklungspläne sind aus dem Landesentwicklungsprogramm zu entfalten. Sie können für einen oder mehrere Fachbereiche sowie für das ganze Land oder für Teile des Landes aufgestellt werden. Wenn Gründe des Gemeinwohls es erfordern, kann während einer Übergangszeit bis zum 31. Dezember 1979 ein Landesentwicklungsplan aufgestellt werden, bevor das Landesentwicklungsprogramm aufgestellt ist.

§ 5
Inhalt des Landesentwicklungsprogrammes

(1) Das Landesentwicklungsprogramm legt die Grundsätze der anzustrebenden räumlichen Ordnung und strukturellen Entwicklung des Landes fest. In dem Programm sollen alle für die Entwicklung des Landes wesentlichen Planungen in den Grundzügen dargestellt werden. Dies gilt insbesondere im Hinblick auf die Bevölkerungs- und Siedlungsstruktur, die Lebens- und Arbeitsbedingungen der Bevölkerung,

ihre wirtschaftlichen, sozialen und kulturellen Verhältnisse, die Volksgesundheit, das Erholungswesen, den Schutz der Zivilbevölkerung, die gewerbliche Wirtschaft, den Bergbau, die Energiewirtschaft, die Land- und Forstwirtschaft, die Wasserwirtschaft, den Verkehr, besonders den öffentlichen Personennahverkehr und den Schutz der Natur und Landschaft.

(2) Das Landesentwicklungsprogramm enthält insbesondere folgende Teile:

1. eine Bestandsaufnahme der Sachbereiche,
2. eine Prognose des Entwicklungsablaufs ohne Planeinfluß (Status-quo-Prognose),
3. eine Festlegung und Erläuterung der mit der Planung angestrebten Ziele,
4. eine Zusammenstellung der vorgesehenen Maßnahmen und möglicher Alternativen.

(3) Das Landesentwicklungsprogramm hat von folgenden Grundsätzen auszugehen:

1. Als längerfristige Leitlinie politischen Handelns legt das Landesentwicklungsprogramm in den einzelnen Sachbereichen Ziele für einen Zeitraum von 10 bis 15 Jahren fest. Dabei sollen mittelfristige Durchführungsabschnitte bestimmt werden.
2. Das Landesentwicklungsprogramm baut auf den Zielsetzungen der Fachplanungen auf.
3. Das Landesentwicklungsprogramm gibt den Fachplanungen Richtlinien und Eckwerte vor. Es kennzeichnet den entwicklungspolitischen Gesamtzusammenhang und stellt den Rahmen für ihre Koordination zu einer aufeinander abgestimmten Planung für die Entwicklung des Landes dar.
4. Im Landesentwicklungsprogramm sind die finanziellen Auswirkungen der geplanten Maßnahmen zu kennzeichnen. Es ist der Zusammenhang mit der mittelfristigen Finanzplanung herzustellen. Darüber hinaus sind die Wirkungen zu kennzeichnen, die von den vorgesehenen Maßnahmen auf den Personalbedarf der Landesverwaltung ausgehen. Die Auswirkungen der Maßnahmen auf die Umwelt und die räumliche Entwicklung sind darzustellen.
5. Das Landesentwicklungsprogramm soll die für die Landesentwicklung bedeutsamen Vorgaben der Bundesregierung berücksichtigen.

(4) Das Landesentwicklungsprogramm ist von den Behörden des Landes und den der Aufsicht des Landes unterstehenden Körperschaften, Anstalten und Stiftungen des öffentlichen Rechts bei Planungen, Entscheidungen und allen sonstigen Maßnahmen zu beachten. Für die Gemeinden und öffentlichen Planungsträger stellt es eine Orientierungshilfe für die eigenen Planungen dar.

(5) Das Landesentwicklungsprogramm ist bei Bedarf zu ändern oder zu ergänzen (fortzuschreiben).

(6) Das Landesentwicklungsprogramm ist im Amtsblatt des Saarlandes zu veröffentlichen.

§ 6
Inhalt der Landesentwicklungspläne

(1) Die Landesentwicklungspläne legen auf der Grundlage des Landesentwicklungsprogrammes die Ziele der Raumordnung und Landesplanung räumlich und fachlich näher fest. In den Plänen sind insbesondere in beschreibender und zeichnerischer Form darzustellen:

1. Richtzahlen für die anzustrebende Entwicklung der Bevölkerung und Leitsätze für ihre räumliche Verteilung,
2. Richtzahlen für die anzustrebende Zahl und Art der Arbeitsplätze und Leitsätze für ihre räumliche Verteilung,
3. das anzustrebende System von Versorgungsorten, insbesondere von zentralen Orten und Leitsätzen für ihre Ausweisung,

4. die Entwicklungsachsen nach ihrer Rangordnung und vorwiegenden Zweckbestimmung,
5. der Verdichtungsraum und Leitsätze für seine Weiterentwicklung,
6. der ländliche Raum und Leitsätze für seine Weiterentwicklung,
7. Gebiete, in denen die Lebens- und Wirtschaftsbedingungen zurückgeblieben sind bzw. zurückzubleiben drohen und Leitsätze für ihre Weiterentwicklung,
8. die für die bestehende und künftige Siedlungsstruktur anzustrebende Entwicklung des Landes durch Einrichtungen der Versorgung und Entsorgung, der Bildung, des Verkehrs und der Erholung,
9. die zur Erhaltung und Verbesserung der natürlichen Lebensgrundlagen erforderlichen Zielsetzungen,
10. die fachlichen und räumlichen Zielsetzungen für die anzustrebenden raumwirksamen Investitionen des Landes.

(2) Die Landesentwicklungspläne sollen auch die geschätzten Kosten geplanter öffentlicher Investitionen, den Zeitplan, den voraussichtlichen Personalbedarf sowie etwaige Umweltbelastungen hinsichtlich der Verwirklichung vordringlicher Zielsetzungen angeben.

(3) Die Landesentwicklungspläne sind bei Bedarf zu ändern oder zu ergänzen (fortzuschreiben).

§ 7
Aufstellung des Landesentwicklungsprogrammes und der Landesentwicklungspläne

(1) Das Landesentwicklungsprogramm wird von dem Ministerpräsidenten unter Mitwirkung der beteiligten Landesminister vorbereitet und durch Beschluß der Landesregierung aufgestellt.

(2) Die Landesentwicklungspläne werden von der Landesplanungsbehörde im Einvernehmen mit den beteiligten Landesministerien und nach Anhörung des Landesplanungsbeirats aufgestellt und von der Landesregierung genehmigt.

(3) Bei der Aufstellung der Landesentwicklungspläne wirken die Gemeinden und Gemeindeverbände mit, soweit die Pläne für ihre Entwicklung von Bedeutung sind. Sie sind möglichst frühzeitig in die Erarbeitung der Pläne einzuschalten und während des ganzen Verfahrensganges so zu beteiligen, daß ihnen eine begleitende Einwirkung auf die grundsätzlichen Entscheidungen möglich ist. Werden Belange von Bundesbehörden berührt, so sind diese zu beteiligen.

(4) Für die Fortschreibung des Landesentwicklungsprogrammes und der Landesentwicklungspläne gelten die Absätze 1 bis 3 entsprechend.

§ 8
Landesplanungsbehörde

Landesplanungsbehörde ist der Minister für Umwelt, Raumordnung und Bauwesen.

§ 9
Landesplanungsbeirat

(1) Zur Mitwirkung an der Landesplanung wird ein Landesplanungsbeirat gebildet. Der Landesplanungsbeirat hat die Aufgabe, die Landesplanung durch Gutachten, Anregungen und Empfehlungen zu fördern, die Landesplanungsbehörde in grundsätzlichen Fragen zu beraten und nach Maßgabe des § 7 bei der Aufstellung der Landesentwicklungspläne mitzuwirken.

(2) In den Landesplanungsbeirat werden von der Landesregierung berufen:
a) 6 Mitglieder auf Vorschlag des Städte- und Gemeindetages,
b) 2 Mitglieder auf Vorschlag des Landkreistages,

c) 3 Mitglieder auf Vorschlag der Industrie- und Handelskammer,
d) 2 Mitglieder auf Vorschlag der Handwerkskammer,
e) 2 Mitglieder auf Vorschlag der Landwirtschaftskammer,
f) 3 Mitglieder auf Vorschlag der Arbeitskammer.

(3) Weitere Mitglieder können von der Landesregierung in den Landesplanungsbeirat berufen werden. Die Gesamtzahl der Mitglieder des Landesplanungsbeirates soll 25 nicht übersteigen.

(4) Die Berufung der Mitglieder des Landesplanungsbeirates erfolgt auf vier Jahre. Wiederberufung ist zulässig. Die Tätigkeit ist ehrenamtlich.

(5) Die Mitglieder des Landesplanungsbeirates werden von der Landesregierung auf Antrag der Stelle abberufen, die sie vorgeschlagen hat.

(6) Der Landesplanungsbeirat soll mindestens halbjährlich zusammentreten. Er kann von der Landesplanungsbehörde jederzeit einberufen werden; er muß einberufen werden, wenn wenigstens ein Drittel seiner Mitglieder es beantragt.

(7) Die Sitzungen des Landesplanungsbeirates werden von der Landesplanungsbehörde geleitet.

(8) Der Landesplanungsbeirat kann für die Behandlung von Einzelfragen Ausschüsse bilden.

(9) Die Landesminister können an den Sitzungen des Landesplanungsbeirates und seiner Ausschüsse teilnehmen oder zu diesen Sitzungen Vertreter entsenden.

(10) Über die Sitzungen des Landesplanungsbeirates ist eine Sitzungsniederschrift anzufertigen, in der die Empfehlungen des Landesplanungsbeirates sowie etwa abweichende Auffassungen einzelner Mitglieder im wesentlichen wiederzugeben sind.

(11) Den Mitgliedern des Landesplanungsbeirates ist eine Entschädigung nach dem Gesetz über die Entschädigung gung der Mitglieder von Kommissionen und Ausschüssen vom 5. Dezember 1962 in der jeweils geltenden Fassung für die Teilnahme an Sitzungen des Landesplanungsbeirates zu gewähren.

§ 10
Übertragung von Aufgaben der Landesplanung

(1) Die Landesplanungsbehörde kann Gemeindeverbänden mit deren Zustimmung die Aufstellung von Landesentwicklungsplänen für bestimmte Gebiete als staatliche Auftragsangelegenheit übertragen. Die Gewähr für eine sach- und fristgerechte Erfüllung der Aufgaben muß gegeben sein; die Übertragung kann rückgängig gemacht werden, wenn diese Voraussetzung entfällt.

(2) Die Landesplanungsbehörde gibt der nach Absatz 1 beauftragten Körperschaft die das Planungsgebiet betreffenden Leitsätze und sonstigen bei der Planaufstellung zu berücksichtigenden Gesichtspunkte bekannt. Die Körperschaft unterrichtet die Landesplanungsbehörde über den Verlauf ihrer Arbeit. Die Landesplanungsbehörde stellt das Einvernehmen mit den beteiligten Landesministern her, beteiligt die Bundesbehörden und hört den Landesplanungsbeirat. Sie führt die Genehmigung der nach Absatz 1 aufgestellten Landesentwicklungspläne durch die Landesregierung herbei.

(3) Die Absätze 1 und 2 gelten für die Änderung und Ergänzung von Landesentwicklungsplänen entsprechend.

§ 11
Bekanntmachung

(1) Die Landesentwicklungspläne sind im Amtsblatt des Saarlandes bekanntzumachen. Die zu den Plänen gehörenden Zeichnungen sind bei der Landesplanungsbehörde zur Einsicht für jedermann niederzulegen; in der Bekanntmachung ist hierauf hinzuweisen.

(2) Absatz 1 gilt auch für Änderungen und Ergänzungen.

§ 12
Wirkung der Landesentwicklungspläne; Anpassungspflicht, Planungsgebot

(1) Die Landesentwicklungspläne sind mit ihrer Bekanntmachung nach § 11 von den Behörden des Landes und des Bundes, den Gemeinden und Gemeindeverbänden, den öffentlichen Planungsträgern sowie den bundesunmittelbaren und den der Aufsicht des Landes unterstehenden Körperschaften, Anstalten und Stiftungen des öffentlichen Rechts bei Planungen, Entscheidungen und allen sonstigen Maßnahmen zu beachten, durch die Grund und Boden in Anspruch genommen oder die räumliche Entwicklung eines Gebietes beeinflußt wird; bestehende Planungen sind ihnen anzupassen.

(2) Die Landesregierung kann verlangen, daß der Stadtverband und die Gemeinden Bauleitpläne entsprechend den Zielen der Raumordnung und Landesplanung aufstellen, wenn dies zur Verwirklichung von Planungen mit besonderer Bedeutung für die überörtliche Wirtschaftsstruktur oder allgemeine Landesentwicklung erforderlich ist; die betroffenen Flächen müssen in einem Landesentwicklungsplan dargestellt sein. Vor der Entscheidung der Landesregierung ist dem Stadtverband oder der Gemeinde Gelegenheit zur Stellungnahme zu geben.

§ 13
Raumordnungsverfahren

(1) Die Landesplanungsbehörde kann in einem förmlichen Verfahren (Raumordnungsverfahren)

a) vorschlagen, wie raumbedeutsame Planungen, Maßnahmen und Vorhaben von überörtlicher Auswirkung von Planungsträgern aufeinander abgestimmt werden sollen,
b) feststellen, ob derartige Planungen, Maßnahmen und Vorhaben mit den Zielen der Raumordnung und Landesplanung übereinstimmen.

(2) Das Raumordnungsverfahren kann von Amts wegen oder auf Antrag eines Planungsträgers eingeleitet werden.

(3) Für die Einleitung und Durchführung des Raumordnungsverfahrens ist die Landesplanungsbehörde zuständig.

(4) Im Raumordnungsverfahren sollen alle von der raumbedeutsamen Planung, Maßnahme oder dem Vorhaben berührten Planungsträger beteiligt werden.

(5) Die Landesplanungsbehörde kann raumbedeutsame Planungen, Maßnahmen und Vorhaben, die mit den Zielen der Raumordnung und Landesplanung nicht übereinstimmen (Abs. 1 Buchst. b), vorläufig untersagen; § 14 Abs. 2 gilt entsprechend.

(6) Die nach sonstigen Vorschriften erforderlichen Erlaubnisse, Genehmigungen, Bewilligungen und sonstigen Entscheidungen werden durch das Raumordnungsverfahren nicht ersetzt.

§ 14
Untersagung raumordnungswidriger Planungen, Maßnahmen und Vorhaben

(1) Beabsichtigte Planungen, Maßnahmen und Vorhaben von Behörden des Landes und des Bundes, Gemeinden und Gemeindeverbänden, öffentlichen Planungsträgern sowie von bundesunmittelbaren und der Aufsicht des Landes unterstehenden Körperschaften, Anstalten und Stiftungen des öffentlichen Rechts kann die Landesplanungsbehörde im Einvernehmen mit den beteiligten Landesministern untersagen, wenn zu befürchten ist, daß die Einhaltung der künftigen Ziele der Raumordnung und Landesplanung unmöglich gemacht oder wesentlich erschwert wird und wenn die Aufstellung, Änderung oder Ergänzung eines Landesentwicklungsplanes eingeleitet ist.

(2) Die Untersagung ist für eine bestimmte Dauer auszusprechen; sie kann wiederholt werden. Die Gesamtdauer darf zwei Jahre nicht überschreiben. Die Untersagung ist ganz oder teilweise aufzuheben, soweit ihre Voraussetzungen weggefallen sind.

§ 15
Mitteilungs- und Auskunftspflicht

(1) Die Behörden des Landes, die Gemeinden und Gemeindeverbände, die öffentlichen Planungsträger sowie die der Aufsicht des Landes unterstehenden Körperschaften, Anstalten und Stiftungen des öffentlichen Rechts haben alle von ihnen beabsichtigten oder zu ihrer Kenntnis gelangten raumbeanspruchenden und raumbeeinflussenden Planungen, Maßnahmen und Vorhaben einschließlich des Einsatzes raumwirksamer Investitionen, für welche Festlegungen im Landesentwicklungsprogramm und in Landesentwicklungsplänen in Betracht kommen, der Landesplanungsbehörde so frühzeitig mitzuteilen, daß dieser die Wahrnehmung der Belange der Landesplanung noch möglich ist.

(2) Auf Verlangen der Landesplanungsbehörde sind die Mitteilungen nach Absatz 1 auch von natürlichen und von juristischen Personen des Privatrechts zu machen. Die Auskünfte sind geheimzuhalten.

(3) Die Landesregierung wird ermächtigt, durch Rechtsverordnung die Planungen, Maßnahmen und Vorhaben im Sinne von Absatz 1 und 2 im einzelnen zu bestimmen.

§ 16
Raumordnungskataster

Die Landesplanungsbehörde führt ein Raumordnungskataster. Es soll alle raumbeanspruchenden und alle raumbeeinflussenden Planungen, Maßnahmen und Vorhaben enthalten, die für die Wahrnehmung der Aufgaben der Landesplanungsbehörde von Bedeutung sind.

§ 17
Unterrichtungspflicht, Bericht zur Landesentwicklung

(1) Während der Aufstellung des Landesentwicklungsprogrammes und der Landesentwicklungspläne sowie bei deren Fortschreibung hat die Landesregierung dem Landtag des Saarlandes Gelegenheit zu einer Stellungnahme zu geben.

(2) Die Landesregierung erstattet dem Landtag alle drei Jahre, erstmals in der ersten Hälfte des Jahres 1979, Bericht über die Landesentwicklung. Der Bericht enthält insbesondere Aussagen über

1. die räumliche Entwicklung des Landes (Bestandsaufnahme und Entwicklungstendenzen),
2. die im Rahmen der angestrebten Landesentwicklung durchgeführten und geplanten Maßnahmen.

§ 18
Ersatzleistung

(1) Das Land hat einer Gemeinde Ersatz zu leisten, wenn sie einen nach Inkrafttreten des Bundesbaugesetzes aufgestellten Bebauungsplan auf Grund des § 12 Abs. 1 ändern oder aufheben und sie deswegen einen Dritten nach den §§ 39 j bis 44 c des Bundesbaugesetzes entschädigen muß. Der Ersatzanspruch der Gemeinde gegenüber dem Land wird insoweit eingeschränkt, als die Gemeinde von Begünstigten Ersatz verlangen kann.

(2) Absatz 1 Satz 1 gilt entsprechend, wenn der Gemeinde selbst an ihrem Eigentum Schaden entstanden ist.

(3) Der Ersatzanspruch entfällt, wenn die Gemeinde der Landesplanungsbehörde oder der nach § 10 mit der Planaufstellung beauftragten Körperschaft auf schriftliche

Anfrage, die durch eine notwendig werdende Änderung oder Aufhebung des Bebauungsplanes voraussichtlich entstehenden Entschädigungsansprüche nicht mitgeteilt und vor Durchführung der Änderung oder Aufhebung die Zustimmung der Landesplanungsbehörde nicht vorgelegen hat.

(4) Die Absätze 1 bis 3 finden entsprechende Anwendung in den Fällen des § 12 Abs. 2.

§ 19
Erlaß von Verwaltungsvorschriften

Die zur Ausführung dieses Gesetzes erforderlichen Verwaltungsvorschriften erläßt die Landesplanungsbehörde im Einvernehmen mit den beteiligten Landesministern.

§ 20
Übergangsbestimmungen

(1) Das Raumordnungsprogramm des Saarlandes, Allgemeiner Teil, vom 10. Oktober 1967 (Amtsbl. 1969 S. 37) und das Raumordnungsprogramm des Saarlandes, Besonderer Teil, vom 28. April 1970 (Amtsbl. S. 496) in der Fassung vom 15. April 1975 (Amtsbl. S. 534) gelten bis zu ihrer Aufhebung durch die Landesregierung als Landesentwicklungspläne im Sinne des § 4 fort. Dies gilt in gleicher Weise für bestehende Raumordnungsteilpläne.

(2) Die bei Inkrafttreten dieses Gesetzes im Aufstellungsverfahren befindlichen Raumordnungsteilpläne Saarausbau und Siedlung (Wohnen) werden nach den bisherigen Vorschriften als Landesentwicklungspläne aufgestellt.

§ 21
Aufhebung

Das Gesetz Nr. 798 „Saarländisches Landesplanungsgesetz (SLPG)" vom 27. Mai 1964 (Amtsbl. S. 525) wird aufgehoben.

§ 22
Inkrafttreten

Dieses Gesetz tritt am 1. Juli 1978 in Kraft.

Schleswig-Holstein

Übersicht

1. Gesetz über die Landesplanung (Landesplanungsgesetz) vom 13. 4. 1971 i. d. F. vom 31. 3. 1976 (GVOBl. S. 112).
2. Gesetz über die Grundsätze zur Entwicklung des Landes (Landesentwicklungsgrundsätze) i. d. F. vom 11. 12. 1973 (GVOBl. S. 425).

1.

Gesetz über die Landesplanung (Landesplanungsgesetz)

Vom 13. April 1971 (GVOBl. S. 152)
i. d. F. vom 31. März 1976 (GVOBl. S. 112)

Inhaltsübersicht

Der Landtag hat das folgende Gesetz beschlossen:

Erster Teil
Landesplanung

§ 1
Aufgaben der Landesplanung

(1) Aufgabe der Landesplanung ist es,

a) die übergeordnete zusammenfassende Planung für eine den wirtschaftlichen, sozialen, kulturellen und landschaftlichen Erfordernissen entsprechende Ordnung des Raumes auf- und festzustellen (Raumordnungspläne) und die Raumordnungspläne fortlaufend der Entwicklung anzupassen,

b) die Planungen der Minister in den von ihnen geleiteten Geschäftsbereichen der Landesregierung (Fachplanung des Landes) sowie die Planungen der Gemeinden, Gemeindeverbände und aller anderen Planungsträger, denen öffentliche, raumbedeutsame Planungsaufgaben obliegen, gemäß den Erfordernissen der Raumordnung und Landesplanung (Buchst. a) abzustimmen.

(2) Landesplanung ist Aufgabe des Landes.

§ 2
Landesentwicklungsgrundsätze, zentrale Orte, regionale Planungsräume

(1) Die Grundsätze zur Entwicklung des Landes, die die Landesplanung neben den Grundsätzen der Raumordnung gemäß § 2 Abs. 1 des Raumordnungsgesetzes vom 8. April 1965 (Bundesgesetzbl. I S. 306) zu beachten hat (Landesentwicklungsgrundsätze), werden durch ein besonderes Gesetz festgelegt.

(2) In diesem Gesetz werden auch die Ober-, Mittel- und Unterzentren sowie die Stadtrandkerne I. Ordnung festgelegt, ebenso die Kriterien zur Bestimmung der ländlichen Zentralorte und der Stadtrandkerne II. Ordnung. Ferner werden in diesem Gesetz die regionalen Planungsräume abgegrenzt.

§ 3

Raumordnungspläne

(1) Zur Erfüllung der in § 1 bezeichneten Aufgaben sind Raumordnungspläne für die räumliche Entwicklung des Landes (Landesraumordnungsplan) und seiner Teilräume (Regionalpläne) aufzustellen. Sie setzen die Ziele der Raumordnung und Landesplanung fest.

(2) Die Raumordnungspläne legen die anzustrebende räumliche Entwicklung für einen langfristigen Zeitraum von mindestens fünfzehn Jahren fest (Planungszeitraum). Sie sollen mindestens alle fünf Jahre der Entwicklung angepaßt werden.

§ 4

Wirkung der Raumordnungspläne

(1) Raumordnungspläne sind rahmensetzende Leitpläne mit der Wirkung, daß alle Träger der öffentlichen Verwaltung unbeschadet ihrer sachlichen oder örtlichen Zuständigkeit für ihre Verwirklichung einzutreten haben und keine Planungen aufstellen, bestehen lassen, genehmigen oder verwirklichen sowie Maßnahmen durchführen dürfen, die mit den Raumordnungsplänen nicht in Einklang stehen.

(2) Die Träger der öffentlichen Verwaltung haben darauf hinzuwirken, daß die juristischen Personen des Privatrechts, an denen sie beteiligt sind, zur Verwirklichung der Raumordnungspläne beitragen.

§ 5

Landesraumordnungsplan

(1) Der Landesraumordnungsplan enthält die Ziele der Raumordnung und Landesplanung, die das ganze Land betreffen oder für die räumliche Beziehung der Landesteile untereinander wesentlich sind.

(2) Im Landesraumordnungsplan ist die anzustrebende geordnete Entwicklung des Raumes, insbesondere im Hinblick auf die Bevölkerungs- und Siedlungsstruktur, die gewerbliche Wirtschaft, die Land- und Forstwirtschaft, die Wasserwirtschaft, die Energieversorgung, den Verkehr und den Schutz der Landschaft in den Grundzügen und in Abstimmung sich überschneidender Raumansprüche in Text und Karte darzustellen.

(3) Der Landesraumordnungsplan ergänzt die Bestimmungen des Gesetzes über Landesentwicklungsgrundsätze zu den Funktionen und Entwicklungszielen der zentralen Orte und Stadtrandkerne. Außerdem bestimmt er die Kriterien für die Funktionen der Gemeinden, die keine zentralen Orte sind.

§ 6

Regionalpläne

(1) Regionalpläne enthalten die Ziele der Raumordnung und Landesplanung für Teilgebiete des Landes, die aus mehreren Kreisen und kreisfreien Städten bestehen.

(2) Regionalpläne bestimmen die ländlichen Zentralorte und Stadtrandkerne II. Ordnung sowie die Funktionen und Entwicklungsziele dieser Orte und der Gemeinden, die keine zentralen Orte sind. Die Regionalpläne sollen auch Angaben über wichtige, insbesondere überörtliche Infrastrukturmaßnahmen enthalten.

(3) Regionalpläne sollen der kommunalen Selbstverwaltung Ziele vorgeben, soweit es im übergeordneten Interesse notwendig ist.

§ 7

Aufstellung und Feststellung von Raumordnungsplänen

(1) Raumordnungspläne werden von der Landesplanungsbehörde aufgestellt; dabei sind die Kreise und kreisfreien Städte zu beteiligen. Die Kreise haben dabei die Gemeinden ihres Gebietes zu beteiligen. Die Stellungnahmen der Kreise und kreisfreien Städte sind der Landesplanungsbehörde innerhalb von drei Monaten nach Eingang des Planentwurfs in Text und Karte zuzuleiten; diese Frist kann von der Landesplanungsbehörde verlängert werden. Die Landesplanungsbehörde teilt dem Landesplanungsrat die Stellungnahmen der Kreise und kreisfreien Städte mit.

(2) Raumordnungspläne werden von der Landesplanungsbehörde festgestellt. Sie werden mit Bekanntmachung im Amtsblatt für Schleswig-Holstein wirksam.

(3) Vor der Feststellung von Raumordnungsplänen ist das Benehmen mit den fachlich beteiligten Ministern sowie dem Landesplanungsrat herbeizuführen.

(4) Die Absätze 1 bis 3 gelten entsprechend für die Änderung, Anpassung und Ergänzung von Raumordnungsplänen.

§ 8

Landesplanungsbehörde

(1) Landesplanungsbehörde ist der Ministerpräsident.

(2) Der Landesplanungsbehörde obliegen die Aufgaben der Landesplanung nach Maßgabe dieses Gesetzes und des Gesetzes über Landesentwicklungsgrundsätze. Der Ministerpräsident kann die Aufstellung von Raumordnungsplänen sowie die Wahrnehmung weiterer vorbereitender Aufgaben der Landesplanung einem Minister übertragen.

§ 9

Landesplanungsrat

(1) Zur Mitwirkung an den Aufgaben der Landesplanung wird ein Landesplanungsrat gebildet.

(2) Der Landesplanungsrat hat die Aufgabe, die Landesplanung durch Beratung der Landesplanungsbehörde in grundsätzlichen Fragen, insbesondere bei der Aufstellung von Raumordnungsplänen, zu fördern. Dem Landesplanungsrat obliegen ferner die Aufgaben gemäß §§ 7 Abs. 3, 14 Abs. 3 und 19 Abs. 3.

(3) Die Landesplanungsbehörde hat dem Landesplanungsrat in seinen Sitzungen über den Stand der Landesplanung und über wichtige Angelegenheiten ihres Aufgabenbereichs zu berichten.

§ 10

Organisation des Landesplanungsrates

(1) Die Gesamtzahl der Mitglieder des Landesplanungsrates soll dreißig nicht überschreiten.

(2) Dem Landesplanungsrat gehören an:

a) sieben Vertreter der im Schleswig-Holsteinischen Landtag vertretenen Parteien,
b) je zwei Vertreter der kommunalen Landesverbände,
c) je ein Vertreter der Industrie- und Handelskammern,
d) je ein Vertreter der Handwerkskammern,
e) zwei Vertreter der Landwirtschaftskammer,
f) zwei Vertreter der Gewerkschaften,

g) zwei Vertreter der Landesvereinigung der Schleswig-Holsteinischen Arbeitgeberverbände, davon ein Vertreter der Arbeitgeber der Land- und Forstwirtschaft,
h) zwei auf dem Gebiet der Raumordnung sachkundige Wissenschaftler.

(3) Die Mitglieder des Landesplanungsrates werden von dem Ministerpräsidenten berufen, und zwar die unter Abs. 2
a) genannten Mitglieder auf Vorschlag der Landtagsfraktionen,
b) genannten Vertreter auf Vorschlag der kommunalen Landesverbände,
c) bis e) genannten Vertreter auf Vorschlag der Kammern,
f) genannten Vertreter auf Vorschlag der Regionalverbände des DGB und der DAG,
g) genannten Vertreter auf Vorschlag der Landesvereinigung der Schleswig-Holsteinischen Arbeitgeberverbände.

Von den unter a) genannten Mitgliedern entfällt zunächst auf jede im Landtag vertretene Fraktion ein Mitglied, die weiteren Mitglieder werden auf die Parteien nach dem Höchstzahlenverfahren auf der Grundlage ihrer Sitzanteile im Landtag verteilt.

(4) Der Ministerpräsident kann weitere Mitglieder in den Landesplanungsrat berufen.

(5) Die Mitglieder des Landesplanungsrates werden für die Dauer einer Wahlperiode des Landtages berufen. Ihre Mitgliedschaft endet mit der Berufung eines neuen Landesplanungsrates. Wiederholung ist zulässig. Die Tätigkeit ist ehrenamtlich.

(6) Der Landesplanungsrat kann Sachverständige hinzuziehen. Er kann für die Behandlung von Einzelfragen Ausschüsse bilden.

(7)Vorsitzender des Landesplanungsrates ist der Ministerpräsident. Die Minister können an den Sitzungen des Landesplanungsrates und seiner Ausschüsse teilnehmen oder zu diesen Sitzungen Vertreter entsenden.

(8) Der Landesplanungsrat soll in der Regel halbjährlich zusammentreten; er kann von dem Vorsitzenden jederzeit einberufen werden. Er muß einberufen werden, wenn wenigstens ein Drittel seiner Mitglieder es beantragen.

(9) Der Landesplanungsrat gibt sich eine Geschäftsordnung.

Zweiter Teil

Entwicklungsplanung der Kreise und kreisfreien Städte

§ 11

Kreisentwicklungspläne

(1) Zur geordneten Entwicklung ihres Gebietes ergänzen die Kreise und kreisfreien Städte die langfristigen Raumordnungspläne des Landes durch mittelfristige Entwicklungspläne (Kreisentwicklungspläne).

(2) In den Kreisentwicklungsplänen sind die raumbeanspruchenden und raumbeeinflussenden öffentlichen Planungen und die daraus folgenden Maßnahmen entsprechend ihrer Dringlichkeit und unter Berücksichtigung ihres Finanzbedarfs darzustellen, die
1. im Planungszeitraum erforderlich sind, um die gesetzlich oder in einem Raumordnungsplan festgelegten Ziele der Raumordnung und Landesplanung zu verwirklichen,
2. einer Finanzhilfe vom Kreis, Land oder Bund bedürfen und
3. nicht nur örtliche Bedeutung haben.

(3) Unter den Voraussetzungen des Abs. 2 sollen Kreisentwicklungspläne insbesondere
1. die Fachplanungen der Kreise und
2. kommunale Vorhaben und förderungswürdige Vorhaben anderer Träger enthalten sowie

3. die angestrebte Entwicklung der kreisangehörigen Gemeinden im Rahmen ihrer durch Raumordnungspläne festgelegten Funktionen und
4. die Zuordnung der kreisangehörigen Gemeinden oder Gemeindeteile zu zentralen Orten

konkretisieren.

(4) Die Kreise und kreisfreien Städte stellen die Kreisentwicklungspläne in eigener Verantwortung für einen Zeitraum von fünf Jahren auf. Die Kreisentwicklungspläne sollen in der Regel alle zwei Jahre fortgeschrieben werden. Die Fortschreibungstermine gibt die Landesplanungsbehörde im Amtsblatt für Schleswig-Holstein bekannt.

§ 12

Wirkung der Kreisentwicklungspläne

(1) Die Kreisentwicklungspläne bilden die Grundlage für Entscheidungen über eigene Maßnahmen, die Förderung von Maßnahmen anderer Träger sowie die mittelfristige Finanzplanung der Kreise und kreisfreien Städte.

(2) Die Gemeinden, Ämter und kommunalen Verbände haben bei ihren Planungen die Kreisentwicklungspläne zu beachten.

(3) Die Landesbehörden sollen die Kreisentwicklungspläne bei ihren Planungen, Maßnahmen, Zuwendungen und Förderungsprogrammen berücksichtigen.

§ 13

Verfahren

(1) Die Kreisentwicklungspläne werden von den Vertretungskörperschaften der Kreise und kreisfreien Städte beschlossen. Sie sind mit den benachbarten Kreisen und kreisfreien Städten abzustimmen.

(2) Bei der Aufstellung von Kreisentwicklungsplänen sind die kreisangehörigen Gemeinden sowie andere Träger der von den Kreisentwicklungsplänen erfaßten Vorhaben zu beteiligen.

(3) Die Kreisentwicklungspläne sind der Landesplanungsbehörde vorzulegen. Der Kreis oder die kreisfreie Stadt hat bei der Vorlage die nicht berücksichtigten Bedenken und Anregungen der benachbarten Kreise und kreisfreien Städte mit einer eigenen Stellungnahme beizufügen. Entsprechendes gilt für die nicht berücksichtigten Bedenken und Anregungen der kreisangehörigen Gemeinden und der anderen Träger von Vorhaben, die von den Kreisentwicklungsplänen erfaßt werden.

(4) Die Landesplanungsbehörde kann den Kreisentwicklungsplänen binnen drei Monaten nach Eingang und nach Erörterung widersprechen, wenn Ziele der Raumordnung und Landesplanung nicht beachtet sind. Stehen andere Gründe der Verwirklichung von Kreisentwicklungsplänen entgegen, soll die Landesplanungsbehörde darauf hinweisen.

(5) Soweit ihnen die Landesplanungsbehörde unter Angabe von Gründen widerspricht, werden Kreisentwicklungspläne nicht wirksam.

(6) Die Kreisentwicklungspläne sind im Amtsblatt für Schleswig-Holstein bekanntzumachen.

Dritter Teil

Einzelvorschriften

§ 14

Raumordnungsverfahren

(1) Werden durch die Planungen eines Planungsträgers im Einzelfall die Interessen anderer öffentlich-rechtlicher Planungsträger beeinträchtigt, so führt die Landespla-

nungsbehörde unter Beteiligung dieser Stellen ein Raumordnungsverfahren durch, sofern sie es für erforderlich hält oder eine dieser Stellen es beantragt. Das Verfahren dient der Abstimmung der Interessen und der Ausrichtung auf die Ziele der Landesplanung.

(2) Der Antrag, ein Raumordnungsverfahren durchzuführen, kann abgelehnt werden, wenn über die Interessenbeeinträchtigung bereits in einem anderen gesetzlich vorgesehenen Planungsverfahren entschieden worden ist oder bei deren rechtzeitiger Geltendmachung hätte entschieden werden können.

(3) Wird in dem Raumordnungsverfahren kein Ausgleich erzielt, so hat die Landesplanungsbehörde der Planung, durch die das Raumordnungsverfahren ausgelöst worden ist, zu widersprechen. Der Widerspruch hat aufschiebende Wirkung. Über den Widerspruch entscheidet die Landesregierung nach Anhörung des Landesplanungsrates.

§ 15

Untersagung raumordnungswidriger Planungen und Maßnahmen

(1) Die Untersagung raumordnungswidriger Planungen und Maßnahmen gemäß § 7 des Raumordnungsgesetzes obliegt der Landesplanungsbehörde.

(2) Die Untersagung ist für eine bestimmte Zeitdauer auszusprechen. Sie kann wiederholt werden. Die Gesamtdauer der Untersagung darf zwei Jahre nicht überschreiten.

(3) Die Untersagung erfolgt von Amts wegen oder auf Antrag eines öffentlichen Planungsträgers, dessen Aufgaben durch die zu untersagende Planung oder Maßnahme berührt werden.

(4) Der Träger der zu untersagenden Planung oder Maßnahme ist zu hören.

(5) Muß der Träger der untersagten Planung oder Maßnahme auf Grund der Untersagung einen Dritten entschädigen, so ersetzt ihm das Land die hierdurch entstehenden notwendigen Aufwendungen. Die Ersatzleistung ist ausgeschlossen, wenn die Untersagung von dem Planungsträger verschuldet ist oder aus Anlaß der Untersagung aus anderen Rechtsgründen Entschädigungsansprüchen bestehen.

§ 16

Landesplanung und Beuleitplanung

(1) Die Gemeinden haben der Landesplanungsbehörde oder dem gemäß § 8 Abs. 2 Satz 2 zuständigen Minister die beabsichtigte Aufstellung eines Bauleitplanes anzuzeigen und dabei die allgemeinen Planungsabsichten mitzuteilen. Die Landesplanungsbehörde hat den Gemeinden und der für die Genehmigung der Bauleitpläne zuständigen Behörde die bei der Aufstellung der Bauleitpläne zu beachtenden Ziele der Raumordnung und Landesplanung (§ 1 Abs. 3 des Bundesbaugesetzes vom 23. Juni 1960 — Bundesgesetzbl. I S. 341 — und § 3 Abs. 1 Satz 2 dieses Gesetzes) bekanntzugeben.

(2) Vor der Genehmigung von Flächennutzungsplänen nach § 6 des Bundesbaugesetzes hat die zuständige Behörde bei der Prüfung, ob die Voraussetzung des § 1 Abs. 3 des Bundesbaugesetzes erfüllt ist, die Landesplanungsbehörde zu beteiligen; das gleiche gilt bei der Genehmigung von Bebauungsplänen in den Fällen des § 2 Abs. 2 des Bundesbaugesetzes.

§ 17

Ersatzleistung an die Gemeinden

(1) Muß eine Gemeinde einen Dritten gemäß §§ 40 bis 44 des Bundesbaugesetzes

entschädigen, weil sie einen in Kraft getretenen Bebauungsplan zur Anpassung an einen festgestellten Raumordnungsplan ändern oder aufheben mußte, so hat ihr das Land Ersatz zu leisten.

(2) Ein Anspruch auf Ersatzleistung ist ausgeschlossen, wenn die Gemeinde die Landesplanungsbehörde oder den von ihr gemäß § 8 Abs. 2 Satz 2 beauftragten Minister nicht rechtzeitig von der beabsichtigten Aufstellung oder Änderung des Bebauungsplanes unterrichtet hat oder soweit sie von einem durch die Maßnahme Begünstigten Ersatz verlangen kann.

§ 18

Raumordnungskataster

Die Landesplanungsbehörde oder der gemäß § 8 Abs. 2 Satz 2 zuständige Minister führt ein Raumordnungskataster. Es soll alle raumbeanspruchenden und raumbeeinflussenden Planungen und Maßnahmen enthalten, die zur Wahrnehmung der Aufgaben der Landesplanung von Bedeutung sind.

§ 19

Auskunftspflicht

(1) Die Träger der öffentlichen Verwaltung haben der Landesplanungsbehörde oder dem nach § 8 Abs. 2 Satz 2 zuständigen Minister auf Verlangen regelmäßig oder im Einzelfall Auskunft über die raumbeanspruchenden oder raumbeeinflussenden Planungen, Maßnahmen und Einzelvorhaben aus ihrem Zuständigkeits- und Aufgabenbereich zu erteilen.

(2) Die gleiche Verpflichtung trifft natürliche und juristische Personen des Privatrechts sowie nicht rechtsfähige Vereinigungen, soweit nicht die Erteilung der Auskunft auf Grund von Rechtsvorschriften verweigert werden kann.

(3) Die Landesplanungsbehörde ist möglichst frühzeitig insbesondere über solche raumbeanspruchenden und raumbeeinflussenden Planungen, Maßnahmen und Einzelvorhaben zu unterrichten, die nach Art und Größe in einem Verzeichnis aufgeführt und beschrieben sind. Das Verzeichnis ist von der Landesplanungsbehörde oder dem gemäß § 8 Abs. 2 Satz 2 zuständigen Minister im Benehmen mit dem Landesplanungsrat aufzustellen. Es ist im Amtsblatt für Schleswig-Holstein zu veröffentlichen.

§ 20

Bericht an den Landtag

Die Landesregierung berichtet dem Landtag mindestens zweimal in der Legislaturperiode über Fragen der räumlichen Entwicklung des Landes und den Stand von Raumordnungsplänen. Der erste Bericht ist spätestens im zweiten Jahr der Wahlperiode vorzulegen; in ihm hat die Landesregierung insbesondere dazu Stellung zu nehmen, ob sie Änderungen der zentralörtlichen Gliederung für erforderlich hält.

§ 21

Änderung der Gemeindeordnung und der Kreisordnung

(1) § 28 der Gemeindeordnung für Schleswig-Holstein vom 24. Januar 1950 (GVOBl. Schl.-H. S. 25), zuletzt geändert durch das Finanzausgleichsgesetz vom 25. März 1970 (GVBl. Schl.-H. S. 50), wird wie folgt geändert:

1. Es wird folgender neuer Buchst. w) eingefügt:
   „w) Die Beteiligung bei der Aufstellung von Raumordnungs- und Kreisentwicklungsplänen.“

2. Der bisherige Buchst. w) wird Buchst. x).

(2) § 23 der Kreisordnung für Schleswig-Holstein vom 27. Februar 1950 (GVOBl. Schl.-H. S. 49), zuletzt geändert durch das Finanzausgleichsgesetz vom 25. März 1970 (GVOBl. Schl.-H. S. 50), wird wie folgt geändert:

1. Es wird folgender neuer Buchst. v) eingefügt:
   „v) Die Beschlußfassung über Kreisentwicklungspläne und die Beteiligung bei der Aufstellung von Raumordnungsplänen."
2. Der bisherige Buchst. v) wird Buchst. w).

§ 22

Inkrafttreten und Übergangsvorschriften

(1) Dieses Gesetz tritt am Tage nach seiner Verkündung in Kraft.

(2) Das Gesetz über die Landesplanung vom 5. Juli 1961 (GVOBl. Schl.-H. S. 119) tritt mit dem Inkrafttreten dieses Gesetzes außer Kraft.

(3) Der Landesraumordnungsplan sowie die vor dem Inkrafttreten dieses Gesetzes festgestellten oder genehmigten Regionalpläne gelten fort.

(4) Die Übertragung von Aufgaben der regionalen Landesplanung nach § 5 des Landesplanungsgesetzes vom 5. Juli 1961 kann jeweils erst dann aufgehoben werden, wenn die regionalen Planungsträger der Landesplanungsbehörde feststellungsreife Regionalplanentwürfe vorgelegt haben. Auf diese Entwürfe findet § 7 sinngemäß Anwendung.

2.

Gesetz über Grundsätze zur Entwicklung des Landes (Landesentwicklungsgrundsätze) i. d. F. vom 11. Dezember 1973

(GVOBl. S. 426)

§ 1

Anwendung der Landesentwicklungsgrundsätze

(1) Die Landesplanung hat neben den Grundsätzen der Raumordnung gemäß § 2 Abs. 1 des Raumordnungsgesetzes vom 8. April 1965 (Bundesgesetzbl. I S. 306) die nachstehenden Grundsätze zur Entwicklung des Landes zu beachten (Landesentwicklungsgrundsätze).

(2) Die Grundsätze sind durch die Landesplanungsbehörde gegeneinander abzuwägen und in Raumordnungsplänen unter Beachtung der Gegebenheiten und Erfordernisse der Teilräume des Landes zu konkretisieren.

(3) Die Landesentwicklungsgrundsätze haben dem einzelnen gegenüber keine Rechtswirkung.

§ 2

Hauptziel

(1) Das Land Schleswig-Holstein ist unter Anerkennung der öffentlichen und privaten Belange sowie der kommunalen und unternehmerischen Initiative geordnet und am Gemeinwohl orientiert in allen seinen Teilräumen zu entwickeln.

(2) Dabei ist es so weiterzuentwickeln, daß
das ganze Land in seinen städtischen und ländlichen Bereichen als lebendiger Natur-, Kultur- und Wirtschaftsraum erhalten wird,

die Belange des Umweltschutzes gewahrt werden,
die Lebensbedingungen in ihrer Gesamtheit in allen Teilen des Landes im Verhältnis zum Bundesdurchschnitt zumindest gleichwertig sind und
jeder Teilraum des Landes den ihm angemessenen Beitrag zum Gemeinwohl leisten kann.

§ 3

Lage im Raum

Bei allen Planungen sind die gesamtdeutschen Zusammenhänge und die Lage Schleswig-Holsteins im norddeutschen Küstengebiet, im europäischen Raum und als Bindeglied zu Skandinavien zu beachten.

§ 4

Umweltschutz

(1) Zur Wahrung der Belange des Umweltschutzes ist ausreichend dafür Sorge zu tragen, daß das Gleichgewicht des Landschaftshaushalts erhalten wird, Luft, Wasser und Boden reingehalten werden, die Allgemeinheit vor Beeinträchtigungen durch Lärm, Erschütterungen und schädliche Ausstrahlung geschützt und die Landschaft in ihrer Eigenart erhalten, geschützt und gepflegt wird.

(2) Die gesteigerten Ansprüche an den Raum auf Grund der gesellschaftlichen und technischen Entwicklung müssen untereinander abgestimmt und ausgeglichen werden um so pfleglicher ist die Landschaft zu behandeln und um so sorgfältiger ist auf das Gleichgewicht des Landschaftshaushalts zu achten.

(3) Standort, Ausmaß und Einzugsbereich von Anlagen, die eine Verunreinigung von Luft, Wasser und Boden, Lärm, Erschütterung oder schädliche Ausstrahlungen verursachen können, sollen so gewählt werden, daß soweit wie möglich Gefahren vermieden sowie Nachteile und Belästigungen entsprechend dem Stand der Technik und dem Grad der Zumutbarkeit eingeschränkt werden.

§ 5

Natürliche Lebensgrundlagen

(1) Die Wasseerwirtschaft ist an den Erfordernissen des Umweltschutzes auszurichten. Der Wasserhaushalt in der Landschaft muß geordnet sein. Die Versorgung der Bevölkerung und der Wirtschaft mit Wasser in ausreichender Menge und Güte, die Reinhaltung des Grundwassers und der oberirdischen Gewässer sowie ausreichender Schutz vor Hochwasser und Sturmfluten sind sicherzustellen.

(2) Wälder sollen erhalten und vermehrt werden und ebenso wie Meeresküsten, Binnenseen und ihre Ufer in Abwägung mit öffentlichen und privaten Interessen dem Gemeingebrauch zugänglich sein.

§ 6

Wohnen und arbeiten

(1) Wohnungen und Arbeitsplätze sowie Einrichtungen der Versorgung, Bildung, Erholung, Gesundheitspflege und des Verkehrs sind in ihrer räumlichen Verteilung so aufeinander abzustimmen, daß für alle Einwohner zumutbare versorgungs-, dienstleistungs- und verkehrstechnisch zweckmäßige Funktionsbereiche entstehen. Einrichtungen der Daseinsvorsorge, der Kultur sowie des öffentlichen und privaten Dienstleistungsbereichs sollen daher der Bevölkerung in angemessener Entfernung in zentralen Orten zugänglich sein. Zu zentralen Orten sind Gemeinden zu bestimmen, die sich als

Mittelpunkte des wirtschaftlichen, sozialen und kulturellen Lebens eignen. Sie sollen durch öffentliche Maßnahmen besonders gefördert werden. Die zentralörtliche Gliederung der oberen drei Stufen ist in den §§ 9 bis 12 dieses Gesetzes festgelegt.

(2) Neben der schwerpunktmäßigen Wohnungsbauförderung in zentralen Orten kann in ländlichen Gemeinden neben dem Eigenbedarf der Neubau von Dauerwohnungen und Ferienwohnungen in begrenztem Umfang zugelassen werden, wenn dadurch keine Zersiedlung der Landschaft eintritt oder keine zusätzlichen unwirtschaftlichen Aufwendungen für die Infrastruktur entstehen.

§ 7

Landesentwicklung

(1) Damit sich das Land unter Ausschöpfung aller gegebenen Möglichkeiten des Raumes und der Bevölkerung entwickelt, sind Maßnahmen zur Stärkung der jeweils wichtigsten Wirtschaftsbereiche erforderlich. Insbesondere
soll sich die Entwicklung des industriell-gewerblichen und des Dienstleistungsbereichs im Sinne einer zielbewußten Standortpolitik vornehmlich in Schwerpunkten entlang vorhandener oder auszubauender Hauptverkehrslinien vollziehen,
sind die Ertrags- und Absatzbedingungen der Landwirtschaft sowie der mit ihr verbundenen industriell-gewerblichen Bereiche weiterhin zu verbessern,
soll das Land seine natürlichen Voraussetzungen und schon vorhandenen Entwicklungsansätze noch stärker dem Fremdenverkehr und der Naherholung nutzbar machen.

(2) Im Rahmen der Strukturpolitik ist ein ausgewogenes Fortschreiten des Verdichtungsprozesses anzustreben. Das gilt sowohl für städtische Verdichtungsräume als auch für die Konzentration auf zentrale Orte im ländlichen Raum. Die Räume um Hamburg sowie um Kiel, Lübeck, Flensburg, Neumünster und Rendsburg sind so zu ordnen und zu fördern, daß bei einer weiteren Verdichtung von Wohn- und Arbeitsstätten gesunde räumliche Strukturen gesichert werden.

§ 8

Verkehr

Die Verkehrspolitik soll die nachteiligen Folgen der Randlage des Landes durch Ausbau der Verkehrsverbindungen ausgleichen und dessen überregionale Verkehrsfunktion ausbauen. Daneben ist auch das regionale Verkehrsnetz zu verbessern.

§ 9

Zentrale Orte

Zentrale Orte sind
ländliche Zentralorte,
Unterzentren,
Mittelzentren und
Oberzentren.

Daneben können im näheren Umkreis von Ober- und Mittelzentren sowie von Hamburg Stadtrandkerne I. und II. Ordnung festgelegt werden.

§ 10

Ländliche Zentralorte und Unterzentren

(1) Ländliche Zentralorte und Unterzentren dienen überwiegend der Grundversorgung eines Nahbereichs. Unterzentren sollen durch die Bevölkerungszahl ihres Nahbe-

reichs, die Größe des baulich zusammenhängenden Siedlungsgebietes und bessere Ausstattung gegenüber ländlichen Zentralorten hervorgehoben sein. Sie können darüber hinaus Versorgungsfunktionen für Nahbereiche ländlicher Zentralorte haben (Verflechtungsbereiche).

(2) Die ländlichen Zentralorte werden in den Regionalplänen festgelegt. Ländliche Zentralorte sollen mit ihrem Nahbereich 8000 Einwohner, Unterzentren mit ihrem Verflechtungsbereich 15 000 Einwohner erreichen können.

(3) Ländliche Zentralorte müssen mit ihrem Nahbereich 5000 Einwohner, davon mindestens 1000 Einwohner in ihrem baulich zusammenhängenden Siedlungsgebiet, Unterzentren mit ihrem Verflechtungsbereich 10 000 Einwohner, davon mindestens 4000 Einwohner in ihrem baulich zusammenhängenden Siedlungsgebiet, aufweisen.

(4) In Gebieten mit einer Bevölkerungsdichte über achtzig Einwohner je Quadratkilometer sollen die Werte des Absatzes 3 erheblich überschritten werden. Liegt ein größeres, dünn besiedeltes Gebiet weiter als zehn Kilometer von einem zentralen Ort entfernt, können ländliche Zentralorte ausnahmsweise auch dann festgelegt werden, wenn im Nahbereich mindestens 4000 Einwohner, davon mindestens 750 Einwohner im baulich zusammenhängenden Siedlungsgebiet, leben. Zentrale Orte sollen nicht weniger als sechs Kilometer voneinander entfernt sein; jedoch soll in der Regel kein Wohnplatz von einem zentralen Ort weiter als zehn Kilometer entfernt sein.

(5) Unterzentren sind
Kaltenkirchen, Kappeln, Meldorf, Niebüll, Oldenburg in Holstein, Plön, Tönning und Westerland mit Teilfunktionen von Mittelzentren;
Preetz und Uetersen mit Teilfunktionen von Stadtrandkernen I. Ordnung;
Bad Bramstedt, Bargteheide, Barmstedt, Bornhöved/Trappenkamp, Bredstedt, Burg auf Fehmarn, Glückstadt, Heiligenhafen, Hohenwestedt, Kellinghusen, Lauenburg/Elbe, Leck, Lütjenburg, Marne, Neustadt in Holstein, Nortorf, Ratzeburg, Schwarzenbek, Timmendorfer Strand, Trittau, Wilster und Wyk auf Föhr (mit Nebel); Bordesholm mit Teilfunktionen eines Stadtrandkernes II. Ordnung.

§ 11

Mittel- und Oberzentren

(1) Mittel- und Oberzentren haben über den Nahbereich und über die Grundversorgung hinausgehende Versorgungsfunktionen und Zentralitätsbedeutung.

Mittelzentren sollen für die Verflechtungsbereiche mehrerer Unterzentren oder ländliche Zentralorte oder Teilen von diesen differenzierte Versorgungsmöglichkeiten zur Deckung des gehobenen (längerfristigen) Bedarfs und Ansätze für die Ausbildung eines Industriegefüges bieten.

Oberzentren sollen für Verflechtungsbereiche mehrerer Mittelzentren oder Teilen von diesen Einrichtungen zur Deckung des spezialisierten höheren Bedarfs und ein starkes, differenziertes Industriegefüge bieten, dessen Wachstum anzustreben ist.

(2) Mittelzentren sind
Elmshorn, Heide, Husum, Itzehoe, Rendsburg und Schleswig;
Pinneberg mit Teilfunktionen eines Stadtrandkernes I. Ordnung;
Bad Oldesloe, Bad Segeberg (mit Wahlstedt), Brunsbüttel, Eckernförde, Eutin und Mölln mit teilweise noch zu entwickelnden Funktionen von Mittelzentren.

(3) Oberzentren sind
Kiel und Lübeck,
Flensburg mit weiterzuentwickelnden Funktionen eines Oberzentrums,
Neumünster (Teilfunktionen eines Oberzentrums).

§ 12

Stadtrandkerne

(1) In einem Umkreis von zehn Kilometern um Mittel- und Oberzentren sowie um Hamburg sollen in der Regel keine zentralen Orte festgelegt werden. Hier sollen Stadtrandkerne I. und II. Ordnung ausgewiesen werden, die mehrere zentrale Teilfunktionen in engem räumlichen Zusammenhang wahrnehmen.

(2) Stadtrandkerne I. Ordnung entsprechen nach ihrer Zentralitätsfunktion unter Berücksichtigung der besonderen Verhältnisse in Stadtrandgebieten den Unterzentren. Sie sollen innerhalb des Planungszeitraumes einen Bereich von mindestens 20 000 Einwohnern versorgen.

(3) Die Stadtrandkerne II. Ordnung werden in den Regionalplänen festgelegt. Sie entsprechen nach ihrer Zentralitätsfunktion unter Berücksichtigung der besonderen Verhältnisse in Stadtrandgemeinden den ländlichen Zentralorten und sollen im Planungszeitraum einen Bereich von mindestens 10 000 Einwohnern versorgen.

(4) Stadtrandkerne I. Ordnung sind
Ahrensburg, Geesthacht, Norderstedt-Mitte und Wedel (Holstein) mit Teilfunktionen von Mittelzentren;
Bad Schwartau, Heikendorf, Kiel-Friedrichsort, Kiel-Mettenhof, Lübeck-Moisling, Lübeck-Travemünde, Norderstedt-Garstedt und Reinbek;
Quickborn mit Teilfunktionen eines Unterzentrums.

§ 13

Regionale Planungsräume

Regionale Planungsräume sind:
Planungsraum I:
Kreise Herzogtum Lauenburg, Pinneberg, Segeberg und Stormarn.
Planungsraum II:
Kreisfreie Stadt Lübeck, Kreis Ostholstein.
Planungsraum III:
Kreisfreie Städte Kiel und Neumünster, Kreise Rendsburg-Eckernförde und Plön.
Planungsraum IV:
Kreise Dithmarschen und Steinburg.
Planungsraum V:
Kreisfreie Stadt Flensburg, Kreise Flensburg-Land, Nordfriesland und Schleswig.

§ 14*)

Inkrafttreten

Dieses Gesetz tritt am Tage nach seiner Verkündung in Kraft.

---

*) Die Vorschrift betrifft das Inkrafttreten des Gesetzes in seiner ursprünglichen Fassung vom 13. April 1971 (GVOBl. Schl.-H. S. 157). Der Zeitpunkt des Inkrafttretens der Änderungen ergibt sich aus den Änderungsgesetzen vom 11. Dezember 1973 (GVOBl. Schl.-H. S. 423 und 424).

Nachtrag:

Seite 62, § 15 StBauFG

Zu 7. Rechtsprechung

c) BayVGH Normenkontroll-Beschluß vom 17. 12. 1979 (Nr. 14. N — 838/79) BayVBl. 1980, 339

Amtliche Leitsätze:

a) Eine Satzung zur förmlichen Festlegung von Sanierungsgebieten ist nur gültig, wenn der Gemeinderat auch die Gründe und Ziele der Sanierung, wenigstens in ihren Grundzügen, beschlußmäßig gebilligt hat.

b) Ob die Gemeinde ausreichend vorbereitende Untersuchungen durchgeführt hat, ist nur beschränkt gerichtlich überprüfbar.

Seite 260

VG München U vom 30. 7. 1979 (M XVII 180 I 77)

a) Die Bekanntmachung nach Art. 26 BayLPlG ist kein Verwaltungsakt. Eine Anfechtungsklage ist unzulässig.

b) Als Rechtsschutzmöglichkeit kann eine Normenkontrolle nach § 47 VwGO i. V. m. Art. 5 BayAGVwGO in Betracht kommen.

Ergänzung zu Band I

Rechtsprechung 1980 zum Bundesbaugesetz

zu § 1
Aufgabe, Begriff und Grundsätze der Bauleitplanung

A. BVerwG

19. BVerwG U vom 7. 9. 1979 (4 C 7.77) DVBl. 1980, 230 = Buchholz 406.11 § 10 BBauG Nr. 10

a) Suchen mehrere Personen gemeinsam um die Erteilung einer Baugenehmigung nach und erheben sie nach deren Versagung eine auf die Erteilung dieser einen Genehmigung gerichtete Verpflichtungsklage, so sind sie im gerichtlichen Verfahren notwendige Streitgenossen.

b) Bestätigt ein auf der Zeichnung des BebPlans angebrachter und unterzeichneter Vermerk, daß die Schlußbekanntmachung des BebPlans an einem bestimmten Tag erfolgt sei, so erbringt er für diese Tatsache vollen Beweis.

c) § 155 a Abs. 2 BBauG 1979 findet nach § 183 f. Abs. 2 BBauG 1979 jedenfalls auf solche BebPläne keine Anwendung, deren Verfahren sich noch nach § 2 Abs. 6 BBauG 1960 zu richten hatte.

d) Eine allgemeine und im wesentlichen nur von einem gewissen Zeitablauf, nicht aber von besonderen konkreten Umständen abhängige „Vermutung", daß jeder Bebauungsplan unter Beachtung des gesetzlich vorgeschriebenen Verfahrens zustande gekommen sei, wird durch das Bundesrecht nicht begründet, sondern im Gegenteil — in dieser Form und Reichweite — ausgeschlossen.

e) Die Tendenz, BebPläne nach einem gewissen Zeitablauf nicht ohne Not an Erfordernissen ihres verfahrensfehlerfreien Zustandekommens scheitern zu lassen, ist sachgerecht. Angesichts dessen wäre verfehlt, wenn die Verwaltungsgerichte ihre Sachaufklärungspflicht zum Anlaß nähmen, in Verwaltungsstreitverfahren gleichsam ungefragt in eine Suche nach Fehlern in der Vor- und Entstehungsgeschichte eines Bebauungsplans einzutreten.

20. BVerwG B vom 9. 11. 1979 (4 N 1.78, 4 N 2—4.79)
Buchholz 406.11 § 1 BBauG Nr. 18 S. 25 ff. = BayVBl 1980, 88 = DÖV 1980, 217 = NJW 1980, 1061 = DVBl. 1980, 233 = BauR 1980, 36

a) Ein die Befugnis zur Einleitung eines Normenkontrollverfahrens gegen einen BebPlan begründender Nachteil im Sinne des § 47 Abs. 2 Satz 1 VwGO ist gegeben, wenn der Antragsteller durch den BebPlan oder durch dessen Anwendung negativ, d. h. verletztend, in einem Interesse betroffen wird bzw. in absehbarer Zeit betroffen werden kann, das bei der Entscheidung über den Erlaß oder den Inhalt dieses BebPlans als privates Interesse des Antragstellers in der Abwägung berücksichtigt werden mußte.

b) Bei der Bauleitplanung gehören zum notwendigen Abwägungsmaterial im Sinne des U vom 5. 7. 1974 — IV C 50.72 — (s. BVerwGE 45, 310, 322) alle (privaten) Belange, die „nach Lage der Dinge" in die Abwägung „eingestellt werden" müssen (U vom 12. 12. 1969 — IV C 105.66 — BVerwGE 34, 301, 309). Das sind alle (privaten) Belange, von denen bei der Entscheidung über den Plan mit hinreichender Wahrscheinlichkeit absehbar ist, daß sie als nicht nur geringwertige und auch schutzwürdige Interessen bestimmter Personen von dem Plan in mehr als geringfügiger Weise betroffen werden.

B. OVG (VGH) und andere Gerichte

30. OVG Berlin U vom 26. 1. 1979 (OVG II A 5/77) NJW 1980, 1121

a) In die Begründung des BebPlanentwurfs und des festgesetzten BebPlanes sind insbesondere bei weitreichenden Planänderungen (hier: Umplanung eines allgemeinen Wohngebiets in Straßenverkehrsfläche) Hinweise zum Anlaß der Planung, zu den Auswirkungen des Vorhabens sowie zu den unmittelbar betroffenen und den mittelbar berührten privaten und öffentlichen Belangen und ihrer Abwägung aufzunehmen.

b) Der Zweck des Begründungsgebots, den Bürger rechtzeitig über die Motive und den Umfang der bevorstehenden Eingriffe zu unterrichten, wird nur erreicht, wenn die ausgelegten Unterlagen in zusammengefaßter Form die Gründe für das beabsichtigte Vorhaben und Darlegungen über dessen Auswirkungen enthalten.

c) Begründungsmängel, jedenfalls des BebPlanentwurfs, können nicht unter Bezugnahme auf Erwägungen in dem Erläuterungsbericht zum FlNu-Plan oder unter Hinweis auf Darlegungen in den Akten der Bauverwaltung geheilt werden.

d) Bei einer abschnittsweisen Straßenplanung durch BebPlan, mit der Zwangspunkte für die weitere Linienführung gesetzt werden, sind auch die in den anschließenden Planbereichen bis zur nächsten Anschlußstelle berührten privaten und öffentlichen Belange in die Abwägung einzubeziehen.

e) Ein BebPlan kann in vollem Umfang außer Kraft treten, wenn wesentliche, nach der ursprünglichen planerischen Konzeption erforderliche Festsetzungen offenkundig endgültig nicht vollzogen werden (hier: Anschlußstelle eines Autobahnkreuzes).

31. OVG Rheinl.-Pfalz U vom 6. 3. 1979 (10 C 3/79) rkr. — DÖV 1980, 164

Die Ausweisung eines dem Wohnen dienenden Gebietes (hier Mischgebiet, § 6 BauNVO) in unmittelbarem Anschluß an einen im Außenbereich angesiedelten landwirtschaftlichen Betrieb mit Schweinehaltung ist jedenfalls dann unzulässig, wenn innerhalb der Gemeinde an anderer Stelle ein Wohngebiet ausgewiesen werden kann.

32. OVG Rheinl.-Pfalz U vom 26. 6. 1979 (10 C 20/78) — rkr. — DÖV 1980, 164

Das bei der Beschlußfassung von BebPlänen zu beachtende Abwägungsgebot schließt grundsätzlich nicht die Heilung planwidriger Maßnahmen durch spätere Planaufstellung oder Planänderung aus.

33. BayVGH U vom 31. 7. 1979 (Nr. 469 VIII/75) NJW 1980, 1012

Die Planfeststellung für Änderungsmaßnahmen an einer vorhandenen Autobahnstraße (BAB München—Berlin) greift wegen der vorhandenen Lärmvorbelastung und der Verpflichtung der Gemeinde, die Trasse in ihrer Bauleitplanung zu berücksichtigen, nicht rechtswidrig in die kommunale Planungshoheit ein.

34. VG München U vom 30.10.1979 (M 266 XI/79) nicht rkr., nicht veröff. —

a) Wird bei der Aufstellung eines Bauleitplanes für Gebiete, die vorwiegend dem Wohnen dienen, von einer zulässigen Lärmimmission von mehr als 55 dB (A) ausgegangen, so wird der Begriff „gesunde Wohnverhältnisse" i. S. d. § 1 Abs. 6 BBauG verkannt. Eine hierauf beruhende Abwägung geht von falschen Voraussetzungen aus und ist daher fehlerhaft.

b) Die Abwägung ist auch dann fehlerhaft, wenn sie in Kauf nimmt, daß durch Maßnahmen, die von der Gemeinde nicht beeinflußbar sind, auch nach Ablauf mehrerer Jahre Lärmimmissionen von mehr als 55 dB (A) eintreten können, es sei denn, daß dies nach dem Erkenntnisstand im Zeitpunkt der Abwägung außerhalb jeder Wahrscheinlichkeit liegt.

c) Ein Gemeinderat, der sich nicht (gegebenenfalls durch Gutachten) weitgehend Gewißheit darüber verschafft, ob gesunde Wohnverhältnisse auf Dauer gewährleistet sind, verstößt gegen das Abwägungsgebot des § 1 Abs. 7 BBauG, wenn ausreichend konkretisierte Hinweise dafür bestehen, daß eine solche Gewährleistung fraglich ist.

d) Ein Gemeinderat kann nicht darauf vertrauen, daß eine Genehmigung für die Ausweisung einer Fläche als Wohnbaugebiet ihn bei der Aufstellung eines entsprechenden Bebauungsplanes davon entbindet, zu prüfen, ob die Ausweisung im Flächennutzungsplan auf Grund neuerer Erkenntnisse noch mit dem Gesetz in Einklang steht. Die Planung ist ein ständiger Prozeß.

Zu § 2
Aufstellung der Bauleitpläne und Beteiligung der Träger öffentlicher Belange

A. BVerwG

11. BVerwG U vom 7. 9. 1979 (4 C 7.77) Buchholz 406.11 § 10 BBauG Nr. 10

§ 155 a Abs. 2 BBauG 1979 findet nach § 183 f. Abs. 2 BBauG 1979 jedenfalls auf solche BebPläne keine Anwendung, deren Verfahren sich noch nach § 2 Abs. 6 BBauG 1960 zu richten hatte.

B. OVG (VGH)

6. OVG Saarlouis U vom 26. 10. 1979 (II N 1/79) BauR 1980, 44

Von der Unbeachtlichkeit einer nicht richtigen Beurteilung der Anforderungen an die Aufstellung eines selbständigen BebPlanes oder an die dringenden (zwingenden) Gründe für die Aufstellung eines vorzeitigen BebPlanes kann nicht gesprochen werden, wenn eine Gemeinde bei der Planaufstellung die (Ausnahme-)Regelungen für die Anforderungen an einen selbständigen bzw. vorzeitigen BebPlan nicht beachtet hat und damit nicht unrichtig beurteilen konnte.

Zu § 5
Inhalt des Flächennutzungsplanes

4. OVG Lüneburg U vom 11. 4. 1979 (I A 181/77) BauR 1980, 46

Die Darstellung einer tatsächlich mit Bäumen bestockten Fläche im FlNu-Plan als Fläche für die Forstwirtschaft ist dann zulässig, wenn die Darstellung der Abschirmung eines Klärwerkes dient und in einem BebPlan daher ggf. als Grünfläche festgesetzt werden mußte.

5. BayVGH U vom 31. 7. 1979 (Nr. 227 I 76) — rkr. — BayVBl. 1980, 182

Darstellungen eines FlNuPlans haben bei davon abweichender städtebaulicher Entwicklung nur beschränkte Aussagekraft.

Zu § 8
Zweck des Bebauungsplans

C. OVG (VGH)

18. OVG Berlin U vom 26. 1. 1979 (OVG II A 5/77) NJW 1980, 1121 = BauR 1980, 239

a) In die Begründung des BebPlanentwurfs und des festgesetzten BebPlanes sind insbesondere bei weitreichenden Planänderungen (hier: Umplanung eines allgemeinen Wohngebiets in Straßenverkehrsfläche) Hinweise zum

Anlaß der Planung, zu den Auswirkungen des Vorhabens sowie zu den mittelbar betroffenen und den mittelbar berührten privaten und öffentlichen Belangen und ihrer Abwägung aufzunehmen.

b) Der Zweck des Begründungsgebots, den Bürger rechtzeitig über die Motive und den Umfang der bevorstehenden Eingriffe zu unterrichten, wird nur erreicht, wenn die ausgelegten Unterlagen in zusammengefaßter Form die Gründe für das beabsichtigte Vorhaben und Darlegungen über dessen Auswirkungen enthalten.

c) Begründungsmängel, jedenfalls des BebPlanentwurfs, können nicht unter Bezugnahme auf Erwägungen in dem Erläuterungsbericht zum FlNu-Plan oder unter Hinweis auf Darlegungen in den Akten der Bauverwaltung geheilt werden.

d) Bei einer abschnittsweisen Straßenplanung durch BebPlan, mit der Zwangspunkte für die weitere Linienführung gesetzt werden, sind auch die in den anschließenden Planbereichen bis zur nächsten Anschlußstelle berührten privaten und öffentlichen Belange in die Abwägung einzubeziehen.

e) Ein BebPlan kann in vollem Umfang außer Kraft treten, wenn wesentliche, nach der ursprünglichen planerischen Konzeption erforderliche Festsetzungen offenkundig endgültig nicht vollzogen werden (hier: Anschlußstelle eines Autobahnkreuzes).

19. BayVGH U vom 30. 3. 1979 /Nr. 38 II 77) — rkr. — BayVBl. 1980, 292

a) Auch Eigentümer von außerhalb des Geltungsbereiches eines Bebauungsplans gelegenen Grundstücken sind nach § 47 Abs. 2 VwGO antragsbefugt, wenn ihre Grundstücke durch die planungsrechtlichen Festsetzungen des Bebauungsplans unmittelbar nachteilig betroffen werden.

b) Zur Entwicklung eines Bebauungsplans aus dem Flächennutzungsplan.

c) Ein Abwägungsvorgang ist fehlerhaft, wenn in die Abwägung die von den Festsetzungen des Bebauungsplans unmittelbar betroffenen privaten Belange der Eigentümer angrenzender Grundstücke nicht eingestellt worden sind.

d) Zur Fehlerhaftigkeit eines Abwägungsvorgangs, dem Festlegungen vorangegangen sind, die sich aus rechtlichen oder tatsächlichen Gründen bindend ausgewirkt haben.

20. HessVGH U vom 6. 4. 1979 (N N 7/77) BauR 1980, 243

Eine Bauleitplanung ist nichtig, wenn das Planungsergebnis nicht der aus den Planaufstellungsvorgängen zu entnehmenden Planungsabsicht entspricht (hier: Planung eines Sondergebiets für einen Verbrauchermarkt).

21. OVG Münster U vom 16. 1. 1980 (10 a NE 46/78) BauR 1980, 238

Ein BebPlan ist über den Antrag hinaus insgesamt für nichtig zu erklären, wenn die nach dem Begehren des Antragstellers in erster Linie zur Überprüfung gestellten ungültigen Teile und Festsetzungen mit den üblichen Teilen und Festsetzungen des Planes in einem untrennbaren Regelungszusammenhang stehen und sich die Annahme verbietet, die Entscheidung des Plangebers trage die letzteren für sich allein.

Zu § 9
Inhalt des Bebauungsplans

B. OVG (VGH) und andere Gerichte

19. OVG Berlin U vom 26. 1. 1979 (OVG II A 5/77) NJW 1980, 1127

a) In die Begründung des BebPlanentwurfs und des festgesetzten BebPlanes sind insbesondere bei weitreichenden Planänderungen (hier: Umplanung eines allgemeinen Wohngebiets in Straßenverkehrsfläche) Hinweise zum Anlaß der Planung, zu den Auswirkungen des Vorhabens sowie zu den unmittelbar betroffenen und den mittelbar berührten privaten und öffentlichen Belangen und ihrer Abwägung aufzunehmen.

b) Der Zweck des Begründungsgebots, den Bürger rechtzeitig über die Motive und den Umfang der bevorstehenden Eingriffe zu unterrichten, wird nur erreicht, wenn die ausgelegten Unterlagen in zusammengefaßter Form die Gründe für das beabsichtigte Vorhaben und Darlegungen über dessen Auswirkungen enthalten.

c) Begründungsmängel, jedenfalls des Bebauungsplanentwurfs, können nicht unter Bezugnahme auf Erwägungen in dem Erläuterungsbericht zum FlNuPlan oder unter Hinweis auf Darlegungen in den Akten der Bauverwaltung geheilt werden.

d) Bei einer abschnittsweisen Straßenplanung durch BebPlan, mit der Zwangspunkte für die weitere Linienführung gesetzt werden, sind auch die in den anschließenden Planbereichen bis zur nächsten Anschlußstelle berührten privaten und öffentlichen Belange in die Abwägung einzubeziehen.

e) Ein BebPlan kann in vollem Umfang außer Kraft treten, wenn wesentliche, nach der ursprünglichen planerischen Konzeption erforderliche Festsetzungen offenkundig endgültig nicht vollzogen werden (hier: Anschlußstelle eines Autobahnkreuzes).

20. OLG Düsseldorf U vom 18. 10. 1979 (U[Baul] 1/79) BauR 1980, 143

a) Ein BebPlan, dessen räumlicher Geltungsbereich sich auf eine Verkehrsfläche beschränkt, ist nichtig, wenn durch die Verkehrsfläche Teile von im Wohngebiet gelegenen Grundstücken der Zugang zu öffentlichen Wegen genommen und wegen des beschränkten räumlichen Geltungsbereiches des BebPlanes keine anderweitige Erschließung dieser Grundstücksteile gesichert wird.

b) Eine Begründung des Bebauungsplanes kann nicht durch die Protokolle über Sitzungen des Gemeinderates oder seiner Ausschüsse ersetzt werden.

c) Das völlige Fehlen einer Begründung führt auch nach dem Inkrafttreten von § 155 Abs. 1 Satz 1 Nr. 3 BBauG zur Nichtigkeit des BebPlanes.

21. OVG Bremen U vom 23. 10. 1979 (I T 4/79) BauR 1980, 240

a) Eine Fesetsetzung, die eine Mindestgröße des Grundstücks je Wohnung verlangt, kann nichtig sein.

b) Im Normenkontrollverfahren kann die teilweise Nichtigkeit eines BebPlans erklärt werden, wenn davon ausgegangen werden kann, daß der Plangeber den verbleibenden Teil der Festsetzung(en) auch getroffen hätte, wenn ihm die Unwirksamkeit des für nichtig erklärten Teils bekannt gewesen wäre.

Zu § 10
Beschluß über den Bebauungsplan

A. BVerwG

5. BVerwG U vom 7. 9. 1979 (4 C 7.77) DVBl. 1980, 230 = BayVBl. 1980, 180 = Buchholz 406.11 § 10 BBauG Nr. 10

Bestätigt ein auf der Zeichnung des BebPlans angebrachter und unterzeichneter Vermerk, daß die Schlußbekanntmachung des BebPlans an einem bestimmten Tag erfolgt sei, so erbringt er für diese Tatsache vollen Beweis.

Zu § 12
Inkrafttreten des Bebauungsplans

7. BVerwG U vom 7. 9. 1979 (4 C 7.77) BauR 1980, 230 = BayVBl. 1983, 180 = Buchholz 406.11 § 10 BBauG Nr. 10

a) Suchen mehrere Personen gemeinsam um die Erteilung einer Baugenehmigung nach und erheben sie nach deren Versagung eine auf die Erteilung dieser einen Genehmigung gerichtete Verpflichtungsklage, so sind sie im gerichtlichen Verfahren notwendige Streitgenossen.

b) Bestätigt ein auf der Zeichnung des Bebauungsplans angebrachter und unterzeichneter Vermerk, daß die Schlußbekanntmachung des Bebauungsplans an einem bestimmten Tag erfolgt sei, so erbringt er für diese Tatsache vollen Beweis.

c) § 155 a Abs. 2 BBauG 1979 findet nach § 183 f. Abs. 2 BBauG 1979 jedenfalls auf solche Bebauungspläne keine Anwendung, deren Verfahren sich noch nach § 2 Abs. 6 BBauG 1960 zu richten hatte.

d) Eine allgemeine und im wesentlichen nur von einem gewissen Zeitablauf, nicht aber von besonderen konkreten Umständen abhängige Vermutung, daß jeder BebPlan unter Beachtung des gesetzlich vorgeschriebenen Verfahrens zustande gekommen sei, wird durch das Bundesrecht nicht begründet, sondern im Gegenteil — in dieser Form und Reichweite — ausgeschlossen.

e) Die Tendenz, BebPläne nach einem gewissen Zeitablauf nicht ohne Not an Erfordernissen ihres verfahrensfehlerfreien Zustandekommens scheitern zu lassen, ist sachgerecht. Angesichts dessen wäre verfehlt, wenn die Verwaltungsgerichte ihre Sachaufklärungspflicht zum Anlaß nähmen, in Verwaltungsstreitverfahren gleichsam ungefragt in eine Suche nach Fehlern in der Vor- und Entstehungsgeschichte eines BebPlans einzutreten.

Sachverhalt:

Die klagenden Eheleute sind Eigentümer eines Grundstücks in der Gemarkung S. Das Grundstück ist mit der Hälfte eines Doppelhauses bebaut. Die zum Haus gehörende Doppelgarage wird überwiegend ebenfalls zu Wohnzwecken genutzt. Das Grundstück des Klägers gehört zum Geltungsbereich des Bebplanes Nr. 6 der Gemeinde S. Dieser Plan wurde am 20. November 1962 von der Gemeindevertretung beschlossen und am 26. April 1963 vom zuständigen Minister genehmigt. Nach den Feststellungen des OVG dürfen die zugelassenen Gebäude nur innerhalb der im BebPlan angegebenen bebaubaren Flächen errichtet werden.

Aufgrund einer im Dezember 1969 vom Beklagten erteilten Genehmigung bauten die Kläger auf ihrem Grundstück außerhalb der im BebPlan festgelegten bebaubaren Fläche eine ca. 57 qm große, unterkellerte Doppelgarage mit Abstell- und Bodenraum. Die Räume des Garagengebäudes werden mittlerweile mit Ausnahme einer Garagenbox zu Wohnzwecken genutzt. Die Küche ist aus dem Wohnhaus in das Garagengebäude verlegt worden.

1973 suchten die Kläger um die Genehmigung der Nutzungsänderung des Garagengebäudes nach. Der Beklagte lehnte den Antrag mit einem allein an den Kläger gerichteten Bescheid ab. Zur Begründung führte er aus, daß das Garagengebäude die nach dem BebPlan zum Wohnen zugelassene Fläche überschreite. Die Kläger erhoben Widerspruch. Dieses Rechtsmittel wurde durch einen an sie beide adressierten Bescheid zurückgewiesen.

Die Kläger haben daraufhin Klage mit dem Antrag erhoben, dem Beklagten unter Aufhebung der ergangenen Bescheide zur Genehmigung der Nutzungsänderung zu verpflichten. Das VG hat die Klage des Klägers abgewiesen. Es hat sich auf diese Entscheidung beschränkt, weil es davon ausgegangen ist, daß allein der Kläger Klage erhoben habe. Der Kläger hat Berufung eingelegt und den Klageantrag weiterverfolgt. Er hat als Verfahrensfehler gerügt, daß seine Frau vom VG nicht hinreichend beteiligt worden sei. Auch in der Sache sei falsch entschieden worden. Der BebPlan stehe der begehrten Genehmigung nicht entgegen, da er nicht formgerecht zustande gekommen sei.

Das OVG hat die Berufung des Klägers zurückgewiesen. Seine Entscheidung beruht im wesentlichen auf folgende Erwägungen: Das VG habe mit der Abweisung allein der Klage des Klägers keinen Verfahrensfehler begangen. Diese Handhabung erkläre sich allerdings aus der irrigen Annahme, daß lediglich der Kläger Klage erhoben habe. Infolge des Irrtums habe das VG ungewollt nur ein Teilurteil erlassen. Über die Klage der Klägerin müsse noch im ersten Rechtszug entschieden werden. Die damit vom VG vorgenommene Trennung in zwei Verfahren begegne keinen durchgreifenden Bedenken. Die von den Klägern mit ihrer Klage verfolgten Anträge seien selbständig und voneinander unabhängig. Die Abweisung der Klage entspreche auch materiell der Rechtslage. Die zur Genehmigung gestellte Nutzungsänderung verstoße gegen den BebPlan. Der Kläger könne nicht damit durchdringen, daß er die Gültigkeit des BebPlans bestreite. Nach Lage der Dinge rechtfertige sich, diesen Plan für gültig zu halten. Freilich lasse sich die Fehlerfreiheit des ihm zugrundeliegenden Verfahrens nicht mehr uneingeschränkt nachweisen. Das treffe erstens für die ortsübliche Bekanntmachung des Planentwurfs zu. Das seinerzeit maßgebende Ortsrecht habe einen fünftägigen Aushang für notwendig erklärt, jedoch nur verlangt, daß der Tag des Aushangs der Bekanntmachung auf der Bekanntmachung vermerkt werde. Eine solche Regelung eigne sich nicht, den urkundlichen Nachweis über die Dauer des Aushangs zu sichern. Außerdem sei beim BebPlan Nr. 6 nicht der Tag des Aushangs, sondern das Datum der Ausfertigung der Bekanntmachung angegeben. Das schade jedoch ebenfalls nicht. In kleinen Gemeinden rechtfertige sich, davon auszugehen, daß eine Bekanntmachung am Tage ihrer Ausfertigung auch ausgehängt worden sei. Eine doppelte Unterschrift — einmal zur Ausfertigung der Bekanntmachung und einmal zum Tag ihres Aushangs — zu fordern, laufe auf eine leere Förmelei hinaus. Zweifel am verfahrensfehlerfreien Zustandekommen des BebPlans könnten ferner deshalb bestehen, weil die beigeladene Gemeinde die aufgrund der Auslegung des Entwurfs eingegangenen Anregungen und Bedenken sowie ihren daraufhin gefaßten Beschluß nicht habe vorlegen können. Das lasse aber gleichfalls nicht auf die Ungültigkeit des Plans schließen. Für BebPläne, die längere Zeit — hier immerhin 13 Jahre — als gültig behandelt worden seien und die die Bebauung tatsächlich weitgehend bestimmt hätten, dürfe vermutet werden, daß sie unter Beachtung des gesetzlich vorgeschriebenen Verfahrens zustande gekommen seien. Nur wenn derjenige, der sich auf die Ungültigkeit eines BebPlans berufe, den Nachweis führe, daß das Verfahren zur Aufstellung des Plans gesetzwidrig durchgeführt worden sei, könne bei Fehlen ordnungsgemäßer Nachweise ein Plan für ungültig gehalten werden. Damit erledige sich zugleich der außerdem noch in Betracht kommende Mangel, daß die Urkunde über die Schlußbekanntmachung fehle. Insoweit werde die erwähnte Vermutung dadurch ausgelöst, daß die Bekanntmachung auf dem BebPlan vermerkt sei.

Das BVerwG hat die Sache an das OVG zurückverwiesen.

Aus den Gründen:

Das OVG hat in seinem Verfahren gegen § 64 VwGO i. V. m. § 62 Abs. 2 ZPO verstoßen. Es hätte die Klägerin zum Berufungsverfahren zuziehen müssen. Die Kläger waren — und sind — notwendige Streitgenossen. Das OVG irrt, wenn es meint, daß das VG mit seiner nur zur Klage des Klägers ergangenen Entscheidung ein zulässiges Teilurteil gefällt habe. Das anzunehmen, verbiete sich, weil, wie das OVG zutreffend feststellt, der Kläger und die Klägerin seinerzeit im Verwaltungsverfahren (nicht etwa zwei parallele Genehmigungsanträge gestellt, sondern) gemeinsam mit einem Genehmigungsantrag um eine ihnen gemeinsam zu erteilende Genehmigung nachgesucht und diesen gemeinsamen Antrag auch mit ihrer Klage weiterverfolgt haben. Ein derart gemeinsamer Genehmigungsantrag ist nicht teilbar. Im Hinblick auf ihn standen (und stehen) die Kläger in Rechtsgemeinschaft (§ 59 ZPO); darüber, ob der Antrag begründet oder unbegründet ist, konnte (und kann) nur einheitlich entschieden werden (§ 62 Abs. 1 ZPO). Angesichts dessen war das OVG gehalten, die vormalige Klägerin zum Verfahren wieder „zuzuziehen" (§ 62 Abs. 2 ZPO), nachdem das VG sie zu Unrecht am Verfahren nicht hinreichend beteiligt hatte.

. . .

Die Frage, ob der BebPlan verfahrensfehlerfrei zustande gekommen ist, läßt sich auf der Grundlage der vom OVG bisher ermittelten Tatsachen abschließend nicht beantworten. Die Gründe, auf die das OVG seine bejahende Antwort stützt, sind nicht tragfähig.

Nach den Ausführungen des OVG sind beim BebPlan Nr. 6 insgesamt sechs Umstände als mögliche Fehler des Planverfahrens in Betracht zu ziehen. Vier von ihnen erweisen sich als unerheblich:

1. Die von § 2 Abs. 6 Satz 2 BBauG 1960 verlangte ortsübliche Bekanntmachung des Planentwurfs war nach den Feststellungen des OVG seinerzeit in S. so geregelt, daß auf der Bekanntmachung der Tag des Aushangs zu vermerken war. Dieser Vermerk fehlt auf der Bekanntmachung des Entwurfs des BebPlans; anstatt seiner ist dort (nur) ein Vermerk über die Ausfertigung der Bekanntmachung vorhanden. Das OVG hat diese Abweichung für unerheblich erklärt. Für die von der Satzung geforderte Beurkundung genüge, wenn die Ausfertigung beurkundet sei; mehr als das zu verlangen, laufe auf Förmelei hinaus. Mit diesen Ausführungen hat das OVG das einschlägige Satzungsrecht irrevisibel ausgelegt. Das bindet den erkennenden Senat. Damit erledigt sich die Möglichkeit, daß im Zusammenhang mit der Bekanntmachung des Planentwurfs ein beachtlicher „Beurkundungsmangel" gegeben sein könnte.

2. Das OVG zieht das Vorliegen eines Verfahrensfehlers ferner deshalb in Erwägung, weil die beigeladene Gemeinde außerstande ist, die seinerzeit im BebPlanverfahren eingegangenen Bedenken und Anregungen vorzulegen. Dem vermag der erkennende Senat nicht zu folgen. Es ist nicht ersichtlich, welche verfahrensrechtliche Anforderung insoweit verletzt sein sollte. Läßt sich bei einem BebPlan später nicht mehr klären, was seinerzeit im Planverfahren an Bedenken und Anregungen vorgebracht worden war, so kann das unter entsprechenden Umständen bei der Kontrolle des dem BebPlan zugrundeliegenden Abwägungsvorganges von Belang sein. Ein Verfahrensfehler steht dabei jedoch nicht in Frage.

3. Ähnliches gilt für die Tatsache, daß die beigeladene Gemeinde den seinerzeit über die Zurückweisung der Bedenken und Anregungen gefaßten Beschluß nicht vorzulegen vermag. Ein solcher Beschluß wird vom BBauG nicht gefordert. Ein Verfahrensfehler läge erst vor, wenn seinerzeit denen, die Bedenken oder Anregungen vorgebracht hätten, das „Ergebnis" nicht mitgeteilt worden wäre (§ 2 Abs. 6 Satz 4 BBauG 1960). Dieser — abstrakten — Möglichkeit nachzugehen, bestünde indes nur Anlaß, wenn die Kläger bestimmte Personen benannt hätten, bei denen die vom Gesetz verlangte Mitteilung unterblieben sein soll. Derartige Hinweise haben die Kläger nicht gegeben und offenbar auch nicht geben können.

4. Ein zur Nichtigkeit des BebPlans führender Verfahrensfehler läge vor, wenn entgegen § 12 Satz 2 BBauG 1960 die abschließende Bekanntmachung der (Plan-)Genehmigung unterblieben sein sollte. Das OVG hält das für möglich, da die beigeladene Gemeinde das Original der Bekanntmachung nicht habe beibringen können, schließt dann jedoch das Vorliegen eines beachtlichen Verfahrensfehlers deshalb aus, weil erstens für das formfehlerfreie Zustandekommen (u. a.) des BebPlans eine Vermutung spreche und weil zweitens diese Vermutung durch die von zwei Unterschriften gedeckte Eintragung auf dem BebPlan unterstützt werde. Dieser Würdigung ist im Ergebnis zu folgen. Dabei kann vernachlässigt werden, ob sich zugunsten der gebotenen Bekanntmachung in der Tat eine „Vermutung" anführen läßt. Darauf kommt es im Zusammenhang mit der Einhaltung des § 12 Satz 2 BBauG 1960 nicht an. Die auf dem BebPlan enthaltene Eintragung ist nämlich nicht nur, wie das OVG meint, zur Unterstützung einer solchen „Vermutung" verwertbar, sondern sie erbringt nach § 418 Abs. 1 ZPO als Urkunde vollen Beweis der in ihr bezeugten Tatsache, daß die Schlußbekanntmachung am 15. Mai 1963 erfolgt ist. Zum (Gegen-)Beweis der Unrichtigkeit dieser Tatsache (vgl. § 418 Abs. 2 ZPO) — d. h. der Tatsache, daß die Schlußbekanntmachung zu dem angegebenen Zeitpunkt erfolgte und daß die den Vermerk unterzeichnenden Personen die darüber existierende (Original-)Urkunde eingesehen hatten (vgl. § 418 Abs. 3 ZPO) — hätten die Kläger substantiiert zur Erschütterung der Beweiskraft des

Vermerks geeignete Tatsachen vortragen müssen. In dieser Hinsicht enthielt (und enthält) ihr Vorbringen jedoch nicht einmal irgendwelche Anhaltspunkte.

Bei dem bisher erreichten Sachstand kann dennoch nicht abschließend gesagt werden, daß der BebPlan verfahrensfehlerfrei zustande gekommen sei. Die Feststellungen und Ausführungen des OVG gestatten nämlich nicht, das Vorliegen von zwei Verfahrensfehlern auszuschließen, die von dem vorstehend Gesagten nicht erfaßt werden: Es ist aus zwei Gründen offen, ob der BebPlan nicht doch deshalb als nichtig angesehen werden muß, weil seinerzeit unter Verstoß gegen § 2 Abs. 6 Satz 2 BBauG 1960 die ortsübliche Bekanntmachung des Planentwurfs unterblieben ist (vgl. zur Nichtigkeitsfolge des Verstoßes gegen § 2 Abs. 6 Satz 2 BBauG 1960 U vom 26. Mai 1978 — 4 C 9.77 — s. 406.11 § 34 Nr. 63 S. 39, 42 = BVerwGE 55, 369, 373). Sollte das zutreffen, würde an der dann seinerzeit eingetretenen Nichtigkeit auch § 155 a Abs. 2 i. V. m. § 183 f. Abs. 2 BBauG 1979 nichts geändert haben. Der die Bürgerbeteiligung an der Bauleitplanung betreffende § 155 a Abs. 2 BBauG 1979 kann nämlich allenfalls auf solche BebPläne angewendet werden, bei deren Zustandekommen der mit dem ÄndG von 1976 neu geschaffene und in § 155 a Abs. 2 BBauG 1979 ausdrücklich auch in Bezug genommene § 2 a BBauG 1976/1979 zu beachten war. Denn erst zu dieser Zeit ist auch § 155 a BBauG 1976 in Kraft getreten, durch den die Beachtlichkeit von Verfahrens- und Formvorschriften erstmalig befristet wurde. Würde § 155 a Abs. 2 (i. V. m. § 183 f. Abs. 2) BBauG 1979 — allein um ihn geht es hier — über seinen Wortlaut hinaus auch auf BebPläne angewendet, deren Verfahren sich noch nach § 2 Abs. 6 BBauG 1960 zu richten hatte, käme es dazu, daß die Betroffenen unter Rückdatierung der Gesetzeswirkung von Einwänden abgeschnitten werden, obgleich sie zu keiner Zeit auf die zeitliche Beschränkung der Einwendungsmöglichkeit hingewiesen wurden (vgl. § 155 a Abs. 1 und 3 BBauG 1979). Das müßte durchgreifenden Bedenken begegnen. Eine andere Frage ist, ob der in Rede stehende Verstoß gegen § 2 Abs. 6 BBauG 1960 etwa durch eine Bekanntmachung nach Maßgabe des Art. 3 § 12 des Änderungsgesetzes vom 18. August 1976 geheilt worden ist. Dafür haben der Beklagte und die Beigeladenen bisher nichts vorgetragen; das OVG wird jedoch auch das prüfen müssen.

5. Nach dem einschlägigen Ortsrecht bedurfte es im Jahre 1962 zur ortsüblichen Bekanntmachung eines 5tägigen Aushangs. Das OVG hebt zwar dieses Erfordernis hervor, gibt aber, was irrevisibel hätte sein können, weder vom Tatsächlichen noch vom Rechtlichen Aufschluß darüber, daß dem Erfordernis genügt sei. Die im angefochtenen Urteil wenig später gezogene Folgerung, daß bei kleinen Gemeinden der Tag der Ausfertigung einer Bekanntmachung mit dem Tag ihres Aushangs gleichgesetzt werden dürfe, vermag ersichtlich nicht auch die Annahme zu tragen, der Aushang habe während des in der Satzung vorgeschriebenen Zeitraums angedauert. Da das angefochtene Urteil auch sonst zur Wahrung der 5-Tage-Frist keine Feststellungen oder Ausführungen enthält, muß angenommen werden, das OVG sei den damit zusammenhängenden Fragen deshalb nicht nachgegangen, weil es auch insoweit auf die Tragfähigkeit der — im angefochtenen Urteil unmittelbar anschließend abgehandelten — „Vermutung" vertraut hat. Bei der Darlegung dieser „Vermutung" führt das OVG aus, daß bei BebPlänen, „die längere Zeit — hier immerhin dreizehn Jahre — als gültig behandelt worden sind und für die Bebauung tatsächlich weitgehend maßgebend waren", mit der Folge einer Umkehr der Beweislast davon auszugehen sei, daß sie „unter Beachtung des gesetzlich vorgeschriebenen Verfahrens zustande gekommen sind". Wäre das richtig, käme es möglicherweise in der Tat nicht darauf an, ob der Aushang des Planentwurfs beim BebPlan Nr. 6 die in der Satzung vorgesehenen fünf Tage angedauert hat oder nicht. Diese Einsicht führt jedoch nicht weiter. Denn eine „Vermutung" der vom OVG praktizierten Art und Tragweite gibt es nicht.

Was das OVG zu jener angeblichen „Vermutung" ausführt, betrifft — und verletzt — revisibles Recht. Das OVG hat nicht nur für ganz bestimmte, sich aus dem irrevisiblen Recht ergebende Verfahrensanforderungen angenommen, daß die Möglichkeit ihrer Verletzung unter Umständen mit Hilfe einer „Vermutung“ überwunden werden könne. Es meint vielmehr, nach Ablauf einer gewissen Zeit und bei einem entsprechenden Stand der Verwirklichung eines Bebauungsplans schlechterdings „vermuten“ zu dürfen, daß der Plan „unter Beachtung des gesetzlich vorgeschriebenen Verfahrens zustande gekommen“ sei. Das berührt das (revisible) Bundesrecht schon deshalb, weil sich ein nicht unerheblicher Teil der damit angesprochenen verfahrensrechtlichen Anforderungen unmittelbar aus dem Bundesrecht ergibt. Überdies kommt hinzu, daß das OVG meint, die von ihm bejahte „Vermutung“ vor allem auf die Ordnungsfunktion des § 1 BBauG 1960 stützen zu können (vgl. zur Revisibilität die §§ 137 Abs. 1, 173 VwGO i. V. m. § 550 ZPO sowie U vom 14. April 1967 — IV C 179.65 — 401.80 Preuß. Verwaltungsgebührengesetz Nr. 1 S. 1, 6 = BVerwGE 26, 305, 308).

Die vom OVG aufgestellte — allgemeine und im Einzelfall nicht erst durch irgendwelche besonderen Tatsachen ausgelöste — „Vermutung“ läßt sich aus dem Bundesrecht nicht rechtfertigen; im Gegenteil steht ihr, soweit sie sich auf bundesrechtliche Verfahrensanforderungen bezieht oder auswirkt, das Bundesrecht entgegen. Das OVG macht zur Voraussetzung und sieht zugleich das entscheidende Argument darin, daß ein BebPlan „längere Zeit... als gültig behandelt“ wurde. Dem ist entgegenzuhalten, daß eine „langandauernde... Übung“ allenfalls unter dem Gesichtspunkt des Entstehens von Gewohnheitsrecht beachtlich sein könnte (vgl. U vom 29. April 1977 — IV C 39.75 — s. vorst. Nr. 7 S. 3, 5 — BVerwGE 54, 5, 8), daß aber gerade BebPläne nicht durch Gewohnheitsrecht entstehen können (vgl. U vom 26. Mai 1968 — 4 C 9.77 — s. 406.11 § 34 Nr. 63 S. 39, 45 f. = BVerwGE 55, 369, 377 f.). Wenn das BBauG ausschließt, daß BebPläne — oder genauer: Bebauungsplaninhalte — durch Gewohnheitsrecht entstehen, schließt es erst recht aus, daß unter sogar noch minderen Voraussetzungen eine Gültigkeits-„Vermutung“ begründet ist, die in ihrer Auswirkung der Annahme des Entstehens von Gewohnheitsrecht so gut wie gleichkommt. Die Tatsache einer langandauernden Übung ist bei BebPlänen ohnedies aus dem Wesen planerischer Festsetzungen nur sehr bedingt ergiebig (vgl. U vom 29. April 1977 a.a.O. S. 5 f. bzw. 9). BebPläne lassen sich nicht auf ein Verhältnis der Konfrontation öffentlicher und privater Interessen beziehen, innerhalb dessen es — mit der vom OVG angezogenen Entscheidung des Preuß OVG vom 9. Februar 1922 (PrOVGE 77, 161) — ein Argument mag sein können, daß eine Satzung zu Lasten der Betroffenen jahrelang praktiziert wurde und sich diese Betroffenen die Anwendung haben gefallen lassen, ohne gegen die Satzung den Vorwurf unzureichender Veröffentlichung zu erheben (vgl. a.a.O. S. 163 f.). Im Unterschied dazu ist für BebPläne eine eigenartige Interessenverschränkung (vgl. U vom 30. April 1969 — IV C 6.68 — s. 407.4 § 17 FStrG Nr. 12 S. 6, 10) und Wechselhaftigkeit der Planwirkungen (vgl. U vom 29. April 1977 a.a.O. S. 7 f. bzw. 9 ff.) kennzeichnend. Hinter der „langjährigen Übung“ eines Bebauungsplans steckt in der Regel nicht mehr als eine Summe behördlicher Entscheidungen, die sich auf eine mehr oder weniger große Anzahl von im Plangebiet liegenden Grundstücken beziehen und sich in ihren Auswirkungen durchweg als Gemengelage von Begünstigungen und Belastungen darstellen. Wenn im Zuge einer solchen Übung ein bestimmter Verfahrensfehler nicht aufgedeckt wurde, dann läßt sich unmittelbar und allein daraus nichts herleiten, was einem von dieser Übung bisher nicht (nachteilig) betroffenen Eigentümer entgegengehalten werden könnte. Demgegenüber läßt sich auch nicht mit Erfolg auf das hinweisen, was das OVG als die Ordnungsfunktion des § 1 BBauG 1960 bezeichnet. Das BBauG bildet in dem, was es nach seinem § 1 an städtebaulichen Zielen verfolgt, und dem, was es selbst an Form- und Verfahrensanforderungen begründet, eine Einheit. Die Anordnung, daß sich die städtebauliche Planung unter Wahrung bestimmter Formen und Verfahrensweisen zu vollziehen habe, ist — insgesamt gesehen — ebenso ein Ausdruck der Ordnungsfunktion des Gesetzes wie es die von ihm in der Sache verfolgten Ziele sind. Diese Tatsache schließt aus, eine so allgemeine „Vermutung“, wie sie das OVG seiner Entscheidung zugrunde gelegt hat, mit einer Bezugnahme auf allein die materiellstädtebaulichen Ziele des § 1 BBauG 1960 zu stützen.

Da demnach eine Vermutung von der Art und Tragweite, wie sie das OVG bislang einzig erwogen hat, nicht eingreift, kommt es darauf an, ob der in Rede stehende Aushang die in der Satzung vorgesehene Dauer gehabt hat oder nicht. Das wird das OVG prüfen müssen...

6. Das OVG wird gegebenenfalls weiter prüfen und in den angewandten rechtlichen Maßstäben näher kennzeichnen müssen, an welchem Tag die Bekanntmachung ausgehängt worden ist. Aus der vom OVG irrevisibel festgestellten Entbehrlichkeit einer Beurkundung gerade des Aushangs (und nicht nur seiner Anordnung) folgt noch nicht, daß es auf den Zeitpunkt des Aushangs nicht ankommt (wird ausgeführt).

Mit Rücksicht auf die erneute Prüfung durch das OVG sieht der Senat Anlaß, ergänzend folgendes hervorzuheben: Das OVG folgt mit dem angefochtenen Urteil der Tendenz, zumindest nach einem gewissen Zeitablauf BebPläne nicht ohne Not an Erfordernissen des verfahrensfehlerfreien Zustandekommens scheitern zu lassen. Diese Tendenz verdient nach Überzeugung des Senats Beifall. Es könnte in der Tat nicht befriedigen, daß die Geltung von BebPlänen vom Verfahrensrecht her um so stärker gefährdet wird, je länger die Vorgänge des Zustandekommens zurückliegen und deshalb unter ungünstigen Umständen die Möglichkeiten, etwas beweisen zu können, abnehmen. Erst recht ginge fehl, wenn die Verwaltungsgerichte ihre — sich darauf nicht beziehende — Sachaufklärungspflicht nach § 86 Abs. 1 Satz 1 VwGO zum Anlaß nähmen, von sich aus und gleichsam ungefragt in eine Suche nach Fehlern in der Vor- und Entstehungsgeschichte eines BebPlans einzutreten. Dieser Auffassung ist zumindest im Kern auch der Gesetzgeber, der es zunächst in § 155 a BBAuG 1976 und mittlerweile auch in den §§ 155 a ff. BBauG 1979 unternommen hat, u. a. BebPläne gegen bestimmte Anforderungen abzuschirmen. Darauf ist hier im einzelnen nicht einzugehen. Jedenfalls sind auch die §§ 155 a ff. BBauG 1979 Ausdruck einer sachangemessenen Tendenz, BebPläne gegenüber Formanforderungen möglichst zu „halten". In diesem Zusammenhang haben auch durch materielles Recht begründete „Vermutungen" sowie eine Anwendung der Grundgesetze über den Beweis des ersten Anscheins ihren Sinn und ihre Daseinsberechtigung (vgl. zum Anscheinsbeweis allerdings auch das U vom 23. Februar 1979 — 4 C 86.76 — s. 406.16 Nr. 13 S. 11, 15 f.). Die Grenze des bundesrechtlich Vertretbaren wird erst überschritten mit der Aufstellung von „Vermutungen", deren Anwendbarkeit so gut wie gar nicht mehr in Beziehung zur Sachlage und Handhabung in der jeweiligen Gemeinde stehen und die auch in der Reichweite ihrer angeblichen Anwendbarkeit des BebPlanverfahren schlechthin erfassen sollen.

Richtig ist darüber hinaus, wenn der Prozeßbevollmächtigte des beigeladenen Ministers mit besonderem Nachdruck darauf hingewiesen hat, daß es insbesondere den kleinen Gemeinden nicht zuzumuten sei, über lange Zeiträume ein sich ständig vermehrendes Aktenmaterial aufzubewahren, um im Streitfall noch für sehr lange zurückliegende Vorgänge Beweise führen zu können. Den damit zusammenhängenden Schwierigkeiten läßt sich nach Meinung des Senats mit einem möglichst extensiven und vielleicht auch i. S. des § 418 Abs. 3 ZPO zusätzlich durch Landesrecht erleichterten Gebrauch des Urkundenbeweises nach § 418 ZPO begegnen. Häufig wird es — etwa in Art der im vorliegenden Verfahren eingereichten Verfahrensaufstellung oder auch durch weitere Eintragungen auf der Zeichnung des BebPlans — möglich sein, umfangreiche Akten durch eine einzige Urkunde zu ersetzen, in die der verfahrensrechtlich erhebliche Inhalt der Akten und damit zugleich ihre Beweisfunktion „übernommen" wird. Gerade diese Lösung befriedigt am ehesten, weil sie den Behörden die Möglichkeit des Beweisens insbesondere nach entsprechendem Zeitablauf angemessen erleichtert, ohne doch die Beweiskraft so ansatzlos, radikal und die betroffenen Staatsbürger stark belastend umzukehren, wie dies bei einer Vermutung der Fall ist, die im Sinne der Ansicht des OVG allgemein gilt und zudem von der konkreten Sachlage unabhängig ist.

B. OVG (VGH)

10. OVG Münster U vom 15. 1. 1980 (7 a NE 20/77) BauR 1980, 235

Für den Umfang der Nichtigkeitserklärung von Festsetzungen eines Beb-Planes im Normenkontrollverfahren ist grundsätzlich der gestellte Antrag maßgeblich. Eine über den Normenkontrollantrag hinausgehende Nichtigkeitserklärung von weiteren Festsetzungen ist demgegenüber dann erforderlich, wenn ein untrennbarer Regelungszusammenhang der Festsetzungen besteht und eine auf den Antrag beschränkte Nichtigkeitserklärung zu einem Eingriff in das Gestaltungsermessen der Gemeinde führen würde.

Zu § 19
Teilungsgenehmigung

A. BVerwG

35. BVerwG U vom 6. 4. 1979 (4 C 76/76) NJW 1980, 304

a) Das in § 19 Abs. 2 Nr. 2 BBauG 1960/1976 enthaltene Tatbestandsmerkmal „bebaut" erfaßt alle baulichen Anlagen, die den § 29 S. 1 BBauG 1960/1976 erfüllen, d. h. alle Anlagen, die sowohl bauliche Anlagen i. S. dieser Vorschrift als auch mindestens bauanzeigebedürftig sind, ohne Rücksicht darauf, ob sie baurechtswidrig sind oder ob ihre Beseitigung zu erwarten ist.

b) Wird die Genehmigung der Teilung eines „bebauten" Grundstücks beantragt, so setzt die Genehmigungsfähigkeit des Antrags voraus, daß das Vorhandensein der Bebauung offengelegt wird.

36. BVerwG B vom 9. Mai 1979 (4 B 93.79) NJW 1980, 1120 = Buchholz 406.11 § 19 BBauG Nr. 44

Das Anlaufen der Verschweigungsfrist des § 19 Abs. 4 Satz 3 BBauG 1960 (§ 19 Abs. 4 Satz 7 BBauG 1976) setzt für den Fall der Antragstellung durch einen Bevollmächtigten nicht voraus, daß die Vollmacht schriftlich nachgewiesen wird.

B. OVG (VGH) und andere Gerichte

23. VG München U vom 2. 10. 1978 (M 349 I 73), nicht veröff.

Die Vorschrift des § 19 Abs. 4 Satz 6 BBauG i. d. F. vom 18. 8. 1976 (Genehmigungsfiktion) verstößt nicht gegen Art. 28 Abs. 2 GG. Eine Vorlage nach Art. 100 Abs. 1 GG kommt daher nicht in Betracht.

Zu § 21
Inhalt der Genehmigung

A. Höchstrichterl. Rspr.

16. BGH U vom 21. 12. 1978 (III ZR 45/77) NJW 1979, 1458

Werden bei der Erteilung der Bodenverkehrsgenehmigung entgegenstehende Belange des Denkmalschutzes nicht beachtet, so ist die Gemeinde zur

Entschädigung verpflichtet, wenn die Baugenehmigung später aus Gründen des Denkmalschutzes versagt wird.

B. OVG (VGH)

10. OVG Münster B vom 17. 9. 1979 (Xa ND 8/79) NJW 1980, 1013

a) Erlaß einer einstweiligen Anordnung im Normenkontrollverfahren aus einem anderen wichtigen Grund als dem eines schweren Nachteils (Verhinderung der Schaffung vollendeter Tatsachen).

b) Rechtsfolgen der Außervollzugsetzung eines BebPlans, insbesondere für die Bindungswirkung einer Bodenverkehrsgenehmigung.

c) Zur Frage des für die Änderung der rechtlichen oder tatsächlichen Verhältnisse i. S. des § 21 Abs. 2 BBauG maßgeblichen Zeitpunkts.

Zu § 24
Allgemeines Vorkaufsrecht

B. VGH (OVG)

2. OVG Münster U vom 24. 4. 1979 (VII A 2294/78) NJW 1980, 1067

Die Gemeinde kann den von dem Veräußerer eines Grundstücks gestellten Antrag, ihm im Falle des Nichtbestehens eines Vorkaufsrechts darüber ein Zeugnis auszustellen, nicht mit der Begründung ablehnen, der Grundeigentümer habe zuvor eine Abschrift des Kaufvertrags vorzulegen.

3. BayVGH U vom 29. 6. 1979 (Nr. 148 II 78) — rkr. — BayVBl. 1980, 88, vgl. BauR 1980, 249

Auch nach § 24 des Bundesbaugesetzes in der Fassung der Bekanntmachung vom 18. 8. 1976 (BGBl. I S. 2256) wird ein vor der Entstehung des gesetzlichen Vorkaufsrechts abgeschlossener Kaufvertrag von dem Vorkaufsrecht nicht erfaßt, wenn eine zur Wirksamkeit erforderliche Genehmigung erst nach der Entstehung des Vorkaufsrechts erteilt wird (im Anschluß an BGHZ 32, 383).

Zu § 29
Begriff des Vorhabens

A. BVerwG

15. BVerwG U vom 7. 9. 1979 (4 C 45.77) Buchholz 406.16 Nr. 14 = BauR 1980, 53 = DÖV 1980, 175 = DVBl. 1980, 232

Lagerplätze sind Lagerstätten im Sinne des § 29 Satz 3 BBauG 1976/1979.

Zu § 31
Ausnahmen und Befreiungen

B. OVG/VGH

11. Bad.-Württ.VGH U vom 15. 3. 1979 (III 711/77) BauR 1980, 156
Eine Befreiung von den Festsetzungen eines Bebauungsplans bezieht sich jeweils nur auf das konkret beantragte und genehmigte Vorhaben. Für die Errichtung eines ausgebauten Satteldaches anstelle des genehmigten Flachdachs ist eine neue Befreiung bezüglich der Überschreitung einer Baugrenze erforderlich.

12. OVG Lüneburg U vom 23. 11. 1979 (I OVG A 183/78) NJW 1980, 1408
Städtebauliche Gründe rechtfertigen eine Abweichung von Festsetzungen eines Bebauungsplanes nicht bereits, wenn die erstrebte Abweichung auch zulässiger Inhalt eines Planes sein könnte, vielmehr erst, wenn aufgrund der Besonderheiten des Einzelfalls die Festsetzung des Planes gegenüber der erstrebten Abweichung unangemessen erscheint.

Zu § 34
Zulässigkeit von Vorhaben innerhalb der im Zusammenhang bebauten Ortsteile

A. BVerwG

42. BVerwG U vom 4. 5. 1979 (4 C 23.76) NJW 1980, 605 = Buchholz 406.11 § 34 BBauG Nr. 67
a) § 34 Abs. 1 BBauG 1976 ist der Erteilung einer Ausnahme nach § 12 Abs. 3 RGaO nicht zugänglich.
b) § 34 Abs. 3 BBauG 1976 verdrängt nicht den Absatz 1 dieser Vorschrift, sondern ergänzt ihn nur.

43. BVerwG U vom 7. 9. 1979 (4 C 45.77) BauR 1980, 53 = DVBl. 1980, 232
Treffen — etwa im Rahmen eines Gewerbebetriebes — verschiedene (bauliche und nichtbauliche) Nutzungen zusammen und hängt das Bestehen eines Bestandsschutzes wesentlich davon ab, ob diese verschiedenen Nutzungen je isoliert oder aber zusammengefaßt als Einheit beurteilt werden, hat sich die Entscheidung für oder gegen die Zusammenfassung in erster Linie nach den Schutzbedürfnissen des Betroffen und nicht nach dem Ergebnis einer auf das Erscheinungsbild abstellenden (objektivierenden) Betrachtung zu richten.

44. BVerwG B vom 12. 9. 1979 (4 B 182.79) Buchholz 406.11 § 34 BBauG Nr. 68
Wendet sich ein Nachbar gegen eine nach § 34 BBauG zu beurteilende

Baugenehmigung und wird während der Anhängigkeit des Verwaltungsstreitverfahrens nachträglich nach § 34 Abs. 3 Satz 3 BBauG 1976 eine Abweichung zugelassen, so ist deren Rechtmäßigkeit ohne besonderes Vorverfahren im anhängigen Prozeß zusammen mit der Baugenehmigung, zu der sie ergangen ist, zu prüfen (im Anschluß an das U vom 17. Februar 1971 — IV C 2.68 — s. Buchholz 406.11 § 31 Nr. 6).

45. BVerwG B vom 30. 11. 1979 (4 B 174.79) Buchholz 406.11 § 34 BBauG Nr. 69

Vorhaben, die im unbeplanten Innenbereich ausgeführt werden sollen, müssen sich grundsätzlich mit der Erschließungslage abfinden, die der jeweilige Innenbereich aufweist.

46. BVerwG U vom 14. 12. 1979 (4 C 23.78) BauR 1980, 259

a) Bei den Zuschlägen für überwiegend gewerblich genutzte Grundstücke darf in beplanten und unbeplanten Gebieten auf die tatsächliche Nutzung abgestellt werden.

b) Bei Grundstücken, für die das Maß der baulichen Nutzung nicht in einem BebPlan festgesetzt ist, darf der Verteilungsmaßstab auf das nach § 34 BBauG zulässige Maß der Nutzung verweisen.

c) Für den Fall, daß der BebPlan anstelle einer Geschoßflächenzahl eine Baumassenzahl festsetzt, darf der Verteilungsmaßstab eine Umrechnungsformel enthalten, nach der die Grundstücksfläche mit der Baumassenzahl, geteilt durch 3,5, vervielfacht wird.

B. OVG (VGH) und andere Gerichte

18. OVG Münster U vom 16. 3. 1979 (XI A 659/77) BauR 1980, 148

a) Einem Vorhaben, dessen weitreichende planerisch relevante Folgewirkungen sich nicht allein an der näheren Umgebung messen und daher ein Bedürfnis nach koordinierender gemeindlicher Planung hervorrufen, können im Innenbereich öffentliche Belange entgegenstehen (hier: Errichtung eines SB-Warenhauses mittlerer Größe in einer Kreisstadt).

b) Für die Errichtung eines Warenhauses ist die Erschließung nicht gesichert, wenn zur Aufnahme des künftigen Verkehrs Ausbaumaßnahmen notwendig sind und die Stadt nicht bereit ist, diese Maßnahmen durchzuführen oder einen entsprechenden Erschließungsvertrag abzuschließen.

19. VG Köln U vom 24. 7. 1979 (2 K 4984/78) NJW 1980, 77

Die Erschließung eines Wohnhauses ist nur gesichert, wenn das zu bebauende Grundstück an einem Weg liegt, der mit einer dauerhaften winterfesten Decke versehen ist (Abweichung von OVG Lüneburg, U vom 9. 6. 1966 — I A 225/64, BRS 17 Nr. 75 = BBauBl. 1967, 121 ff.).

20. Bad.-Württ.VGH U vom 28. 9. 1979 (III 1372/79) BauR 1980, 47

a) § 34 Abs. 1 BBauG kann eine nachbarschützende Wirkung nur insoweit zukommen, als das in dieser Vorschrift verankerte Gebot der Rücksichtnahme eine drittschützende Wirkung entfaltet.

b) Genießt ein Gewerbebetrieb (Unternehmen des Holzbaues) keinen Bestandsschutz, so wird das Gebot der Rücksichtnahme nicht verletzt, wenn in unmittelbarer Nachbarschaft die Errichtung eines Wohnblocks — möglicherweise — objektiv rechtswidrig genehmigt wird.

21. HessVGH U vom 8. 11. 1979 — IV OE 51/75) BauR 1980, 251

a) Eine genehmigungspflichtige Nutzungsänderung einer baulichen Anlage liegt vor, wenn sich die neue Nutzung von der bisherigen Nutzung dergestalt unterscheidet, daß sie anderen oder weitergehendenderen Anforderungen bauordnungs- oder bauplanungsrechtlicher Art unterworfen ist oder unterworfen sein kann.

b) Die Vorschrift über die Zulässigkeit von Gebäuden oder Räumen für freie Berufe in den einzelnen Baugebieten erfaßt nur eine wohnartige oder in räumlicher Verbindung mit der Wohnung stehende Berufsausübung eines freiberuflich oder gewerblich Tätigen (hier: kaufmännische und büromäßige Leitung einer Gebäudereinigungsfirma mit 600 Mitarbeitern aus einer Vierzimmerwohnung heraus in einer durch reine Wohnbebauung geprägten Umgebung).

c) Die Vorschrift über die Zulässigkeit von Gebäuden oder Räumen für freie Berufe kann nicht erweiternd in citynahen Wohngebieten einer Großstadt angewandt werden.

22. BayVGH B vom 9. 11. 1979 (Nr. 27 XIV, 37 XIV 78) BayVBl. 1980, 212

Pferdehaltung ist in reinen und allgemeinen Wohngebieten im Regelfall planungsrechtlich unzulässig.

Zu § 35
Bauen im Außenbereich

A. Höchstrichterl. Respr.

69. BVerwG B vom 12. 9. 1978 (4 B 98.78) Buchholz 406.11 § 34 BBauG Nr. 65

Bei der Beurteilung, ob sich ein Vorhaben im Maß der baulichen Nutzung in seine Umgebung einfügt, können dem Baugrundstück nicht solche Flächen zugerechnet werden, die von ihm getrennt liegen.

70. BVerwG U vom 10. 11. 1978 (4 C 24.78) Buchholz 406.11 § 35 BBauG Nr. 154

Die im Bauschein zum Ausdruck gebrachte Annahme der Genehmigungsbehörde, daß das genehmigte Vorhaben nach § 35 Abs. 1 BBauG zu beurteilen und nach dieser Vorschrift zulässig sei, nimmt an der Feststellungswirkung der Genehmigung nicht teil.

71. BVerwG U vom 8. 6. 1979 (4 C 23.77) Buchholz 406.11 § 35 BBauG Nr. 155

a) § 35 Abs. 5 Satz 1 Nr. 2 BBauG ist auch auf Gebäude anwendbar, die beim Inkrafttreten des Gesetzes vom 18. August 1976 bereits zerstört waren.

b) Bauaufsichtlich genehmigte Gebäude sind i. S. des § 35 Abs. 5 Satz 1 Nr. 2 BBauG zulässigerweise errichtet.

c) Der Wiederaufbau eines Gebäudes, das durch ein außergewöhnliches Ereignis zerstört wurde, ist regelmäßig dann i. S. des § 35 Abs. 5 Satz 1 Nr. 2 BBauG alsbald beabsichtigt, wenn der Betroffene seine Absicht des Wiederaufbaus durch einen entsprechenden Genehmigungsantrag oder durch eine gleichwertige Erklärung in einem Zeitpunkt zu erkennen gegeben hat, in dem die bodenrechtliche Situation des Grundstücks infolge nachwirkender Prägung durch das zerstörte Gebäude für den Wiederaufbau noch aufnahmefähig war.

d) Das neue Gebäude ist dem zerstörten Gebäude vor allem dann nicht „vergleichbar", d. h. nicht hinreichend gleichartig, wenn es von dessen objektiver Zweckbestimmung (Funktion) wesentlich abweicht.

72. BVerwG U vom 8. 6. 1979 (4 C 57.77) Buchholz 406.11 § 35 BBauG Nr. 156

Die Möglichkeit, daß die Ausführung des Vorhabens allgemein ein „breiartiges Ausufern" der Ortslage in den Außenbereich hinein zur Folge haben wird, stellt sich als Beeinträchtigung öffentlicher Belange nur dar, wenn sie als Gefahr konkret zu befürchten ist.

73. BVerwG B vom 8. 8. 1979 (4 B 130.79) Buchholz 406.11 § 35 BBauG Nr. 157

Zur Beziehung zwischen der „Änderung der bisherigen Nutzung" und der „Änderung einer baulichen Anlage" im Sinne des § 35 Abs. 4 BBauG.

74. BVerwG U vom 24. 8. 1979 (4 C 8.78) BauR 1980, 49 = BayVBl. 1980, 309

a) Auch Vorhaben, die zur allgemeinen Erholung bestimmt sind, können im Außenbereich nur dann privilegiert zulässig sein, wenn und soweit sie zur Erfüllung der vorgesehenen Erholungsfunktion erforderlich sind.

b) Zu den Voraussetzungen, unter denen ein sonstiges Vorhaben die natürliche Eigenart der Landschaft im Sinne von § 35 Abs. 3 BBauG beeinträchtigt.

75. BVerwG U vom 24. 8. 1979 (4 C 3.77) Buchholz 406.11 § 35 BBauG Nr. 158

a) Die Privilegierung eines Vorhabens setzt in allen Alternativen des § 35 Abs. 1 BBauG voraus, daß die Zuordnung des Vorhabens zu dem die Privilegierung rechtfertigenden Zweck auf Dauer gewährleistet ist.

b) Zur Privilegierung von Nebenerwerbsstellen, die auf Pachtland betrieben werden sollen.

c) Zur Privilegierung von Vorhaben, die Landarbeiterstellen dienen.

d) Zur „Abwägung“ bei der Prüfung der Vereinbarkeit eines (privilegierten) Vorhabens mit von ihm berührten öffentlichen Belangen.

76. BVerwG U vom 24. 8. 1979 (4 C 8.78) Buchholz 406.11 § 35 BBauG Nr. 159

a) Auch Vorhaben, die zur allgemeinen Erholung bestimmt sind, können im Außenbereich nur dann privilegiert zulässig sein, wenn und soweit sie zur Erfüllung der vorgesehenen Erholungsfunktion erforderlich sind.

b) Zu den Voraussetzungen, unter denen ein sonstiges Vorhaben die natürliche Eigenschaft der Landschaft i. S. von § 35 Abs. 3 BBauG beeinträchtigt.

77. BVerwG U vom 7. 9. 1979 (4 C 45.77) BauR 1980, 53 = Buchholz 406.16 BBauG Nr. 14 = DÖV 1980, 175

Treffen — etwa im Rahmen eines Gewerbebetriebes — verschiedene (bauliche und nicht-bauliche) Nutzungen zusammen und hängt das Bestehen eines Bestandsschutzes wesentlich davon ab, ob diese verschiedenen Nutzungen je isoliert oder aber zusammengefaßt als Einheit beurteilt werden, hat sich die Entscheidung für oder gegen die Zusammenfassung in erster Linie nach den Schutzbedürfnissen des Betroffenen und nicht nach dem Ergebnis einer auf das Erscheinungsbild abstellenden (objektivierenden) Betrachtung zu richten.

78. BVerwG U vom 26. 10. 1979 (4 C 22.77) DÖV 1980, 176 = BauR 1980, 51 = Buchholz 406.11 § 35 BBauG Nr. 160

Das Interesse einer Gemeinde, sich Planungsmöglichkeiten offenzuhalten, und damit zugleich ihre Planungshoheit sind als solche keine öffentlichen Belange im Sinne des § 35 Abs. 2 BBauG.

B. OVG (VGH) und andere Gerichte

57. BayVGH U vom 20. 2. 1979 (Nr. 308 I 75) BayVBl. 1980, 144

Hofnähe ist Voraussetzung einer Privilegierung von Altenteilhäusern im Außenbereich.

58. OVG Lüneburg U vom 28. 2. 1979 (I A 21/76) BauR 1980, 154

Eine zur Zerstörung des Gebäudes führende unerlaubte Handlung des Architekten kann ein „anderes außergewöhnliches Ereignis" im Sinne des § 35 Abs. 5 Nr. 2 BBauG sein; das ist aber bei positiver Vertragsverletzung des Architekten, bei der den Bauherrn ein Mitverschulden trifft, nicht der Fall.

59. VG München U vom 15. 3. 1979 (M 213 VIII/78) nicht veröff.

Ein Gebiet, das trotz Bestehens von Straßenbegrenzungs- und Baulinien völlig regellos bebaut ist, kann eine unorganische Streusiedlung darstellen. Ein Vorhaben, das die Baulinie einhält, kann daher trotzdem öffentliche Belange dadurch beeinträchtigen, daß es die Verfestigung oder Erweiterung einer Splittersiedlung befürchten läßt.

60. OVG Lüneburg B vom 2. 7. 1979 (VI OVG B 32/79) NJW 1980, 253 = BauR 1980, 145

Ein Großbetrieb des Beherbergungs- und Restaurationsgewerbes kann wegen seiner Lärmemissionen für den angrenzenden Nachbarn im reinen Wohngebiet unzumutbar sein.

61. BayVGH U vom 4. 10. 1979 (Nr. 14 B 303/79) BauR 1980, 149

a) Ist die landwirtschaftliche Nutzung eines Gebäudes seit langer Zeit aufgegeben, kann diese frühere Nutzung nicht mit dem gesetzlichen Tatbestand der Änderung der bisherigen Nutzung in Verbindung gebracht werden.

b) Eine wesentliche Änderung einer baulichen Anlage kann auch eine Nutzungsänderung sein; sie ist jedenfalls dann wesentlich, wenn eine bisherige Scheune oder ein Stall zu einem Wochenendhaus umgebaut werden soll, auch wenn nach dem Bauantrag keine umfangreichen baulichen Änderungen vorgesehen sind.

c) Ein ehemaliges landwirtschaftliches Gebäude ist nicht allein deshalb als das Bild der Kulturlandschaft prägend und erhaltenswert zu bezeichnen, weil es an die frühere andere Gebietsnutzung erinnert.

62. OVG Lüneburg U vom 23. 11. 1979 (I A 143/78) BauR 1980, 151

a) Die Vorschrift über die erleichterte Zulassung eines Ersatzbaus im Außenbereich gilt auch für einen Schwarzbau.

b) Eine erleichterte Zulassung kommt nicht in Betracht, wenn das alte Gebäude infolge von Abnutzung und Alterung reparaturbedürftig ist.

c) Eine Erweiterung eines bestehenden Gebäudes im Außenbereich ist nicht erleichtert zulässig, wenn mit der Erweiterung eine zusätzliche Wohnung geschaffen wird.

Zu § 44
Entschädigung bei Änderung oder Aufhebung einer zulässigen Nutzung

B. Andere Gerichte

2. OVG Münster U vom 24. 10. 1979 (X A 259/79) NJW 1980, 1069

Die Absicht eines Grundstückseigentümers, gegenüber einer Gemeinde den Planungsschadensersatzanspruch nach § 44 BBauG geltend zu machen, begründet kein berechtigtes Interesse an der baldigen Feststellung dessen, daß eine Bauaufsichtsbehörde bis zum Inkrafttreten einer Rechtsänderung verpflichtet gewesen ist, eine beantragte Bebauungsgenehmigung zu erteilen.

Zu § 123
Erschließungslast

B. OVG (VGH) und andere Gerichte

6. OVG Münster U vom 25. 1. 1978 (II A 439/75) DÖV 1980, 63

Die Gemeinde kann die durch Satzung begründete Verantwortung für eine ordnungsgemäße Herstellung der Grundstücksanschlußleitung nicht durch einen Erschließungsvertrag nach § 123 Abs. 3 BBauG mit Wirkung gegenüber den Anschlußnehmern auf einen Dritten übertragen.

7. VG München U vom 9. 1. 1979 — rkr. — (M 111 II 78) nicht veröff.

Eine voll ausgebaute Straße mit Gehsteigen und ein sich daran in gleicher Richtung anschließender Fußweg von 19 Metern Länge stellen zusammen eine einheitliche Erschließungsanlage dar, wenn der Fußweg die Erschließungsfunktion der Straße für den Fußgängerverkehr zur nächsten Straße fortsetzt.

Zu § 127
Erhebung des Erschließungsbeitrags

A. Höchstrichterl. Rspr.

27. BVerwG U vom 10. 2. 1978 (4 C 4.75) Buchholz 406.11 § 127 BBauG Nr. 29

Zur Erforderlichkeit einer Erschließungsanlage.

28. BVerwG U vom 22. 6. 1979 (4 C 29.76) DÖV 1980, 48 = Buchholz 406.11 § 127 BBauG Nr. 32

Die Gemeinde ist an die von ihr vorgenommene Kostenspaltung gebunden, wenn damit die Beitragspflicht für einen Teilbetrag entstanden ist (§ 133 Abs. 2 BBauG). Ist bei verständiger Würdigung des Sachverhalts oder der Rechtslage ungewiß, ob die Beitragsforderung für einen Teilbetrag entstanden ist, kann die Zurückstellung dieser Forderung bis zur Gesamtabrechnung der Erschließungsanlage durch öffentlichrechtlichen Vergleichsvertrag vereinbart werden.

29. BVerwG U vom 21. 9. 1979 (4 C 55.76) BauR 1980, 165

a) Eine Erschließungseinheit darf aus mehreren einzelnen Erschließungsanlagen, aus mehreren (rechtmäßig gebildeten) Abschnitten verschiedener Erschließungsanlagen oder aus einer Kombination von einzelnen Erschließungsanlagen mit bestimmten Abschnitten gebildet werden.

b) Ob bei einer Straße mit getrennten Richtungsfahrbahnen eine einzelne Erschließungsanlage oder zwei selbständige, parallelverlaufende Anlagen gegeben sind, ist nach objektiven Kriterien entsprechend dem allgemeinen Erscheinungsbild der Straße bei „natürlicher Betrachtungsweise" zu bestimmen und unterliegt nicht dem Ermessen der Gemeinde.

c) Ist demgemäß die Straße eine einzelne Erschließungsanlage (bzw. ein verselbständigter Abschnitt einer einzelnen Erschließungsanlage, § 130 Abs. 2 Satz 1 BBauG), darf der Erschließungsaufwand für diese eine Anlage nicht zum einen Längsteil in die zusammengefaßte Ermittlung des Erschließungsaufwandes (Erschließungseinheit, § 130 Abs. 2 Satz 2 BBauG) einbezogen, zum anderen Längsteil hiervon ausgenommen werden.

30. BVerwG U vom 14. 12. 1979 (4 C 12-16 und 18.77) BauR 1980, 257

a) Die nachträgliche „Heilung" eines infolge Fehlens einer gültigen Erschließungsbeitragssatzung zunächst rechtswidrigen Beitragsbescheides durch Erlaß einer gültigen Beitragssatzung setzt voraus, daß diese Satzung Rückwirkung mindestens bis zum Zeitpunkt des Zugangs des Widerspruchsbescheides besitzt.

b) Zur Gültigkeit eines Verteilungsmaßstabes (hier: Umrechnung Baumassenzahl — Geschoßflächenzahl; Maßstab für unbebaute Grundstücke in unbeplanten Gebieten).

Zu § 128
Umfang des Erschließungsaufwands

A. Höchstrichterl. Rspr.

19. BVerwG U vom 28. 4. 1978 (4 C 49.76) Buchholz 406.11 § 128 BBauG Nr. 21

Nimmt eine Gemeinde, die das für den Bau einer Straße notwendige

Gelände teilweise käuflich erworben und teilweise im Wege unentgeltlicher Übertragung erlangt hat, in einigen Fällen der unentgeltlichen Übertragung einen wirtschaftlichen Ausgleich vor, so kann sie der Gleichheitssatz zwingen, auch in anderen Fällen einen Ausgleich zu gewähren.

20. BVerwG U vom 24. 11. 1978 (4 C 18.76) Buchholz 406.11 § 128 BBauG Nr. 22

§ 128 Abs. 2 Nr. 2 BBauG ist auf Straßen, die keine Ortsdurchfahrten einer Bundesstraße sind, aber infolge der Aufnahme überörtlichen Durchgangsverkehrs vergleichbare Funktionen erfüllen, nicht entsprechend anzuwenden.

21. BVerwG U vom 4. 5. 1979 (4 C 16/76) NJW 1980, 1406

a) Zum Erschließungsaufwand im Sinne des § 128 Abs. 1 BBauG gehört nur derjenige Aufwand der Gemeinde, den sie im Zusammenhang mit ihrer Aufgabe als Erschließungsträger (§ 123 Abs. 1 BBauG) — aufgrund gesetzlicher oder vertraglicher Verpflichtung — machen mußte. Alles, was sie an Anlagen oder Einrichtungen mitverwendet, erspart oder als vorhandenen Bestand ausgenutzt hat, gehört grundsätzlich nicht dazu.

b) Gehörten demnach die Kosten für eine von dem Anlieger erstellte und von der Gemeinde bei dem Ausbau der Straße mitverwendete Gehwegüberfahrt nicht zum beitragsfähigen Erschließungsaufwand im Sinne des § 128 Abs. 1 BBauG, dürfen sie nicht als eine „freiwillige Vorausleistung auf den Erschließungsbeitrag“ (§ 133 Abs. 3 BBauG) angesehen und auf diese Weise (dennoch) in den Erschließungsaufwand einbezogen werden.

22. BVerwG U vom 14. 12. 1979 (4 C 28.76) BauR 1980, 163 = DÖV 1980, 343

Der Erschließungsaufwand umfaßt die Kosten des Grunderwerbs regelmäßig in der Höhe, in der sie bei der Gemeinde angefallen sind. Der Einwand, daß ein von der Gemeinde vereinbarter Kaufpreis überhöht sei, ist in entsprechender Anwendung des § 129 Abs. 1 Satz 1 BBauG nur ausnahmsweise dann beachtlich, wenn der beanstandete Preis in für die Gemeinde erkennbarer Weise eine grob unangemessene Höhe erreicht.

Zu § 129
Beitragsfähiger Erschließungsaufwand

A. Höchstrichterl. Rspr.

9. BVerwG U vom 8. 8. 1975 (IV C 74.73) Buchholz 406.11 § 127 BBauG Nr. 22

Zusätzliche Fahrspuren, die nur wegen des überörtlichen Durchgangsverkehrs angelegt sind, sind nicht zur Erschließung der Bauflächen i. S. des § 129 Abs. 1 Satz 1 BBauG „erforderlich".

10. BVerwG U vom 10. 2. 1978 (4 C 4.75) Buchholz 406.11 § 127 BBauG Nr. 29

Zur Erforderlichkeit einer Erschließungsanlage.

11. BVerwG U vom 2. 11. 1978 (4 C 18.76) Buchholz 406.11 § 135 BBauG Nr. 11

Zusätzliche Fahrspuren, die nur wegen des überörtlichen oder eines ungewöhnlichen starken innerörtlichen Durchgangsverkehrs angelegt sind, sind nicht zur Erschließung der Bauflächen im Sinne des § 129 Abs. 1 Satz 1 BBauG „erforderlich" (im Anschluß an das U vom 8. August 1975 — IV C 74.73 — s. 406.11 § 127 Nr. 22). Was sich in diesem Sinne bereits über § 129 Abs. 1 Satz 1 BBauG aufwandsmindernd auswirken kann, scheidet als Rechtfertigung für einen Billigkeitserlaß nach § 135 Abs. 5 BBauG aus.

12. BVerwG U vom 21. 9. 1979 (4 C 55.76) Buchholz 406.11 § 129 BBauG Nr. 24

a) Ob bei einer Straße mit getrennten Richtungsfahrbahnen nur eine Erschließungsanlage gegeben ist oder ob es sich um zwei Anlagen handelt, ist nach objektiven Kriterien entsprechend dem allgemeinen Erscheinungsbild der Straße bei „natürlicher Betrachtungsweise" zu bestimmen und unterliegt nicht dem Ermessen der Gemeinde.

b) Ist demgemäß die Straße eine einzelne Erschließungsanlage (bzw. verselbständigter Abschnitt einer einzelnen Erschließungsanlage), darf der Erschließungsaufwand für diese eine Anlage nicht mit einem Längsteil in eine Erschließungseinheit einbezogen, mit dem anderen Längsteil dagegen hiervon ausgenommen werden.

13. BVerwG U vom 14. 12. 1979 (4 C 28.76) Buchholz 406.11 § 129 BBauG Nr. 14

Der Erschließungsaufwand umfaßt die Kosten des Grunderwerbs regelmäßig in der Höhe, in der sie bei der Gemeinde angefallen sind. Der Einwand, daß ein von der Gemeinde vereinbarter Kaufpreis überhöht sei, ist in entsprechender Anwendung des § 129 Abs. 1 Satz 1 BBauG nur ausnahmsweise dann beachtlich, wenn der beanstandete Preis in für die Gemeinde erkennbarer Weise eine grob unangemessene Höhe erreicht.

Zu § 130
Art der Ermittlung des beitragsfähigen Erschließungsaufwandes

A. Höchstrichterl. Rspr.

21. BVerwG U vom 15. 9. 1978 (4 C 65.77) Buchholz 406.11 § 130 BBauG Nr. 23 a

Ein mit allen Einrichtungen fertiggestellter Abschnitt einer Straße, der Bestandteil einer Erschließungseinheit ist, darf nicht im Wege der Kostenspaltung — unter Einbeziehung aller Grundstücke im Gebiet der Erschließungseinheit — abgerechnet werden.

22. BVerwG U vom 15. 9. 1978 (4 C 36, 38—41.76) Buchholz 406.11 § 130 BBauG Nr. 23

Innerhalb einer Erschließungseinheit darf nicht eine mit allen Einrichtungen fertiggestellte einzelne Straße im Wege der Kostenspaltung — unter Einbeziehung aller Grundstücke im Gebiet der Erschließungseinheit — abgerechnet werden.

Zu § 131
Maßstäbe für die Verteilung des Erschließungsaufwandes

A. Höchstrichterl. Rspr.

20. BVerwG B vom 4. 4. 1978 (4 B 39.78) Buchholz 406.11 § 131 BBauG Nr. 26

Zum Erfordernis, in dem nach dem Inkrafttreten des BBauG erschlossenen beplanten Gebieten bei der Verteilung des Erschließungsaufwandes Verschiedenheiten sowohl der Art als auch des Maßes der baulichen Nutzung zu berücksichtigen.

21. BVerwG U vom 26. 1. 1979 (4 C 61—68 u. 80—84.75) Buchholz 406.11 § 131 BBauG Nr. 27 = BVerwGE 57, 240 = NJW 1980, 72

a) Nach § 131 Abs. 3 BBauG ist bei der Verteilung des Erschließungsaufwandes im Hinblick auf die Vorteilsgerechtigkeit der Verschiedenheit der baulichen oder sonstigen Nutzung nach Art und Maß nur dergestalt zu entsprechen, daß das Heranziehungsverfahren für die Gemeinde praktikabel und für den Bürger überschaubar bleibt.

b) Die Kombination von Grundstücksflächen und Vollgeschoßzahl ist als Verteilungsmaßstab bei der Heranziehung zu Erschließungsbeiträgen grundsätzlich nicht zu beanstanden. Zur Frage der vorteilsgerechten Staffelung nach einem Nutzungsfaktor.

c) Für den Fall, daß der BebPlan nur Grundflächen und Baumassen festsetzt, darf der Verteilungsmaßstab eine Umrechnungsformel enthalten, nach der als Geschoßzahl die Baumassenzahl geteilt durch 2,8 gilt.

d) Bei den Zuschlägen für überwiegend gewerblich genutzte Grundstücke darf auch in beplanten Gebieten (z. B. in allgemeinen Wohngebieten, Mischgebieten) auf die tatsächliche Nutzung abgestellt werden.

22. BVerwG U vom 4. 5. 1979 (4 C 25.76) BauR 1980, 80 = Buchholz 406.11 § 131 BBauG Nr. 28

a) Grundstücke, die unfähig sind, die Voraussetzungen des § 133 Abs. 1 BBauG jemals zu erfüllen, zählen nicht zu den von einer Anlage erschlossenen Grundstücken i. S. des § 131 Abs. 1 BBauG.

b) Erschlossen i. S. des § 131 Abs. 1 BBauG sind auch Grundstücke, die in einer der baulichen oder gewerblichen Nutzung vergleichbaren Weise so genutzt werden, daß dies eine Einbeziehung in den Kreis der bei der Verteilung des Erschließungsaufwandes zu berücksichtigenden Grundstücke rechtfertigt.

c) Kirchliche Friedhöfe gehören sowohl zu den erschlossenen Grundstücken i. S. des § 131 Abs. 1 BBauG als auch zu den nach § 133 Abs. 1 Satz 1 und Satz 2 BBauG der Beitragspflicht unterliegenden Grundstücken.

d) Verfassungsrecht steht einer Heranziehung der Träger kirchlicher Friedhöfe nicht entgegen.

e) Kirchliche Friedhöfe können ihrer Funktion wegen die Voraussetzungen für einen Billigkeitserlaß erfüllen.

23. BVerwG U vom 4. 5. 1979 (4 C 54.76) Buchholz 406.11 § 131 BBauG Nr. 29

Es widerspricht grundsätzlich nicht dem Gleichheitssatz, in der Beitragssatzung eine Tiefenbegrenzung für die nach dem Verteilungsmaßstab zu berücksichtigende Grundstücksfläche nicht auch für beplante Gebiete vorzusehen (wie U vom 30. 7. 1976 — IV C 65/66.74).

24. BVerwG U vom 4. 5. 1979 (4 C 25.76) Buchholz 406.11 § 131 BBauG Nr. 28

Kirchliche Friedhöfe gehören sowohl zu den erschlossenen Grundstücken i. S. des § 131 Abs. 1 BBauG als auch zu den nach § 133 Abs. 1 Satz 1 und Satz 2 BBauG der Beitragspflicht unterliegenden Grundstücken (im Anschluß an das U vom 3. Juni 1971 — IV C 10.70 — Buchholz 406.11 § 133 Nr. 40).

25. BVerwG U vom 14. 12. 1979 (4 C 23.78) BauR 1980, 259

a) Bei den Zuschlägen für überwiegend gewerblich genutzte Grundstücke darf in beplanten und unbeplanten Gebieten auf die tatsächliche Nutzung abgestellt werden.

b) Bei Grundstücken, für die das Maß der bauliche Nutzung nicht in einem Bebauungsplan festgesetzt ist, darf der Verteilungsmaßstab auf das nach § 34 BBauG zulässige Maß der Nutzung verweisen.

c) Für den Fall, daß der Bebauungsplan anstelle einer Geschoßflächenzahl eine Baumassenzahl festsetzt, darf der Verteilungsmaßstab eine Umrechnungsformel enthalten, nach der die Grundstücksfläche mit der Baumassenzahl, geteilt durch 3,5 vervielfacht wird.

26. BVerwG U vom 14. 12. 1979 (4 C 12—16 u. 18.77) DÖV 1980, 341

a) Die nachträgliche „Heilung“ eines infolge Fehlens einer gültigen Erschließungsbeitragssatzung zunächst rechtswidrigen Beitragsbescheides durch Erlaß einer gültigen Beitragssatzung setzt voraus, daß diese Satzung Rückwirkung mindestens bis zum Zeitpunkt des Zugangs des Widerspruchsbescheides besitzt (Fortführung der Rspr. des Senats u. a. mit Urteil v. 28. 11. 1975 BVerwG 50, 2 ff. [7 f.]).

b) Zustimmung des Eigentümers der Straßenfläche zur Widmung und Besitzüberlassungsverträge sind keine rechtmäßigen Herstellungsmerkmale (wie Urteil des Senats v. 21. 1. 1977 — IV C 84—92.74 — Buchholz 406.11 § 131 BBauG Nr. 20).

c) Zur Gültigkeit eines Verteilungsmaßstabes (hier: Umrechnung Baumassenzahl — Geschoßflächenzahl; Maßstab für unbebaute Grundstücke in unbeplanten Gebieten) — im Anschluß an die Urteile des Senats v. 26. 1. 1979 — 4 C 61—68 und 80—84.75 — Buchholz 406.11 § 131 BBauG Nr. 27 und v. 24. 9. 1976 — IV C 22.74 — Buchholz 406.11 § 131 BBAuG Nr. 17).

B. OVG (VGH)

16. OVG Münster U vom 21. 3. 1979 (III A 2220/77) DÖV 1980, 63

Weisen die Grundstücke in einer Gemeinde hinsichtlich ihrer Tiefen wesentliche Unterschiede auf, so muß die Verteilungsregelung für unbeplante Gebiete eine Tiefenbegrenzung enthalten.

Zu § 132
Regelung durch Satzung

A. Höchstrichterl. Rechtspr.

17. BVerwG U vom 21. 9. 1979 (4 C 22/27/29.78) = Buchholz 406.11 § 132 BBauG Nr. 28

a) Wird in der Revisionsbegründung geltend gemacht, daß das Berufungsurteil mittlerweile unrichtig geworden sei, weil es auf der Anwendung von jetzt nicht mehr gültigem Recht beruhe, so kann das die Voraussetzungen für die Zulässigkeit der Revision nach § 139 Abs. 2 VwGO erfüllen.

b) Wird die Erschließungsbeitragssatzung, auf deren Anwendung das Berufungsurteil beruht, während des Revisionsverfahrens durch eine neue, rückwirkende Beitragssatzung ersetzt, so ist diese für die Entscheidung maßgebend. Das Revisionsgericht kann sie selbst anwenden, kann aber auch die Sache deswegen in die Vorinstanz zurückverweisen (im Anschluß an das Urteil vom 16. 9. 1977 — IV C 99.74 — s. Buchholz 406.11 § 133 Nr. 62).

c) Zur Zulässigkeit der Rückwirkung von Satzungen.

d) Zum Begriff der vorhandenen Erschließungsanlage.

18. BVerwG U vom 14. 12. 1979 (4 C 12—16 und 18.77) = Buchholz 406.11 § 132 BBauG Nr. 29

Zur Gültigkeit eines Verteilungsmaßstabes (hier: Umrechnung von Baumassenzahlen in Geschoßflächenzahlen; Maßstab für unbebaute Grundstücke in unbeplanten Gebieten — im Anschluß an die U vom 26. 1. 1979 — 4 C 61—68 und 80—84.75 und vom 24. 9. 1976 — IV C 22.74.

19. BVerwG U vom 14. 12. 1979 (4 C 85.76) DÖV 1980, 344 = Buchholz 406.11 § 132 BBauG Nr. 30

In einer Erschließungsbeitragssatzung ist die Bezeichnung „etwa vorgesehene Beleuchtung" als Merkmal der endgültigen Herstellung einer Erschließungsanlage nicht hinreichend bestimmt. Daraus folgt jedoch nicht die Ungültigkeit der Regelung der Herstellungsmerkmale insgesamt, sondern nur, daß die Beleuchtung in der betreffenden Gemeinde nicht zur erstmaligen Herstellung der Erschließungsanlagen gehört und daher die insoweit entstandenen Kosten nicht zum beitragsfähigen Erschließungsaufwand gemäß § 128 Abs. 1 Nr. 2 BBauG zählen (im Anschluß an das Urteil v. 2. 12. 1977 — IV C 55.75 — Buchholz 406.11 § 132 BBauG Nr. 25).

Aus den Gründen:

II. ... Das Berufungsgericht hält die Heranziehung der Kl. zu einem Erschließungsbeitrag für rechtswidrig, weil der Beitragsbescheid auf keine gültige Satzung gestützt werden könne. Die Beitragssatzung ... sei ungültig, weil sie nicht den Anforderungen des § 132 Nr. 4 BBauG entsprechend die Merkmale der endgültigen Herstellung einer Erschließungsanlage regele. Eine Satzungsbestimmung, die die Herstellung der Erschließungsanlage von einer „etwa vorgesehenen Beleuchtung" abhängig mache, genüge diesen Anforderungen nicht.

Diese Rechtsauffassung verletzt Bundesrecht, soweit das Berufungsgericht wegen der Unbestimmtheit der Bezeichnung „etwa vorgesehene Beleuchtung" die gesamte Vorschrift über die Regelung der Herstellungsmerkmale und darüber hinaus die gesamte Beitragssatzung ... für rechtsungültig erklärt hat. Nach der inzwischen durch die Rspr. des Senats geklärten Rechtslage folgt aus der Unbestimmtheit dieser Bezeichnung nur, daß die Beleuchtung in der betreffenden Gemeinde nicht zur erstmaligen Herstellung der Erschließungsanlagen und daher die insoweit entstandenen Kosten nicht zum beitragsfähigen Erschließungsaufwand gemäß § 128 Abs. 1 Nr. 2 BBauG gehören. Das hat der Senat zuletzt in seinem U v. 2. 12. 1977 — 4 C 55.75 — (Buchholz 406.11 § 132 BBauG Nr. 25) näher begründet, worauf hier Bezug genommen wird. Der Senat sieht keine Veranlassung, von dieser Rechtsauffassung abzugehen ...

20. BVerwG U vom 14. 12. 1979 (4 C 12—16 und 18.77) = Buchholz 406.11 § 132 BBauG Nr. 29

a) Die nachträgliche „Heilung" eines infolge Fehlens einer gültigen Erschließungsbeitragssatzung zunächst rechtswidrigen Beitragsbescheides durch Erlaß einer rückwirkenden Beitragssatzung setzt voraus, daß diese Satzung Rückwirkung mindestens bis zum Zeitpunkt des Zugangs des Widerspruchsbescheides besitzt (Fortführung der Rechtsprechung u. a. im U vom 28. 11. 1975 — IV C 45.74 = BVerwGE 50, 2).

b) Die Zustimmung des Eigentümers der Straßenfläche zur Widmung und der Abschluß von Besitzüberlassungsverträgen sind keine rechtmäßigen Herstellungsmerkmale (wie U vom 21. 1. 1977 — IV C 84—92.74 — Buchholz 406.11 § 131 Nr. 20).

c) Zur Gültigkeit eines Verteilungsmaßstabes (hier: Umrechnung von Baumassenzahlen in Geschoßflächenzahlen; Maßstab für unbebaute Grundstücke in unbeplanten Gebieten — im Anschluß an die U vom 26. 1. 1979 — 4 C 61—68 und 80—84.75 — Buchholz 406.11 § 131 Nr. 27 und vom 24. 9. 1976 — IV C 22.74 — Buchholz 406.11 § 131 Nr. 17).

Zu § 133
Gegenstand und Entstehen der Beitragspflicht

A. Höchstrichterl. Rspr.

16. BVerwG U vom 13. 8. 1976 (IV C 23.74) Buchholz 406.11 § 132 BBauG Nr. 21

a) Die Frage, ob eine Erschließungsanlage bereits vor dem 29. Juni 1961 i. S. des § 180 Abs. 2 BBauG „vorhanden" bzw. i. S. des § 133 Abs. 4 BBauG „hergestellt" war, beantwortet sich nach der unmittelbar vor diesem Stichtag gegebenen Rechtslage.

b) Die Erforderlichkeit einer Erschließungsanlage beurteilt sich nach der Beziehung, die die Anlage zu dem gesamten zu erschließenden Gebiet hat (im Anschluß an das U vom 6. Mai 1966 — IV C 136.65 — s. 406.11 § 133 Nr. 8).

17. BVerwG U vom 4. 5 1979 (4 C 16.76) Buchholz 406.11 § 128 BBauG Nr. 24

Gehörten demnach die Kosten für eine von dem Anlieger angelegte und von der Gemeinde beim Ausbau der Straße mitverwendete Gehwegüberfahrt nicht zum beitragsfähigen Erschließungsaufwand i. S. des § 128 Abs. 1 BBauG, so dürfen sie nicht als eine „freiwillige Vorausleistung auf den Erschließungsbeitrag" angesehen und auf diesem Wege (dennoch) in den Erschließungsaufwand einbezogen werden.

18. BVerwG U vom 4. 5. 1979 (4 C 25.76) Buchholz 406.11 § 133 BBauG Nr. 69

a) Kirchliche Friedhöfe gehören sowohl zu den erschlossenen Grundstükken i. S. des § 131 Abs. 1 BBauG als auch zu den nach § 133 Abs. 1 Satz 1 und Satz 2 BBauG der Beitragspflicht unterliegenden Grundstücken (im Anschluß an das U vom 3. 6. 1971 — IV C 10.70 — s. Buchholz 406.11 § 133 Nr. 40).

b) Verfassungsrecht steht einer Heranziehung der Träger kirchlicher Friedhöfe zu Erschließungsbeiträgen nicht entgegen.

c) Kirchliche Friedhöfe können ihrer Funktion wegen die Voraussetzungen für einen Billigkeitserlaß von Erschließungsbeiträgen erfüllen.

19. BVerwG U vom 22. 6. 1979 (4 C 29.76) DÖV 1980, 48 = Buchholz 406.11 § 127 BBauG Nr. 32

a) Die Gemeinde ist an die von ihr vorgenommene Kostenspaltung gebunden, wenn damit die Beitragspflicht für einen Teilbetrag entstanden ist.

b) Ist bei verständiger Würdigung des Sachverhalts oder der Rechtslage ungewiß, ob die Beitragsforderung für einen Teilbetrag entstanden ist, kann die Zurückstellung der Teilforderung bis zur Gesamtabrechnung der Erschließungsanlage durch öffentlich-rechtlichen Vergleichsvertrag vereinbart werden.

20. BVerwG B vom 12. 10. 1979 (4 B 103—105.79) Buchholz 406.11 § 133 BBauG Nr. 72

Durch die Rechtsprechung des BVerwG ist geklärt, daß bei der Beantwortung der Frage, ob eine Straße „hergestellt“ (§ 133 Abs. 4 BBauG) oder „vorhanden“ (§ 180 Abs. 2 BBauG) ist, von rechtlichen Kriterien auszugehen ist und daß es sich nicht allein auf die tatsächliche Existenz der Straße als einer zu Verkehrszwecken nutzbaren Fläche ankommt.

Zu § 155 a
Verletzung von Verfahrens- und Formvorschriften bei der Aufstellung von Flächennutzungsplänen und Satzungen

A. Höchstrichterl. Rspr.

1. BVerwG U vom 7. 9. 1979 (4 C 7.77) DVBl. 1980, 230 = BayVBl. 1980, 180 = BauR 1980, 40 = Buchholz 406.11 § 10 BBauG Nr. 10

a) § 155 a Abs. 2 BBauG 1979 findet nach § 183 f. Abs. 2 BBauG 1979 jedenfalls auf solche BebPläne keine Anwendung, deren Verfahren sich noch nach § 2 Abs. 6 BBauG 1960 zu richten hatte.

b) Eine allgemeine und im wesentlichen nur von einem gewissen Zeitablauf, nicht aber von besonderen konkreten Umständen abhängige „Vermutung", daß jeder BebPlan unter Beachtung des gesetzlich vorgeschriebenen Verfahrens zustande gekommen sei, wird durch das Bundesrecht nicht begründet, sondern im Gegenteil — in dieser Form und Reichweite — ausgeschlossen.

c) Die Tendenz, BebPläne nach einem gewissen Zeitablauf nicht ohne Not an Erfordernissen ihres verfahrensfehlerfreien Zustandekommens scheitern zu lassen, ist sachgerecht. Angesichts dessen wäre verfehlt, wenn die Verwaltungsgerichte ihre Sachaufklärungspflicht zum Anlaß nähmen, in Verwaltungsstreitverfahren gleichsam ungefragt in eine Suche nach Fehlern in der Vor- und Entstehungsgeschichte eines Bebauungsplans einzutreten.

2. BVerwG U vom 14. 12. 1979 (4 C 12—16 und 18.77) BauR 1980, 257

a) Die nachträgliche „Heilung" eines infolge Fehlens einer gültigen Erschließungsbeitragssatzung zunächst rechtswidrigen Beitragsbescheides durch Erlaß einer gültigen Beitragssatzung setzt voraus, daß diese Satzung Rückwirkung mindestens bis zum Zeitpunkt des Zugangs des Widerspruchsbescheides besitzt.

b) Zur Gültigkeit eines Verteilungsmaßstabes (hier: Umrechnung Baumassenzahl — Geschoßflächenzahl; Maßstab für unbebaute Grundstücke in unbeplanten Gebieten).

2. BVerwG U vom 26. 10. 1979 (C 22.77) BauR 1980, 51 = Buchholz 406.11 § 183 a BBauG Nr. 1

a) Die in § 183 a Abs. 1 BBauG 1979 angeordnete Einstellung solcher Verfahren, die die Erteilung von Auflassungsgenehmigungen zum Gegenstand haben, begegnet in der darin liegenden Rückwirkung keinen Bedenken, weil die mit der Beseitigung des Genehmigungserfordernisses fortfallende Schutzwirkung des Bodenverkehrsrechts dadurch ausgeglichen wird, daß zugunsten der Betroffenen privat-rechtlich die Grundsätze über die Erschütterung der Geschäftsgrundlage eines Vertrages eingreifen.

b) Das Interesse einer Gemeinde, sich Planungsmöglichkeiten offenzuhalten, und damit zugleich ihre Planungshoheit sind als solche keine öffentlichen Belange i. S. des § 35 Abs. 2 BBauG.

B. OVG/VGH

2. OVG Berlin U vom 26. 1. 1979 (OVG II A 5/77) NJW 1980, 1121

a) In die Begründung des BebPlanentwurfs und des festgesetzten BebPlanes sind insbesondere bei weitreichenden Planänderungen (hier: Umplanung eines allgemeinen Wohngebiets in Straßenverkehrsfläche) Hinweise zum Anlaß der Planung, zu den Auswirkungen des Vorhabens sowie zu den unmittelbar betroffenen und den mittelbar berührten privaten und öffentlichen Belangen und ihrer Abwägung aufzunehmen.

b) Der Zweck des Begründungsgebots, den Bürger rechtzeitig über die Motive und den Umfang der bevorstehenden Eingriffe zu unterrichten, wird nur erreicht, wenn die ausgelegten Unterlagen in zusammengefaßter Form die Gründe für das beabsichtigte Vorhaben und Darlegungen über dessen Auswirkungen enthalten.

c) Begründungsmängel, jedenfalls des BebPlanentwurfs, können nicht unter Bezugnahme auf Erwägungen in dem Erläuterungsbericht zum FlNPlan oder unter Hinweis auf Darlegungen in den Akten der Bauverwaltung geheilt werden.

d) Bei einer abschnittsweisen Straßenplanung durch BebPlan, mit der Zwangspunkte für die weitere Linienführung gesetzt werden, sind auch die in den anschließenden Planbereichen bis zur nächsten Anschlußstelle berührten privaten und öffentlichen Belange in die Abwägung einzubeziehen.

e) Ein BebPlan kann in vollem Umfang außer Kraft treten, wenn wesentliche, nach der ursprünglichen planerischen Konzeption erforderliche Festsetzungen offenkundig endgültig nicht vollzogen werden (hier: Anschlußstelle eines Autobahnkreuzes).

3. OVG Lüneburg U vom 10. 1. 1980 (1 C 7/79) BauR 1980, 247 = DVBl. 1980, 242

a) Die Bekanntmachung zum Rückverlust nach Fristablauf führt bei Satzungen, deren Veröffentlichung fehlerhaft ist, nicht zum Rügeverlust von Verfahrens- und Formfehlern.

b) Die rückwirkende Inkraftsetzung eines BebPlanes stellt eine inhaltliche Änderung dar, so daß das Verfahren nach § 13 BBauG 1979 einzuhalten ist.

Zu § 155 b
Verletzung sonstiger Vorschriften über die Bauleitplanung

OVG Lüneburg U vom 31. 1. 1980 (1 A 168/78) BauR 1980, 245

a) Die Unbeachtlichkeit von Verfahrens- und Formfehlern gilt auch für Bebauungspläne, die Gegenstand gerichtlicher, bereits vor der Bekanntmachung nach Art. 3 § 12 ÄndGBBauG anhängig gemachter Verfahren sind.

b) § 155 b Abs. 2 Satz 1 BBauG bestimmt, daß für das Abwägungsergebnis die Sach- und Interessenlage im Zeitpunkt der Beschlußfassung über den Bauleitplan maßgebend ist. Dieser, die Haltbarkeit des Abwägungsergebnisses im Zeitpunkt des Inkrafttretens ignorierende zeitliche Bezugspunkt begegnet verfassungsrechtlichen Bedenken.

Zu § 180
Überleitung des Erschließungsbeitragsrechtes

A. Höchstrichterl. Rspr.

19. BVerwG U vom 16. 9. 1977 (IV C 99.74) Buchholz 406.11 § 133 BBauG Nr. 62

Zum Begriff der vorhandenen und der bereits hergestellten Erschließungsanlage i. S. der §§ 180 Abs. 2 und 133 Abs. 4 BBauG (im Anschluß an U vom 5. 10. 1966 — IV C 112.65 — s. Buchholz 406.11 § 133 BBauG Nr. 10).

20. BVerwG B vom 12. 10. 1979 (4 B 103—105.79) Buchholz 406.11 § 133 BBauG Nr. 72

Durch die Rechtsprechung des BVerwG ist geklärt, daß bei der Beantwortung der Frage, ob eine Straße „hergestellt" (§ 133 Abs. 4 BBauG) oder „vorhanden" (§ 180 Abs. 2 BBauG) ist, von rechtlichen Kriterien auszugehen ist und daß es sich nicht allein auf die tatsächliche Existenz der Straße als einer zu Verkehrszwecken nutzbaren Fläche ankommt.

Zu § 183 a
Überleitungsvorschriften für den Bodenverkehr

A. Höchstrichterl. Rspr.

1. BVerwG U vom 26. 10. 1979 (4 C 22.77) DÖV 1980, 176 = Buchholz 406.11 § 183 a BBauG Nr. 1

Die in § 183 a Abs. 1 BBauG 1979 angeordnete Einstellung solcher Verfahren, die die Erteilung von Auflassungsgenehmigungen zum Gegenstand haben, begegnet in der darin liegenden Rückwirkung keinen Bedenken, weil die mit der Beseitigung des Genehmigungserfordernisses fortfallende Schutzwirkung des Bodenverkehrsrechts dadurch ausgeglichen wird, daß zugunsten der Betroffenen privat-rechtlich die Grundsätze über die Erschütterung der Geschäftsgrundlage eines Vertrages eingreifen.

Zu § 183 f
Überleitungsvorschriften für die Geltendmachung der Verletzung von Vorschriften bei der Aufstellung von Flächennutzungsplänen und Satzungen

Höchstrichterliche Rspr.

1. BVerwG U vom 7. 9. 1979 (4 C 7.77) BauR 1980, 40 = BayVBl. 1980, 180 = DVBl. 1980, 230 = Buchholz 406.11 § 183 f BBauG Nr. 1

a) Bestätigt ein auf der Zeichnung des BebPlans angebrachter und unterzeichneter Vermerk, daß die Schlußbekanntmachung des BebPlans an einem bestimmten Tag erfolgt sei, so erbringt er für diese Tatsache vollen Beweis.

b) § 155 a Abs. 2 BBauG 1979 findet nach § 183 f Abs. 2 BBauG 1979 jedenfalls auf solche BebPläne keine Anwendung, deren Verfahren sich noch nach § 2 Abs. 6 BBauG 1960 zu richten hatte.

c) Eine allgemeine und im wesentlichen nur von einem gewissen Zeitablauf, nicht aber von besonderen konkreten Umständen abhängige „Vermutung", daß jeder BebPlan unter Beachtung des gesetzlich vorgeschriebenen Verfahrens zustande gekommen sei, wird durch das Bundesrecht nicht begründet, sondern im Gegenteil — in dieser Form und Reichweite — ausgeschlossen.

d) Die Tendenz, BebPläne nach einem gewissen Zeitablauf nicht ohne Not an Erfordernissen ihres verfahrensfehlerfreien Zustandekommens scheitern zu lassen, ist sachgerecht. Angesichts dessen wäre verfehlt, wenn die Verwaltungsgerichte ihre Sachaufklärungspflicht zum Anlaß nähmen, in Verwaltungsstreitverfahren gleichsam ungefragt in eine Suche nach Fehlern in der Vor- und Entstehungsgeschichte eines BebPlans einzutreten.

Rechtsprechung 1980 zur Baunutzungsverordnung

Zu § 4
Allgemeine Wohngebiete

B. OVG/VGH

5. BayVGH B vom 9. 11. 1979 (Nr. 27 XIV, 37 XIV 78) BayVBl. 1980, 213

Pferdehaltung ist in reinen und allgemeinen Wohngebieten im Regelfall planungsrechtlich unzulässig.

6. OVG Münster U vom 21. 12. 1979 (VII A 1940/77) BauR 1980, 155

Wird im allgemeinen Wohngebiet die Errichtung einer Schank- und Speisewirtschaft beabsichtigt, ist das Vorhaben nur genehmigungsfähig, wenn es der Versorgung des Gebiets dient. Fehlt dieser einschränkende Hinweis in der erteilten Baugenehmigung, ist diese, ohne daß es auf die tatsächliche Nutzung der Schank- und Speisewirtschaft ankommt, rechtswidrig.

7. Bad.-Württ. VGH U vom 7. 2. 1979 (III 933/78) BauR 1980, 253

a) Der Begriff „Laden" umfaßt auch sog. Verbrauchermärkte und Diskountgeschäfte des Einzelhandels.

b) Sind in diesem BebPlan neben reinen Wohngebieten mehrere kleinere allgemeine Wohngebiete ausgewiesen, so können die in den allgemeinen Wohngebieten vorgesehenen Läden der Versorgung des gesamten Plangebiets dienen.

c) Die Zulassung eines Ladens, der der Versorgung des Gebietes dient, ist nicht davon abhängig, ob in dem Gebiet bereits ein anderer Laden vorhanden ist.

d) Ein Nachbar kann die Verletzung seines Eigentumsrechts bei der Genehmigung eines Lebensmittelgeschäftes nicht mit der Begründung dartun, mangels geeigneter Stellplätze würden die Kunden auf der Straße parken.

e) Bei der Festsetzung einer besonderen Bauweise, wonach die Gebäude im Erdgeschoß ohne seitlichen Grenzabstand und die Obergeschosse mit seitlichem Grenzabstand zu errichten sind, hat die Baurechtsbehörde ein auf dem Nachbargrundstück bereits stehendes Gebäude nur dann zu berücksichtigen, wenn der Nachbar durch die Zulassung eines erdgeschossigen Grenzbaues in seinem Eigentumsrecht verletzt sein kann.

Zu § 11
Sonstige Sondergebiete

3. BVerwG U vom 29. 9. 1978 (4 C 30.76) Buchholz 406.11 § 11 BauNVO Nr. 1

Für die Zulässigkeit der Ausweisung eines Sondergebiets (§ 11 Abs. 1 BauNVO) reicht aus, daß ein Festsetzungsinhalt gewollt ist, der sich keinem der in den §§ 2 ff. BauNVO geregelten Gebietstypen zuordnen läßt.

4. HessVGH U vom 6. 4. 1979 (IV N 7/77) BauR 1980, 243

Eine Bauleitplanung ist nichtig, wenn das Planungsergebnis nicht der aus den Planaufstellungsvorgängen zu entnehmenden Planungsabsicht entspricht (hier: Planung eines Sondergebiets für einen Verbrauchermarkt).

Zu § 13
Gebäude und Räume für freie Berufe

2. HessVGH U vom 8. 11. 1979 (IV OE 51/75) BauR 1980, 251

a) Eine genehmigungspflichtige Nutzungsänderung einer baulichen Anlage liegt vor, wenn sich die neue Nutzung von der bisherigen Nutzung dergestalt unterscheidet, daß sie anderen oder weitergehenden Anforderungen bauordnungs- oder bauplanungsrechtlicher Art unterworfen ist oder unterworfen sein kann.

b) Die Vorschrift über die Zulässigkeit von Gebäuden oder Räumen für freie Berufe in den einzelnen Baugebieten erfaßt nur eine wohnartige oder in räumlicher Verbindung mit der Wohnung stehende Berufsausübung eines freiberuflich oder gewerblich Tätigen (hier: kaufmännische und büromäßige Leitung einer Gebäudereinigungsfirma mit 600 Mitarbeitern aus einer Vierzimmerwohnung heraus in einer durch reine Wohnbebauung geprägten Umgebung).

c) Die Vorschrift über die Zulässigkeit von Gebäuden oder Räumen für freie Berufe kann nicht erweiternd in citynahen Wohngebieten einer Großstadt angewandt werden.

Zu § 14
Nebenanlagen

2. VG München U vom 8. 3. 1979 (M 206 VIII 77) nicht veröff.

Ein Tennisplatz, der auf einem mit einem Einfamilienhaus bebauten Grundstück errichtet werden soll, stellt keine untergeordnete Nebenanlage i. S. d. § 14 Abs. 1 BauNVO dar und kann daher nicht gem. § 23 Abs. 5 BauNVO auf den nicht überbaubaren Grundstücksflächen zugelassen werden.

Zu § 22
Bauweise

6. Rechtsprechung

Bad.-Württ. VGH U vom 7. 2. 1979 (III 933/78) BauR 1980, 253

a) Der Begriff „Laden" umfaßt auch sog. Verbrauchermärkte und Diskountgeschäfte des Einzelhandels.

b) Sind in einem BebPlan neben reinen Wohngebieten mehrere kleinere allgemeine Wohngebiete ausgewiesen, so können die in den allgemeinen Wohngebieten vorgesehenen Läden der Versorgung des gesamten Plangebiets dienen.

c) Die Zulassung eines Ladens, der der Versorgung des Gebietes dient, ist nicht davon abhängig, ob in dem Gebiet bereits ein anderer Laden vorhanden ist.

d) Ein Nachbar kann die Verletzung seines Eigentumsrechts bei der Genehmigung eines Lebensmittelgeschäftes nicht mit der Begründung dartun, mangels geeigneter Stellplätze würden die Kunden auf der Straße parken.

e) Bei der Festsetzung einer besonderen Bauweise, wonach die Gebäude im Erdgeschoß ohne seitlichen Grenzabstand und die Obergeschosse mit seitlichem Grenzabstand zu errichten sind, hat die Baurechtsbehörde ein auf dem Nachbargrundstück bereits stehendes Gebäude nur dann zu berücksichtigen, wenn der Nachbar durch die Zulassung eines erdgeschossigen Grenzbaues in seinem Eigentumsrecht verletzt sein kann.

Ergänzung der Literaturübersicht zum Bundesbaugesetz

Zu 1: Allgemeines

Becker	Mitwirkungspflicht des Bürgers im Bebauungsplanverfahren, NJW 1980, 1030
Brosche	Voraussetzungen und Umfang der Anpassungspflicht der Bauleitplanung an die Ziele der Raumordnung und Landesplanung sowie die Abstimmung der Bauleitpläne benachbarter Gemeinden, DVBl. 1980, 213
Dolde	Die Entwicklung des öffentlichen Baurechts 1979, NJW 1980, 1658
Geimer	Anmerkungen zu § 155 b Abs. 1 Satz 3, 5 und 6 BBauG, BauR 1980, 208
Grave	§ 155 b BBauG — mißglückt und verfassungswidrig! BauR 1980, 199
Hager	Die Beteiligung der Gemeinden an der Erteilung von Baugenehmigungen, BayVBl. 1980, 131
Pranel	Das Baugrundstück im Planungsrecht, DVBl. 1980, 218
Rothe	Die konstitutive Innenbereichssatzung nach § 34 Abs. 2 a BBauG (1979), DVBl. 1980, 37

Zu 2: Bauleitplanung

Schmaltz	Die Befreiung aus städtebaulichen Gründen nach § 31 Abs. 2 Nr. 2 BBauG 1979, BauR 1980, 1
Schmitt-Glaeser	Planung und Grundrechte, DÖV 1980, 1
Skouris	Die Legitimation zur Anfechtung von Bebauungsplänen, DVBl. 1980, 315

Zu 6: Erschließungsrecht

Hansen u. Lange	Tendenzwende im Erschließungsbeitragsrecht, DVBl. 1980, 27
Johlen	Zum unterschiedlichen Inhalt des Begriffs „erschlossenes Grundstück“ in den §§ 131 Abs. 1 und 133 Abs. 1 BBauG, BauR 1980, 5
Lenz	Planungs-, wege- und verkehrsrechtliche Fragen bei der Einrichtung von Fußgängerzonen, BauR 1980, 130

Stichwortverzeichnis

Die fettgedruckten arabischen Zahlen geben die Paragraphen des Städtebauförderungsgesetzes an, die normalgedruckten Zahlen und Buchstaben die Erläuterungen; fettgedruckte römische Ziffern verweisen auf die übrigen Unterteilungen.

Bei Fragen zur Produktsicherheit wenden Sie sich bitte an:
If you have any questions regarding product safety,
please contact:

Walter de Gruyter GmbH
Genthiner Straße 13
10785 Berlin
productsafety@degruyterbrill.com